Simon Bellmann
Politische Theologie im frühen Judentum

Beihefte zur Zeitschrift
für die alttestamentliche
Wissenschaft

Herausgegeben von
John Barton, Reinhard G. Kratz, Nathan MacDonald,
Sara Milstein und Markus Witte

Band 525

Beihefte zur Zeitschrift für die alttestamentliche Wissenschaft

---

Herausgegeben von
John Barton, Reinhard G. Kratz, Nathan MacDonald,
Sara Milstein und Markus Witte

Band 525

Simon Bellmann

Politische Theologie im frühen Judentum

Eine Analyse der fünf Versionen des Estherbuches

DE GRUYTER

ISBN 978-3-11-067446-0
e-ISBN (PDF) 978-3-11-067451-4
e-ISBN (EPUB) 978-3-11-067455-2
ISSN 0934-2575

Library of Congress Control Number: 2020940477

Bibliografische Information der Deutschen Nationalbibliothek
Die Deutsche Nationalbibliothek verzeichnet diese Publikation in der Deutschen
Nationalbibliografie; detaillierte bibliografische Daten sind im Internet
über http://dnb.dnb.de abrufbar.

MIX
Papier aus verantwor-
tungsvollen Quellen
FSC
www.fsc.org
FSC® C083411

Vorwort

Die vorliegende Arbeit wurde im März 2018 an der Philosophischen Fakultät I der Martin-Luther-Universität Halle-Wittenberg als Dissertation im Fach Alte Geschichte eingereicht. Die Verteidigung fand im Februar 2019 statt. Für die Publikation wurde das Manuskript leicht überarbeitet.

Sehr herzlich danke ich Herrn Prof. Dr. Stefan Pfeiffer, der die Entstehung der Arbeit auf vielfältige Weise unterstützt hat. Von seiner fachkundig-kritischen Begleitung habe ich enorm profitiert. Großer Dank gebührt auch Herrn Prof. Dr. Stefan Schorch, der als Zweitgutachter tätig geworden ist und mein Nachdenken mit vielen Anregungen befördert hat. Des Weiteren danke ich Herrn Prof. Dr. Martin Rösel für die Erstellung des Drittgutachtens sowie Frau Prof. Dr. Angela Pabst und Herrn Prof. Dr. Frank Ueberschaer für ihre Mitwirkung am Promotionsverfahren.

Die Dissertation ist entstanden im Rahmen der International Max Planck Research School for the Anthropology, Archaeology and History of Eurasia (ANARCHIE) am Max-Planck-Institut für ethnologische Forschung in Halle an der Saale. Für die Gelegenheit, in diesem multidisziplinären Umfeld meiner Forschung nachgehen zu dürfen, danke ich den Verantwortlichen sehr – ich nenne hier stellvertretend Herrn Prof. Dr. Chris Hann als Sprecher der Research School. Die großzügige finanzielle Förderung durch ANARCHIE sowie die Unterstützung durch die Mitarbeitenden des Instituts haben es mir leicht gemacht, mich auf meine wissenschaftliche Arbeit zu konzentrieren.

Ein besonderer Dank gilt Frau Prof. Dr. Anathea Portier-Young für ihre Gastfreundschaft während meines Aufenthalts an der Duke Divinity School. Unser intensiver fachlicher Austausch hat mich zu so manch neuer Erkenntnis geführt. Den größten Teil der Dissertation habe ich in der Duke Divinity School Library sowie in der Universitätsbibliothek Leipzig erarbeitet. Den Mitarbeitenden dieser Institutionen danke ich sehr für ihre zuverlässige und kompetente Unterstützung. Ferner danke ich den Herausgeberinnen und Herausgebern der Beihefte zur Zeitschrift für die alttestamentliche Wissenschaft für die Aufnahme in die Reihe. Den Mitarbeitenden des Verlags De Gruyter danke ich für die höchst professionelle Betreuung der Publikation.

Mein größter Dank gilt schließlich meiner Ehefrau Dr. Tina Bellmann, die mich an guten wie auch an weniger guten Tagen in meiner Arbeit bestärkt hat. Als kompetente Gesprächspartnerin und geduldige Begleiterin ist sie diesen Weg mit mir gegangen. Ohne sie an meiner Seite hätte ich dieses Buch nicht schreiben können.

Hungen, im April 2020   Simon Bellmann

https://doi.org/10.1515/9783110674514-001

Inhalt

Technische Vorbemerkungen

Die in dieser Arbeit verwendeten Abkürzungen sowie die Textgrundlagen der verwendeten Quellen werden im Abkürzungs- und Quellenverzeichnis nachgewiesen. Sofern nicht anders angegeben, wurden alle Übersetzungen selbst angefertigt. Gleichwohl wurden stets, sofern verfügbar, auch andere Übersetzungen konsultiert und in einigen Fällen auch ähnliche Formulierungen verwendet.

Die in Einzelheiten voneinander abweichenden Namensformen der in verschiedenen Quellen, insbesondere in den Esther-Erzählungen, auftretenden Figuren wurden im Deutschen aneinander angeglichen, um die Les- und Vergleichbarkeit zu fördern. So wird beispielsweise durchgängig der gebräuchliche, auf die hebräische Form zurückgehende Name Mordechai verwendet, anstatt zwischen Mordechai, Mardochaios und Mardocheus zu unterscheiden. Dies betrifft jedoch nur die Fälle, in denen offensichtlich derselbe Name zugrunde liegt. Wo daran Zweifel bestehen, wird der in der Quelle verwendete Name transkribiert.

https://doi.org/10.1515/9783110674514-002

1 Einleitung

1.1 Die Fragestellung: Politische Theologie

Nach der hellenistischen Legende, die uns die Septuaginta in 1Esdr 3–4 überliefert,[1] ist sich der Leibwächter des Dareios sicher: In einer Monarchie herrscht der König über alle und alles; ihm gehorchen Länder, Völker und Armeen:

> ὁ δὲ βασιλεὺς ὑπερισχύει καὶ κυριεύει πάντων καὶ δεσπόζει αὐτῶν, καὶ πᾶν, ὃ ἐὰν εἴπῃ αὐτοῖς, ἐνακούουσιν.
>
> Der König aber ist mächtiger und herrscht über alle und gebietet ihnen; und in allem, was er ihnen sagt, gehorchen sie ihm.
> 1Esdr 4,3

Wie könnte es auch anders sein in einer Monarchie, fragt der Redner, und bringt seine Vorstellung von der Herrschaft des Königs pointiert auf den Punkt, wenn er ausruft: καὶ αὐτὸς εἷς μόνος ἐστίν·, „Und er allein ist einzig!" (1Esdr 4,7).

Der junge Mann, der hier spricht, vertritt offenbar ein sehr konsequentes, gar radikales Konzept der Alleinherrschaft, und so manch antiker Monarch hätte ihm wohl mit Freuden zugestimmt und die eigene Ideologie umfassender Autorität über Land und Leute bestätigt gesehen. Doch so einfach ist es nicht, erhält doch der Redner, der mit seinem Beitrag die Preisfrage beantworten will, wer oder was am mächtigsten sei (ὑπερισχύω), sogleich scharfen Widerspruch von seinen Ko-Diskutanten: Der Wein beherrsche den Verstand und das Handeln selbst des mächtigsten Königs – nein, die Frauen seien die wahren Herrscherinnen im Reich, letztlich aber gebiete die Wahrheit über alles und sei die ewige Richterin über jegliches menschliche Tun. Auch viele andere antike Reflexionen über Macht und Herrschaft – in der Philosophie, in der Kunst oder in der Geschichtsschreibung – stellen fest, dass das Bild einer „absoluten" Monarchie[2] Fiktion bleiben muss und dass der Herrscher nie über unbegrenzte und unangefochtene Macht verfügt.

---

1 Vgl. die in Teilen abweichende Parallele bei Josephus in Ant 11,33–66. Vgl. zur Datierung von 1Esdr 3–4 in seinem literarischen Kontext Dieter Böhler, *1 Esdras*, Internationaler Exegetischer Kommentar zum Alten Testament (Stuttgart: Kohlhammer, 2015), 14; 16–20.

2 So meint Hans-Joachim Gehrke mit Blick auf die hellenistischen Monarchien: „Wenn irgend, dann galt hier das ‚L'état c'est moi', freilich so sehr, dass man es gar nicht hätte sagen können, weil die Komponente ‚état' neben der des ‚moi' gar nicht recht formuliert und gedacht werden konnte": Hans-Joachim Gehrke, *Geschichte des Hellenismus*, 3. Aufl., Oldenbourg Grundriss der Geschichte 1 A (München: Oldenbourg, 2003), 48. Die Bezeichnung „absolute Monarchie" vermeidet Gehrke dann aber angesichts der „Gefahr, dass man damit auch zu viele eigentlich nur für

https://doi.org/10.1515/9783110674514-003

Dies bestätigt auch ein Blick auf die historisch verbürgten Beispiele der achämenidischen, hellenistischen und römischen Ausprägungen der „Allein"-Herrschaft, die den breiteren historischen Rahmen abstecken, in dem sich die vorliegende Arbeit bewegt. Sie zeichnen sich zwar durch eine starke Betonung der Zentralgewalt des Herrschers aus, was sich häufig in entsprechender Ideologie und Herrschaftsrepräsentation spiegelt. Jedoch ist Macht hier offenbar auf viele verschiedene Akteure verteilt; die Herrschaft des Monarchen ist daher stets legitimationsbedürftig und prekär. Machtspiele, Intrigen, Verrat und Mord am Königshof sind nicht nur ein beliebter literarischer Topos, sondern immer wieder auch historische Wirklichkeit. Der Monarch muss in seinen Bemühungen um Legitimität und Akzeptanz seiner Herrschaft die Interessen vieler verschiedener politischer Akteure berücksichtigen, will er der Gefahr des Herrschaftsverlustes durch Putschversuche oder Bürgerkriege erfolgreich begegnen.[3] Dieser Zusammenhang liegt darin begründet, dass Macht, auch politisch wirksame Macht als notwendiges Element von Herrschaft, verschiedene Ausprägungen haben kann.

---

die entsprechende neuzeitliche Staatsform spezifische Charakteristika ‚mitdenkt'." Anders noch z. B. Fritz Geyer, „Der hellenistische Staat, ein Vorläufer des modernen absoluten Staates," *HZ* 132, Nr. 1 (1925).

3 Dass Konkurrenz, Machtstreben, Konflikt und Intrige unter den *Philoi* hellenistischer Höfe nicht die Ausnahme, sondern die Regel gewesen sein müssen, betont Burkhard Meißner, „Hofmann und Herrscher: Was es für die Griechen hieß, Freund eines Königs zu sein," *AKuG* 82, Nr. 1 (2000). Demnach sollte die Herrschaft hellenistischer Monarchen „nicht als Herrschaft homogener Gruppen, sondern als Herrschaft mit Hilfe miteinander konkurrierender, untereinander Feindseligkeiten austragender Führungszirkel gesehen werden" (34). Dabei muss allerdings beachtet werden, dass bei allem Streben der Höflinge nach Gunst beim Herrscher dessen Position ebenfalls keineswegs unantastbar ist. Vgl. dazu Stefan Rebenich und Johannes Wienand, „Monarchische Herrschaft im Altertum: Zugänge und Perspektiven," in *Monarchische Herrschaft im Altertum*, hrsg. v. Stefan Rebenich, Schriften des Historischen Kollegs 94 (Berlin: De Gruyter, 2017), 1– 41, 7: „Die inneraristokratische Konkurrenz zu nutzen und zu fördern, ohne das Funktionieren des Machtapparats zu gefährden, zählt sicherlich zu den schwierigsten Herausforderungen der Monarchie, zumal gerade die Mitglieder des ‚inner circle' oftmals selbst das Potential aufweisen, einen usurpatorischen Anspruch auf den Herrscherthron zu formulieren. Monarchische Systeme gewinnen also nicht zuletzt dadurch an Stabilität, dass die spezifischen Interessen der militärischen und zivilen Eliten berücksichtigt werden." Vgl. im selben Sinne auch Léon Mooren, „Kings and Courtiers: Political Decision-Making in the Hellenistic States," in *Politische Theorie und Praxis im Altertum*, hrsg. v. Wolfgang Schuller (Darmstadt: Wissenschaftliche Buchgesellschaft, 1998), 122– 133, 126: „Thanks to their presence in the upper ranks of the administrative apparatus and armed forces, the Philoi were in a position to build up a power base that could not be ignored even by an absolute ruler, the more so as the Friends and their families constituted, in the midst of a numerically predominant native population, an important element of stability and continuity, and thus commanded respect."

Auf diesen Umstand verweist uns auch die klassisch zu nennende soziologische Definition von „Macht", wie sie Max Weber formuliert hat: „Macht bedeutet jede Chance, innerhalb einer sozialen Beziehung den eigenen Willen auch gegen Widerstreben durchzusetzen, gleichviel, worauf diese Chance beruht."[4] Weber betont dabei, Macht sei „soziologisch amorph. Alle denkbaren Qualitäten eines Menschen und alle denkbaren Konstellationen können jemand in die Lage versetzen, seinen Willen in einer gegebenen Situation durchzusetzen."[5] In der Tat kann sich Macht aus vielerlei unterschiedlichen Quellen speisen, was auch in der neueren sozial- und politikwissenschaftlichen Diskussion hervorgehoben wird. Machtquellen eröffnen den Zugang zu verschiedenen Machtmitteln, d. h. zu „Medien der Machtausübung", wie es Peter Imbusch formuliert: „Sie stellen die Trümpfe in Machtspielen dar, mit ihnen werden Konflikte ausgefochten, kann Widerstand geleistet oder gebrochen werden."[6] Dass jede Form der Herrschaft, also institutionalisierter bzw. durch Legitimität abgesicherter Macht,[7] darauf Rücksicht nehmen muss, liegt auf der Hand. Daher überrascht es nicht, dass wir in antiken Quellen solch vielfältige Reflexionen darüber finden, dass Machtquellen und -mittel im o. g. Sinne nirgends allein in den Händen des Monarchen liegen, sondern sich auf viele unterschiedliche Akteure in einem verzweigten Netzwerk von Machtbeziehungen verteilen. Sie bilden damit jeweils höchst individuelle, komplexe und sich dynamisch verändernde Machtstrukturen aus, in denen nach antiker Vorstellung sogar Dinge und Abstrakta ihren Platz haben können, wie das oben skizzierte Beispiel aus 1Esdr zeigt.[8]

---

4 Max Weber, *Wirtschaft und Gesellschaft: Soziologie*, hrsg. von Knut Borchardt, Edith Hanke und Wolfgang Schluchter, Studienausgabe der Max-Weber-Gesamtausgabe 1/23 (Tübingen: Mohr Siebeck, 2014), 38. Vgl. zur neueren sozial- und politikwissenschaftlichen Diskussion um den Machtbegriff Peter Imbusch, „Macht und Herrschaft in der wissenschaftlichen Kontroverse," in *Macht und Herrschaft: Sozialwissenschaftliche Theorien und Konzeptionen*, hrsg. v. Peter Imbusch, 2. Aufl. (Wiesbaden: Springer VS, 2012), 9–35, 10–21.
5 Weber, *Wirtschaft und Gesellschaft*, 38.
6 Peter Imbusch, „Macht und Herrschaft in der wissenschaftlichen Kontroverse" in *Macht und Herrschaft*, 16.
7 Vgl. zum Herrschaftsbegriff Otwin Massing, „Herrschaft – kritische Bestandsaufnahme der Funktionen einer komplexen Kategorie," in *Herrschaftstheorien und Herrschaftphänomene*, hrsg. v. Hartmut Aden (Wiesbaden: Verlag für Sozialwissenschaften, 2004), 25–38; Peter Imbusch, „Macht und Herrschaft in der wissenschaftlichen Kontroverse" in *Macht und Herrschaft*, 21–26.
8 Alf Lüdtke spricht in einem ähnlichen Sinne sehr treffend von einem „Kräftefeld", „in dem Macht durchgesetzt, Herrschaft begründet oder bezweifelt wird": Alf Lüdtke, „Einleitung: Herrschaft als soziale Praxis," in *Herrschaft als soziale Praxis: Historische und sozial-anthropologische Studien*, hrsg. v. Alf Lüdtke, VMPlG 91 (Göttingen: Vandenhoeck & Ruprecht, 1991), 9–63, 13. Diese Figur verdeutliche, dass Macht- und Herrschaftsverhältnisse steten Veränderungen ausgesetzt

Reflexionen oder Imaginationen solcher Machtstrukturen werden nun jedoch dort um eine weitere Komplexitätsstufe ergänzt, wo einer Gottheit bzw. den Göttern Macht oder Herrschaft zugeschrieben wird. Hiermit befinden wir uns am Übergang zwischen politischer Reflexion im engeren Sinne und politischer Theologie, wie sie in dieser Arbeit verstanden wird: Das Nachdenken über Macht und Herrschaft im Bereich des Politischen, d. h. im Bereich der Ordnung und Steuerung von Gemeinwesen, wird verbunden mit Aussagen über die Macht und Herrschaft von Göttern. Dabei kann zunächst kaum verwundern, dass einer Gottheit Prädikate der Macht und der Herrschaft beigelegt werden: Der Begriff „Gott" oder „Gottheit" impliziert immer schon die Zuschreibung von Macht, insofern sich hinter ihm die Vorstellung einer übermenschlichen, oft auch übernatürlichen Kraft verbirgt. So lässt sich in beinah jedem religiösen Symbolsystem, beinah jeder religiösen Vorstellungswelt das Phänomen beobachten, dass Aussagen über Gott oder Götter, d. h. theologische Aussagen,[9] mithilfe einer Begrifflichkeit formuliert werden, die auch in Diskursen im Bereich des Politischen Verwendung findet. Ein hellenistisches Beispiel aus dem Bereich der Stoa mag dies verdeutlichen: In seinem Hymnus an Zeus ruft Kleanthes von Assos seinen Gott an als ewig Allmächtigen (παγκρατὲς αἰεί Kleanth. H. 1), als Ur-Herrscher über die Natur (φύσεως ἀρχηγέ 2), als höchsten König über alles (ὕπατος βασιλεὺς διὰ παντός 14), der mit seinem Gesetz und in Gerechtigkeit alle Dinge regiert (νόμου μέτα πάντα κυβερνῶν 2; δίκης μέτα πάντα κυβερνᾷς 35).[10]

---

seien, und sie eröffne zugleich den Blick auf die vielen Mehrdeutigkeiten jenseits der Bipolarität von Herrschenden und Beherrschten.

9 Dieser Arbeit liegt ein sehr weites Verständnis von „Theologie" zugrunde. „Theologie" wird hier verstanden als jede Art von Deutung von und Reflexion über Wesen und Wirken der Götter bzw. des Göttlichen. Dem Bereich der „Theologie" werden daher Aussagen, Begrifflichkeiten, Ideen, Konzepte, Vorstellungen, Bilder zugeordnet, die sich auf das Göttliche beziehen, d. h. auf das Übermenschliche oder Übernatürliche. Ich schließe mich dabei den Überlegungen von Andreas Schüle zum Theologiebegriff an, die darauf abzielen, ihn für religionswissenschaftlich-vergleichende Analysen zurückzugewinnen; vgl. Andreas Schüle, „Deutung, Reflexion, Überlieferung: Die Ebenen eines konzeptionellen Theologiebegriffs. Zugleich eine Erinnerung an Gerhard von Rads Verständnis alttestamentlicher Theologie," in *Theologie in Israel und in den Nachbarkulturen: Beiträge des Symposiums „Das Alte Testament und die Kultur der Moderne" anlässlich des 100. Geburtstags Gerhard von Rads (1901–1971) Heidelberg, 18.–21. Oktober 2001*, hrsg. v. Manfred Oeming, Konrad Schmid und Andreas Schüle, Altes Testament und Moderne 9 (Münster: LIT, 2004), 1–15. Von „Theologie" lässt sich nach Schüle dort sprechen, wo „das Wissen *de divinis* Gegenstand von Weltdeutung, religionsinterner Selbstbeschreibung und von Überlieferung geworden ist" (7).

10 Einen vorzüglichen Kommentar zum Text bietet Johan C. Thom, *Cleanthes' Hymn to Zeus: Text, Translation, and Commentary*, STAC 33 (Tübingen: Mohr Siebeck, 2005).

Diese sprachlichen Koinzidenzen verweisen nun allerdings auf eine tieferliegende, konzeptionelle Herausforderung, die in der vorliegenden Arbeit als das Problem der „politischen Theologie" bezeichnet wird. Dieses betrifft die inhaltliche Schnittmenge zwischen politischem und theologischem Reden bzw. Denken, aufgrund derer diese beiden Bereiche sachlich untrennbar ineinander verwoben und letztlich nur modellhaft zu unterscheiden sind. Wer Göttern Macht und Herrschaft zuschreibt, muss sich zugleich fragen, in welchem Verhältnis diese zur Macht und Herrschaft von Menschen steht. Wenn mein Gott über die Welt herrscht, wie setzt er dann seine Herrschaft ganz konkret und politisch wirksam um? Wenn der von mir verehrte Gott z. B. „König" ist, was heißt das dann für sein und mein Verhältnis zu jenem menschlichen König, mit dessen politischen Entscheidungen ich tagtäglich konfrontiert bin? Hier sehen wir bereits: Theologische Aussagen können politische Implikationen haben oder von politischen Ideen beeinflusst sein – umgekehrt gilt dasselbe. Dieser Problembereich soll mit dem Begriff „politische Theologie" erfasst werden.

Unter dem Stichwort „politische Theologie" werden seit Langem verschiedene Debatten geführt, die teils miteinander verwandt sind, teils aber auch kaum strukturelle oder inhaltliche Bezüge zueinander aufweisen.[11] Sie brauchen hier nicht erörtert zu werden, da sie zumeist nicht wesentlich zum in dieser Arbeit vorausgesetzten Verständnis von „politischer Theologie" beitragen. Dieses schließt sich in Teilen dem Begriffsgebrauch bei Jan Assmann an. Mit ihm lässt sich politische Theologie verstehen als Reflexion der

> wechselvollen Beziehungen zwischen politischer Gemeinschaft und religiöser Ordnung [...].
> Politische Theologie entsteht dort, wo solche Probleme in Formen verhandelt werden, die die
> Götter bzw. Gott einbeziehen. [...] Es geht bei den Fragestellungen der Politischen Theologie
> also um die implizite Theologie des Politischen (das ist z. B. der Fall bei Carl Schmitt) sowie

---

11 Vgl. zur Begriffs- und Diskursgeschichte einführend Robert Hepp, „Theologie, politische," *HWPh* 10; vgl. ferner die verschiedenen Zugänge und Perspektiven im Sammelwerk Jacob Taubes, Hrsg., *Religionstheorie und Politische Theologie*, 3 Bde. (München: Fink; Paderborn: Schöningh, 1983–1987). Einen Überblick über die christlich-theologische Verwendung des Begriffs gibt auch Ulrich H. J. Körtner, „Politische Ethik und politische Theologie," *Jahrbuch für Recht und Ethik* 19 (2011), 22–27. In den Problembereich der politischen Theologie kann auch die Debatte um die „Theokratie" eingeordnet werden; vgl. die Beiträge in Kai Trampedach und Andreas Pečar, Hrsg., *Theokratie und theokratischer Diskurs: Die Rede von der Gottesherrschaft und ihre politisch-sozialen Auswirkungen im interkulturellen Vergleich*, Colloquia historica et theologica 1 (Tübingen: Mohr Siebeck, 2013). Im Gebrauch der beiden Begriffe zeigen sich teils Überschneidungen, doch scheint mir der Begriff „Theokratie" in der Debatte tendenziell etwas enger gefasst zu werden als das Konzept der politischen Theologie, wie es in dieser Arbeit verwendet wird. Konkrete theokratische Konzeptionen, wie sie etwa im genannten Band diskutiert werden, lassen sich ggf. als einzelne Antwortversuche auf die Frage politischer Theologie verstehen.

um die implizite Politologie, Soziologie und auch Anthropologie theologischer oder allgemein religiöser Diskurse.[12]

Assmann ist in seinem Werk *Herrschaft und Heil* vor allem am entstehungsgeschichtlichen Zusammenhang zwischen politischen und theologischen Begriffen interessiert. Er steht damit Carl Schmitt gegenüber, der Begriffe und Konzepte des Politischen als Ableitungen aus theologischen Ideen verstehen wollte (gewissermaßen als Säkularisierung). Assmann führt demgegenüber eine Tradition weiter, die vor allem die gegenläufige Entwicklung betont:

> Es soll gezeigt werden, daß der Prozeß der Säkularisierung auch eine Gegenrichtung hat. Diesen Prozeß nenne ich ‚Theologisierung' und möchte ihn anhand des Theologischwerdens zentraler politischer Begriffe nachweisen, genauso wie Carl Schmitt den Prozeß der Säkularisierung anhand des Politischwerdens zentraler theologischer Begriffe nachweisen wollte.[13]

Im Unterschied und in Ergänzung zu der diachron orientierten Frage nach der „Theologisierung" oder „Säkularisierung" von Herrschaftsbegriffen befasst sich die vorliegende Arbeit mit den gewissermaßen „synchronen" Aspekten politischer Theologie, d. h.: Wie werden politische und theologische Ideen in konkreten politisch-theologischen Konzeptionen miteinander verbunden? Gegenüber nicht-theologischen politischen Konzeptionen ist hier von entscheidender Bedeutung, welche Rolle Gott oder den Göttern im Verständnis (guter) politischer Ordnung zugedacht wird. Wie wird das Verhältnis zwischen göttlichen und menschlichen Mächten, Herrschenden, Königinnen und Königen bestimmt? Wie wird die praktische Durchsetzung göttlicher „Herrschaft" imaginiert, die in einer potenziellen Spannung steht zur Herrschaft von Menschen? Mit dieser Kernfrage politischer Theologie, wie sie hier verstanden wird, verbinden sich weitere Aspekte. So stellt sich mit jeder Aussage über göttliche Herrschaft über die Welt etwa sogleich die Frage nach der theologischen Legitimität oder Illegitimität ganz konkreter Modelle menschlicher Herrschaft. Politisch-theologische Konzeptionen stehen damit in einem engen wechselseitigen Verhältnis zu politischen Interessen und Erfordernissen; zugleich können sie zur individuellen oder kollektiven Handlungsorientierung beitragen.

---

12 Jan Assmann, *Herrschaft und Heil: Politische Theologie in Altägypten, Israel und Europa* (München: Hanser, 2000), 15–16.
13 Assmann, *Herrschaft und Heil,* 29.

1.2 Der historische Rahmen: Politische Theologien im frühen Judentum

Die vorliegende Arbeit bezieht die Frage politischer Theologie auf das historische Beispiel des frühen Judentums, d. h. jüdischer Gemeinschaften in der persischen, hellenistischen und römischen Welt. Das Problem politischer Theologie, das oben mit Aussagen aus dem Zeushymnus des Kleanthes illustriert worden ist, lässt sich in ganz ähnlicher Weise in israelitisch-jüdischen Überlieferungen entdecken, wenn etwa der Psalmbeter bekennt:

כִּי מֶלֶךְ כָּל־הָאָרֶץ אֱלֹהִים זַמְּרוּ מַשְׂכִּיל (9) מָלַךְ אֱלֹהִים עַל־גּוֹיִם אֱלֹהִים יָשַׁב עַל־כִּסֵּא קָדְשׁוֹ

Denn Gott ist König der ganzen Welt; lobsingt ihm mit einem Psalm! (9) Gott herrscht als König über die Völker; Gott sitzt auf seinem heiligen Thron.

Ps 47,8–9

Mit der Ausbildung und Transformation einer Vielzahl theologischer Konzepte in der Perserzeit, von denen sich einige in der einen oder anderen Weise als „monotheistisch" bezeichnen lassen,[14] musste die Frage nach dem Verhältnis zwi-

---

14 Die „plurale Situation der nachexilischen Yahwismen und Judaismen", die keineswegs uniform als „monotheistisch" bezeichnet werden können, betont Christian Frevel, „Der Eine oder die Vielen? Monotheismus und materielle Kultur in der Perserzeit," in *Gott – Götter – Götzen: XIV. Europäischer Kongress für Theologie (11.–15. September 2011 in Zürich)*, hrsg. v. Christoph Schwöbel, VWGTh 38 (Leipzig: Evangelische Verlagsanstalt, 2013), 238–265, hier: 265. Der heuristische Wert der Kategorien „Monotheismus" und „Polytheismus" ist mit einigem Recht sowohl grundsätzlich als auch in Bezug auf den Kult Israels und Judas in Frage gestellt worden; vgl. Gregor Ahn, „Monotheismus und Polytheismus als religionswissenschaftliche Kategorien?," in *Der eine Gott und die Götter: Polytheismus und Monotheismus im antiken Israel*, hrsg. v. Manfred Oeming und Konrad Schmid, AThANT 82 (Zürich: TVZ, 2003), 1–10. Für unsere Zwecke entscheidend ist m. E. die Einsicht, dass sich in der israelitisch-jüdischen Religionsgeschichte ein breites Feld von Gottesvorstellungen findet; vgl. Ernst A. Knauf, „Ist die erste Bibel monotheistisch?," in *Der eine Gott und die Götter: Polytheismus und Monotheismus im antiken Israel*, hrsg. v. Manfred Oeming und Konrad Schmid, AThANT 82 (Zürich: TVZ, 2003), 39–48. Diese müssen in ihren jeweiligen Eigenheiten und in ihrem breiteren theologischen Kontext wahrgenommen werden. Dies gilt auch für jede Anwendung des Begriffs „Monotheismus", der durchaus weiterhin hilfreich sein kann, dabei allerdings nur mit weiterer Differenzierung und Qualifizierung Aussagekraft zu entfalten vermag; vgl. in diesem Sinne auch Konrad Schmid, „Differenzierungen und Konzeptualisierungen der Einheit Gottes in der Religions- und Literaturgeschichte Israels: Methodische, religionsgeschichtliche und exegetische Aspekte zur neueren Diskussion um den sogenannten ‚Monotheismus' im antiken Israel," in *Der eine Gott und die Götter: Polytheismus und Monotheismus im antiken Israel*, hrsg. v. Manfred Oeming und Konrad Schmid, AThANT 82 (Zürich: TVZ, 2003), 11–38. Vgl. auch den Versuch bei Matthew Lynch, „Mapping Monotheism: Modes of Monotheistic Rhetoric in the Hebrew Bible," *VT* 64 (2014).

schen universaler Gottes- und konkreter menschlicher Herrschaft vielfach neu beantwortet werden. Einer der prominentesten Antwortversuche ist wohl die Darstellung Kyros' des Großen als politisches Werkzeug und Gesalbter Gottes im Deuterojesajabuch.[15] Jedoch bezeugen viele weitere, sowohl ältere als auch jüngere Texte der Hebräischen Bibel eine ganze Reihe unterschiedlicher Reflexionen über politische Macht und deren Verhältnis zu theologischen Überzeugungen.[16] Selbiges gilt auch für die Literatur des hellenistischen Judentums (s. u.) sowie für die Zeugnisse der Qumran-Gemeinschaft.[17] Jegliche Reflexion über die Herrschaft des Gottes Israels über seine Schöpfung und sein Volk hatte (und hat) auch Aspekte einzubeziehen, die sich mit dem Nachdenken über politische Verhältnisse überschneiden. So ist davon auszugehen, dass der Begriff „politische Theologie" (im Sinne einer politisch-theologischen Konzeption) im frühjüdischen Kontext sinnvoll nur im Plural gebraucht werden kann. Die Vielfalt jüdischer Gemeinschaften und jüdischer Theologie im Zeitalter des Zweiten Tempels und darüber hinaus schließt die Vielfalt politischer Theologien mit ein;[18] es hat zu keiner Zeit

---

15 Vgl. grundlegend Reinhard Gregor Kratz, *Kyros im Deuterojesaja-Buch: Redaktionsgeschichtliche Untersuchungen zu Entstehung und Theologie von Jes 40–55*, FAT 1 (Tübingen: Mohr, 1991). Die Redaktion des „Kyros-Ergänzers" im Deuterojesajabuch gipfelt in der Darstellung des Perserkönigs als „Statthalter des göttlichen Königs Jhwh auf Erden" (179).

16 Vgl. aus der reichhaltigen Forschungsliteratur zum Themenkomplex exemplarisch Wolfgang Oswald, *Staatstheorie im Alten Israel: Der politische Diskurs im Pentateuch und in den Geschichtsbüchern des Alten Testaments* (Stuttgart: Kohlhammer, 2009). Vgl. zum dominierenden Thema der Reflexion und Kritik monarchischer Herrschaft z. B. Reinhard Müller, *Königtum und Gottesherrschaft: Untersuchungen zur alttestamentlichen Monarchiekritik*, FAT.2 3 (Tübingen: Mohr Siebeck, 2004); Udo Rüterswörden, „Das Königtum im Alten Testament," in *Monarchische Herrschaft im Altertum*, hrsg. v. Stefan Rebenich, Schriften des Historischen Kollegs 94 (Berlin: De Gruyter, 2017), 105–117. Vgl. ferner zur Vorstellung vom Königtum Gottes in der Hebräischen Bibel Marc Zvi Brettler, *God is King: Understanding an Israelite Metaphor*, JSOTS 76 (Sheffield: JSOT Press, 1989). Dass in der nachexilischen Zeit bereits vielfach ältere Überlieferungen rezipiert und diskutiert werden konnten, die wir dem Bereich politischer Theologie zuordnen können, zeigen in vielfältiger Weise die Beiträge des Sammelbandes Diana V. Edelman und Ehud Ben Zvi, Hrsg., *Leadership, Social Memory and Judean Discourse in the Fifth–Second Centuries BCE*, Worlds of the Ancient Near East and Mediterranean (Sheffield: Equinox, 2016).

17 Vgl. exemplarisch Anna M. Schwemer, „Gott als König und seine Königsherrschaft in den Sabbatliedern aus Qumran," in *Königsherrschaft Gottes und himmlischer Kult im Judentum, Urchristentum und in der hellenistischen Welt*, hrsg. v. Martin Hengel und Anna M. Schwemer, WUNT 55 (Tübingen: Mohr, 1991), 45–118.

18 Das Problem der Einheit und/oder Vielfalt des antiken Judentums spielt seit einigen Jahrzehnten eine wichtige Rolle in der Forschungsdiskussion. Dabei wird angesichts der Disparatheit des Quellenmaterials und der Existenz verschiedenster mehr oder weniger voneinander abgegrenzter Gruppen oder Strömungen kaum mehr in Zweifel gezogen, dass über jüdische Identität angemessen nur im Plural gesprochen werden kann. Dies gilt nicht nur für die Diaspora, sondern ebenso für das palästinische Judentum. So spricht etwa Lester L. Grabbe, *An Introduction to Second Temple Judaism: History and Religion of the Jews in the Time of Nehemiah, the Maccabees, Hillel and Jesus* (London: T&T Clark, 2010), 128–130 von „currents". Vgl. David Goodblatt, „Varieties of Identity in Late Second Temple Judah (200 B.C.E.–135 C.E.)," in *Jewish Identity and Politics between the Maccabees and Bar Kokhba: Groups, Normativity, and Rituals*, hrsg. v. Benedikt Eckhardt, JSJ.S 155 (Leiden: Brill, 2012), 11–27; Martin Goodman, *Judaism in the Roman World: Collected Essays*, AGJU 66 (Leiden: Brill, 2007), 21–32. Der Abschied von Generalisierungen geht dabei teilweise so weit, dass „multiple Judaisms" voneinander unterschieden werden, wie es etwa Jacob Neusner gefordert hat; vgl. Jacob Neusner, „Preface," in *Judaisms and Their Messiahs at the Turn of the Christian Era*, hrsg. v. Jacob Neusner, William S. Green und Ernest S. Frerichs (Cambridge: Cambridge University Press, 1987), ix–xiv. Gibt es also in der Vielfalt jüdischer Gruppen und Strömungen noch einen „Kern" oder eine gemeinsame Grundlage für „das Judentum"? Oder hat der Begriff gar keinen Gegenstand mehr, ist er nutzlos für das Verständnis der vielfältigen Phänomene, die erst aus einer späteren (rabbinischen und christlichen) Perspektive als „das Judentum" bezeichnet worden sind? Seth Schwartz beschreibt einen häufig beschrittenen Mittelweg in Seth Schwartz, *Imperialism and Jewish Society: 200 B.C.E. to 640 C.E* (Princeton: Princeton University Press, 2001), 9–10: „I assume that ancient Judaism was complex, capacious, and rather frayed at the edges", jedoch: „I reject the characterization of Judaism as multiple, as well as the atomistic reading of the sources that justifies it. […] There was necessarily a normative core of Judaism before 70 C.E." Diese Annahme begründet er u. a. mit der Autorität der Hebräischen Bibel in den meisten „Jewish sectarian groups, including Christians" (9, Anm. 13). Neusner hatte dies im Prinzip ähnlich gesehen; für ihn ist aber entscheidend, dass die gruppenspezifische Auswahl und Interpretation derjenigen Textstellen im Rahmen der gesamt-jüdisch als autoritativ anerkannten Schriften kaum jemals Gemeinsamkeiten erkennen lässt; vgl. Jacob Neusner, „Preface" in *Judaisms and Their Messiahs at the Turn of the Christian Era*, xii. In jüngerer Zeit sind verschiedentlich Versuche unternommen worden, neue Modelle nicht-essenzialistischer Bestimmungen dessen zu entwickeln, was unter „jüdisch" oder „Judentum" verstanden werden kann; vgl. Michael L. Satlow, „Defining Judaism: Accounting for 'Religions' in the Study of Religion," *JAAR* 74, Nr. 4 (2006).

In der vorliegenden Arbeit wird davon ausgegangen, dass es sinnvoll ist, einen Großteil der hier behandelten Quellen und Phänomene einem Bereich zuzuordnen, der sich sinnvoll als „frühes Judentum" bezeichnen lässt, d. h. als Judentum etwa zwischen dem 6. Jh. v. Chr. und dem 2. Jh. n. Chr. unter der Annahme eines Höchstmaßes an Vielgestaltigkeit. Eine genaue Abgrenzung und Definition des Begriffs „Judentum" wird dabei bewusst nicht vorgenommen. Vielmehr wird die Bezeichnung selbst als Arbeitshypothese verstanden, die sich an der Sache bewähren muss und fortlaufend zu hinterfragen ist. Jegliche auf ihr aufbauende Erkenntnis, d. h. jegliche von ihr abgeleitete Aussage, trägt nur insofern zum Verständnis des frühen Judentums bei, als die Rezipientin bzw. der Rezipient den hier behandelten Phänomenbereich ebenfalls als „das frühe Judentum betreffend" anerkennt. Damit wiederum sind schlicht die hermeneutischen Grundeinsichten beschrieben, dass der Geltungsbereich von Aussagen stets von deren Prämissen und dass jedwede Kommunikation von einer mindestens teilweise intersubjektiv übereinstimmenden Deutung von Symbolen abhängig ist.

eine einheitliche Auffassung von den politisch-theologischen Implikationen des Gott-Welt-Verhältnisses gegeben.[19] Dies betrifft damit ebenso auch die auf politisch-theologischen Vorstellungen aufbauende Beurteilung von Herrschaftsmodellen und -persönlichkeiten: Was im Kontext des frühen Judentums als gute oder schlechte Herrschaft gelten konnte, war nirgends eindeutig festgeschrieben, sondern musste je neu ausgehandelt und begründet werden.[20]

Sowohl theologiegeschichtliche Entwicklungen als auch sich verändernde realhistorische Umstände forderten politisch-theologisches Denken im frühen Judentum immer wieder neu heraus. In dieser Hinsicht ist die hellenistische Zeit mit ihrer grundlegenden Veränderung und Diversifizierung politischer Machtverhältnisse im Umfeld jüdischer Gemeinden herauszuheben. Im Verlaufe dieser Epoche stellte sich drängender und häufiger denn je die Frage, in welcher Weise der eine, allmächtige Gott denn seinen Herrschaftswillen konkret durchsetzen würde. Jüdinnen und Juden nahmen teil an jenen Dynamiken, die sich im ehemaligen Alexanderreich entfaltet hatten. Hervorzuheben ist hier insbesondere die intensivierte und diversifizierte Diaspora-Situation: Durch Söldner- und Soldatentum, Versklavung und Verschleppung von Kriegsgefangenen, aber auch durch freiwillige Migration entstanden im Laufe der hellenistischen Zeit jüdische Gemeinden beinahe im gesamten Mittelmeerraum und Nahen Osten.[21]

Politische Theologien reagieren in diesem historischen Kontext auf die Spannungen, die sich zwischen dem Theologumenon der universalen Gottesherrschaft und den konkret erlebten Herrschaftsverhältnissen in den hellenistischen Königreichen ergeben.[22] Es ist davon auszugehen, dass diese Spannungen

---

19 So auch mit Blick auf multiple „theologies of resistance" Anathea Portier-Young, *Apocalypse Against Empire: Theologies of Resistance in Early Judaism* (Grand Rapids: Eerdmans, 2011), 3–4.
20 Vgl. in diesem Sinne auch Benedikt Eckhardt, *Ethnos und Herrschaft: Politische Figurationen judäischer Identität von Antiochos III. bis Herodes I.*, SJ 72 (Berlin: De Gruyter, 2013), 156–165. Eckhardt betont zudem, dass die Diskussionen um gute Herrschaft im nachexilischen Judäa stark von der Realität der Fremdherrschaft und dem jeweiligen *status quo* bestimmt werden. Zur Legitimierung politischer Interessen (insbes. der Jerusalemer Priesterschaft) werden Traditionen (etwa die Überlieferungen zum davidischen Königtum) ausgewählt, interpretiert und umgestaltet.
21 Einen geografischen Überblick über jüdische Gemeinschaften in der antiken Welt bietet anhand der verfügbaren Quellen Emil Schürer, *The History of the Jewish People in the Age of Jesus Christ III/1*, Rev. Engl. ed. (Edinburgh: T&T Clark, 1986), 3–86. Eine hilfreiche kartografische Darstellung findet sich in Hanswulf Bloedhorn et al., „Die jüdische Diaspora bis zum 7. Jahrhundert n.Chr.," in *Tübinger Atlas des Vorderen Orients*, B VI 18, hrsg. v. DFG-Sonderforschungsbereich 19 TAVO (Wiesbaden: Reichert, 1976–1994).
22 Dem historischen Kontext entsprechend, begegnen in jüdisch-hellenistischer Literatur vielfältige Auseinandersetzungen mit dem hellenistischen Königtum, teilweise auch in Analogie zur *peri-basileias*-Literatur griechischer Tradition; vgl. Tessa Rajak et al., Hrsg., *Jewish Perspectives on Hellenistic Rulers*, Hellenistic Culture and Society 50 (Berkeley: University of California Press,

umso stärker werden, je mehr einerseits die Herrschaft Gottes nicht nur metaphorisch, sondern als geschichtlich wirksam verstanden wird – so wäre es in jüdischer Theologie in der Regel zu erwarten – und je mehr andererseits hellenistischen Monarchen in Selbstdarstellung und Fremdwahrnehmung übernatürliche Eigenschaften zugeschrieben werden. Politische Theologie aus frühjüdischer Perspektive bildet demnach einen Schnittpunkt zwischen der politischen Geschichte beispielsweise der hellenistischen oder auch der römischen Welt, in der sich jüdische Gemeinden bewegen, und der Geschichte frühjüdischer Theologie.[23] Es liegt auf der Hand, dass politischen Theologien damit auch eine wichtige Rolle bei der Herausbildung und Transformation multipler frühjüdischer Identitäten zuzuschreiben ist.[24]

2007). Werke wie der Aristeasbrief zeugen von einem regen Interesse an Fragen monarchischer Herrschaft, damit aber zugleich stets an politischer Theologie, wie sie in dieser Arbeit verstanden wird. Dieses Interesse ergibt sich zu einem nicht geringen Teil auch aus praktischen Herausforderungen jüdischer Gemeinden im Kontext hellenistischer Großreiche; vgl. Diego De Brasi, „Fürstenspiegel in der jüdisch-hellenistischen politischen Philosophie? Uno principe, pertanto, debbe consigliarsi sempre (Machiavelli, *Il Principe*, XXIII)," in *Jüdisch-hellenistische Literatur in ihrem interkulturellen Kontext*, hrsg. v. Martina Hirschberger (Frankfurt a. M.: Lang, 2012), 51–71. Auch die Septuaginta selbst ist in vielerlei Hinsicht Zeugnis politisch-theologischer Überlegungen und Debatten; vgl. Tessa Rajak, *Translation and Survival: The Greek Bible of the Ancient Jewish Diaspora* (Oxford: Oxford University Press, 2009), 176–209. Dass die Verwendung bestimmter Septuaginta-Texte in ganz konkreten historischen Situationen oder als Mittel politischer Auseinandersetzung jedoch oft nicht hinreichend plausibilisiert werden kann, betont Eckhardt, *Ethnos und Herrschaft*, 209–214.

23 Vgl. mit Blick auf die Entstehung der Septuaginta unter den Ptolemäern Anna Passoni Dell'Acqua, „Von der Kanzlei der Lagiden zur Synagoge: Das ptolemäische Vokabular und die Septuaginta," in *Die Septuaginta – Texte, Kontexte, Lebenswelten: Internationale Fachtagung veranstaltet von Septuaginta Deutsch (LXX.D), Wuppertal 20.–23. Juli 2006*, hrsg. v. Martin Karrer und Wolfgang Kraus, WUNT 219 (Tübingen: Mohr Siebeck, 2008), 236–247, wo bereits auf die Schwierigkeiten des Sprachgebrauchs in Hinsicht auf königliche bzw. göttliche Attribute hingewiesen wird. Die vorliegende Untersuchung schließt hier insofern an, als der Problematik hier am Beispiel ausgewählter Quellen detaillierter nachgegangen werden soll.

24 Dies zeigt z. B. die für unser Thema überaus erhellende Studie Giovanni Battista Bazzana, *Kingdom of Bureaucracy: The Political Theology of Village Scribes in the Sayings Gospel Q*, BETL 274 (Leuven: Peeters, 2015). Mit Blick auf die Logienquelle Q weist Bazzana darauf hin, dass der hier bezeugte, für die Predigt Jesu von Nazareth so zentrale Begriff βασιλεία (τοῦ θεοῦ) „unavoidably a political concept" ist. „Therefore it must be analyzed against the backdrop of ancient discussions concerning sovereignty and power" (20). Gleichzeitig ist das Konzept jedoch in jüdisch-hellenistischer Literatur vielfach belegt, sodass sich für seine Untersuchung die Kategorie „political theology" anbietet, welche in der Lage ist, sowohl theologische als auch politische Aspekte des Phänomens zu erfassen. „Indeed, the phrase βασιλεία τοῦ θεοῦ strikingly combines elements that belong to the domains of the political and of the religious. Thus, only a category that goes beyond the modern distinction between politics and religion can be expected to capture the historical

Politisch-theologische Konzeptionen haben ferner praktisch-ethische Implikationen, welche die drei Ebenen des Denkens, Handelns und Selbstverständnisses miteinander verknüpfen. Das oben bereits erwähnte – und hier nur vereinfacht dargestellte – Beispiel mag dies verdeutlichen: So ist das in der nachexilischen Zeit prominente Lob Kyros' des Großen als von Gott erwähltem, erfolgreichem und gutem Herrscher nicht nur eine theologisch-reflektierende Aussage, sondern es impliziert zugleich den politisch-ethischen Aufruf zur Unterstützung (oder gar Nachahmung) dieses Herrschers. Dies wiederum hat offensichtliche Folgen für jüdisches Selbstverständnis, wenn es etwa um die Offenheit oder Abgrenzung gegenüber nicht-jüdischen Herrschern und Gruppen geht. Eine Untersuchung politisch-theologischer Konzeptionen wird demnach immer wieder um den Schnittpunkt jener drei miteinander verwobenen Entwicklungen kreisen: Theologie, Handlungsorientierung, Selbstverständnis. Der Ausgangspunkt unserer Studie wird jedoch zunächst durch das vorhandene Quellenmaterial vorgegeben.

1.3 Quellen

1.3.1 Identifikation möglicher Quellentexte

Es liegt nahe, nach politisch-theologischen Konzeptionen vor allem in literarischen Quellen aus dem Bereich des frühen Judentums zu suchen. Archäologisches und epigraphisches Material sowie dokumentarische Papyri können ebenso wie Literatur nicht-jüdischer Provenienz für die Kontextualisierung der Hauptquellen eine Rolle spielen. Für den größten Teil der erhaltenen Literaturwerke des

---

relevance of such combination in a meaningful way" (22). Bazzana stützt sich auf Arbeiten von Giorgio Agamben, der von einer „economic theology" spricht, die Bazzana als „bureaucratic political theology" bezeichnet (vgl. 22–25, insbes. 23). Beschrieben wird hiermit die Idee, dass der Wille und die Weltregierung des göttlichen Souveräns durch eine Bürokratie himmlischer und/ oder irdischer Beauftragter vermittelt und umgesetzt werden. Für Bazzana lässt sich damit adäquat die politische Theologie der Verfasser der Logienquelle beschreiben, die er als Dorfschreiber identifiziert und damit als Teil der irdischen Bürokratie sieht, welche ihre Legitimität (mindestens auch) aus der Umsetzung des göttlichen Willens erhält bzw. beansprucht. Für die Trägergruppe von Q ist demzufolge die Frage politischer Theologie eminent wichtig für die Konstruktion ihrer eigenen Identität. Bazzana beschreibt damit eine ganz bestimmte Art politisch-theologischen Denkens, die wir in eine Reihe anderer Modelle einordnen könnten. Er selbst grenzt das bürokratische Paradigma insbesondere von der Vorstellung ab, dass ein Autokrat die göttliche Herrschaft auf Erden repräsentiert – eine Idee, die er bei Carl Schmitt ausgearbeitet sieht und als „representative political theology" bezeichnet (vgl. 22–23; ausführlicher 264–313).

frühen Judentums stehen uns jedoch keine äußeren Kriterien zur Verfügung, die uns eine genaue zeitliche und räumliche Einordnung ermöglichen würden. Bei der Bestimmung von Autorschaft, Intention und konkretem historischem Kontext sind wir also in den meisten Fällen auf innere Kriterien verwiesen, d. h. auf die Analyse des Textinhalts. Daraus folgt, dass auch die Auswahl von geeigneten Quellen im Rahmen der hier interessierenden Fragestellung vor allem über inhaltliche Kriterien erfolgen muss: Da wir nicht von vornherein wissen, ob ein Text beispielsweise von bestimmten politischen Interessengruppen verfasst oder verwendet worden ist, müssen wir zunächst danach fragen, ob er inhaltlich an Fragen von Macht, Herrschaft und Politik interessiert ist. Dabei lässt sich beinahe die gesamte uns erhaltene jüdische Literatur der Antike als theologische Literatur verstehen, d. h. als Literatur, die Wesen und Wirkungen von Gott oder Göttern thematisiert. Daraus folgt, dass auch (implizite und explizite) Reflexionen über Macht, Herrschaft und Politik jeweils nur vor dem Hintergrund oder in Verbindung mit theologischen Grundannahmen verstanden werden können. Politische Konzeptionen sind hier also immer politisch-theologische Konzeptionen: Eine jüdisch-theologisch geprägte Vorstellung von guter Herrschaft, Machtstrukturen, politischer Geschichte etc. nimmt gewissermaßen Gott in die Gleichung mit hinein.

Für unsere Untersuchung kommen also Literaturwerke in Frage, die etwa Aussagen über die Idee der Gottesherrschaft erkennen lassen, Herrscherbilder zeichnen und bewerten, Machtstrukturen offenlegen bzw. konstruieren oder sich mit verschiedenen Verfassungsformen beschäftigen. Noch vor wenigen Jahren konnte Michał Wojciechowski konstatieren, dass sowohl die Hebräische Bibel als auch neutestamentliche Schriften bereits umfassend auf ihre Aussagen zu solcherlei Themen hin befragt worden sind, demgegenüber aber Quellen aus der „deuterokanonischen" frühjüdischen Literatur noch wenig Beachtung gefunden haben.[25] Bereits ein kursorischer Überblick zeigt jedoch, dass in der Tat eine ganze Reihe von Quellen die hier interessierenden Themen anspricht. Exemplarisch seien einige Werke genannt:

- Das Erste und Zweite Makkabäerbuch als politisch-militärische Geschichtsschreibung mit Schwerpunkt auf dem Makkabäeraufstand. Die jeweils unterschiedliche Darstellungsweise zeugt von individuell verschiedener (theologischer) Deutung und Einordnung der Geschehnisse.

---

25 Vgl. Michał Wojciechowski, „To Fight or not to Fight? Various Answers to the Foreign Political Power in the Deuterocanonical Literature," *BN* 161 (2014), 1–2. Der Aufsatz geht auf einen Vortrag aus dem Jahr 2011 zurück.

- Das Dritte Makkabäerbuch, das sich ebenfalls im Gewande der Geschichts-schreibung mit der Frage nach guter Herrschaft befasst, hier konzentriert auf die Darstellung Ptolemaios' IV.
- Der Aristeasbrief, der geradezu als politisch-ethische Schrift oder (anachro-nistisch) als „Fürstenspiegel" bezeichnet werden kann und das einzige voll-ständig erhaltene Beispiel für *peri-basileias*-Literatur aus hellenistischer Zeit darstellt.
- Apokalyptische Literatur wie Jes 24–27, das Danielbuch, die Wochenapoka-lypse oder das dritte Buch der Sibyllinischen Orakel, die in vielfältiger Weise auf politische Ereignisse Bezug nimmt und ebenfalls häufig politisch-ethi-sche Implikationen enthält.
- Die eingangs zitierte weisheitliche „Pagenerzählung" in 1Esdr 3–4 mit ihrer anekdotischen Reflexion von Macht und Herrschaft.
- Die verschiedenen Versionen der Esther-Erzählung, die mit jeweils eigener Schwerpunktsetzung Fragen von Macht und Einfluss, Machtpolitik und Got-teshandeln beleuchten.

Die genannten Quellentexte entwerfen auf je individuelle Weise ganz unter-schiedliche Modelle von (guter) Herrschaft und politischer Theologie. Gerade die hellenistische Welt bot offenbar fruchtbaren Boden für solcherlei Reflexionen: Über literarische Gattungsgrenzen hinweg werden israelitisch-jüdische sowie teilweise persische und griechische Traditionen aufgenommen, die je nach Kon-text und Intention zur Grundlage verschiedener aktualisierter politisch-theolo-gischer Konzepte werden. Die Bandbreite reicht dabei von hasmonäischer Selbstdarstellung über das Lob einzelner ptolemäischer Herrscher bis hin zu hierokratischen Vorstellungen, Widerstandsliteratur und eschatologischen Er-wartungen einer direkten Herrschaft Gottes auf Erden am Ende aller Tage. Die Gesamtheit der zur Verfügung stehenden Quellen bietet damit eine ebenso um-fassende wie komplexe Grundlage für die Beantwortung der oben skizzierten Forschungsfragen. Um in diesem komplexen Geflecht jedoch nicht die Orientie-rung zu verlieren, bietet es sich an, die Untersuchung auf ein „Set" ausgewählter Texte zu beschränken, die umso eingehender bearbeitet werden können. Für diesen Zweck empfiehlt sich m. E. ganz besonders die Esther-Erzählung in ihren verschiedenen Versionen. Aufbauend auf einem im Kern sehr ähnlichen Erzähl-stoff, sind uns mehrere antike Fassungen des Werkes überliefert.

1.3.2 Vorstellung der ausgewählten Quellentexte

1.3.2.1 Überblick

Die wirkungsgeschichtlich enorm einflussreiche und bis heute in vielen religiösen Gemeinschaften überaus beliebte Esther-Erzählung hat bereits in der Antike großen Anklang gefunden. Dies bezeugt bereits die Vielgestaltigkeit der Überlieferung, die auf einen regen und kreativen Gebrauch des literarischen Stoffes in unterschiedlichen historischen Kontexten hinweist. Neben der hebräischen Fassung des Masoretischen Textes (EstMT) ist uns die Hauptüberlieferung der Septuaginta (EstLXX) erhalten, wobei einige Textzeugen der griechischen Bibel stattdessen den sogenannten Alpha-Text (EstAT) überliefern. Als weitere antike Version ist die Vetus Latina (EstVL) von Interesse, ebenso wie die Darstellung des Flavius Josephus in Ant 11,184–296 (EstJos).[26]

Die folgenden Abschnitte geben einen Überblick über die Quellen und den Forschungsstand. Forschungsarbeiten, die für die Frage nach politischer Theologie von unmittelbarer Relevanz sind, werden hingegen in den entsprechenden Hauptkapiteln gesondert zur Sprache kommen. Im folgenden Überblick wird deutlich werden, dass es sich lohnt, die fünf vorgestellten Texte in der uns vorliegenden Form als Fallbeispiele für die Fragestellung zur politischen Theologie zu verwenden. Ein Seitenblick auf andere Esther-Versionen wird das Gesamtbild komplettieren und die Quellenbasis abgrenzen.

1.3.2.2 EstMT

Das Masoretische Estherbuch hat von allen Versionen der Erzählung die bei Weitem größte Aufmerksamkeit in Forschung und religiöser Praxis erfahren. Dazu hat insbesondere seine Aufnahme in den Kanon des rabbinischen Judentums und einer Vielzahl reformatorischer christlicher Kirchen beigetragen.[27] Obschon der Talmud darüber Zeugnis ablegt, dass der kanonische Status von EstMT zunächst durchaus umstritten gewesen ist,[28] hat das Werk sodann enorme Wirkung ent-

---

26 Vgl. die Inhaltsübersicht in Anhang I dieser Arbeit.
27 Für die Kirchen des Ostens spielt seit jeher EstLXX die deutlich wichtigere Rolle, für die römisch-katholische Tradition die Vulgata und ihre Übersetzungen.
28 Vgl. bMeg 7a – eine Stelle, die gern als Argument herangezogen wird, die umfassende kanonische Geltung von EstMT erst im 2. oder 3. Jh. n. Chr. anzusetzen. Genau umgekehrt argumentiert Arndt Meinhold, *Das Buch Esther*, ZBK.AT 13 (Zürich: TVZ, 1983), 106: „Allerdings zeigt die massive Abwehr von Zweifeln an der Kanonizität des Buches (bMeg 7a), daß in talmudischer Zeit diese Frage bereits positiv entschieden war." Vgl. auch Adele Berlin, *Esther: The Traditional Hebrew Text with the New JPS Translation*, The JPS Bible Commentary (Philadelphia: Jewish Pu-

faltet, sowohl in der Exegese als auch als Grundlage religiöser Praxis, insbesondere des Purim-Festes.[29] Bis in die neuzeitliche jüdisch und christlich geprägte Exegese hinein ist EstMT – teils im Gegenüber zu EstLXX – wie kaum ein anderes biblisches Buch theologisch und moralisch debattiert und dabei auf- oder abgewertet worden.[30] Zu EstMT liegen zahlreiche wissenschaftliche Kommentare vor;

---

blication Society, 2001), xliii–xlv, die den Prozess der Kanonisierung von EstMT bereits im 2. Jh. v. Chr. abgeschlossen sieht. Einen gänzlich anderen Standpunkt vertritt Aaron J. Koller, *Esther in Ancient Jewish Thought* (Cambridge: Cambridge University Press, 2014), 129–135: Koller betont, wie fremd der Mehrheit der frühjüdischen Gruppen insbesondere in Palästina viele Aspekte von EstMT gewesen sein müssen. Den graduellen und fragmentarischen Charakter des Kanonisierungsprozesses betont Carey A. Moore, *Esther: Introduction, Translation, and Notes*, AncB 7B (New York: Doubleday, 1971), xxi–xxv; vgl. auch Koller, *Esther in Ancient Jewish Thought*, 155–160. Es versteht sich von selbst, dass die hier verhandelte Frage letztlich immer vor dem Hintergrund eines umfassenderen Verständnisses des Konzepts der „Kanonisierung" oder „autoritativen Geltung" beantwortet werden muss.

29 Einen knappen, aber informativen Überblick über die Bedeutung der Esther-Erzählung in jüdischer und christlicher Rezeption bietet James A. Loader, „Das Buch Ester," in *Das Hohelied. Klagelieder. Das Buch Ester*, hrsg. v. Hans-Peter Müller, Otto Kaiser und James A. Loader, 4. Aufl., ATD 16/2 (Göttingen: Vandenhoeck & Ruprecht, 1992), 199–280, 203–204. Zu beachten ist hierbei jedoch, dass im westlichen Christentum mindestens bis zur Reformationszeit ganz überwiegend die Vulgata rezipiert worden ist. Vgl. zur jüdischen Rezeption auch Isaac Kalimi, „The Place of the Book of Esther in Judaism and Jewish Theology," *ThZ* 59, Nr. 3 (2003), 193–196 sowie Isaac Kalimi, „Furcht vor Vernichtung und der ewige Bund: Das Buch Ester im Judentum und in jüdischer Theologie," *ZRGG* 62, Nr. 4 (2010), 340–343. Die Geschichte der liturgischen Verwendung der *Megilla* skizziert Günter Stemberger, *Judaica Minora Teil 1: Biblische Traditionen im rabbinischen Judentum*, TSAJ 133 (Tübingen: Mohr Siebeck, 2010), 236–240.

30 Vgl. Wolfram Herrmann, *Ester im Streit der Meinungen*, BEAT 4 (Frankfurt a. M.: Lang, 1986). Martin Luthers einflussreichen Urteilen über EstMT widmet sich Hans Bardtke, *Luther und das Buch Esther*, SGV 240/241 (Tübingen: Mohr, 1964). Bardtke kommt zu dem Schluss, dass den stark abwertenden Aussagen, die sich in Luthers antijudaistische Einstellungen einfügen, auch einige positive Wertungen einzelner Aspekte des Buches entgegenstehen. Interessanterweise scheint EstMT bei Calvin und Zwingli nur sehr wenig Interesse gefunden zu haben; vgl. Bardtke, *Luther und das Buch Esther*, 87, Anm. 1. Vgl. als Beispiel für die neuzeitliche, sich auch auf Luther berufende moralisierende Abwertung von EstMT Lewis Bayles Paton, *The Book of Esther: A Critical and Exegetical Commentary*, ICC (New York: Charles Scribner's Sons, 1908), 96: „Morally Est. falls far below the general level of the OT., and even of the Apocrypha. The verdict of Luther is not too severe: ‚I am so hostile to this book that I wish it did not exist, for it Judaizes too much, and has too much heathen naughtiness'".

Auf sehr frühe Beispiele möglicher exegetischer Umarbeitung des Esther-Stoffes, die ein gewisses Missfallen an den theologischen und politischen Implikationen des Buches bezeugen könnten, verweist Koller, *Esther in Ancient Jewish Thought*, 136–151. Eine umfassende Untersuchung der oft kritischen innerjüdischen Rezeption von EstMT und der direkten wie indirekten Wirkungen des Textes auf die Geschichte von Gewaltakten und -interpretationen im Judentum wegweisend waren in den vergangenen fünf Jahrzehnten insbesondere die Werke von Hans Bardtke,[31] Carey Moore,[32] Gillis Gerleman,[33] Arndt Meinhold,[34] James Loader,[35] Frederic Bush,[36] Jon Levenson,[37] Adele Berlin[38] und Harald Martin Wahl.[39] Die kürzlich erschienenen Kommentare von Jean-Daniel Macchi[40] und Beate Ego[41] bezeugen das weiterhin starke Interesse an EstMT. Eher knapp gehalten sind die Kommentare von Werner Dommershausen[42] und Carol Meyers.[43] Für das *Stuttgarter Alte Testament* hat Marie-Theres Wacker den Text der Einheitsübersetzung um Anmerkungen ergänzt.[44] Ebenfalls eher auf populäre denn auf wissenschaftliche Rezeption ausgerichtet ist der kurze Kommentarband derselben Autorin.[45]

EstMT erzählt eine in sich abgeschlossene Geschichte mit einer überschaubaren Zahl von Hauptcharakteren und einer leicht nachvollziehbaren, auf ein Hauptthema ausgerichteten dramatischen Handlung. Das Werk ist deshalb oft als Novelle (nach Arndt Meinhold: Diasporanovelle),[46] als romanhafte Erzählung

---

bietet Elliott Horowitz, *Reckless Rites: Purim and the Legacy of Jewish Violence*, Jews, Christians, and Muslims from the Ancient to the Modern World (Princeton: Princeton University Press, 2006).

31 Vgl. Hans Bardtke, „Das Buch Esther," in *Der Prediger; Das Buch Esther*, hrsg. v. Hans Bardtke und Hans W. Hertzberg, KAT 17,4–5 (Gütersloh: Gütersloher Verlagshaus, 1963), 239–408.

32 Vgl. Moore, *Esther*.

33 Vgl. Gillis Gerleman, *Esther*, 2. Aufl., BKAT 21 (Neukirchen-Vluyn: Neukirchener, 1982).

34 Vgl. Meinhold, *Das Buch Esther*.

35 Vgl. James A. Loader, „Das Buch Ester" in *Das Hohelied. Klagelieder. Das Buch Ester*.

36 Vgl. Frederic W. Bush, *Ruth, Esther*, WBC 9 (Dallas: Word, 1996).

37 Vgl. Jon D. Levenson, *Esther: A Commentary*, OTL (Louisville: Westminster John Knox, 1997).

38 Vgl. Berlin, *Esther*.

39 Vgl. Harald Martin Wahl, *Das Buch Esther: Übersetzung und Kommentar* (Berlin: De Gruyter, 2009).

40 Vgl. Jean-Daniel Macchi, *Le Livre d'Esther*, CAT 14e (Genf: Labor et Fides, 2016); vgl. jetzt auch die englische Ausgabe Jean-Daniel Macchi, *Esther*, International Exegetical Commentary on the Old Testament (Stuttgart: Kohlhammer, 2018).

41 Vgl. Beate Ego, *Ester*, BKAT 21 (Göttingen: Vandenhoeck & Ruprecht, 2017).

42 Vgl. Werner Dommershausen, *Ester*, 2. Aufl., NEB 2/1 (Würzburg: Echter, 1985).

43 Vgl. Carol Meyers, „Esther," in *The Oxford Bible Commentary*, hrsg. v. John Barton und John Muddiman (Oxford: Oxford University Press, 2001), 324–330.

44 Vgl. Marie-Theres Wacker, „Das Buch Ester," in *Stuttgarter Altes Testament: Einheitsübersetzung mit Kommentar und Lexikon*, hrsg. v. Erich Zenger, 2. Aufl. (Stuttgart: Katholische Bibelanstalt, 2004), 861–882.

45 Vgl. Marie-Theres Wacker, *Ester: Jüdin, Königin, Retterin* (Stuttgart: Katholisches Bibelwerk, 2006).

46 Die beiden prototypischen Beispiele für die Gattung „Diasporanovelle" sind nach Meinhold die Josephsgeschichte und EstMT; vgl. Arndt Meinhold, „Die Gattung der Josephsgeschichte und

oder als historischer Roman[47] bezeichnet worden. Andere Vorschläge zur Gattung von EstMT wie etwa „Festlegende"[48] oder „historicized wisdom-tale"[49] gewichten zwar einzelne Aspekte anders als die Einordnung als Novelle, doch basieren auch sie auf der Beobachtung, dass wir es mit einer stark auf die Zeichnung einzelner Charaktere und deren Beziehungen untereinander orientierten Erzählung zu tun haben.[50] Diese Charaktere treiben die Handlung durch ihre Aktivität über einen deutlichen Spannungsbogen hinweg voran.[51] Insofern eignet sich m. E. die Einordnung als Novelle sehr gut zur Beschreibung des literarischen Charakters des Textes, dessen unterschiedliche inhaltliche Facetten selbstverständlich auch mithilfe anderer Bezeichnungen nuanciert werden können.[52] Wie wir sogleich sehen werden, lässt sich näherhin von einer *historisierenden Novelle* sprechen, die ein pseudo-historisches „Setting" als Rahmen für eine weitgehend fiktive Handlung nutzt. Diese Charakterisierung gilt im Grundsatz ebenso für die anderen hier behandelten Esther-Versionen.

Wann und wo EstMT verfasst worden ist, bleibt in der Forschung umstritten. Ausgehend von der simplen Beobachtung, dass sich die Handlung am Hof Xerxes' I. (אֲחַשְׁוֵרוֹשׁ, reg. 486–465 v. Chr.) vollzieht,[53] wird die Diskussion immer wieder auch von der Frage bestimmt, inwiefern die in EstMT genannten Aspekte persischer Geschichte, Administration und Gesellschaft als historisch zutreffend beurteilt werden können. Hierzu wird gern ein Abgleich mit Details aus Herodots und Xenophons Berichten über das Perserreich vorgenommen, wobei einige Ausleger/-innen zu dem Schluss kommen, EstMT gebe die aus anderen Quellen rekonstruierten historischen Umstände größtenteils korrekt wieder; andere wie-

---

des Estherbuches: Diasporanovelle I," *ZAW* 87, Nr. 3 (1975); Arndt Meinhold, „Die Gattung der Josephsgeschichte und des Estherbuches: Diasporanovelle II," *ZAW* 88, Nr. 1 (1976); Meinhold, *Das Buch Esther*, 14–17.

47 Moore, *Esther*, LII spricht von einer „historical novel". Hans Bardtke, „Das Buch Esther" in *Der Prediger; Das Buch Esther*, 248 bezeichnet EstMT als „historischen Roman", daneben aber auch als Festlegende.

48 Hans Bardtke, „Das Buch Esther" in *Der Prediger; Das Buch Esther*, 251–252.

49 Shemarayahu Talmon, „Wisdom in the Book of Esther," *VT* 13, Nr. 4 (1963), 426.

50 Die Diskussion um die literarische Gattung wird bisweilen dadurch verkompliziert, dass unterschiedliche Theorien über die Redaktionsgeschichte von EstMT im Hintergrund stehen und nicht immer sauber zwischen dem uns vorliegenden Text und möglichen literarischen Vorstufen unterschieden wird; vgl. Wahl, *Das Buch Esther*, 12–15.

51 Vgl. Wahl, *Das Buch Esther*, 15.

52 Vgl. Ego, *Ester*, 40: „So kann die Estererzählung als eine Diasporanovelle bezeichnet werden, die stark weisheitliches Gepräge hat und als Festlegende fungiert."

53 Vgl. zum Königsnamen Kap. 2.2.

derum erkennen vorrangig Ungenauigkeiten und Unglaubwürdigkeiten.[54] M. E. geht dieser Versuch der historischen Verortung aus zwei Gründen am Problem vorbei: Erstens wäre selbst dann, wenn sich EstMT als zuverlässige Wiedergabe historischer Verhältnisse unter Xerxes herausstellen würde, lediglich ein *terminus post quem* ermittelt, der jedoch bereits schlicht durch die Nennung des Königsnamens gegeben ist. Historische Informationen, die mit anderen Quellen übereinstimmen, könnten schließlich zu jeder späteren Zeit aus genau diesen oder anderen Quellen (also etwa Herodot oder Xenophon) entnommen worden sein.[55] Zweitens deutet bereits – neben der literarischen Form der historisierenden Novelle – der humoristische, fast karnevalistische Charakter des durch EstMT begründeten Purimfestes auf die übertreibende, spielerische und teils satirische Präsentation des historischen „Settings" in der Geschichte hin.[56] Besonders deutlich hat dies Erich Gruen herausgestellt, der EstMT als durch „diaspora humor" bestimmt charakterisiert.[57] Es ist also durchaus fraglich, ob das Werk

---

54 Vgl. beide Aspekte knapp zusammenfassend James A. Loader, „Das Buch Ester" in *Das Hohelied. Klagelieder. Das Buch Ester*, 207–208.

55 Vgl. James A. Loader, „Das Buch Ester" in *Das Hohelied. Klagelieder. Das Buch Ester*, 207: Damit, „daß das Buch über Einzelheiten des persischen Reiches gut unterrichtet ist […],] ist jedoch das Buch ebensowenig als historischer Bericht ausgewiesen wie ‚The Tale of Two Cities' von Charles Dickens, dessen Rahmen und Kolorit die Französische Revolution bildet." Vgl. Kristin De Troyer und Marie-Theres Wacker, „Esther – Das Buch Ester (LXX und A-Text)," in *Septuaginta Deutsch Erläuterungen und Kommentare*, Bd. 1, hrsg. v. Martin Karrer und Wolfgang Kraus, 2 Bde. (Stuttgart: Deutsche Bibelgesellschaft, 2011), 1253–1295, 1264. Macchi plädiert dafür, Ähnlichkeiten mit griechischer Persika-Literatur so zu erklären, dass diese die Grundlage für die Komposition einer hellenistischen – bei ihm von EstMT zu unterscheidenden – Proto-Esther-Erzählung bilden: „In a way, the book of Esther can be viewed als a Hebrew equivalent of the ‚persicae' of Greek literature" (Jean-Daniel Macchi, „The Book of Esther: A Persian Story in Greek Style," in *A Palimpsest: Rhetoric, Ideology, Stylistics, and Language Relating to Persian Israel*, hrsg. v. Ehud Ben Zvi, Diana V. Edelman und Frank Polak, PHSC 5 (Piscataway, NJ: Gorgias, 2009), 109–128, 126–127). Vgl. auch Macchi, *Le Livre d'Esther*, 51–69.

56 Vgl. Berlin, *Esther*, xvi–xxii. Ausführlicher widmet sich dem karnevalistischen Charakter von EstMT Kenneth M. Craig, *Reading Esther: A Case for the Literary Carnivalesque*, Literary Currents in Biblical Interpretation (Louisville: Westminster John Knox, 1995).

57 Vgl. Erich S. Gruen, *Diaspora: Jews amidst Greeks and Romans* (Cambridge, MA: Harvard University Press, 2004), 135–148. Auch Gruen stellt den Zusammenhang zwischen dem Charakter des Purimfestes und dem literarischen Charakter von EstMT her: „The jocularity of Purim either inspired the text or was inspired by it" (147). Zu Gruens These, dass EstMT als heitere Satire angelegt ist, ist allerdings anzufragen, ob das Werk tatsächlich in dieser Weise von antiken Leserinnen und Lesern verstanden worden ist; vgl. auch Paul Spilsbury und Chris Seeman, *Judean Antiquities 11: Translation and Commentary*, Flavius Josephus: Translation and Commentary 6a (Leiden: Brill, 2017), 52: „While there is much to commend this reading, it is not clear that anyone in antiquity quite got the joke." So wurde bspw. auch die Persika-Literatur griechischer Autoren

überhaupt daran interessiert ist, (vermeintliches) historisches Faktenwissen weiterzugeben. Marie-Theres Wacker nennt EstMT daher eine „typische Geschichte", die keine historischen Daten festhalten, sondern Orientierungswissen vermitteln wolle: „Der jüdische Erzählerkreis, aus dem die Estergeschichte stammt und der sie weitergibt, will im Gewand einer in persischer Zeit spielenden dramatischen Geschichte jüdischen Menschen politische und religiöse Orientierungen geben für ihre eigene Zeit, das hellenistische Zeitalter des 3. bis 1. vorchristlichen Jahrhunderts."[58]

Wackers und andere aktuelle Datierungsvorschläge stützen sich denn oftmals auch stärker auf andere Überlegungen. So macht etwa die literarische Form der in hellenistischer Zeit beliebten „romanhaften Erzählung" für Erich Zenger eine Entstehung im 3. Jahrhundert v. Chr. wahrscheinlich.[59] Gleichzeitig passt seines Erachtens das Thema der Erzählung, die angedrohte Vernichtung der jüdischen Bevölkerung, kaum in die Perser-, sondern wohl eher in die hellenistische Zeit.[60] Adele Berlin hält das 4. Jahrhundert v. Chr. für plausibel und sieht strukturelle Verbindungen zu den uns bekannten Berichten griechischer Autoren über das Perserreich.[61] Jon Levenson kann sich auf Grundlage linguistischer Aspekte nicht vorstellen, dass EstMT vor dem 4. Jahrhundert v. Chr. verfasst worden ist, schließt

---

durchaus (auch) mit historischem Anspruch gelesen, obschon sie ein Bild des Perserreichs vermittelt, das nicht nur „von einer Mischung aus Bewunderung und Abscheu" (Robert Rollinger, „Monarchische Herrschaft am Beispiel des teispidisch-achaimenidischen Großreichs," in *Monarchische Herrschaft im Altertum*, hrsg. v. Stefan Rebenich, Schriften des Historischen Kollegs 94 [Berlin: De Gruyter, 2017], 189–215, 191), sondern oft genug auch von maßlosen Übertreibungen, geradezu fantastischen Geschichten und auch spöttischen Anmerkungen geprägt ist; vgl. Reinhard Bichler und Robert Rollinger, „Greece vi.: The Image of Persia and Persians in Greek Literature," in *Encyclopaedia Iranica*, 11/3, hrsg. v. Ehsan Yarshater, 326–329.

58 Wacker, *Ester*, 10.

59 Vgl. Erich Zenger, „Das Buch Ester," in *Einleitung in das Alte Testament: Mit einem Grundriss der Geschichte Israels von Christian Frevel*, hrsg. v. Erich Zenger et al., 7. Aufl., KStTh 1,1 (Stuttgart: Kohlhammer, 2008), 302–311, 307–308. Zenger grenzt diese Gattungsbezeichnung von der Novelle ab und scheint sie andererseits synonym zum „hellenistischen Roman" zu verwenden; Erläuterungen zu diesem Begriffsgebrauch bietet er jedoch nicht.

60 Ähnlich Kristin De Troyer und Marie-Theres Wacker, „Esther – Das Buch Ester (LXX und A-Text)" in *Septuaginta Deutsch Erläuterungen und Kommentare*, 1264: „Das für die Est-Erzählung tragende Motiv der Judenfeindschaft fügt sich jedenfalls besser in die hellenistische Zeit." Für die Periode 300–100 v.Chr., jedoch mit Präferenz für das 3. Jh. v. Chr. plädiert Dommershausen, *Ester*, 5 mit der nicht näher begründeten Behauptung, dass „in dieser Periode die Juden für die Aufnahme neuer Gedanken oder Feste [sc. Purim] zugänglicher waren als später." Vgl. ähnlich bereits Hans Bardtke, „Das Buch Esther" in *Der Prediger; Das Buch Esther*, 254.

61 Vgl. Berlin, *Esther*, xli–xliii; vgl. auch die in Anm. 55 erwähnte These von Macchi.

aber gleichfalls einen Zeitraum nach der hasmonäischen Revolte aus.[62] Er begründet dies damit, dass eine grundsätzlich positive Haltung gegenüber nichtjüdischer Herrschaft, wie er sie in EstMT erkennen will, hernach nicht mehr denkbar gewesen sei. Dabei scheint er allerdings nicht zu bedenken, dass EstMT keineswegs in Palästina entstanden sein muss und die Ereignisse in Jerusalem um das Jahr 167 v. Chr. nachweislich nicht dazu geführt haben, dass schlagartig alle Träger/-innen jüdisch geprägter Literaturproduktion nicht-jüdische Herrschaft durchweg negativ dargestellt hätten.

Einige Forscher/-innen haben versucht, sich einer Datierung von EstMT durch den Vergleich mit anderen frühjüdischen Literaturwerken zu nähern. EstMT ähnelt in Form, Aufbau und Inhalt beispielsweise der Josephsnovelle und den erzählenden Teilen des Danielbuches,[63] weiterhin Rut, Tob und Jdt – Schriften, die mindestens in ihrer Endgestalt von der Forschung mehrheitlich in die späte Perser- oder in die hellenistische Zeit eingeordnet werden. Doch auch die Art des Hebräischen, in der EstMT verfasst ist, ist in vielerlei Hinsicht der Sprache „später" biblischer Texte wie Esra/Neh, 1/2Chr, Koh und Dan vergleichbar.[64] Aus diesen Gründen sind zur Datierung von EstMT oft entweder die späte persische oder die frühe hellenistische Zeit vorgeschlagen worden, wobei eine genauere Eingrenzung kaum möglich erscheint.

Zur Frage des Kompositionsortes meint Loader, der zu einer Datierung in das ausgehende 4. Jahrhundert v. Chr. neigt,[65] die „Kenntnis persischer Sitten und das fehlende Interesse an Palästina spricht für das Judentum der östlichen Diaspora als Ursprungsort."[66] Dieses häufig anzutreffende Argument läuft allerdings m. E.

---

62 Vgl. Levenson, *Esther*, 26–27.

63 Vgl. John J. Collins, *Daniel: A Commentary on the Book of Daniel,* Hermeneia (Minneapolis: Fortress Press, 1993), With an Essay, „The Influence of Daniel on the New Testament" by Adela Yarbro Collins, 40.

64 Vgl. Ron Bergey, „Late Linguistic Features in Esther," *JQR* 75, Nr. 1 (1984); vgl. Harald Martin Wahl, „Die Sprache des hebräischen Esterbuches: Mit Anmerkungen zu seinem historischen und traditionsgeschichtlichen Referenzrahmen," *ZAH* 12 (1999). Für eine deutliche Abgrenzung des Hebräischen in EstMT zur Sprache von Dan plädiert hingegen Meinhold, *Das Buch Esther*, 20: „Das Hebräisch, das aus dem 2. vorchristlichen Jahrhundert bekannt geworden ist, gleicht dem des Esterbuches praktisch auch nicht." Anders 1/2Chr, Koh und Dan enthalte EstMT zwar persische, aber keine griechischen Lehnwörter. Vgl. aber die grundsätzlich skeptische Sicht bei Koller, *Esther in Ancient Jewish Thought*, 37–38, Anm. 8: „[I]t is impossible simply to line up the late biblical books in chronological order, given the geographic variation; we have no knowledge of what the Hebrew written by Jews in the eastern Diaspora looked like, and how it differed from the Hebrew utilized in Palestine, so the linguistic analysis cannot help us narrow the date down further."

65 Vgl. ähnlich Gerleman, *Esther*, 39.

66 James A. Loader, „Das Buch Ester" in *Das Hohelied. Klagelieder. Das Buch Ester*, 214.

ebenso ins Leere wie die oben angesprochenen Datierungsvorschläge, die sich auf die in EstMT belegte Kenntnis historischer Daten stützen. Weder können „persische Sitten" – eine problematische Kategorie – nur in der östlichen Diaspora bekannt gewesen sein, noch müsste eine in Palästina oder anderswo verfasste Erzählung ein besonderes inhaltliches Interesse an dieser jeweiligen geografischen Region zeigen. Der Kompositionsort von EstMT ist damit aus meiner Sicht auf Grundlage der uns vorliegenden Daten nicht zu bestimmen.[67] Ähnliches gilt für die Abfassungszeit, wobei diese in der neueren Forschung fast nirgends mehr vor dem 4. oder nach dem 2. Jahrhundert v. Chr. angesetzt wird.[68] Dazu passt das nicht zwingende, aber durchaus plausible Ergebnis der umfassenden und auf der bisherigen Forschung aufbauenden Analyse von Beate Ego, die zu dem Schluss kommt, EstMT stamme in seinem wesentlichen Grundbestand aus der Anfangszeit der hellenistischen Epoche und habe sodann einige Erweiterungen in hasmonäischer Zeit erfahren.[69] Damit ist bereits auf die Frage der literarischen Vorgeschichte von EstMT verwiesen.

EstMT ist bereits mehrfach Gegenstand literarkritischer Überlegungen geworden, die einen mehr oder weniger komplexen Wachstumsprozess des Buches nahelegen wollen.[70] Die neuere Diskussion um diese Frage wurde eingeleitet durch David Clines' 1984 erschienene Studie,[71] die auf älteren Beiträgen, etwa von Henri Cazelles,[72] aufbaut. Zur Debatte haben sodann insbesondere Michael Fox,[73] Charles Dorothy[74] und Ruth Kossmann[75] beigetragen. Gemeinsam sind diesen Arbeiten vor allem zwei Aspekte: Erstens rechnen sie allesamt mit einer mehrstufigen Entstehung von EstMT, wobei insbesondere Kap. 9 und 10 als Erweite-

---

67 Vgl. Hans Bardtke, „Das Buch Esther" in *Der Prediger; Das Buch Esther*, 255.

68 Vgl. Beate Ego, „The Book of Esther: A Hellenistic Book," *JAJ* 1, Nr. 3 (2010), 279–287. Ausnahmen sind Stephanie Dalley, *Esther's Revenge at Susa: From Sennacherib to Ahasuerus* (Oxford: Oxford University Press, 2007) mit einer Datierung in assyrische Zeit sowie die erwähnte linguistische Studie Bergey, „Late Linguistic Features in Esther", die einige Aspekte des in EstMT verwendeten Hebräischen in die Nähe von Parallelen ab dem 2. Jh. v. Chr. rückt.

69 Vgl. Ego, „The Book of Esther: A Hellenistic Book".

70 Vgl. zur Forschungsgeschichte David J. A. Clines, *The Esther Scroll: The Story of the Story*, JSOTS 30 (Sheffield: JSOT Press, 1984), 115–138 sowie den aktuellen Überblick bei Ego, *Ester*, 40–50.

71 Vgl. Clines, *The Esther Scroll*.

72 Vgl. Henri Cazelles, „Note sur la composition du rouleau d'Esther," in *Lex tua veritas*, hrsg. v. Heinrich Groß und Franz Mußner (Trier: Paulinus, 1961), 17–29.

73 Vgl. Michael V. Fox, *The Redaction of the Books of Esther: On Reading Composite Texts*, SBLMS 40 (Atlanta: Scholars Press, 1991).

74 Vgl. Charles V. Dorothy, *The Books of Esther: Structure, Genre and Textual Integrity*, JSOTS 187 (Sheffield: Sheffield Academic, 1997).

75 Vgl. Ruth Kossmann, *Die Esthernovelle: Vom Erzählten zur Erzählung; Studien zur Traditions- und Redaktionsgeschichte des Estherbuches*, VT.S 79 (Leiden: Brill, 2000).

rungen betrachtet werden, die u. a. das Purim-Thema mit dem Grundbestand der Erzählung verbinden wollen. In Kap. 1–8 werden von Clines und Kossmann wiederum auf unterschiedliche Weise einzelne Quellen identifiziert. Zweitens zeigt sich an allen vier genannten Arbeiten, dass sich die Frage nach literarischen Vorstufen des uns vorliegenden EstMT fast unweigerlich mit dem Problem der literarhistorischen Beziehung zwischen EstMT, EstLXX, EstAT und – bislang weniger beachtet – EstVL und EstJos verbindet. Vor allem EstAT wird spätestens seit Clines' Studie immer wieder als Zeuge einer älteren, einem Proto-MT vorausgehenden hebräischen oder aramäischen Textversion in Anschlag gebracht.[76]

Die Einzelheiten dieser beiden grundsätzlichen Gesichtspunkte werden nach wie vor kontrovers diskutiert. Neuere Kommentare sind teils der Ansicht gefolgt, dass sich EstMT auf verschiedene Einzelquellen zurückführen lässt, teils plädieren sie für die ursprüngliche Einheitlichkeit der, wie oben berichtet, meist als konzeptionell sehr durchdachte Novelle charakterisierten Erzählung.[77] Auch zur Kompositionsgeschichte der Esther-Überlieferungen insgesamt ist noch kein Konsens erzielt worden, wie in den nachfolgenden Einleitungsabschnitten zu den anderen Versionen noch deutlich werden wird. Angesichts dieser unklaren Lage, deren Klärung nicht Aufgabe der vorliegenden Arbeit ist, erscheint es ratsam, für die hier durchzuführende konzeptionelle Untersuchung EstMT in seiner uns vorliegenden Form heranzuziehen.

Wie vorstehend erörtert, haben wir es bei EstMT mit einer zumindest in ihrem Grundbestand wohl durchdachten und umfassend konzipierten Novelle zu tun. Die stark an Fragen von Macht und Politik interessierte Erzählung eignet sich gut, auf ihre politische Theologie hin untersucht zu werden. Es erscheint allerdings

---

76 Vgl. Kap. 1.3.2.4.

77 Wie bereits Meinhold, *Das Buch Esther*, 12–14 noch vor Erscheinen der Arbeit von Clines, so zögert auch Wahl, *Das Buch Esther*, 6–7 bei der Identifizierung von einzelnen Quellen in EstMT 1–8; beide sehen aber wiederum in EstMT 9–10 eine Kompilation von Nachträgen. Levenson, *Esther*, 32–34 nimmt insbesondere Clines' Ansicht auf, dass EstAT einen Blick in frühere Entwicklungsstufen der Esther-Erzählung ermöglicht, erachtet aber einen Rekonstruktionsversuch – mit Ausnahme der Ausgestaltung zur Purim-Legende in EstMT 9–10 – als zu spekulativ und nicht zielführend. Für weitgehende literarische Einheitlichkeit von EstMT plädiert James A. Loader, „Das Buch Ester" in *Das Hohelied. Klagelieder. Das Buch Ester*, 209–213; 269 in Reaktion auf Clines und die ältere Forschung. Adele Berlin diskutiert die Ergebnisse der literarkritischen Forschung in ihrem Kommentar nicht ausführlich und liest den Text grundsätzlich als Einheit; vgl. etwa die Bemerkungen zur narrativen Struktur in Berlin, *Esther*, xxiii. Zu Kap. 9 merkt Berlin beiläufig an: „It turns the story, which may once have existed independent of its Purim connection, into an etiology of Purim" (81); vgl. jedoch ihre kritische Sicht auf Erweiterungshypothesen mit Blick auf 9,24–25 (89–90). Stark auf redaktionsgeschichtliche Fragen ausgerichtet ist der bereits erwähnte Kommentarband Macchi, *Le Livre d'Esther*, der die bisherige Forschung aufnimmt und bestrebt ist, einen EstMT vorausgehenden Text zu rekonstruieren.

unmöglich, dieses Konzept sogleich auch historisch einzuordnen und damit vor einem konkreten Hintergrund zu interpretieren. Noch nicht einmal lässt sich ganz sicher bestimmen, ob die politische Theologie von EstMT im Kontext des persischen oder eines hellenistischen Reiches zu verstehen wäre. Daraus folgt, dass der uns vorliegende Text für sich wahrgenommen und ausgelegt werden muss und in ihm enthaltene Aussagen etwa über monarchische Herrschaft von uns nur allgemein und nicht bezogen auf konkrete Monarchinnen oder Monarchen interpretiert werden können.

EstMT ist aufgrund seiner thematischen Ausrichtung gut geeignet, uns einen Blick auf politische Reflexionen im frühen Judentum zu gewähren; der Text wird daher in die Untersuchung einbezogen. Allerdings wird er dabei nicht im Zentrum des Interesses stehen, da er, erstens, keine expliziten Aussagen über Gott enthält und jede Deutung seiner politischen *Theologie* damit in gesteigertem Maße hypothetisch sein muss. Zweitens ist eben diese theologische Interpretationsarbeit bereits vielfach vorgenommen worden, so wie EstMT auch in anderer Hinsicht weit intensiver erforscht und ausgelegt worden ist als die übrigen Versionen der Esther-Erzählung. Auf diese Forschungsarbeiten kann daher hier verwiesen, die Analyse von EstMT mithin auf ihnen aufgebaut werden, während grundlegende Studien zu seinen Geschwistertexten in vielen Bereichen noch ausstehen, wie im Folgenden deutlich werden wird.

1.3.2.3 EstLXX

Als EstLXX wird hier jene Septuaginta-Version des Estherbuches bezeichnet, die in der überwiegenden Mehrzahl der Textzeugen einschließlich der Kodizes Alexandrinus, Vaticanus, Sinaiticus und Venetus sowie Papyrus 967 überliefert ist.[78] Unter diesen misst Robert Hanhart dem Kodex Vaticanus die weitaus größte Bedeutung für die Rekonstruktion eines griechischen Ur-Textes bei, an der die Göttinger Septuaginta-Edition interessiert ist.[79] EstLXX ist in den Kanon der frühen Kirche eingegangen und hat daher bis heute für einige christliche Gemeinschaften große Bedeutung, die teils an diejenige von EstMT heranreicht oder diese gar übersteigt. Wie etwa auch im Falle beispielsweise des Danielbuches überliefert die griechische Tradition eine Langfassung der Erzählung, die sich in vielerlei

---

78 Der Text wird in Robert Hanhart, Hrsg., *Esther*, 2. Aufl., Septuaginta: Vetus Testamentum Graecum 8,3 (Göttingen: Vandenhoeck & Ruprecht, 1983) mit dem Siglum *o'* bezeichnet; in der Forschungsliteratur sind auch die Bezeichnungen OG/Old Greek oder B-Text (im Gegenüber zum A-Text/Alpha-Text) gebräuchlich.

79 Vgl. Hanhart, *Esther*, 45–50.

Hinsicht von EstMT unterscheidet und im Umfang weit über diesen hinausgeht.[80] Gleichwohl lässt die über weite Strecken deutliche inhaltliche Nähe zu EstMT sowie der Charakter des Griechischen, in dem EstLXX verfasst ist, erkennen, dass das Werk in großen Teilen auf einen hebräischen Text zurückgeht, der EstMT mindestens sehr ähnlich ist. Dort, wo der Text parallel zu EstMT verläuft, lässt sich jedoch nur selten eine wortgetreue Übersetzung erkennen, sondern meist eine freie und originelle Gestaltung, die entweder auf andere Vorlagen oder auf eine bestimmte Verfasserintention oder einen eigenwilligen Stil zurückgeführt werden muss.[81]

Die auffälligste Differenz zwischen EstLXX und EstMT sind die sogenannten „Zusätze", für die sich die Bezeichnungen A, B, C, D, E und F eingebürgert haben. Sie verteilen sich wie folgt auf den Erzählzusammenhang: Abschnitt A eröffnet das Buch mit der Schilderung eines Traums des Mordechai (A,1–11), gefolgt von einem ersten Bericht über ein vereiteltes Attentat auf den König (A,12–16) und der Einführung des Haman (A,17). Abschnitt B gibt vor, den Wortlaut des ersten Edikts wiederzugeben und findet sich demgemäß zwischen 3,13 und 3,14. Abschnitt C folgt auf 4,17 und beinhaltet Gebete des Mordechai (C,1–11) und der Esther (C,12–30). Im direkten Anschluss findet sich Abschnitt D, die Thronsaal-Szene, welche anstelle von EstMT 5,1–2 und in weit ausführlicherer Form als der hebräische Text von Esthers Vorsprache beim König berichtet. Zwischen 8,12 und 8,13 findet sich sodann Abschnitt E, das zweite Edikt. Abschnitt F schließt mit der Deutung des Traumes aus Abschnitt A (F,1–10) sowie mit einem Kolophon (F,11) das Buch ab.

---

80 Vgl. zu den Unterschieden zwischen den Esther-Texten auf der Makroebene Anhang I dieser Arbeit.

81 Vgl. Hanna Kahana, *Esther: Juxtaposition of the Septuagint Translation with the Hebrew Text*, CBET 40 (Leuven: Peeters, 2005). Kahana folgert aus ihrem detaillierten Vergleich zwischen EstMT und EstLXX, „that the translation is often paraphrastic, and generally not closely bound to the original text. It is almost never literal, and contains very few hebraisms" (442). Gleichwohl meint sie, die meisten Unterschiede zwischen den Texten „must have been due to translational decisions of the Translator himself, rather than to a different Hebrew Vorlage or to subsequent scribal errors or other corruptions in transmission" (441). Sie gesteht allerdings zu, dass einige Passagen auf eine von EstMT verschiedene Vorlage schließen lassen könnten „or, what seems to us more probable, that some passages were different from the ones known to us" (458). Emanuel Tov hingegen wendet sich gegen die auch sonst in der Forschung weit verbreitete Auffassung, EstLXX basiere auf (Proto-) EstMT (so z. B. Clines, *The Esther Scroll*, 69–79); vgl. Emanuel Tov, „The LXX Translation of Esther: A Paraphrastic Translation of MT or a Free Translation of a Rewritten Version?," in *Empsychoi Logoi: Religious Innovations in Antiquity*, hrsg. v. Alberdina Houtman, Albert de Jong und Magda Misset-van de Weg (Leiden: Brill, 2008), 507–526. Er versteht „Esth-LXX as a free translation of a rewritten version of MT rather than a paraphrastic translation" (520 und 526).

Der Ursprung der Abschnitte A–F ist nicht eindeutig zu bestimmen, mit Sicherheit ist er allerdings nicht einheitlich: Kaum mehr umstritten ist, dass B und E originär griechische Kompositionen sind. So zeigt das in diesen Abschnitten verwendete Griechisch nach der syntaktisch-statistischen Analyse von Raymond Martin keinerlei Anzeichen einer semitischen Vorlage.[82] Martin bestätigt damit, was Carey Moore bereits auf anderer Grundlage vermutet hatte.[83] Demgegenüber gibt es beiden Studien zufolge unterschiedlich starke Anzeichen dafür, dass A, C, D und F auf eine hebräische oder aramäische Vorlage zurückgehen[84] – eine An-

---

82 Vgl. Raymond A. Martin, „Syntax Criticism of the LXX Additions to the Book of Esther," *JBL* 94, Nr. 1 (1975) sowie zur Methode ausführlicher Raymond A. Martin, *Syntactical Evidence of Semitic Sources in Greek Documents*, SCSt 3 (Cambridge, MA: Society of Biblical Literature, 1974).
83 Vgl. Carey A. Moore, „On the Origins of the LXX Additions to the Book of Esther," *JBL* 92, Nr. 3 (1973). Zustimmung erfährt Martin auch von Dorothy, *The Books of Esther*, 92–93, der noch weitere Argumente hinzufügt.
84 So auch bereits Charles C. Torrey, „The Older Book of Esther," *HTR* 37, Nr. 1 (1944), 25; 27–28. Torrey sieht allerdings C und D als ursprüngliche Teile einer älteren aramäischen Esther-Erzählung an, die Grundlage für die griechischen Übersetzungen gewesen sei. A und F seien im Original aramäische, B und E griechische Zusätze. Vgl. auch Emanuel Tov, „The LXX Translation of Esther" in *Empsychoi Logoi*, insbes. 516. Vgl. weiterhin Ingo Kottsieper, „Zusätze zu Ester," in *Das Buch Baruch. Der Brief des Jeremia. Zusätze zu Ester und Daniel*, hrsg. v. Odil H. Steck, Reinhard G. Kratz und Ingo Kottsieper, ATD.A 5 (Göttingen: Vandenhoeck & Ruprecht, 1998), 107–207, 118–119: Kottsieper versteht C als eng zusammengehörig mit A und F und nimmt für alle drei Abschnitte in ihrer ursprünglichen Form eine semitische Vorlage an. Anders hingegen Ulrike Mittmann-Richert, *Einführung zu den historischen und legendarischen Erzählungen*, JSHRZ 6/1 (Gütersloh: Gütersloher Verlagshaus, 2000), 99–100: Mittmann-Richert möchte sowohl C als auch F,1–10 als originär griechische Werke verstehen und erkennt hier lediglich „hebraisierenden Stil" (99). „Denn die Neudeutung des Purimfestes, um die es in den Zusätzen theologisch geht, wird in C 1–30 und F 1–10 als mit den stammgleichen Worten κλῆρος und κληρονομία spielende Reflexion durchgeführt, die in dieser auffallenden sprachlichen Form nicht direkt ins Hebräische übertragbar ist" (99–100). Gleichwohl konzediert sie mit Blick auf die hebräischen Synonyme גּוֹרָל und נַחֲלָה: „Die Möglichkeit, daß die Stammgleichheit der entscheidenden theologischen Begriffe im Griechischen ein zufälliges Übersetzungsphänomen ist, kann nicht mit letzter Gewißheit ausgeschlossen werden." (100, Anm. 10). Demgegenüber ist festzuhalten, dass גּוֹרָל in der Septuaginta tatsächlich regelmäßig mit κλῆρος übersetzt wird, zweimal (PsLXX 15,5; JesLXX 17,14) mit κληρονομία. נַחֲלָה wiederum wird in der Regel mit κληρονομία wiedergegeben. Es ist demnach nicht nur möglich, sondern sogar überaus wahrscheinlich, dass diese beiden griechischen Begriffe zur Übersetzung einer entsprechenden semitischen Vorlage verwendet worden wären. Anders gesagt: Die Stammgleichheit der beiden Begriffe in der griechischen Übersetzung ließe sich vor dem Hintergrund des üblichen Septuaginta-Sprachgebrauchs kaum vermeiden. Der von Mittmann-Richert hervorgehobene theologische Gehalt des Begriffspaares (vgl. 106–109) kann dabei durchaus auch in einem ins Griechische übersetzten Text zur Entfaltung kommen. Robert Hanhart ist der Ansicht, dass alle „Zusätze" ursprünglich auf Griechisch verfasst worden seien, liefert dazu aber

sicht, die sich in der Forschung weitgehend durchgesetzt hat.[85] Aufgrund der unterschiedlichen Ursprungssprachen ist es überaus wahrscheinlich, „daß die Zusätze nicht einem einzigen historischen Ort zuzuordnen sind", wie Ingo Kottsieper feststellt.[86]

Es ist, obwohl sich dies in der Fachdiskussion so eingebürgert hat, ein wenig irreführend, die Abschnitte A–F als „Zusätze" zu bezeichnen. Sie sind vielmehr integrale Bestandteile von EstLXX (und in ähnlicher Form von anderen Esther-Versionen) und uns nirgends als selbstständige Texte überliefert. Eben sowenig existiert eine antike griechische Esther-Version *ohne* „Zusätze".[87] Gleichzeitig sind

---

keinerlei Begründung; vgl. Hanhart, *Esther*, 96. Hanharts Behauptung wird ohne weitere Diskussion übernommen bei Wahl, *Das Buch Esther*, 5.

85 Vgl. aktuell z. B. die Rezeption der entsprechenden Forschungen bei Macchi, *Le Livre d'Esther*, 37. Die Erkenntnis, dass die genannten Abschnitte mindestens in großen Teilen auf semitischen Originalen beruhen, hat zu der These beigetragen, sie seien Teil einer ursprünglichen, heute verlorenen hebräischen oder aramäischen Langfassung gewesen, aus der EstMT erst durch rabbinische Kürzung entstanden sei; vgl. die in Anm. 84 genannte These von Torrey sowie Folker Siegert, *Einleitung in die hellenistisch-jüdische Literatur: Apokrypha, Pseudepigrapha und Fragmente verlorener Autorenwerke* (Berlin: De Gruyter, 2016), 247; 250. Hier deutet sich bereits an, wie weit die Forschung von einem Konsens zur Redaktions- und Editionsgeschichte der Esther-Überlieferungen entfernt ist (s. u.).

86 Ingo Kottsieper, „Zusätze zu Ester" in *Das Buch Baruch. Der Brief des Jeremia. Zusätze zu Ester und Daniel*, 121. Des Öfteren ist eine literarische Abhängigkeit zwischen den „Zusätzen" sowie anderen Charakteristika von EstLXX und 3Makk konstatiert worden. Es ist jedoch umstritten, ob EstLXX hierbei Priorität zukommt – so z. B. Ingo Kottsieper, „Zusätze zu Ester" in *Das Buch Baruch. Der Brief des Jeremia. Zusätze zu Ester und Daniel*, 131–132 – oder ob die Bearbeiter/-innen des Esther-Stoffes vielmehr auf (eine Vorform von) 3Makk zurückgegriffen haben – so mit Blick auf die beiden Edikte Noah Hacham, „3 Maccabees and Esther: Parallels, Intertextuality, and Diaspora Identity," *JBL* 126, Nr. 4 (2007). Vgl. für einen Überblick über die Forschungsmeinungen Hacham, „3 Maccabees and Esther", 765–766.

87 Vgl. aber Anm. 179. Zur Esther-Erzählung des Josephus, die A und F nicht enthält, vgl. Kap. 1.3.2.6. Carey Moore verweist auf den „secondary character" der Abschnitte A–F und rechtfertigt damit die isolierte Untersuchung dieser Textteile. Er argumentiert: „Although some of these extended passages are survivals, i. e. witnesses to no longer extant Semitic originals, they are all still properly called ,additions'; for both the external and internal evidence indisputably indicate that they were not originally part of the Esther story but were added later": Carey A. Moore, *Daniel, Esther and Jeremiah, the Additions: A New Translation with Introduction and Commentary*, AncB 44 (Garden City: Doubleday, 1979), 153. Dieser Gedanke ist insofern problematisch, als mit *„the* Esther story" offenbar EstMT gemeint ist. Der Kontext für die Abschnitte A–F ist allerdings nicht EstMT, sondern EstLXX, und dieser Text hat – nach allem, was wir wissen – nie ohne diese Passagen existiert; vgl. auch Emanuel Tov, „The LXX Translation of Esther" in *Empsychoi Logoi*, insbes. 517–519. Vgl. zur Problematik des Konzepts „Zusätze" im Blick auf frühjüdische Literatur im Allgemeinen József Zsengellér, „Addition or Edition? Deconstructing the Concept of Additions," in

A–F, wie bereits erwähnt, keineswegs die einzigen charakteristischen Merkmale von EstLXX gegenüber EstMT. Der Text bietet eine Vielzahl von Besonderheiten, die im Gesamtzusammenhang gewürdigt werden müssen, will man EstLXX umfänglich verstehen und als Quellentext für übergreifende Fragestellungen verwenden, wie es diese Arbeit beabsichtigt.[88] Diesen Erkenntnissen wird in der Forschung nicht immer ausreichend Rechnung getragen; oft werden EstLXX (wie auch den übrigen griechischen und lateinischen Esther-Versionen) lediglich Seitenblicke gewidmet, während EstMT im Fokus des Interesses bleibt, oder die „Zusätze" werden von ihrem Kontext isoliert untersucht.[89] Diese Praxis lässt sich

---

Deuterocanonical Additions of the Old Testament Books: Selected Studies, hrsg. v. Géza G. Xeravits und József Zsengellér, DCLS 5 (Berlin: De Gruyter, 2010), 1–15.

88 Vgl. Elias J. Bickerman, „Notes on the Greek Book of Esther," *PAAJR* 20 (1951), 101–102.

89 Den meisten Kommentaren zum Estherbuch liegt ausschließlich EstMT zugrunde; vgl. Kap. 1.3.2.2. Dommershausen, *Ester* orientiert sich am Text der „Einheitsübersetzung", was den Vorgaben der zugehörigen Kommentarreihe „Die Neue Echter Bibel" entspricht. In der fortlaufenden Kommentierung wird gelegentlich auf besondere Wendungen sowohl aus EstMT als auch aus EstLXX (nicht aber aus EstAT) verwiesen. Ähnlich verfährt Levenson, *Esther*: EstMT wird fortlaufend kommentiert, mit einigen wenigen Bemerkungen zu EstLXX und EstAT. Die „Zusätze" aus EstLXX werden in den Erzählfaden eingeordnet und besprochen. Dort, wo EstLXX (oder auch EstAT) in der Forschung explizit in den Blick kommt, wird der griechische Text meist nicht als Ganzer wahrgenommen. So geht etwa Moore, *Esther* von EstMT aus und zeigt aus dieser Perspektive einige Besonderheiten in EstLXX und EstAT auf. Moore verweist darüber hinaus auf seinen separaten, acht Jahre später erschienenen AncB-Band zu EstLXX: Moore, *Daniel, Esther and Jeremiah, the Additions*. Dieser behandelt ausführlich allerdings nur die „Zusätze", ordnet sie in den Kontext von EstMT ein und bietet zum restlichen Text von EstLXX (und teils EstAT und EstVL) nur knappe Notizen; vgl. die Begründung dieses m. E. mindestens verwirrenden Vorgehens Moore, *Daniel, Esther and Jeremiah, the Additions*, 168. Ähnlich verfährt auch Otto Fridolin Fritzsche, *Das dritte Buch Esra, die Zusätze zum Buch Esther und Daniel, das Gebet des Manasse, das Buch Baruch und der Brief des Jeremia*, KEH Apokryphen 1 (Leipzig: Weidmann, 1851), 67–108 sowie Ingo Kottsieper, „Zusätze zu Ester" in *Das Buch Baruch. Der Brief des Jeremia. Zusätze zu Ester und Daniel*.

Selbst die Reihe *Jüdische Schriften aus hellenistisch-römischer Zeit* behandelt die griechischen Esther-Versionen nicht ausführlich, sondern enthält lediglich einen Beitrag zu den „Zusätzen": Hans Bardtke, „Zusätze zu Esther," in *Historische und legendarische Erzählungen*, hrsg. v. Werner G. Kümmel, 2. Aufl., JSHRZ 1 (Gütersloh: Gütersloher Verlagshaus, 1977), 15–62. Wie der Verfasser Hans Bardtke selbst bereits zu Beginn zutreffend feststellt, „führen die neun [Bardtke unterteilt einige Abschnitte nochmals; S. B.] Zusätze zum Buch Esther kein literarisches Sonderdasein, sondern gehören in den größeren Zusammenhang des Estherbuches hinein. Sie haben sich aber nicht im Zusammenhang mit dem hebräischen, sondern mit dem [sic!] griechischen Estherbuch erhalten. Zu ihrem Verständnis ist es notwendig, vom gesamten Estherbuch auszugehen" (17). Bardtke konterkariert seine Einsicht jedoch sogleich, indem er vom Estherbuch spricht, „wie es in jeder deutschen Bibel zu finden ist", und damit offenbar EstMT meint, denn seine nachfolgende Inhaltsübersicht bezieht sich gerade *nicht* auf die griechischen Versionen. Vgl.

mindestens bereits auf Hieronymus zurückführen, der die „Zusätze" nicht in ihrem Erzählzusammenhang beließ (oder, je nach Sichtweise: einordnete), sondern sie als Kap. 11–16 ans Ende seiner lateinischen Esther-Übersetzung stellte, die ansonsten auf einer dem Masoretischen Text ähnlichen Vorlage basiert. Diese den Textzusammenhang von EstLXX vernachlässigende Herangehensweise findet sich auch in der ansonsten sehr hilfreichen Untersuchung von Hanna Kahana, die EstMT und EstLXX Vers für Vers nebeneinanderstellt und ihr Verhältnis zueinander untersucht.[90] Sie ist explizit nicht an den „Zusätzen" und an EstLXX als eigenständigem Werk interessiert, sondern tritt an den griechischen Text ausschließlich aus der Perspektive des Masoretischen Textes heran.[91]

Dieser insgesamt „stiefmütterlichen" Behandlung der nicht-hebräischen Esther-Versionen in der Forschung entsprechend, steht eine ausführliche, fortlaufende Kommentierung von EstLXX meines Wissens noch aus.[92] Die erste deutsche Übersetzung von EstLXX stammt erst aus dem Jahr 1982;[93] für *Septuaginta Deutsch*

---

auch die Aussage „Der jüdische Gottesname und die Vokabel Gott werden im Buch nicht gebraucht" (17). Ebenfalls bezeichnend ist es, wenn Bardtke seine weiteren Ausführungen auf EstLXX fokussiert und auf EstAT lediglich gelegentlich verweist, ohne dass er für dieses Vorgehen plausible Argumente vorbringt (vgl. 19). Er rekurriert dabei auf Hanharts Urteil in seiner Göttinger Edition, EstLXX sei der „von den meisten und wichtigsten Handschriften überlieferte[...] Text aus der ersten Hälfte des ersten Jahrhunderts v. Chr." und klärt dabei weder, inwiefern die EstLXX-Handschriften „wichtiger" sein sollen, noch, weshalb die Anzahl der uns vorliegenden Handschriften Grundlage der Entscheidung sein sollte, den betreffenden Text wissenschaftlich zu bearbeiten.

90 Vgl. Kahana, *Esther*.

91 Vgl. zur Begründung dieser Herangehensweise Kahana, *Esther*, XXX–XXXI. Kritik an diesem Ansatz hat Karen Jobes geäußert, die mit Recht darauf hinweist, dass das Ignorieren der „Zusätze" den Blick darauf verstellt, inwiefern ihre Einfügung auch mit Überarbeitungen der übrigen Buchteile verbunden gewesen sein mag; vgl. Karen H. Jobes, „Rez. Hanna Kahana, Esther. Juxtaposition of the Septuagint Translation with the Hebrew Text," *JThS* 58, Nr. 2 (2007), 591. Jobes' Rezension nennt darüber hinaus noch weitere methodische Schwächen in Kahanas Darstellung.

92 Kristin De Troyer nennt vier zur Zeit in Vorbereitung befindliche Kommentare; vgl. Kristin De Troyer, „3.1 Esther/Das Buch Esther," in *Handbuch zur Septuaginta/Handbook of the Septuagint Bd. 1: Einleitung in die Septuaginta*, hrsg. v. Siegfried Kreuzer (Gütersloh: Gütersloher Verlagshaus, 2016), 271–278, 273. Ein sehr knapp gehaltener Kommentar von Adele Reinhartz findet sich im *Oxford Bible Commentary*: Adele Reinhartz, „Esther (Greek)," in *The Oxford Bible Commentary*, hrsg. v. John Barton und John Muddiman (Oxford: Oxford University Press, 2001), 642–649.

93 Vgl. Kristin De Troyer und Marie-Theres Wacker, „Esther – Das Buch Ester (LXX und A-Text)" in *Septuaginta Deutsch Erläuterungen und Kommentare*, 1261.

haben Kristin De Troyer und Marie-Theres Wacker eine mit Anmerkungen versehene wissenschaftliche Übersetzung erarbeitet.[94]

Zur Frage von Entstehungsort und -zeit des Textes wird in der Forschung regelmäßig auf F,11 verwiesen, einen für biblische Literatur einmaligen Kolophon:

> Ἔτους τετάρτου βασιλεύοντος Πτολεμαίου καὶ Κλεοπάτρας εἰσήνεγκεν Δοσίθεος, ὃς ἔφη εἶναι ἱερεὺς καὶ Λευίτης, καὶ Πτολεμαῖος ὁ υἱὸς αὐτοῦ τὴν προκειμένην ἐπιστολὴν τῶν Φρουραι ἣν ἔφασαν εἶναι, καὶ ἑρμηνευκέναι Λυσίμαχον Πτολεμαίου, τῶν ἐν Ιερουσαλημ.

> Im vierten Jahr der Regierung des Ptolemaios und der Kleopatra überbrachten Dositheos, der sagte, er sei Priester und Levit, und Ptolemaios, sein Sohn, den vorliegenden Purim-Brief, von dem sie sagten, er sei es, und Lysimachos, Sohn des Ptolemaios, von denen in Jerusalem habe ihn übersetzt.[95]

> EstLXX F,11

Für die eindeutige Datierung des hier berichteten Vorgangs wäre es nötig, das genannte Herrscherpaar zu identifizieren. In seiner Dissertation aus dem Jahre 1890[96] argumentiert Benno Jacob, dass nur ein Ptolemaios gemeint sein könne, der im vierten Jahr seiner Regierung mit einer Kleopatra verheiratet gewesen sei.[97] Jacob plädiert für Ptolemaios IX. Soter II.[98] und datiert den Kolophon damit in das Jahr 114 v. Chr. Eine grundlegende und bis heute stark rezipierte Untersuchung dieser Frage hat sodann Elias Bickerman 1944 vorgelegt.[99] Er geht davon aus, dass im Kolophon auf Ptolemaios XII. Neos Dionysos und Kleopatra V. verwiesen werde. „Accordingly, the colophon was written between September 12, 78 and

---

94 Kristin De Troyer und Marie-Theres Wacker, „Esther: Das Buch Ester," in *Septuaginta Deutsch: Das griechische Alte Testament in deutscher Übersetzung*, hrsg. v. Martin Karrer und Wolfgang Kraus (Stuttgart: Deutsche Bibelgesellschaft, 2009), 593–618. Eine kommentierte Übersetzung ins Französische mit ausführlicher Einleitung zu EstLXX, EstAT und EstVL bietet Claudine Cavalier, *Esther: Traduction du texte grec de la Septante, Introduction et notes*, La Bible d'Alexandrie 12 (Paris: Les Éditions du Cerf, 2012).

95 Der Kolophon bereitet mehrere Übersetzungsschwierigkeiten: Zunächst steht εἰσήνεγκεν im Singular, kann sich aber nur auf beide Personen, also auf Dositheos und seinen Sohn Ptolemaios beziehen. Sodann ist nicht deutlich, was genau die Wendung ἣν ἔφασαν εἶναι bedeuten soll; Kristin De Troyer und Marie-Theres Wacker, „Esther" in *Septuaginta Deutsch* übersetzen: „Sie sagten von ihm, er sei (echt)". Ingo Kottsieper, „Zusätze zu Ester" in *Das Buch Baruch. Der Brief des Jeremia. Zusätze zu Ester und Daniel*, 206 formuliert: „das sie als gültig [...] bezeichneten." Zum Verstandnis der Bezeichnung „Priester und Levit" vgl. Harald Samuel, *Von Priestern zum Patriarchen: Levi und die Leviten im Alten Testament*, BZAW 448 (Berlin: De Gruyter, 2014), 147, Anm. 665.

96 Vgl. Benno Jacob, „Das Buch Esther bei den LXX," *ZAW* 10 (1890).

97 Vgl. Jacob, „Das Buch Esther bei den LXX", 278.

98 Bei Jacob: Ptolemaios VIII.; vgl. Jacob, „Das Buch Esther bei den LXX", 279.

99 Vgl. Elias J. Bickerman, „The Colophon of the Greek Book of Esther," *JBL* 63, Nr. 4 (1944).

September 11, 77 B. C."[100] Das Ergebnis Bickermans wird bis heute von vielen Forscherinnen und Forschern übernommen.[101] Gleichwohl wird auch das Datum 114/113 v. Chr. noch vertreten,[102] und manche Ausleger/-innen sehen nach wie vor mehrere Möglichkeiten der Identifikation des Herrscherpaares, wobei sich die Debatte auf die Daten 114/113, 78/77 und 49/48 v. Chr. konzentriert.[103] M. E. ist hier jedoch aus folgenden Gründen – auch abseits der Diskussion um möglicherweise gemeinte Ptolemäer-Paare – Vorsicht geboten: Erstens ist Claudine Cavaliers Einwand zu bedenken, dass der Kolophon möglicherweise nicht als historische Information, sondern als literarischer Abschluss von EstLXX zu verstehen ist.[104] Zweitens – und m. E. entscheidend – wäre mit der Identifizierung des im Kolophon angesprochenen Datums noch nicht die Abfassungszeit des gesamten Textes, wie er uns vorliegt, bestimmt. Ein Kolophon bewahrt keineswegs ein Gesamtwerk vor späterer redaktioneller Tätigkeit; auf welchen Teil unseres Textes er sich bezieht, wäre damit weiterhin unklar. Gleiches gilt für die Behauptung des Kolophons, die „Übersetzung" sei in Jerusalem verfasst worden. Folglich ergibt sich letztlich ein ähnlich verschwommenes Bild wie im Falle von EstMT: Dass EstLXX in seinen wesentlichen Zügen im 2. oder 1. Jahrhundert übersetzt bzw. verfasst worden ist, ist vor dem Hintergrund seiner sprachlichen Gestaltung, des Kolophons, der Nähe zu anderen seinerzeit zirkulierenden Esther-Versionen etc.

---

100 Bickerman, „The Colophon of the Greek Book of Esther", 347.
101 Vgl. z. B. André Lacoque, „Haman in the Book of Esther," *HAR* 11 (1987), 212; Kristin De Troyer, *Rewriting the Sacred Text: What the Old Greek Texts Tell Us about the Literary Growth of the Bible*, TCSt 4 (Leiden: Brill, 2003); Tal Davidovich, *Esther, Queen of the Jews: The Status and Position of Esther in the Old Testament*, CB.OT 59 (Winona Lake: Eisenbrauns, 2013), 36, Anm. 120; Barbara Schmitz, „Die Rede von Gott in den Ester-Erzählungen: ... am Ende ihres Weges Den zu schauen, an dem man stirbt, wenn man ihm naht (Rainer Maria Rilke)," in *Weisheit als Lebensgrundlage*, hrsg. v. Johannes Diehl, Renate Egger-Wenzel und Karin Schöpflin, DCLS 15 (Berlin: De Gruyter, 2013), 275–296, 276, Anm. 7. Eine Korrektur auf 77/76 v. Chr. wird vorgeschlagen bei Koller, *Esther in Ancient Jewish Thought*, 121, Anm. 63 mit Verweis auf Bezalel Bar-Kochva, „על חג הפורים ולאחריו ועל מקצת ממנהגי הסוכות בימי הבית השני: On the Festival of Purim and Some of the Succot Practices in the Period of the Second Temple and Afterwards," *Zion* 62, Nr. 4 (1997), 389–390.
102 Vgl. Moore, „On the Origins of the LXX Additions to the Book of Esther", 382–383.
103 Vgl. Karen H. Jobes, „Esther," in *A New English Translation of the Septuagint*, hrsg. v. Albert Pietersma und Benjamin G. Wright (New York: Oxford University Press, 2007), 424–440, 424; Chris Seeman, „Enter the Dragon: Mordecai as Agonistic Combatant in Greek Esther," *BTB* 41, Nr. 1 (2010), 12.
104 Vgl. die entsprechende Argumentation in Claudine Cavalier, „Le ‚Colophon' d'Esther," *RB* 110, Nr. 2 (2003). Zweifel an der historischen Aussagekraft des Kolophons formuliert auch Solomon Zeitlin, „Introduction: The Books of Esther and Judith: A Parallel," in *The Book of Judith*, hrsg. v. Solomon Zeitlin, JAL VII (Leiden: Brill, 1972), 1–37, 19, insbesondere aufgrund der ungewöhnlichen Bezeichnung ἱερεὺς καὶ Λευίτης.

zwar plausibel – dennoch sind wir nicht in der Lage, den historischen Ort genau zu lokalisieren und zu datieren. Die Auslegung der uns vorliegenden Textgestalt kann also nicht auf einer allzu konkreten historischen Verortung aufbauen. Als Arbeitshypothese kann angenommen werden, dass das Werk in seinen wesentlichen Zügen in hellenistischer Zeit entstanden ist und von dort aus auf die legendären Begebenheiten der Perserzeit zurückschaut.

1.3.2.4 EstAT
Mit der Abkürzung „EstAT" wird hier diejenige griechische Version der Esther-Erzählung benannt, die uns nur in einer Handvoll Septuaginta-Manuskripten überliefert ist.[105] Die Kurzform verweist dabei auf die Bezeichnung „Alpha-Text", die sich in der Forschung seit dem Ende des 19. Jahrhunderts eingebürgert hat.[106] Die auch in aktuellen Publikationen noch anzutreffende Bezeichnung „L-Text" geht zurück auf die mittlerweile widerlegte[107] Annahme, der Text sei Teil der „lukianischen Rezension" der Septuaginta.

EstAT umfasst über weite Strecken ähnlichen Erzählstoff wie EstLXX, einschließlich der sechs „Zusätze". Doch ist der Text deutlich kürzer als EstLXX, ist sprachlich oft anders gestaltet, hat einen markant abweichenden Schlussteil (und keinen Kolophon) und unterscheidet sich auch sonst bis in Details wie den Königsnamen in vielerlei Hinsicht von EstLXX. EstAT ist daher separat zu untersuchen.

Wie De Troyer und Wacker feststellen, „scheint [EstAT] nirgendwo kanonische Verbindlichkeit erlangt zu haben."[108] Dies mag dazu beigetragen haben, dass der

---

105 Dies sind die Minuskeln 19, 93, 108 und 319 sowie in Teilen 392, welche einen Mischtext aus EstLXX und EstAT bezeugt. 93 und 108 enthalten sowohl EstLXX als auch EstAT. Vgl. Hanhart, *Esther*, 15–16.

106 Sie geht zurück auf Paul de Lagarde; vgl. zur Entwicklung der uneinheitlichen Bezeichnungen für beide Septuaginta-Texte Kristin De Troyer, *The End of the Alpha Text of Esther: Translation and Narrative Technique in MT 8:1–17, LXX 8:1–17, and AT 7:14–41*, Revised and updated translation, SCSt 48 (Atlanta: Society of Biblical Literature, 2000), 7–9.

107 Vgl. Hanhart, *Esther*, 92–95; Kristin De Troyer, „Der lukianische Text: Mit einer Diskussion des A-Textes des Estherbuches," in *Im Brennpunkt: Die Septuaginta: Studien zur Entstehung und Bedeutung der Griechischen Bibel*, Bd. 2, hrsg. v. Siegfried Kreuzer und Jürgen P. Lesch, 3 Bde., BWANT 161 (Stuttgart: Kohlhammer, 2004), 229–246, 237–238.

108 Kristin De Troyer und Marie-Theres Wacker, „Esther" in *Septuaginta Deutsch*, 594. Allerdings sieht Hanhart, *Esther*, 97 in der mittelalterlichen Überarbeitung von EstAT und im Mischtext von ms. 392 Belege dafür, „daß in bestimmten Bereichen auch dem *L*-Text kanonische Bedeutung zuerkannt wurde."

Text in der modernen Forschung lange Zeit kaum beachtet worden ist.[109] Soweit mir bekannt, existiert bis heute kein ausführlicher wissenschaftlicher Kommentar zu EstAT. Erst text- und literarkritisches Interesse an der Entstehung der verschiedenen Esther-Traditionen hat auch EstAT seit den 1980er Jahren wieder größere Aufmerksamkeit beschert. Hier ist insbesondere Clines' bereits erwähnte These hervorzuheben, EstAT ermögliche einen Blick auf eine EstMT chronologisch vorausgehende Esther-Erzählung.[110] Die Grundannahme, EstAT gehe auf einen sehr alten, von Proto-EstMT zu unterscheidenden semitischen Text zurück, wird in verschiedener Form auch von Michael Fox,[111] Karen Jobes,[112] Charles Dorothy,[113] Jean-Daniel Macchi[114] und anderen vertreten. EstAT wird von diesen Forscherinnen und Forschern demgemäß als die ältere oder zumindest als eine von EstLXX ursprünglich unabhängige griechische Esther-Version betrachtet. Dieser Annahme gegenüber steht eine Forschungstradition, die EstAT entweder als Revision von EstLXX ansieht oder zumindest davon ausgeht, dass EstAT in irgendeiner Art von literarischer Abhängigkeit zu EstLXX steht. Als Hauptvertreter/-innen dieser Forschungsmeinung sind Hanhart[115] und De Troyer[116] zu nennen. Emanuel Tov geht ebenfalls davon aus, dass EstAT eine Neugestaltung von EstLXX darstellt, dabei aber zugleich auf einen hebräischen oder aramäischen Text zurückgreift, der von EstMT zu unterscheiden ist.[117]

---

109 Nach der im 17. Jh. erscheinenden *editio princeps* wird es 200 Jahre dauern, bis EstAT wieder – sporadisch – Beachtung in der Textforschung findet. Ein Überblick über die Editionsgeschichte findet sich bei Clines, *The Esther Scroll*, 71–72.

110 Vgl. Clines, *The Esther Scroll*.

111 Vgl. Fox, *The Redaction of the Books of Esther*.

112 Vgl. Karen H. Jobes, *The Alpha-Text of Esther: Its Character and Relationship to the Masoretic Text*, SBLDS 153 (Atlanta: Scholars Press, 1996).

113 Vgl. Dorothy, *The Books of Esther*.

114 Vgl. Macchi, *Le Livre d'Esther*.

115 Vgl. Hanhart, *Esther*, 87–92; 96–99. Zusammenfassend hält Hanhart fest, dass es einen „einheitlichen, allgemein anerkannten und verbreiteten griechischen Grundtext des Est-Buches" (99) gegeben haben müsse, der im Wesentlichen in EstLXX erhalten sei (vgl. 96). „Der ,L-Text' ist nicht eine Rezension des o'-Textes, sondern eine Neugestaltung der griech. Est-Überlieferung, die in starkem Maß auf dem o'-Text beruht" (87). Hanhart gesteht allerdings zu, dass EstAT in Einzelfällen auch von EstLXX unabhängiges Überlieferungsgut verarbeitet.

116 Vgl. grundlegend De Troyer, *The End of the Alpha Text of Esther*; vgl. in direktem Anschluss an Hanhart Kristin De Troyer, „Der lukianische Text" in *Im Brennpunkt: Die Septuaginta*, 238–244. Vgl. weiterhin Kristin De Troyer, „Esther in Text- and Literary-Critical Paradise," in *The Book of Esther in Modern Research*, hrsg. v. Sidnie White Crawford und Leonard J. Greenspoon, JSOTS 380 (London: T&T Clark, 2003), 31–49.

117 Vgl. Emanuel Tov, „The 'Lucianic' Text of the Canonical and the Apocryphal Sections of Esther: A Rewritten Biblical Book," *Textus* 10 (1982).

Es liegt auf der Hand, dass Annahmen über literarische Abhängigkeiten zwischen EstMT, EstLXX und EstAT sowie deren möglichen Vorstufen starken Einfluss auf Hypothesen zur historischen Verortung von EstAT ausüben. Datierungsvorschläge reichen demnach vom späten 4. Jahrhundert v. Chr. für eine frühe Form des Textes[118] über das späte 3. Jahrhundert v. Chr. für einen „Proto-EstAT"[119] bis ins 1. Jahrhundert n. Chr.[120] oder in noch spätere Zeit für den uns vorliegenden Text.[121] Dabei wird weithin anerkannt, dass mit einem vielgestaltigen und sich über Jahrhunderte hinziehenden Redaktionsprozess gerechnet werden muss,[122] der auch unter dem Einfluss der Entstehung und Überlieferung der übrigen Esther-Versionen gestanden hat.[123] Vor dem Hintergrund dieser Feststellung und der nach wie vor uneinheitlichen Forschungslage bleibt uns letztlich auch im Falle von EstAT nur der uns in den mittelalterlichen Textzeugen weitgehend einheitlich überlieferte Text als Grundlage der Interpretation.

1.3.2.5 EstVL

Wie der folgende Überblick zeigen wird, bezeugt die altlateinische Überlieferung eine Version der Esther-Erzählung, die mit keiner anderen uns bekannten Texttradition identisch oder nahezu identisch ist. Angesichts ihrer Eigenheiten lohnt es sich, EstVL in die hier vorzunehmende Analyse einzubeziehen.

---

118 Vgl. Jobes, *The Alpha-Text of Esther*, 124–137; 223–249.
119 Vgl. Dorothy, *The Books of Esther*, 335.
120 Vgl. De Troyer, *The End of the Alpha Text of Esther*, 399–403.
121 Kottsieper sieht im uns vorliegenden EstAT das Ergebnis einer christlichen Überarbeitung, wahrscheinlich aus dem 2. Jh. n. Chr.; vgl. Ingo Kottsieper, „Zusätze zu Ester" in *Das Buch Baruch. Der Brief des Jeremia. Zusätze zu Ester und Daniel*, 125–126. Er beobachtet im Bereich der „Zusätze" eine Tendenz, „Israel" gegenüber „den Völkern" weniger positiv darzustellen als in den entsprechenden Passagen von EstLXX und stützt sich zudem auf die Gleichsetzung von „Nisan-Adar" mit „Dystros-Xanthikos" in EstAT A,1, die nur in einem christlichen Kontext ab Mitte des 1. Jh. n. Chr. erklärbar sei. Diese Argumente sind m. E. nicht zwingend, zumal letzteres außer Acht lässt, dass wir nicht wissen, ob – und wenn ja: welche – Überarbeitungsschritte mit der Einfügung der makedonischen Monatsnamen verbunden gewesen sind.
122 Dies sieht etwa auch Karen Jobes so, die mit ihrer Datierung des ursprünglichen EstAT in früheste hellenistische Zeit eine Extremposition vertritt; vgl. Jobes, *The Alpha-Text of Esther*, 223–249.
123 Vgl. z. B. Ingo Kottsieper, „Zusätze zu Ester" in *Das Buch Baruch. Der Brief des Jeremia. Zusätze zu Ester und Daniel*, 125–128; Kossmann, *Die Esthernovelle*, 385–386. Auf gegenseitige Beeinflussung zwischen EstLXX und EstAT deutet auch der Mischtext bzw. die Parallelüberlieferung in den in Anm. 105 genannten Handschriften hin. Des Weiteren betont Hanhart, dass die hexaplarische Bearbeitung von EstLXX anhand einer frühen Form von EstAT vorgenommen worden ist; vgl. Hanhart, *Esther*, 75–77.

Die neuzeitliche Erforschung der Vetus Latina einschließlich ihrer Esther-Überlieferungen fußte für lange Zeit auf der von Petrus Sabatier Mitte des 18. Jahrhunderts herausgegebenen Edition.[124] Sabatier waren lediglich drei Manuskripte bekannt, die den Esther-Stoff enthalten, davon nur eines mit vollständigem Textbestand. Bacchisio Motzo unternahm 1924 eine Neuausgabe des Esther-Textes,[125] die allerdings bereits früh für zahlreiche Fehler kritisiert wurde[126] und mittlerweile auch aufgrund der Erschließung weiterer Handschriften nicht mehr als verlässliche Grundlage für weitere Forschung gelten kann. Daher ist sehr zu begrüßen, dass der Esther-Band der neuen Beuroner Vetus-Latina-Ausgabe – erarbeitet von Jean-Claude Haelewyck – seit 2008 vollständig publiziert ist.[127] Diese Edition zeigt zunächst, dass uns im Falle der Esther-Erzählung eine im Vergleich mit den meisten anderen biblischen Büchern recht umfangreiche altlateinische Überlieferung zur Verfügung steht, die zudem noch längere Zeit neben der Vulgata tradiert worden ist.[128] Haelewycks Ausgabe beruht auf neunzehn Manuskripten,[129] ergänzt um einige Zitate bei frühen christlichen Schriftstellern. Ein eingehender Vergleich der verfügbaren Textzeugen führt Haelewyck zur Identifizierung von vier Textgruppen, die in der Beuroner Ausgabe als R, I, J und F bezeichnet werden und auch aus anderen biblischen Büchern bekannt sind.[130] Das älteste für uns erreichbare Stadium der Textentwicklung findet sich dabei in Textgruppe R, vertreten durch ms. 151 aus Corbie, ein Papyrusfragment aus Antinoopolis (ms. 155) sowie – in bereits leicht überarbeiteter Form – das Münchner ms. 130. Auch der R-Text bezeugt allerdings bereits einen europäischen Text; ein älterer, für viele biblische Bücher noch greifbarer nordafrikanischer Text ist uns im Falle der Esther-Erzählung nicht überliefert. Es spricht einiges dafür, dass der

124 Vgl. Petrus Sabatier, Hrsg., *Bibliorum Sacrorum Latinae Versiones Antiquae: Seu Vetus Italica*, 3 Bde. (Reims: Reginaldus Florentain, 1743–1751); Esther in Bd. 1, 791–825.
125 Vgl. Bacchisio R. Motzo, Hrsg., *La versione latina di Ester secondo i LXX* (Bologna: Stabilimenti Poligrafici Riuniti, 1928).
126 Vgl. August Möhle, „Rez. Bacchisio Raimondo Motzo, La versione latina di Ester secondo i LXX," *Gn.* 5, Nr. 10 (1929).
127 Vgl. Jean-Claude Haelewyck, Hrsg., *Hester*, VL 7,3 (Freiburg: Herder, 2003–2008).
128 Vgl. dazu die Vermutung bei Jean-Claude Haelewyck, „The Relevance of the Old Latin Version for the Septuagint: With Special Emphasis on the Book of Esther," *JThS* 57, Nr. 2 (2006), 445: „The explanation is probably that books such as those of Esther, Judith, Tobit, and Baruch, which share the same status, fall somewhat at the borderline of the biblical canon. Since they were less read and used, their text avoided any normalization for a longer period of time."
129 Vgl. Haelewyck, *Hester*, 9–17 sowie die Beschreibungen in Roger Gryson, *Altlateinische Handschriften/Manuscrits Vieux Latins: 1–275*, VL 1/2 A (Freiburg: Herder, 1999).
130 Vgl. Haelewyck, *Hester*, 40–69; Haelewyck, „The Relevance of the Old Latin Version for the Septuagint", 445–451.

R-Text in die erste Hälfte des 4. Jahrhunderts n. Chr. zu datieren ist.[131] Die nachfolgenden Ausführungen zu EstVL basieren weitgehend auf diesem Text, den
Haelewyck in Einzelfällen auch mithilfe von Konjekturen rekonstruiert.[132] Die
wenigen Fälle, in denen ich von Haelewycks Rekonstruktion abweiche, sind im
Übersetzungsanhang zur vorliegenden Arbeit notiert.[133]

Der R-Text präsentiert eine Version der Esther-Erzählung, die im Gegenüber zu
den hebräischen und griechischen Texten eine Reihe von Besonderheiten aufweist. EstVL umfasst in weiten Teilen denselben Erzählstoff wie EstLXX, einschließlich der „Zusätze". Die augenfälligsten Unterschiede auf der Makroebene
zeigen sich in den folgenden Bereichen:[134] Es „fehlt" zunächst der erste Bericht
über das Komplott der Eunuchen samt der Verbindung mit Haman (EstLXX
A,12–17).[135] Sodann findet sich zwischen Kap. 3 und 4 ein Gebet der jüdischen
Gemeinde, bezeichnet mit H,1–5.[136] Das Gebet der Esther beinhaltet eine in den
anderen hier behandelten Esther-Versionen nicht bezeugte Auflistung göttlicher
Rettungstaten aus biblischen Traditionen (EstVL C,16),[137] gleichzeitig „fehlen"
hier Entsprechungen zu einigen Versen (EstLXX C,17–21)[138] oder erscheinen in
anderer Reihenfolge (C,25; 26; 28; 29; 27; 24; 30; 22). Unterschiede in der Versan-

---

131 Vgl. Haelewyck, „The Relevance of the Old Latin Version for the Septuagint", 450–451.
132 Vgl. die Diskussion in Haelewyck, *Hester*, 40–51.
133 Vgl. Anhang II.
134 Vgl. Anhang I, außerdem den Überblick bei Haelewyck, „The Relevance of the Old Latin
Version for the Septuagint", 458–460 sowie Claudine Cavalier, „La quatrième face de l'histoire
d'Esther: La Vielle Latine," in *La Septante en Allemagne et en France: Textes de la Septante à la
traduction double ou à traduction très littérale*, hrsg. v. Wolfgang Kraus und Olivier Munnich, OBO
238 (Fribourg: Academic Press; Göttingen: Vandenhoeck & Ruprecht, 2009), 90–99, 93.
135 Vgl. zu den Besonderheiten in „Zusatz" A Catherine Vialle, „Aux commencements des livres
grecs d'Esther: Le songe de Mardochée," *VT* 58, Nr. 1 (2008).
136 Die Reihenfolge der Verse in EstVL weicht von EstLXX ab und lautet wie folgt: 3,15a; 4,3;
H,1–5; 3,15b (ohne Parallele in den anderen Versionen); 4,1–2; 4,4.
137 Zu diesem Stück findet sich eine Parallele in der armenischen Texttradition, die ansonsten
fast durchgehend dem Text von EstLXX folgt; vgl. den Hinweis bei Haelewyck, „The Relevance of
the Old Latin Version for the Septuagint", 454. Das armenische Textstück wird diskutiert bei
Siegert, *Einleitung in die hellenistisch-jüdische Literatur*, 256–257, wo EstVL C,16 jedoch nicht
berücksichtigt wird. Insbesondere die im armenischen Text, nicht jedoch in EstVL vorhandene
kurze Einleitung sowie die Erwähnung Henochs und Samuels lassen m. E. darauf schließen, dass
EstVL die ältere Version des Gebetstextes bewahrt hat. Zudem ist die Henoch-Notiz im armenischen Text laut Siegert auch grammatisch auffällig. Ein Teil der Motivik findet sich darüber hinaus
auch im Gebet des Eleasar in 3Makk 6,2–8; vgl. auch 2Targ Est 5,1.
138 Vgl. jedoch die Beobachtung bei Haelewyck, „The Relevance of the Old Latin Version for the
Septuagint", 468–470, dass das entsprechende Material möglicherweise in H,1–5 verarbeitet ist.

ordnung finden sich vereinzelt auch in anderen Teilen von EstVL.[139] Des Weiteren veranstaltet Esther nicht zwei, sondern nur ein Mahl für den König und Haman (EstLXX 5,5b–8 „fehlt"). Von einer reichsweiten Tötungsaktion ist in EstVL nicht die Rede (EstLXX 8,13; 9,1–2.5–19 „fehlen"). Einige Erläuterungen zum Purim-Fest (etwa EstLXX 9,24–27a) haben in EstVL ebenfalls keine Parallele, so auch der ausschließlich in EstLXX F,11 bezeugte Kolophon.

Zu EstVL liegen bislang nur sehr wenige Untersuchungen vor, davon keine einzige in monografischer Form. Die meines Wissens erste vollständige Übersetzung in eine moderne Sprache ist von Claudine Cavalier erarbeitet und 2012 als Anhang zum Esther-Band von *La Bible d'Alexandrie* publiziert worden.[140] Inzwischen liegt auch eine Übersetzung ins Englische vor;[141] die erste deutsche Übersetzung von EstVL ist der vorliegenden Arbeit als Anhang beigegeben. Der Schwerpunkt der Forschung zu EstVL liegt seit jeher auf texthistorischen Fragen. So hatte bereits Motzo auf die vielen Besonderheiten des altlateinischen Textes aufmerksam gemacht, die darauf hinweisen, dass er auf eine verlorene griechische Vorlage zurückgeht, die zwar die „Zusätze" enthalten hat, aber weder mit EstLXX noch mit EstAT identisch gewesen sein kann.[142] Motzos These wurde 1941

---

139 Dies führt auch dazu, dass die Verszählung zu EstVL, wie sie die Beuroner Ausgabe nahelegt, u. U. für Verwirrung sorgen kann: Eine eigene Zählung wird dort nicht eingeführt, sondern in aller Regel orientiert sich die Edition an der Verseinteilung und -zählung von EstLXX, die ihrerseits bereits durch die etablierte Benennung der „Zusätze" als A–F nicht besonders benutzerfreundlich ausfällt. Zusätzliche Kuriositäten in der Zählung von EstVL entstehen nun durch Unterschiede zwischen EstLXX und EstVL. Neben der angesprochenen abweichenden Reihenfolge einzelner Verse betrifft dies bspw. die folgenden Sonderfälle: Der Abschnitt H ist eine Besonderheit in EstVL. Sowohl vor als auch nach diesem Abschnitt finden sich in EstVL „Verse", die sachgemäß als Parallelen zu EstLXX 3,15 anzusehen und damit hilfsweise als EstVL 3,15a und 3,15b zu bezeichnen sind. EstVL bietet zudem eine Parallele zu EstMT 4,6, einem Vers, der allerdings in EstLXX nicht existiert. Damit ist bspw. der Textabschnitt EstVL 3,13–4,7 wie folgt durchzuzählen: 3,13; B,1–7; 3,14; 3,15a; 4,3; H,1–5; 3,15b; 4,1; 4,2; 4,4; 4,5; (4,6); 4,7. Die einzige Möglichkeit, solcherlei kontra-intuitive und wenig praktikable Konstruktionen zu vermeiden, wäre wohl die Einführung einer völlig neuen Zählung für EstVL, die aber wiederum neue Probleme für den Textvergleich schaffen würde. Daher muss hier trotz aller Schwierigkeiten die bisher übliche Verszählung beibehalten werden; als Lesehilfe mag die Übersicht in Anhang I oder die Übersetzung in Anhang II herangezogen werden.

140 Vgl. Cavalier, *Esther*. Übersetzt wird dort i. d. R. ms. 151, ergänzt um textkritische Anmerkungen. Auch in der Einleitung des Bandes wird EstVL berücksichtigt.

141 Vgl. Simon Bellmann und Anathea Portier-Young, „The Old Latin Book of Esther: An English Translation," *JSPE* 28, Nr. 4 (2019).

142 Eine Zusammenfassung von Motzos Argumentation bietet Haelewyck, „The Relevance of the Old Latin Version for the Septuagint", 455–456. Motzos verschiedene Beiträge zum Thema sind gesammelt zugänglich in Bacchisio Raimondo Motzo, *Ricerche sulla letteratura e la storia giudaico-ellenistica*, mit der Unterstützung von Fausto Parente (Rom: Centro editoriale interna-

von Johannes Schildenberger aufgenommen, der in der griechischen Vorlage von EstVL gar die älteste griechische Esther-Übersetzung oder -Komposition erkennen möchte.[143] Hanhart hat die ihm zugänglichen altlateinischen Esther-Texte im Rahmen seiner Göttinger Edition der griechischen Esther-Versionen untersucht und stimmt Schildenbergers Frühdatierung zwar nicht zu, sieht aber EstVL ebenfalls als Übersetzung einer eigenständigen, für uns verlorenen griechischen Version an, sodass der altlateinische Text für die Rekonstruktion des „Urtextes" von EstLXX und EstAT in der Regel gerade *nicht* herangezogen werden könne.[144] Anders sieht dies Carey Moore, der in seinem AncB-Kommentar davon ausgeht, dass EstVL im Allgemeinen von EstLXX abhängig ist.[145] Er folgt damit im Wesentlichen der älteren Forschung, die noch dazu tendierte, die altlateinische Bibelüberlieferung im Ganzen als Übersetzung der uns vorliegenden Septuaginta-Texte anzusehen.[146] In seiner Dissertation, einige Jahre zuvor, war Moore jedoch bereits zu einem differenzierteren Befund gelangt, der zwar ebenfalls weite Teile des Textes als Übersetzung von EstLXX beurteilt, gleichzeitig aber sowohl älteres als auch später hinzugefügtes, „aggadisches" Material mit hebräischer/aramäischer oder griechischer Vorlage in EstVL erkennen möchte.[147]

Haelewyck hat Schildenbergers These auf Grundlage des heute bekannten und von ihm aufgearbeiteten Textbestandes zu bestätigen versucht.[148] Weitgehend auf Basis literarkritischer Überlegungen postuliert er die literarische und chronologische Priorität der Vorlage von EstVL gegenüber EstLXX. Ausgehend von der Datierung des Kolophons in EstLXX F,11 datiert er sodann die älteste griechische Esther-Übersetzung auf spätestens 120–100 v. Chr,[149] indirekt bezeugt durch den R-Text der Vetus Latina.[150] Seines Erachtens muss der Verfasser von

zionale, 1977). Bereits in der älteren Forschung wird die Frage nach der Vorlage von EstVL bisweilen angesprochen, so z. B. bei Fritzsche, *Das dritte Buch Esra, die Zusätze zum Buch Esther und Daniel, das Gebet des Manasse, das Buch Baruch und der Brief des Jeremia*, 75: „Der griechische Text, der ihm vorlag, war ein gemischter", mit Elementen sowohl aus EstLXX als auch (in geringerem Maße) aus EstAT.
143 Vgl. Johannes Schildenberger, *Das Buch Esther*, HSAT 4/3 (Bonn: Hanstein, 1941), 7–22.
144 Vgl. Hanhart, *Esther*, 17–26, insbes. 24–26.
145 Vgl. Moore, *Esther*, LXIV.
146 Vgl. exemplarisch Paton, *The Book of Esther*, 40: „The Old Latin version was made from the LXX in the middle of the second century A.D., and is, therefore, an important witness to the Greek before it underwent the revisions of Origen, Hesychius, and Lucian."
147 Vgl. Carey A. Moore, „The Greek Text of Esther" (Dissertation, Faculty of Philosophy, Johns Hopkins University, 1965), 96–127.
148 Vgl. Haelewyck, „The Relevance of the Old Latin Version for the Septuagint".
149 Vgl. Haelewyck, „The Relevance of the Old Latin Version for the Septuagint", 473.
150 Die spätere, auf dem R-Text aufbauende lateinische Überlieferung redigiert den Text in unterschiedlichem Ausmaß nach EstLXX.

EstLXX diese erste griechische Esther-Version gekannt und unter Berücksichtigung eines hebräischen Textes umgearbeitet haben.

Haelewycks Neuedition hat bislang erst vereinzelt zu weiteren Forschungsarbeiten angeregt.[151] Es wäre allerdings tatsächlich – wie es Haelewyck auch fordert – notwendig, alte Hypothesen zur texthistorischen Beziehung zwischen EstVL und den übrigen Esther-Versionen auf Grundlage der Beuroner Edition neu zu überprüfen. Diesem Anspruch müssten sich insbesondere diejenigen Forscher/-innen stellen, die anders als Haelewyck EstVL als weitgehend auf EstLXX aufbauend beurteilen.[152] Da texthistorische Fragen nicht im Zentrum dieser Arbeit stehen, kann eine eingehende Auseinandersetzung mit Haelewycks Thesen hier nicht geleistet werden. Es sei allerdings zumindest darauf hingewiesen, dass seine Überlegungen zur relativen Chronologie der Esther-Traditionen fast ausschließlich auf literarkritischen Erwägungen beruhen und daher m. E. nicht unbedingt zu solch weitreichenden Schlussfolgerungen einladen, wie sie Haelewyck vornimmt.[153] Des Weiteren wäre vor dem Hintergrund von Parallelen zwischen EstVL

---

151 Vgl. die textvergleichende Untersuchung zu Mordechais Traumvision bei Vialle, „Aux commencements des livres grecs d'Esther"; vgl. ferner den in Teilen daran anknüpfenden Beitrag Jonathan A. Thambyrajah, „Mordecai's Dream in Esther: The Greek and Latin Versions, Character, and the Tradition of Interpretation," *JSOT* 43, Nr. 3 (2019). In anderen neueren Beiträgen wird die Neuedition von EstVL jedoch noch nicht berücksichtigt; vgl. Siegert, *Einleitung in die hellenistisch-jüdische Literatur*, 248, Anm. 30; Francisco-Javier Ruiz-Ortiz, *The Dynamics of Violence and Revenge in the Hebrew Book of Esther*, VT.S 175 (Leiden: Brill, 2017), 19, Anm. 34. Auch in der textvergleichenden Analyse bei Tricia Miller, *Three Versions of Esther: Their Relationship to Anti-Semitic and Feminist Critique of the Story*, CBET 74 (Leuven: Peeters, 2014) bleibt EstVL weitgehend unbeachtet und wird lediglich punktuell (vgl. 79–85) herangezogen, allerdings auf Basis von Sabatiers Edition.

152 Vgl. z. B. Ingo Kottsieper, „Zusätze zu Ester" in *Das Buch Baruch. Der Brief des Jeremia. Zusätze zu Ester und Daniel*, 133; De Troyer, *The End of the Alpha Text of Esther*, 355–360. Demgegenüber findet Haelewycks Analyse Zustimmung bei Pierre-Maurice Bogaert, „Les formes anciennes du livre d'Esther: Réflexions sur les livres bibliques à traditions multiples à l'occasion de la publication du texte de l'ancienne version latine," *RTL* 40 (2009). Bogaert weist darauf hin, dass die Esther-Erzählung damit ein weiteres Beispiel für die Mehrfachüberlieferung biblischer Bücher darstellt, die oftmals erst durch die altlateinische Texttradition in größerer Breite sichtbar wird. Einige Beobachtungen zu den Besonderheiten des altlateinischen Textes bietet Claudine Cavalier, „La quatrième face de l'histoire d'Esther" in *La Septante en Allemagne et en France*, die im Wesentlichen eine knappe Zusammenfassung von Haelewycks Ergebnissen darstellen. Weitgehend unabhängig von der hier skizzierten Debatte ist der literarhistorische Zusammenhang zwischen EstVL und den übrigen Esther-Versionen auch von Józef Milik und seinen Kritikerinnen und Kritikern diskutiert worden – hier allerdings ausgehend von möglichen Vorstufen der uns vorliegenden Esther-Texte aus Qumran; vgl. Kap. 1.3.2.7.

153 Die Validität von Haelewycks literarkritischen Argumenten ist jüngst auch von Jean-Daniel Macchi in Zweifel gezogen worden; vgl. Macchi, *Le Livre d'Esther*, 38–40.

und den Targumim zum Estherbuch zu fragen, ob nicht einige Passagen wie etwa das Gebet der jüdischen Gemeinde in EstVL doch eher als spätere interpretierende Texterweiterungen verstanden werden können und somit doch auf ein geringeres Alter der Vorlage von EstVL schließen lassen.[154] Möglicherweise müssen wir gar für die Textentwicklung von EstVL und/oder seiner Vorlage mit einem weit differenzierteren Bild rechnen, das neben älteren Stücken sowohl starke Gemeinsamkeiten mit EstLXX und EstAT als auch jüngere Erweiterungen beinhaltet, wie es – dem Grunde nach plausibel, wenn auch im Detail diskutabel – bereits Moore gesehen hatte. Weitere Forschung in diesem Bereich erscheint mir vielversprechend sowohl hinsichtlich des texthistorischen Problems als auch theologiegeschichtlicher Fragen. M. E. hat Haelewyck allerdings – aufbauend auf den Arbeiten von Motzo und Schildenberger – durchaus überzeugend den in weiten Teilen originellen Charakter von EstVL und seiner Vorlage im Kontext der griechischen Überlieferung nachgewiesen, da der Text jeweils Gemeinsamkeiten und Unterschiede zu EstLXX, EstAT und EstJos enthält,[155] dabei aber auch einige Spezifika aufweist. Haelewyck fordert daher zu Recht, EstVL in jede vergleichende Analyse der griechischen Esther-Texte einzubeziehen:

> The work of other authors (C. A. Moore, E. Tov, D. J. A. Clines, M. V. Fox, K. H. Jobes, K. De Troyer) suffers from a severe methodological defect. Since they do not take all the data into account (MT, LXX, L, and La-Greek III) when making their observations, their conclusions can only be unsatisfactory.[156]

Im Einklang mit seiner Überzeugung, dass EstVL (indirekt) die älteste griechische Texttradition bezeugt, fügt er pointiert hinzu: „All things considered, to neglect the Greek model of the Vetus Latina is rather like studying the synoptic problem while leaving Mark out."

Für thematisch orientierte Studien zu den antiken Esther-Überlieferungen, so auch für die vorliegende Arbeit, erscheint es damit in jedem Fall geboten, EstVL in

---

154 Allerdings wäre dann wiederum im Einzelfall zu prüfen, ob interpretierende Zusätze nicht doch wieder eine lange literarische Vorgeschichte haben können, EstVL mithin in einigen Fällen Texttraditionen bewahrt, die älter sind als die uns vorliegenden Texte. Beispielhaft sei der Hinweis bei Moore, *Daniel, Esther and Jeremiah, the Additions*, 202 genannt, dass EstVL 4,17 vermutlich eine uns nicht erhaltene griechische Vorlage repräsentiert, welche wiederum auf ein hebräisches oder aramäisches Original zurückgeht. Eine mögliche Parallele zu diesem Textstück findet sich wiederum in 2Targ Est.
155 Vgl. Haelewyck, *Hester*, 70–74.
156 Haelewyck, „The Relevance of the Old Latin Version for the Septuagint", 455, Anm. 54.

die Betrachung einzubeziehen.[157] Während der Text für uns nur als in christlichem Kontext überliefertes Werk des 4. Jahrhunderts greifbar ist, kann gleichwohl als Arbeitshypothese angenommen werden, dass EstVL indirekt eine ältere, konzeptionell originelle griechische Übersetzung und/oder Umarbeitung einer Esther-Erzählung repräsentiert. Das Werk bietet uns damit die Gelegenheit, unsere Perspektive auf die Vielfalt der Überlieferung zu weiten. Inwiefern die hinter EstVL stehende griechische Esther-Tradition in jüdischen Gemeinden in Ansehen und Gebrauch gestanden hat, können wir nicht mehr feststellen. Auch Entstehungszeit und -ort bleiben vorerst ungeklärt, ebenso ihr texthistorischer Zusammenhang mit der restlichen griechischen Texttradition. Daher sollte EstVL als einziger verfügbarer Zeuge dieses bislang kaum beachteten Zweigs der Überlieferung zum Zwecke weiterer Untersuchungen zunächst gleichberechtigt neben die uns bekannten griechischen Versionen gestellt werden. Mit diesen wird er in der vorliegenden Studie nicht vorrangig unter texthistorischen Gesichtspunkten verglichen, sondern hinsichtlich inhaltlicher Besonderheiten, die seine politisch-theologische Konzeption zu erhellen vermögen.[158] Dazu wird im Folgenden auf den R-Text als die älteste greifbare Texttradition Bezug genommen.

1.3.2.6 EstJos

Die Paraphrase der Esther-Erzählung, die Josephus in Ant 11,184 – 296 wiedergibt, ist als einziger der hier erörterten Texte (fast) genau datierbar und kann historisch und biografisch eingeordnet werden. Josephus verfasst die *Antiquitates Judaicae* in Rom über mehrere Jahre hinweg (vgl. Ant 1,7) bis 93/94 n. Chr. (Ant 20,267), also unter dem Prinzipat Domitians. Nach Ant 1,5 richtet sich das Werk an Griechen (Ἕλληνες; vgl. 1,9.12; 16,174; 20,262), und in der Tat scheint vorrangig eine nicht-jüdische Leserschaft im Blick zu sein, wenn Josephus etwa in Ant 1,129 die von ihm verwendete griechische Form biblischer Namen erläutert oder in Ant 8,100 jüdische Feste und Monate erklärt.[159] Ausweislich Ant 1,12 sieht er sich zudem in

---

157 Dies hatte bereits Dorothy gefordert, dessen Studie dazu allerdings nicht ausreichend Raum geben konnte und der zudem noch nicht auf die Beuroner Edition zurückgreifen konnte; vgl. Dorothy, *The Books of Esther*, 349.

158 Einige vorläufige Überlegungen zum Thema wurden bereits publiziert in dem Beitrag Simon Bellmann, „The Theological Character of the Old Latin Version of Esther," *JSPE* 27, Nr. 1 (2017). Sie liegen teilweise dem in Kap. 5 Ausgeführten zugrunde.

159 Einige Details in der Gestaltung der *Antiquitates* weisen gleichwohl darauf hin, dass Josephus mit einer Rezeption seines Werkes auch unter Jüdinnen und Juden gerechnet hat; vgl. etwa seine Bemerkung in Ant 4,197. Vgl. auch Louis Feldmans Ausführungen zum Thema: Louis H. Feldman, *Josephus's Interpretation of the Bible*, Hellenistic Culture and Society 27 (Berkeley: University of California Press, 1998), 46 – 50. Mit Blick auf Ant 4,197 stellt jedoch auch Feldman

der Tradition des Hohenpriesters Eleasar und der Übersetzer der Septuaginta, die nach der überlieferten Legende vor allem für Ptolemaios II. gearbeitet haben sollen. Überdies bekennt Josephus, sein (nicht-jüdischer) Patron Epaphroditus und andere hätten ihn ermuntert, das umfangreiche Werk zu erarbeiten (Ant 1,8).[160] Vor diesem Hintergrund ist Steve Masons These plausibel, dass Josephus zu Beginn seiner Ausarbeitungen bereits ein begrenztes, interessiertes nicht-jüdisches Publikum im Blick gehabt haben muss.[161] Er schrieb offensichtlich weder für ein nicht-jüdisches Publikum im Allgemeinen noch vorrangig für Jüdinnen und Juden, sondern für eine ihm zumindest teilweise bekannte, nicht unbedingt

---

fest: „Jews were not Josephus' main audience": Louis H. Feldman, „Use, Authority and Exegesis of Mikra in the Writings of Josephus," in *Mikra: Text, Translation, Reading and Interpretation of the Hebrew Bible in Ancient Judaism and Early Christianity*, hrsg. v. Martin J. Mulder und Harry Sysling, CRINT 2/1 (Assen: Van Gorcum, 1988), 455 – 518, 470.

160 Zur Identifizierung des von Josephus genannten Epaphroditus (Josephus spricht ihn als Adressaten direkt an in Vita 430; CAp 1,1; 2,1.296) werden zwei Möglichkeiten diskutiert: Erstens kann es sich um den bei Sueton (Suet. Dom. 14,4) und Cassius Dio (Cass. Dio 67,14,4) erwähnten von Nero Freigelassenen handeln, der zunächst als Sekretär (*a libellis*) in kaiserlichen Diensten stand und 95 n. Chr. von Domitian verbannt und exekutiert worden sein soll. Zweitens kann auch der aus der Suda (s. v. Ἐπαφρόδιτος) bekannte Gelehrte M. Mettius Epaphroditus gemeint sein, der mindestens bis in die Zeit Nervas gelebt haben soll und daher chronologisch möglicherweise eher als Josephus' Adressat und Patron in Betracht kommt. Vgl. Gregory E. Sterling, *Historiography and Self-Definition: Josephos, Luke-Acts and Apologetic Historiography*, NT.S 64 (Leiden: Brill, 1992), 239 – 240, Anm. 66; Hannah M. Cotton und Werner Eck, „Josephus' Roman Audience: Josephus and the Roman Elites," in *Flavius Josephus and Flavian Rome*, hrsg. v. Jonathan Edmondson, Steve Mason und James Rives (Oxford: Oxford University Press, 2005), 37– 52, 49 – 52; Folker Siegert, Hrsg., *Flavius Josephus: Über die Ursprünglichkeit des Judentums (Contra Apionem)*, 2 Bde., SIJD 6 (Göttingen: Vandenhoeck & Ruprecht, 2008); in Zusammenarbeit mit dem Josephus-Arbeitskreis des Institutum Judaicum Delitzschianum, Münster, Bd. 1, 12 – 13. Die chronologischen Probleme werden diskutiert bei Steve Mason, „Should any Wish to Enquire Further (Ant. 1.25): The Aim and Audience of Josephus' Judean Antiquities/Life," in *Understanding Josephus: Seven Perspectives*, hrsg. v. Steve Mason, JSPES 32 (Sheffield: Sheffield Academic, 1998), 64– 103, 98 – 101, wobei Mason den erstgenannten Epaphroditus für die wahrscheinlichere Möglichkeit hält. M. E. ist die Frage auf Grundlage der vorhandenen Quellen und der nur sehr sparsamen Hinweise bei Josephus nicht zu klären. Bereits John Barclay hat darauf hingewiesen, dass eine Identifizierung des von Josephus erwähnten Epaphroditus mit einer der historisch bekannten Persönlichkeiten auf sehr wackligen Füßen steht, zumal mehr als 300 Männer dieses Namens im Rom des 1. und 2. Jh. n. Chr. belegt, aber nicht näher bekannt sind; vgl. John M. G. Barclay, *Against Apion: Translation and Commentary*, Flavius Josephus: Translation and Commentary 10 (Leiden: Brill, 2007), XXVII und 3 – 4, Anm. 3.

161 Vgl. Steve Mason, „Should any Wish to Enquire Further (Ant. 1.25)" in *Understanding Josephus*; Steve Mason, „Josephus as a Roman Historian," in *A Companion to Josephus*, hrsg. v. Honora H. Chapman und Zuleika Rodgers, Blackwell Companions to the Ancient World (Chichester: Wiley-Blackwell, 2016), 89 – 107, 91– 97.

besonders abgegrenzte Gruppe von ausreichend gebildeten Menschen in Rom und darüber hinaus, die ein Interesse an jüdischer Geschichte und Religion zeigten.[162] Die Einleitung zu Josephus' späterem Werk *Contra Apionem* belegt indes, dass die *Antiquitates* tatsächlich von nicht-jüdischem Publikum gelesen und teilweise kritisch oder gar ablehnend aufgenommen worden sind (CAp 1,1–5).[163]

In Forschungsarbeiten zu den Esther-Überlieferungen wird EstJos meist nur am Rande oder in einzelnen Details erwähnt. Kommentierungen und Studien zum Text finden sich in aller Regel nur im Zusammenhang mit dem Gesamtwerk der *Antiquitates*. Der von Paul Spilsbury und Chris Seeman im Rahmen des bei Brill angesiedelten Übersetzungs- und Kommentarprojekts erarbeitete Band zu Ant 11 ist kürzlich erschienen und notiert eine Vielzahl von Besonderheiten des Josephus-Textes im Gegenüber zu EstMT, EstLXX und EstAT.[164] Zu EstJos liegen ansonsten wenige knappe Einzeluntersuchungen vor. So hat etwa Louis Feldman herausgearbeitet, in welcher Weise Josephus die Esther-Erzählung in das Gewand eines hellenistischen Romans zu hüllen versucht.[165] Emily Kneebone hat anhand von EstJos gezeigt, von welch überragender Bedeutung für Josephus das Konzept des νόμος ist, wenn es darum geht, Diaspora-Identität zwischen mosaischer Torah und staatlichen Gesetzen auszuhandeln.[166] Paul Spilsbury wiederum hat einige Beobachtungen zu EstJos in sein Werk über *The Image of the Jew in Flavius Josephus' Paraphrase of the Bible* aufgenommen.[167] Die vorliegende Arbeit knüpft an die genannten Studien an, welche EstJos bereits ansatzweise im Kontext der breiteren Esther-Tradition verstehen.

---

162 Vgl. Martin Friis, *Image and Imitation: Josephus' Antiquities 1–11 and Greco-Roman Historiography*, WUNT II 472 (Tübingen: Mohr Siebeck, 2018), 7–10.

163 Vgl. zur sozialen Stellung, zum intellektuellen Einfluss und zum Publikum des Josephus im Rom seiner Zeit John Curran, „Flavius Josephus in Rome," in *Flavius Josephus: Interpretation and History*, hrsg. v. Jack Pastor, Pnina Stern und Menahem Mor, JSJ.S 146 (Leiden: Brill, 2011), 65–86.

164 Vgl. Spilsbury und Seeman, *Judean Antiquities 11*.

165 Vgl. Louis H. Feldman, „Hellenizations in Josephus' Version of Esther," TPAPA 101 (1970); neu publiziert und ergänzt in Louis H. Feldman, *Studies in Josephus' Rewritten Bible*, JSJ.S 58 (Leiden: Brill, 1998), 513–538; vgl. auch 500–512.

166 Vgl. Emily Kneebone, „Josephus' Esther and Diaspora Judaism," in *The Romance between Greece and the East*, hrsg. v. Tim Whitmarsh und Stuart Thomson (Cambridge: Cambridge University Press, 2013), 165–182, ähnlich bereits Emily Kneebone, „Dilemmas of the Diaspora: The Esther Narrative in Josephus Antiquities 11.184–296," *Ramus* 36, Nr. 1 (2007). Vgl. zum selben Themenbereich jetzt auch Petr Chalupa, „The Book Esther in Josephus: Authority of Conflict-Causing Laws," in *The Process of Authority: The Dynamics in Transmission and Reception of Canonical Texts*, hrsg. v. Jan Dušek und Jan Roskovec, DCLS 27 (Berlin: De Gruyter, 2016), 139–150.

167 Vgl. Paul Spilsbury, *The Image of the Jew in Josephus' Paraphrase of the Bible*, TSAJ 69 (Tübingen: Mohr Siebeck, 1998), 213–216.

EstJos stellt für uns einen wichtigen Fixpunkt für die chronologische Einordnung der anderen Esther-Versionen dar. Es gibt gute Gründe für die Annahme, dass Josephus für sein Gesamtwerk ein hebräischer oder aramäischer Text der „biblischen" Bücher vorgelegen hat, möglicherweise in einer (Proto-) MT nahestehenden Form.[168] Josephus selbst gibt an, er habe in den *Antiquitates* auf Grundlage hebräischer Vorlagen gearbeitet (Ant 1,5) und setze mit seinem Werk die Arbeit der Tora-Übersetzer von Alexandria fort (Ant 1,12–15). Es ist anzunehmen, mindestens jedoch nicht auszuschließen, dass ihm auch für den Esther-Stoff eine hebräische Quelle zur Verfügung gestanden hat. Zugleich jedoch verwendet Josephus Material, das uns in den Abschnitten B, C, D und E der griechischen Versionen vorliegt. In vielen weiteren Details weist sein Text Berührungen mit den verschiedenen griechischen Texttraditionen auf, auch beispielsweise mit EstVL bzw. deren hypothetischer Vorlage.[169] Allerdings zeigt EstJos auch eine Reihe von Eigenheiten, von denen einige hier kurz genannt seien: Zunächst sind die „Zusätze" A und F nicht vorhanden. Ob Josephus diese nicht kannte oder ob er sie aus konzeptionellen Gründen nicht in seine Darstellung aufgenommen hat, ist unsicher, auch wenn es gute Gründe für die letztere Annahme gibt.[170] Des Weiteren sind andere Abschnitte auch deutlich knapper formuliert, besonders auffällig in den Gebeten: Eine Parallele zu EstLXX C,15–23 fehlt ganz, sodass hier eine Nähe zu EstVL mit der „Auslassung" von C,17–21 festgestellt werden kann. In Einzelfällen finden sich Aussagen an anderen Stellen des Erzählzusammenhangs, zudem bietet EstJos bisweilen auch „Sondergut" (z. B. Ant 11,205; 261; 268). Dieses mag aus anderen, uns unbekannten Quellen stammen oder von Josephus selbst ergänzt worden sein. Demgemäß lässt sich mit Louis Feldman feststellen: „[The] question as to which text Josephus had before him for the narrative of Esther is extremely complex."[171] Josephus kannte möglicherweise mindestens eine weitere, uns nicht erhaltene Esther-Version. Hanhart geht dabei von einer einzelnen – griechischen – Vorlage aus und stellt fest, „daß wir es bei der griech. Vorlage des Ios, ähnlich wie beim altlat. Text, mit einer

---

168 Vgl. Feldman, *Josephus's Interpretation of the Bible*, 23–36, insbes. 25–26; eher skeptisch ist Heinz Schreckenberg, „Josephus (Flavius Josephus)," *RAC* 18, 775–776.

169 Vgl. Haelewyck, *Hester*, 72–74.

170 Mögliche Gründe für eine Auslassung diskutiert Ingo Kottsieper, „Zusätze zu Ester" in *Das Buch Baruch. Der Brief des Jeremia. Zusätze zu Ester und Daniel*, 132. Für eine absichtliche Auslassung plädieren ohne weitere Begründung Spilsbury und Seeman, *Judean Antiquities 11*, 59.

171 Feldman, *Studies in Josephus' Rewritten Bible*, 526, Anm. 22. Vgl. Hanhart, *Esther*, 36–38; Haelewyck, *Hester*, 72–74; Étienne Nodet, Hrsg., *Flavius Josèphe: Les antiquités juives 5* (Paris: Les Éditions du Cerf, 2010), LXIII–LXVII.

selbstständigen Textform zu tun haben."[172] Es ist jedoch m. E. durchaus möglich, dass Josephus Proto-Versionen aller uns bekannten Texttraditionen vorlagen, worauf die vielen individuellen Berührungspunkte hinweisen.[173] Nichtsdestoweniger ist damit zu rechnen, dass Josephus in den *Antiquitates* (als Wiedergabe von in weiten Teilen bereits als autoritativ betrachteter Texte in Ant 1–11) ebenso wie auch in seinen anderen Werken oft recht frei mit seinen Quellen umgeht und sie in der Regel nicht wortgetreu wiedergibt, sondern im Einklang mit dem literarischen Mittel der Paraphrase einen eigenen Entwurf komponiert.[174] Nicht selten gibt Josephus seine Autorenpersönlichkeit und seine Meinung explizit zu erkennen.[175] Aus diesem Grund ist davon auszugehen, dass Josephus auch in seine Esther-Erzählung eigene Interessen und Ideen einbringt, die jeweils eine Funktion in seinem literarischen Gesamtkonzept erfüllen und letztlich eine bestimmte Wirkung auf sein Publikum ausüben sollen. Daher ist es gerechtfertigt und geradezu geboten, EstJos als originelle und durchdacht konzipierte Version der Esther-Erzählung anzusehen, sie mit all ihren Eigenheiten gleichberechtigt neben die übrigen Versionen zu stellen und als Ganze auf die hier interessierende Fragestellung hin zu untersuchen.[176] Es ist zu erwarten, dass Josephus uns darin eine

---

172 Hanhart, *Esther*, 37.
173 Vgl. Spilsbury und Seeman, *Judean Antiquities 11*, 53: „In general, it seems safe to say that he was using a Greek text something like the extant LXX. However, there are numerous places where it seems that either his text was quite different from the LXX or he was relying on a text that was at places more like our extant Alpha Text. In still other places he occasionally seems to be using a Hebrew text directly." Spilsbury und Seeman lassen in dieser Einordnung allerdings EstVL und dessen mögliche griechische Vorlage außer Acht; vgl. dazu Haelewyck, *Hester*, 72–74. Zur weitergehenden Frage, welche (hebräischen, aramäischen oder griechischen) Versionen überlieferter Texte Josephus gekannt haben und für seine Werke, insbesondere für Ant, benutzt haben mag, vgl. Feldman, *Josephus's Interpretation of the Bible*, 23–36.
174 Vgl. zur Frage, wie Josephus seine Aufgabe einer „wortgetreuen" Übersetzung versteht Feldman, *Josephus's Interpretation of the Bible*, 37–46. Dass sich die *Antiquitates* als Übersetzung und als Paraphrase zugleich verstehen lassen, meint Per Bilde, *Flavius Josephus between Jerusalem and Rome: His Life, His Works, and Their Importance*, JSPES 2 (Sheffield: JSOT Press, 1988), 94–97. Bilde ordnet die literarische Tätigkeit des Josephus in den Kontext antiker, insbesondere frühjüdischer Literaturproduktion ein und hält fest: „It appears that at the time, a translation was more a question of rendering the essential contents of a text as it was understood by the translator rather than literally transposing it from one language to another" (96).
175 Vgl. Daniel R. Schwartz, „Many Sources but a Single Author: Josephus's Jewish Antiquities," in *A Companion to Josephus*, hrsg. v. Honora H. Chapman und Zuleika Rodgers, Blackwell Companions to the Ancient World (Chichester: Wiley-Blackwell, 2016), 36–58, 49–50.
176 Zu dieser methodischen Entscheidung kommt auch Paul Spilsbury in seiner konzeptionell orientierten Studie, denn wenn „the work is aimed partly at a non-Jewish audience, then the ,image of the Jew' presented by the author must be contained in the *Antiquities* itself at least so far as those readers are concerned. [...] In our assessment of the image of the Jew presented in the

politische Theologie präsentiert, die in ihrem Gehalt und in ihrer Begrifflichkeit zumindest anschlussfähig ist an die Überzeugungen und Erwartungen seiner nicht-jüdischen Leserschaft.

1.3.2.7 Weitere Esther-Versionen

Während die fünf bisher vorgestellten Esther-Versionen eine gewisse Eigenständigkeit und hohe Originalität aufweisen, gilt dies für andere antike Bearbeitungen und Übersetzungen des Stoffes nicht im selben Maße. So weicht etwa das Estherbuch in der Peschitta inhaltlich nur minimal von EstMT ab und kann als fast wortgetreue Übersetzung eines (proto-) masoretischen Textes gelten.[177] Die armenischen, äthiopischen und sahidischen Versionen geben im Allgemeinen sehr genau EstLXX wieder,[178] und die Vulgata weist kaum Besonderheiten gegenüber EstMT (und in ihrem Anhang gegenüber den „Zusätzen" aus EstLXX) auf. Diese Texte werden in der vorliegenden Arbeit nur am Rande eine Rolle spielen, ebenso einige andere Esther-Traditionen, die mit hoher Wahrscheinlichkeit aus späterer Zeit stammen und sicher eine oder mehrere der hier eingehender besprochenen Versionen voraussetzen.[179] Zwar bereitet bereits, wie gezeigt, die Datierung von

---

Antiquities, therefore, we must allow Josephus' composition to stand in its own right": Spilsbury, *The Image of the Jew in Josephus' Paraphrase of the Bible*, 24. Ganz anders verfährt Pere Villalba i Varneda in Hinblick auf Josephus' theologische Vorstellung von der Rolle Gottes in der Geschichte – eine auch für die vorliegende Arbeit eminent wichtige Frage. „I should also like to draw attention to the restricted use which I have made of literary sources. No reference has been made to the first eleven books of the *Antiquitates Judaicae* since Flavius Josephus follows closely the same theological ideas which are in the biblical books he paraphrases": Pere Villalba i Varneda, *The Historical Method of Flavius Josephus*, ALGHJ 19 (Leiden: Brill, 1986), 63. Diese Beurteilung wird schon allein durch einen kursorischen Blick auf die erwähnten Autorenkommentare des Josephus in Frage gestellt. Auch in der hier vorzunehmenden Untersuchung der politischen Theologie von EstJos wird sich herausstellen, dass sich Josephus' Darstellung durchaus auch in theologischer Hinsicht von allen uns bekannten „biblischen" Texttraditionen unterscheidet.
177 Vgl. Michael G. Wechsler, „13 – 17.1.4.5 Esther," in *The Hebrew Bible: Vol. 1C Writings*, hrsg. v. Armin Lange, Textual History of the Bible (Leiden: Brill, 2017), 419 – 423.
178 Vgl. Hanhart, *Esther*, 26 – 36.
179 Ein für die Frage multipler griechischer Texttraditionen interessanter Fall sei hier zumindest am Rande erwähnt: Wie Horace Lunt und Moshe Taube gezeigt haben, geht die altslawische Esther-Überlieferung nicht direkt auf einen hebräischen Text zurück, sondern vielmehr auf eine verlorene griechische Übersetzung, die in ihrem Umfang und Sachgehalt jedoch weitgehend mit EstMT übereingestimmt haben muss. Es wird sich dabei also um eine spät- oder nach-antike griechische Version handeln, die unabhängig von EstLXX, EstAT und der Vorlage von EstVL entstanden ist; vgl. Horace G. Lunt und Moshe Taube, „The Slavonic Book of Esther: Translation from Hebrew or Evidence for a Lost Greek Text?," *HTR* 87, Nr. 3 (1994). Vgl. für eine umfassende Darstellung Horace G. Lunt und Moshe Taube, *The Slavonic Book of Esther: Text, Lexicon, Lin-*

EstMT, EstLXX, EstAT und EstVL große Schwierigkeiten, doch lassen sich etwa die aramäischen Targumim kaum vor dem 7. Jahrhundert n. Chr. einordnen,[180] wobei literarische Vorstufen nur hypothetisch zu erschließen wären. Ähnliches gilt für verschiedene Midraschim (z. B. bMeg 10b–17a), die darüber hinaus oft auch keinen mit den oben genannten Versionen vergleichbaren Erzählzusammenhang aufweisen.[181] Sowohl die Targumim als auch Material aus der rabbinischen Literatur werden jedoch in einigen Fällen als Parallele zu Stücken aus den hier ausgewählten Primärquellen Erwähnung finden.

Unter den Texten von Toten Meer sind bislang keine Fragmente einer Esther-Erzählung gefunden worden. In der Forschung hat man versucht, dies entweder als Zufallsbefund oder mit ideologischen Gründen zu erklären. So schließen Robert Eisenman und Michael Wise aus der Tatsache, dass in Qumran andere „Hoferzählungen" gefunden worden sind, dass sich die Abwesenheit der Esther-Geschichte aus einem „ideological antagonism" erkläre. Sie wollen dies mit „militant xenophobia and apocalyptic nationalism" in der Qumran-Gemeinschaft in Verbindung bringen und gehen davon aus, dass Esthers Heirat mit dem persischen König hier auf Ablehnung hätte stoßen müssen.[182] Für Eisenman und Wise ergibt sich diese – m. E. letztlich nicht überzeugende – These aus ihrer Diskussion von 4Q550, einem in sechs kurzen Fragmenten bezeugten aramä-

guistic Analysis, Problems of Translation, Harvard Series in Ukrainian Studies (Cambridge, MA: Harvard University Press, 1998). Die Existenz weiterer, heute verlorener griechischer Textversionen bereits im 3. Jh. n. Chr. sehen Lunt und Taube durch die rabbinische Diskussion über die Lesung einer griechischen Esther-Rolle in bMeg 17–18 belegt; vgl. Lunt und Taube, The Slavonic Book of Esther: Text, Lexicon, Linguistic Analysis, Problems of Translation, 4.

180 Vgl. Bernard Grossfeld, The Two Targums of Esther: Translated, with Apparatus and Notes, ArBib 18 (Edinburgh: T&T Clark, 1991), 19–21; 24; ferner zu 2Targ Est Beate Ego, Targum Scheni zu Ester: Übersetzung, Kommentar und theologische Deutung, TSAJ 54 (Tübingen: Mohr, 1996), 21–25.

181 Vgl. zur vielgestaltigen Auseinandersetzung mit der Esther-Tradition in der rabbinischen Literatur die kommentierte Zusammenstellung bei Dagmar Börner-Klein und Elisabeth Hollender, Rabbinische Kommentare zum Buch Ester, 2 Bde. (Leiden: Brill, 2000).

182 Vgl. Robert H. Eisenman und Michael Wise, The Dead Sea Scrolls Uncovered: The First Complete Translation and Interpretation of 50 Key Documents Withheld for Over 35 Years (New York: Penguin Books, 1993), 100. Isaac Kalimi vertritt ebenfalls die Ansicht, die Qumran-Gemeinschaft habe an der Esther-Erzählung Anstoß genommen, da in ihr Verstöße gegen einzelne Gebote der Tora toleriert oder gar propagiert würden; vgl. Isaac Kalimi, „The Book of Esther and the Dead Sea Scrolls' Community," ThZ 60, Nr. 2 (2004). Er möchte diese Ablehnung jedoch als große Ausnahme im Rahmen der Vielfalt des frühen Judentums verstanden wissen, da die Esther-Erzählung ansonsten großen Anklang gefunden habe. Dagegen stellt sich explizit Koller, Esther in Ancient Jewish Thought, 129–134, der die Qumran-Gemeinschaft in dieser Hinsicht nicht als Ausnahme, sondern vielmehr als Regelfall betrachtet: „It is no wonder that the book was not found at Qumran. It is a wonder that it is found anywhere at all" (135).

ischen Text, den sie als „Stories from the Persian Court" bezeichnen.[183] Die Fragmente lassen auf eine oder mehrere Erzählungen schließen, die von den Erlebnissen einer oder mehrerer jüdischer Personen am Hof des Dareios (ohne weitere Spezifikation) berichten. Einige Ähnlichkeiten mit dem aus mehreren Esther-Versionen bekannten Material haben Józef Milik dazu bewogen, 4Q550 als Proto-Esther zu bezeichnen.[184] In seinem Modell ist diese aramäische Esther-Version die direkte Grundlage für die Vorlage von EstVL, von der wiederum die anderen griechischen Texte abstammen sollen, wobei EstMT eine spätere Kurzfassung sei. Miliks Interpretation, die teilweise auch auf extrem unsicheren Lesungen des Textes basiert, ist u. a. von Sidnie White Crawford hinterfragt worden[185] und hat sich in der Forschung nicht durchsetzen können.[186] Crawford zeigt, dass die in 4Q550 rekonstruierbaren Motive eher auf weit verbreitetes Traditionsgut schließen lassen, das in unterschiedlicher Form aus vielen Hoferzählungen bekannt ist, so etwa aus den Daniel-Überlieferungen, dem Gebet des Nabonid oder dem Achikar-Roman. Zu den verschiedenen Esther-Traditionen gibt es zwar Parallelen, doch deuten diese nicht auf direkte literarische Abhängigkeit hin; 4Q550 ist demnach nicht als Proto-Esther zu bezeichnen.

Dass es dennoch sehr wahrscheinlich ist, dass eine EstMT eng verwandte Textversion in der Qumran-Gemeinschaft bekannt gewesen ist, hat Shemarayahu Talmon m. E. überzeugend dargelegt.[187] Talmon zeigt anhand von Wörtern und Phrasen, die nur in EstMT und Texten der Qumran-Gemeinschaft belegt sind, „that the authors of these texts knew the Esther story, and that some of them were actually familiar with the biblical Book of Esther."[188] Aus meiner Sicht muss diese Kenntnis einer Esther-Erzählung mehr als nur oberflächlich gewesen sein, denn nur so lässt sich die sprachliche und literarische Beeinflussung von in Qumran für die eigene Gemeinschaft produzierten Texten erklären. Zudem würde auch die von manchen angenommene Ablehnung aus „ideologischen" bzw. theologischen Gründen eine mehr als nur flüchtige Kenntnis und Auseinandersetzung mit dem

---

183 Vgl. Eisenman und Wise, *The Dead Sea Scrolls Uncovered*, 99–103.

184 Józef T. Milik, „Les Modèles Araméens du Livre d'Esther dans la Grotte 4 de Qumran," *RdQ* 15, Nr. 3 (1992).

185 Vgl. Sidnie White Crawford, „Has Esther Been Found at Qumran? 4QProto-Esther and the Esther Corpus," *RdQ* 17, 1–4 (1996).

186 Vgl. die ausführliche, letztlich aber in eine deutliche Ablehnung von Miliks Thesen mündende Diskussion bei Kossmann, *Die Esthernovelle*, 257–291. Vgl. ferner Kristin De Troyer, „Once More, the So-Called Esther Fragments of Cave 4," *RdQ* 75, Nr. 19 (2000); Michael G. Wechsler, „Two Para-Biblical Novellae from Qumran Cave 4: A Reevaluation of 4Q550," *DSD* 7, Nr. 2 (2000).

187 Vgl. Shemarayahu Talmon, „Was the Book of Esther Known at Qumran?," *DSD* 2, Nr. 3 (1995).

188 Talmon, „Was the Book of Esther Known at Qumran?", 265. Einen weiteren Beleg diskutiert Jonathan Ben-Dov, „A Presumed Citation of Esther 3:7 in 4QD^b," *DSD* 6, Nr. 3 (1999).

Esther-Stoff voraussetzen.[189] Meinem Eindruck nach basiert die Annahme, dass die Qumran-Gemeinschaft Anstoß an der Esther-Erzählung genommen und sie deshalb nicht tradiert habe, noch zu sehr auf der Ausgangsbeobachtung, dass keine entsprechenden Textfragmente gefunden worden sind. Diese sollte aber als *argumentum ex nihilo* nicht zu solch weitreichenden Schlussfolgerungen einladen. Somit wird der Fragestellung der vorliegenden Arbeit mehr Breite und Gewicht durch die Erkenntnis verliehen, dass eine Esther-Erzählung mindestens in Teilen der Qumran-Gemeinschaft bekannt gewesen ist, auch wenn der Grad der Bekanntheit oder Beliebtheit für uns im Dunkeln bleibt. Dies ist ein weiteres Indiz für die weite Verbreitung des Stoffes in verschiedensten frühjüdischen Gemeinschaften, auch wenn keine – möglicherweise mit Besonderheiten versehene – Qumran-Version der Esther-Überlieferung für unsere Untersuchung zur Verfügung steht.

1.3.2.8 Zwischenergebnis

Der Überblick über die antiken Versionen der Esther-Erzählung hat die folgenden grundlegenden Erkenntnisse erbracht:

Erstens ist deutlich geworden, dass ein Vergleich zwischen EstMT, EstLXX, EstAT, EstVL und EstJos mit Blick auf ihre politisch-theologischen Konzepte besonders lohnenswert erscheint. Sie repräsentieren verschiedenartige Bearbeitungen eines ähnlichen Erzählstoffes, der *per se* bereits hohe Relevanz für die hier interessierende Fragestellung birgt: Eine Geschichte von Macht, Einfluss und politischen Intrigen, in der die jüdischen Heldinnen und Helden auf dramatische Weise eine tödliche Gefahr für ihre Diaspora-Gemeinde abwenden, wird in fünf verschiedenen Formen ausgestaltet. Das Zusammenspiel der Protagonistinnen und Protagonisten, die Rolle Gottes und letztlich die gesamte Machtstruktur der Vorgänge am Königshof werden je unterschiedlich dargestellt und bewertet. Es ist deutlich, dass sich die verschiedenen Bearbeiter nicht daran gebunden sahen,

---

189 Aus diesem Grund scheint mir auch Kalimis Unterscheidung zwischen Kenntnis einerseits und Studium, Gebrauch und autoritativer Geltung des Textes andererseits eine Trennschärfe zu suggerieren, die auf Grundlage der dünnen Informationen, die uns zur Verfügung stehen, kaum zu rechtfertigen ist; vgl. Kalimi, „The Book of Esther and the Dead Sea Scrolls' Community", 102: „[I]n the Qumran community the book of Esther was not considered as a holy and authoritative Scripture. Thus, the book generally was neither studied nor used in the community's liturgy (though authors of some works from Qumran were presumably familiar with Esther's tale)." Der einzige valide Anhaltspunkt, mit dem eine solche Unterscheidung plausibilisiert werden könnte, ist m. E. die Tatsache, dass das in EstMT begründete Purimfest nicht im Kalender der Qumran-Gemeinschaft auftaucht; vgl. Koller, *Esther in Ancient Jewish Thought*, 130.

vorliegendes Traditionsgut schlicht wiederzugeben oder zu übersetzen, sondern dass in allen vorliegenden Fällen Stoff neu angeordnet, ergänzt und umgestaltet worden ist. Es ist daher als Arbeitshypothese anzunehmen, dass uns fünf bewusst komponierte literarische Werke vorliegen, die auch je eigene Ideen und Konzepte kommunizieren.

Zweitens ist jedoch nach wie vor stark umstritten, in welchem texthistorischen Zusammenhang die fünf Texte zueinander stehen. Die Situation wird noch dadurch verkompliziert, dass es in einzelnen Fällen Anhaltspunkte für Wachstum oder Revisionen gibt. Charles Dorothy vermutet gar einen „narrative pool",[190] aus dem Bearbeiter einer möglichen, für uns aber nicht mehr greifbaren „Uresther" oder deren erster Bearbeitungen hätten schöpfen können.[191] Wie Marie-Theres Wacker richtig feststellt, ist damit „die logische Möglichkeit von Theorien zur Abhängigkeit der drei Versionen [sc. EstMT, EstLXX, EstAT] untereinander fast uferlos".[192] Wie oben dargestellt, gilt dies auch unter Einbezug von EstVL und eingeschränkt für EstJos. Es existiert folglich keine verlässliche Grundlage dafür, zu jedem Text lediglich Abweichungen von seiner vermeintlichen Vorlage zu notieren. Vielmehr erscheint es geboten, alle fünf Esther-Versionen zunächst als eigenständige Größen, d. h. jeweils als Ganze wahrzunehmen und zu untersuchen. Das Aussageprofil eines jeden Quellentextes wird dabei *auch* im Vergleich mit den Geschwistertexten zu erheben sein, zuvorderst aber in der genauen Wahrnehmung jedes der uns vorliegenden Einzelwerke.[193] Dorothy ist zuzustim-

---

190 Dorothy, *The Books of Esther*, 296.

191 Vgl. Dorothy, *The Books of Esther*, 295–296; 332–334.

192 Marie-Theres Wacker, „Three Faces of a Story: Septuagintagriechisches und pseudolukianisches Estherbuch als Refigurationen der Esther-Erzählung," in *La Septante en Allemagne et en France: Textes de la Septante à la traduction double ou à traduction très littérale*, hrsg. v. Wolfgang Kraus und Olivier Munnich, OBO 238 (Fribourg: Academic Press; Göttingen: Vandenhoeck & Ruprecht, 2009), 64–89, 73.

193 Auf dieser Grundlage sehe ich mich auch gegen den Einwand bei Ingo Kottsieper, „Zusätze zu Ester" in *Das Buch Baruch. Der Brief des Jeremia. Zusätze zu Ester und Daniel*, 131, Anm. 53 gewappnet: „Das Ergebnis, daß die griechischen Rezensionen in ihrer heute vorliegenden Gestalt Ergebnisse einer verwickelten Textgeschichte sind, bei der nicht nur verschiedene Traditionen zur Sprache kamen, sondern bei der die Rezensionen sich gegenseitig beeinflußt haben, macht es unmöglich, in diesen Texten durch eine holistisch-synchrone Analyse jeweils ein einziges, in sich geschlossenes Esterbild zu ermitteln, das dazu beitragen könnte, den historischen Hintergrund der jeweiligen Rezension zu bestimmen [mit Verweis auf Linda Day, *Three Faces of a Queen: Characterization in the Books of Esther*, JSOTS 186 (Sheffield: Sheffield Academic, 1995); Dorothy, *The Books of Esther*]. Solche Ansätze verwischen die Unterschiede zwischen den verschiedenen Traditionen, die hier verbunden sind." Mit Kottsieper treffe ich mich in der Ablehnung allzu konkreter historischer Verortungen. Dies vorausgesetzt, sehe ich aber kein methodisches Problem darin, die uns vorliegenden Texte als Ganze wahrzunehmen und auszulegen. Es versteht sich von

men, wenn er formuliert, „each text deserves, before a hermeneutic of suspicion can justifiably be applied, a hermeneutic of respect for its integrity."[194] Die verschiedenen Versionen „constitute independent textual witnesses – in effect they are separate books of Esther."[195]

Drittens ist mit einiger Wahrscheinlichkeit anzunehmen, dass der literarische Ursprung der fünf hier betrachteten Esther-Versionen zwischen dem 4. Jahrhundert v. Chr. und dem 1. Jahrhundert n. Chr. liegt. Sie können also im Grundsatz als Zeugnisse des frühen – allgemein gesprochen: vor-rabbinischen – Judentums gelten. Diese Feststellung ist sogleich mit zwei Einschränkungen zu versehen: So ist einerseits zu berücksichtigen, dass die uns vorliegenden Manuskripte in der Regel eine spätere, möglicherweise modifizierte Form des jeweiligen Textes belegen. Besonders deutlich ist dies im Falle von EstVL, dessen Textgeschichte und hypothetische Vorlage bislang noch wenig erforscht sind. Andererseits muss festgestellt werden, dass eine genaue Datierung und Verortung der Ursprünge unserer Quellen – mit Ausnahme von EstJos – nicht möglich ist. Ihre Analyse kann sich daher nicht auf die Kenntnis ihres exakten Entstehungskontextes stützen, auch wenn anzunehmen ist, *dass* sie auf unterschiedliche historische Kontexte zurückgehen. Hierüber sind allerdings zunächst nur allgemeinere Aussagen zulässig, beispielsweise, dass Ideen, Literatur und politische Verhältnisse der hellenistischen Welt den Bearbeitern unserer Texte bekannt gewesen sein können. Ferner ist festzuhalten, dass die hellenistischen und römischen Großreiche den historischen Hintergrund bilden, wenn die Quellen Fragen von politischer Macht und Herrschaft thematisieren.[196]

---

selbst, dass die verfügbaren Textzeugen lediglich ein bestimmtes (in der Regel: letztes) Stadium der Textentstehung repräsentieren und dabei auch wiederum in Details voneinander abweichen. Gleichwohl sind sie uns nun einmal in dieser Form überliefert und daher in ihrer Gesamtheit ernst zu nehmen; eine Auslegung einzelner, wiederum nur literarkritisch zu erschließender Texteinheiten ist selbst in hohem Maße hypothetisch. Ohne leugnen zu wollen, dass auch ein solches Unternehmen lohnenswert sein könnte, wird an dieser Stelle der Auslegung der uns vorliegenden, aus der Handschriftentradition weitgehend einheitlich rekonstruierbaren Textformen der Vorzug gegeben.

194 Dorothy, *The Books of Esther*, 357. Vgl. zu diesem methodischen Ansatz auch Ruiz-Ortiz, *The Dynamics of Violence and Revenge in the Hebrew Book of Esther*, 21.

195 Dorothy, *The Books of Esther*, 360; vgl. 349. Vgl. Harald Martin Wahl, „Das Buch Esther als methodisches Problem und hermeneutische Herausforderung: Eine Skizze," *BibInt* 9, Nr. 1 (2001).

196 Ich schließe mich damit dem an, was Tessa Rajak anhand des Beispiels der Danielbücher erläutert: „We cannot expect in such a text to find more than momentary one-to-one correspondences between event and history. What we can do is to examine ideas and sentiments encapsulated in the compilations and translations as they have come to us, as well as the language in which these are expressed, where possible exploring their meaning in relation to

Viertens lässt sich aus der Tatsache, dass uns mehrere, voneinander abweichende Esther-Erzählungen überliefert sind, ableiten, dass sich der Esther-Stoff in der Antike großer Beliebtheit erfreut hat.[197] Seine vielfache Bearbeitung, Neuinterpretation und Überlieferung zeigt, dass er von großer Bedeutung für eine Reihe von jüdischen Gemeinschaften gewesen sein muss. Angesichts der Thematik, die sich als Kernbestand in allen hier betrachteten Versionen findet, eignen sich diese in hervorragender Weise, sie auf ihre politischen Theologien und deren mögliche Relevanz für jüdische Menschen in der antiken Welt hin zu befragen.

Die vorliegende Arbeit konzentriert sich daher auf EstMT, EstLXX, EstAT, EstVL und EstJos, die als jeweils einzigartige Quellentexte für die hier interessierende Fragestellung genutzt werden. Damit soll zugleich gezeigt werden, dass der Blick auf die verschiedenen Esther-Traditionen, unter Einbezug auch der Vetus Latina und der Version des Josephus, großen Gewinn verspricht. Wie diese Arbeit demonstrieren wird, zeigt sich dies nicht nur, aber in besonderer Weise in der Frage nach politischer Theologie im frühen Judentum.

1.4 Vorgehensweise und Methoden

Die ausgewählten Quellen werden in der vorliegenden Arbeit jeweils anhand jenes Textes untersucht, welcher in den besten verfügbaren Editionen zugänglich ist. Detaillierte textkritische Arbeit ist nicht Gegenstand dieser Untersuchung, sodass Abweichungen von den Lesungen der kritischen Ausgaben nur in Ausnahmefällen vorgenommen und entsprechend vermerkt werden. Verwendet werden die *Biblia Hebraica Quinta* für EstMT, die Göttinger Septuaginta für EstLXX und EstAT, die Beuroner Edition für EstVL sowie die Loeb-Ausgabe (wiederum basierend auf Benedikt Nieses Edition) für EstJos.[198]

---

other texts and to the broad experiences which many of their ancient Jewish readers will have shared": Rajak, *Translation and Survival*, 176–177.

197 So auch Lawrence M. Wills, *The Jewish Novel in the Ancient World*, Myth and Poetics (Ithaca, NY: Cornell University Press, 1995), 2–3; 104–105.

198 Vgl. zu den Textausgaben auch das Abkürzungs- und Quellenverzeichnis. Zu den *Antiquitates Judaicae* wird zur Zeit von Étienne Nodet eine neue Ausgabe erarbeitet, wobei auch Buch 11 mit EstJos bereits publiziert ist: Nodet, *Flavius Josèphe*. Allerdings ist die Anlage der Edition bereits methodisch problematisch; vgl. Heinz Schreckenberg, „Zu Flavius Josephus: Plädoyer für eine neue Editio maior critica des griechischen Textes," *JSJ* 38, Nr. 4 (2007), 520–529. Zudem findet sich eine große Zahl an Fehlern im Bereich der Orthographie und Akzentsetzung, teils werden gar Wörter oder kurze Passagen ausgelassen. Nodets Ausgabe kann daher bedauerlicherweise nicht als solide Grundlage für diese Arbeit herangezogen werden. Die Loeb-Ausgabe hingegen repräsentiert zwar in vielerlei Hinsicht nicht den neuesten Forschungsstand (Ant 9–11

Anhand der Vielzahl unterschiedlicher Esther-Überlieferungen lässt sich leicht erkennen, dass sich verschiedene Bearbeiter dazu berufen sahen, tradierte Stoffe neu anzuordnen, zu kürzen, zu ergänzen und zu übersetzen. Dies gilt unbeschadet der Tatsache, dass die Forschung von einem Konsens zur konkreten textgeschichtlichen Ein- und Zuordnung der Esther-Erzählungen weit entfernt ist. Neubearbeitungen überlieferter Stoffe entstehen jedoch stets vor dem Hintergrund lebensweltlicher Herausforderungen und Anfragen, deren angemessene Beantwortung Gegenstand lebhafter Debatten innerhalb und zwischen frühjüdischen Gemeinschaften gewesen ist. Dass gerade auch narrative Texte und fiktionale Erzählungen eine bedeutsame kommunikative Funktion innerhalb solcher Diskurse gespielt haben, hat Tessa Rajak treffend auf den Punkt gebracht: „Fictions and fantasies are a route to adaptation. And they are also a form of embedded debate and investigation."[199] Dies trifft auch auf die Esther-Erzählungen zu, die untereinander, jedoch zugleich mit weitreichenden Vernetzungen mit ihrer literarischen und kulturellen Umwelt einen Diskurs u. a. über politische Theologie führen.

Es steht außer Frage, dass es wünschenswert wäre, solcherlei Diskurse sowie die Texte selbst konkreter in Raum und Zeit verorten und damit etwa auch Konzepte politischer Theologie plausibel auf historische Orte beziehen zu können. Dies ist auf Grundlage der bisherigen Forschung, sieht man von EstJos ab, kaum möglich. Allerdings stellt sich das Problem gerade im Blick auf die Esther-Überlieferungen, wie beschrieben, als äußerst komplex dar. Erst auf Grundlage einer alle Textzeugen in Betracht ziehenden Hypothese zur relativen Chronologie könnten auch belastbare Aussagen zu absoluten Datierungen und zu konkreten Bezugnahmen der Texte untereinander gemacht werden. Dazu wäre jedoch weit intensivere texthistorische Arbeit notwendig, als sie in der vorliegenden, konzeptionell orientierten Studie geleistet werden kann. Das Problem aber erkannt zu haben und es dann lediglich knapp und damit notwendigerweise oberflächlich anzugehen, erscheint mir ebenfalls nicht sinnvoll. Aus diesem Grund wird hier davon abgesehen und die Frage der Textgeschichte und historischen Verortung bewusst (weitgehend) ausgeklammert. Dabei werden offensichtliche Hinweise, die sich aus der philologischen Arbeit ergeben, selbstverständlich nicht ignoriert. Gleichwohl liegt der inhaltliche und damit auch der methodische Fokus auf der Frage nach den politisch-theologischen Konzeptionen, die die Texte potenziell in einen literarischen Diskurs einbringen.

---

wurde bearbeitet von Ralph Marcus und erschien 1937), berücksichtigt aber immerhin bereits Erkenntnisse aus mehreren Jahrzehnten textkritischer Forschung am von Niese edierten Text und gibt die Textzeugen in der Regel sehr zuverlässig wieder.

199 Rajak, *Translation and Survival*, 180.

Somit ist zu fragen, mit welchen Methoden wir die Beiträge zu diesem Diskurs adäquat nachzeichnen und interpretieren können, und zwar unabhängig von deren historischer Verortung. Gefordert ist ein auf die Fragestellung fokussierter textvergleichender Ansatz. Hierzu werden in dieser Arbeit einige geeignete Vergleichsmomente als „Raster" genutzt, um die Texte auf ihre politischen Theologien hin befragen zu können. Dies gelingt, indem die Fragestellung operationalisiert, d. h. analytisch in einzelne Leitfragen untergliedert wird. Diese können sodann an jeden zu vergleichenden Text gerichtet und individuell beantwortet werden. Die je und je unterschiedliche Beantwortung der Einzelfragen wird Gemeinsamkeiten und Unterschiede sichtbar werden lassen und kann am Ende wiederum synthetisch zu einem Ergebnis zusammengefügt werden. An folgende Leitfragen ist dabei gedacht:

- Welche Akteurinnen und Akteure, d. h. welche literarischen Figuren (menschliche wie göttliche) üben politische Macht oder politischen Einfluss aus?[200]
- Welche Machtmittel setzen sie dazu ein?
- Welcher Machtbereich (in räumlicher, zeitlicher oder anderer Hinsicht) ergibt sich daraus für die einzelnen Akteurinnen und Akteure?
- Auf welchem Wege werden politisch relevante Entscheidungen getroffen und umgesetzt?
- Welche Machtstruktur ergibt sich daraus?
- Welchen Veränderungen ist diese Machtstruktur unterworfen?
- Wie werden diese Zusammenhänge jeweils bewertet? Lässt sich eine deskriptive von einer normativen Ebene trennen, werden also Herrschaftsideale und Herrschaftskritik sichtbar?

Die Konzentration auf die Darstellung der einzelnen Figuren und ihre Beziehungen untereinander ergibt sich aus der literarischen Form der Quellen: Der Narrativ der historisierenden Novellen wird getragen vom Denken und Handeln der Protagonistinnen und Protagonisten; der Erfolg und Misserfolg ihrer Bemühungen zeigt die Möglichkeiten und Grenzen ihrer Macht auf. Dementsprechend wird sich die Untersuchung jedes einzelnen Quellentextes in Abschnitte zu jeder der relevanten Hauptfiguren, zur jüdischen Gemeinschaft[201] sowie zur Rolle

---

200 Dabei ist der oben bereits erwähnte Umstand zu beachten, dass nach dem Verständnis vieler antiker Quellen durchaus auch Abstrakta (z. B. Emotionen und Leidenschaften) oder Sachen (z. B. Wein) Macht über Menschen (und Götter) ausüben oder deren Macht einschränken können.
201 Die Darstellung der jüdischen Gemeinschaft, der Esther und Mordechai angehören, wird in jedem Quellentext gesondert untersucht. Zwar handelt es sich nicht um eine Figur im engeren Sinne, doch spielt die Gruppe als Ganze unter verschiedenen Bezeichnungen jeweils eine ge-

Gottes gliedern und dort die oben genannten Leitfragen diskutieren.[202] Die Zusammenschau der Antworten, die sich aus dem jeweiligen Text ableiten lassen, wird synthetisch dessen politisch-theologische Konzeption sichtbar werden lassen. Damit wird außerdem deutlich, dass die vorliegende Arbeit ausgehend von der Frage nach politischer Theologie zugleich als exegetische Studie zur Figurendarstellung in den Esther-Erzählungen fungiert. In dieser Hinsicht schließt sie an die Forschungsbeiträge von Michael Fox, Linda Day und Charles Harvey an.[203]

In Hinblick auf die oben angeführte Frage nach Herrschaftsidealen und Herrschaftskritik ist zu beachten, dass die Esther-Erzählungen naturgemäß weniger explizit normativ-wertende Aussagen erwarten lassen als etwa eine politisch-ethische Schrift wie der Aristeas-Brief, in dem sich erstens die Autorenstimme zu erkennen gibt,[204] und in dem zweitens in theologisch-philosophischen Dialogen eindeutige und direkte Aussagen über politisch-theologische Fragen getroffen werden. Auch zeitgenössische apokalyptische Schriften fällen häufig – wenn auch meist in einer gattungsbedingten verhüllenden Sprachform – deutliche Urteile über Herrscher, Herrschaft und politische Theologie.

Dennoch ist es auch bei einer Untersuchung der Esther-Erzählungen möglich bzw. sogar geboten, nach Wertungen und dem hier angebotenen Orientierungswissen zum Problem politischer Theologie zu fragen. Dies gelingt, indem wir uns bewusst machen, dass die jeweiligen Entstehungs- und Rezeptionskontexte stark auf eine Identifikation des Publikums mit den jüdischen Figuren der Geschichte und deren Gemeinschaft hinwirken. Aus diesem Grund lässt sich die normative

---

wichtige Rolle für den Fortgang der Handlung. Teils wird sie selbst aktiv, teils ist sie von den Aktivitäten anderer Figuren betroffen. Es wird sich zeigen, dass sich anhand des Bildes der jüdischen Gemeinschaft, das der jeweilige Text zeichnet, wesentliche Aspekte seiner politischen Theologie erhellen lassen.

202 Für deren sachgemäße Einordnung sind bisweilen auch andere Aspekte der Figurendarstellung anzusprechen. Vgl. zur Analyse literarischer Figuren im Allgemeinen und zur Analyse Gottes als Figur in religiösen Texten im Besonderen Jens Eder, „Gottesdarstellung und Figurenanalyse: Methodologische Überlegungen aus medienwissenschaftlicher Perspektive," in *Gott als Figur: Narratologische Analysen biblischer Texte und ihrer Adaptionen*, hrsg. v. Ute E. Eisen und Ilse Müllner, HBS 82 (Freiburg: Herder, 2016), 27–54.
203 Vgl. Michael V. Fox, *Character and Ideology in the Book of Esther*, Studies on Personalities of the Old Testament (Columbia: University of South Carolina Press, 1991); Day, *Three Faces of a Queen*; Charles D. Harvey, *Finding Morality in the Diaspora? Moral Ambiguity and Transformed Morality in the Books of Esther*, BZAW 328 (Berlin: De Gruyter, 2003); vgl. auch den ähnlich angelegten Beitrag Dionisio Candido, „Esther's Family: Ethnicity, Politics and Religion," in *Family and Kinship in the Deuterocanonical and Cognate Literature*, hrsg. v. Angelo Passaro, DCLY 2012/ 2013 (Berlin: De Gruyter, 2013), 253–271.
204 In den hier zu untersuchenden Versionen der Esther-Erzählung kommt die Autorenstimme (im Gegensatz zur Erzählstimme) lediglich in EstJos zu Wort.

Ebene der Texte vom „glücklichen Ende" her erkennen. Es ist deutlich, dass die dramatische Geschichte in allen fünf Versionen aus Sicht der jüdischen Verfasser und des intendierten Lesepublikums ein gutes Ende nimmt, das schließlich auch mit einem neu gestifteten Fest gefeiert werden soll. Daraus folgt aber, dass die erzählte Situation gegen Ende des Buches jeweils eine Art Idealzustand repräsentiert, der zu Freude, Lob und zukünftiger Erinnerung (und möglicherweise auch Nachahmung) Anlass geben soll. Mit David Clines lässt sich feststellen: Der Buchschluss „projects the book beyond the narrated period; [...] it has – in its conclusion – inbuilt its own hermeneutical rules, specifying how it is to be read and thus what it really means."[205] Die Aussage ist bei Clines auf EstMT bezogen, lässt sich aber ebenso für die anderen Esther-Versionen beibehalten. Die im glücklichen Ende beschriebene Situation bildet demgemäß einen normativen Maßstab, der den Standpunkt der Verfasser, Bearbeiter und Tradenten erkennen lässt. Von hier aus betrachtet lassen sich nun die zuvor erzählten Ereignisse und die im Text getroffenen Aussagen vergleichen und bewerten. Das glückliche Ende der Geschichte zeigt ein Ideal auch in politisch-theologischer Hinsicht, das implizit den Rest des Textes bzw. die dort beschriebenen Verhältnisse einer Kritik aussetzt. Ergänzend ist zu beachten, dass im Sprachgebrauch der Texte bereits zuvor Wertungen der Denk- und Handlungsweise einzelner Figuren zu erkennen sind. Darauf wird im detaillierten philologischen Vergleich einzugehen sein.

Dabei ist nun allerdings zu berücksichtigen, dass die zu vergleichenden Quellen in drei verschiedenen Sprachen vorliegen, mithin nicht in allen Einzelheiten direkt miteinander vergleichbar sind. Dies verweist uns zunächst auf ein grundsätzliches Problem jeder Übersetzung, die immer zugleich Interpretation ist. Zugleich aber ist in der Regel nicht mit hinreichender Sicherheit bestimmbar, ob Elemente beispielsweise der beiden Septuaginta-Versionen Traditionen bewahren, die die Bearbeiter in einer hebräischen Vorlage oder gar im uns als EstMT vorliegenden Text vorgefunden haben, oder ob sie als Innovation zu verstehen sind. Diese wäre wiederum kaum von notwendiger übersetzerischer Interpretation abgrenzbar.

Das heißt nicht, dass ein hier angestrebter Vergleich verschiedensprachiger Quellen unzulässig wäre, doch sind seine Ergebnisse stets mit angemessener Vorsicht zu behandeln. In jedem Fall muss die philologische Arbeit an den Texten die inhärenten Probleme stets im Blick behalten. So sind mögliche Entsprechungen zwischen einzelnen Wörtern und Wendungen stets vor dem Hintergrund des sonstigen Sprachgebrauchs in der griechischen Literatur im Allgemeinen und der Septuaginta im Besonderen zu prüfen und zu bewerten (Entsprechendes gilt

---

205 Clines, *The Esther Scroll*, 25; vgl. Lacoque, „Haman in the Book of Esther", 220 – 221.

für die lateinische Version). Nur so werden Besonderheiten der einzelnen Esther-Versionen offenbar, wobei oftmals nicht mit hinreichender Sicherheit bestimmt werden kann, ob eine griechische Formulierung direkt auf einer dem vorliegenden Masoretischen Text entsprechenden Vorlage basiert. Die Konnotationen eines jeden verwendeten Wortes – soweit bekannt – sind stets zu berücksichtigen, d. h. die mit ihm kommunizierten Begriffe und mit ihm verbundenen Konzepte. Dennoch darf sich der Textvergleich nicht vorrangig auf die Analyse einzelner Wörter und Begriffe stützen, sondern muss stets den jeweiligen Kontext und die verschiedenen Strukturmerkmale des Textes berücksichtigen. Entscheidend ist der (interpretativ zu erhebende) Sachgehalt des Textes, der sich nicht allein aus der Semantik einzelner Wörter ergibt, sondern aus der Gesamtdarstellung. Daraus ergibt sich erneut der oben bereits erwähnte Grundsatz, dass der notwendige, auch ins philologische Detail gehende Vergleich der Quellentexte nur dann sinnvoll erscheint, wenn er in Verbindung mit einer Gesamtbetrachtung jedes Einzelwerkes vorgenommen wird.

Überdies ist zu bedenken, dass die vorliegende Untersuchung in deutscher Sprache durchgeführt und verfasst wird, die notwendige Übersetzungsleistung also eine weitere Sprachbarriere und Interpretationsebene einzieht. Dieses Problem lässt sich nicht vermeiden, sondern nur insofern abmildern, als die Quellen möglichst oft im Original zur Sprache kommen und Übersetzungen ins Deutsche lediglich den Zugang zu den Ursprungstexten erleichtern, ihn nicht aber ersetzen sollen. In dieser Stoßrichtung ist auch die Übersetzung von EstVL im Anhang dieser Arbeit angelegt.

Wenn nun im Folgenden die ausgewählten Quellentexte nacheinander untersucht werden, so soll die gewählte Reihenfolge keineswegs eine literarhistorische Abhängigkeit oder gar eine theologische Über- bzw. Unterordnung implizieren. Vielmehr hat sie pragmatische Gründe: EstMT dürfte sich als wohl bekanntestes und am gründlichsten erforschtes Estherbuch am besten für den Einstieg eignen, gefolgt von den Septuaginta-Versionen. EstJos wiederum steht am Ende, weil dieser Text im sprachlichen Detail oft weniger stark an die anderen vier Texte angebunden ist und überdies in das Gesamtwerk des Josephus einzuordnen sein wird. Um der Gefahr allzu ermüdender Wiederholungen vorzubeugen, werden grundlegende Aspekte, die mehrere Quellentexte betreffen, in der Regel nur einmal referiert. Im weiteren Verlauf der Untersuchung kann dementsprechend rückverwiesen werden bzw. können einzelne Differenzen im Vergleich kenntlich gemacht werden. Dieser Vergleich einzelner Elemente wird denn auch den größten Teil der Untersuchung ausmachen, während – im Sinne einer möglichst straffen, zielgerichteten Darstellung – nicht beabsichtigt ist, den Handlungsverlauf jeweils im Ganzen wiederzugeben oder stets erneut auf die allen fünf Quellen gemeinsamen Elemente der Handlung hinzuweisen. Das bedeutet, dass insbesondere die Kapitel zu EstMT und EstLXX auch als sachliche Grundlage für die Erörterungen in den folgenden Abschnitten zu EstAT, EstVL und EstJos zu verstehen sind.

2 Die Politische Theologie von EstMT

2.1 Einleitung

Die Forschung zu EstMT hat sich sowohl im Rahmen zahlreicher Kommentarwerke als auch in Einzelstudien häufig mit Aspekten der Erzählung auseinandergesetzt, die für die Frage nach der politischen Theologie des Textes von Interesse sind. Dies betrifft insbesondere die Zeichnung der Charaktere und ihrer Beziehungen untereinander sowie die Frage, welche Rolle im Geschehen Gott zugeschrieben wird.

Eine ausführliche Interpretation der Figurendarstellung in EstMT hat Michael Fox vorgelegt. Seine Untersuchung zielt darauf ab, die Funktion der Charakterzeichnung „for its role in imparting the author's ideas about realities outside the book"[206] zu erhellen. Fox geht davon aus – und darin stimme ich ihm zu –, dass durch eine genaue Wahrnehmung der in EstMT präsentierten Figuren unser Blick auf wesentliche Aspekte der Erzählung geschärft wird. Insbesondere Aussagen über „the ideology of the author – his assumptions, ideas, values, and teachings" würden mittels des Zugriffs über die Analyse der Charakterzeichnung ermöglicht, denn „the central ideas are embodied in, rather than merely enunciated by, the persons in the text."[207] Auch Fox geht es hierbei um das vermittelte Orientierungswissen zu Fragen jüdischer Lebensweise in der Diaspora, zum angemessenen Handeln in politischen Krisensituationen und zur Wahrnehmung göttlicher Macht im Rahmen solcher Konstellationen.[208]

Eine gleichfalls an den einzelnen Figuren ausgerichtete Auslegung von EstMT nimmt Charles Harvey vor, indem er die Frage nach deren „moral character" in den Mittelpunkt stellt. Er vergleicht dabei die Porträtierung der einzelnen Figuren sowie deren Handlungen in EstMT, EstLXX und EstAT.[209] Die auf die Figur der Esther konzentrierte Studie von Linda Day wiederum kommt anhand eines Vergleiches der Charakterzeichnung in den drei Versionen zu Schlussfolgerungen

---

206 Fox, *Character and Ideology in the Book of Esther*, 3.
207 Fox, *Character and Ideology in the Book of Esther*, 2.
208 Vgl. die Fragereihe in Fox, *Character and Ideology in the Book of Esther*, 4.
209 Vgl. Harvey, *Finding Morality in the Diaspora?*. Harveys Untersuchung ist vor allem deshalb interessant, weil sie die drei Texte gleichberechtigt nebeneinanderstellt und damit grundsätzlich einen besonders aufschlussreichen Blick auf die jeweiligen Besonderheiten ermöglicht. Allerdings wird das Potenzial dieser methodischen Anlage nicht voll genutzt, da die einzelnen Beobachtungen zu den ausgewählten Textabschnitten in der Regel nicht direkt miteinander in Beziehung gesetzt werden, sodass eine gezielte Herausarbeitung von Gemeinsamkeiten *und* Unterschieden unterbleibt.

https://doi.org/10.1515/9783110674514-004

über deren weitergehende Aussageabsichten und historische Orte.[210] In ähnlichen Bahnen wird sich auch die nachfolgende Erörterung bewegen, die über die Untersuchung der in EstMT handelnden Charaktere zu dahinter stehenden Vorstellungen über menschliche und göttliche Macht vorzudringen sucht.

2.2 Der König

Bereits die literarische Struktur von EstMT legt es nahe, eine Untersuchung der Charaktere in Hinblick auf ihre Machtpositionen und Machtmittel mit der Figur des Königs zu beginnen. Dieser wird in 1,1 vorgestellt als Ahasveros (אֲחַשְׁוֵרוֹשׁ), Herrscher über 127 Länder (מְדִינָה) zwischen Indien und Kusch. Die hebräische Namensform bezeichnet den andernorts auf Grundlage der griechischen Transkription als Xerxes I. (reg. 486 – 465 v. Chr.) bekannten Herrscher.[211] Die Identifizierung mit dem legendär mächtigen Perserkönig und die Behauptung, er habe über 127 Länder geherrscht, erfüllen wirksam den literarischen Zweck, bereits von Anfang an eine übergroße Machtfülle der in EstMT dargestellten Figur zu suggerieren.[212] „[T]he whole work to some extent depends on this powerful ruler who governed a large world empire",[213] so Alexander Green. Auf die Erwähnung von Xerxes' Weltreich folgt nun der Bericht über ein 180 Tage währendes Festmahl (oder: Trinkgelage, מִשְׁתֶּה 1,3) für Mitglieder der Verwaltung, bei dem „der Reichtum der Herrlichkeit seiner Königsherrschaft" (עֹשֶׁר כְּבוֹד מַלְכוּתוֹ 1,4), „die Pracht der Ehre seiner Größe" (יְקָר תִּפְאֶרֶת גְּדוּלָּתוֹ 1,4) offenbar wird. Erwähnt wird

---

210 Vgl. Day, *Three Faces of a Queen*.

211 Vgl. Paton, *The Book of Esther*, 51–54.

212 Vermutungen darüber, welche tatsächlich existierende Ebene von persischen Verwaltungseinheiten – womöglich unterhalb der Satrapie – hier gemeint sein könnte, sind demgemäß wenig zielführend. Ähnlich wie in DanMT 6,2 (120 Satrapen, ebenso in DanTH, 127 Satrapen nach DanOG) und 1Esdr 3,2 (127 Länder) unterstreicht die beeindruckende und symbolträchtige Zahl (10 × 12 + 7 oder auch 1 + 2 + 4 + 8 + 16 + 32 + 64) das Ausmaß von Xerxes' Machtbereich; vgl. Berlin, *Esther*, 6; Levenson, *Esther*, 43; Macchi, *Le Livre d'Esther*, 154. Dass sich dabei in der frühjüdischen Literatur zwei verschiedene Traditionen herausgebildet haben (120 und 127), hat eine Parallele in den Vorstellungen über die maximale oder vollkommene Lebensdauer eines Menschen: Nach Gen 6,3 soll der Mensch bis zu 120 Jahre alt werden können, und dieses Alter erreicht denn auch Mose (Dtn 31,2; 34,7). Demgegenüber findet sich eine Lebensspanne von 127 Jahren nicht nur für Sara (Gen 23,1), sondern auch – in einem Teil der Tobit-Überlieferung – für Tobias (TobG[l] 14,14).

213 Alexander Green, „Power, Deception, and Comedy: The Politics of Exile in the Book of Esther," *Jewish Political Studies Review* 23, 1–2 (2011), 63.

sodann ein siebentägiges Festmahl für die Bevölkerung von Susa,[214] bei dem wiederum der köngliche Reichtum zur Schau gestellt wird (1,5–7). Des Xerxes Vorliebe für üppige Festmähler wird auch an anderen Stellen der Erzählung deutlich (vgl. 2,18; 3,15).

Weitere Merkmale der Königsdarstellung in EstMT entsprechen zunächst dem, was vor dem Hintergrund einer Mehrzahl antiker und moderner Vorstellungen von der Macht des Xerxes zu erwarten wäre:[215] Mehr als jede andere Figur der Erzählung spricht er Befehle aus, oft in Imperativen (5,5; 6,10; 7,9; 8,8; vgl. 2,14; 3,2.11; 6,1.5; 9,14.25). Seine Untergebenen führen diese mit zwei Ausnahmen stets aus: Waschtis Ungehorsam (1,12) wird mit Entzug der Königinnenwürde bestraft (1,19–22); Mordechais Verweigerung der Ehrenbezeugung gegenüber Haman (3,2)[216] wird zum entscheidenden Kristallisationspunkt der Machtspiele am Hof und ist gerade deshalb nicht repräsentativ für den umfassenden Gehorsam, der dem König allenthalben entgegengebracht wird. Des Königs Erlasse sind reichsweit gültig und entscheiden über Leben und Tod (4,11; 7,9–10; 8,7.11; 9,14). Sein Wort (דְּבַר־הַמֶּלֶךְ 2,8; 3,15; 4,3; 8,17; 9,1) wird Gesetz: In EstMT findet sich dafür (neben verschiedenen anderen Formulierungen) 20-mal das Wort דָּת, das in der

---

214 Die Handlung von EstMT konzentriert sich auf Susa, spätestens seit den Ausbauten unter Dareios I. eine der Residenzstädte der achämenidischen Könige; vgl. Jean Perrot, Hrsg., *The Palace of Darius at Susa: The Great Royal Residence of Achaemenid Persia* (London: Tauris, 2013). Umstritten ist jedoch die genaue Bedeutung der Wendung שׁוּשַׁן הַבִּירָה (1,2.5; 2,3.5.8; 3,15; 8,14; 9,11.12; vgl. Neh 1,1; Dan 8,2). Die Übersetzung des aus dem Akkadischen (*birtu*, „Festung") entlehnten Wortes בִּירָה mit bestimmtem Artikel in Apposition zum Stadtnamen bereitet Schwierigkeiten. So übersetzt etwa Yoram Hazony, *God and Politics in Esther* (New York: Cambridge University Press, 2016), 5 (u. ö.): „Susa the capital". Andere Ausleger/-innen sehen in der Bezeichnung hingegen „the royal part of the capital which is separated from the city": Moore, *Esther*, 5; vgl. Berlin, *Esther*, 7; 43; Levenson, *Esther*, 44; James A. Loader, „Das Buch Ester" in *Das Hohelied. Klagelieder. Das Buch Ester*, 229; 244; Paton, *The Book of Esther*, 126. Sie können sich darauf berufen, dass an einigen Stellen explizit „die Stadt Susa" הָעִיר שׁוּשָׁן 3,15; 8,15) erwähnt wird; anderswo erscheint nur „Susa" שׁוּשָׁן 4,8.16; 9,13.14.15.18). Der offenbar differenzierende Wortgebrauch in EstMT ist in der Tat auffällig, allerdings deuten Belege aus Inschriften und Papyri sowie die häufige Übersetzung als πόλις in der Septuaginta darauf hin, dass auch befestigte Städte als Ganze mit dem Zusatz הַבִּירָה (bzw. aramäisch בירתא, vgl. auch Esra 6,2) bezeichnet werden konnten; vgl. Klaus Beyer, *Die aramäischen Texte vom Toten Meer: Samt den Inschriften aus Palästina, dem Testament Levis aus der Kairoer Genisa, der Fastenrolle und den alten talmudischen Zitaten*, 2 Bde. (Göttingen: Vandenhoeck & Ruprecht, 1984–2004), Bd. 1, 532 sowie Bd. 2, 361. Das Problem kann an dieser Stelle nicht abschließend gelöst werden; es soll in einer separaten Studie eingehender bearbeitet werden.
215 Vgl. zum Xerxes-Bild in antiken Quellen Emma Bridges, *Imagining Xerxes: Ancient Perspectives on a Persian King* (London: Bloomsbury, 2015).
216 Vgl. Kap. 2.4.

Hebräischen Bibel sonst nur zweimal belegt ist (Dtn 33,2; Esra 8,36).[217] Selbst dort, wo andere Charaktere wichtige Anordnungen erlassen, werden diese mit der Autorität des Königs untermauert, häufig symbolisiert durch sein Siegel bzw. seinen Siegelring (טַבַּעַת 3,10.12; 8,2.8.10).[218] Dies betrifft auch die Edikte zur Vernichtung der jüdischen Bevölkerung bzw. ihrer Feinde, die von Haman (3,12) bzw. Mordechai (8,9) im Namen des Königs ausgegeben werden. Nur der König hat die Autorität, andere Personen in verantwortungsvolle Positionen einzusetzen (3,1 sowie 8,2 i. V. m. 8,15; 9,4; 10,2.3; vgl. 5,11) und ihnen damit Macht zu verleihen;[219] nur er legt Abgaben (מַס 10,1) fest oder verfügt deren Erlass (הֲנָחָה 2,18). Seiner politischen Machtposition entsprechend, nimmt der König keine Anweisungen entgegen, sondern erhält Begehren von anderen Figuren stets in Form einer Bitte (5,3.6 – 8; 7,2 – 3; 8,3; 9,12; Vorschläge sind in der Regel in *PK* formuliert, häufig mit der Formulierung „wenn es dem König gut erscheint" אִם־עַל־הַמֶּלֶךְ טוֹב 1,19; 3,9; 5,4.8; 7,3; 8,5; 9,13; vgl. 1,20; 2,3). Entscheidend für die Bittsteller/-innen ist es, ob

---

217 EstMT 1,19 und 8,8 haben die Forschung zur Diskussion darüber angeregt, ob der König hier als durch sein eigenes Gesetz auf Dauer gebunden gedacht wird, ähnlich wie in DanMT 6,9.13.16. In 1,19 ist allerdings offensichtlich schlicht gemeint, dass das Gesetz von niemandem übertreten werden soll (וְיִכָּתֵב בְּדָתֵי פָרַס־וּמָדַי וְלֹא יַעֲבוֹר); vgl. Berlin, *Esther*, 18. In 8,8 wiederum könnte tatsächlich die aus DanMT 6 bekannte Vorstellung anklingen; vgl. dazu Collins, *Daniel*, 267 – 268. Die Formulierung in EstMT 8,8 ist jedoch mehrdeutig; vgl. Clines, *The Esther Scroll*, 175, Anm. 6; 192, Anm. 6. Zudem zielt die gesamte Szene letztlich darauf ab, dass mit der Vollmacht des Königs jede Art von Anordnung durchgesetzt werden kann; vgl. die Formulierung „was eures Erachtens gut ist" (כַּטּוֹב בְּעֵינֵיכֶם 8,8).

Einige Stellen bei Herodot und Plutarch deuten an, wie komplex und von Beobachterinnen und Beobachtern schwer zu durchschauen das Problem der Gebundenheit des Perserkönigs an Gesetze und/oder althergebrachte Gebräuche gewesen ist. Zu nennen ist hier z. B. Herodots Bericht über Kambyses' Absicht, seine Schwester zu ehelichen (Hdt. 3,31), der in die Aussage der Gelehrten mündet: „Dem König der Perser ist erlaubt zu tun, was er will." (τῷ βασιλεύοντι Περσέων ἐξεῖναι ποιέειν τὸ ἂν βούληται); vgl. Hdt. 9,109. Plutarch erwähnt eine ähnliche Episode, in der Artaxerxes seine Tochter heiratet, angeblich „entgegen dem Gesetz" (παρὰ τὸν νόμον Plut. Art. 27,2); vgl. dazu Carsten Binder, *Plutarchs Vita des Artaxerxes: Ein historischer Kommentar*, Göttinger Forum für Altertumswissenschaft, Beihefte NF 1 (Berlin: De Gruyter, 2008), 341 – 342. Vgl. zum königlichen Gesetz bei den Achämeniden und zu diesbezüglichen Missverständnissen in der griechischen Rezeption Pierre Briant, *From Cyrus to Alexander: A History of the Persian Empire* (Winona Lake: Eisenbrauns, 2002), Translated by Peter T. Daniels, 510 – 511.

218 Neben EstMT kennt die Hebräische Bibel den Ring als Zeichen politischer Macht und Verantwortung nur noch in Gen 41,42 – einer von mehreren Hinweisen auf die starken intertextuellen Bezüge zwischen EstMT und der Josephsnovelle.

219 Vgl. auch Ruiz-Ortiz, *The Dynamics of Violence and Revenge in the Hebrew Book of Esther*, 36: „[W]hen the root גדל refers to Haman (3:1) and Mordecai (9:4; 10:2–3) it seems as if some of Ahasuerus' power has been transferred to them" [mit Verweis auf Sandra Beth Berg, *The Book of Esther: Motifs, Themes and Structure*, SBLDS 44 (Missoula, MT: Scholars Press, 1979), 71].

sie Gunst (חֵן) beim König erlangen (5,2.8; 7,3; 8,5; vgl. 2,17). Die Erwähnung der zahlreichen Eunuchen und anderen Bediensteten im Palast und im gesamten Reich illustriert die Machtfülle des Königs. Sie agieren als Erfüllungsgehilfen des Herrschers (so z. B. Hegai in 2,8–18) und führen seine Anordnungen stets getreu aus – mit Ausnahme der Verschwörer, mit deren Überführung Mordechai seine Loyalität zum Monarchen unter Beweis stellen kann, wie noch zu erläutern sein wird.

Obwohl Leben und Herrschaft des Xerxes durch einen Anschlagsplan bedroht werden (2,19–23) und die Erzählung als Ganze überaus dramatische Wendungen erfährt, behält der König seine machtvolle Stellung bis zum Ende der Geschehnisse und offenbar noch darüber hinaus (vgl. 10,1–3). Die Durchsetzung königlicher Erlasse stützt sich auf einen loyalen Verwaltungsapparat; die Erzählung kommt ohne Erwähnung militärischer Machtmittel aus, was den Eindruck von der Autorität des Xerxes eher verstärkt als abschwächt.[220] Des Weiteren zeigt sich die königliche Macht in seiner sexuellen Ausbeutung junger Frauen (2,1–18). Die in all diesen Aspekten offenbare Macht des Königs wird durch verschiedene Herrschaftssymbole repräsentiert. Dazu gehören der Palast (בִּיתָן 1,5; 7,7.8), der Königsthron (כִּסֵּא מַלְכוּתוֹ 1,2; 5,1), königliche Kleidung (לְבוּשׁ מַלְכוּת 6,8; 8,15), ein besonderes Pferd mit Kopfschmuck (סוּס אֲשֶׁר רָכַב עָלָיו הַמֶּלֶךְ וַאֲשֶׁר נִתַּן כֶּתֶר מַלְכוּת בְּרֹאשׁוֹ 6,8) und das goldene Zepter (שַׁרְבִיט הַזָּהָב 4,11; 5,2; 8,4).[221] Bereits erwähnt wurde die zentrale Bedeutung des Siegelrings.

Dass Xerxes in EstMT als überaus mächtiger Herrscher mit Gewalt über andere Personen und den Verlauf der Ereignisse dargestellt wird, kann weder antike noch moderne Leser/-innen überraschen. Dass der König in seiner Machtfülle geradezu als Dreh- und Angelpunkt der gesamten Erzählung fungiert, haben viele Ausleger/-innen betont.[222] Jedoch wird der Aspekt der königlichen Macht zugleich

---

220 Tatsächlich lässt sich auch in der inschriftlichen Herrschaftsrepräsentation der Achämeniden die Tendenz erkennen, dass der Hinweis auf militärische Erfolge nach und nach völlig verschwindet (ebenso allerdings auch die Benennung von Reichsgrenzen). Dieser in der Regierungszeit des Xerxes abgeschlossene Prozess hat den Effekt, dass der Herrschaftsbereich und die Macht des Großkönigs nun schlichtweg grenzenlos erscheinen; vgl. Robert Rollinger, „Monarchische Herrschaft am Beispiel des teispidisch-achaimenidischen Großreichs" in *Monarchische Herrschaft im Altertum*, 212–214.

221 Kaum als Herrschaftssymbol zu bezeichnen, aber doch auf die herausgehobene Stellung des Königs hinweisend, wird auch königlicher Wein (יֵין מַלְכוּת 1,7) erwähnt. Ganz ähnlich spricht auch Herakleides von Kyme (nach Athenaios) davon, dass der Perserkönig bisweilen ausgewählte Gäste zum gemeinsamen Trinken einlade, doch tränken diese „nicht denselben Wein" (οὐ τὸν αὐτὸν οἶνον Athen. Deipn. 4,26); vgl. Briant, *From Cyrus to Alexander*, 263–264.

222 Vgl. Jules Gleicher, „Mordecai the Exilarch: Some Thoughts on the Book of Esther," *Interpretation. A Journal of Political Philosophy* 28, Nr. 3 (2001), 190: „Considered as a study of oriental

komplementiert durch die Reflexion darüber, inwieweit der König wiederum durch andere Charaktere beeinflusst werden kann. Ein wichtiger, in antiker Literatur häufig belegter Topos ist zunächst die Einwirkung auf herrscherliche Entscheidungen durch Berater und Hinweisgeber.[223] EstMT nennt hier zuvorderst ein Gremium von „Weisen, die die Zeiten kennen" (חֲכָמִים יֹדְעֵי הָעִתִּים),[224] „alle, die sich mit Recht und Gesetz auskennen" (כָּל־יֹדְעֵי דָּת וָדִין 1,13), des Weiteren anonyme „Burschen des Königs, die ihm dienen" (נַעֲרֵי־הַמֶּלֶךְ מְשָׁרְתָיו 2,2). Zum wichtigsten Ratgeber steigt sodann Haman auf, der später durch Esthers Einfluss beim König in den Schatten gestellt und schließlich durch Mordechai ersetzt wird; in einem Fall wird des Königs Entscheidung zumindest indirekt durch seinen Eunuchen (סָרִיס 7,9)[225] Harbona beeinflusst. Wie oben beschrieben, beschränkt sich die Kompetenz dieser Ratgeber auf Vorschläge, die vom König gutgeheißen werden müssen, bevor sie umgesetzt werden können. Allerdings wird in EstMT von keinem einzigen Fall berichtet, in dem der Vorschlag dem König *nicht* zusagen

---

despotism, the book of Esther might well be renamed the book of Ahasuerus, for unlike Mordecai and Esther, who are absent from chapter 1, and Haman, who appears in chapter 3 and is dead by the end of chapter 7, Ahasuerus is ubiquitous."

223 Erwartet wird selbstverständlich, dass die königlichen Berater über politisch-praktische Expertise oder allgemein über „Weisheit" und andere Tugenden verfügen. Als prototypische Beispiele aus der Hebräischen Bibel können Joseph (Gen 41,33–43) sowie Daniel und seine Freunde (Dan 1,19–20) gelten, deren Erhebung zu obersten Beratern (und Bevollmächtigten) des Herrschers als kluge und sinnvolle Entscheidung dargestellt wird. Zur Vorsicht bei der Auswahl von Beratern rät Spr 29,12, während sich in Jes 19,11–15 sowie Jer 49,7 gar Spott über unverständige Ratgeber ergießt. Eine jüdisch-hellenistische Vorstellung von kompetenten Ratgebern spiegelt sich exemplarisch in EpAr 264. Diese fügt sich nahtlos in hellenistische Konzepte guter Herrschaft ein, nach denen sich der Monarch stets auch der Expertise seiner Berater bedient, um die bestmögliche Entscheidung treffen zu können. Vgl. zur diesbezüglichen Praxis an den hellenistischen Höfen Léon Mooren, „Kings and Courtiers" in *Politische Theorie und Praxis im Altertum*, insbes. 126–133. Angesichts der Bedeutung der Berater für die Regierung des Monarchen beschäftigen sich zahlreiche hellenistische Autoren mit dem Problem, wie zwischen guten und schlechten Ratgebern unterschieden werden kann; vgl. exemplarisch die bekannte Mahnung in Pol. 7,14,6.

224 Welche Art von Expertise hier gemeint ist, wird nicht ganz klar (vgl. 1Chr 12,33). Levenson, *Esther*, 50–51 übersetzt עִתִּים mit „precedents" und hält eine Verbindung zur Astrologie für möglich; vgl. auch Abraham Winitzer, „The Reversal of Fortune Theme in Esther: Israelite Historiography in Its Ancient Near Eastern Context," *JANER* 11, Nr. 2 (2011), 207–208. Berlin, *Esther*, 16 widerspricht und übersetzt „procedure": „That is, the legal experts, or perhaps better, the experts in protocol."

225 Vgl. zum Begriff Wahl, *Das Buch Esther*, 61–63. Wie Pierre Briant nachweist, ist die Bezeichnung „Eunuch" insofern problematisch, als bereits in der Antike, vor allem bei griechischen Autoren, bisweilen ein Hofrangtitel mit der Bezeichnung für kastrierte Bedienstete verwechselt worden ist; vgl. Briant, *From Cyrus to Alexander*, 274–277. Insofern muss auch für EstMT offen bleiben, was genau unter einem סָרִיס zu verstehen ist.

würde.[226] Die für die Dramatik der Erzählung wichtigsten Einflussnahmen auf Xerxes sind Hamans Bitte um den Beschluss zur Vernichtung der jüdischen Bevölkerung (3,8 – 9) und Esthers mehrstufige Intervention zur Rettung derselben (5,1 – 8; 7,1 – 6). Auf beide Fälle wird noch in Zusammenhang mit der Darstellung dieser beiden Charaktere einzugehen sein. Ihnen gemeinsam ist jedoch, dass die Initiative jeweils nicht vom König ausgeht und dass dieser den vorgetragenen Anliegen sogleich aufgeschlossen gegenübersteht. Viel Überzeugungsarbeit vonseiten Hamans und Esthers ist offenbar nicht vonnöten.[227] Der König ist bei seinen Entscheidungen stets angewiesen auf die Beratung und Information durch andere Figuren.

EstMT nimmt überdies die in antiker Literatur breit bezeugte Idee auf, dass menschliche Entscheidungen auch durch Dinge und Abstrakta beeinflusst werden können; genannt werden hier auf das Gemüt einwirkender Wein (כְּטוֹב לֵב־הַמֶּלֶךְ בַּיָּיִן 1,10;[228] vgl. 5,6; 7,2.7)[229] und Zorn (vgl. 1,12 mit 2,1; 7,7 mit 7,10),[230] für die

---

226 Vgl. Fox, *Character and Ideology in the Book of Esther*, 173.

227 Die einzige Ausnahme ist möglicherweise die Reaktion des Königs auf Esthers Enthüllung, dass Haman die Vernichtung der jüdischen Bevölkerung betreibt: „Und der König stand auf in seinem Zorn vom Wein-Festmahl (und ging) in den Garten des Palastes" וְהַמֶּלֶךְ קָם בַּחֲמָתוֹ מִמִּשְׁתֵּה הַיַּיִן אֶל־גִּנַּת הַבִּיתָן 7,7). Es darf allerdings bezweifelt werden, dass diese Notiz andeuten soll, dass der König nun zunächst gründlich überlegen will, wie weiter zu verfahren ist, denn Haman tritt unverzüglich mit einem Gnadengesuch an Esther heran – nicht an den König, denn dieser scheint seine Entscheidung bereits getroffen zu haben: „Denn er sah, dass das Unglück über ihn vom König beschlossen war" (כִּי רָאָה כִּי־כָלְתָה אֵלָיו הָרָעָה מֵאֵת הַמֶּלֶךְ 7,7).

228 Grundsätzlich gilt für das Verständnis des hebräischen לֵב nach Heinz-Josef Fabry, „לֵב, לֵבָב," *ThWAT* 4, 425: „*leḇ* fungiert in sämtlichen Dimensionen menschlicher Existenz und findet sich als Bezeichnung für sämtliche Schichten der Person: der vegetativen, emotionalen, rational-noetischen und voluntativen Schicht." Damit unterscheidet sich der Begriff vom deutschen „Herz" insbesondere über die Dimension des Verstandes, die auch in EstMT 6,6; 7,5 im Blick ist. Dass in 1,10 vorrangig an die emotionalen Aspekte von לֵב zu denken ist, sich mithin die Übersetzung mit „Gemüt" anbietet, legt auch der Parallelismus in 5,9 (שָׂמֵחַ וְטוֹב לֵב) nahe.

229 Vgl. insbes. 2Sam 13,28; Koh 2,3, weiterhin Gen 19,32; 1Sam 25,36; Spr 31,4 – 5; Jes 28,7; Dan 5,2. Besonders erhellend ist die Reflexion über die Macht des Weins in 1Esdr 3,16 – 23. Die Vorstellung, dass Trunkenheit die Sicht auf die Dinge verändern kann, bezeugt auch die Anekdote bei Herodot (Hdt. 1,133), nach der es bei den Persern Sitte gewesen sei, wichtige Entscheidungen stets einmal nüchtern und einmal im Rausch zu treffen.

230 Sowohl nach persischen als auch nach griechischen Vorstellungen kann ein Mensch in seinem Handeln vollkommen durch Emotionen bestimmt werden. Dies wird nicht immer, aber in der griechischen politischen Philosophie und Polemik zumindest sehr häufig negativ bewertet (vgl. z. B. Isokr. Nik. 23, aber auch die differenzierte Darlegung bei Aristot. eth. Nic. 7,7 1149a– 1150b). Für Herodot ist Xerxes neben Kambyses das Paradebeispiel eines barbarischen Herrschers, der gerade dadurch zum Tyrann wird, dass er seinen Zorn nicht zu zügeln vermag oder nicht zügeln will. Exemplarisch steht dafür der Bericht über Xerxes' im Zorn veranlassten

König Xerxes anfällig ist. Er wird dafür von der Erzählstimme nirgends explizit verurteilt oder kritisiert, wie dies etwa in der klassischen Geschichtsschreibung vor dem Hintergrund entsprechender ethischer Vorstellungen in der Regel der Fall wäre.[231] Vielmehr wird angedeutet, dass des Königs Vorliebe für Wein und seine Anfälligkeit für Wutausbrüche durchaus zum Nutzen der jüdischen Gemeinschaft wirken können (vgl. insbes. 7,2.7–8). Der Fülle der königlichen Macht steht also die Beobachtung gegenüber, dass Xerxes seine Machtmittel – mit wenigen möglichen Ausnahmen (3,1; 10,1) – nicht auf eigenen Entschluss einsetzt, sondern stets auf die Bitten und Vorschläge anderer reagiert und durch Alkoholeinfluss und Zornesanfälle zu bestimmten Entscheidungen verleitet wird.

Berücksichtigt man alle genannten Aspekte, wird deutlich, dass Xerxes in EstMT zwar als Herr über ein unvorstellbar großes Weltreich, nicht aber als unumschränkter, gleichsam allmächtiger Herrscher dargestellt wird. So wird auch in dieser antiken Reflexion über das Wesen der „Alleinherrschaft" herausgestellt, dass die Macht des Königs durchaus in vielerlei Hinsicht eingeschränkt ist und dass er selbst zum Objekt der Einflussnahme anderer Akteurinnen und Akteure werden kann. Andererseits muss man m. E. nicht so weit gehen, den König in EstMT als reines Werkzeug, als Marionette des Willens anderer zu interpretieren, wie es von einigen Auslegerinnen und Auslegern bevorzugt wird.[232] Vielmehr

---

Sturmangriff auf die Thermopylen, der anstelle der beabsichtigten Gefangennahme der Spartaner zu hohen Verlusten auf persischer Seite führt (Hdt. 7,210). Diesem impulsiven Verhalten werden Vernunft und überlegtes Handeln gegenübergestellt; vgl. William V. Harris, *Restraining Rage: The Ideology of Anger Control in Classical Antiquity* (Cambridge, MA: Harvard University Press, 2004), 174–178; 230–232. Gleichlautende Inschriften von Dareios I. und Xerxes zeigen, dass die Beherrschung des eigenen Zorns auch für die achämenidische Königsideologie von großer Bedeutung gewesen ist; vgl. Amélie Kuhrt, „The Achaemenid Persian Empire (c. 550–c. 330 BCE): Continuities, Adaptations, Transformations," in *Empires: Perspectives from Archaeology and History*, hrsg. v. Susan E. Alcock et al. (Cambridge: Cambridge University Press, 2001), 93–123, 107–108; Bridges, *Imagining Xerxes*, 80–83. Vgl. zum Einfluss griechischer Traditionen auf frühjüdische Vorstellungen und Beurteilungen von zornesbeherrschten Herrschern Tessa Rajak, „The Angry Tyrant," in *Jewish Perspectives on Hellenistic Rulers*, hrsg. v. Tessa Rajak et al., Hellenistic Culture and Society 50 (Berkeley: University of California Press, 2007), 110–127.

231 Exemplarisch kann hier Arrian mit seiner (letztlich sehr differenzierten) Beurteilung des Charakters Alexanders nach dem Bericht über dessen tödlichen Lanzenstoß gegen Kleitos angeführt werden (Arr. An. 4,8). Seine Kritik richtet sich darauf, dass Alexander sich von Zorn und Trunkenheit (ὀργῆς τε καὶ παροινίας 4,9,1) zu seiner Handlung habe verleiten lassen. Dies dürfe ein besonnener Mann (ἀνὴρ σωφρονῶν) niemals zulassen. Vgl. zum Kontext und zum motivgeschichtlichen Hintergrund A. B. Bosworth, *A Historical Commentary on Arrian's History of Alexander*, 2 Bde. (Oxford: Clarendon, 1980–1995), Bd. 2, 45–47; 62.

232 So urteilt etwa Koller, *Esther in Ancient Jewish Thought*, 62: „The king, with all his power, is a puppet." Vgl. ähnlich pronociert Jean-Daniel Macchi, „Denial, Deception, or Force: How to Deal

bildet die Figur das Zentrum eines Netzwerks von Machtbeziehungen, das von verschiedenen Punkten aus beeinflusst und in Bewegung gebracht werden kann. Es handelt sich hierbei um eine literarische Reflexion der Beobachtung, dass sich Macht und Einfluss in verschiedener Weise und auf unterschiedlichen Ebenen manifestieren können. Die Machtmittel eines Herrschers sind für die von ihm regierten Menschen offenkundig, seine Macht täglich erfahrbar und damit überaus ernst zu nehmen. Es ist daher m. E. auch nicht angemessen, die Figur des Xerxes in EstMT als letztlich machtlosen, unfähigen und ganz und gar komischen Charakter zu bezeichnen. Wiewohl satirische Elemente in der Figurenzeichnung erkennbar sind,[233] haben seine Entscheidungen doch – wie auch immer sie zustande gekommen sein mögen – stets drastische und oft lebensbedrohende oder lebensrettende Konsequenzen. Von offenem Widerstand gegen den Willen und die Macht des Herrschers rät EstMT denn auch ab: Sowohl Waschti als auch die verschwörerischen Eunuchen erfahren die unangenehmen Konsequenzen des Ungehorsams am eigenen Leibe. Stattdessen werden allerdings verschiedene Möglichkeiten aufgezeigt, wie die Macht des Königs nicht geschmälert, sondern anerkannt und für die eigenen Interessen genutzt werden kann, denn der Herrscher ist empfänglich für verschiedene Formen der Beeinflussung.

Die Figur des Xerxes, wie sie in EstMT dargestellt wird, bietet für das frühjüdische Lesepublikum durchaus Ansatzpunkte für Kritik bzw. für eine negative Beurteilung seines Charakters und seines Handelns. Trunkenheit, emotionale Anfälligkeit und übergroßes Interesse an luxuriösen Banketten sind nur einige Aspekte, an denen die vernichtende Kritik an Xerxes anknüpft, die sich in rabbinischen Auslegungen findet[234] und die darüber hinaus inhaltliche Berührungspunkte mit entsprechenden griechischen Traditionen aufweist.[235] Die

---

with Powerful Others in the Book of Esther," in *Imagining the Other and Constructing Israelite Identity in the Early Second Temple Period*, hrsg. v. Ehud Ben Zvi und Diana V. Edelman, LHB 456 (London: Bloomsbury T&T Clark, 2014), 219–229, 222: „[T]he king is portrayed as the plaything of his advisors, who is held hostage to their private interests. Royal decisions are depicted as subject to the vagaries of court life."

233 Vgl. Bush, *Ruth, Esther*, 314–317. In der Beschreibung der humoristischen Elemente in EstMT bei Gruen, *Diaspora*, 140–144 sticht die Figur des Königs besonders hervor; vgl. dazu aber Anm. 57.

234 Vgl. Feldman, *Studies in Josephus' Rewritten Bible*, 500–503.

235 Übertriebener Luxus wird in klassisch-griechischen Darstellungen der Perserkönige oftmals mit Dekadenz und Charakterschwäche in Verbindung gebracht; vgl. Hdt. 9,82; Athen. Deipn. 4,27; 4,34 (verweist auf Herodot, Ktesias und Dinon); vgl. auch Ail. Var. 5,1. Vgl. dazu Stefan Borzsák, „Persertum und griechisch-römische Antike: Zur Ausgestaltung des klassischen Tyrannenbildes," *Gym.* 94 (1987); Heleen Sancisi-Weerdenburg, „Decadence in the Empire or Decadence in the Sources? From Source to Synthesis: Ctesias," in *Achaemenid History I: Sources, Structures and*

wichtigste Frage bei der Beurteilung des Königs muss für jüdische Leser/-innen jedoch lauten, wie sein Verhältnis zur jüdischen Bevölkerung zu bestimmen und zu bewerten ist, und welche Rolle ihm insbesondere bei der geplanten Vernichtung derselben zugeschrieben werden muss. M. E. ist es nicht die Absicht, zumindest jedoch nicht die Pointe der Erzählung in EstMT, Xerxes als rücksichtslosen, von Bosheit getriebenen Judenfeind darzustellen. Dies zeigt sich darin, dass ihm nirgends boshafte Absichten unterstellt werden, insbesondere nicht die Absicht, seine jüdischen Untertanen zu vernichten – Hamans diesbezüglicher Vorschlag erwähnte lediglich „ein gewisses Volk" (עַם־אֶחָד 3,8), das sich gegen die Gesetze des Reiches stelle. Die Gefahr für die jüdische Bevölkerung liegt nicht in den Vorhaben des Königs, sondern in den Plänen Hamans; des Königs Charakter und Machtmittel werden lediglich für die Ausführung derselben ausgenutzt.[236] Xerxes ist, in den Worten von Adele Berlin, „inept but not evil".[237] Ähnlich urteilt Aaron Koller: „What makes Xerxes terrifiying is not that he is evil – he is not – but that there is such life-and-death power in the hands of such a buffoon."[238] Dies

---

Synthesis, hrsg. v. Heleen Sancisi-Weerdenburg (Leiden: Nederlands Instituut voor het Nabije Oosten, 1987), 33–45. Vgl. auch Briant, *From Cyrus to Alexander*, 255: „In a very general way, the fourth-century authors and Alexander's historians were guided by the desire to evoke a sense of wonder in their readers by dwelling on what they considered most characteristic of the Great King's court – its opulence, which they took as both a manifestation of its power and proof of its weakness." Vgl. zur Einordnung und Nachwirkung vieler griechischer Quellen zum persischen Königtum Robert Rollinger, „Monarchische Herrschaft am Beispiel des teispidisch-achaimenidischen Großreichs" in *Monarchische Herrschaft im Altertum*, 190–193. Rollinger spricht dabei auch von einer weit verbreiteten „Mischung aus Bewunderung und Abscheu" (191).

In hellenistischer Zeit verläuft die Diskussion um die Zurschaustellung von Luxus und Reichtum dann zum Teil auch in anderen Bahnen: So kann die Betonung von Prunk, Pracht und Üppigkeit (τρυφή) als wichtiges Element des ptolemäischen Herrschaftsideals betrachtet werden, das dann wiederum etwa aus römischer Perspektive als Zeichen von Schwäche, Verweichlichung und genereller Untugend gedeutet werden konnte; vgl. Heinz Heinen, „Die Tryphè des Ptolemaios VIII. Euergetes II.: Beobachtungen zum ptolemäischen Herrscherideal und zu einer römischen Gesandtschaft in Ägypten (140/39 v.Chr.)," in *Althistorische Studien*, hrsg. v. Heinz Heinen, Hist.E 40 (Wiesbaden: Steiner, 1983), 116–130.

236 In dieselbe Richtung bzw. sogar noch weiter geht die Interpretation von Francisco-Javier Ruiz-Ortiz: In seiner Untersuchung der Gewalt-Dynamiken in EstMT sowie der Darstellung der Charaktere in diesem Zusammenhang kommt er zu dem Ergebnis, dass der König keinesfalls als Feind der jüdischen Gemeinschaft, sondern vielmehr als deren Verbündeter und Freund charakterisiert werde: „According to us, the author has a high esteem for the monarch and the institutions he represents. [...] W]e conclude that he is seen in a favourable light by the author": Ruiz-Ortiz, *The Dynamics of Violence and Revenge in the Hebrew Book of Esther*, 231.

237 Berlin, *Esther*, 5.

238 Koller, *Esther in Ancient Jewish Thought*, 62; vgl. Fox, *Character and Ideology in the Book of Esther*, 176; Bush, *Ruth, Esther*, 316. In der Darstellung des Xerxes in EstMT wird damit in Teilen,

unterscheidet Xerxes in EstMT auch von der literarischen Darstellung nicht-jüdischer Herrscher in anderen frühjüdischen Literaturwerken, etwa in 3Makk.[239]

Weiterführend lässt sich nun mit James Loader die Frage stellen: „Wer verantwortet eigentlich die Macht, wenn der schwache König als ein derart mächtiger Monarch dargestellt wird? Gibt es eine andere Macht, die sozusagen hinter dem Thron steht?"[240] Hierzu bietet sich ein Blick auf die Figur des Haman an.

2.3 Haman

Von seiner Beförderung zum obersten Beamten des Königs in 3,1 bis zu seinem schmachvollen Tod in 7,10 führt Haman nicht nur die Anweisungen des Xerxes aus, sondern profitiert zugleich von seinem Einfluss bei diesem und von der Reichweite der königlichen Macht. So erhält er durch königliches Gebot das Privileg, von allen anderen Bediensteten des Palastes (עַבְדֵי הַמֶּלֶךְ אֲשֶׁר־בְּשַׁעַר הַמֶּלֶךְ 3,2; vgl. הַשָּׂרִים אֲשֶׁר אִתּוֹ 3,1; vgl. 5,11) in besonderer Weise geehrt zu werden.[241] Vom König erhält Haman die Vollmacht, die jüdische Bevölkerung nach Gutdünken zu behandeln bzw. auszulöschen, symbolisiert durch die Übergabe des Siegelrings (3,10 – 11; vgl. 8,2). Hamans weitere Aktivitäten mit Autorität über Untergebene (vgl. 3,12; 5,14) sowie sein Zugang zum König (vgl. 3,15; 6,4 – 5) und zur Königin (7,7) beruhen auf der ihm verliehenen herausgehobenen Stellung. Ironischerweise ist es gerade die Nähe zum König, die sodann seine bittere Kränkung (6,6 – 11), seine wirkungsvolle Überführung durch Esther (7,6) und seine prompte Bestrafung (7,8 – 10) ermöglicht.

EstMT nennt keine Gründe für Hamans Beförderung zum zweiten Mann im Lande,[242] die darauf folgende Ausweitung seiner Kompetenzen erreicht er jedoch

---

wie Loader betont, „das weisheitliche Motiv des unreifen Königs deutlich sichtbar": James A. Loader, „Das Buch Ester" in *Das Hohelied. Klagelieder. Das Buch Ester*, 232 mit Verweis auf Talmon, „Wisdom in the Book of Esther", 441–442; vgl. Kevin McGeough, „Esther the Hero: Going beyond 'Wisdom' in Heroic Narratives," *CBQ* 70, Nr. 1 (2008), 57–58.

239 Vgl. Philip Alexander und Loveday Alexander, „The Image of the Oriental Monarch in the Third Book of Maccabees," in *Jewish Perspectives on Hellenistic Rulers*, hrsg. v. Tessa Rajak et al., Hellenistic Culture and Society 50 (Berkeley: University of California Press, 2007), 92–109. Ptolemaios IV. Philopator wird in 3Makk sehr deutlich als prototypischer und grausamer Tyrann nach griechisch-hellenistischen Standards gezeichnet und von der Autorenstimme für seine Taten auch fortwährend verurteilt.

240 James A. Loader, „Das Buch Ester" in *Das Hohelied. Klagelieder. Das Buch Ester*, 279.

241 Vgl. Kap. 2.4.

242 Eine sehr weitreichende Interpretation der in 3,1 erwähnten Beförderung Hamans vertritt Hazony, *God and Politics in Esther*, 32–39: „Haman's installation heralds a dramatic shift in the

durch rhetorisches Geschick, das eine verallgemeinernde und nach Darstellung von EstMT übertreibende und verleumderische Darstellung der jüdischen Bevölkerung einschließt (3,8 – 9). Hamans Überzeugungsarbeit scheint so erfolgreich zu sein, dass sogar sein Bestechungsangebot überflüssig wird (3,9 – 11).[243] Wie oben dargestellt, übt Haman Einfluss auf den König aus und hat die Macht, anderen Personen Befehle zu erteilen. Er selbst lässt sich jedoch ebenso wie Xerxes bisweilen von Emotionen leiten (Zorn, חֵמָה 3,5; vgl. aber 5,9 – 10; Erschrecken, בעת *nif.* 7,6) und von seinen Vertrauten beraten (5,14); Hilfe bei der Entscheidungsfindung bietet ihm zudem ein Losorakel (3,7).

In der Figur des Haman spiegelt sich die von jüdischen Autoren wahrgenommene ständig lauernde Gefahr, dass aus nicht vollständig erkennbaren oder verständlichen Gründen einzelne Personen Machtmittel erhalten, die sie zum Schaden der jüdischen Gemeinschaft einzusetzen gedenken. Dass EstMT dies als wiederkehrende und anhaltende Gefahr für jüdische Menschen wahrnimmt, zeigt sich auch in der Referenz auf ältere Traditionen, die Konfliktlinien zwischen Israel und seinen Nachbarn thematisieren: Der in EstMT erzählte Konflikt zwischen Haman und Mordechai wird geradezu aufgeladen durch die typologische Ver-

---

nature of government in Persia. [...] An unpleasant but tolerable regime becomes one of injustice and idolatry", ausgerichtet auf „total political rule through terror and violence" (32). Hazony stützt seine Auslegung auf die in der Tat überraschende und nicht begründete Einführung und Beförderung Hamans sowie darauf, dass nun statt der zu Beginn der Erzählung auftretenden Berater nur noch Haman als einziger Hinweisgeber für den König relevant zu sein scheint. Das Konzert vieler zu berücksichtigender Meinungen und Einsichten, welches ein wichtiges Merkmal guter Herrschaft sei, verstumme damit. Hazony geht m. E. in seiner Interpretation deutlich zu weit, zumal Hamans Position nach dessen Tod durch Mordechai eingenommen werden wird, EstMT mithin keineswegs ein Ideal vielstimmiger Beratung des Herrschers zu vertreten scheint. Entscheidend ist in 3,1 und in der Folge vielmehr, dass Haman für alle Beteiligten unerwartet auf den Plan tritt – dies spiegelt die Erfahrungen der Leser/-innen, die nicht in die Vorgänge am real existierenden Königshof eingeweiht sind – und dass von einem mächtigen Funktionär jederzeit Gefahr für die jüdische Bevölkerung oder andere Gruppen oder – wie im Falle Esthers und Mordechais – vorteilhafte Entwicklungen in Gang gesetzt werden können.

243 Moore weist darauf hin, dass die Charakterisierung von Hamans Angebot als „Bestechung" möglicherweise irreführend ist. Er denkt dabei vielmehr an „the quite ancient and honorable system of *bakshish*": Moore, *Esther*, 40 mit Verweis auf Max Vogelstein, „Bakshish for Bagoas?," *JQR* 33, Nr. 1 (1942). Er meint, der König habe das Geld vermutlich tatsächlich als ausgehandelten Kaufpreis angenommen; vgl. auch Meinhold, *Das Buch Esther*, 48. Eine andere Ansicht vertreten u. a. Berlin, *Esther*, 42 sowie Wahl, *Das Buch Esther*, 103 – 104. Die Aussageabsicht der Stelle bleibt letztlich uneindeutig; vgl. Levenson, *Esther*, 72. Sie ist auch in rabbinischen Auslegungen verschieden verstanden worden.

bindung mit dem Kampf zwischen Saul und Agag, Israel und Amalek (1Sam 15).[244] Haman wird damit zum Exponenten einer seit Urzeiten bestehenden Feindschaft gegenüber jeder Gruppe, die sich mit dem Volk Israel identifiziert; EstMT sieht gleichsam exemplarisch alte Gegnerschaften wiederkehren und Kämpfe wieder aufflammen, wenn auch in veränderter Form.[245]

Die Bedeutung der Figur des Haman geht in EstMT vollkommen in seiner machtvollen Position und in seinen böswilligen Plänen der jüdischen Bevölkerung gegenüber auf. Hamans Macht steht und fällt mit seiner Gunst beim König. Als er sie erlangt, wird er sogleich zum zweiten Mann hinter dem Monarchen befördert; als er sie verliert, wird er unverzüglich hingerichtet. Hinter der Beziehung zwischen Haman und Xerxes in EstMT verbirgt sich die Wahrnehmung, dass Gefahr für die jüdische Diaspora in letzter Konsequenz nicht vom Herrscher ausgeht, sondern von bestimmten anderen Akteurinnen und Akteuren, die sich allerdings darauf verstehen, sich die Machtmittel des Königs zunutze zu machen bzw. an dessen Macht zu partizipieren. Dass es der Herrscher nicht vermag, von vornherein zwischen guten und schlechten Ratgeberinnen und Ratgebern zu unterscheiden, sieht unsere Quelle keineswegs als Idealzustand, akzeptiert es allerdings nüchtern als wirklichkeitsnahe Einschätzung möglicherweise tatsächlich erlebter zeitgenössischer Verhältnisse. Der Fokus richtet sich demnach weniger darauf, über die Natur des idealen Herrschers nachzusinnen, der sowieso kaum jemals in der Realität anzutreffen ist, sondern vielmehr auf die pragmatische Frage, wie Willen und Machteinsatz des Königs in eine für die jüdische Gemeinschaft vorteilhaftere Bahn zu lenken sind, als dies archetypische Gegner wie Haman beabsichtigen. Somit rückt nun die Rolle der jüdischen Protagonistinnen und Protagonisten in den Mittelpunkt.

2.4 Mordechai

Die erste Erwähnung Mordechais in EstMT deutet bereits die Ambivalenz seiner Stellung zwischen Macht und Ohnmacht an. Einerseits gehört er zu den unter Jehojachin/Jechonja von Nebukadnezar ab 597 v. Chr. deportierten Jerusalemern (2,5 – 6) und ist damit Mitglied einer Bevölkerungsgruppe, die vorrangig über eine

---

244 Vgl. Lacoque, „Haman in the Book of Esther", 210 – 211. Berlin weist zudem darauf hin, dass die Verbindung zu den Geschehnissen unter Saul in der Gestaltung der Synagogenlesung noch deutlicher hervorgehoben wird; vgl. Berlin, *Esther*, 34.

245 Vgl. dazu ausführlich Ego, *Ester*, 206 – 210.

militärische Niederlage und ihre Zwangs-Umsiedlung definiert wird.[246] Andererseits kommt Mordechai gegenüber Esther, seiner Rolle als Pflegevater entsprechend, eine gewisse Autorität zu. Diese zeigt sich auch darin, dass Esther ohne Widerspruch Mordechais Anweisung gehorcht, ihre Abstammung geheim zu halten (2,10), und zwar auch noch dann, als sie bereits zur Königin aufgestiegen ist (2,20) und ihm damit formal keinen Gehorsam mehr schuldet.

Mordechais Stellung gegenüber dem König und den staatlichen Autoritäten wird zu Anfang der Erzählung noch nicht ganz klar. Seine Verortung „in der Festung Susa" (בְּשׁוּשַׁן הַבִּירָה 2,5)[247] zeugt für sich genommen noch nicht von einer sozial herausgehobenen oder gar politisch machtvollen Position, wohl aber deutet sein Sitzen im Tor des Königs (יֹשֵׁב בְּשַׁעַר־הַמֶּלֶךְ 2,19.21; 5,13; 6,10; vgl. 3,1–4; 5,9) auf eine administrative Tätigkeit hin.[248] Seine Loyalität gegenüber Xerxes stellt er dadurch unter Beweis, dass er diesen – vermittelt durch Esther – von der Eunuchenverschwörung in Kenntnis setzt (2,21–23). Dieses Handeln wandelt sich durch die Eintragung in die königliche Chronik (וַיִּכָּתֵב בְּסֵפֶר דִּבְרֵי הַיָּמִים לִפְנֵי הַמֶּלֶךְ 2,23) in politisches Kapital beim Herrscher, welches später Gewinn einbringen wird (6,1–11). Durch die Meldung der Verschwörer unterwirft sich Mordechai der Macht des Xerxes und stützt diese. Seine Loyalität findet ihre Grenze allerdings bei der vom König angeordneten, von Mordechai aber verweigerten Ehrenbezeugung gegenüber Haman:

וְכָל־עַבְדֵי הַמֶּלֶךְ אֲשֶׁר־בְּשַׁעַר הַמֶּלֶךְ כֹּרְעִים וּמִשְׁתַּחֲוִים לְהָמָן כִּי־כֵן צִוָּה־לוֹ הַמֶּלֶךְ וּמָרְדֳּכַי לֹא יִכְרַע וְלֹא יִשְׁתַּחֲוֶה

Und alle Diener des Königs, die im Tor des Königs waren, knieten vor Haman nieder und erwiesen ihm Ehre, denn so hatte es der König für ihn befohlen. Mordechai aber kniete nicht nieder und erwies ihm keine Ehre.
EstMT 3,2

---

246 Nach der Chronologie der Erzählung müsste Mordechai als Untertan des Xerxes mindestens 114 Jahre alt sein, wäre er tatsächlich 597 v. Chr. persönlich deportiert worden; vgl. Fox, *Character and Ideology in the Book of Esther*, 29. Esther als seine Cousine wäre somit ebenfalls kaum mehr als junge Frau vorzustellen. Allerdings kann das den Vers 2,6 einleitende Relativpronomen אֲשֶׁר ohne Weiteres auch auf den in 2,5 als Mordechais Vorfahren genannten Kisch bezogen werden; vgl. Aaron J. Koller, „The Exile of Kish: Syntax and History in Esther 2.5–6," *JSOT* 37, Nr. 1 (2012). Für beide Interpretationen gilt in jedem Fall, dass die Identifizierung des Mordechai als Mitglied der Gola die literarische Funktion erfüllt, ihn einer politisch weitgehend machtlosen Bevölkerungsgruppe zuzuordnen. Ein Zusammenhang mit dem in Esra 2,2; Neh 7,7 erwähnten Mordechai ist unklar.
247 Vgl. Anm. 214.
248 Vgl. Hans Wehr, „Das ‚Tor des Königs' im Buche Esther und verwandte Ausdrücke," *Der Islam* 39 (1964); Hans-Peter Rüger, „‚Das Tor des Königs' – der königliche Hof," *BibInt* 50, Nr. 2 (1969); Harvey, *Finding Morality in the Diaspora?*, 43, Anm. 117; Fox, *Character and Ideology in the Book of Esther*, 38–39.

Mordechais Weigerung stellt einen Akt des Widerstands dar, der massive unerwünschte Folgen hat. Allerdings gibt der Text nicht an, worin dieser Widerstand begründet ist, welcher Aspekt der geforderten Handlung also von Mordechai aus welchem Grund abgelehnt wird. Die Grundbedeutung des Verbs חוה *hišt.* zielt nach den gründlichen Untersuchungen von Siegfried Kreuzer sowie von Ina Willi-Plein wohl nicht auf eine Bewegungsabfolge, sondern auf den Ausdruck einer inneren Haltung gegenüber der anderen Person, etwa in Form eines Grußes, einer Respekts- oder Ehrenbezeugung.[249] Diese wurde zwar sicher mit einer festgelegten Geste zum Ausdruck gebracht, doch lässt sich diese nicht mehr eindeutig erschließen.[250] Als begleitende Körperbewegungen werden in der Hebräischen Bibel insbesondere קדד („sich tief verbeugen") und נפל („niederfallen") häufiger genannt. Objekt der Huldigung können Herrschergestalten und andere Menschen sein, weiterhin Götterbilder oder Gott.[251]

Dabei kennt der Tanach viele Beispiele der mit חוה *hišt.* beschriebenen Handlung, die sowohl gegenüber israelitischen bzw. jüdischen als auch gegenüber nicht-israelitischen bzw. nicht-jüdischen Menschen nicht als verwerflich gelten muss.[252] Die mögliche Erklärung für Mordechais Weigerung, „dass er Jude ist" (אֲשֶׁר־הוּא יְהוּדִי EstMT 3,4), muss somit für sich genommen sowohl für antike

---

249 Vgl. Siegfried Kreuzer, „Zur Bedeutung und Etymologie von HIŠTAḤ^AWĀH/YŠTḤWY," *VT* 35, Nr. 1 (1985); Ina Willi-Plein, „הִשְׁתַּחֲוָה – Ehrenbezeugung oder Proskynese? Pragmatische Zugänge zur Bedeutung eines etymologisch umstrittenen hebräischen Verbs," in *Sprachen – Bilder – Klänge: Dimensionen der Theologie im Alten Testament und in seinem Umfeld*, hrsg. v. Christiane Karrer-Grube et al., AOAT 359 (Münster: Ugarit, 2009), 363–375. Vgl. für die – m. E. weniger überzeugende – gegenteilige Ansicht Horst D. Preuß, „חוה," *ThWAT* 2: „Das Verb bezeichnet damit eigentlich nur eine Geste als Teil einer übergreifenderen Handlung, meint dann aber auch die sich darin ausdrückende innere Haltung und Einstellung" (786).

250 Vgl. Ina Willi-Plein, „הִשְׁתַּחֲוָה – Ehrenbezeugung oder Proskynese?" in *Sprachen – Bilder – Klänge*, 372.

251 In der Forschungsliteratur wird die Ehrenbezeugung in EstMT oftmals als „Proskynese" bezeichnet und im Zusammenhang mit griechischen Quellen diskutiert, die von προσκυνέω bzw. προσκύνησις sprechen. Es erscheint mir jedoch ratsam, die Diskussion des hebräischen und des griechischen Sprachgebrauchs zunächst auseinanderzuhalten, um so den ggf. unterschiedlichen Konnotationen besser gerecht werden zu können. Die griechische Begrifflichkeit wird daher im Kontext der griechischen Esther-Versionen untersucht werden; vgl. dazu insbes. Kap. 3.3.2. Angesichts der vielen unterschiedlichen Facetten, die sowohl die antike als auch die moderne Diskussion um die „Proskynese" trägt (s. dort), ist m. E. zu bezweifeln, dass es hilfreich ist, diese Bezeichnung in der Forschungsdiskussion für den mit חוה *hišt.* beschriebenen Vorgang zu verwenden.

252 Vgl. z. B. Gen 23,7 (Abraham vor den Hethitern); Rut 2,10 (Ruth vor Boas); 1Sam 24,9 (David vor Saul); 1Kön 1,16.31 (Batseba vor David). Vgl. Gleicher, „Mordecai the Exilarch", 194: „Despite what we might first presume from the text, there is nothing in Jewish law that would forbid such a gesture of respect to a king or a king's minister or any other person".

als auch für moderne Leser/-innen unbefriedigend bleiben: Zu verdammen ist nach den biblischen Texten nicht die Ehrung von Menschen *per se*, sondern die kultische Verehrung etwa von Götzenbildern. Genau diese Konnotation scheint nun aber in EstMT 3,2.5 in der Verbindung mit כרע („niederknien") vorzuliegen: Wie Ingo Kottsieper beobachtet, erscheint die Kombination der beiden Verben sonst nur im Sinne einer kultischen Verehrung (Ps 22,30; 95,6; 2Chr 7,3; 29,29), sodass hier der Grund für die in EstMT so zentrale Weigerung Mordechais liegen muss.[253] Diese Interpretation ist auch in Teilen der rabbinischen Auslegung bezeugt.[254]

Im Lichte dieser Beobachtungen liegt es nahe, Mordechais Widerstandshandlung als zwar politisch wirksam, jedoch ausschließlich theologisch motiviert zu verstehen. Sie richtet sich direkt gegen Haman und lediglich indirekt gegen den König, der die Ehrenbezeugung angeordnet hatte: Für sich selbst scheint Xerxes nichts Entsprechendes einzufordern, und Esthers späteres Niederfallen vor seinen Füßen (וַתִּפֹּל לִפְנֵי רַגְלָיו 8,3) – formuliert mit נפל ohne Erwähnung von חוה *hišt.* – wird weder als für den König unzureichend noch als für jüdische Menschen inakzeptabel problematisiert. Zudem wird nirgends erwähnt, dass der Herrscher von dem Konflikt um die Ehrerbietung überhaupt Kenntnis erlangt – Hamans Argumentation in 3,8 – 9 geht nicht explizit darauf ein. Sowieso hat Mordechai bis zu seiner Investitur in ein hohes politisches Amt in 8,2 keinerlei direkten Kontakt zum König. Als Mittelsfrau zwischen den beiden Figuren fungiert bis dahin stets Esther, wie im Folgenden ersichtlich werden wird.

Ebenso wie Haman zeigt auch Mordechai rhetorisches Geschick, welches er vor allem zur Einflussnahme auf Esther nutzt (Kap. 4). Nach der bereits erwähnten Meldung des Putschversuches durch die Königin gelingt es Mordechai hier zum zweiten Mal, unter Ausnutzung der Position seiner Pflegetochter indirekt auf den König einzuwirken. Dass er dabei umgekehrt auch von Esthers Einfluss und Handeln abhängig ist, zeigt sich, als Mordechai nach der Entlarvung Hamans in eine ähnlich wichtige Position wie zuvor sein Widersacher eingesetzt wird. Esther ist direkt dafür verantwortlich:

---

253 Vgl. Ingo Kottsieper, „Zusätze zu Ester" in *Das Buch Baruch. Der Brief des Jeremia. Zusätze zu Ester und Daniel*, 164; Levenson, *Esther*, 67 [Levensons Verweis auf Arnold B. Ehrlich, *Randglossen zur Hebräischen Bibel: Textkritisches, Sprachliches und Sachliches Bd. 7* (Leipzig: Hinrichs, 1914), 115 ist irreführend].
254 Vgl. Noah Hacham, „Bigthan and Teresh and the Reason Gentiles Hate Jews," *VT* 62, Nr. 3 (2012), 333; Hazony, *God and Politics in Esther*, 40.

בַּיּוֹם הַהוּא נָתַן הַמֶּלֶךְ אֲחַשְׁוֵרוֹשׁ לְאֶסְתֵּר הַמַּלְכָּה אֶת־בֵּית הָמָן צֹרֵר הַיְּהוּדִים וּמָרְדֳּכַי בָּא לִפְנֵי הַמֶּלֶךְ כִּי־הִגִּידָה אֶסְתֵּר מַה הוּא־לָהּ (2) וַיָּסַר הַמֶּלֶךְ אֶת־טַבַּעְתּוֹ אֲשֶׁר הֶעֱבִיר מֵהָמָן וַיִּתְּנָהּ לְמָרְדֳּכָי וַתָּשֶׂם אֶסְתֵּר אֶת־מָרְדֳּכַי עַל־בֵּית הָמָן

An diesem Tage gab König Ahasveros Königin Esther das Haus Hamans, des Feindes der Jüdinnen und Juden. Mordechai aber kam vor den König, denn Esther hatte mitgeteilt, was er für sie war. (2) Und der König nahm seinen Siegelring ab, den er Haman hatte wegnehmen lassen, und er gab ihn Mordechai. Und Esther setzte Mordechai über Hamans Haus. EstMT 8,1–2

Erst durch Esthers Einsatz wird Mordechai also in eine Führungsposition erhoben, die er auch über das Ende der Erzählung hinaus innehaben wird. Nach Empfang des königlichen Siegelrings (8,2; vgl. 8,8) und der damit verbundenen Vollmachten wird er nun bezeichnet als „Zweiter nach König Xerxes" (מִשְׁנֶה לַמֶּלֶךְ אֲחַשְׁוֵרוֹשׁ 10,3). Seine Autorität erstreckt sich nicht mehr nur auf die jüdische Gemeinschaft (10,3; vgl. zuvor bereits 4,17), sondern auf die gesamte Reichsbevölkerung (9,3–4). Äußere Zeichen von Mordechais Machtposition sind neben dem Siegelring auch königliche Kleidung (לְבוּשׁ מַלְכוּת 8,15), eine große goldene Krone (עֲטֶרֶת זָהָב גְּדוֹלָה 8,15) sowie ein besonderer Mantel aus Leinen und Purpurwolle (תַּכְרִיךְ בּוּץ וְאַרְגָּמָן 8,15).[255] Die Beschreibung von Mordechais Äußerem unterstreicht die das Ende der Erzählung prägende Vorstellung, dass der Anführer der jüdischen Gemeinschaft zugleich im Konzert mit dem nicht-jüdischen König die Herrschaft über das Reich ausübt, „daß Mordechai den schwachen König jetzt ebenso in einem guten Sinne beeinflußt, wie Haman das seinerzeit zum Schaden getan hatte."[256] Wie Loader mit Blick auf 10,2 resümiert, sind die Wende des Geschehens und die Machtübertragung an die jüdischen Protagonistinnen und Protagonisten nach der Konzeption von EstMT „nicht nur für die Juden gut, sondern auch für den König"[257] – und zugleich für das Wohlergehen des gesamten Reiches und seiner Bewohner/-innen.

---

255 Die Notiz über Mordechais herrschaftliche Bekleidung in 8,15 verweist zurück auf seine Ehrung durch Haman in 6,11; vgl. 6,8. Vgl. zur symbolischen Signifikanz der königlichen Kleidung Berg, The Book of Esther, 62–64. Mit Blick auf Mordechais Stellung am Ende von EstMT 8 stellt Berg fest: „Mordecai both looks and acts like a king" (64).

256 James A. Loader, „Das Buch Ester" in Das Hohelied. Klagelieder. Das Buch Ester, 280.

257 James A. Loader, „Das Buch Ester" in Das Hohelied. Klagelieder. Das Buch Ester, 280.

2.5 Esther

Die Rolle der Esther in der später nach ihr benannten Erzählung entwickelt sich stärker und folgenreicher weiter als die jeder anderen Figur.[258] Dies macht sich besonders bemerkbar mit Blick auf die ihr zugeschriebenen Machtmittel und ihren Einfluss auf andere Personen sowie auf die Geschehnisse insgesamt.

Esther wird zunächst vorgestellt als „Mädchen von schöner Gestalt und attraktivem Aussehen" (נַעֲרָה יְפַת־תֹּאַר וְטוֹבַת מַרְאֶה 2,7). Bereits die in der Bezeichnung נַעֲרָה mitschwingende Konnotation „Sklavin" sowie Esthers Einführung als Waisenkind in der Obhut ihres Cousins Mordechai suggerieren Schwäche und Hilfsbedürftigkeit.[259] Von Mordechai nimmt sie Anweisungen entgegen (2,10.20) und fügt sich auch der für sie vorgesehenen Schönheitsbehandlung und der Teilnahme am Wettbewerb, der die jungen Frauen auf Objekte königlicher Begierde reduziert.[260]

Esther fügt sich ein in die Machtstrukturen am Hof und widerspricht nicht den Anweisungen der mächtigen Männer in ihrer Umgebung. Diese Charakterisierung wird durch ihr „Spiegelbild" Waschti geschärft.[261] Diese hatte sich einer strikten

---

258 Vgl. Fox, *Character and Ideology in the Book of Esther*, 196; vgl. dort Anm. 2 mit Hinweisen auf weitere Ausleger/-innen, die eine ähnliche Ansicht vertreten. Vgl. außerdem Agnethe Siquans, „Die Rolle Esters im Esterbuch im Verhältnis zu Mordechai: Fürbitterin und Vorbild ihres Volkes," *BN* 86 (1997), insbes. 83 – 84.

259 Levenson hat darauf hingewiesen, dass Esther in dieser Rolle als Spiegelbild der jüdischen Gemeinschaft gelesen werden kann: „The particular mirrors the general: Hadassah's plight resembles that of her people. As they have lost their king and their land and taken up residence in a foreign country, so has she lost her father and her mother, become adopted by her cousin, and taken a foreign name": Levenson, *Esther*, 56. Vgl. zur Passivität und Schwäche der jüdischen Gemeinschaft Kap. 2.6.

260 Es liegt nahe, in der Szene 2,8 – 18 nicht nur einen Schönheitswettbewerb zu erkennen, der mit modernen „Miss"-Wahlen vergleichbar wäre, sondern vielmehr eine geplante und wiederholte sexuelle Nötigung durch den König; vgl. zu dieser Sichtweise z. B. Fox, *Character and Ideology in the Book of Esther*, 35; 197– 198; Day, *Three Faces of a Queen*, 192; Hazony, *God and Politics in Esther*, 18. Vgl. auch Berlin, *Esther*, 27: „This expression [sc. אֶל־לָבוֹא 2,12] has sexual overtones." Eine solche Interpretation wird bereits für antike Leser/-innen möglich oder gar wahrscheinlich gewesen sein, wie auch die Kommentare im babylonischen Talmud suggerieren (bMeg 13a). Sie ist sodann auch in mittelalterlichen Auslegungen bezeugt; vgl. z. B. Jalkut Schimoni zu 2,14. Es sei allerdings angemerkt, dass sie durch den Wortgebrauch nicht unbedingt nahegelegt wird: Weder das in 2,8.16 verwendete לקח *nif.* noch בוא אל־ (2,12.13.14.15) deuten *per se* auf sexuelle Handlungen hin; für den euphemistischen Gebrauch des letzteren Ausdrucks in diesem Sinne gilt nach Stefan Schorch, *Euphemismen in der Hebräischen Bibel*, OBC 12 (Wiesbaden: Harrassowitz, 2000), 96: „Subjekt der Handlung ist immer der Mann, und zwar auch dann, wenn die Frau eine aktive Rolle spielt". Diese Bedingung ist an den genannten Stellen in EstMT nicht erfüllt.

261 Vgl. Day, *Three Faces of a Queen*, 203.

Unterordnung verweigert, indem sie die Anweisung des Königs schlicht ignoriert: „Und Königin Waschti weigerte sich zu kommen" (וַתְּמָאֵן הַמַּלְכָּה וַשְׁתִּי לָבוֹא 1,12). Somit bleibt die begrenzte Macht, die auch Waschti offenbar durch ihr attraktives Äußeres in Händen hält, auf die kurze Episode zu Beginn der Erzählung beschränkt (sie wird letztmalig in 2,17 erwähnt). Die Figur der Waschti schafft damit eine Folie, von der sich Esthers Handeln abheben kann – ein Handeln, das die Autorität und das Ansehen des Königs sowie die Gesetze des Reiches nicht in Frage stellt.

Esthers Schönheit ist nun einerseits der Anlass dafür, dass sie in diese Position der Unterordnung hineingerät und – auch grammatisch passivisch (vgl. וַתִּלָּקַח 2,8.16) – als Objekt der Handlungen anderer in Erscheinung tritt.[262] Andererseits wird Esthers Schönheit auch als Auszeichnung dargestellt und zur Grundlage ihrer sich ausbildenden Machtposition. Dass Esther bereits bei der Frauenwahl des Königs nicht ganz passiv zu sein scheint, haben verschiedene Ausleger/-innen mit dem Hinweis auf den ungewöhnlichen Sprachgebrauch in dieser Szene betont.[263] So heißt es hier, „und sie erlangte Zuneigung und Gunst bei ihm" (וַתִּשָּׂא־חֵן וָחֶסֶד לְפָנָיו 2,17; vgl. 2,9.15; 5,2) – ein markanter Unterschied zur sonst in der Hebräischen Bibel gebräuchlichen Wendung, Gunst bei jemandem zu „finden" (מצא).[264] Letztere Formulierung wird bezeichnenderweise Esther selbst immer wieder in den Mund gelegt, wenn sie den König um etwas bittet (5,8; 7,3; 8,5); die erstgenannte Variante hingegen wird von der Erzählstimme eingebracht.

Dass Esther ihre Schönheit als Machtmittel einsetzt, wird besonders in der Thronsaal-Szene 5,1–8 betont (vgl. insbesondere 5,1), wie Marie-Theres Wacker feststellt: „Ester gewinnt das Machtspiel"[265] trotz der nominell unvergleichlich größeren Machtfülle des Königs. Man könnte zuspitzend ergänzen: Der König ist sich offenbar gar keines „Machtspiels" bewusst. Dies wird dadurch unterstrichen, dass sowohl Xerxes als auch Haman von Esthers Enthüllungen in 7,6 überrascht werden, demnach offensichtlich nicht geahnt haben, dass die Königin bereits seit geraumer Zeit ihre Position und ihre Machtmittel nutzt, um einen langfristigen Plan auszuführen. Neben ihren äußeren Reizen ist es vor allem ein offensichtliches rhetorisches Talent, das Esther einen starken Einfluss auf andere Charaktere

---

262 Vgl. Koller, *Esther in Ancient Jewish Thought*, 69: „Esther is described in terms of abject passivity through the first few chapters of the story."
263 Vgl. Harvey, *Finding Morality in the Diaspora?*, 24–27; Bush, *Ruth, Esther*, 320; 364; Meinhold, *Das Buch Esther*, 36. Vgl. zu Esthers Verhalten gegenüber Hegai auch Hazony, *God and Politics in Esther*, 24–25.
264 Vgl. Siegfried Wagner, „מָצָא," *ThWAT* 4, 1048–1049.
265 Wacker, *Ester*, 31.

verschafft.[266] Die Machtposition, in der sich „Königin Esther" (אֶסְתֵּר הַמַּלְכָּה 2,22; 5,2.3.12; 7,1.2.3.5.7; 8,1.7; 9,12.29.31) ihrem Titel nach befindet, wird von ihr durch diese Machtmittel praktisch ausgefüllt und genutzt.

Esther behält auch nach Hamans Überführung und Tod ihre einflussreiche Position gegenüber ihrem Ehemann, bei dem sie weiterhin Gehör findet (vgl. 8,3–4; 9,12–14). Durch ihren Einfluss wird nun Mordechai, wie bereits erläutert, seine Macht erweitern können; die Vollmacht zur Ausgabe eines königlichen Edikts erhalten sie jedoch beide gemeinsam (vgl. 8,7–8; 9,29).[267] Die Machtverhältnisse zwischen Esther und Mordechai sind vielschichtig und wandeln sich mehrfach im Laufe der Erzählung. Aus einer Position der Unterordnung gegenüber ihrem Pflegevater heraus wird Esther zur Königin, lässt sich allerdings weiterhin von Mordechai zum Handeln drängen (4,5–16). Gerade an dieser Stelle kehrt sich die Rollenverteilung nun aber um, wenn Esther Mordechai Anweisungen gibt (4,16–17), wie Wacker festhält: „Mordechai tut nun, was Ester ihm befiehlt. Zwischen Mordechai und Ester haben sich die Befehlsverhältnisse umgekehrt."[268] Es ist allerdings zu beachten, dass Mordechai daran bedeutenden Anteil hat: Schließlich ist er es, der Esther dazu überredet, ihren Einfluss zu nutzen und das Heft des Handelns zu ergreifen.[269]

---

266 Vgl. Day, *Three Faces of a Queen*, 200–201; Fox, *Character and Ideology in the Book of Esther*, 200–202. Gerleman sieht Esthers rednerische Begabung insbesondere im Gegenüber zu Mordechai hervortreten, der in EstMT kaum mit direkter Rede auftritt. Dies sei als Parallele zur Rollenverteilung zwischen Mose und Aaron zu verstehen; vgl. Gillis Gerleman, *Studien zu Esther: Stoff – Struktur – Stil – Sinn*, BSt 48 (Neukirchen-Vluyn: Neukirchener, 1966), 14–15. Allerdings muss demgegenüber daran erinnert werden, dass die entscheidende Diskussion zwischen Esther und Mordechai in Kap. 4 ja letztlich ein Ergebnis in Mordechais Sinne erbringt.

267 Vor diesem Hintergrund kann ich auch der Schlussfolgerung bei Gleicher, „Mordecai the Exilarch", 199 nicht zustimmen: „Once Haman is disposed of, Esther generally defers to Mordecai in the making of policy". Gleicher verweist zum Beleg seiner These auf EstMT 8,1–2.9–10.15; 9,3–4.20–23; ein genauer Blick auf diese Stellen erweist, dass sie kaum geeignet sind, Gleichers Argument zu stützen. Richtig ist, dass Mordechai nun in einigen Abschnitten in den Vordergrund rückt. Dass Esther sich den Entscheidungen Mordechais „beugen" würde, wird allerdings nirgends gesagt – 9,32 suggeriert sogar das Gegenteil.

268 Wacker, *Ester*, 29; vgl. Day, *Three Faces of a Queen*, 188–189. Vgl. auch Siquans, „Die Rolle Esters im Esterbuch im Verhältnis zu Mordechai", 82: „Ester reagiert auf die Herausforderung und ergreift im letzten Teil des Gespräches vollständig die Initiative (4,15–17). Am Ende von Kapitel 4 sind die Rollen der beiden jüdischen Hauptpersonen umgekehrt: Ester gibt Anweisungen, Mordechai führt sie aus, er ist ihr gehorsam."

269 Linda Day meint im Vergleich mit EstLXX und EstAT zu erkennen, dass EstMT in dieser Szene eine von Mordechai unabhängigere, selbstbewusstere Esther präsentiere; vgl. Day, *Three Faces of a Queen*, 53. Dies führt sie zu der Aussage: „[I]n their conversation, Esther is not as reliant upon Mordecai's persuasion when deciding to act" (199). Mit Blick auf die Dynamik der Szene und insbesondere auf 4,8.13–16 erscheint mir diese Interpretation nicht plausibel.

Vergleicht man die Zeichnung der Figuren Esther und Mordechai miteinander, so wird die feine Differenzierung zwischen beiden Rollenbildern offenbar. Zwar arbeiten beide Charaktere gemeinsam auf die Rettung der jüdischen Bevölkerung hin, doch nehmen sie dabei unterschiedliche Aufgaben wahr und agieren auf ihre je eigene Weise. So meint auch Alexander Green:

> A careful analysis of both Mordechai and Esther's words and actions [...] reveals that each one has different skills and tactics that he on the one hand, and she on the other, uses to gain favor and manipulate Ahashverosh so as to save the Jewish people against Haman's own powerful manipulation.[270]

Dabei ist auch die Differenzierung der Geschlechter von entscheidender Bedeutung: Esthers Position als Königin und ihre Einflussnahme mithilfe körperlicher Reize ist von ihrem Geschlecht bzw. dem Geschlechterbild des Verfassers und der intendierten Rezipientinnen und Rezipienten abhängig. Die Stellung Mordechais als Vorsteher der persisch-jüdischen Gemeinde und Bediensteter des Königs wiederum ist literarisch glaubwürdig nur für ihn als Mann erreichbar. „Mordecai and Esther are co-heroes, each contributing in ways that are congruent with their gender roles in the world of biblical narrative in the Persian period."[271] Zugleich ist allerdings darauf hinzuweisen, dass Esther entsprechende Rollenerwartungen transzendiert, indem sie bis zum Schluss der Erzählung – und offenbar auch darüber hinaus – als Führungsperson Anweisungen erteilt. Nachdem sie gemeinsam mit Mordechai die Etablierung des Purimfestes bestätigt hat, heißt es explizit: „Und Esthers Befehl bestätigte diese Purim-Bestimmungen. Und es wurde schriftlich aufgezeichnet." (וּמַאֲמַר אֶסְתֵּר קִיַּם דִּבְרֵי הַפֻּרִים הָאֵלֶּה וְנִכְתָּב בַּסֵּפֶר 9,32). Bezeichnend für die Darstellung Esthers in EstMT ist der Gebrauch des Wortes מַאֲמַר, das in der Hebräischen Bibel nur drei Mal, und zwar ausschließlich in EstMT, bezeugt ist. In 1,15 bezeichnet es den von Waschti ignorierten Befehl des Königs, in 2,20 Mordechais Anweisung an Esther, in 9,32 nun Esthers schriftlich festgehaltene und für alle jüdischen Menschen im Reich gültige Anordnung.

Es erscheint geboten, die Charakterisierung Esthers als einflussreicher Frau in einer vormodernen Gesellschaft kurz zu reflektieren. Die Vollmachten, die ihr am Ende ihrer „Aufstiegsgeschichte" zugeschrieben werden, lassen die Königin in den Augen antiker Leser/-innen als seltenes Beispiel einer herausgehobenen weiblichen Führungspersönlichkeit erscheinen. Obschon ihre Rolle in den anderen Versionen der Erzählung, wie wir noch sehen werden, durchaus anders

---

270 Green, „Power, Deception, and Comedy", 67.
271 Berlin, *Esther*, lvii; vgl. Siquans, „Die Rolle Esters im Esterbuch im Verhältnis zu Mordechai", 86–88.

akzentuiert wird als in EstMT, so wird sie doch auch dort als ganz außergewöhnlich tatkräftige Frau im Umfeld mächtiger Männer gezeichnet. Zugleich jedoch muss die Esther-Figur im Kontext anderer weiblicher Persönlichkeiten der
antiken Welt betrachtet werden, die bedeutsame Positionen innehatten. Es schärft
das Profil der jüdischen Heldin unserer Erzählung, dass es im achämenidischen
Persien durchaus Frauen mit bedeutendem wirtschaftlichem und politischem
Spielraum gab,[272] dass hellenistische Reiche bisweilen von Königinnen regiert
wurden,[273] unter denen sich mit der Hasmonäerin Salome Alexandra sogar ein
jüdisches Beispiel findet, und dass darüber hinaus auch in jüdischen Gemeinden
der hellenistisch-römischen Zeit Frauen mitunter eine zentrale Rolle spielen
konnten.[274]

Dieser Hintergrund verleiht der Darstellung Esthers spätestens für hellenistische Rezipientinnen und Rezipienten eine gewisse grundlegende Plausibilität.
Die Kombination und Übersteigerung verschiedener Motive jedoch lässt Esther als
einmalige, historisch wie literarisch beispiellose Figur erscheinen: Sie ist nicht
irgendeine persische Königin, sondern ausgerechnet jüdischer Abstammung; sie
ist nicht von Geburt an privilegiert, sondern erlangt ihre Position erst durch einen
unwahrscheinlichen Aufstieg, der sie zur Königin nicht irgendeines, sondern des

---

272 Dabei ist erstens an die teils fantasievollen Darstellungen weiblicher Mitglieder der Kö-
nigsfamilie in griechischer Literatur zu erinnern, die politische Intrigen und Ränkespiele am Hof
in den Vordergrund stellen. Maria Brosius zeigt in ihrer Analyse der Quellen allerdings, dass der
politische Einfluss von Frauen immer vom Wohlwollen bzw. von der Zustimmung des Königs
abhängig war; vgl. Maria Brosius, *Women in Ancient Persia: 559–531 BC*, OCM (Oxford: Clarendon,
1996), 105–122. Das Bild der Esther, die sich um die königliche Gunst und Unterstützung bemüht,
fügt sich hier gut ein. Zweitens jedoch sei auch auf die aus persischen Quellen bekannten Frauen
verwiesen, die mit eigenem Besitz und eigenem Siegel einen signifikanten wirtschaftlichen und
gesellschaftlichen Einfluss ausüben konnten. Das am besten belegte Beispiel ist wohl Irdabama,
die selbstständig über beträchtliche Ressourcen verfügen konnte; vgl. Maria Brosius, „No Reason
to Hide: Women in the Neo-Elamite and Persian Periods," in *Women in Antiquity: Real Women
across the Ancient World*, hrsg. v. Stephanie L. Budin und Jean MacIntosh Turfa, Rewriting Antiquity (London: Routledge, 2016), 156–174, 160–165. Vgl. auch die knappe Zusammenstellung bei
Marten Stol, *Women in the Ancient Near East* (Berlin: De Gruyter, 2016), Translated by Helen and
Mervyn Richardson, 552–553.
273 Man denke nur an Berühmtheiten wie Kleopatra VII., die zudem nicht die erste ptolemäische
Herrscherin war, die allein oder gleichberechtigt neben einem Mann regierte, oder auch – aus
späterer Zeit – an Zenobia von Palmyrene.
274 Vgl. aus der reichhaltigen Literatur zum Thema exemplarisch Bernadette J. Brooten, *Women
Leaders in the Ancient Synagogue: Inscriptional Evidence and Background Issues*, BJSt 36 (Chico,
CA: Scholars Press, 1982); Paul Trebilco, *Jewish Communities in Asia Minor*, MSSNTS 69 (Cambridge: Cambridge University Press, 1991), 104–126; Angela Standhartinger, „Jüdische Liturginnen zur Zeit des zweiten Tempels," in *Frauen im antiken Judentum und frühen Christentum*, hrsg. v.
Jörg Frey und Nicole Rupschus, WUNT II 489 (Tübingen: Mohr Siebeck, 2019), 31–55.

gewaltigsten Reiches macht, das die Welt bis dahin gesehen hatte; sie erzielt ihre Erfolge, weil sie über größere Schönheit und Begabungen verfügt als alle anderen Frauen und Männer ihrer Zeit, und sie bekleidet nicht etwa ein wichtiges Amt innerhalb einer jüdischen Gemeinde, sondern sie erwirkt gar die Rettung der gesamten jüdischen Reichsbevölkerung. An der Darstellung Esthers zeigt sich damit exemplarisch, wie sich die Erzählung auf dem schmalen Grat der literarischen Kunst bewegt: zwischen inspirierender, kraftvoller Kreativität auf der einen und einem notwendigen Mindestmaß an literarischer wie historischer Glaubwürdigkeit auf der anderen Seite. Die beiden Aspekte bedingen sich gegenseitig und machen es erst möglich, dass ein Werk eine solche Wirkungsgeschichte erlebt, wie es der nach Esther benannten Erzählung gelungen ist.

Zusammenfassend lässt sich feststellen, dass die jüdische Protagonistin im literarisch verarbeiteten politisch-theologischen Konzept von EstMT einen äußerst wichtigen Platz innerhalb eines Netzwerks von Machtbeziehungen einnimmt. Sie hat nach ihrer Erhebung zur Königin größten Einfluss auf den König, dessen Macht sie für ihre Zwecke zu nutzen weiß. Sie hat ihren Platz im Palast von Susa, dem Zentrum der politischen Macht im Reich, und agiert dort als realistisch-pragmatische Politikerin. Im Laufe der Handlung erlangt Esther zudem Autorität über ihren Pflegevater Mordechai und die jüdische Gemeinde, von der sie zwar räumlich getrennt ist, die aber von ihren Handlungen und Entscheidungen abhängig ist.[275]

2.6 Die jüdische Gemeinschaft

Die jüdische Bevölkerung des Perserreiches wird in EstMT in aller Regel schlicht als הַיְּהוּדִים bezeichnet.[276] Eine Differenzierung nimmt der Text lediglich dort vor,

---

275 Vgl. Day, *Three Faces of a Queen*, 163–164; 172–174. Vgl. des Weiteren die Arbeit von Tal Davidovich über Esthers Rolle in EstMT und in der Auslegungstradition: Davidovich, *Esther, Queen of the Jews*. Sie stellt ebenfalls die in der Quelle dargestellte Führungsrolle der Königin heraus. Leider wird in der Analyse nicht immer ausreichend zwischen Historie und historisierender Darstellung unterschieden, sodass die Schlussfolgerungen für unsere Zwecke von begrenztem Wert sind. Dies betrifft sodann auch die These, EstMT präsentiere Esther als „Resh Galuta" (vgl. 123–131). Vgl. die Kritik bei Jill Middlemas, „Rez. Tal Davidovich, Esther, Queen of the Jews: The Status and Position of Esther in the Old Testament," Society of Biblical Literature, https://www.bookreviews.org: „Without an explicit discussion of a literary approach, the analysis gives the impression of slipping between historical fact and literary presentation."
276 Die Frage, ob auf der Abfassungs- und auf der frühesten Rezeptionsebene הַיְּהוּדִים vorrangig über die Abstammung aus Judäa oder über die Identifikation mit einer nicht mehr (ausschließlich) territorial gebundenen Größe „Judentum" verstanden worden ist, kann und muss hier nicht

wo es um die in Susa ansässigen Jüdinnen und Juden geht. Die vorliegende Arbeit spricht im ersteren Fall bevorzugt von „Gemeinschaft", im letzteren meist von „Gemeinde", um die Unterscheidung zu erleichtern. Keineswegs sollen jedoch mit diesen Bezeichnungen bestimmte Strukturen oder Organisationsformen impliziert werden, die auch keinen Anhalt am Text hätten. Des Weiteren ist zu beachten, dass gegen Ende der Erzählung die Grenzen zwischen jüdischer und nichtjüdischer Bevölkerung zu verschwimmen scheinen: So heißt es in 8,17, „viele aus den Völkern des Landes" (רַבִּים מֵעַמֵּי הָאָרֶץ) würden aus Furcht vor den Jüdinnen und Juden eine mit dem Partizip מִתְיַהֲדִים bezeichnete Handlung ausführen. Es ist nicht geklärt, ob die genaue Bedeutung des Hapaxlegomenons יהד *hitp.* auf vorgebliche oder auf tatsächlich erfolgte Konversionen abzielt (vgl. auch 9,27).[277] In beiden Fällen stellt sich die in EstMT nicht beantwortete Frage, woran dies im Einzelnen festzumachen wäre oder sichtbar werden könnte. Wie wir noch sehen werden, wird in den anderen Esther-Versionen in diesem Zusammenhang auf die Beschneidung verwiesen.

Indem EstMT in seiner vorliegenden Form u. a. als Ätiologie für das Purimfest fungiert, erhält die Frage nach der Rolle der jüdischen Gemeinschaft besondere Relevanz: Die Gemeinschaft der Leser/-innen wird dazu aufgerufen, dem Vorbild der legendären jüdischen Gemeinschaft unter Xerxes zu folgen und sich der Ereignisse in ritualisierten Feierlichkeiten zu erinnern (vgl. 9,19 – 32, eingeleitet mit עַל־כֵּן). Diese Pointe überrascht insofern, als die jüdische Gemeinschaft als Ganze im Laufe der Erzählung nur selten auftritt und dabei eher passiv bleibt und nie selbstständig, sondern fast ausschließlich auf Anweisung Esthers und Mordechais handelt.[278] Die Jüdinnen und Juden des Reiches treten häufig lediglich als

---

beantwortet werden. Beide Aspekte scheinen im Blick zu sein, wenn einerseits die Verbindung zum Königreich Juda betont wird (2,6), die Erzählung aber andererseits die Existenz in der Diaspora akzeptiert oder gar propagiert und zudem (möglicherweise, s. u.) Übertritte zur jüdischen Gemeinschaft erwähnt (8,17; vgl. 9,27). Da auch in der Bezeichnung Mordechais als אִישׁ יְהוּדִי offenbar kein Widerspruch zu seiner Herkunft aus dem Stamm Benjamin gesehen wird (2,5 – 6), wird die Gemeinschaft der יְהוּדִים in dieser Arbeit als „jüdisch" bezeichnet; vgl. Wahl, *Das Buch Esther*, 172 – 173; Koller, *Esther in Ancient Jewish Thought*, 45 – 49. Dass der Gebrauch von יְהוּדִי in EstMT in gewisser Hinsicht „quer" zu den üblichen Definitionen von „judäisch" und „jüdisch" liegt und der Text vermutlich von einer innovativen Neuorientierung im Verständnis des Begriffs zeugt, zeigt Anne-Mareike Wetter, „How Jewish is Esther? Or: How is Esther Jewish? Tracing Ethnic and Religious Identity in a Diaspora Narrative," *ZAW* 123, Nr. 4 (2011).

277 Vgl. Fox, *Character and Ideology in the Book of Esther*, 104 – 106; Levenson, *Esther*, 117; Macchi, *Le Livre d'Esther*, 434 – 438.

278 Die Passivität und Abhängigkeit der jüdischen Bevölkerung, die stets als undifferenzierte Gruppe in den Blick kommt, ist von vielen Exegetinnen und Exegeten betont worden; vgl. z. B. Fox, *Character and Ideology in the Book of Esther*, 212 – 216; Harvey, *Finding Morality in the Diaspora?*, 63.

grammatisches Objekt der Handlungen anderer in Erscheinung (vgl. 3,6.8 – 9.13 u. ö.). Ihre Aktivität beschränkt sich zunächst auf nur kurz erwähnte Trauerrituale (4,3), mit denen sie auf Ereignisse reagieren, die jenseits ihres Einflussbereiches liegen.[279] Die jüdische Gemeinde von Susa wiederum (כָּל־הַיְּהוּדִים הַנִּמְצְאִים בְּשׁוּשָׁן) wird erst durch Esther, vermittelt durch Mordechai, zum Fasten aufgefordert (4,16 – 17). Die Handlungen der jüdischen Bevölkerung konzentrieren sich somit weitgehend auf die „Racheaktion" in Kap. 9, mit der sie Anweisungen befolgt, die Esther und Mordechai im Namen des Königs ausgegeben hatten. Eine begrenzte Eigenständigkeit deutet sich möglicherweise in dem Verzicht auf Plünderungen an, die nach dem königlichen Erlass explizit erlaubt gewesen waren (vgl. 8,11 mit 9,10.15.16).[280] Sie bewegt sich damit aber stets in dem Rahmen, der durch ihre prominentesten Mitglieder vorgegeben wird, denn für den Gesamtverlauf der gewalttätigen Auseinandersetzungen spielen Mordechai (9,3 – 4) und Esther (9,12 – 14) die entscheidende Rolle. Die übrigen Erwähnungen der jüdischen Gemeinschaft dienen denn auch vor allem dazu, die Identität ihrer beiden Führungspersonen zu verdeutlichen (vgl. 2,5 – 7; 3,4.6; 5,13; 6,10.13; 8,7; 9,29.31; 10,3).[281]

Das Gesamtbild zeigt somit eine jüdische Gemeinschaft, die zwar geschlossen, aber kaum aktiv und eigenständig in Erscheinung tritt; sie ist abhängig von den Handlungen anderer. Demgemäß übt sie Macht über ihre Feinde aus, nachdem sie von Esther, Mordechai und dem König dazu *ermächtigt* und aufgefordert worden ist. Die dramatischen Wendungen der Erzählung führt sie nicht selbst herbei, sondern ist diesen zunächst ausgeliefert und reagiert sodann darauf. Ihre Machtbeziehungen zum König und zu Haman verlaufen indirekt über die Führungsfiguren Esther und Mordechai. Dort, wo die Jüdinnen und Juden des Reiches am prominentesten in Erscheinung treten, fungieren sie als „verlängerter Arm"

---

279 Fox weist zudem darauf hin, dass von Mordechais Trauerritualen bereits in 4,1 die Rede ist, sodass der Eindruck entstehen kann, dass dieser bereits hier als Anführer seiner Gemeinde fungiert; vgl. Fox, *Character and Ideology in the Book of Esther*, 213. Wie wir noch sehen werden, wird die Reihenfolge in EstAT und EstVL anders dargestellt, was mindestens im letzteren Fall Auswirkungen auf den Gesamteindruck von der Aktivität der jüdischen Gemeinschaft hat; vgl. Kap. 4.5 und 5.5.
280 Vgl. Fox, *Character and Ideology in the Book of Esther*, 214. Der Verzicht auf Plünderungen schafft wiederum eine intertextuelle Verbindung zu 1Sam 15, wo die Inbesitznahme der Güter der Feinde als Ungehorsam gegenüber Gottes Gebot problematisiert wird; vgl. Fox, *Character and Ideology in the Book of Esther*, 216; Lacoque, „Haman in the Book of Esther", 218.
281 Die hier belegte häufige Bezeichnung Mordechais als „Mordechai, der Jude" (מָרְדֳּכַי הַיְּהוּדִי) trägt wesentlich dazu bei, dass Mordechai als idealisierter Repräsentant der jüdischen Gemeinschaft erscheint und die Lesenden zur Identifikation mit der Figur angeregt werden; vgl. Fox, *Character and Ideology in the Book of Esther*, 185 – 186.

Esthers und Mordechais, indem sie die Kämpfe und Tötungen vollziehen, die ihre Anführer nicht mit eigener Hand hätten ausführen können.

2.7 Gott

EstMT erwähnt kein einziges Mal explizit den Gott Israels, eben sowenig andere göttliche Figuren. Vor dem Hintergrund dieses Befundes stellt Frederic Bush in seinem Esther-Kommentar zu Recht fest: „God is not one of the characters in the narrative, and it is not possible to speak in any way of a ‚characterization' of him."[282] Manche Ausleger/-innen sind so weit gegangen, in EstMT daher ein nicht-theologisches, teils gar ein „profanes" Werk zu sehen.[283] Doch lässt sich zumindest sagen, dass das Fehlen expliziter Aussagen über Gott in EstMT im Kontext frühjüdischer Literatur höchst außergewöhnlich, daher mit hoher Wahrscheinlichkeit auch kein Versehen oder Zufall, sondern ein mit Absicht gestaltetes Merkmal des Textes ist. Das heißt aber, dass sich hinter dem „Gottesschweigen" in jedem Fall irgendeine Art theologischer Reflexion sowie eine theologische Botschaft verbergen. Welche Art von Botschaft hier allerdings kommuniziert werden soll – darüber scheiden sich nach wie vor die Geister.

Einige Ausleger/-innen sehen in EstMT die Vorstellung von der Abwesenheit Gottes illustriert.[284] Andere sehen eine Gottesidee in der Struktur der Erzählung sowie in einzelnen Andeutungen verborgen. So fährt etwa Bush nach dem oben zitierten Satz sogleich fort:

> Yet, in my opinion God (or at least his providence) is present in the story in (a) the series of unlikely circumstances and extraordinary coincidences with which the book abounds and (b) the remarkable series of reversals that characterize the plot.[285]

Bush steht mit dieser „theologisierenden" Position stellvertretend für viele andere Exegetinnen und Exegeten, die in EstMT die Vorstellung reflektiert sehen, dass göttlicher Wille und göttliche Macht mindestens zu einem großen Teil die Ge-

---

282 Bush, *Ruth, Esther*, 323.
283 Vgl. die Übersicht in Fox, *Character and Ideology in the Book of Esther*, 235–237. Gerleman kommt auf Grundlage seiner These, EstMT sei eine grundlegende Neuauflage und Umarbeitung des Exodus-Stoffes, zu der Ansicht, „das durchaus weltliche Gepräge des Buches" sei begründet durch die „bewußte und konsequente Entsakralisierung und Enttheologisierung einer zentralen heilsgeschichtlichen Tradition": Gerleman, *Esther*, 23.
284 Vgl. Fox, *Character and Ideology in the Book of Esther*, 244–247; Koller, *Esther in Ancient Jewish Thought*, 96–106.
285 Bush, *Ruth, Esther*, 323.

schichte bestimmen und damit auch die Sicherheit der jüdischen Gemeinschaft garantieren.[286] Viel diskutiert wird in diesem Zusammenhang Mordechais Aussage über die mögliche Rettung der jüdischen Gemeinschaft „von einem anderen Ort" her (רֶוַח וְהַצָּלָה יַעֲמוֹד לַיְּהוּדִים מִמָּקוֹם אַחֵר 4,14).[287] Einige Ausleger/-innen sehen hier einen kaum verhüllten Verweis auf das rettende Handeln Gottes und rekurrieren dabei auch auf die in rabbinischer Literatur gebräuchliche Gottesbezeichnung מקום bzw. המקום.[288] Diesem Argument ist vielfach widersprochen worden, wäre hier dann doch „von einem anderen Gott" die Rede.[289] Michael Fox ergänzt:

---

286 Vgl. exemplarisch Kalimi, „The Place of the Book of Esther in Judaism and Jewish Theology" sowie Kalimi, „Furcht vor Vernichtung und der ewige Bund"; Yitzhak Berger, „Mordecai and Flowing Myrrh: On the Presence of God in the Book of Esther," *Trad.* 49, Nr. 3 (2016); Eliezer Segal, „Human Anger and Divine Intervention in Esther," *Proof.* 9, Nr. 3 (1989); Meinhold, *Das Buch Esther*, 99 – 101; James A. Loader, „Das Buch Ester" in *Das Hohelied. Klagelieder. Das Buch Ester*, 219 – 225; Macchi, *Le Livre d'Esther*, 116 – 119. Macchi weist in diesem Zusammenhang auch auf Parallelen zur Josephsnovelle hin. Eine übersichtliche Zusammenstellung von möglichen Anspielungen auf das Wirken des Gottes Israels und auf religiöse Praktiken in EstMT bietet Harald Martin Wahl, „Jahwe, wo bist Du? Gott, Glaube und Gemeinde in Esther," *JSJ* 31, Nr. 1 (2000), 3 – 9. Die Monografie Angel Manuel Rodriguez, *Esther: A Theological Approach* (Berrien Springs, MI: Andrews University Press, 1995) kann als Versuch gesehen werden, Gottes Präsenz und wichtige Rolle auf verschiedenen Ebenen in EstMT nachzuweisen. Rodriguez kommt dabei zu einer Sichtweise, die Gott und Menschen gleichermaßen am Werk sieht: „The narrator is clearly suggesting to the reader that beyond and above human power there is a transcendental Power coordinating human actions in such a way as to create a meaningful historical pattern out of the even contradictory human actions" (80). Dies sei das theologische Anliegen von EstMT. Eine Mittelposition findet sich bei Clines, *The Esther Scroll*, 156: „[D]ivine action and human initiatives are complementary and both indispensable for the deliverance of the Jewish people." Solcherart Interpretationen entfernen sich meiner Ansicht nach zu weit vom Text, der schließlich nirgends von „göttlichem Handeln" spricht. Die zahlreichen überraschenden Wendungen und „Zufälle" der Erzählung wie Clines als Zeichen göttlicher Vorsehung zu interpretieren, ist eine der vielen Spielarten „theologisierender" Auslegung, die EstMT im Laufe seiner Überlieferung erfahren hat.
287 Vgl. zu den Schwierigkeiten im Verständnis dieses Verses insgesamt Macchi, *Le Livre d'Esther*, 302– 307; Ego, *Ester*, 249 – 253.
288 Vgl. Moore, *Esther*, 50 mit Verweis auf Arthur Spanier, „Die Gottesbezeichnungen המקום und הקדוש ברוך הוא in der frühtalmudischen Literatur," *MGWJ* 66, Nr. 4 (1922); vgl. auch Dommershausen, *Ester*, 25. De Troyer hat darauf aufmerksam gemacht, dass in Übersetzungen zu EstMT 4,14 sogar gelegentlich eine Erwähnung Gottes angenommen oder behauptet worden ist, und zwar *entgegen dem Wortlaut* des hebräischen Textes; vgl. Kristin De Troyer, „Is God Absent or Present in the Book of Esther? An Old Problem Revisited," in *The Presence and Absence of God: Claremont Studies in the Philosophy of Religion Conference 2008*, hrsg. v. Ingolf U. Dalferth, RPT 42 (Tübingen: Mohr Siebeck, 2009), 35–40, 36.
289 Vgl. Peter R. Ackroyd, „Two Hebrew Notes," *ASTI* 5 (1967), 82– 84; Meinhold, *Das Buch Esther*, 55; Ego, *Ester*, 250.

> God is the Place par excellence, and it would make no sense to call him ‚another place'. [...] In any case, if God is *another* place, then Esther is herself ‚a place', meaning that they are on the same plane – two distinct loci of salvation – and that is not conceivable.[290]

Während Fox schlussfolgert, gemeint sei „simply another human as a source of deliverance",[291] möchte Harald Martin Wahl daran festhalten, dass „die von Mordechai ausgedrückte Hoffnung auf Rettung von einem anderen Ort über die Möglichkeit menschlichen Handelns hinaus[weist]".[292] Er ordnet sich damit in die oben zitierte Auslegungstradition ein, die in EstMT mannigfaltige Anspielungen auf die Anwesenheit und das Walten des Gottes Israels erkennt.

Es ist zu erwarten, dass auch weiterhin viele verschiedene Stimmen zu dieser Debatte beitragen werden, die sich allerdings auf eine Frage beziehen, die der betreffende Quellentext (a) selbst nicht stellt und zu der sich (b) der Verfasser oder Bearbeiter offenbar absichtlich nicht explizit äußert. Die Diskussion an dieser Stelle weiterzuführen wäre daher nicht zielführend, und zugleich wären dafür andere methodische Grundlegungen nötig, als sie für diese Arbeit entwickelt worden sind. Es bleibt jedoch grundsätzlich festzuhalten, dass EstMT eine Sicht auf Machtverhältnisse und deren Dynamik offenbart, die ohne ausdrücklichen Verweis auf göttliche Mächte und Interventionen auskommt. Zwar werden die jüdischen Protagonistinnen und Protagonisten explizit mit der Tradition des Volkes Israel in Verbindung gebracht und damit zwar nur implizit, aber doch deutlich als Anhänger/-innen des Gottes Israels identifiziert. Gleichwohl bleiben selbst dann, wenn man im Text vage, versteckte theologische Andeutungen identifizieren möchte, die Konturen der Gottesvorstellung des Verfassers bzw. Bearbeiters weitgehend im Dunkeln. In welchem Verhältnis Gott zum Lauf des Weltgeschehens zu denken wäre, bleibt letztlich offen. EstMT konzentriert sich auf die von Menschen gemachte Geschichte, sodass es allein auf deren sich gegenseitig beeinflussendes Handeln ankommt, ohne dass auf göttliches Eingreifen vertraut, gehofft, oder hingewirkt werden müsste. Green resümiert treffend:

> While the existence of the divine is not denied in the narrative, it appears to be beyond the reach and understanding of a people struggling for survival. In this sense, the Diaspora is presented as a kind of ‚lottery', where the only way to survive is to overcome fortune through political cunning and strength of arms.[293]

---

290 Fox, *Character and Ideology in the Book of Esther*, 63 [Hervorhebung i. Orig.].
291 Fox, *Character and Ideology in the Book of Esther*, 63.
292 Wahl, *Das Buch Esther*, 120.
293 Green, „Power, Deception, and Comedy", 61. Vgl. Paton, *The Book of Esther*, 96: „Alone of all the books in the OT. he ascribes deliverance to men instead of God."

2.8 Zwischenergebnis

In der Zusammenschau können wir nun auf die für diese Arbeit leitende Frage zurückkommen: Wie wird in unserer Quelle das Problem politischer Theologie gelöst? Wie gezeigt, unterbleibt in EstMT eine genauere Bestimmung der Rolle Gottes im (politischen) Geschehen. So ist insbesondere der persische König nicht etwa eine Marionette Gottes oder gar der von diesem erwählte Gesalbte.[294] Sicher ist nur die Unsicherheit: Gottes Wille und Macht, ins Geschehen einzugreifen, sind nicht erfassbar und bleiben daher für alle politischen und praktisch-ethischen Erwägungen außen vor. Damit konzentriert sich das Netzwerk von Machtbeziehungen in EstMT voll und ganz auf den König, der *scheinbar* tun und lassen kann, was er will. Jedoch lässt der Regent seinen Willen und seine Entscheidungen gern und oft durch andere lenken, was für die jüdische Gemeinschaft Risiken und Chancen zugleich birgt. In solch einer Konstellation sind offenbar fast alle verfügbaren Mittel der Einflussnahme geboten. Hierzu gehören dann bezeichnenderweise auch Praktiken, die in frühjüdischen Diskursen hoch umstritten gewesen sind – man denke vor allem an Esthers Ehe mit dem Perserkönig.[295] Die nicht zu überschreitende „rote Linie" wird durch die als mit kultischer Huldigung verbunden gedachte Ehrerbietung markiert, doch bezeichnenderweise ist in EstMT keine Rede davon, dass der König diese für sich selbst einfordert. Somit stellt der Text auch nicht die Frage, ob eine derartige Ehrenbezeugung eigentlich (ähnlich wie Esthers Ehe) zu rechtfertigen wäre, wenn sie nicht gegenüber dem Amalekiter Haman, sondern gegenüber dem Perserkönig gefordert wäre.

Sich als jüdische Untertanen die Macht des Königs möglichst umfassend zu Nutze zu machen heißt sodann auch, dessen Herrschaft beinahe unumschränkt zu stützen, zu stärken und zu legitimieren. So ist Mordechais Weigerung zwar ein Akt des Widerstands, doch lässt sich die Darstellung in EstMT m. E. so verstehen, dass die Intensität und Reichweite dieses Widerstands in Hamans Anschuldigungen maßlos übertrieben wird: Die Pointe scheint zu sein, dass die verweigerte Ehrenbezeugung faktisch weder den König noch dessen Herrschaft gefährdet,

---

294 Vgl. Koller, *Esther in Ancient Jewish Thought*, 42–44.

295 Diese wird, wie wir noch sehen werden, bereits im „Zusatz" C der griechischen und lateinischen Esther-Versionen problematisiert und theologisch reflektiert. Esthers Toratreue ist zudem ein prominentes Thema in den Targumim und in rabbinischer Literatur; vgl. Ego, *Targum Scheni zu Ester*, 225–226. Vgl. auch Koller, *Esther in Ancient Jewish Thought*, 134: „[The Book of] Esther advocates, or at least tolerates, major concessions with regard to religious practice in the name of ,loyalty'"; EstMT stehe damit Werken wie etwa 2Makk diametral gegenüber.

während demgegenüber Mordechais Rettungstat und die generelle Loyalität zum Herrscher ungleich höher zu bewerten wäre.

Die Machtverhältnisse und politischen Konstellationen am glücklichen Ende der Erzählung repräsentieren einen vom Autor oder Bearbeiter favorisierten Idealzustand: „For now, all is well in the empire, and so all is well for the Jews."[296] Die jüdische Gemeinschaft erhält die Möglichkeit, ihre Feste zu feiern und erfährt sogar Zulauf von nicht-jüdischen Menschen, die einen Willen zur Konversion zeigen oder zumindest vorgeben. Die prominentesten Vertreter/-innen der jüdischen Bevölkerung bekleiden hohe Positionen im politischen System. Dabei agieren sie im Konzert mit dem nicht-jüdischen König. Diese politisch-ethische Implikation hat auch Beate Ego in ihrem Beitrag über politisch-theologische Elemente in EstMT hervorgehoben:

> [A]fter weathering the crisis, the Jews become harmoniously integrated into the Persian multinational state. Thus, in the final analysis, what is being confirmed in the book of Esther is the notion of the Persian king's world rule.[297]

Trotz der erkennbaren, auch humorvoll verpackten Kritik an einigen Aspekten des imperialen Regimes steht EstMT der nicht-jüdischen Monarchie also nicht generell ablehnend gegenüber.[298] Levenson weist mit Recht darauf hin, dass sich EstMT zwar auf eine lange israelitisch-jüdische Tradition der Königs- und Königtumskritik stützt, die etwa auch in der Exodus-Erzählung zum Ausdruck kommt. Jedoch:

---

296 Koller, *Esther in Ancient Jewish Thought*, 106. Sandra Berg stellt heraus, dass EstMT keine starre Dichotomie zwischen der Loyalität zur jüdischen Gemeinschaft und zum nicht-jüdischen König kennt. Vielmehr sei das Wohlergehen beider Größen eng miteinander verbunden; vgl. Berg, *The Book of Esther*, 98–103.

297 Beate Ego, „At the Crossroads of Persian and Hellenistic Ideology: The Book of Esther as 'Political Theology'," in *Leadership, Social Memory and Judean Discourse in the Fifth–Second Centuries BCE*, hrsg. v. Diana V. Edelman und Ehud Ben Zvi, Worlds of the Ancient Near East and Mediterranean (Sheffield: Equinox, 2016), 147–163, 155. Vor diesem Hintergrund erscheint es wenig überzeugend, wenn Levenson bereits mit Bezug auf die Königsdarstellung in Kap. 1 vorausschauend feststellen will: „The point is to stress the overwhelming wealth, power, and status of the king of Persia, for these are what the Jews, soon to be condemned to genocide, will have to overcome": Levenson, *Esther*, 45. Wie gezeigt, ist es gerade nicht das durch Esthers und Mordechais Handeln repräsentierte Ziel der Erzählung, zur Überwindung der königlichen Macht aufzurufen – ganz im Gegenteil!

298 Vgl. Ruiz-Ortiz, *The Dynamics of Violence and Revenge in the Hebrew Book of Esther*, 44: „The teaching of the book of Esther is that one can address the solution to a problem within an unjust political system, without trying to change it"; vgl. auch 235–237.

One difference between Pharao and Ahasuerus is, however, critical: The latter continues to rule the Jews, for the book of Esther entertains neither an expectation nor even a hope of a new exodus or of an overthrow of the Gentile powers that be.[299]

Darin unterscheidet sich EstMT auch von großen Teilen der in hellenistischer Zeit aufkommenden apokalyptischen Literatur.[300] Am Ende von EstMT sind Spannungen zwischen jüdischen und nicht-jüdischen Bevölkerungsteilen ausgeräumt – sogar so gründlich, dass nun Grenzen zwischen Gruppen verschwimmen, wie die Ehe zwischen Esther und Xerxes sowie die Konversions-Notiz zeigen.

Als historischen Ursprung der Erzählung, wie sie uns EstMT präsentiert, haben wir uns vermutlich eine jüdische Gemeinschaft vorzustellen, die die Erfahrung gemacht hatte, dass es sich unter und mit einem nicht-jüdischen Herrscher ausreichend gut leben lässt, selbst wenn dieser in vielerlei Hinsicht nicht ihrem Idealbild eines weisen und gerechten Königs entspricht – eine realistische Sicht auf die allermeisten uns bekannten historischen Kontexte, die als Entstehungsorte von EstMT in Frage kommen. Dass diese Perspektive auf Politik und politische Theologie nur eine von vielen möglichen Sichtweisen im Kontext des frühen Judentums darstellt, bezeugen die übrigen antiken Esther-Erzählungen, allen voran zunächst EstLXX.

---

299 Levenson, *Esther*, 14.
300 Vgl. zum Phänomen apokalpticher Widerstands-Literatur im Ganzen die bereits erwähnte Studie Portier-Young, *Apocalypse Against Empire.*

3 Die Politische Theologie von EstLXX

3.1 Der König

3.1.1 Überblick

Die Darstellung der Macht, des Charakters und des Regierungshandelns des Königs in EstLXX trifft sich in vielerlei Hinsicht mit der Präsentation in EstMT. Der griechische Text zeigt jedoch – wie im Folgenden deutlich werden wird – eine Reihe von Besonderheiten. Zu diesen gehört auch die in EstLXX vorgenommene Verhältnisbestimmung zwischen königlicher und göttlicher Macht. Dies deutet sich bereits darin an, dass die Erzählung in EstLXX (so auch EstAT und EstVL) anders als in EstMT und EstJos nicht mit der Illustration der pompösen königlichen Feiern einsetzt, sondern mit der Vorstellung des Mordechai und seines Traums (A,1–10), der als Vision eines göttlichen Plans gedeutet wird (A,11). In dieser literarischen Gestaltung wird bereits offenbar, dass die Frage politischer Theologie für das Verständnis von EstLXX von hoher Relevanz ist. Ähnliches wird sich später auch in Bezug auf EstAT und EstVL zeigen.

Die Geschehnisse zu Beginn der Erzählung werden in EstLXX in das zweite Jahr der Herrschaft „Artaxerxes' des Großen" (Ἔτους δευτέρου βασιλεύοντος Ἀρταξέρξου τοῦ μεγάλου A,1) datiert. Der Unterschied zu EstMT in der Identifikation des Königs ist möglicherweise schlicht durch ein Versehen zu erklären, zumal eine gewisse Verwirrung über die Chronologie und Benennung der Perserkönige an verschiedenen Stellen in der frühjüdischen Literatur zu beobachten ist.[301] Allerdings könnte mit Ingo Kottsieper auch an eine absichtliche Änderung des Königsnamens zu denken sein, vorgenommen von Kreisen, „die Xerxes als

---

[301] Dies zeigen z. B. die chronologischen Schwierigkeiten in den Esra-Nehemia-Überlieferungen sowie Josephus' Umgang damit; vgl. Spilsbury und Seeman, *Judean Antiquities 11*, 46, Anm. 515. Zur Benennung des Königs in EstJos vgl. Kap. 6.3.1. Zu bedenken ist die Überlegung bei Siegert, *Einleitung in die hellenistisch-jüdische Literatur*, 254: „Ursache für diesen Namenswechsel mag das Nebeneinander beider Namen in Esra (LXX 2Esra) 4,6/7 gewesen sein: Dies ist eine Nahtstelle, wie der Neueinsatz *1Esr.* 2,12 erweist, wo nämlich nur Esra 4,7 ff aufgenommen wird (im Anschluss an Esra 1); dort folgt jener an Artaxerxes gerichtete Beschwerdebrief, der für B das Modell gewesen sein dürfte." Vgl. zum Problem in rabbinischen Traditionen Cavalier, *Esther*, 79–80. Kottsieper weist außerdem darauf hin, dass sich die Schreibweise Ἀρταξέρξης von der sonst in der Septuaginta üblichen Transkription Αρθασασθα unterscheidet und sonst nur noch in 1Esdr belegt ist; vgl. Ingo Kottsieper, „Zusätze zu Ester" in *Das Buch Baruch. Der Brief des Jeremia. Zusätze zu Ester und Daniel*, 134.

https://doi.org/10.1515/9783110674514-005

König mit einer besonderen Beziehung zu den Juden nicht kannten."[302] M. E. können wir hier sogar noch weiter gehen: Wie im Folgenden deutlich werden wird, zeigt EstLXX eine Tendenz, den König als kompetenter, menschenfreundlicher und ehrbarer darzustellen als EstMT. So stellt Fox mit Recht fest: „The king is treated respectfully in the LXX, far more than in the MT".[303] Die so gezeichnete literarische Figur lässt sich im frühjüdischen Kontext plausibler mit (einem) Artaxerxes identifizieren als mit Xerxes, denn die Darstellung kann anknüpfen an das positive Bild des Artaxerxes in Esra 7 und Neh 2,1–10.[304] Die antike Überlieferung bezeugt zwar eine Reihe von Verwechslungen zwischen den drei unter dem Namen Artaxerxes bekannten Perserkönigen,[305] doch wird gerade der erste Artaxerxes in griechischer Literatur oft wohlwollend dargestellt.[306] Da auch Josephus die Esther-Erzählung der Herrschaft Artaxerxes' I. zuordnet,[307] liegt es nahe, diese Vorstellung auch hinter EstLXX (und EstVL, s. u.) zu vermuten. Den Beginn der pseudo-historischen Handlung setzt EstLXX damit auf das Jahr 464/463 v. Chr.

3.1.2 Machtfülle und Regierungsapparat

In der Beschreibung der Machtfülle des Perserkönigs steht EstLXX der hebräischen Version in nichts nach: Artaxerxes herrscht über 127 Länder (χῶραι 1,1; 3,12; B,1 u. ö.) bzw. Satrapien (σατραπεῖαι 8,9; E,1) zwischen Indien und Äthiopien (ἀπὸ Ἰνδικῆς ἕως τῆς Αἰθιοπίας 3,12; vgl. 1,1; B,1; 8,9; E,1). Im Rahmen des von Haman im Namen des Königs verfassten Edikts wird Artaxerxes zudem als Herrscher über

---

302 Ingo Kottsieper, „Zusätze zu Ester" in *Das Buch Baruch. Der Brief des Jeremia. Zusätze zu Ester und Daniel*, 135.

303 Fox, *Character and Ideology in the Book of Esther*, 271.

304 Kottsieper merkt weiterhin an, dass die Esra-Überlieferungen ähnlich wie EstLXX zwei Briefe eines Artaxerxes kennen, wobei der eine nachteilig, der andere vorteilhaft für die jüdische Gemeinschaft in Jerusalem wirkt; vgl. Ingo Kottsieper, „Zusätze zu Ester" in *Das Buch Baruch. Der Brief des Jeremia. Zusätze zu Ester und Daniel*, 135. Somit kennen sowohl die Esra- als auch die Esther-Traditionen das Motiv des durch schlechte Berater in die Irre geführten, sodann aber zur Unterstützung der jüdischen Gemeinschaft „geläuterten" Perserkönigs, der weithin als „Artaxerxes" in Erinnerung blieb.

305 Vgl. Briant, *From Cyrus to Alexander*, 572.

306 Vgl. Diod. 11,71,2; Plut. Art. 1,1. Vgl. Briant, *From Cyrus to Alexander*, 570–572; Binder, *Plutarchs Vita des Artaxerxes*, 83–84.

307 Ant 11,184; vgl. Kap. 6.3.1. In CAp 1,37–41 erläutert Josephus sein Verständnis eines „Kanons" autoritativer jüdischer Schriften, der zur Zeit Artaxerxes' I. abgeschlossen worden sei. Dieser Vorstellung entspricht seine Wiedergabe „biblischer Geschichte" in Ant 1–11, die mit EstJos abschließt.

viele Völker und Regent über die gesamte *Oikumene*, die bewohnte Welt, bezeichnet (πολλῶν ἐπάρξας ἐθνῶν καὶ πάσης ἐπικρατήσας οἰκουμένης B,2).

Ähnlich wie EstMT nennt auch EstLXX eine Reihe von Insignien, die den König als Herrscher dieses Weltreiches auszeichnen. Hierbei ist zunächst der „Thron seiner Königsherrschaft" (θρόνος τῆς βασιλείας αὐτοῦ D,6; vgl. D,8) zu nennen. Der königliche Thron findet in übertragener Bedeutung als Metapher für die Macht des Herrschers im Allgemeinen Erwähnung (βασιλικός θρόνος E,11). Hier sitzt Artaxerxes prunkvoll gekleidet (πᾶσαν στολὴν τῆς ἐπιφανείας αὐτοῦ ἐνεδεδύκει ὅλος διὰ χρυσοῦ καὶ λίθων πολυτελῶν D,6; στολὴ βυσσίνη 6,8). Zeichen seiner Macht sind insbesondere sein Siegelring (δακτύλιος 3,10; 8,2.8.10) sowie sein goldener Stab (χρυσοῦς ῥάβδος 4,11; D,12; 8,4) – Gegenstände, die für die Dramaturgie der Erzählung eine gewichtige Rolle spielen. Insbesondere der Stab symbolisiert die ganze furchterregende wie auch rettende Macht königlicher Entscheidungen: In 4,11 spricht Esther gar von σωτηρία bzw. σῴζω.

Die Schilderung der ausgiebigen Gastmähler, mit denen der Herrscher einen großen Teil seines dritten Regierungsjahres verbringt (vgl. 1,3), enthält auch hier Hinweise auf den Reichtum (πλοῦτος 1,4 [2-mal]; vgl. 10,2) und Prunk am Hof (vgl. 1,6 – 7)[308] sowie auf die Zusammensetzung der Administration. Hier zeigt sich eine Besonderheit von EstLXX darin, dass der Text oft Funktionen und Titel nennt, wo EstMT keine konkreten Verantwortlichen erwähnt (z. B. 1,8; 4,8; 6,1.8). An anderen Stellen werden häufig sinngemäße, einer hellenistischen Leserschaft verständliche Entsprechungen zur mutmaßlichen hebräischen Vorlage verwendet.

Eine wichtige Rolle in Politik und Reichsverwaltung spielen dabei zunächst die *Philoi*, sodann die „Ehrbaren der Perser und Meder" sowie die „Archonten der Satrapen" (δοχὴν ἐποίησεν τοῖς φίλοις καὶ τοῖς λοιποῖς ἔθνεσιν καὶ τοῖς Περσῶν καὶ Μήδων ἐνδόξοις καὶ τοῖς ἄρχουσιν τῶν σατραπῶν 1,3; vgl. 8,9; 9,3). Im Laufe der Erzählung erfahren wir noch von den Archonten der Perser und Meder, „die dem König nahe sind, die ersten, die neben dem König sitzen" (οἱ ἐγγὺς τοῦ βασιλέως οἱ πρῶτοι παρακαθήμενοι τῷ βασιλεῖ 1,14; vgl. 1,11) sowie von „Anführern" (ἡγούμενοι 1,16), Strategen (στρατηγοί 3,12), Toparchen (τοπάρχαι B,1), Dorfvorstehern (κωμάρχαι 2,3) und „Herrschern" (τύραννοι 9,3) bzw. „Herrscherinnen" (τυραννίδες 1,18). Dem König assistieren Berater (σύμβουλοι B,3) und Verwalter (οἰκονόμοι 1,8; 8,9). Die genannten Gruppen werden meist nur beiläufig erwähnt; selten geht aus dem Text hervor, welche Personen oder Verantwortungsbereiche im Einzelnen unter den Bezeichnungen vorzustellen sind. Insbe-

---

308 Vgl. zur möglichen Wahrnehmung solcher Zurschaustellung von Reichtum und Luxus im hellenistischen Kontext Anm. 235.

sondere die *Philoi* werden immer wieder genannt (1,3.13; 2,18; 3,1; 6,9; E,5),[309] ohne dass ihre jeweilige Rolle oder Unterteilungen innerhalb dieser Gruppe ersichtlich würden.[310] Eine herausragende Stellung an der Spitze der Administration nimmt Haman ein (vgl. B,6), der zweite Mann hinter dem König (4,8; E,11).[311] In einigen Fällen wird deutlich, dass die königliche Verwaltung über Spezialisten für verschiedenste Aufgaben verfügt, so etwa über Schreiber (γραμματεῖς 3,12; 8,9; 9,3) Briefträger (βιβλιαφόροι 3,13; 8,10) und Reiter (-Boten) (ἱππεῖς 8,14). Insgesamt scheint die vielfältige Amts- und Hoftitulatur in EstLXX dazu beizutragen, den Text in ein für hellenistische Leser/-innen nachvollziehbares Milieu einzuordnen.[312] Dabei lässt sich die Darstellung zwar nicht als genaue Abbildung jener Verwaltungsstrukturen lesen, die uns etwa aus dem ptolemäischen oder seleukidischen Herrschaftsgebiet bekannt sind, doch ist sie in ihrer Begrifflichkeit zumindest anschlussfähig an die Vorstellungswelt hellenistischer Rezipientinnen und Rezipienten.

Besonders deutlich wird dies an dem interessanten Beispiel des „Lehrers" (διδάσκαλος 6,1), der dem König zu nächtlicher Stunde die Chroniken (γράμματα

---

309 Unter den „Freunden" in 5,10.14; 6,13; 9,22 sind vermutlich andere Personen als die königlichen Vertrauten zu verstehen. EstMT unterscheidet zwischen חֲכָמִים (1,13; 6,13) und שָׂרִים (1,3; 2,18; 3,1; 6,9); dieselbe Praxis zeigt sich in EstAT, in der Vulgata und in den Targumim. EstLXX hingegen spricht an diesen Stellen durchgehend von φίλοι; EstVL hat gleichfalls stets *amici*. Daraus erhellt, dass EstLXX „exhibits not only contextual assimilation, but to some degree terminological standardization as well" (Adrian Schenker et al., Hrsg., *Megilloth: Biblia Hebraica Quinta 18* (Stuttgart: Deutsche Bibelgesellschaft, 2004), 145*).
310 Die schwierige Differenzierung zwischen φίλος als Amtsbezeichnung, Hofrangtitel oder Ausdruck allgemeiner Sympathiebekundung ist allerdings ein grundsätzliches Problem, das sich in vielen Quellen stellt; vgl. Wolfgang Orth, „Seleukidische Hoftitel und politische Strukturen im Spiegel der Septuaginta-Überlieferung," in *Septuaginta Deutsch Erläuterungen und Kommentare*, Bd. 1, hrsg. v. Martin Karrer und Wolfgang Kraus, 2 Bde. (Stuttgart: Deutsche Bibelgesellschaft, 2011), 65–77, insbes. 68–71. Rolf Strootmann hält in seiner ausführlichen Darstellung des *Philoi*-Systems an hellenistischen Höfen fest: „In the Seleukid and Ptolemaic kingdoms, the ranking of *philoi* in the court hierarchy was regulated and explicated by means of court titles and offices": Rolf Strootmann, *Courts and Elites in the Hellenistic Empires: The Near East after the Achaemenids, c. 330 to 30 BCE*, Edinburgh Studies in Ancient Persia (Edinburgh: Edinburgh University Press, 2014), 165. Es ist demnach stets mit verschiedenen Differenzierungen und Hierarchien innerhalb der Gruppe der *Philoi* zu rechnen, die dabei nicht statisch bleiben, sondern durch das Verleihen neuer Titel und Funktionen durch den König sowie zugleich durch Absetzungen fortlaufend Veränderungen unterworfen sind. Die in EstLXX und in einem geringeren Maße in den anderen Esther-Versionen dargestellten Verhältnisse am Königshof passen hervorragend in dieses Bild.
311 Vgl. zu Haman *en détail* Kap. 3.2.
312 Vgl. die nicht weiter erläuterte Bemerkung bei Kristin De Troyer und Marie-Theres Wacker, „Esther – Das Buch Ester (LXX und A-Text)" in *Septuaginta Deutsch Erläuterungen und Kommentare*, 1281: „Die Szenerie hat deutlich hell. Ambiente."

μνημόσυνα τῶν ἡμερῶν) herbeibringt und vorliest. Während die Beschreibung der mit 6,1 beginnenden Szene in EstMT unpersönlich-passivisch formuliert ist und die übrigen Esther-Versionen andere Personen beteiligt sehen,[313] benennt EstLXX die für den Wunsch des Königs verantwortliche Person mit der Funktionsbezeichnung διδάσκαλος, die in der Septuaginta ansonsten nur in 2Makk 1,10 belegt ist. Dort zeichnet sie den jüdischen Gelehrten Aristobulos als „Lehrer des Königs Ptolemaios" aus, wobei nicht geklärt ist, was genau darunter zu verstehen ist.[314] Bekannt ist allerdings, dass die ptolemäischen Herrscher ihre Söhne in verschiedenen Disziplinen durch Koryphäen des jeweiligen Faches unterrichten ließen und dass in diesem Kontext auch die Vorsteher der königlichen Bibliothek von Alexandria als διδάσκαλοι bezeichnet werden konnten.[315] Ob auch erwachsene, im Amt befindliche Könige weiterhin die Dienste eines Hauslehrers in Anspruch genommen haben oder ein entsprechender Titel in Gebrauch gewesen ist,

---

313 EstMT 6,1: וַיֹּאמֶר לְהָבִיא אֶת־סֵפֶר הַזִּכְרֹנוֹת דִּבְרֵי הַיָּמִים וַיִּהְיוּ נִקְרָאִים לִפְנֵי הַמֶּלֶךְ. EstAT 6,2 spricht von οἱ ἀναγνῶσται; EstVL 6,2 erwähnt im Verlauf der Szene einen *lector*; EstJos (Ant 11,248) nennt einen γραμματεύς.

314 In der jüdischen und christlichen Tradition ist der in 2Makk 1,10 genannte Aristobulos mit dem Autor der unter diesem Namen fragmentarisch überlieferten Schriften identifiziert worden, die vorgeben, für König Ptolemaios (vermutlich Ptolemaios VI. Philometor) die Tora auszulegen. Über Details aus Aristobulos' Leben und Werk herrscht bereits in antiken Quellen keine Einigkeit; vgl. dazu und zur Überlieferung im Ganzen Carl R. Holladay, *Fragments from Hellenistic Jewish Authors Vol. 3: Aristobulus*, PsES 39/13 (Atlanta: Scholars Press, 1995), 43 – 49. Zur Bezeichnung als διδάσκαλος des Ptolemaios geht der Forschungskonsens in die Richtung, dass „[o]ne should understand the description of Aristobulos as the teacher of Ptolemy in the light of the fragments, as a Jewish scholar interpreting the wisdom of the Torah to Gentiles": Robert Doran, *2 Maccabees: A Critical Commentary*, Hermeneia (Minneapolis: Fortress Press, 2012), 43. Vgl. Karl H. Rengstorf, „διδάσκω κτλ," ThWNT 2, 153; Jonathan A. Goldstein, *II Maccabees: A New Translation with Introduction and Commentary*, AncB 41 A (New York: Doubleday, 1983), 168.

315 Dies bezeugt u. a. die viel zitierte „Liste der Bibliotheksvorsteher" in P. Oxy. 1241, auch wenn an der Zuverlässigkeit der konkreten historischen Angaben des Textes gewichtige Zweifel bestehen; vgl. Jackie Murray, „Burned after Reading: The So-Called List of Alexandrian Librarians in P. Oxy. X 1241," *Aitia* 2 (2012), https://aitia.revues.org/544. Weitere Beispiele für Hauslehrer am Königshof sind Euphronios sowie Nikolaos von Damaskus, die jeweils die Kinder von Kleopatra VII. und Marcus Antonius unterrichtet haben sollen; vgl. Willy Peremans et al., *Prosopographia Ptolemaica Bd. 6: La cour, les relations internationales et les possessions extérieures, la vie culturelle; nos. 14479–17250*, StHell 17 (Leuven: Publications Universitaires de Louvain, 1968), Nr. 14647; 14653. Vgl. zu den Hauslehrern der ptolemäischen Prinzen insgesamt Egon Eichgrün, „Kallimachos und Apollonios Rhodios" (Inaugural-Dissertation, Philosophische Fakultät, Freie Universität Berlin, 1961), 181–193; P. M. Fraser, *Ptolemaic Alexandria Vol. 1: Text* (Oxford: Oxford University Press, 1972), 308–309; 322–323.

ist weit weniger klar bezeugt.[316] EstLXX scheint nun aber genau diese Vorstellung widerzuspiegeln[317] – mehr noch: Der διδάσκαλος in EstLXX 6,1 hat dabei auch bibliothekarische Aufgaben, indem er zunächst für das Herbeiholen der in der königlichen Bibliothek (vgl. ἐν τῇ βασιλικῇ βιβλιοθήκῃ 2,23) befindlichen Aufzeichnungen zuständig ist.[318] Es könnte also tatsächlich die Idee dahinterstehen, dass der Vorsteher der königlichen Bibliothek zugleich dauerhaft für die Weiterbildung des Königs zur Verfügung steht.

Weitere Aufgaben am Hof werden in EstLXX von den fast omnipräsenten Eunuchen (εὐνοῦχος 17-mal in EstLXX) wahrgenommen. Sie agieren häufig als Boten und ermöglichen die Kommunikation zwischen dem König und Waschti (1,10 – 15) sowie zwischen Esther und Mordechai (4,4 – 17).[319] Unter diesen erfüllt der „Wächter der Frauen" (φύλαξ τῶν γυναικῶν 2,3.8.14.15) eine besondere Funktion im königlichen Harem; auch die obersten Leibwächter des Königs (ἀρχισωματοφύλακες 2,21) werden als Eunuchen bezeichnet. Dass die Diener (διάκονοι 1,10; 2,2; 6,3.5) des Artaxerxes an einer Stelle (1,10) ebenfalls Eunuchen genannt werden, belegt erneut, dass EstLXX nicht immer trennscharf zwischen verschiedenen Bezeichnungen unterscheidet. Der Hofstaat wird weiter ergänzt durch Sklaven (παῖδες 6,8; vgl. die negative Konnotation in Esthers Rede 7,4) und die Dienerschaft der Königin (θεραπεία D,16), womit vermutlich auf ihre persönlichen Sklavinnen (ἅβραι 2,9; 4,4.16; D,2.7) verwiesen wird. Zu den Bediensteten des Königs zählt schlussendlich auch Mordechai, für den als einzige Person die

---

316 Interessant ist hier der Fall des Kallikles, der in zwei auf ca. 154 v. Chr. datierten Inschriften als διδάσκαλος τακτικῶν des – zu diesem Zeitpunkt längst erwachsenen und regierenden – Ptolemaios VI. Philometor bezeichnet wird; vgl. Peremans et al., *Prosopographia Ptolemaica* Bd. 6, Nr. 14652; Ino Nicolaou, „The City of Kourion Honours Kallikles, Son of Kallikles of Alexandria," in *XII Congressus Internationalis Epigraphiae Graecae et Latinae: Provinciae Imperii Romani inscriptionibus descriptae*, hrsg. v. Marc Mayer i Olivé, Giulia Baratta und Alejandra Guzmán Almagro, Monografies de la Secció Històrico-Arqueològica 10 (Barcelona: Institut d'Estudis Catalans/Universitat de Barcelona/Universitat Autònoma de Barcelona, 2007), 1013 – 1015. Auf welcher Tätigkeit diese Bezeichnung beruht, geht aus den Inschriften allerdings nicht hervor. Vgl. auch die von Josephus berichtete Episode über den jüdischen Kaufmann Ananias, der als διδάσκαλος des Königs Izates diesen über jüdische Gebräuche unterrichtet habe (Ant 20,34 – 48).

317 Es ist demnach nicht notwendig, mit Rengstorf, „διδάσκω κτλ", 153 anzunehmen, EstLXX 6,1 rekurriere auf einen Lehrer der Eunuchen: „Nach dem Zusammenhang kann es hier nur den *Vorleser* meinen, als welcher vielleicht der mit dem Unterricht der Eunuchen im weitesten Sinne beauftragte Sklave anzunehmen ist" [Hervorhebung i. Orig.].

318 Diese Vorstellung wird in EstVL noch weiter ausgeführt, wie wir noch sehen werden.

319 Vgl. auch 6,14: Haman wird von Eunuchen aufgefordert, zum Trinkfest der Königin zu kommen.

Wendung „dienen im Hof" (θεραπεύω ἐν τῇ αὐλῇ A,2.16; 2,19; 6,10) gebraucht wird.[320]

Insgesamt drängt sich der Eindruck auf, dass die Vielzahl an Amtsträgern, Titeln und Funktionsbezeichnungen die weitreichende Autorität des Königs als des obersten „Dienstherrn" des Hofstaates und der Reichsverwaltung betonen soll: Artaxerxes befehligt diesen massiven Apparat, vergibt Posten (z. B. an Haman oder Mordechai, s. u.) und greift auf diverse Bedienstete zurück, um Edikte auszugeben und Anweisungen durchzusetzen. Zugleich werden durch die Verwendung der genannten, in den hellenistischen Reichen geläufigen Bezeichnungen Identifikationsmöglichkeiten für einen zeitgenössischen Rezipientenkreis geschaffen, wenn wir der These von Cameron Boyd-Taylor folgen:

> LXX-Esther was part of a growing body of literature serving the needs of a Graeco-Jewish retainer class whose socio-economic interests were bound more or less to the affairs of empire. Its readers were likely to have been members of the massive entrepreneurial and administrative apparatus which arose within the imperial hierarchies.[321]

Gleichwohl ist eine genaue Systematisierung der Aufgabenverteilung oder der Hierarchie in diesem Werk literarischer Fiktion zweitrangig, da der Leserschaft letztlich kein konkreter hellenistischer Hof, sondern der massive, durchaus gut funktionierende Machtapparat eines als legendär zu bezeichnenden Perserkönigs vor Augen geführt werden soll.

3.1.3 Charakter und Herrschaftshandeln

EstLXX zeichnet in einigen Punkten ein dem hebräischen Text ähnliches Bild des königlichen Charakters: Artaxerxes hat Gefallen an schönen (Jung-) Frauen (1,11; κοράσια ἄφθορα καλὰ τῷ εἴδει 2,2; κοράσια παρθενικὰ καλὰ τῷ εἴδει 2,3) und verliebt sich in Esther (ἠράσθη ὁ βασιλεὺς Εσθηρ καὶ εὗρεν χάριν παρὰ πάσας τὰς παρθένους 2,17). Seine Hochzeiten pflegt er mit Mählern (δοχή 1,3 – 4: 180 Tage für Würdenträger und alle Völker des gesamten Reiches) und Trinkfesten (πότος 1,5: sechs Tage für sechs Völker; 2,18: sieben Tage für die *Philoi* und sein Heer; vgl. συμπόσιον mit οἶνος σπονδῶν C,28) zu feiern, und auch anlässlich des zweiten Edikts verordnet er einen Feiertag, der mit einem Mahl (εὐωχία E,22) zu begehen

---

320 Vgl. zu Mordechais politischer Stellung ausführlich Kap. 3.3.2.
321 Cameron Boyd-Taylor, „Esther's Great Adventure: Reading the LXX Version of the Book of Esther in light of Its Assimilation to the Conventions of the Greek Romantic Novel," *BIOSCS* 30 (1997), 105.

sei. Auch an den Mählern und Trinkfesten seiner Königin Esther nimmt er bereitwillig teil.

Ein idealer Herrscher ist Artaxerxes in EstLXX genau so wenig wie der Xerxes des Masoretischen Textes. Die Gesamtanlage der Erzählung setzt auch im griechischen Text voraus, dass sich der König zunächst in einer gewissen Naivität vom schlechten, verschlagenen Berater Haman lenken lässt. Gleichwohl zeigt EstLXX eine leichte Tendenz, ihn dem griechisch-hellenistischen Idealbild eines Herrschers anzunähern. Dies betrifft insbesondere Artaxerxes' aktivere Rolle in der Führung der Regierungsgeschäfte, eine etwas besonnenere, sachlichere Entscheidungsfindung, seine Menschenfreundlichkeit und seine Orientierung am Gesetz, wie nun zu zeigen sein wird.

König Artaxerxes in EstLXX ist insgesamt aktiver in der Regierungsführung als Xerxes in EstMT. So wird der König hier anders als in EstMT selbst aktiv, als er von dem Mordanschlag der beiden Eunuchen erfährt; dies betrifft sowohl A,14 – 16 als auch 2,23 – 24.[322] Er belohnt nicht nur Mordechai für seine Ehrlichkeit mit Geschenken (δόματα A,16), sondern notiert die Vorkommnisse im ersten Falle auch höchstselbst in den königlichen Akten (A,15) und ordnet im zweiten Falle ein *Enkomion* (ἐγκώμιον 2,23) auf seinen jüdischen Untertanen an, womit er die spätere Wendung der Geschehnisse zugunsten Mordechais ermöglicht. Nach Waschtis Befehlsverweigerung kann der König auf die in EstMT wichtige Nachfrage zur Gesetzeslage verzichten und sogleich im Imperativ Anweisungen erteilen (vgl. EstLXX 1,13 – 15 mit EstMT 1,13 – 15). Nachdem Waschti bestraft ist, blickt Artaxerxes in EstLXX nach vorn, statt weiter seinen Gedanken an die vormalige Geliebte nachzuhängen (2,1). Zugleich wird hier betont, er habe Waschti selbst verurteilt (κατέκρινεν αὐτήν), während EstMT passivisch formuliert (נִגְזַר עָלֶיהָ). Weiterhin zeigt sich, dass sich EstLXX dort, wo später in EstMT 9,4 von der hohen Position Mordechais die Rede ist, stattdessen in einer vollkommen anders gestalteten Bemerkung auf die Publikation des Edikts des Königs (τὸ πρόσταγμα τοῦ βασιλέως EstLXX 9,4) fokussiert.

Auch in EstLXX lässt sich der König bisweilen vom Zorn bei der Entscheidungsfindung beeinflussen, insbesondere als Reaktion auf Waschtis Ungehorsam (ἐλυπήθη ὁ βασιλεὺς καὶ ὠργίσθη 1,12), der sich erst in 2,1 wieder legt (ἐκόπασεν ὁ βασιλεὺς τοῦ θυμοῦ). Doch scheint EstLXX nahezulegen, dass Artaxerxes hier durchaus guten Grund hat, zornig zu sein: Anders als in EstMT ziert sich Waschti nicht nur, in ihrer Schönheit vorgeführt zu werden, sondern sie verweigert die Hochzeit (vgl. 1,5) und ihre Krönung (βασιλεύειν αὐτὴν καὶ περιθεῖναι αὐτῇ τὸ

---

322 Dies betont auch Harvey, *Finding Morality in the Diaspora?*, 128–130.

διάδημα 1,11).[323] EstLXX legt sogar nahe, dass der Konflikt zwischen dem König und Waschti durch die Trunkenheit der Braut ausgelöst wird: Sie veranstaltet ein Trinkfest (πότος 1,9) – eine durchaus sachgerechte, aber nicht zwingende Entsprechung zu מִשְׁתֶּה in EstMT; EstAT spricht stattdessen von einem Mahl (δοχή EstAT 1,9).[324] Demgegenüber erwähnt EstLXX zwar wie EstMT, dass Artaxerxes gern Wein trinkt (1,7; 3,15), doch ist in EstLXX im Gegensatz zu EstMT und EstAT keine Rede davon, dass der König Entscheidungen im Rausch trifft. Als er Waschti zu sich rufen lässt, handelt er „in fröhlicher Stimmung" (ἡδέως 1,10) – eine Formulierung, die nicht unbedingt auf Trunkenheit hinweisen muss und die anders als EstMT und EstAT den Wein nicht erwähnt. EstLXX scheint Artaxerxes damit bewahren zu wollen vor jenem kritischen Urteil, das betrunkene und irrational agierende Herrscher in der griechischen Tradition vielfach trifft.[325] Es geht hierbei, wohlgemerkt, weder um das Feiern an sich noch um den Weingenuss, der für ein gutes Symposion unverzichtbar ist. Die häufige Kritik zielt vielmehr auf die Gefahr, dass der König im Rausch weitreichende Entscheidungen trifft oder seine herrscherlichen Pflichten vernachlässigt. Ein solcher Vorwurf lässt sich an der Darstellung des Artaxerxes in EstLXX kaum ablesen.

Es fällt auf, dass das Motiv der königlichen Hochzeit in EstLXX deutlich präsenter ist als in EstMT und in den übrigen Versionen. In insgesamt vier Fällen berichtet der griechische Text explizit von Eheschließungen oder Hochzeitsfeierlichkeiten, wo die hebräische Version stumm bleibt oder sich auf Andeutungen beschränkt. Dies betrifft die Ehe zwischen Artaxerxes und Waschti (1,5), zwischen Mordechai und Esther (2,7),[326] zwischen Artaxerxes und Esther (2,18; F,3) sowie die Notiz über die im Adar zu feiernden Hochzeiten (9,22). Es handelt sich hier offenbar um einen strukturellen Zug von EstLXX, der möglicherweise auf eine Ätiologie für einen Brauch hinausläuft, Ehen bevorzugt im Monat Adar zu

---

323 Gleichwohl wird Waschti in EstLXX als Königin (βασίλισσα 1,9.11.12.15.16.17.19) bezeichnet. Dies entspricht mit Ausnahme von 1,19 jeweils dem Wortgebrauch in EstMT. In 2,1 wird in beiden Versionen Waschtis Königinnen-Titel – konsequent und im Rahmen der Erzählung sachgerecht – nicht mehr genannt.
324 Vgl. Kristin De Troyer und Marie-Theres Wacker, „Esther – Das Buch Ester (LXX und A-Text)" in *Septuaginta Deutsch Erläuterungen und Kommentare*, 1271.
325 Vgl. exemplarisch Hdt. 3,34; Xen. Kyr. 8,8,12; Pol. 29,13.
326 Die Formulierung ἐπαίδευσεν αὐτὴν ἑαυτῷ εἰς γυναῖκα in 2,7 ist m. E. tatsächlich in dem Sinne zu verstehen, dass Mordechai Esther „für sich zur Frau erzieht" bzw. sie zur Frau nimmt; vgl. die Argumentation bei Boyd-Taylor, „Esther's Great Adventure", 89–101. Die Vorstellung einer Ehe zwischen Esther und Mordechai findet sich auch in bMeg 13a; vgl. Barry D. Walfish, „Kosher Adultery? The Mordecai-Esther-Ahasuerus Triangle in Talmudic, Medieval and Sixteenth-Century Exegesis," in *The Book of Esther in Modern Research*, hrsg. v. Sidnie White Crawford und Leonard J. Greenspoon, JSOTS 380 (London: T&T Clark, 2003), 111–136, 112–116.

schließen.[327] Dazu passt, dass die Hochzeit zwischen Esther und dem Perserkönig nicht wie im Masoretischen Text im Monat Tevet, sondern im Adar stattfindet (EstMT/EstLXX 2,16) – in dem Monat, in dem später Purim gefeiert werden wird. Für die Charakterisierung des Königs ist im Rahmen frühjüdischer Theologie von Bedeutung, dass die Eheschließung zwischen Artaxerxes und Esther so stark betont wird: Die beiden gehen eine intensive Bindung ein, sodass indirekt auch eine engere Bindung zwischen Artaxerxes und der jüdischen Gemeinschaft suggeriert wird als in EstMT. Hierauf wird später noch detaillierter einzugehen sein.

Die Wohltaten, die der König anlässlich seiner Hochzeit mit Esther verteilt (ἄφεσιν ἐποίησεν τοῖς ὑπὸ τὴν βασιλείαν αὐτοῦ 2,18), verweisen bereits auf seine in EstLXX besonders betonte Menschenfreundlichkeit und seinen Euergetismus. So lässt es sich als Hinweis auf seine Freigiebigkeit deuten, dass Artaxerxes nicht nur seinen eigenen, sondern auch den Willen der (übrigen) Menschen (τὸ θέλημα αὐτοῦ καὶ τῶν ἀνθρώπων 1,8) *ohne* gesetzliche Vorgabe erfüllt (ὁ δὲ πότος οὗτος οὐ κατὰ προκείμενον νόμον ἐγένετο οὕτως δὲ ἠθέλησεν ὁ βασιλεὺς 1,8). An dieser und an anderen Stellen ist nicht eindeutig erkennbar, ob νόμος eher im Sinne von „Gesetz" oder von „Brauch" zu verstehen ist. In jedem Fall wird in 1,8 allerdings klargestellt, dass der König selbst die Initiative ergreift und mit seiner Entscheidung über den vorliegenden νόμος hinausgeht.[328] Aufschlussreich ist sodann die dem König zugeschriebene Selbstdarstellung, die in den beiden Edikten zum Ausdruck kommt und somit über EstMT weit hinausgeht. Sie ist von Anfang an durchweg positiv gefärbt: Die Grundlage seines Regierungshandelns liegt in Milde statt Machtüberhebung (μὴ τῷ θράσει τῆς ἐξουσίας ἐπαιρόμενος, ἐπιεικέστερον δὲ καὶ μετὰ ἡπιότητος ἀεὶ διεξάγων B,2);[329] Artaxerxes garantiert seinen Untertanen ein ruhiges Leben (βίος ἀκύματος B,2), hält das Reich kultiviert und passierbar (ἥμερος καὶ πορευτός B,2), und sorgt für den von allen Menschen gewünschten Frieden (ἀνανεόομαι εἰρήνην B,2). Er hält seine Verwaltung für tadellos (κατευθύνω ἀμέμπτως συναρχίαν B,4) und legt größten Wert auf stabiles (εὐσταθής B,7; vgl. B,5) und ruhiges (ἀτάρακτος B,7) Regieren. Diesen Zielen dient seine konsequente Bestrafung von (vermeintlichen) Opponenten, wie er im Umgang mit den Verschwörungen, mit seinem Erlass gegen die jüdische Gemeinschaft (B,6–7) und mit seinem Urteil gegen Haman (7,9–10; E,18) unter Beweis stellt.

Das „Gegenedikt" (E,1–24) unterscheidet sich zwar in Anlass und Thema vom vorherigen Erlass gegen die jüdische Gemeinschaft, bereichert die Selbstdarstel-

---

327 Vgl. Kristin De Troyer und Marie-Theres Wacker, „Esther – Das Buch Ester (LXX und A-Text)" in *Septuaginta Deutsch Erläuterungen und Kommentare*, 1287.
328 Vgl. zur Stellung des Perserkönigs zum νόμος in der antiken literarischen Reflexion Anm. 217.
329 Vgl. zum Ideal der herrscherlichen Milde Anm. 532.

lung des Artaxerxes aber um einige ähnliche Aspekte, so allen voran um seine universale Menschenfreundlichkeit (φιλανθρωπία E,11; χρηστότης E,10) und seinen Euergetismus: In seiner übermäßigen Freundlichkeit (πλεῖστη τῶν εὐεργετούντων χρηστότης E,2) sorgt der Wohltäter (εὐεργέτης E,3) für Wohlstand und Überfluss (κόρος E,3) und ruft damit Dankbarkeit unter den Menschen hervor (εὐχαριστία ἐκ τῶν ἀνθρώπων E,4). Sein Handeln entspringt reinem Wohlwollen (ἀκέραιος εὐγνωμοσύνη E,6), ist durch großzügigstes Entgegenkommen gekennzeichnet (μετ᾽ ἐπιεικεστέρας ἀπαντήσεως E,9) und zielt wiederum auf ein ruhiges, friedliches Leben für seine Untertanen (ἀτάρακτος/εἰρήνη E,8). Der König wendet sich gegen die Überheblichkeit derjenigen, die dem Guten fernstehen (ἀπειράγαθος E,4), gegen Bosheit (κακοήθεια E,6) und lügnerischen Betrug (ψευδὴς παραλογισμός E,6), gegen frevelhafte Taten und Herrschaftsmissbrauch (E,7). Ein Hauch von Selbstkritik (E,5) wirkt zugleich als Selbstentschuldung und lässt letztlich keinen Zweifel daran, dass Artaxerxes nach den in seinem Namen veröffentlichten Schreiben ein überaus gerechter Herrscher ist. Am Rande verweist er zudem auf seine Vorfahren (πρόγονοι E,16) sowie auf seinen Wunsch, nicht einsam (ἔρημος E,14) zu sein – vielleicht ein Hinweis auf drohende politische Isolation.

Die Darstellung in den – in hellenistischer Zeit auf Griechisch verfassten – Edikten entspricht vollkommen dem hellenistischen Herrscherideal: Der Euerget strebt in seiner Menschenfreundlichkeit nach dem Besten für seine Untertanen und findet für seine gerechte Regierung einen weisen Mittelweg zwischen großzügiger Milde und notwendiger Härte gegenüber gefährlichen Übeltätern.[330] Diese Topoi sind ebenso Allgemeingut in jüdisch-hellenistischen Schriften über das Königtum, allen voran im Aristeasbrief, der diesbezüglich geradezu als Paradebeispiel angesehen werden kann.[331] Das vor diesem Hintergrund als überaus positiv zu beurteilende Herrscherbild, das sich in den Edikten von EstLXX spiegelt und hier einem jüdischen Publikum präsentiert wird, muss nun jedoch mit der durchaus ambivalenten Rolle, die der König in der Erzählung spielt, vermittelt werden. Dazu wird die Schuld an den gefährlichen Entwicklungen im Perserreich

---

330 Vgl. Wilhelm Schubart, „Das hellenistische Königsideal nach Inschriften und Papyri," *APF* 12 (1937), 10 – 11.

331 Vgl. Oswyn Murray, „Aristeas and Ptolemaic Kingship," *JThS* 18, Nr. 2 (1967), 353 – 358. Murrays Beitrag zum Aristeasbrief findet sich in ähnlicher Form auch in seiner Dissertation aus dem Jahr 1971, die m. W. nie gedruckt publiziert worden ist. Sie ist jedoch in digitalisierter Form frei zugänglich und empfiehlt sich nach wie vor als informative Studie zur hellenistischen *peri-basileias*-Literatur und den darin vertretenen Vorstellungen über das Königtum: Oswyn Murray, „Περὶ Βασιλείας: Studies in the Justification of Monarchic Power in the Hellenistic World," University of Oxford, https://ora.ox.ac.uk/objects/uuid:d03dbcd8-dce8 – 4b10 – 8e5b-71be3ab920f6.

den Makedonen sowie Haman zugeschrieben (vgl. E,10.14; 9,24).[332] Dieser habe das Vertrauen missbraucht, das der König ihm in seiner Gastfreundschaft entgegengebracht habe (ἐπιξενόομαι E,10).

Besonders auffällig ist im zweiten Edikt die Würdigung der jüdischen Untertanen des Königs und ihrer Gesetze (δικαιοτάτοις πολιτευομένους νόμοις E,15), nach denen zu leben ihnen nunmehr erlaubt wird (E,19; vgl. 8,11).[333] Damit verbunden ist das Lob eines mit der jüdischen Bevölkerung assoziierten Gottes, der das Reich in schönster Ordnung hält (ἐν τῇ καλλίστῃ διαθέσει E,16).[334] Somit bezeugt zwar erst das zweite Edikt die explizite Hinwendung des Königs zur jüdischen Gemeinschaft und seine Würdigung von deren Beitrag zur Stabilität des Reiches, doch drängt sich der Eindruck auf, dass die ausführliche Darstellung der lauteren Absichten des Königs seine tatsächlich gegen die jüdische Bevölkerung gerichteten Maßnahmen entschuldigen soll. Dem Herrscher ist nicht bewusst, dass sich Hamans „Tötungsedikt" gezielt gegen seine jüdischen Untertanen richtet – sie werden im Edikt nicht explizit genannt – und anders als Haman will er sie nicht vernichten, sondern lediglich für Ordnung und Gesetzestreue im Reich sorgen.[335]

Dass Artaxerxes sehr an der gesetzlichen Ordnung interessiert ist, wird sowohl in den Edikten als auch in anderen Teilen der Erzählung betont. Er orientiert sich an seinen Beratern, die ihm Vorschläge im Rahmen der Gesetze unterbreiten (1,10 – 22; 2,4; B,3). Auf Hamans Warnung vor dem fremden Volk, das die Gesetze des Reiches missachte (3,8), reagiert er mit Entschiedenheit, was denn auch das erste Edikt besonders betont (B,4 – 5), während es im zweiten Edikt gerade die Jüdinnen und Juden sind, die für ihre hervorragenden Gesetze zu loben sind (E,15).

Ein weiterer Aspekt eines vor hellenistischem und insbesondere jüdisch-hellenistischem Hintergrund weitgehend positiv zu beurteilenden Herrscherbildes ist die δόξα des Artaxerxes, die sich mit dem bereits erwähnten Reichtum

---

332 Vgl. Kap. 3.2.

333 Vgl. Kap. 3.5.

334 Ein ähnlicher Gedanke findet sich im Aristeasbrief: Hier ist es der Hohepriester Eleasar, der Ptolemaios II. brieflich mitteilt, die jüdische Gemeinde in Jerusalem habe u. a. dafür gebetet, „dass der alles beherrschende Gott dir das Königreich in Frieden und mit Ruhm bewahren" möge: διασώζῃ σοι τὴν βασιλείαν ἐν εἰρήνῃ μετὰ δόξης ὁ κυριεύων ἁπάντων θεός (45); Übersetzung nach Kai Brodersen, Hrsg., *Aristeas: Der König und die Bibel* (Stuttgart: Reclam, 2008).

335 Bezeichnenderweise wird anders als in EstMT auch nicht explizit erwähnt, dass das erste Edikt tatsächlich mit dem Ring des Königs gesiegelt wird (3,12). Ganz anders ist es mit Blick auf das „Gegenedikt" (8,10) – möglicherweise soll damit die Autorität des ersten Beschlusses abgemildert werden, verbunden mit einer leichten moralischen Entlastung des Königs; vgl. Hacham, „Bigthan and Teresh and the Reason Gentiles Hate Jews", 342.

verbindet (1,4; 10,2). Beide Attribute verleiht der König auch anderen (περιτίθημι 5,11; vgl. δόξα als Ehrung für Loyalität 6,3; in Verbindung mit δοξάζω 6,6.7.9.11) und lässt sie damit an seiner königlichen Pracht und Macht teilhaben. Die δόξα des Königs ist dabei gleichzeitig Ausdruck seines Zorns (τὸ πρόσωπον αὐτοῦ πεπυρωμένον δόξῃ ἐν ἀκμῇ θυμοῦ D,7) und somit furchterregend selbst für die Königin (D,5–6.13). Das Wort δόξα wäre ausgehend vom allgemein-griechischen Sprachgebrauch zunächst entweder als „Meinung"/„Annahme" oder als „Ansehen"/„Ehre" (d. h., als öffentliche Meinung *über* jemanden) zu übersetzen.[336] In letzterer Wortbedeutung ist δόξα (neben dem häufig parallel stehenden τιμή) Kennzeichen menschlicher Reputation und menschlichen Erfolges und wird damit in der griechischen Welt zu einem der wichtigsten Werte überhaupt. Für die hellenistischen Monarchen ist sie ein zentrales Element der Herrschaftslegitimation.[337] In der Septuaginta ist der Begriff jedoch nur im Verhältnis zu seinem hebräischen Äquivalent כָּבוֹד zu verstehen, welches von der Grundbedeutung „Schwere" ausgehend sodann auch „Bedeutsamkeit", „Reichtum", „Macht", „Ehre", „Pracht" (z. B. des Herrschers) oder „Glanz" bedeuten kann.[338] כָּבוֹד ist demnach in den meisten Fällen eine von Menschen erstrebte Eigenschaft, die mit wirtschaftlicher oder politischer Bedeutung einhergeht und deren Zuschreibung

---

336 Mit diesem Unterschied in der Wortbedeutung korreliert zu einem großen Teil das Vorkommen des Begriffs in verschiedenen Quellengattungen. So sprechen philosophische Texte in der Regel von δόξα im Sinne einer Annahme oder Ansicht (vgl. etwa Epikurs Κύριαι Δόξαι), auch im Gegensatz zum gesicherten Wissen, während inschriftlich bezeugte Ehrungen und Widmungen naturgemäß meist am Aspekt der Ehre interessiert sind; vgl. Gerhard Kittel, „Der griechische Sprachgebrauch von δόξα," ThWNT 2, 236–238.

337 Vgl. Hans-Joachim Gehrke, „Der siegreiche König: Überlegungen zur Hellenistischen Monarchie," AKuG 64, Nr. 2 (1982), 262–266. Vgl. auch die Dokumentation von entsprechenden Ehrungen hellenistischer Herrscher bei Haritini Kotsidu, TIMH KAI ΔΟΞΑ: Ehrungen für hellenistische Herrscher im griechischen Mutterland und in Kleinasien unter besonderer Berücksichtigung der archäologischen Denkmäler (Berlin: Akademie, 2000).

338 Einen instruktiven Überblick über den Gebrauch von δόξα in der Septuaginta (mit Schwerpunkt auf dem Pentateuch) bietet Jörg Frey, „The Use of δόξα in Paul and John as Shaped by the Septuagint," in The Reception of Septuagint Words in Jewish-Hellenistic and Christian Literature, hrsg. v. Eberhard Bons, Ralph Brucker und Jan Joosten, WUNT II 367 (Tübingen: Mohr Siebeck, 2014), 85–104, 86–93. Frey erklärt die innovative Verwendung von δόξα als Äquivalent zu כָּבוֹד mit „the overlap in the notion of ‚honor' which could allow for translating the word כָּבוֹד with δόξα" (90). Davon ausgehend hätten die Übersetzer sodann auch andere Bedeutungsnuancen von כָּבוֹד auf δόξα übertragen. Die griechischen Esther-Überlieferungen bezeugen die sprachliche Variation, mit der der Aspekt der „Ehre" sowohl im Hebräischen als auch im Griechischen ausgedrückt werden konnte: In EstLXX 1,4 steht δόξα parallel zu יְקָר in EstMT, wobei zu כָּבוֹד im selben Satz gar keine Parallele geboten wird. In EstAT hingegen steht an dieser Stelle δόξα für כָּבוֹד sowie τιμή für יְקָר (vgl. EstLXX 1,20). Vgl. zum besonderen Sprachgebrauch in EstAT insbes. Kap. 4.1.3.

eine positive Wertung der betreffenden Person impliziert. Im Übermaß kommt כָּבוֹד Gott zu, hier insbesondere auch als Bezeichnung des „Glanzes" seiner „Herrlichkeit".[339] Ganz ähnlich ist in der Septuaginta sodann auch δόξα zu verstehen, das hier kein einziges Mal in der Bedeutung „Meinung"/„Annahme" auftritt (ebenso im Neuen Testament).[340]

Die Betonung der δόξα wie auch der genannten guten Absichten des Artaxerxes wird in der ersten Hälfte der Erzählung entwertet durch seine Naivität, aufgrund derer er Hamans böse Absichten (3,8–13) zunächst nicht erkennt und sogar unterstützt. Haman ist beim König angesehen (ἔνδοξος ἐνώπιον τοῦ βασιλέως A,17), wird geehrt und erhöht (3,1–2; πλοῦτος καί δόξα 5,11) und von ihm sogar als „zweiter Vater" (δεύτερος πατήρ B,6; E,11) bezeichnet.[341] Indem Artaxerxes die Bestrebungen seines Vertrauten mit seiner ganzen Macht unkritisch unterstützt, wird er ebenfalls mindestens zu einer tragischen, wenn nicht gar zu einer bedrohlichen Figur stilisiert.

Dies ändert sich erst mit dem zweimaligen Eingreifen Gottes (D,8; 6,1), das unmittelbare Folgen für den Charakter und das Handeln des Königs hat. Aus diesem Grund muss an dieser Stelle der Untersuchung des Gottesbildes in EstLXX ein wenig vorgegriffen werden,[342] um die Darstellung des Königs vollumfänglich verstehen zu können. Als Esther im Gespräch mit Mordechai beschließt, unaufgefordert beim König vorzusprechen, antizipiert sie bereits dessen Zorn über diese „ungesetzliche" (παρά τὸν νόμον 4,16) Maßnahme, die offenbar mit dem Tode bedroht ist. In diesem Zusammenhang wird auch die Funktion des goldenen Stabs deutlich, das Sprechen vor dem König zu erlauben (4,11.16; vgl. D,12; 8,4). Des Königs δόξα und Zorn erscheinen Esther im Thronsaal dann so überwältigend, dass sie einen Schwächeanfall erleidet (D,6). Die gesamte Erscheinung des Herrschers, wie sie hier beschrieben wird, könnte den Eindruck erwecken, man trete vor ein Götterbild oder der König habe gar göttliche Eigenschaften.[343] Doch

---

339 Vgl. Kap. 3.6.3.9.

340 Vgl. zu wenigen möglichen Ausnahmen Gerhard Kittel, „δόξα in LXX und bei den hellenistischen Apokryphen," *ThWNT* 2, 246. Anders als in der Septuaginta findet sich bei Philo und Josephus allerdings ganz regelmäßig δόξα in der Bedeutung „Meinung"; vgl. Jörg Frey, „The Use of δόξα in Paul and John as Shaped by the Septuagint" in *The Reception of Septuagint Words in Jewish-Hellenistic and Christian Literature*, 93.

341 Vgl. Kap. 3.2.

342 Vgl. Kap. 3.6.4.

343 Kristin De Troyer und Marie-Theres Wacker, „Esther" in *Septuaginta Deutsch*, 606 meinen zur Beschreibung des Königs in Abschnitt D, er werde „hier vorgestellt [...] nach der Art eines Götterbildes." Vgl. Ingo Kottsieper, „Zusätze zu Ester" in *Das Buch Baruch. Der Brief des Jeremia. Zusätze zu Ester und Daniel*, 182: „Der König wird wie eine göttliche Erscheinung beschrieben." Es lassen sich in EstLXX D eine Reihe von motivischen Parallelen zum Traum des Mose in der *Ex-*

wird Artaxerxes gerade durch das Eingreifen des Gottes Israels empfänglich für Esthers Anliegen und steigt sogar von seinem Thron herab (D,8 – 5,5; vgl. 7,1; 9,12). Die Königin bekennt nun, ihr Gatte erscheine ihr wie ein Bote bzw. Engel Gottes (Εἶδόν σε, κύριε, ὡς ἄγγελον θεοῦ D,13). Dies ist einerseits eine ganz außergewöhnliche Bezeichnung für einen nicht-jüdischen König aus dem Munde einer Jüdin und sicher auch als Auszeichnung zu verstehen.[344] Sie stellt andererseits aber auch klar, dass der König kein Gott ist, auch wenn seine ganz und gar überwältigende Erscheinung im Thronsaal zuvor möglicherweise diesen Eindruck hätte erwecken können.[345] Er sieht vielmehr aus „wie" ein Engel Gottes und ist damit in jedem Fall Gott untergeordnet, was sich für die Leser/-innen bereits in D,8 bestätigt hatte: Der König ist Werkzeug Gottes und erscheint als dessen Beauftragter.

Esther beschreibt Artaxerxes nun überdies als wunderbar (θαυμαστός D,14) und voll von Güte (χάρις D,14). Sein Erschrecken (ταράσσω D,16) gegen Ende dieser Szene passt kaum zur Beschreibung seines herrschaftlichen Auftretens zu Anfang, und durch seine plötzliche Großzügigkeit und Offenheit Esther gegenüber wird nicht nur die Geschichte, sondern auch die Entwicklung seines Charakters in eine zuvor kaum erwartbare Richtung gelenkt. Esther hatte Artaxerxes zuvor noch einen gefährlichen Löwen (λέων C,24) genannt,[346] einen Vertreter der Gesetzlosen

---

agoge des Ezechiel (EzTrag 68 – 89) sowie zu weiteren Gottesthron-Vorstellungen in frühjüdischer Literatur feststellen; vgl. Howard Jacobson, *The Exagoge of Ezekiel* (Cambridge: Cambridge University Press, 1983), 89 – 91. Jacobson fragt: „Is LXX *Esther* 5.1c–e [sc. EstLXX D] an adaptation of the divine figure on the throne motif? Notice how Esther faints as people in the pseudepigrapha do on approaching *God's* throne" (200, Anm. 10).

344 Eine ähnliche Formulierung begegnet in der Septuaginta mit Bezug auf David: Diesem bescheinigt die weise Frau aus Tekoa, er sei wie ein Engel Gottes (καθὼς ἄγγελος θεοῦ οὕτως ὁ κύριός μου ὁ βασιλεὺς 2SamLXX 14,17; der antiochenische Text liest ἄγγελος Κυρίου). Dieser zeichne sich dadurch aus, dass er zwischen Gut und Böse unterscheiden könne und in seiner Weisheit alles durchschaue (2SamLXX 14,20; vgl. 19,28); vgl. auch SachLXX 12,8 sowie den „Gottesmann" in RiLXX 13,6.

345 Vgl. Ingo Kottsieper, „Zusätze zu Ester" in *Das Buch Baruch. Der Brief des Jeremia. Zusätze zu Ester und Daniel*, 185.

346 Das Bild des Königs als Löwen kennt neben EstLXX nur noch EstVL; es begegnet sodann jedoch auch in bMeg 15b, wo Ps 22,22 zitiert wird. Der traditionsgeschichtliche Hintergrund der Löwensymbolik ist ambivalent: Einerseits ist der Löwe im Alten Orient als herrschaftliches Tier zu verstehen, weshalb Throne (auch im griechischen Bereich) häufig mit Löwenapplikationen verziert wurden; vgl. Helmut Kyrieleis, *Throne und Klinen: Studien zur Formgeschichte altorientalischer und griechischer Sitz- und Liegemöbel vorhellenistischer Zeit*, Jahrbuch des Deutschen Archäologischen Instituts Ergänzungsheft 24 (Berlin: De Gruyter, 1969), 181–192; 197–200. Vgl. hier insbes. zu persischen Vorbildern für hellenistische Darstellungen 190, Anm. 651: „Im Hellenismus werden mit vielen anderen persischen Formeigentümlichkeiten auch Löwenfüße in der typisch

(δόξα ἀνόμων C,26),[347] einen verabscheuungswürdigen, unbeschnittenen Fremden (ἀπερίτμητος καὶ πᾶς ἀλλότριος C,26). Die Entwicklung zum Positiven erreicht ihren Höhepunkt jedoch zum Ende der Erzählung, als der König den gesamten Besitz sowie die Ämter und Vollmachten Hamans in die Hände Esthers und Mordechais legt (8,1–2.8), das „Gegenedikt" (E,1–24) verfassen lässt, und seine Königsherrschaft vom Erzähler gelobt wird (ἰσχύς καὶ ἀνδραγαθία;[348] πλοῦτος καὶ δόξα τῆς βασιλείας αὐτοῦ 10,2). Passend dazu wird Mordechai, von Artaxerxes dazu vorbereitet (8,2.8; 9,3; ἐστολισμένος τὴν βασιλικὴν στολὴν καὶ στέφανον ἔχων χρουσοῦν καὶ διάδημα βύσσινον πορφυροῦν 8,15), zur rechten Hand des Königs (ὁ δὲ Μαρδοχαῖος διεδέχετο[349] τὸν βασιλέα Ἀρταξέρξην καὶ μέγας ἦν ἐν τῇ βασιλείᾳ 10,3). Indem Artaxerxes seine Herrschaft nun über das Ende der Erzählung hinaus mit Esther und Mordechai teilt bzw. festigt und zugleich die Feinde sowohl der jüdischen Gemeinschaft als auch der königlichen Regierung eliminiert sind, ist für EstLXX offenbar der Idealzustand politischer Ordnung erreicht.

Im Lichte der vorstehenden Erörterungen lässt sich festhalten, dass Fox in seiner eingangs zitierten Beurteilung recht zu geben ist: Artaxerxes wird in EstLXX als nicht idealer, aber durchaus bemühter, an Herrschertugenden orientierter und

---

persischen Anordnung ins griechische Möbelhandwerk übernommen." Die Bezeichnung des Königs als Löwe in EstLXX ist insofern nicht überraschend. Andererseits äußert sich die mit dem Löwen symbolisierte Macht, wie es Erwin Goodenough treffend zusammenfasst, „primarily in destruction and devouring": Erwin R. Goodenough, *Jewish Symbols in the Greco-Roman Period Vol. 7: Pagan Symbols in Judaism*, BollS 37 (New York: Pantheon, 1958), 78. Der Löwe wird damit zum vor allem furchterregenden Symbol, und in diesem Sinne ist auch EstLXX C,24 zu verstehen. Später kann der Löwe im Judentum und frühen Christentum nicht mehr nur Juda oder den Gott Israels (Hos 11,12), sondern auch eine Teufelsfigur repräsentieren; vgl. Christoph Burchard, „Joseph and Aseneth," in *The Old Testament Pseudepigrapha Vol. 2: Expansions of the „Old Testament" and Legends, Wisdom and Philosophical Literature, Prayers, Psalms and Odes, Fragments of Lost Judeo-Hellenistic Works*, hrsg. v. James H. Charlesworth (Garden City: Doubleday, 1985), 177–247, 221, Anm. c2. Eine ausführliche Aufarbeitung der altorientalischen, griechischen und jüdisch-christlichen Löwensymbolik bietet Goodenough, *Jewish Symbols in the Greco-Roman Period Vol. 7*, 29–86; vgl. auch Brent A. Strawn, *What Is Stronger than a Lion? Leonine Image and Metaphor in the Hebrew Bible and the Ancient Near East*, OBO 212 (Fribourg: Academic Press; Göttingen: Vandenhoeck & Ruprecht, 2005).

347 Dies ist offenbar als Referenz auf das mosaische Gesetz zu verstehen bzw. auf diejenigen, die ihm nicht folgen. Davon ist der überwiegende Teil des sonstigen Wortgebrauchs von νόμος in EstLXX und in den anderen griechischen Esther-Versionen zu unterscheiden; vgl. auch Anm. 217.

348 Die Ewähnung der königlichen ἀνδραγαθία bewirkt auch, dass eine vor dem Hintergrund des hellenistischen Herrscherideals auffällige Leerstelle in der Darstellung des Königs gefüllt wird, nämlich das Fehlen jeglicher Berichte über dessen militärische Erfolge (oder Misserfolge). Der Ausdruck ἀνδραγαθία hat sehr häufig die Konnotation militärischer Stärke.

349 Vgl. zur Bedeutung dieser Wendung Kap. 3.3.2.

der jüdischen Gemeinschaft letztlich wohlwollend gegenüberstehender Monarch gezeichnet. Seine Schwächen werden milder dargestellt als in EstMT: Zwar erliegt er auch in EstLXX seiner Gutgläubigkeit gegenüber Haman, zugrunde liegen dieser jedoch stets ein guter Wille und hehre Absichten. Die sich von EstMT durch die beiden Edikte und insbesondere durch die ausführliche Thronsaal-Szene deutlich unterscheidende Grundstruktur des Textes unterstreicht wirkungsvoll die Wandlung des Königs hin zum Freund der jüdischen Gemeinschaft, der allerdings auch zuvor bereits darum bemüht ist, zum Wohle seiner Untertanen zu regieren.

Ins Bild passt auch, dass Artaxerxes in der Traumvision des Mordechai überhaupt nicht vorkommt – das hier geschilderte Unheil wird nicht etwa vom König hervorgerufen, sondern mit den beiden Drachen (A,5) in Verbindung gebracht, die in der Traumdeutung mit Haman und Mordechai identifiziert werden (F,4). Somit wirkt die Darstellung des Königs in EstLXX insgesamt darauf hin, dessen Verantwortung für die Gefährdung der jüdischen Gemeinschaft zu minimieren und zugleich seine Entwicklung zum Besseren hervorzuheben. Kristin De Troyer resümiert dazu treffend: „Once the king knows what is happening, he clearly takes sides with Esther and, as a consequence, with the Jews and with Mordecai."[350] Mehr kann sich eine jüdische Diaspora-Gemeinde vom nicht-jüdischen Herrscher kaum wünschen, gerade angesichts der Bedrohung durch antijudaistische Bestrebungen anderer mächtiger Personen, die in den Esther-Erzählungen durch Haman und seine Familie repräsentiert werden.

3.2 Haman

Hamans Rolle in EstLXX entspricht in ihren Grundzügen dem in EstMT Dargestellten: Er arbeitet auf die Vernichtung Mordechais und der jüdischen Gemeinschaft hin, nutzt dazu seinen Einfluss beim König, bleibt aber in letzter Konsequenz ohne Erfolg und wird für seine Vorhaben mit dem Tod bestraft. Gleichwohl zeigt EstLXX auch diverse Eigenheiten, die nicht nur die Rolle Hamans als des Antagonisten der Jüdinnen und Juden stärker akzentuieren, sondern ihn gleichzeitig als Feind des Königs und der politischen Ordnung darstellen.

Während Haman in EstMT erst in 3,1 – recht unvermittelt – auf den Plan tritt, wird er in EstLXX bereits deutlich früher als wichtiger Akteur vorgestellt und in das Geschehen eingebunden. Die erste Erwähnung seines Namens findet sich unmittelbar im Anschluss an die erste Mordverschwörung zweier Eunuchen gegen

---

350 De Troyer, *The End of the Alpha Text of Esther*, 276.

Artaxerxes, für deren Aufdeckung Mordechai vom König belohnt wird (A,12–16).
So heißt es hier:

καὶ ἦν Αμαν Αμαδαθου Βουγαῖος ἔνδοξος ἐνώπιον τοῦ βασιλέως καὶ ἐζήτησεν κακοποιῆσαι
τὸν Μαρδοχαῖον καὶ τὸν λαὸν αὐτοῦ ὑπὲρ τῶν δύο εὐνούχων τοῦ βασιλέως

Und Haman, Sohn des Amadathos, der *Bougaios*, war angesehen beim König. Und er suchte
Mordechai und seinem Volk Böses zu tun wegen der beiden Eunuchen des Königs.

EstLXX A,17

In der Konzeption von EstLXX wird Haman demnach bereits zu Beginn der
Handlung – nach der Chronologie der Erzählung im zweiten Regierungsjahr des
Artaxerxes (A,1) – mit dem Komplott gegen den König in Verbindung gebracht, gar
seine Beteiligung daran oder mindestens seine Billigung desselben impliziert. In
diese Richtung weist möglicherweise auch Hamans Bezeichnung als Βουγαῖος; in
jedem Fall hat sie einen abwertenden Beiklang.[351] Die Episode A,12–17 stellt

---

351 Die Bezeichnung Βουγαῖος begegnet neben A,17 noch in 3,1 und 9,10. In 3,1 steht sie parallel
zur Identifizierung als „der Agagiter" (הָאֲגָגִי) in EstMT, die dort die intertextuelle Verbindung zu
1Sam 15 herstellt und zu der sich in EstLXX keine direkte Entsprechung findet. Die Bedeutung des
Namenszusatzes Βουγαῖος in EstLXX beschäftigt die Forschung seit Langem. Von einer Kombination aus Transkriptions- und Schreibfehlern geht Kottsieper aus; vgl. Ingo Kottsieper, „Zusätze
zu Ester" in *Das Buch Baruch. Der Brief des Jeremia. Zusätze zu Ester und Daniel*, 145–146. Das *Alef*
des hebräischen Wortes sei ausgelassen worden, sodann sei aus Γωγαιος, bezeugt in ms. 93,
Βουγαῖος geworden. Kottsieper sieht selbst, dass die letztere Änderung schwer erklärbar ist;
zudem ist anzumerken, dass γωγαιος in ms. 93 nur in 3,1 und 9,10, nicht jedoch in A,17 vorkommt.
Es kommt hinzu, dass sich mit Kottsiepers Ansatz nicht erklären lässt, weshalb der im hebräi-
schen Text stets mitgesetzte Artikel nicht ins Griechische übertragen worden ist. Dass dies zu
erwarten wäre, zeigt bspw. die regelmäßige Entsprechung zwischen מָרְדֳּכַי הַיְּהוּדִי in EstMT und
Μαρδοχαῖος ὁ Ιουδαῖος in EstLXX. Alle anderen Erklärungsansätze stellen auf die inhaltlichen
Konnotationen von Βουγαῖος ab und sehen unterschiedliche konzeptionelle Gründe für die
Verwendung dieses Beinamens. So wird zunächst gern auf den bei Homer (Hom. Il. 13,824; Hom.
Od. 18,79) belegten Term βουγάϊος, „Prahlhans" verwiesen; vgl. z. B. Kristin De Troyer und Marie-
Theres Wacker, „Esther – Das Buch Ester (LXX und A-Text)" in *Septuaginta Deutsch Erläuterungen
und Kommentare*, 1270; Cavalier, *Esther*, 90–91. Karen Jobes sieht in Βουγαῖος den persischen
General Bagoses (Βαγώσης), den Mörder Artaxerxes' III.; vgl. Karen H. Jobes, „How an Assassination Changed the Greek Text of Esther," *ZAW* 110, Nr. 1 (1998). Michael Wechsler hingegen
meint, „that Βουγαῖος in fact represents a *nomen gentilicium* figuratively identifying Haman with
the Beja (Arab. *Beja/Buja*; Ge'ez *Begā*; Syr. *Būgāyā*), a notoriously war-like and inimical people
located for all of their known history in the eastern region of present-day Sudan (including parts
of southeastern Egypt and northern Eritrea)": Michael G. Wechsler, „The Appellation βουγαιος
and Ethnic Contextualization in the Greek Text of Esther," *VT* 51, Nr. 1 (2001), 110. Gerade im
Kontext des ptolemäischen Ägypten wäre diese Identifikation geeignet, Haman als Angehörigen
einer der politischen Ordnung feindlich gegenüberstehenden Gruppe darzustellen. Für γωγαιος
in ms. 93 ist eine Referenz auf Gog aus Ez 38–39 vermutet worden; vgl. Hans Bardtke, „Zusätze zu

damit gleich zu Anfang zweierlei klar: Erstens wird Mordechai viel früher ins Geschehen eingeführt als in EstMT und zugleich viel stärker als Unterstützer des Königs porträtiert.[352] Zweitens wird Hamans Motivation zur Vernichtung der jüdischen Bevölkerung vielschichtiger dargestellt als in EstMT. Seine Kränkung durch Mordechais Verweigerung der Ehrung (3,1–6) spielt auch in EstLXX eine Rolle, doch liegen die tieferen Wurzeln seines Antijudaismus hier in der bereits etwa zehn Jahre zuvor (vgl. A,1 mit 3,7) demonstrierten politischen Haltung eines jüdischen Amtsträgers, nämlich dessen Loyalität zum nicht-jüdischen König: Hamans Opposition gegen Mordechai ergibt sich damit aus seiner Opposition gegen den König. Gleich zu Beginn der Erzählung wird verdeutlicht, dass dem Duo Mordechai/Artaxerxes ein feindlich gesinnter Haman entgegensteht.[353]

Dies gilt trotz der Charakterisierung Hamans als „angesehen beim König" (ἔνδοξος ἐνώπιον τοῦ βασιλέως A,17). Die Bezeichnung illustriert und akzentuiert ein Grundmotiv der Erzählung, nämlich die Unwissenheit des Königs darüber, dass einer seiner engsten Vertrauten in Wahrheit Übles gegen ihn und das Reich plant. Vor dem Hintergrund von A,17 erscheint auch die Gästeliste des 180 Tage währenden königlichen Festmahls in neuem Licht, veranstaltet der König dies doch u. a. „für die Angesehenen der Perser und Meder" (τοῖς Περσῶν καὶ Μήδων ἐνδόξοις 1,3), zu denen dann offenbar auch Haman zu zählen wäre. In dieselbe Richtung weist auch dessen Erwähnung als einer der sieben Eunuchen, die den König bei seinen Feierlichkeiten bedienen (1,10).[354] Zwar ist das Bild, das von Haman gezeichnet wird, an dieser Stelle nicht ganz konsistent, da es hier um eine zweite, separate Feier geht und die Korrelation zwischen dem Titel eines „Angesehenen" und der Tätigkeit als Diener-Eunuch nicht eindeutig ist. Gleichwohl suggeriert der Text seinen Leserinnen und Lesern deutlich, dass derselbe Haman, der vom König in 3,1 geehrt (δοξάζω) und befördert wird (ἐπρωτοβάθρει πάντων

Esther" in *Historische und legendarische Erzählungen*, 35. Alternativ ist an Num 24,7 zu denken, so Cavalier, *Esther*, 90. Mit Ausnahme von Kottsiepers m. E. nicht überzeugendem Ansatz finden all diese Erklärungsversuche eine Gemeinsamkeit darin, dass die Bezeichnung Βουγαῖος einen negativen Beiklang hat und Haman damit für die Leser/-innen des Textes abgewertet bzw. diskreditiert wird.

352 Vgl. dazu ausführlich Kap. 3.3.2.

353 Vgl. Hacham, „Bigthan and Teresh and the Reason Gentiles Hate Jews", insbes. 333–334.

354 Harvey erkennt eine Spannung zwischen der Bezeichnung Hamans als Eunuch in 1,10 und der Tatsache, dass er ausweislich 5,10.14; 6,13 verheiratet ist; vgl. Harvey, *Finding Morality in the Diaspora?*, 111. Abgesehen davon, dass sich diese Spannung durch Redaktionsprozesse erklären lässt – was für unsere Untersuchung keine Rolle spielt –, wird sie auch auf der synchronen Ebene dadurch relativiert, dass in der griechischen Literatur sehr häufig verschiedene Gruppen von Bediensteten des achämenidischen Hofes ohne Differenzierung als Eunuchen bezeichnet werden; vgl. Anm. 225.

τῶν φίλων αὐτοῦ) und sich später selbst als einen „der angesehenen *Philoi* des Königs" (τῶν φίλων τοῦ βασιλέως τῶν ἐνδόξων 6,9) bezeichnen wird, bereits seit Langem eine wichtige, damit aber auch für die jüdische Gemeinschaft potenziell gefährliche Position am Hof einnimmt. Diese Verbindung trägt auch dazu bei, Hamans überraschende Beförderung zu erklären bzw. plausibler erscheinen zu lassen als in EstMT.

M. E. lässt sich vor dem Hintergrund des Gesagten gar noch eine weitere Anspielung auf Haman identifizieren, und zwar bereits in Mordechais Traumvision: Unbeschadet der Tatsache, dass Haman in der Traumdeutung am Ende des Buches mit einem der beiden Drachen (δύο δράκοντες A,4) identifiziert werden wird (F,4), scheint er auch zu den „Angesehenen" (οἱ ἔνδοξοι) zu gehören, die ausweislich A,10 von den „Niedrigen" (οἱ ταπεινοί) verschlungen (κατεσθίω) werden sollen.[355] Diese Interpretation ist fast unausweichlich, stößt man doch beim Lesen des Textes nur wenige Sätze später in A,17 auf Haman als den ersten im Buch erwähnten „Angesehenen".[356]

Mehr als EstMT stellt EstLXX demnach zwei Aspekte in der Charakterisierung Hamans gegenüber: Einerseits wird den Leserinnen und Lesern spätestens mit A,17 klar vor Augen geführt, dass Haman zum Schaden Mordechais, der jüdischen Gemeinschaft und auch des Königs agiert, andererseits bleibt Artaxerxes selbst bis zur Schlüsselszene 7,1–10 blind für diesen Zusammenhang: Für ihn ist Haman geradezu der Garant für die Sicherung der Herrschaft nach den Gesetzen des Königs (οἱ νόμοι τοῦ βασιλέως 3,8). Diese Dichotomie wird bestätigt und verstärkt durch die beiden Edikte in den Abschnitten B und E. Für das „Vernichtungsedikt" gibt der König Haman freie Hand („das Volk aber behandle wie du willst", τῷ δὲ ἔθνει χρῶ ὡς βούλει 3,11);[357] Haman selbst ist für den Erlass zuständig (vgl. 3,10.12) und wird damit auch als Urheber der darin enthaltenen Aussagen dargestellt. Er beschreibt sich hier somit selbst als einen der königlichen Ratgeber (σύμβουλοι B,3), ausgezeichnet mit Besonnenheit, Wohlwollen und Loyalität dem Herrscher gegenüber, weswegen er den zweithöchsten Rang im Reiche innehat (σωφροσύνῃ παρ' ἡμῖν διενέγκας καὶ ἐν τῇ εὐνοίᾳ ἀπαραλλάκτως καὶ βεβαίᾳ πίστει ἀποδε-

---

355 Vgl. Moore, *Daniel, Esther and Jeremiah, the Additions*, 177.
356 Kottsieper zieht in seinem Kommentar zwar nicht die Verbindung zwischen A,10 und A,17, doch weist er mit Recht auf die vielen motivischen Beziehungen zwischen A,10 und JesLXX hin; vgl. Ingo Kottsieper, „Zusätze zu Ester" in *Das Buch Baruch. Der Brief des Jeremia. Zusätze zu Ester und Daniel*, 140–145. Gerade das Stichwort ἔνδοξος bietet hier m. E. noch weitergehende Anknüpfungsmöglichkeiten (vgl. z. B. JesLXX 23,8–9; 26,15).
357 Die Bezeichnung ἔθνος wird in EstLXX sowohl für die jüdische Gemeinschaft als auch für andere „Völker" verwendet. Demgegenüber steht λαός stets sowohl als Selbst- als auch als Fremdbezeichnung für die jüdische Bevölkerung (A,17; B,4; 4,8; C,8; 7,3.4; 8,6; F,6.7.9.10).

δειγμένος καὶ δεύτερον τῶν βασιλειῶν γέρας ἀπενηνεγμένος B,3). Er ist damit für die Erledigung der Regierungsangelegenheiten zuständig (τεταγμένου ἐπὶ τῶν πραγμάτων B,6) und erhält die Ehrenbezeichnung „zweiter Vater" (δεύτερος πατήρ B,6) des Königs.[358] Ausweislich seines späteren Verhaltens sieht Haman sich allein als würdig, vom König geehrt zu werden (6,6), als *Philos*, den der König liebt (ὃν ὁ βασιλεὺς ἀγαπᾷ 6,9). Ein engeres Verhältnis zum Herrscher, eine stärkere Einbindung in die politischen Entscheidungen des Artaxerxes ist kaum vorstellbar. Zwar erliegt Haman in Kap. 6 dem Missverständnis, der König wolle ihn und nicht Mordechai ehren, doch ist hier noch keineswegs von einer Abwertung Hamans seitens des Königs die Rede. Vielmehr zeigt sich auch in dieser Szene die hohe Wertschätzung, die der König seinem Vertrauten weiterhin entgegenbringt. Er sucht seinen Rat (6,6) und lobt ihn für seine Einschätzung: „Gut hast du gesprochen!" (Καλῶς ἐλάλησας 6,10). Mit gewissem Recht kann Haman daher gegenüber seiner Frau und seinen Vertrauten mit seiner Stellung prahlen:

καὶ ὑπέδειξεν αὐτοῖς τὸν πλοῦτον αὐτοῦ καὶ τὴν δόξαν, ἣν ὁ βασιλεὺς αὐτῷ περιέθηκεν, καὶ ὡς ἐποίησεν αὐτὸν πρωτεύειν καὶ ἡγεῖσθαι τῆς βασιλείας.

Und er zeigte ihnen seinen Reichtum auf und die Ehre, die der König ihm gewährt hatte, und wie dieser ihn zum Ersten gemacht hatte und zum Befehlshaber über das Königreich. EstLXX 5,11

Diesem Bild von Haman als mit gutem Recht einflussreichstem Mann hinter dem Monarchen steht nun die Sichtweise der jüdischen Charaktere gegenüber, in die auch die Leser/-innen, wie oben beschrieben, von Anfang an durch die Erzählstimme einbezogen werden. Sie artikuliert sich am deutlichsten im zweiten Edikt,

---

358 Vgl. zu diesem Ausdruck 1Makk 11,32 (Demetrios II. an und über Lasthenes). Es handelt sich hierbei nach Wolfgang Orth nicht um einen offiziellen Hofrangtitel, sondern um eine eher informelle Bezeichnung, die persönliche Nähe zum Ausdruck bringen soll; vgl. Wolfgang Orth, „Seleukidische Hoftitel und politische Strukturen im Spiegel der Septuaginta-Überlieferung" in *Septuaginta Deutsch Erläuterungen und Kommentare*, 71–72. Er stützt sich dabei auf die ausführliche Diskussion bei Jörg-Dieter Gauger, *Beiträge zur jüdischen Apologetik: Untersuchungen zur Authentizität von Urkunden bei Flavius Josephus und im I. Makkabäerbuch*, BBB 49 (Köln: Hanstein, 1977), 83–134; vgl. hier insbes. 105. Haman ist ausweislich B,3.6; E,11 (s. u.) in verschiedener Hinsicht der „Zweite" nach dem König. Vgl. zur Bedeutung dieser Vorstellung Armin Schmitt, „Die Achikar-Notiz bei Tobit 1,21b–22 in aramäischer (pap4QTobᵃ ar – 4Q196) und griechischer Fassung," in *Der Gegenwart verpflichtet: Studien zur biblischen Literatur des Frühjudentums*, hrsg. v. Armin Schmitt und Christian J. Wagner (Berlin: De Gruyter, 2000), 103–123, 114–115 sowie grundlegend Hans Volkmann, „Der Zweite nach dem König," *Ph.* 92 (1937).

das sich in weiten Teilen auf die negative Charakterisierung Hamans fokussiert.[359] Es wird wiederum nicht vom König selbst, sondern in dessen Namen von Esther und Mordechai nach deren Vorstellungen verfasst und publiziert: „Schreibt auch ihr in meinem Namen, wie es euch (gut) erscheint, und siegelt mit meinem Ring" (γράψατε καὶ ὑμεῖς ἐκ τοῦ ὀνόματός μου ὡς δοκεῖ ὑμῖν καὶ σφραγίσατε τῷ δακτυλίῳ μου 8,8; vgl. 8,9–10).

Im Edikt wird nun zunächst zurückverwiesen auf die hohe Stellung, die Haman in der Vergangenheit genießen durfte, um sodann klarzustellen, dass er dieser unwürdig gewesen sei. So wird mit implizitem Bezug auf B,6 festgestellt, Haman sei öffentlich zum Vater des Königs ausgerufen (ἀναγορεύεσθαι ἡμῶν πατέρα E,11) und mittels Proskynese als „zweite Person des königlichen Throns" geehrt worden (προσκυνούμενον ὑπὸ πάντων τὸ δεύτερον τοῦ βασιλικοῦ θρόνου πρόσωπον E,11). Als einer der *Philoi* sei er mit politischer und administrativer Vollmacht ausgestattet gewesen (E,5) und habe Ehrung erfahren (τιμώμενοι E,2).[360] Es wird zwar klargestellt, dass Artaxerxes selbst Haman mit all diesen Auszeichnungen bedacht habe (E,2.3.6.10.11), doch wird dies mit dessen umfassender Menschenfreundlichkeit (φιλανθρωπία E,11) begründet.[361] Die auch mittels moralischer Wertungen erreichte Charakterisierung Hamans als durch und durch verdorbenem Übeltäter wirkt denn auch zu einem gutem Teil als Entlastung und Verteidigung des Königs. Haman habe „mehr gewollt" (μεῖζον φρονέω E,2)[362] und Übles im Schilde geführt, was mit einem ganzen Arsenal an Umschreibungen illustriert wird (E,3–7). Alles läuft auf den Vorwurf hinaus, Haman habe die Herrschaft des Artaxerxes angreifen und auf „die Makedonen" übertragen wollen, indem er Esther, Mordechai und die jüdische Bevölkerung als treue Stütze der Regierung habe beseitigen wollen (E,12–14). Hier schließt sich der Kreis, der in A,17 eröffnet wurde: Hamans Vergehen ist seine politische und gewaltsame Opposition gegen den König, der von der jüdischen Gemeinschaft loyal unterstützt wird.

Die Bezeichnung Hamans als Makedone in E,10; 9,24 (vgl. E,14) beschäftigt die Forschung seit Langem. Es ist vorgeschlagen worden, dies als eine aus dem

---

359 Vgl. Moore, *Daniel, Esther and Jeremiah, the Additions*, 238: „Although the stated intent of the king's letter (see 8:8 and 11) was to neutralize the pogrom proposed in the first royal letter (Addition B), most of the space in Addition E is devoted to a scathing attack on Haman".

360 Die allgemeinen, im Plural formulierten Aussagen über „Viele" (πολλοί E,2) sind als rhetorisches Stilmittel zu verstehen und beziehen sich sachlich im Kontext des Edikts und der Erzählung insgesamt allein auf Haman.

361 Vgl. Kap. 3.1.3.

362 Die Wendung hat negativen Beiklang im Sinne von „überheblich sein"; vgl. z. B. Xen. An. 5,6,8.

Kontext des hellenistischen Ägypten bzw. Alexandria hervorgegangene Reflexion der Spannung zwischen eingewanderter griechischer und jüdischer Bevölkerung zu erklären.[363] Dabei wäre nun allerdings zu fragen, welche Bedeutung die Bezeichnung „Makedone" in diesem historischen Kontext getragen hat.[364] An dieser Stelle sind es vor allem zwei Beobachtungen, die darauf hinweisen, dass eine allzu direkte Identifikation zwischen den als Makedonen bezeichneten Menschen in EstLXX und im ptolemäischen Ägypten nicht weiterhilft: Erstens gibt es Zeugnisse darüber, dass, so bereits Martin Hengel, „Juden die Bezeichnung ‚Makedonen' annehmen konnten, weil sie bzw. ihre Vorfahren in makedonischen Einheiten gedient hatten."[365] Zweitens waren natürlich die Ptolemäer selbst makedonischer Abstammung und konnten demgemäß als Makedonen bezeichnet werden.[366] Die in EstLXX ganz offensichtlich in abwertender Absicht gebrauchte Bezeichnung „Makedone" ist daher nicht unmittelbar über die Verhältnisse im hellenistischen Ägypten als möglichem Kompositions- oder Rezeptionsort des Textes zu verstehen. Ihre Bedeutung erhellt sich erst über die Kombination von persischem „Setting" der Erzählung selbst und dem historischen Wissen des nach-perserzeitlichen Verfassers und seines Publikums: Vor dem Hintergrund von

---

363 Vgl. z. B. Hacham, „Bigthan and Teresh and the Reason Gentiles Hate Jews", 353 – 355.

364 Es sei dazu angemerkt, dass die Gleichsetzung von „makedonisch" und „griechisch", wie sie in der Debatte oft vorgenommen wird, zwar insofern gerechtfertigt ist, als die Unterscheidung im Laufe des 4. Jh. v. Chr. zunehmend verschwimmt; vgl. Winthrop L. Adams, „Historical Perceptions of Greco-Macedonian Ethnicity in the Hellenistic Age," BalS 36, Nr. 2 (1995). Allerdings weist uns die Tatsache, dass „makedonisch" offenbar weiterhin spezifische Bedeutungen tragen konnte (s. u.), darauf hin, dass es dennoch sinnvoll sein kann, auf den genauen Wortgebrauch zu achten und zu fragen, ob im konkreten Kontext möglicherweise doch zwischen „makedonisch" und „griechisch" differenziert werden sollte.

365 Martin Hengel, Judentum und Hellenismus: Studien zu ihrer Begegnung unter besonderer Berücksichtigung Palästinas bis zur Mitte des 2. Jh. v.Chr., 3. Aufl., WUNT 10 (Tübingen: Mohr, 1988), 30; vgl. CPJ I 13 – 15. Die umstrittene Frage, ob mit dieser Zuordnung auch im engeren Sinne „ethnische" Zugehörigkeit verbunden worden ist, ist für uns nicht von Belang.

366 Pausanias berichtet, Ptolemaios I. habe sich selbst als Makedonen bezeichnet (Paus. 6,3,1) und die Ptolemäer hätten auf diese Benennung durchaus Wert gelegt (Paus. 10,7,8); vgl. auch Kall. H. 4,167; Tac. Hist. 4,83; Tac. Ann. 6,28,3; Clem. Strom. 1,128,3 – 129,2. Vgl. John Ma, „Kings," in A Companion to the Hellenistic World, hrsg. v. Andrew Erskine, Blackwell Companions to the Ancient World (Malden, MA: Wiley-Blackwell, 2005), 177 – 195, 187. Dass die Identität als Makedonen für die Seleukiden in der Außendarstellung weit größere Bedeutung gehabt habe als für die Ptolemäer, meint Charles Edson, „Imperium Macedonicum: The Seleucid Empire and the Literary Evidence," CP 53, Nr. 3 (1958). Dies führt Edson zu der These, dass sich hinter den „Makedonen" in EstLXX ein Hinweis auf die Seleukiden und hinter den „Persern" ein Verweis auf die Parther verbirgt (vgl. 163 – 164). M. E. ist jedoch zweifelhaft, ob Rezipientinnen und Rezipienten diese Verbindung hergestellt hätten, sind sie doch gleich zu Beginn der Erzählung narrativ an den Hof des Achämeniden Artaxerxes geführt worden.

Alexanders Eroberung des Achämenidenreiches mag es späteren Rezipientinnen und Rezipienten plausibel erschienen sein, dass auch der Antagonist des Artaxerxes bereits aus Makedonien stammt und einen ersten – erfolglosen – Versuch unternimmt, „die Herrschaft der Perser auf die Makedonen zu übertragen" (τὴν τῶν Περσῶν ἐπικράτησιν εἰς τοὺς Μακεδόνας μετάξαι E,14).[367] Dem hellenistischen Lesepublikum ist zwar bewusst, dass die Herrschaft der Achämeniden später tatsächlich auf die Makedonen übergehen wird. Dies beeinträchtigt jedoch nicht die innere Logik der Erzählung, die – für die meisten antiken Leser/-innen nicht nachprüfbar – behauptet, schon früher habe ein Makedone in Persien nach der Macht gegriffen.

Vor dem Hintergrund dieser inneren Logik ist also Hamans Identifikation als Makedone zu erklären. Sie erfüllt den narrativen Zweck, ihn als Feind der Achämeniden zu zeichnen. Sie hat zugleich den Effekt, dass nun er den „Fremden", den „Ausländer" repräsentiert; er ist „dem Blut der Perser fremd" (ἀλλότριος τοῦ τῶν Περσῶν αἵματος E,10) und greift von außen die politische Stabilität des Reiches an. Die jüdische Bevölkerung hingegen wird von diesem in hellenistischer Polemik verbreiteten Vorwurf entlastet.[368] Da sich Hamans Bestrebungen nicht nur gegen die jüdische Gemeinschaft, sondern zugleich gegen den König und das gesamte Reich richten, soll der Sieg über den „dreifachen Frevler" (τρισαλιτήριος E,15)[369] denn auch nicht nur von der jüdischen Gemeinde, sondern von der gesamten Reichsbevölkerung gefeiert werden (E,22–24).[370]

Hamans Charakterisierung im „Gegenedikt" fügt sich gut ein in das Bild, das bereits Esther von ihm gegenüber dem König gezeichnet hatte: Sie bezeichnet Haman als Verleumder, der des königlichen Hofes unwürdig sei (οὐ γὰρ ἄξιος ὁ διάβολος τῆς αὐλῆς τοῦ βασιλέως 7,4) – eine Bemerkung, mit der Haman an dieser Stelle expliziter als in allen übrigen Textversionen wiederum dem König gegenübergestellt wird.[371] Eine ähnliche Tendenz lässt sich in 8,1 beobachten, wo Ha-

---

367 Vgl. Ingo Kottsieper, „Zusätze zu Ester" in Das Buch Baruch. Der Brief des Jeremia. Zusätze zu Ester und Daniel, 192. Nicht ganz nachvollziehbar erscheint mir die Aussage bei Moore, Daniel, Esther and Jeremiah, the Additions, 178, der Ausdruck „Makedone" sei besonders „meaningful to Greek-reading Jews who knew well the reputation of the Macedonians."

368 Vgl. Sara Raup Johnson, Historical Fictions and Hellenistic Jewish Identity: Third Maccabees in Its Cultural Context, Hellenistic Culture and Society 43 (Berkeley: University of California Press, 2004), 44.

369 Diese Bezeichnung findet sich in 2Makk 8,34; 15,3 in Bezug auf Nikanor – ein Hinweis auf die enge intertextuelle Verbindung zwischen den Makkabäerbüchern und den Esther-Überlieferungen.

370 Vgl. Hacham, „Bigthan and Teresh and the Reason Gentiles Hate Jews", 339.

371 Noch weiter geht Day, Three Faces of a Queen, 124: „Esther focuses not upon Haman's threat against her people nor even against the person of the king, but against the court as a whole."

man ein zweites Mal – diesmal von der Erzählstimme – als ὁ διάβολος bezeichnet und damit als „Verleumder" oder „Feind" schlechthin markiert wird.[372] Esther nennt Haman zudem einen feindlichen und bösen Menschen (ἄνθρωπος ἐχθρὸς Αμαν ὁ πονηρὸς οὗτος 7,6), und bezieht sich dabei auf seine Absicht, die jüdische Bevölkerung auszulöschen (7,3–4). Auf Esthers Anschuldigungen gegen Haman geht Artaxerxes allerdings zunächst nicht ein: Der König rekurriert nur auf die vermeintlich versuchte Vergewaltigung und nicht auf die politischen Geschehnisse (7,8); es ist hier noch nicht klar, ob er eigentlich selbst erkannt hat, dass Haman einen politischen Angriff auf die Königsherrschaft führt, keinen persönlichen Angriff auf die Königin.[373] Nach wie vor sind es für EstLXX die jüdischen Protagonistinnen und Protagonisten, die nicht nur sich selbst, sondern ebenso den ahnungslosen König und seine Herrschaft vor Schaden bewahren müssen.

Vergleicht man den hier dargestellten Befund mit der Darstellung in EstMT, so wird deutlich, dass Haman in EstLXX mithilfe der Edikte und durch verschiedene Details viel stärker als Gegner nicht nur Mordechais und der jüdischen Gemeinschaft, sondern auch der Herrschaft des Königs dargestellt wird.[374] Der Kontrast zwischen seiner hohen politischen Stellung und seinen umstürzlerischen Absichten erscheint hier viel extremer. Indem Haman deutlicher und umfassender als Bösewicht gezeichnet wird, wird gleichzeitig der König ein wenig von seiner Verantwortung für die beschlossene Vernichtung der jüdischen Bevölkerung

---

372 Die Bezeichnung Hamans als ὁ διάβολος ist eine Besonderheit von EstLXX; die anderen griechischen Versionen verwenden den Ausdruck nicht. Vgl. zur Semantik und zum zeitgenössischen Wortgebrauch Jason M. Zurawski, „Separating the Devil from the Diabolos: A Fresh Reading of Wisdom of Solomon 2.24," JSPE 21, Nr. 4 (2012), 376–384. In EstLXX 8,1 lässt sich ὁ διάβολος als Entsprechung zu צֹרֵר הַיְּהוּדִים in EstMT lesen, wobei das Fehlen eines parallelen Ausdrucks zu הַיְּהוּדִים dazu beiträgt, Haman als Feind nicht nur der jüdischen Gemeinschaft, sondern auch des Königs und der Allgemeinheit zu porträtieren; vgl. De Troyer, The End of the Alpha Text of Esther, 183–184. In 7,4 wiederum ist die Entsprechung zwischen הַצָּר in EstMT und ὁ διάβολος in EstLXX leicht nachvollziehbar. Für die grundsätzlichen Differenzen zwischen den beiden Versionen in der Gestaltung des Verses sind verschiedene Erklärungen vorgebracht worden; vgl. Kahana, Esther, 281–282. Allerdings enthält bereits der hebräische Text verschiedene Verständnisschwierigkeiten; vgl. Fox, Character and Ideology in the Book of Esther, 282; Macchi, Le Livre d'Esther, 392–394. Daher ist nicht auszuschließen, dass die Formulierung in EstLXX auf einem Missverstehen der Vorlage fußt und nicht auf ideologisch motivierter Umformulierung. Im Ergebnis steht jedoch ein Text, der – wie dargestellt – den Gegensatz zwischen Haman und dem König akzentuiert.
373 Wie wir noch sehen werden, erkennt der König in EstAT an dieser Stelle explizit einen Angriff Hamans auf seine Herrschaft (ähnlich auch EstVL).
374 Zu derselben Schlussfolgerung kommt De Troyer, The End of the Alpha Text of Esther, 276: „Haman in the Greek text is more than simply the enemy of the Jews. He is simultaneously the enemy of the Jews and of the king."

entlastet – dies zeigt sich denn auch darin, dass das „Vernichtungsedikt" von Haman verfasst wird.

Dieses Bild wird noch durch eine weitere Dimension ergänzt, die unmittelbar relevant für die Frage nach politischer Theologie ist: Haman wird von seinem Umfeld darauf aufmerksam gemacht, dass er in seinem Kampf gegen Mordechai zugleich gegen einen „lebendigen Gott" (θεὸς ζῶν 6,13) stehe. EstLXX vermittelt damit den Gesamteindruck, dass Haman mit seinen Plänen nicht nur seinen jüdischen Gegnern gegenübertritt, sondern einer Koalition aus diesen, dem König und einer göttlichen Macht. Diese Vorstellung wird im zweiten Edikt noch weiter entfaltet: Die jüdischen Untertanen seien „Kinder des höchsten, größten, lebendigen Gottes" (ὄντας δὲ υἱοὺς τοῦ ὑψίστου μεγίστου ζῶντος θεοῦ E,16). „[D]er über alle Dinge gebietende Gott" (ὁ τὰ πάντα δυναστεύων θεὸς E,21; vgl. ὁ τὰ πάντα ἐπικρατῶν θεός, „der alles beherrschende Gott" E,18) stehe fest an der Seite seines „erwählten Geschlechts" (τοῦ ἐκλεκτοῦ γένους E,21) und sorge dementsprechend für die Bestrafung Hamans und seiner Familie (E,18). Diese Aussagen, die nicht-jüdischen Figuren in EstLXX in den Mund gelegt bzw. zugeschrieben werden, werden nicht ausdrücklich auf den Gott Israels bezogen. Dieser Bezug liegt jedoch mehr als nahe für jüdische Leser/-innen, die Gottes Rolle in der gesamten Erzählung verfolgen, wie wir sie noch eingehender betrachten werden. Somit stellt EstLXX in seiner Gesamtkonzeption unmissverständlich klar, dass Haman sich von Beginn an nicht nur gegen Mordechai und die jüdische Gemeinschaft stellt, sondern damit zugleich auch gegen den König und gegen Gott. Ob dieser Selbstüberhebung ist es für die Leserschaft offensichtlich, dass Hamans Bemühungen von Anfang an zum Scheitern verurteilt sind.

3.3 Mordechai

3.3.1 Mordechai als religiöse Führungsfigur

Die Darstellung Mordechais wird in EstLXX deutlich anders akzentuiert als in EstMT; seine religiöse Kompetenz und seine politische Rolle werden stärker herausgestellt. Die beiden Aspekte werden hier und auch im Zusammenhang mit den anderen griechischen und lateinischen Esther-Versionen der Übersichtlichkeit halber separat dargestellt.

Mordechais Bedeutung im religiösen Bereich zeigt sich bereits bei der Rahmung des Buches durch die Traum-Episode in A,1–11 und die Traumdeutung in F,1–10. Allein die Tatsache, dass Mordechai eine Traumvision (ἐνύπνιον A,1.4.11; F,2) erfährt, stellt ihn in eine Reihe mit Propheten und anderen wirkmächtigen

Figuren biblischer Überlieferung wie etwa Joseph und Daniel.[375] Sie bewirkt, dass Mordechai stärker als in EstMT als herausragende religiöse Persönlichkeit wahrgenommen wird, mit der Gott direkt kommuniziert. Dass Mordechais Traum tatsächlich als göttliche Botschaft verstanden werden soll, wird Mordechai später selbst explizit feststellen: „Von Gott kam dieses" (Παρὰ τοῦ θεοῦ ἐγένετο ταῦτα F,1).[376] Umgekehrt wendet sich Mordechai ebenso wie Esther selbst an seinen Gott, indem er im Rahmen eines der Situation angemessenen Rituals (vgl. 4,16 – 17) in ein Bittgebet eintritt (C,1–10). Mordechai nimmt dabei viel stärker als in EstMT eine Führungsrolle im Rahmen der jüdischen Gemeinschaft ein, richtet sich sein Gebet doch ausdrücklich nicht nur auf sein eigenes Wohlergehen, sondern auf „Israel" insgesamt (vgl. C,2.6 sowie die Verwendung der 1. Person Plural in C,8.10).[377] Die Notiz „und ganz Israel schrie mit aller Kraft" (καὶ πᾶς Ισραηλ ἐκέκραξαν ἐξ ἰσχύος αὐτῶν C,11; vgl. A,9; F,6) steht dabei deutlich hinter der ausführlichen religiösen Rede Mordechais zurück. Wie Stefan Schorch in seiner Analyse der Gebete in EstLXX herausgestellt hat, agiert Mordechai im Gegensatz zu Esther auf eigene Initiative, selbstständig und im öffentlichen Raum.[378] Er wird dargestellt als versierter Theologe, der seine Einsichten ethisch und praktisch anzuwenden vermag, wie seine Erläuterungen zur verweigerten Prosyknese zeigen (C,5 – 7).[379]

Die bedeutsame Rolle Mordechais innerhalb der jüdischen Gemeinschaft betont EstLXX auch gegen Ende der Erzählung, als er bereits in ein Regierungsamt aufgestiegen ist:

---

375 Die offensichtlichen sachlichen Parallelen werden dadurch untermauert, dass sich die Mehrzahl der Vorkommen von ἐνύπνιον in der Septuaginta in Zusammenhang mit Joseph und Daniel finden.

376 Dass diese Klarstellung von Relevanz ist, zeigen frühjüdische Texte, die zur Vorsicht bei der (Über-) Interpretation von Träumen ermahnen, so etwa Sir 31 (34),1– 7. Dort heißt es in Bezug u. a. auf ἐνύπνια: ἐὰν μὴ παρὰ ὑψίστου ἀποσταλῇ ἐν ἐπισκοπῇ, μὴ δῷς εἰς αὐτὰ τὴν καρδίαν σου, „Wenn (es) nicht vom Höchsten gesandt wurde zur Heimsuchung, sollst du diesen (Dingen) nicht dein Herz hingeben"; Übersetzung nach Eve-Marie Becker, Heinz-Josef Fabry und Michael Reitemeyer, „Sophia Sirach: Ben Sira; Das Buch Jesus Sirach," in *Septuaginta Deutsch: Das griechische Alte Testament in deutscher Übersetzung*, hrsg. v. Martin Karrer und Wolfgang Kraus (Stuttgart: Deutsche Bibelgesellschaft, 2009), 1090 – 1163.

377 Vgl. zur Bezeichnung „Israel" Kap. 3.5.

378 Vgl. Stefan Schorch, „Genderizing Piety: The Prayers of Mordecai and Esther in Comparison," in *Deuterocanonical Additions of the Old Testament Books: Selected Studies*, hrsg. v. Géza G. Xeravits und József Zsengellér, DCLS 5 (Berlin: De Gruyter, 2010), 30 – 42, 37–38. Schorch arbeitet heraus, dass Esther und Mordechai durch die unterschiedlichen Akzentsetzungen in ihren jeweiligen Gebeten einem vorgegebenen Geschlechterbild als männlicher Protagonist bzw. als weibliche Protagonistin entsprechen.

379 Vgl. Kap. 3.3.2.

ὁ δὲ Μαρδοχαῖος διεδέχετο τὸν βασιλέα Ἀρταξέρξην καὶ μέγας ἦν ἐν τῇ βασιλείᾳ καὶ δεδο-
ξασμένος ὑπὸ τῶν Ἰουδαίων· καὶ φιλούμενος διηγεῖτο τὴν ἀγωγὴν παντὶ τῷ ἔθνει αὐτοῦ.

Mordechai aber folgte König Artaxerxes im Rang und war groß im Königreich und geehrt von
den Jüdinnen und Juden; und geliebt erläuterte er seinem ganzen Volk die Lebensführung.
EstLXX 10,3

Die politische Rolle Mordechais, die sich auch in diesem Vers andeutet, wird uns
sogleich noch beschäftigen, doch ist hier zunächst von Interesse, dass er als
Führungsfigur der jüdischen Gemeinde diese im Bereich der „Lebensführung"
anleitet. Eine religiöse Konnotation des Wortes ἀγωγή legt sich auch von 2,20 her
nahe: So, wie Esther ihre Lebensführung im Palast des Königs auf Anweisung
Mordechais nicht ändert und den Geboten (προστάγματα) ihres Gottes folgt, leitet
Mordechai nun auch die gesamte jüdische Gemeinschaft zu entsprechendem
Verhalten an.[380]

Die gegenüber EstMT abweichende Gestaltung von 10,3 leitet sodann auch
sachlich zu F,1–10 über: Indem dieser Abschnitt in F,1 eingeleitet wird mit „und
Mordechai sagte" (Καὶ εἶπεν Μαρδοχαῖος), ist er offenbar als Konkretisierung der
Aussage in 10,3 zu verstehen. Die Adressatinnen und Adressaten der Rede Mordechais scheinen seine jüdischen Geschwister zu sein – eine Vorstellung, die in
EstAT und EstVL noch deutlich stärker akzentuiert ist, wie wir noch sehen werden.[381]

3.3.2 Mordechai als politische Führungsfigur

Deutlicher als in EstMT wird Mordechai in EstLXX bereits von Beginn an als
loyaler Staatsbediensteter präsentiert. Der Jude Mordechai ist demnach „ein
großer Mann, der am Hof des Königs diente" (ἄνθρωπος μέγας θεραπεύων ἐν τῇ
αὐλῇ τοῦ βασιλέως A,2), wobei „groß" (μέγας) hier im Sinne von „bedeutend"
verstanden werden kann. Gleich zweimal bewahrt Mordechai seinen König vor
einem Attentat (A,12–16; 2,21–23). Keine andere Textversion erzählt von dieser

---

380 Vgl. außerdem 2Makk 11,24; 2Tim 3,10.

381 Dorothy sieht – mit guten Gründen – in den Schlusspassagen von EstLXX und EstAT einen
Hinweis auf eine liturgische Funktion der Texte; vgl. Dorothy, *The Books of Esther*, 215–216; 298–
300; 327; 342. „The appended homilies (different in each text) point not only to their usage in the
community, but to their usage in different communities, and to a move toward eventual cano-
nization" (342). M. E. ist dies in EstAT durch die explizite Antwort der Gemeinde offensichtlicher
(EstAT 7,58); vgl. Kap. 4.3.1 und 4.5. Für EstVL bieten sich ähnliche Überlegungen an; vgl. Kap. 5.3.2
und 5.5.

doppelten Gefahr und damit auch von der doppelten Rettung, die Mordechai noch stärker an die Seite des Königs stellt.[382] Bezeichnend ist insofern gegenüber EstMT auch, dass Mordechai in A,13 in direkten Kontakt mit dem König tritt, während er in EstMT/EstLXX 2,22 Esther als Vermittlerin in Anspruch nimmt. Mordechai wird vom König mit Geschenken (δόματα) und einem Posten am Hof belohnt (A,16). Dass er diesen ausweislich A,2 bereits innehatte, erscheint auf den ersten Blick verwirrend, erklärt sich sodann aber durch die charakteristische Gestaltung des Berichts über das zweite Mordkomplott in EstLXX:

> καὶ ἐλυπήθησαν οἱ δύο εὐνοῦχοι τοῦ βασιλέως οἱ ἀρχισωματοφύλακες ὅτι προήχθη Μαρδοχαῖος, καὶ ἐζήτουν ἀποκτεῖναι Ἀρταξέρξην τὸν βασιλέα.

> Und die beiden Eunuchen des Königs, die obersten Leibwächter, waren gekränkt, weil Mordechai befördert worden war, und sie suchten König Artaxerxes zu töten.
> EstLXX 2,21

Durch die im hebräischen Text nicht vorhandene Notiz über Mordechais Beförderung[383] wird erstens die angesprochene Spannung zwischen A,2 und A,16 (vgl. 2,19) abgemildert, zweitens trägt sie weiter dazu bei, Mordechai als dem König nahestehende Person zu zeichnen: Mordechais Beförderung ist nach EstLXX explizit der Anlass für das zweite Mordkomplott gegen den König; die Episode offenbart, dass der jüdische Funktionär weit königstreuer ist als sogar zwei der wichtigsten Bediensteten des Königs, seine obersten Leibwächter.[384] Bezeichnend ist in dieser Hinsicht auch, dass hier der Titel ἀρχισωματοφύλαξ verwendet wird, der spätestens ab dem 2. Jahrhundert v. Chr. zumindest im ptolemäischen Ägypten nicht mehr nur als Funktionsbezeichnung, sondern auch als ehrenvoller Hofrangtitel in Gebrauch ist und ein besonderes Näheverhältnis zum

---

382 Da EstAT eine Verschwörung nur an der ersteren Stelle kennt, EstMT hingegen nur in Kap. 2, liegt es nahe, die Darstellung in EstLXX als Kombination zweier vorliegender Traditionen zu erklären; vgl. Serge Frolov, „Two Eunuchs, Two Conspiracies, and One Loyal Jew: The Narrative of Botched Regicide in Esther as Text- and Redaction-Critical Test Case," *VT* 52, Nr. 3 (2002). Andere Erklärungsversuche sind ebenfalls denkbar; vgl. Ingo Kottsieper, „Zusätze zu Ester" in *Das Buch Baruch. Der Brief des Jeremia. Zusätze zu Ester und Daniel*, 145 – 149. Unabhängig von Hypothesen zur Textentstehung sticht EstLXX in der vorliegenden Gestalt mit dem zweifachen Loyalitätserweis durch Mordechai in jedem Fall hervor, da EstVL und EstJos wie EstMT nur an der zweiten Stelle von solch einer Episode berichten.
383 Verschiedene Übersetzungen für den passiven Gebrauch von προάγω sind denkbar; vgl. Kristin De Troyer und Marie-Theres Wacker, „Esther" in *Septuaginta Deutsch*: „mit Vorzug behandelt"; Kahana, *Esther*, 119: „was brought (to the court)". Der Kontext legt es nahe, an eine Beförderung zu denken, die Mordechai in eine Position bringt, welche von den obersten Leibwächtern als Konkurrenz zu ihrer eigenen Stellung wahrgenommen wird.
384 Vgl. Hacham, „Bigthan and Teresh and the Reason Gentiles Hate Jews", 335.

Monarchen suggerieren soll.[385] Ein mit diesem Wortgebrauch mutmaßlich vertrautes Lesepublikum wird Mordechais Leistung besonders hoch schätzen.

Der auch in EstLXX entscheidende Punkt im Verständnis der Stellung Mordechais zum König ist die Befehlsverweigerung in der Frage der Ehrenbezeugung gegenüber Haman. So heißt es dazu:

καὶ πάντες οἱ ἐν τῇ αὐλῇ προσεκύνουν αὐτῷ· οὕτως γὰρ προσέταξεν ὁ βασιλεὺς ποιῆσαι. ὁ δὲ Μαρδοχαῖος οὐ προσεκύνει αὐτῷ.

Und alle am Hof führten vor ihm die Proskynese aus; so nämlich hatte der König zu tun befohlen. Mordechai aber führte nicht die Proskynese vor ihm aus.
EstLXX 3,2

EstLXX verwendet hier – wie auch die anderen griechischen Esther-Versionen – zur Beschreibung der von Mordechai verweigerten Handlung das Verb προσκυνέω. Dieses wird in der Septuaginta ganz überwiegend zur Wiedergabe von חוה *hišt.* gebraucht; im Falle der Esther-Überlieferungen fällt also auf, dass hier die Kombination aus חוה *hišt.* und כרע ihre Entsprechung im griechischen προσκυνέω ohne weiteren Zusatz findet.[386]

Die Frage, welche Handlung in EstLXX mit προσκυνέω bezeichnet wird und weshalb Mordechai sich ihr verweigert, verbindet sich mit der Frage nach den Konnotationen des Begriffs in der griechischen Welt.[387] Wörtlich ist unter προσκυνέω als „Proskynese" zunächst das Zuwerfen eines Kusses zu verstehen. Es handelt sich dem Wortsinne nach also nicht um ein tatsächliches, mit κυνέω oder φιλέω zu bezeichnendes und eine Berührung implizierendes Küssen. Diese Un-

---

385 Vgl. Wolfgang Orth, „Seleukidische Hoftitel und politische Strukturen im Spiegel der Septuaginta-Überlieferung" in *Septuaginta Deutsch Erläuterungen und Kommentare*, 67. Kahana vermutet, dass sich in der Wahl des Ausdrucks ἀρχισωματοφύλαξ gar eine exegetisierende Übersetzung des hebräischen שֹׁמֵר הַסַּף zeigt (anstelle von ὁ φυλάσσων τὸν σταθμόν oder verwandten Ausdrücken), die den hohen Rang der beiden Eunuchen hervorheben soll; vgl. Kahana, *Esther*, 120. Dazu ist allerdings anzumerken, dass שֹׁמֵר הַסַּף in der Hebräischen Bibel üblicherweise einen Wächter im Jerusalemer Tempel bezeichnet; vgl. F. García López, „שָׁמַר," *ThWAT* 8, 289. Einem Übersetzer könnte daher der typische Septuaginta-Sprachgebrauch im vorliegenden Kontext unangemessen erschienen sein. Gleichwohl hätte sicherlich auch σωματοφύλαξ zur Verfügung gestanden (vgl. 1Esdr 3,4; 3Makk 2,23; Jdt 12,7); der höhere Rangtitel transportiert also vermutlich tatsächlich die subtile Botschaft, dass die Eunuchen dem König in ihrer Tätigkeit oder in ihrem Rang ganz besonders nahe sind.
386 Ein ähnliches Phänomen findet sich in JesLXX 44,15.17, wo προσκυνέω als Entsprechung zu חוה *hišt.* in Kombination mit סגד erscheint.
387 Die m. W. nach wie vor ausführlichste Studie zum Wortgebrauch und zur Semantik von προσκυνέω bzw. προσκύνησις ist Johannes Horst, *Proskynein: Zur Anbetung im Urchristentum nach ihrer religionsgeschichtlichen Eigenart*, NTF 3/2 (Gütersloh: Bertelsmann, 1932).

terscheidung wird auch im Wortgebrauch der Quellen bisweilen deutlich sicht-
bar.[388] Insofern überrascht es nicht, dass griechische Autoren προσκυνέω zur
Beschreibung insbesondere persischer Grußgesten verwenden, denn bildliche
Darstellungen des achämenidischen Hofzeremoniells lassen darauf schließen,
dass tatsächlich ein angedeuteter oder zugeworfener Kuss zur Begrüßung des
Großkönigs üblich gewesen ist, oft verbunden mit einer leichten Verbeugung.[389]
Gleichwohl wird in verschiedenen Quellen impliziert, dass mit dem „Zuküssen"
als Gruß-, Huldigungs-, oder Unterwerfungsgestus vor dem Herrscher oder einer
anderen sozial höherstehenden Person[390] eine weitergehende Körperbewegung
verbunden gewesen ist oder verbunden sein konnte.[391]

Die Quellen lassen hier allerdings kein einheitliches Bild erkennen. Sie
sprechen teils von einem Niederfallen, wenn etwa nach Herodot die weitestge-
hende Form der Proskynese bei den Persern ein Niederfallen (προσπίπτων προ-
σκυνέει τὸν ἕτερον Hdt. 1,134; vgl. 7,136) beinhaltet.[392] Teils ist jedoch auch von
verschiedenen Arten der Verbeugung die Rede; so bringt Herodot mit den Ägyp-
tern eine Art der Proskynese in Verbindung, bei der die Hände bis zu den Knien
gesenkt werden (προσκυνέουσι κατιέντες μέχρι τοῦ γούνατος τὴν χεῖρα
Hdt. 2,80). In der bei Aelian und Plutarch überlieferten Anekdote über die List des
Ismenias wiederum, der die übliche Begrüßung des Perserkönigs vermeiden
möchte, wird impliziert, dass die Ausführung der Proskynese mit einem Niederbeugen (ἐπικύπτω Ail. Var. 1,21; κύπτω Plut. Art. 22,8), verwechselt werden
konnte, das hier dem Aufheben des Rings dient. In den meisten Fällen jedoch
erfolgt keine Qualifizierung von προσκυνέω. So lässt sich mit Hugh Bowden re-
sümieren: „It is clear that the word was not used consistently to describe a single
specific gesture or action."[393] Da nun aber προσκύνησις im klassischen Grie-

---

388 Vgl. Arr. An. 4,11,3; Hdt. 1,134.

389 Vgl. die Darstellungen bei Amélie Kuhrt, „The Achaemenid Persian Empire (c. 550–c. 330
BCE)" in Empires, 536–537, fig. 11.29; fig. 11.30.

390 Dass die Proskynese nicht nur dem Großkönig, sondern auch anderen Personen zugestan-
den wurde, belegt u. a. Hdt. 1,134; Xen. An. 1,6,10.

391 Vgl. Briant, From Cyrus to Alexander, 222–223 (mit Quellenbelegen). Dementsprechend
formuliert Amélie Kuhrt, „The Achaemenid Persian Empire (c. 550–c. 330 BCE)" in Empires, 539,
Anm. 2: „Depending on the rank of the person being received [by the king], the gesture preceding
this [ceremonial kiss] varied" [Hervorhebung i. Orig.].

392 Eine ähnliche Angabe findet sich bei Platon unter dem Stichwort προκύλισις (προκυλίσεις
ἅμα καὶ προσκυνήσεις Plat. Nom. 887e) sowie bei Isokrates in der Verbindung von προσκυνέω und
προκαλινδέομαι (Isokr. Paneg. 151).

393 Hugh Bowden, „On Kissing and Making Up: Court Protocol and Historiography in Alexander
the Great's 'Experiment with Proskynesis'," BICS 56, Nr. 2 (2013), 59. Eine andere Ansicht vertritt
Gregor Ahn, der davon ausgeht, dass mit der Ehrerbietung vor dem Großkönig stets ein Nieder-

chenland in aller Regel für den Auftritt vor einem Götterbild bzw. allgemein im kultischen Kontext vorgesehen war,[394] lag es nahe, die im Perserreich übliche Proskynese mit der Verehrung eines Gottes zu verwechseln.[395] Dementsprechend vernichtend fallen die Urteile vieler griechischer Autoren über die bei den Persern beobachtete Praxis aus, die vielfach als Symbol der Unfreiheit und Sklaverei gedeutet wurde.[396] Vor diesem Hintergrund sind auch die Überlieferungen zu Alexanders Forderungen nach Ehrung durch Proskynese und die Konflikte darum zu verstehen.[397]

In diesen Zusammenhang lässt sich nun Mordechais Ablehnung der Proskynese in EstLXX (und in den anderen griechischen und lateinischen Esther-Überlieferungen) einordnen.[398] Im Gebet wird Mordechai sein Verhalten folgendermaßen erläutern:

----

fallen verbunden gewesen sein müsse: Gregor Ahn, *Religiöse Herrscherlegitimation im achämenidischen Iran: Die Voraussetzungen und die Struktur ihrer Argumentation*, Acta Iranica Troisième Série Textes et Mémoires 31/17 (Leiden: Brill; Leuven: Peeters, 1992), 183 – 184. Angesichts des oben Ausgeführten und der genannten Quellenbelege erscheint mir dies zumindest unsicher.

394 Dies konnte nach Xen. An. 3,2,9 so weit gehen, dass προσκύνησις als Reaktion auf ein Niesen ausgeführt wurde, das man mit dem Wirken von Göttern in Verbindung brachte; vgl. Bowden, „On Kissing and Making Up", 60 – 61.

395 Vgl. z. B. Isokr. Paneg. 151; Plut. Them. 27. Vgl. Briant, *From Cyrus to Alexander*, 223: „[C]ontrary to what the Greeks deduced from it, the rite [of proskynesis] did not imply that the king was considered a god." Nach achämenidischem Selbstverständnis nimmt der Großkönig zwar eine herausragende Stellung unter seinen Mitmenschen ein, ist aber deutlich von der Gottheit zu unterscheiden; vgl. dazu ausführlich Ahn, *Religiöse Herrscherlegitimation im achämenidischen Iran*, 180 – 227.

396 Vgl. Xen. An. 3,2,13 sowie Herodots Bericht über die die spartanische Gesandtschaft am Hof des Xerxes (Hdt. 7,136).

397 Arr. An. 4,10,5 – 12,2; Curt. 8,5,5 – 22 sowie Arr. An. 4,12,3 – 6; Plut. Alex. 54; vgl. Hans-Ulrich Wiemer, *Alexander der Große*, 2. Aufl. (München: Beck, 2015), 140 – 143. Vgl. demgegenüber allerdings Bowden, „On Kissing and Making Up", wo die Überlieferungen über eine von Alexander angeblich geforderte Proskynese als Produkt von Debatten in römischer Zeit erklärt werden. Eine ausführliche, in ihren Schlussfolgerungen sehr vorsichtige Diskussion der Quellen bietet bereits John P. V. D. Balsdon, „The 'Divinity' of Alexander," *Hist.* 1, Nr. 3 (1950), 374 – 382. Balsdon hält u. a. fest: „It may be, indeed, that modern historians have greatly exaggerated the importance of the whole matter" (382). Wie problematisch die kultisch konnotierte Ehrung eines Menschen mittels Proskynese auch im römischen Kontext empfunden werden konnte, deutet z. B. Philo in seiner *Legatio ad Gaium* an. Er verurteilt den angeblich durch einige Verehrer Caligulas in Italien eingeführten „barbarischen Brauch" (τὸ βαρβαρικὸν ἔθος Phil. Leg. 116) bezeichnenderweise als Perversion der römischen Freiheit und verteidigt damit die jüdische Ablehnung desselben; vgl. Phil. Leg. 114 – 118. Vgl. zur Einordnung von Philos Darstellung in den Kontext anderer Quellen Anthony A. Barrett, *Caligula: The Corruption of Power* (London: Batsford, 1989), 150 – 151.

398 Auf diese Kontextualisierung zielt der Beitrag Beate Ego, „Mordechais Verweigerung der Proskynese vor Haman im Kontext der religiösen Vorstellungswelt des Esterbuches," in *Die*

σὺ πάντα γινώσκεις· σὺ οἶδας, κύριε, ὅτι οὐκ ἐν ὕβρει οὐδὲ ἐν ὑπερηφανίᾳ οὐδὲ ἐν φιλοδοξίᾳ
ἐποίησα τοῦτο, τὸ μὴ προσκυνεῖν τὸν ὑπερήφανον Αμαν, (6) ὅτι ηὐδόκουν φιλεῖν πέλματα
ποδῶν αὐτοῦ πρὸς σωτηρίαν Ισραηλ· (7) ἀλλὰ ἐποίησα τοῦτο ἵνα μὴ θῶ δόξαν ἀνθρώπου
ὑπεράνω δόξης θεοῦ, καὶ οὐ προσκυνήσω οὐδένα πλὴν σοῦ τοῦ κυρίου μου καὶ οὐ ποιήσω
αὐτὰ ἐν ὑπερηφανίᾳ.

Du erkennst alles; du weißt, Herr, dass ich dies nicht getan habe aus Anmaßung oder Stolz
oder Ruhmsucht, (nämlich) die Proskynese nicht auszuführen vor dem überheblichen Haman, (6) denn ich hätte gern seine Fußsohlen geküsst zur Rettung Israels; (7) aber ich habe
dies getan, um nicht die Ehre eines Menschen über die Ehre Gottes zu stellen, und ich werde
vor niemandem die Proskynese ausführen als vor dir, meinem Herrn, und ich werde dies
nicht aus Stolz tun.
EstLXX C,5–7

Deutlich ist also, dass sich Mordechai gerade *nicht* mit seiner eigenen sozialen
Stellung rechtfertigt, die ihm – wie einem stolzen Griechen – die Proskynese
unmöglich machen würde, sondern dass es ihm ausschließlich um die Wahrung
der Ehre Gottes geht. Dass er diese durch die Proskynese gefährdet sieht, belegt,
dass die geforderte Handlung für ihn bzw. nach der in EstLXX kommunizierten
Vorstellung eine kultische Ehrung impliziert. Dabei wird zugleich deutlich, dass
das „profane", mit φιλέω ausgedrückte Küssen der Fußsohlen von προσκυνέω
unterschieden wird und offenbar unter den gegebenen Umständen akzeptabel
wäre.[399] Auch ein Niederwerfen an sich scheint nach EstLXX nicht problematisch
zu sein, wird sich Esther doch später – wie in EstMT – dem König zu Füßen werfen
(προσέπεσεν πρὸς τοὺς πόδας αὐτοῦ 8,3), was nicht weiter kommentiert wird und
keinen Konflikt hervorruft. Die theologische und sodann auch praktische
Schwierigkeit ergibt sich demnach ausschließlich aus der mit προσκυνέω beschriebenen Handlung, wobei die Art der dazugehörigen Bewegungen oder Äu-
ßerungen auch in EstLXX weitgehend im Dunkeln bleibt. Dass der Text damit nur
eine von mehreren möglichen frühjüdischen Sichtweisen auf die Proskynese
vertritt, belegt beispielsweise ein Blick in die Judith-Erzählung: Hier wird – mit
impliziter Zustimmung – davon berichtet, dass sich die gottesfürchtige Heldin der
Geschichte durchaus vor Holofernes, dem Feind Israels, niederwirft und die
Proskynese ausführt, um letztlich die Gefahr für ihr Volk abwenden zu können
(πεσοῦσα ἐπὶ πρόσωπον προσεκύνησεν αὐτῷ Jdt 10,23).[400]

Septuaginta – Texte, Theologien, Einflüsse: 2. Internationale Fachtagung veranstaltet von Sept-
uaginta Deutsch (LXX.D), Wuppertal 23.–27.7.2008, hrsg. v. Wolfgang Kraus und Martin Meiser,
WUNT 252 (Tübingen: Mohr Siebeck, 2010), 506–522.
399 Vgl. zur Tradition des Fußkusses Horst, *Proskynein,* 55–58.
400 Später wird sich Achior in ähnlicher Weise vor Judith gebärden (προσέπεσεν τοῖς ποσὶν
Ιουδιθ καὶ προσεκύνησεν τῷ προσώπῳ αὐτῆς Jdt 14,7). προσκυνέω bezeichnet ansonsten auch in

Mit seiner Weigerung und der späteren Erläuterung legt Mordechai also nach EstLXX ein politisch-theologisches Bekenntnis ab: Seine eigene Karriere am Hof und die Einordnung in die politisch-soziale Hierarchie sind nicht nur akzeptabel, sondern durchaus erwünscht und erstrebenswert, finden ihre Grenze jedoch dort, wo Mordechai die Ehre seines Gottes durch die geforderte Proskynese vor einem Menschen berührt sieht. Trotz seiner mehrfach bewiesenen Loyalität zum Herrscher muss er dessen Befehl verweigern, da er Gott noch höhere Autorität und Legitimität zuschreibt.[401]

Auf diese Weise wird nun also mit der Illustration des Proskynese-Problems ein (breiter) Rahmen abgesteckt, innerhalb dessen Mordechai seine politische Karriere durchaus auch gegen Widerstände weiterverfolgt. Wie oben gezeigt, wird in EstLXX durch Mordechais frühen Aufstieg und seinen zweifachen Loyalitäts-erweis die Nähe des jüdischen Bediensteten zum König stärker akzentuiert als in EstMT. Dies lässt sich als Kehrseite der Tendenz verstehen, die in Bezug auf Haman beobachtet werden konnte: Im selben Maße, wie Haman (wie auch einige Eunuchen) von Anfang an als nur scheinbar ehrenhafter Königsfreund, in Wahrheit aber verschlagener Feind des Artaxerxes dargestellt wird, wird Mordechai als loyaler Unterstützer des königlichen Regimes porträtiert. Der König selbst erkennt dies in der Ehrungs-Szene in Kap. 6 an, zudem wird das zweite Edikt Mordechai ausdrücklich als Retter (σωτήρ) und Wohltäter (εὐεργέτης) des Arta-xerxes im ganzen Reich bekannt machen (E,13). Diese geradezu überschwängli-che Würdigung des jüdischen Emporkömmlings mag zunächst befremdlich auf hellenistische Leser/-innen gewirkt haben, tritt doch ein hellenistischer König in aller Regel als Wohltäter gegenüber seinen Untertanen auf (so auch in EstLXX

Jdt die Tätigkeit der (rechten) Gottesverehrung (5,8; 6,18; 10,9; 13,17; 16,18); Proskynese vor Göt-terbildern wird abgelehnt (8,18).

401 Mordechai scheint sich in der Proskynese-Szene sogar stärker und direkter als in EstMT gegen Artaxerxes zu stellen, indem die anderen Bediensteten des Hofes Haman in EstLXX explizit mitteilen, „dass Mordechai sich den Worten des Königs entgegenstellt" (Μαρδοχαῖον τοῖς τοῦ βασιλέως λόγοις ἀντιτασσόμενον 3,4). Wie Noah Hacham jedoch mit Recht herausgestellt hat, wird Mordechais Handeln zugleich von seinem Jüdisch-Sein entkoppelt: Während der hebräische Text Mordechais Bekenntnis, er sei Jude, mit כי an das zuvor Gesagte anschließt, fügt EstLXX den Nachsatz καί an; vgl. Hacham, „Bigthan and Teresh and the Reason Gentiles Hate Jews", 337–338. Mordechais Aussage ist zudem nicht als Antwort auf die Frage seiner Kollegen (3,4) ge-kennzeichnet, weshalb er über die Anweisung des Königs hinweghöre. In der Gestaltung der Szene wird demnach vermieden, König und jüdische Gemeinschaft in eine generelle Opposition zueinander zu bringen. Allerdings teile ich nicht Hachams Interpretation, dass die Aussage über Mordechais Befehlsverweigerung in EstLXX milder formuliert sei als in EstMT (vgl. 338). Weder kann Mordechais dargestellte Widerstandshandlung „wegerklärt", noch sollte sie als vermeint-lich unwichtiges Detail vernachlässigt werden.

E,2–3) – und nicht umgekehrt.[402] Allerdings ordnet sich die Würdigung Mordechais in EstLXX hervorragend ein in das Bild des achämenidischen Königshofes, das in der griechischen Literatur kursierte: Herodot etwa berichtet darüber, dass Untertanen und sogar Fremde für ihre Leistungen vom Perserkönig als „Wohltäter" geehrt und reich beschenkt werden konnten (Hdt. 3,140; 8,85; vgl. 5,11). Auf diese gut belegte Praxis,[403] „ein komplexes meritokratisches System",[404] das einer gebildeten hellenistischen Leserschaft aus der Literatur bekannt gewesen sein mag, scheint sich EstLXX zu beziehen. In der Ehrungs-Szene, die sich in allen Esther-Versionen findet, ist dieser Bezug bereits angelegt; er wird durch den Wortgebrauch des Edikts in EstLXX E,13 sowie an den entsprechenden Parallelstellen der griechischen und lateinischen Geschwistertexte ausgebaut.[405]

Mordechais Karriere führt nach Darstellung unserer Quelle nun gar bis zu seiner Erhebung zum engsten Mitarbeiter des Artaxerxes, also in eine ganz ähnliche Position, wie sie Haman zuvor innegehabt hatte (10,3; vgl. 8,2). Die bereits zitierte Formulierung ὁ δὲ Μαρδοχαῖος διεδέχετο τὸν βασιλέα Ἀρταξέρξην καὶ μέγας ἦν ἐν τῇ βασιλείᾳ stellt in ihrem zweiten Teil zunächst heraus, dass Mordechai nun ein bedeutender Mann nicht mehr nur am Königshof in Susa ist (vgl. A,2), sondern dass er eine hohe Stellung im gesamten Reich einnimmt. Die Interpretation des ersten Satzteils entscheidet sich an der Bedeutung von διαδέχομαι.[406] Von verschiedenen Auslegerinnen und Auslegern wird die Wendung so verstanden, dass Mordechai nun zum Nachfolger des Artaxexes auf dem Königsthron erhoben wird.[407] Dass seine Position in diesem Sinne ähnlich wie die

---

402 Vgl. Paschalis Paschidis, „ΦΙΛΟΙ and ΦΙΛΙΑ between Poleis and Kings in the Hellenistic Period," in *Parole in Movimento: Linguaggio politico e lessico storiografico nel mondo ellenistico*, hrsg. v. Manuela Mari und John Thornton, Studi Ellenistici 27 (Pisa: Serra, 2013), 283–298, 298: „[T]he benefactor is by definition of a higher order than the beneficiary". Die bereits in klassischer Zeit entwickelten Sprachformen des Euergetismus waren also hervorragend geeignet, um die Hierarchie zwischen hellenistischem König und Polis zum Ausdruck zu bringen; vgl. zum Hintergrund Marc Domingo Gygax, *Benefaction and Rewards in the Ancient Greek City: The Origins of Euergetism* (Cambridge: Cambridge University Press, 2016) sowie als Überblick zur hellenistischen Praxis Kotsidu, *TIMH KAI ΔΟΞΑ*, 13–16 (mit Literatur).
403 Vgl. Briant, *From Cyrus to Alexander*, 303–323.
404 Maria Brosius, „*Pax Persica*: Königliche Ideologie und Kriegführung im Achämenidenreich," in *Krieg – Gesellschaft – Institutionen: Beiträge zu einer vergleichenden Kriegsgeschichte*, hrsg. v. Burkhard Meißner, Oliver Schmitt und Michael Sommer (Berlin: Akademie, 2005), 135–161, 144.
405 EstVL E,13 und EstJos (Ant 11,278) formulieren ganz ähnlich wie EstLXX; EstAT bezeichnet Mordechai an der entsprechenden Stelle 7,26 nicht als εὐεργέτης, sondern nur als σωτήρ, spricht jedoch in 6,3 von der „Wohltat" bzw. „guten Tat" (εὐεργέτημα) Mordechais.
406 Vgl. für die folgende Diskussion auch Cavalier, *Esther*, 87–88.
407 Vgl. Kristin De Troyer und Marie-Theres Wacker, „Esther" in *Septuaginta Deutsch*; Ingo Kottsieper, „Zusätze zu Ester" in *Das Buch Baruch. Der Brief des Jeremia. Zusätze zu Ester und*

der „Diadochen" Alexanders des Großen verstanden werden soll,[408] ist zweifelhaft, auch wenn dieser Sprachgebrauch in der Septuaginta durchaus belegt ist (vgl. 2Makk 9,23).[409] Allerdings belegen Stellen wie 2Chr 28,7; 31,12, dass das hebräische מִשְׁנֶה, das sich auch in EstMT 10,3 findet, regelmäßig auch mit διαδέχομαι bzw. διάδοχος im Sinne eines engen Assistenten oder Stellvertreters des Herrschers übersetzt werden konnte, auch wenn die Wiedergabe mit δεύτερος oder einer verwandten Form gängiger ist.[410] Im Rahmen des hellenistischen Fachvokabulars für den politisch-administrativen Bereich ist es jedenfalls üblich, mit διαδέχομαι/διάδοχος auf den Vertreter oder höchsten Repräsentanten des Monarchen zu verweisen, nur selten auf den (im Voraus bestimmten) Nachfolger.[411] Ein solches Verständnis von EstLXX 10,3 würde die Erzählung wohl in jedem Fall glaubwürdiger bzw. nachvollziehbarer erscheinen lassen für eine jüdisch-hellenistische Leserschaft, die sich Männer aus ihren Reihen sicher als enge Mitarbeiter nicht-jüdischer Könige vorstellen können, nicht aber als tatsächliche Herrscher über ein – achämenidisches oder hellenistisches – Weltreich. Somit wird es bereits für die ersten Rezipientinnen und Rezipienten des Textes nahegelegen haben, die Stelle in diesem Sinne zu verstehen.

In der Gesamtbetrachtung ergibt sich, dass Mordechai in EstLXX nicht nur durch die „Zusätze" A, C, E und F, sondern auch durch viele andere Akzentsetzungen als eminent wichtige und zugleich einflussreiche Persönlichkeit porträtiert wird. Seine Doppelrolle als religiöse und politische Führungsfigur wird auch in De Troyers Beurteilung deutlich, die vor allem auf der Darstellung in EstLXX 8,15 basiert: „Mordecai is clearly presented as a high-priestly figure in line with the like of Jonathan or Simon. The portrayal in verse 15 is strongly reminiscent of the images of the high priests found in 1 Maccabees."[412] Diese Charakterisierung ist besonders wichtig in Hinblick auf seine Rolle im politisch-theologischen Konzept von EstLXX, denn durch die Explikation der Rolle Gottes in dieser Version der Esther-Erzählung wird die Frage entscheidend, in welchem Verhältnis Macht

---

Daniel, 119 [Kottsieper bezieht sich irrtümlich auf 9,3 statt auf 10,3]; Spilsbury und Seeman, *Judean Antiquities 11*, 57; Boyd-Taylor, „Esther's Great Adventure", 108, Anm. 65.

408 Vgl. zum Hintergrund der „Diadochen"-Terminologie Johannes Heinrichs, „Antiochos III. and Ptolemy, Son of Thraseas, on Private Villages in Syria Koile around 200 BC: The Hefzibah Dossier," *ZPE* 206 (2018), 307–308.

409 Alexanders eigene Übernahme der Herrschaft über das Perserreich von Dareios III. wird in 1Makk 1,1 beschrieben mit ἐβασίλευσεν ἀντ' αὐτοῦ.

410 Vgl. Kahana, *Esther*, 437.

411 Vgl. Friedrich Preisigke, *Fachwörter des öffentlichen Verwaltungsdienstes Ägyptens in den griechischen Papyrusurkunden der ptolomäisch-römischen Zeit* (Göttingen: Vandenhoeck & Ruprecht, 1915), s. v.

412 De Troyer, *The End of the Alpha Text of Esther*, 276; vgl. 256–259.

und Handeln des Gottes Israels zu den Bemühungen menschlicher Figuren stehen. Durch seine Kommunikation mit der Gottheit in Gebet und Traumvision ist Mordechai hier neben Esther als wichtigste Schlüsselfigur zu verstehen.

3.4 Esther

Zur Figur der Esther in EstLXX lässt sich an dieser Stelle auf bereits vorliegende Forschungsarbeiten zurückgreifen. So schreibt Linda Day in ihrer gehaltvollen Analyse über die Darstellung Esthers als machtvolle Akteurin:

> In the B text [sc. EstLXX], Esther's authority is more limited than in the other two narratives [sc. EstMT und EstAT] throughout the bulk of the story. She exhibits control and command at certain times and within certain areas, but her power is not as pronounced.[413]

Zudem sei die Figur durch stärkere Passivität im Vergleich mit der Darstellung in EstMT und EstAT gekennzeichnet.[414] Day konstatiert allerdings zugleich, dass Esther im Laufe der Erzählung eine Entwicklung vollzieht und am Ende mit größerer Autorität ausgestattet ist als zu Anfang. Wie gezeigt, ist dieser Zug auch im Masoretischen Text auszumachen,[415] wenn er sich auch teils in anderen Elementen der Figurenzeichnung manifestiert. Gegen Days Schlussfolgerungen wäre die Ansicht von Kottsieper in Stellung zu bringen, dass Esther in einigen Abschnitten im Vergleich mit EstMT gegenüber Mordechai hervorgehoben wird.[416] Er bezieht sich besonders auf Kap. 8: Obwohl Mordechai am Ende die oben besprochene Position neben dem König einnimmt, wird in einer Reihe von sprachlichen Details die Kompetenz und Autorität der Königin betont und diejenige ihres Verwandten abgeschwächt. Folgende von Kottsieper benannte Punkte sind für die Darstellung Esthers besonders aufschlussreich: Nach EstLXX 8,7 spricht der König nur zu Esther, nicht auch zu Mordechai wie in EstMT, und in EstLXX 8,9 wird Mordechai anders als in EstMT nicht explizit als Urheber des Rundschreibens genannt; am ehesten kommen Esther oder der König in Betracht (vgl. 8,7).

Auch Kottsieper sieht jedoch in anderen Abschnitten (insbesondere B, C und E) eine gegenläufige Tendenz, die Esthers Rolle eher in den Hintergrund rückt.

---

413 Day, *Three Faces of a Queen*, 171.
414 Vgl. Day, *Three Faces of a Queen*, 174–175.
415 Vgl. Kap. 2.5.
416 Vgl. Ingo Kottsieper, „Zusätze zu Ester" in *Das Buch Baruch. Der Brief des Jeremia. Zusätze zu Ester und Daniel*, 118–119.

Insofern ist seine Ansicht zur Präsentation der Figur gegen Ende der Erzählung grundsätzlich kompatibel mit Days Feststellung, dass Esther in EstLXX eine starke Entwicklung vollzieht. Eine m. E. höchst signifikante Besonderheit des Textes ist in dieser Hinsicht die Deutung des Fluss-Symbols aus A,9 auf Esther, die zur Königin wird, in F,3. Die Identifizierung nicht nur der Quelle, sondern auch des reißenden Flusses erfolgt ausschließlich in EstLXX, nicht in EstAT und EstVL.[417] Die Entwicklung des Flusses wird damit zum Symbol für Esthers Aufstieg, der wie in EstMT seinen Ausgang nimmt bei der jungen Frau, die bis zum Ende von Kap. 4 eine lediglich passive Rolle spielt. Ihre anfängliche Unterordnung unter Mordechai wird in EstLXX gegenüber EstMT deutlicher herausgestellt, indem die Waise von ihrem Cousin zur Frau erzogen bzw. genommen wird (ἐπαίδευσεν αὐτὴν ἑαυτῷ εἰς γυναῖκα 2,7).[418] Auch die dreifache Erwähnung von Esthers Vater Aminadab in EstLXX 2,7.15; 9,29 trägt dazu bei, Esther subtil als umgeben von formal ihr übergeordneten Männern darzustellen.[419]

Ihre bis zum letzten Drittel der Erzählung eher schwache Position gegenüber anderen Figuren kommt in besonderer Weise auch im Gebet (C,14–30) sowie in der Thronsaal-Szene in Abschnitt D zum Ausdruck. Im Gebet, das stark dazu beiträgt, Esther als observante Jüdin zu charakterisieren, ordnet sie sich zunächst ihrem Gott unter.[420] Bei ihm sucht sie Zuflucht in ihrer Bedrückung (κατέφυγεν ἐπὶ τὸν κύριον ἐν ἀγῶνι θανάτου C,12). Ihre Furcht vor dem widergesetzlichen Gang zum König wird damit einerseits als Anlass des Gebetes präsentiert, andererseits läuft dieses aber auch auf jene Angst zu (φόβος C,30; vgl. D,5.13). Die Betonung der Angst passt zu dem, was Schorch in seinem bereits zitierten Beitrag herausgearbeitet hat: Esther füllt eine vorgegebene weibliche Rollenerwartung

---

417 Dies erkennt auch Moore, der allerdings m. E. über das Ziel hinausschießt, wenn er Esther als „the great hero" in EstLXX insgesamt bezeichnet: Moore, *Daniel, Esther and Jeremiah, the Additions*, 181. Dies ist mit Blick auf B und E (aber auch andere Aspekte der Komposition) wenig überzeugend, wie im Folgenden zu begründen sein wird.

418 Vgl. Anm. 326. Boyd-Taylor hat darauf hingewiesen, dass sich ausgehend von EstLXX 2,7 zeigen lässt, wie EstLXX als eine dem hellenistischen Liebesroman angeglichene Erzählung gestaltet wird. Dies hat Konsequenzen für das Verständnis der Esther-Figur, die nicht nur in größerer Emotionalität gezeichnet wird, sondern sich auch über das Bemühen definiert, die Trennung von ihrem Gegenpart Mordechai zu überwinden; vgl. Boyd-Taylor, „Esther's Great Adventure". Die Betonung von Esthers Gefühlslage ist an einigen Stellen von EstLXX tatsächlich auffällig, wie in den folgenden Ausführungen deutlich werden wird.

419 In EstMT wird Esthers Vater אֲבִיחַיִל genannt, allerdings erst in 2,15 und sodann erneut in 9,29. EstVL nennt Esthers Vater in 2,15 *Abiel*, in 9,29 jedoch *Aminadab* und greift damit offenbar an der einen Stelle die in EstMT, an der anderen Stelle die in EstLXX bezeugte Tradition auf. EstAT und EstJos nennen Esthers Vater überhaupt nicht beim Namen.

420 Vgl. zur Darstellung Gottes aus der Perspektive Esthers und anderer Figuren Kap. 3.6.3.

aus, was zu einem gewissen Grade auch mit Schwäche verbunden ist: „Esther appears as a person whose actual situation is shaped by circumstances beyond her own power to a large extent, and even beyond her influence."[421]

Diese Rollenerwartung transzendiert sie zu einem gewissen Grade,[422] indem sie nach ihrem Gebet den Mut fasst, tatsächlich vor den König zu treten. Erneut betont EstLXX an dieser Stelle Esthers Schönheit, aufgrund derer sie einst vom König als neue Gattin erwählt worden war (D,5). Statt ihrer ärmlichen Gebetskleidung legt sie nun ihren „Glanz" (δόξα D,1) an, ihr Prachtgewand, das sie dem König ähnlicher erscheinen lässt (vgl. D,6; δόξα D,7.13) und sie als Königin ausweist. Gleichwohl sind nach EstLXX Esthers Schönheit sowie ihre Stellung beim König anders als in EstMT gerade *nicht* ausreichend, um ihr Vorhaben zu einem erfolgreichen Ende zu führen: Die Königin fällt zweimal in Ohnmacht (D,7.15), was ihre Schwäche hervorhebt und vielleicht auch als subtiler Hinweis auf eine Verbeugung oder einen Kniefall vor Artaxerxes gedeutet werden kann.[423] Zugleich wird damit deutlich, dass Esther selbst nicht über eine ausreichende Machtposition verfügt, um die Geschehnisse zu einem für sie guten Ende zu führen. Nur durch die Intervention Gottes wendet sich das Blatt (D,8);[424] allein (vgl. C,14.25) hätte sie gegen den Zorn und die Macht des Artaxerxes nicht bestehen können.[425]

---

421 Stefan Schorch, „Genderizing Piety" in *Deuterocanonical Additions of the Old Testament Books*, 36. Esthers Charakterisierung als emotionale, sich selbst erniedrigende und damit auch verwundbare Beterin betont auch Wills, *The Jewish Novel in the Ancient World*, 121–123. „The reader sees a hero in Mordecai but a penitent in Esther. [...] Esther's prayer scene, where her inner and true self is revealed, is a fount of emotions turning to God in vulnerability and penitence" (122). Vgl. auch Fox, *Character and Ideology in the Book of Esther*, 272: „The human Esther in the LXX is a much frailer, more stereotypically feminine creature than in the MT."
422 Vgl. Stefan Schorch, „Genderizing Piety" in *Deuterocanonical Additions of the Old Testament Books*, 40.
423 Wie oben bereits angemerkt (Kap. 3.3.2), hat Esther ausweislich 8,3 keine Hemmungen, sich vor dem König niederzuwerfen, wobei es hier nicht um προσκυνέω, sondern um προσπίπτω geht. Wie noch zu zeigen sein wird, unterscheidet sich die Darstellung in EstAT dazu in charakteristischer Weise.
424 Vgl. ausführlicher Kap. 3.6.4.
425 Fox weist stellvertretend für eine ganze Reihe von Exegetinnen und Exegeten darauf hin, dass Esther in der Ausgestaltung der Thronsaal-Szene, d. h. in ihrer Schönheit und Emotionalität, weiblichen Figuren aus hellenistischen Romanen ähnlicher und damit für ein entsprechendes Publikum attraktiver wird; vgl. Michael V. Fox, „Three Esthers," in *The Book of Esther in Modern Research*, hrsg. v. Sidnie White Crawford und Leonard J. Greenspoon, JSOTS 380 (London: T&T Clark, 2003), 50–60, 59. Fox betont außerdem den besonderen Zug, den Esthers Charakter vor allem in den Abschnitten C und D erhält: „The Esther of the LXX, particularly as her character emerges in Additions C and D, is more pious and less independent than the Esther of the MT" (59–60).

Aaron Koller ist der Ansicht, „that this scene violates the narrative's integrity and undermines Esther's heroism."[426] Blicken wir allerdings auf die Gesamtkonzeption von EstLXX, so ist es offenbar gar nicht die Absicht der Erzählung, Esther als Heldin darzustellen, die wie in EstMT jede noch so schwierige Aufgabe ohne fremde Hilfe bewältigt, wenn sie sich nur dazu entschließt. Wie oben beschrieben, ist Esther zwar auch für EstLXX eine entscheidende, in gewisser Hinsicht macht- und einflussreiche Persönlichkeit, doch ist sie zugleich angewiesen auf Unterstützung durch andere Akteure, mindestens jedoch durch ihren Gott.

So lässt sich nun auch die oben diskutierte charakterliche Entwicklung der Esther-Figur angemessen einordnen: Dass Esther die Thronsaal-Szene überlebt und sodann bei ihren selbst organisierten Festveranstaltungen (5,5 – 8; 7,1 – 8) den Verlauf der Geschehnisse aktiv vorgeben kann, setzt nach EstLXX göttliche Intervention an der alles entscheidenden Stelle voraus. Es wird daher wichtig sein, den politisch-theologischen Kontext dieses Eingreifens in EstLXX weiter zu erhellen. Bevor der Blick jedoch auf die Rolle Gottes gelenkt werden kann, ist noch auf das Bild der jüdischen Gemeinschaft im vorliegenden Quellentext einzugehen.

3.5 Die jüdische Gemeinschaft

Auf die jüdische Gemeinschaft wird in EstLXX mit zwei verschiedenen Begriffen verwiesen: οἱ Ἰουδαῖοι und Ισραηλ.[427] Die erstere Bezeichnung entspricht הַיְּהוּדִים in EstMT, letztere begegnet ausschließlich in den „Zusätzen" C und F (C,2.6.11.14.16; F,6.10), dort teils auch mit allgemeinerer Bedeutung ohne direkten Bezug auf eine konkrete Gruppe. Dies ist mit Sicherheit ein Hinweis auf Kompositions- und Redaktionsprozesse,[428] im Kontext der Endgestalt von EstLXX sind allerdings beide Bezeichnungen für die Gemeinschaft, der sich Esther und Mordechai zugehörig fühlen, sachlich miteinander verknüpft.[429]

---

426 Koller, *Esther in Ancient Jewish Thought*, 119.

427 Der Singular Ἰουδαῖος wird ausschließlich zur Identifizierung Mordechais gebraucht. Zu ἔθνος und λαός vgl. Anm. 357.

428 Vgl. Solomon Zeitlin, „Introduction" in *The Book of Judith*, 18.

429 Die Frage, ob sachgemäß eher von einer jüdischen oder von einer judäischen Gemeinschaft zu sprechen ist, hatte sich bereits im Zusammenhang mit EstMT gestellt; vgl. die Bemerkungen dazu in Anm. 276. Die aktuelle Debatte zu diesem Problem fokussiert sich vor allem auf das Verständnis des griechischen Ἰουδαῖος; vgl. zur Diskussion die Beiträge in Timothy M. Law und Charles Halton, Hrsg., *Jew and Judean: A MARGINALIA Forum on Politics and Historiography in the Translation of Ancient Texts* (o. O., 2014); Online-Publikation unter http://marginalia.lareviewofbo oks.org/jew-judean-forum. In der vorliegenden Arbeit wird – wie in der jüngeren Debatte des Öfteren empfohlen – ein pragmatischer Ansatz gewählt: Es ist anzunehmen, dass im Laufe jener

In EstLXX lässt sich grundsätzlich eine Tendenz erkennen, die jüdische Gemeinschaft als weniger passiv darzustellen als in EstMT. Fox kommt gar zu der weitreichenden Aussage: „The true human heroes in LXX-Esther are the people of Israel, for in the cosmic drama it was their outcry that turned the tide against the dragon of wickedness (A 9)."[430] Er verweist dabei auf das in C,11 erwähnte Gebet der Gemeinde und führt weiter aus: „Salvation rests on faith, the faith of the Jewish people as a whole,"[431] die Protagonisten Esther und Mordechai treten seines Erachtens dahinter zurück. Doch abgesehen davon, dass in unserem Text nirgends von einem „dragon of wickedness" die Rede ist – die beiden in A,5 erwähnten Drachen werden in F,4 mit Mordechai und Haman identifiziert und sonst nicht mehr erwähnt –, konzentriert sich Fox m. E. zu stark auf die Aussagen in den Abschnitten A und F. Zudem kommt bei ihm das Verhältnis der Gemeinde zu Esther und Mordechai kaum in den Blick: Wie oben gezeigt, agiert Mordechai in vielerlei Hinsicht als Führungsfigur innerhalb der jüdischen Gemeinschaft, mindestens jedoch als herausragende religiöse Persönlichkeit. Die kurze Notiz über die Aktivität „Israels" in C,11 steht zwischen den beiden ausführlichen Gebeten der beiden Hauptpersonen, und auch die Handlungen der jüdischen Reichsbevölkerung in Kap. 9 werden ganz ähnlich wie in EstMT durch Esther und Mordechai vorbereitet und angeleitet.[432]

Was sich allerdings feststellen lässt, ist eine insbesondere in A und F hervortretende tendenzielle Dichotomie zwischen „Israel" und den „Völkern". Zwischen beiden Größen droht ein Krieg (A,6),[433] wobei „Israel" offenbar mit dem „Volk der Gerechten" (δικαίων ἔθνος A,6), dem „ganzen gerechten Volk" (δίκαιον πᾶν ἔθνος A,8) und dem „Volk Gottes" (λαὸς τοῦ θεοῦ F,7; vgl. F,6.9) zu identifi-

---

Zeit, in der die Entstehung, Redaktion und früheste Überlieferung der hier diskutierten griechischen Esther-Erzählungen vermutet werden kann, Ἰουδαῖος zunehmend stärker die Zugehörigkeit zu einer Gruppe markieren konnte, die nicht mehr vorrangig über ihre Verbindung zum Territorium „Juda" bzw. „Judäa" verstanden wurde. Mit dem Ziel, dabei auch den Vergleich der Esther-Versionen zu erleichtern, wird Ἰουδαῖος daher hier in allen drei griechischen Quellentexten in aller Regel mit „jüdisch" übersetzt, Ἰουδαῖοι dementsprechend als „Jüdinnen und Juden". Die Problematik sollte gleichwohl nicht ausgeblendet werden und kommt bisweilen dort besonders in den Blick, wo die Gemeinde Esthers und Mordechais mit historischen Ereignissen in Juda in Verbindung gebracht wird; vgl. in diesem Zusammenhang auch Anm. 902 zur lateinischen Bezeichnung *iudaeus*.

430 Fox, *Character and Ideology in the Book of Esther*, 272.
431 Fox, *Character and Ideology in the Book of Esther*, 272.
432 Wie noch zu zeigen sein wird, würde Fox' Urteil über die jüdische Gemeinschaft als „the true human heroes" deutlich besser auf die Darstellung in EstVL passen; vgl. Kap. 5.5.
433 Vgl. Koller, *Esther in Ancient Jewish Thought*, 177: „The interpretation of the dream also shifts the battle lines to ‚the Jews against the Gentiles'."

zieren ist. Der Ausgang des Kampfes wird durch Gott bestimmt (F,5–9), der Gericht über alle Menschen hält und bei der Zuteilung der Schicksals-Lose streng zwischen seinem Volk und dem Rest der Menschheit unterscheidet. Damit rückt nun auch Gottes Verhältnis zum Volk Israel bzw. zur jüdischen Gemeinschaft in den Mittelpunkt: Israel wird als auserwähltes Volk verstanden, das immer wieder zum Objekt von Gottes rettendem Handeln wird. Der erstgenannte Aspekt wird außer in der Traumdeutung verdeutlicht in C,8.9.10.16.20 wie auch in der Wendung „Gott Israels" (C,14) und „Gott Abrahams" (C,8.29); das Rettungshandeln wird betont in C,2; C,22–25; F,6.9. Theologisch konsequent wird in Esthers Gebet auch die komplementäre Idee der göttlichen Strafe über Israel zum Ausdruck gebracht (C,17).[434]

Von einer starken Differenz zwischen jüdischer Gemeinschaft und den „Völkern" zeugen in EstLXX jedoch nicht nur die Redestücke der jüdischen Figuren, sondern auch die Anschuldigungen Hamans und sodann insbesondere des ersten Edikts. Dass sich die Gesetze und Lebensweise der jüdischen Bevölkerung von *allen* anderen Bevölkerungsgruppen unterscheiden (מִכָּל־עָם EstMT 3,8; παρὰ πάντα τὰ ἔθνη EstLXX 3,8), wird hier nochmals hervorgehoben und ausgeführt (B,4–5). In der Darstellung von EstLXX stehen sich demnach zwei Gruppen gegenüber, deren Vertreter/-innen jeweils selbst davon ausgehen, dass sie einen üblen, gefährlichen Feind vor sich haben, mit dem ein Kampf buchstäblich auf Leben und Tod zu führen ist.[435]

Diese in EstLXX vorausgesetzte und literarisch ausgeschmückte Feindschaft zwischen jüdischer und nicht-jüdischer Bevölkerung relativiert sich im Verlaufe der Erzählung dadurch, dass sich die beiden Größen nicht starr gegenüberstehen, sondern veränderbar sind. Dass es nach EstLXX für nicht-jüdische Menschen die Möglichkeit gibt, nicht nur in Frieden mit der jüdischen Gemeinschaft zu leben oder diese von außen zu unterstützen (E,20; 9,3), sondern sogar einen scheinbaren oder tatsächlichen Übertritt zu vollziehen, verdeutlicht ähnlich wie in EstMT die Notiz in 8,17. EstLXX expliziert allerdings, dass die Beschneidung hierbei das entscheidende Kriterium ist (καὶ πολλοὶ τῶν ἐθνῶν περιετέμοντο, καὶ

---

434 Vgl. zu den aufgeführten theologischen Motiven ausführlicher Kap. 3.6.3. Vgl. zur Signifikanz der Gebete für die Gegenüberstellung Israel–Völker Esther Menn, „Prayer of the Queen: Esther's Religious Self in the Septuagint," in *Religion and the Self in Antiquity*, hrsg. v. David Brakke, Michael L. Satlow und Steven Weitzman (Bloomington: Indiana University Press, 2005), 70–90, 86–87.
435 Vgl. Bickerman, „The Colophon of the Greek Book of Esther", 360: „Lysimachus [sc. der Übersetzer bzw. Bearbeiter von EstLXX] made of the Greek Esther a document stressing the mutual hatred between the Jews and the Gentiles." Vgl. die Beobachtung bei Eckhardt, *Ethnos und Herrschaft*, 109, dass EstLXX damit in die Nähe der hasmonäischen Rhetorik in 1Makk rückt.

ἰουδαίζον διὰ τὸν φόβον τῶν Ἰουδαίων). Zugehörigkeit ist damit für jeden Einzelnen nicht fest vorgegeben, sondern kann in einem gewissen Maße gewählt und gewechselt, mindestens aber verschleiert bzw. vorgespiegelt werden.[436]

Für die Frage des Verhältnisses zwischen jüdischer Gemeinschaft und nicht-jüdischer Umwelt sind noch weitere Besonderheiten des Textes relevant, die Noah Hacham ausführlich dargestellt hat.[437] Hacham demonstriert, wie die jüdische Bevölkerung in EstLXX, vergleicht man den Text mit EstMT, noch stärker mit dem König gegen gemeinsame Feinde verbunden wird und dabei in der „Vergeltungs-Episode" in Kap. 9 tendenziell weniger Blut vergießt als in EstMT.[438] Dies zeigt sich zunächst an der Zahl der im gesamten Reich getöteten Feinde (15.000 nach EstLXX 9,16; 75.000 nach EstMT 9,16), sodann etwa auch an der moderateren Gestaltung von EstLXX 8,11. Der Masoretische Text schreibt an dieser Stelle, der König habe Briefe gesandt,

אֲשֶׁר נָתַן הַמֶּלֶךְ לַיְּהוּדִים אֲשֶׁר בְּכָל־עִיר־וָעִיר לְהִקָּהֵל וְלַעֲמֹד עַל־נַפְשָׁם לְהַשְׁמִיד וְלַהֲרֹג וּלְאַבֵּד אֶת־כָּל־חֵיל
עַם וּמְדִינָה הַצָּרִים אֹתָם טַף וְנָשִׁים וּשְׁלָלָם לָבוֹז

in denen der König den Jüdinnen und Juden die Erlaubnis gab, sich in jeder einzelnen Stadt zu versammeln und für ihr Leben einzustehen, alle Streitkräfte eines Volkes oder eines Landes, die sie bedrängten, zu vernichten und zu erschlagen und zu töten, (auch) Kinder und Frauen, und ihren Besitz zu plündern.
EstMT 8,11

EstLXX formuliert deutlich maßvoller:

ὡς ἐπέταξεν αὐτοῖς χρῆσθαι τοῖς νόμοις αὐτῶν ἐν πάσῃ πόλει βοηθῆσαί τε αὐτοῖς καὶ χρῆσθαι τοῖς ἀντιδίκοις αὐτῶν καὶ τοῖς ἀντικειμένοις αὐτῶν ὡς βούλονται,

wie er ihnen anordnete, sich ihrer Gesetze zu bedienen in jeder Stadt, sich untereinander zu helfen und ihre Gegner und die sich ihnen Entgegenstellenden zu behandeln, wie sie wollten,
EstLXX 8,11

Hacham meint, bei der Komposition der weniger gewaltsamen Darstellung in EstLXX habe nur in geringem Maße moralischer Skrupel gegenüber dem Töten

436 Vgl. zur Darstellung des Verhältnisses zwischen jüdischer und nicht-jüdischer Bevölkerung in EstLXX und im Kontext jüdisch-hellenistischer Literatur auch David L. Balch, „Attitudes toward Foreigners in 2 Maccabees, Eupolemus, Esther, Aristeas, and Luke-Acts," in *The Early Church in Its Context: Essays in Honor of Everett Ferguson*, hrsg. v. Abraham J. Malherbe, Frederick W. Norris und James W. Thompson, NT.S 90 (Leiden: Brill, 1998), 22–47, insbes. 36–38.
437 Vgl. Hacham, „Bigthan and Teresh and the Reason Gentiles Hate Jews", 337–342.
438 Allerdings ist anders als in EstMT die Rede von Plünderungen (EstLXX 9,10).

von Mitmenschen eine Rolle gespielt: „In my view the problem is not ethical but political or pertaining to the image, and self image of the Jews in the foreign country."[439] M. E. lässt sich nicht ausschließen, dass beide Motive gleichermaßen relevant gewesen sind; entsprechende Überlegungen werden uns noch verstärkt im Zusammenhang mit anderen Textversionen, insbesondere mit EstVL beschäftigen.[440] Hachams Interpretation geht aber insofern in die richtige Richtung, als in der Gesamtkomposition von EstLXX vermittelt wird, dass der Antagonismus Israel–Völker keine Opposition der jüdischen Gemeinschaft gegen die konkrete politische Ordnung impliziert. Dies stellt auch das zweite Edikt klar, wenn es hier heißt:

> ἡμεῖς δὲ τοὺς ὑπὸ τοῦ τρισαλιτηρίου παραδεδομένους εἰς ἀφανισμὸν Ἰουδαίους εὑρίσκομεν οὐ κακούργους ὄντας, δικαιοτάτοις δὲ πολιτευομένους νόμοις,
>
> Wir aber finden, dass die vom dreifachen Frevler zur Vernichtung gegebenen Jüdinnen und Juden keine Übeltäter/-innen sind, sondern in politischer Hinsicht nach den gerechtesten Gesetzen leben,
>
> EstLXX E,15

Der gesamten jüdischen Gemeinschaft werden damit Attribute zuerkannt, die auch Mordechai und Esther als mustergültige, loyale Untertanen des Perserkönigs auszeichnen. Es ist durchaus möglich, in diesem Vers einen Hinweis auf die Idee einer halbautonomen Sonderstellung der jüdischen Gemeinschaft zu lesen. Dies wird noch deutlicher einige Sätze später, wenn den Jüdinnen und Juden erlaubt wird, sich ihrer eigenen Gesetze zu bedienen (χρῆσθαι τοῖς ἑαυτῶν νομίμοις E,19; vgl. 8,11). Nirgends wird allerdings angedeutet, dass diese „Sondergesetzlichkeit" der herrschaftlichen Autorität des Königs entgegenstünde – die Pointe des zweiten Edikts und des Abschlusses der Erzählung suggeriert genau das Gegenteil. Diese Konzeption wirkt auf die Entkräftung hellenistisch-römischer Judentumskritik bzw. eines hellenistisch-römischen Antijudaismus hin, wie er in EstLXX von Haman verkörpert wird und der gerade die jüdischen νόμοι als Gefahr für die staatliche Ordnung hinstellt (3,8).[441]

---

439 Hacham, „Bigthan and Teresh and the Reason Gentiles Hate Jews", 341, Anm. 53.
440 Vgl. Kap. 5.5.
441 Vgl. exemplarisch die Beratung Antiochos' VII. mit seinem Thronrat über die mögliche Vernichtung der jüdischen Bevölkerung, wiedergegeben bei Diod. 34/35,1; vgl. insgesamt Ernst Baltrusch, „Bewunderung, Duldung, Ablehnung: Das Urteil über die Juden in der griechisch-römischen Literatur," *Klio* 80, Nr. 2 (1998), 412–419. Vgl. auch die Interpretation von Hacham, EstLXX stelle eine besondere Form frühjüdischer Verteidigung gegen antijudaistische Tendenzen dar, indem deren Grund gerade darin gesehen werde, dass jüdische Gemeinschaften besonders

Das Modell der jüdischen Gemeinschaft, das von EstLXX als Idealfall dargestellt wird, wird hier nicht mit einer konkreten Bezeichnung bzw. einem *terminus
technicus* versehen. Gleichwohl lässt sich fragen, ob sich das hier entworfene Bild
in der Sache mit aus anderen Quellen bekannten, historisch verbürgten Modellen
politischer Organisation in Verbindung bringen lässt. Die gesuchte Konstellation
wäre also dadurch gekennzeichnet, dass hier (a) einer mit einer Identitätszu-
schreibung (hier: „jüdisch") gekennzeichneten Gruppe (b) Teilautonomie zuge-
standen wird, während sie jedoch (c) loyal zum Monarchen und zum gesamtstaatlichen Recht steht, wobei (d) sogar einzelne Vertreter/-innen dieser
Gemeinschaft in wichtigen Positionen an der gesamtstaatlichen Verwaltung bzw.
Politik beteiligt sind (hier: Mordechai und zum Teil auch Esther). Angesichts
dieser Kriterien lässt sich dabei vor allem an das hellenistische Phänomen des
Politeuma denken. Diese im Ptolemäerreich etablierte und nicht zuletzt durch die
Papyri aus dem jüdischen *Politeuma* in Herakleopolis[442] bekannte politische Or-
ganisationsform ist durch die o. g., aus der Darstellung von EstLXX erhobenen
Aspekte gekennzeichnet.[443]

Den aktuellen Forschungsstand zum *Politeuma* hat Patrick Sänger zusammengefasst.[444] Sänger hebt den „öffentlich-rechtlichen Charakter" der *Politeu-*

---

loyal zur herrschenden politischen Ordnung stünden; vgl. Hacham, „Bigthan and Teresh and the
Reason Gentiles Hate Jews", 348–352.
442 Die dieses *Politeuma* dokumentierenden Papyri sind gesammelt zugänglich in James M. S.
Cowey und Klaus Maresch, Hrsg., *Urkunden des Politeuma der Juden von Herakleopolis (144/3–
133/2 v. Chr.): Papyri aus den Sammlungen von Heidelberg, Köln, München und Wien*, ANRhAW
Sonderreihe Papyrologica Coloniensia 29 (Wiesbaden: Westdeutscher Verlag, 2001). Vgl. einführend auch Thomas Kruse, „Das politeuma der Juden von Herakleopolis in Ägypten," in *Die
Septuaginta – Texte, Kontexte, Lebenswelten: Internationale Fachtagung veranstaltet von Sept-
uaginta Deutsch (LXX.D), Wuppertal 20.–23. Juli 2006*, hrsg. v. Martin Karrer und Wolfgang Kraus,
WUNT 219 (Tübingen: Mohr Siebeck, 2008), 166–175.
443 Die hier vorgestellten, auf den vier genannten Sachkriterien basierenden Überlegungen
gehen über den Versuch bei Harvey, *Finding Morality in the Diaspora?*, 214–216 hinaus, das
Phänomen des Politeuma für das Verständnis von EstLXX (und EstAT) fruchtbar zu machen.
Harvey setzt ausschließlich beim Stichwort πολιτευομένους (EstLXX E,15; EstAT 7,27) an und ist
im Ergebnis – m. E. völlig zu Recht – skeptisch, ob allein die etymologische Nähe schon einen
sachlichen Zusammenhang belegen kann.
444 Vgl. Patrick Sänger, „Das politeuma in der hellenistischen Staatenwelt: Eine Organisationsform zur Systemintegration von Minderheiten," in *Minderheiten und Migration in der griechisch-römischen Welt: Politische, rechtliche, religiöse und kulturelle Aspekte*, hrsg. v. Patrick
Sänger, Studien zur historischen Migrationsforschung 31 (Paderborn: Schöningh, 2016), 25–45
sowie jetzt auch die ausführliche Aufarbeitung in Patrick Sänger, *Die ptolemäische Organisationsform politeuma: Ein Herrschaftsinstrument zugunsten jüdischer und anderer hellenischer Gemeinschaften*, TSAJ 178 (Tübingen: Mohr Siebeck, 2019).

mata hervor; sie waren „institutionalisierter Teil der administrativen Struktur des Ptolemäerreiches"[445] und offenbar nicht nur private Vereinigungen.[446] Insofern ihre Einrichtung der Zustimmung des Königs bedurfte und sie nach Sängers Ansicht der „Systemintegration von Minderheiten" gedient haben dürften, ist dieses Modell sachlich vollkommen kompatibel mit dem in EstLXX präsentierten Bild. Fraglich ist nun noch, inwiefern die Mitglieder des *Politeuma* für sich eine „Sondergesetzlichkeit" in Anspruch nehmen konnten, wie es in EstLXX nahegelegt wird. Diese Annahme scheint im Widerspruch zu der Beobachtung zu stehen, dass die Archonten auch des jüdischen *Politeuma* von Herakleopolis im Rahmen ihrer territorialen Zuständigkeit mit der Durchsetzung des gesamtstaatlichen Rechts beauftragt waren, auch in Streitfällen unter Beteiligung nicht-jüdischer Menschen.[447] Dass jedoch auch genuin jüdische Rechtstraditionen zur Anwendung kommen konnten, ist den Quellen durchaus zu entnehmen: So wird in der Eingabe P. Pol. Iud. 4 auf die Einhaltung der u. a. aus Dtn 24,1–4 bekannten Regelungen zum Scheidebrief (βιβλίον ἀποστασίου) abgezielt.[448] Des Weiteren wird in den Papyri mehrfach auf einen ὅρκος πάτριος sowie auf den πάτριος νόμος verwiesen.[449] Mit James Cowey und Klaus Maresch ist davon auszugehen, dass dem potenziellen Konflikt zwischen gesamtstaatlichem und genuin jüdischen Traditionen entstammendem Recht durch eine Rechte-Hierarchie vorgebeugt wurde:[450] Das Recht des Königs hatte grundsätzlich Vorrang, konnte jedoch im Einzelfall, etwa bei Unklarheiten oder Lücken, subsidiär durch die πολιτικοὶ

---

445 Patrick Sänger, „Das politeuma in der hellenistischen Staatenwelt" in *Minderheiten und Migration in der griechisch-römischen Welt*, 41–42. Wie Sänger ausführt, war das *Politeuma* wohl ein rein ptolemäisches Phänomen, eingeführt ab dem 3. Jh. v. Chr. Auch die *Politeumata* von Sidon scheinen nicht auf die Seleukiden, sondern noch auf die Ptolemäer zurückzugehen, d. h. auf die Zeit vor der Eroberung von Sidon im 5. Syrischen Krieg 199 v. Chr. (vgl. 38–39). Wie andere Charakteristika der ptolemäischen Reichsverwaltung, so lebte auch das *Politeuma* unter römischer Herrschaft weiter.

446 Dies ist in der Forschung bislang umstritten gewesen; vgl. Patrick Sänger, „Das politeuma in der hellenistischen Staatenwelt" in *Minderheiten und Migration in der griechisch-römischen Welt*, 32. Sänger vermutet, dass Politeumata aus privatrechtlichen Vereinigungen hervorgegangen sein könnten (vgl. 40–41).

447 Vgl. Patrick Sänger, „Das politeuma in der hellenistischen Staatenwelt" in *Minderheiten und Migration in der griechisch-römischen Welt*, 36–37. Sänger ist daher skeptisch, dass man von einer Sondergerichtsbarkeit für innerjüdische Angelegenheiten sprechen könne (vgl. 36, Anm. 38).

448 Vgl. die Bemerkungen bei Cowey und Maresch, *Urkunden des Politeuma der Juden von Herakleopolis (144/3–133/2 v. Chr.)*, 29; 57–60.

449 Vgl. Cowey und Maresch, *Urkunden des Politeuma der Juden von Herakleopolis (144/3–133/2 v. Chr.)*, 26.

450 Vgl. Cowey und Maresch, *Urkunden des Politeuma der Juden von Herakleopolis (144/3–133/2 v. Chr.)*, 26–28.

νόμοι vor Ort ergänzt werden, sofern diese dem königlichen Recht nicht entgegenstanden.[451] Damit wird deutlich, dass die Archonten eines *Politeuma* sowohl für die Durchsetzung des königlichen Rechts zuständig waren als auch als auch als Experten für althergebrachte, partikulare Rechtstraditionen für deren Anwendung; dasselbe ist für den *Politarches* anzunehmen.[452] Es ist gut vorstellbar, dass einzelne dieser Personen zeitgleich oder im Laufe ihrer Karriere sowohl Führungsaufgaben im *Politeuma* als auch im Dienst beim König ausgeübt haben: Die *Politeumata* sind wohl in der Regel aus Söldnergruppen hervorgegangen, ein Teil der Mitglieder stand mithin bereits in einem Dienstverhältnis zum König. Sänger konstatiert: „Die in den *politeumata* zusammengefassten Gemeinschaften waren daher durchaus bedeutsam für das Königreich und konnten einen gehobenen Status in der Gesellschaft beanspruchen."[453] Dies wird nicht nur für das *Politeuma* als Ganzes, sondern auch für einzelne, herausgehobene Mitglieder gegolten haben. Genau dieses Bild vermittelt EstLXX in der Darstellung Mordechais, dem Anführer der jüdischen Gemeinschaft in der königlichen Residenzstadt, der zugleich Dienst am Hof leistet und dort Karriere macht.

Es lässt sich nicht zweifelsfrei belegen, dass das Modell des *Politeuma* bei der Redaktion von EstLXX, d. h. insbesondere bei der Darstellung der jüdischen Gemeinschaft mit ihren eigenen νόμοι, Pate gestanden hat. Umgekehrt ist aber deutlich, dass die Organisationsform des *Politeuma* einer konkreten Umsetzung des Idealbildes, das in EstLXX von der Stellung der jüdischen Gemeinschaft im Rahmen der politischen Ordnung gezeichnet wird, sehr nahe kommt. Anders gesagt: Für eine Leserschaft, die sich das in unserem Text gezeichnete Idealbild zueigen macht, wäre das Modell des *Politeuma*, wie wir es aus dem Ptolemäerreich kennen, wohl eine überaus wünschenswerte Form politischer Organisation. Für eine rezipierende jüdische Gemeinde, die selbst bereits in einem *Politeuma* organisiert ist, hieße das, die geltende Ordnung nach Kräften zu stützen und zu fördern; für eine Gemeinde, die unter anderen Umständen lebt, hieße das, die herrschenden Verhältnisse mit kritischem Blick an der Vision einer *Politeuma*-ähnlichen Organisationsform zu messen.

---

451 Ergänzend sei angemerkt, dass die in EstLXX genannten Begriffe νόμος und νόμιμος neben den Konnotationen „Gesetz" und „Brauch" auch den Bedeutungsaspekt der „Kultbestimmungen" umfassen können. Auch dies lässt sich mit dem Modell des *Politeuma* vereinbaren, insofern die *Politeumata* in aller Regel über einen eigenen, selbst verwalteten Kult verfügten; vgl. Patrick Sänger, „Das politeuma in der hellenistischen Staatenwelt" in *Minderheiten und Migration in der griechisch-römischen Welt*, 34.
452 P. Pol. Iud. 1; 2 sind „an den *Politarches* Alexandros und das *Politeuma*" adressiert.
453 Patrick Sänger, „Das politeuma in der hellenistischen Staatenwelt" in *Minderheiten und Migration in der griechisch-römischen Welt*, 35.

In der Gesamtschau lässt sich festhalten, dass der jüdischen Gemeinschaft in EstLXX größere Aufmerksamkeit geschenkt wird als in EstMT. Sie erhält sehr betont die königliche Erlaubnis, eigene Rechtstraditionen anzuwenden; in diesem Status wird ihr großer Wert für die Stabilität und das Gedeihen des Reiches zugeschrieben. Gleichwohl konzentriert sich die Handlung auch in EstLXX auf die Taten der beiden wichtigen jüdischen Führungsfiguren; die teilautonome Gemeinschaft agiert auch in diesem Text stets auf Anweisung von oder im Konzert mit Esther und Mordechai. Größerer Einfluss auf die Geschehnisse deutet sich allenfalls in A,9 und F,6 an, im Ruf der Gemeinde zu ihrem Gott. Daran schließt nun nahtlos die Frage nach der Rolle Gottes in EstLXX an.

3.6 Gott

3.6.1 Forschungsstand und Vorgehensweise

Die Rolle Gottes in EstLXX ist in einer Reihe neuerer Aufsätze näher beleuchtet worden. So hat De Troyer einige Aspekte von EstLXX und EstAT verglichen und darauf hingewiesen, dass Gott in EstLXX als König und dabei auch als König der Götter dargestellt wird.[454] Sie stellt fest, dass es im Vergleich der griechischen Esther-Versionen um die Frage gehen sollte, welche Art von Gottesvorstellung hier jeweils in die Erzählung eingebracht wird, d. h. „what sort of God has been created in the Books of Esther?"[455] Auch Barbara Schmitz hat sich dem Gottesbild in EstLXX gewidmet und stellt die Bedeutung entsprechender Schlüsselstellen für die Erzählung selbst und für frühjüdische Theologie im Allgemeinen heraus.[456] Besondere Aufmerksamkeit widmet sie dabei der Erzählebene, d. h. Berichten über Gottes Handeln aus Perspektive des Erzählers. Sie unterscheidet diese von der Redeebene, also Aussagen über Gott aus dem Munde der Figuren. Dieses Vorgehen ermöglicht in der Tat eine differenziertere Perspektive auf die vielschichtige Gotteskonzeption in EstLXX. Schmitz kommt zu dem Schluss, dass die Figuren der Erzählung insbesondere in den Gebeten Gottes Allmacht betonen; „genau dieses Bekenntnis von Gottes Allmacht wird an den entscheidenden

---

454 Vgl. Kristin De Troyer, „Is God Absent or Present in the Book of Esther?" in *The Presence and Absence of God*.
455 Kristin De Troyer, „Is God Absent or Present in the Book of Esther?" in *The Presence and Absence of God*, 40.
456 Vgl. Barbara Schmitz, „Die Rede von Gott in den Ester-Erzählungen" in *Weisheit als Lebensgrundlage*.

Stellen in der Handlung selbst umgesetzt".[457] Darauf aufbauend hat Beate Ego noch eingehender nach der „intertextuellen Interaktion von Erzähler- und Figurenstimme"[458] gefragt. Sie erkennt, dass insbesondere die Bittgebete mit den Interventionen Gottes in Zusammenhang gebracht werden können und bezeichnet EstLXX als „eine höchst komplexe theologische Erzählung, die durch das Zusammenspiel von Erzählerstimme und Figurenstimmen Gottes Handeln in der Geschichte auf subtile Art und Weise zum Ausdruck bringt".[459]

Vor allem der Vergleich mit EstMT hat Ausleger/-innen dazu bewogen, Gott in EstLXX als die alle anderen Charaktere an Bedeutung in den Schatten stellende Figur zu deuten. So meint etwa Fox:

> God controls history. [... S]alvation is not actually achieved by humans; *in reality* it is the culmination of a divine program. The drama as it plays itself out in the realm of history is the recapitulation of a conflict between cosmic good and cosmic evil that has already been resolved in a temporal reality outside of time and place.[460]

Schmitz hingegen betont, Gottes Eingreifen eröffne gerade weitere Handlungsmöglichkeiten für die menschlichen Protagonistinnen und Protagonisten, insbesondere für Esther und Mordechai:

> Nur dadurch, dass diese beiden Figuren handlungsfähig bleiben, können sie die entscheidenden Schritte zur Rettung der Juden in Gang setzen. Dies bedeutet: Auch im griechischen Esterbuch wird die Rettung der Juden nicht allein als ein gottgewirktes Geschehen erzählt, sondern sie geschieht durch göttliches und menschliches Handeln![461]

---

457 Barbara Schmitz, „Die Rede von Gott in den Ester-Erzählungen" in *Weisheit als Lebensgrundlage*, 290 – 291.

458 Beate Ego, „Die Theologie der Estererzählung in der Septuaginta: Eine narratologische Annäherung," in *Text – Textgeschichte – Textwirkung*, hrsg. v. Thomas Wagner, Jonathan M. Robker und Frank Ueberschaer, AOAT 419 (Münster: Ugarit, 2014), 225 – 243, 227.

459 Beate Ego, „Die Theologie der Estererzählung in der Septuaginta" in *Text – Textgeschichte – Textwirkung*, 243.

460 Fox, *Character and Ideology in the Book of Esther*, 270 [Hervorhebung i. Orig.].

461 Barbara Schmitz, „Die Rede von Gott in den Ester-Erzählungen" in *Weisheit als Lebensgrundlage*, 290. Fox sieht zwar ebenfalls, dass auch in EstLXX menschliche Akteurinnen und Akteure eine Rolle spielen, relativiert deren Bedeutung aber stark: „While victory is the Lord's doing, human actors are still involved – the same ones as in the MT. But the relative importance of their roles shifts against the backdrop of the cosmic drama": Fox, *Character and Ideology in the Book of Esther*, 271. Diese Interpretation scheint mir in ihrer Tendenz stark durch den direkten Vergleich mit EstMT beeinflusst zu sein. Gegenüber diesem Text, der Gott nirgends explizit erwähnt, muss schließlich jede Nennung einer allmächtigen Gottheit die Rolle menschlicher Akteurinnen und Akteure in gewisser Weise relativieren. Es steht jedoch zu bedenken, dass der Kontext von EstLXX nicht nur durch EstMT bestimmt wird (bzw. werden sollte), sondern auch

Unter Rückgriff auf die genannten Arbeiten soll im Folgenden die Rolle und Charakterisierung Gottes in EstLXX untersucht werden. Erzähl- und Redeebene werden als unterschiedliche, aber aufeinander bezogene Aussageformen ernstgenommen, wie es bereits Schmitz und Ego angeregt haben.[462] Die umfassende und facettenreiche Charakterisierung Gottes, die in EstLXX weitestgehend auf der Redeebene stattfindet, soll zunächst detailliert in den Blick genommen werden, um den Hintergrund für die Deutung und theologische Bedeutung von Gottes Handeln auf der Erzählebene herauszuarbeiten. Beginnen wir jedoch mit einem kurzen Überblick zum generellen Wortgebrauch und einigen Beobachtungen zu den Hinweisen auf Gott im literarischen Rahmen der Erzählung.

3.6.2 Überblick und Rahmen

In EstLXX wird der Gott Israels meist mit κύριος (22-mal,[463] 2-mal als Bezeichnung für den König,[464] einmal uneindeutig)[465] oder mit θεός (18-mal,[466] 2-mal als Bezeichnung für andere Götter,[467] 6-mal uneindeutig)[468] tituliert. Daneben findet

---

durch alle anderen Esther-Versionen wie auch durch frühjüdische Literatur insgesamt. Aus diesem Kontext sticht EstMT wiederum gerade dadurch heraus, dass Gott hier keine Erwähnung findet. Dennoch würden wir kaum behaupten, EstMT sei damit der einzige antik-jüdische Text, in dem menschliches Handeln eine nennenswerte Rolle spiele.

462 Diese Unterscheidung wird auch für die Untersuchung von EstAT, EstVL und EstJos eine Rolle spielen.

463 C,1 [2-mal].2 [2-mal].4 [2-mal].5.7.8.10.12.14 [2-mal].16.18.22.23.25.29; 6,1; F,6 [2-mal]. Cavalier, *Esther*, 73 zählt 20 Vorkommen, listet die Stellen aber nicht auf, sodass die Zählung nicht im Einzelnen nachvollziehbar ist.

464 D,13.14.

465 Mordechai fordert in 4,8 Esther auf, „den Herrn" anzurufen und zum König zu sprechen (ἐπικάλεσαι τὸν κύριον, καὶ λάλησον τῷ βασιλεῖ περὶ ἡμῶν καὶ ῥῦσαι ἡμᾶς ἐκ θανάτου). In Ihrer Antwort 4,10–11 spricht Esther ausschließlich vom Gang zum König, nicht vom Gebet zu Gott, welches sie gleichwohl zuerst ausführt.

466 A,9.11; 2,20; C,7.8 [2-mal].14.29.30; D,2.8; F,1.6 [2-mal].7.8.9.10. Vgl. die Zählung bei Barbara Schmitz, „Die Rede von Gott in den Ester-Erzählungen" in *Weisheit als Lebensgrundlage*, 285, Anm. 60, die C,7 übersieht. Die Gesamtzahl von 23 Vorkommen bei Cavalier, *Esther*, 73 ist wiederum nicht einzeln überprüfbar.

467 C,18.23. Barbara Schmitz, „Die Rede von Gott in den Ester-Erzählungen" in *Weisheit als Lebensgrundlage*, 285, Anm. 60, zählt hier auch C,19 mit, wo das Stichwort θεός/θεοί allerdings nicht vorkommt, sondern lediglich von εἴδωλα die Rede ist.

468 An diesen Stellen ist aufgrund der Gesprächssituation mit Beteiligung von nicht-jüdischen Personen nicht eindeutig bestimmbar, ob θεός auf den Gott Israels oder auf eine andere Gottheit verweist. D,13: Im Gespräch mit dem König bezeichnet Esther diesen als „Engel Gottes". 6,13:

sich ausschließlich in den Gebeten viermal der Titel βασιλεύς;[469] weitere Gottesbezeichnungen begegnen gehäuft in den Gebeten des Mordechai und der Esther. Daneben ist es insbesondere das zweite im Namen des Königs verfasste Edikt (Abschnitt E), in dem Gott verschiedene Titel und Eigenschaften zugeschrieben werden. Es fällt auf, dass die Titel βασιλεύς und κύριος hier nicht verwendet werden und der erwähnte „Gott" an dieser Stelle nicht explizit mit dem Gott Israels identifiziert wird.[470] Alle relevanten Aussagen können somit prinzipiell auch auf andere Gottheiten bezogen werden und lassen damit einen gewissen Interpretationsspielraum. Einerseits kann dies nicht überraschen, da es sich in der Logik der Erzählung schließlich um ein vom nicht-jüdischen König autorisiertes Schreiben handelt. Andererseits liegt es gleichwohl nahe, die Aussagen aus dem Edikt als wichtiges Element der von EstLXX vertretenen politischen Theologie zu betrachten. Dafür lassen sich drei Gründe anführen: Erstens wird das Edikt ausweislich EstLXX 8,8 tatsächlich von Mordechai und Esther verfasst und mit dem königlichen Siegel versehen. Zweitens wandelt sich, wie oben angesprochen,[471] der Charakter des Königs im Laufe der Erzählung dramatisch zum (aus Sicht der jüdischen Beteiligten) Positiven, einschließlich einer wohlwollenden Einstellung seinen jüdischen Untertanen gegenüber. Drittens liegt es für die jüdischen Adressatinnen und Adressaten von EstLXX nahe, die Aussagen über „Gott" in Abschnitt E als Hinweise auf den Gott Israels zu interpretieren.

Der für die Erzählung in EstLXX insgesamt programmatische Abschnitt A,1–11 weist auch in Hinblick auf die Rolle Gottes bereits auf den Fortgang der Geschichte voraus. Er bildet gemeinsam mit F,1–10 den literarischen Rahmen von EstLXX: Mordechais Traum und seine Deutung lassen sich als übergreifende Interpretation der erzählten Ereignisse verstehen: So wird in A,1–11 bereits *en mi-*

Hamans Frau Zosara meint, Mordechai habe den Beistand eines „lebendigen Gottes" (θεὸς ζῶν). Zu E,4.16.18.21 vgl. die nachfolgenden Bemerkungen zum königlichen Edikt.
469 Im Gebet Mordechais: C,2.8; im Gebet Esthers: C,14.23. An der soeben bereits diskutierten Stelle 4,8 ist es prinzipiell ebenfalls möglich, den Titel βασιλεύς auf Gott zu beziehen. Allerdings war im Satz zuvor erwähnt worden, dass Haman beim König (βασιλεύς hier eindeutig für Artaxerxes) für den Tod (θάνατος) der jüdischen Gemeinschaft vorgesprochen (λαλέω) hatte. Da die selben Stichworte nun in der Aufforderung des Mordechai wiederkehren, liegt es nahe, hier ebenfalls nicht an Gott, sondern an den Perserkönig zu denken.
470 Damit setzt der Text einen dezidiert anderen Akzent als etwa das Danielbuch, in dem der Fremdherrscher einige Male explizit die Allmacht des Gottes seiner judäischen Untertanen bekennt (DanMT 2,46–47; 3,28–29; 6,27–28; vgl. hingegen die Ähnlichkeiten zu EstLXX in DanMT 3,32–33; 4,31–32.34).
471 Vgl. Kap. 3.1.3.

niature und in enigmatischer, apokalyptisch geprägter Sprache[472] angedeutet, was im Hauptteil der Erzählung entfaltet und in F,1–10 ausgedeutet wird.[473] So enthält der Rahmen insbesondere Aussagen über die Rolle Gottes und deren Verhältnis zum Handeln anderer Akteurinnen und Akteure. A,1–11 und F,1–10 sollen daher hier zunächst separat zur Sprache kommen, ohne sie strikt von der Analyse des Gesamttextes abzutrennen.[474]

Die Wirksamkeit von Gebeten sowie die Entschlossenheit Gottes zum Handeln werden in Abschnitt A bereits als zwei zentrale Aspekte des theologischen Konzeptes des Verfassers erkennbar. So kommt Gott zunächst als Adressat des Anrufens durch das „ganze gerechte Volk" (δίκαιον πᾶν ἔθνος A,8) in den Blick (καὶ ἐβόησαν πρὸς τὸν θεόν A,9).[475] Interessant bereits in A,9 ist jedoch die For-

---

[472] Damit soll nicht behauptet werden, dass es sich hierbei im Ganzen um einen apokalyptischen Text handelt, weshalb sich an dieser Stelle auch eine grundsätzliche Diskussion des Konzeptes Apokalyptik erübrigt. Ingo Kottsieper, „Zusätze zu Ester" in *Das Buch Baruch. Der Brief des Jeremia. Zusätze zu Ester und Daniel*, 118 weist darauf hin, dass Mordechai ausweislich A,11 die Bedeutung des Traums zunächst nicht versteht, sodass es sich s. E. „verbietet, die Traumtradition vor einem apokalyptischen Hintergrund zu verstehen." Wie jedoch Mittmann-Richert anmerkt, werden in der Traumvision „Bilder aufgenommen [...], die sich sonst v. a. im apokalyptischen Schrifttum finden": Mittmann-Richert, *Einführung zu den historischen und legendarischen Erzählungen*, 110. Sie sieht starke motivische Bezüge vor allem zu Dan 7. Aus diesem Grund ist es m. E. gerechtfertigt, von „apokalyptisch geprägter Sprache" zu sprechen, ohne den Rahmen notwendigerweise *per se* als apokalyptischen Text zu charakterisieren. Vgl. ähnlich Henry Wansbrough, Hrsg., *The New Jerusalem Bible* (Garden City: Doubleday, 1985), 659, Anm. 1 c.: „[The dream] outlines the story in advance in enigmatic and apocalyptic terms"; vgl. Moore, *Daniel, Esther and Jeremiah, the Additions*, 176. Neben der enigmatischen Sprachform erinnert auch die kosmische Dimension des geschilderten Geschehens an apokalyptische Texte. Vgl. auch die Diskussion bei Dorothy, *The Books of Esther*, 281–283 mit der Schlussfolgerung: „So the *genre* of A is symbolic dream vision; of F, dream interpretation. The two units contain language and motifs showing influence from non-Israelite sources, apocalyptic and (earlier) biblical traditions" (283).
[473] Vgl. Kristin De Troyer und Marie-Theres Wacker, „Esther – Das Buch Ester (LXX und A-Text)" in *Septuaginta Deutsch Erläuterungen und Kommentare*, 1270: „Das Traumgesicht bündelt vorweg brennglasartig die Handlung des ganzen Buches".
[474] Es ist oft bemerkt worden, dass die Abschnitte A und F wohl auch redaktionsgeschichtlich als sekundäre Rahmung eines bereits vorliegenden Textes verstanden werden müssen; vgl. z. B. Dorothy, *The Books of Esther*, 276–302. Kottsieper erkennt A,1–11 und F,1–10 ebenfalls als sekundären Rahmen, der allerdings nicht von Abschnitt C getrennt werden könne; vgl. Ingo Kottsieper, „Zusätze zu Ester" in *Das Buch Baruch. Der Brief des Jeremia. Zusätze zu Ester und Daniel*, 117–121. Die literarhistorische Frage ist für die vorliegende Arbeit nicht entscheidend, jedoch kommt dem Rahmen auch in der Endgestalt des überlieferten Textes eine Sonderrolle zu, weshalb es sich lohnt, ihn in seiner Funktion als interpretativer Schlüssel für die Erzählung ernst zu nehmen.
[475] Vgl. C,11; F,6. Anders als in EstVL (vgl. Kap. 5.5) wird ein Gebet des Volkes in EstLXX nicht wiedergegeben, sondern lediglich erwähnt.

mulierung ἀπὸ δὲ τῆς βοῆς αὐτῶν ἐγένετο, welche die *menschliche* Tätigkeit des Anrufens als Ursache und Auslöser der nachfolgenden Ereignisse und letztlich der Rettung der jüdischen Gemeinde nennt. Bereits hier wird also das Beten als sowohl notwendige als auch effektive Methode beschrieben, die Zeitläufte im eigenen Interesse zu beeinflussen. In engem Zusammenhang damit steht der Ratschluss Gottes, den es zunächst zu verstehen gilt:

> καὶ διεγερθεὶς Μαρδοχαῖος ὁ ἑωρακὼς τὸ ἐνύπνιον τοῦτο καὶ τί ὁ θεὸς βεβούλευται ποιῆσαι, εἶχεν αὐτὸ ἐν τῇ καρδίᾳ καὶ ἐν παντὶ λόγῳ ἤθελεν ἐπιγνῶναι αὐτὸ ἕως τῆς νυκτός.

> Und als Mordechai, der diesen Traum gesehen hatte und das, was Gott zu tun beschlossen hatte, erwachte, behielt er dies im Herzen und wollte es in jedem Wort verstehen bis zur Nacht.

> EstLXX A,11

Menschliches und göttliches Wirken greifen in diesem Konzept ineinander und ergänzen sich. Gottes Beschluss zielt auf göttliches Handeln; Gottes Wille wird hier offenbart und kann durch einen Menschen wie Mordechai verstanden und durch das Rufen des Volkes beeinflusst werden.[476] Während das Verhältnis dieser Aspekte zueinander in Abschnitt A zunächst eher angedeutet wird, erfährt es im Laufe der Erzählung weitere Reflexion.

In F,1–10 findet sich schließlich eine Deutung und Explikation des Traumes aus Abschnitt A. Hier wird nun auch explizit darauf hingewiesen, dass der Traum als göttlich eingegebene Vision zu verstehen ist (Παρὰ τοῦ θεοῦ ἐγένετο ταῦτα F,1).[477] Mordechai bekennt, alle ihm zuteil gewordenen Vorhersagen hätten sich erfüllt (οὐδὲ γὰρ παρῆλθεν ἀπ᾽ αὐτῶν λόγος F,2). Die ineinandergreifenden Rollen der jüdischen Gemeinde und ihres Gottes werden nun stark betont: Israel ruft zu Gott und wird errettet (οἱ βοήσαντες πρὸς τὸν θεὸν καὶ σωθέντες F,6). Gott wird als überaus aktiv und mächtig beschrieben: Er rettet (σῴζω/ῥύομαι F,6), bewirkt große Zeichen und Wunder (ἐποίησεν ὁ θεὸς τὰ σημεῖα καὶ τὰ τέρατα τὰ μεγάλα F,6), trennt zwischen seinem Volk und den übrigen Völkern (F,7–8), erinnert sich seines Volkes und verhilft ihm zu Gerechtigkeit (F,9). In diesem prominent als Abschluss des Buches platzierten Glaubensbekenntnis des Mordechai drückt sich

---

476 Ähnlich meint auch Beate Ego, „Die Theologie der Estererzählung in der Septuaginta" in *Text – Textgeschichte – Textwirkung*, 229, es werde in Abschnitt A bereits deutlich, „dass die gesamte Geschichte und das Geschick des Gottesvolkes letztlich durch das Gebet des Volkes und Gottes geschichtsmächtiges Wirken beeinflusst wird."

477 Es ist möglich, dass sich diese Aussage nicht auf die Vision des Mordechai bezieht, sondern auf die gesamten in der Erzählung geschilderten Ereignisse. Allerdings schließt sich die Erinnerung an den Traum in F,2 insbesondere durch die Verwendung von γάρ sehr eng an F,1 an.

eine übergreifende Interpretation der geschilderten Ereignisse aus. Sie steht in enger Beziehung zur Einleitung in A,1–11 und verrät das theologische Konzept des Verfassers dieser Verse: Gottes Wille und Wirken durchziehen die gesamte Geschichte und führen letztlich zu einem guten Ende für sein erwähltes Volk. Gleichwohl steht Gottes Handeln in engem Zusammenhang mit der Gebetstätigkeit der jüdischen Gemeinde, die letztlich ihre Errettung durch Gott feiern kann (F,10). Wie oben gezeigt, expliziert EstLXX die Tätigkeit der Gemeinschaft jedoch weit überwiegend anhand der Aktivitäten ihrer Repräsentanten Esther und Mordechai. Wie bereits angedeutet, wird der König im Rahmen nur einmal erwähnt (F,3), und hier lediglich in Bezug auf seine Ehe mit Esther. Das Verhältnis zwischen göttlicher und königlicher Macht wird hier also nicht direkt thematisiert, sondern kommt erst im Hauptteil der Erzählung in den Blick, wie anhand der folgenden Ausführungen deutlich werden wird.

3.6.3 Titulaturen und Charakterisierungen Gottes

3.6.3.1 Gott als König und Allherrscher
Die Bezeichnung als König und Allherrscher bringt am klarsten das für diese Arbeit grundlegende Problem zum Ausdruck: Wenn göttlicher und menschlicher Herrscher jeweils dieselben Titel für sich beanspruchen, was bedeutet dies dann für ihr Machtverhältnis untereinander? Es zeigt sich allerdings, dass Gott in EstLXX zwar teils mit denselben (politischen) Titeln wie der König belegt wird, seine Darstellung als Machthaber letztlich aber über all das hinausgeht, was über den menschlichen Herrscher gesagt werden kann. So wird Gott in EstLXX wiederholt als Herrscher nicht nur über das Perserreich bzw. über die *Oikumene*, sondern über den gesamten Kosmos charakterisiert. Die Mehrzahl der entsprechenden Referenzen findet sich in den Gebeten des Mordechai und der Esther – Gott wird explizit als Herrschergestalt angerufen, während sich die Protagonisten in einer politisch misslichen Lage befinden. Dementsprechend beginnt Mordechai sein Gebet bereits mit einer Reihe von Hoheitstiteln und Aussagen über die Macht seines Gottes:

Κύριε, κύριε, βασιλεῦ πάντων κρατῶν, ὅτι ἐν ἐξουσίᾳ σου τὸ πᾶν ἐστιν, καὶ οὐκ ἔστιν ὁ ἀντιδοξῶν σοι ἐν τῷ θέλειν σε σῶσαι τὸν Ισραηλ·

Herr, Herr, über alles herrschender König, denn in deiner Macht ist das All, und es gibt niemanden, der sich dir widersetzt, wenn du Israel retten willst;
EstLXX C,2

Der Titel κύριος, in der Septuaginta meist ohne weitere Präzisierung als griechisches Äquivalent zum Gottesnamen und zum hebräischen אָדוֹן gebraucht,[478] erhält eine spezifischere Konnotation, wenn Mordechai weiter ausführt:

> καὶ κύριος εἶ πάντων, καὶ οὐκ ἔστιν ὃς ἀντιτάξεταί σοι τῷ κυρίῳ.

> und du bist Herr über alles, und es gibt niemanden, der sich dir, dem Herrn, entgegenstellen wird.

> EstLXX C,4

Die Betonung liegt hier deutlich auf der Macht des „Herrn", die in diesem Fall als grenzenlos imaginiert wird.[479] Vergleichbare Aussagen finden sich auch in Esthers Gebet (πάσης ἀρχῆς ἐπικρατῶν, „Herrscher über jede Macht" C,23; ὁ θεὸς ὁ ἰσχύων ἐπὶ πάντας, „Gott, der du Macht hast über alles [oder: alle]" C,30) und im zweiten Edikt (ὁ τὰ πάντα ἐπικρατῶν θεός, „der alles beherrschende Gott" E,18; ὁ τὰ πάντα δυναστεύων θεὸς, „der über alles gebietende Gott" E,21).

Gesteigerte Bedeutung erhält auch der Titel „König", der von Mordechai neben C,2 auch in C,8 sowie von Esther in C,14.23 verwendet wird. Die Königsmetapher wird nicht nur bereits in der Hebräischen Bibel, sondern ebenso in der griechischen Tradition und sodann in jüdisch-hellenistischer Literatur vielfältig auf Gott oder Götter angewandt.[480] Sie kann einerseits dazu dienen, göttliche und

---

478 Marc Brettler betont in seiner einschlägigen Studie, wie stark Gott in der Hebräischen Bibel bereits durch die Bezeichnung אָדוֹן mit menschlichen Herrschern parallelisiert, dabei in seiner übergroßen Macht jedoch auch deutlich von ihnen abgehoben wird; vgl. Brettler, *God is King*, 40 – 42. Vgl. zu κύριος und seinen hebräischen Pendants ausführlich Christiane Zimmermann, *Die Namen des Vaters: Studien zu ausgewählten neutestamentlichen Gottesbezeichnungen vor ihrem frühjüdischen und paganen Sprachhorizont*, AGJU 69 (Leiden: Brill, 2007), 171–193.

479 Vgl. die Beobachtung zum Sprachgebrauch in DanTH 4 bei Klaus Koch, *Daniel 1. Teilbd.: Dan 1–4*, BKAT 22/1 (Neukirchen-Vluyn: Neukirchener, 2005), 441–442. Koch sieht in der Bezeichnung Gottes als κύριος eine politische Theologie reflektiert, die Gott dem menschlichen βασιλεύς überordnet und sich damit konzeptionell von (proto-) masoretischen Text abhebt.

480 In der griechischen Tradition ist es vor allem Zeus, der als βασιλεύς angerufen wird (neben vielen anderen Epiklesen). Bereits Hesiods Theogonie lässt sich als Ätiologie der königlichen Stellung des Zeus unter den Göttern verstehen (vgl. z. B. die Zusammenfassung Hes. Theog. 883 – 885; vgl. 886). Zeus als Götterkönig kann sodann auch als Stammvater aller menschlichen Herrscher imaginiert werden (Hes. Theog. 96). Vgl. zur Rezeption dieser Idee im Hellenismus den eingangs zitierten Zeushymnus des Kleanthes oder auch das entsprechende Werk des Kallimachos (Kall. H. 1, insbes. 79 – 96). Vgl. auch den Überblick bei Zimmermann, *Die Namen des Vaters*, 279 – 281. Vgl. zur Bezeichnung Gottes als מֶלֶךְ in der Hebräischen Bibel Brettler, *God is King*, insbes. 30 – 33. Zur Königsmetapher in frühjüdischen Gebeten bemerkt Judith H. Newman, *Praying by the Book: The Scripturalization of Prayer in Second Temple Judaism*, EJIL 14 (Atlanta: Scholars Press, 1999), 194, dass die Bezeichnung in einer Reihe einschlägiger Texte als Anrede Gottes *nicht* vorkommt (Newman nennt Esra/Neh, DanMT, DanOG/DanTH, Tob, OrMan, Bar, EpAr, 1Makk, Jub,

menschliche Macht zu parallelisieren, andererseits kann durch zusätzliche Qualifikationen und Superlative die Überlegenheit und Souveränität des göttlichen Königtums ausgedrückt werden. Dies geschieht mit unterschiedlichen sprachlichen Mitteln etwa in DanOG/DanTH, Jdt und 3Makk.[481] In diesen Zusammenhang fügt sich EstLXX auf seine eigene Weise ein: So wird in Esthers Gebet die (kultisch konnotierte) Bewunderung des „fleischlichen Königs" (βασιλεύς σάρκινος C,21) als negativem Gegenbild zum göttlichen Herrscher gegeißelt. Wie wir gesehen haben,[482] mündet diese kritische Positionierung im Kontext des Gesamtwerks jedoch nicht in eine Ablehnung der Herrschaft des Artaxerxes, sondern trägt vielmehr dazu bei, eine klare Unterscheidung bzw. Hierarchie zwischen beiden Machthabern einzuziehen.

In der Gottkönigsvorstellung von EstLXX findet sich jedoch ein im Kontext der Septuaginta ungewöhnliches Detail, wenn es in Esthers Gebet heißt:

μὴ παραδῷς, κύριε, τὸ σκῆπτρόν σου τοῖς μὴ οὖσιν,

Übergib, Herr, dein Zepter nicht den Nichtseienden,

EstLXX C,22

Der Begriff σκῆπτρον hat in der Septuaginta zwei verschiedene Bedeutungen, die damit zwei unterschiedliche Interpretationen dieser Stelle ermöglichen.

Erstens bezeichnet er wie im allgemein-griechischen Sprachgebrauch einen Stab im Allgemeinen oder den herrscherlichen Stab im Besonderen, der Macht und Herrschaft symbolisiert; die übertragene Bedeutung ist bereits im klassischen Griechisch gebräuchlich[483] und auch in der Septuaginta belegt.[484] Das Zepter hier als Symbol für Gottes Macht zu verstehen, würde also gut zur Königsmetaphorik passen, zudem werden auch griechische Götter oft mit einem Zepter imaginiert.[485]

LibAnt, TestXII). Neben EstLXX begegnet der Titel in Sir 51,1; Jdt 9,12; 2Makk 1,24; 3Makk 2,2.9.13; 6,2; 1Hen 9,4; 84,2. Dies zeigt, dass der Gebrauch des Titels keineswegs reine Routine und allgegenwärtig gewesen ist, weshalb seine Verwendung in EstLXX als signifikantes Merkmal der theologischen Konzeption des Textes angesehen werden muss. Dies wird sich auch mit unserem Blick auf die übrigen Esther-Versionen bestätigen. Vgl. zur vielgestaltigen Vorstellung vom „Königreich Gottes" in jüdisch-hellenistischer Literatur John J. Collins, *Seers, Sibyls and Sages in Hellenistic-Roman Judaism* (Boston: Brill, 2001), 99–114.
481 Vgl. Zimmermann, *Die Namen des Vaters*, 274–276.
482 Vgl. Kap. 3.1.3.
483 Vgl. z. B. Aischyl. Prom. 171; im Plural: Aischyl. Eum. 626; Aischyl. Prom. 761; Hdt. 7,52.
484 Vgl. SachLXX 10,11; Weish 6,21; 7,8; 10,14.
485 Zuvorderst ist hier Zeus zu nennen, dessen σκῆπτρον in aller Regel als mit einem Adlersymbol versehen dargestellt wird; vgl. exemplarisch Pind. P. 1,6 (hier die dorische Form σκᾶπτον) sowie Pausanias' Beschreibungen der Zeus-Statuen in Piräus (Paus. 1,1,3) und Olympia (Paus.

Bezeichnenderweise trägt der König in EstLXX allerdings kein σκῆπτρον, sondern einen ῥάβδος (4,11; D,12; 8,4).[486] Die beiden Begriffe werden sowohl im allgemein-griechischen Sprachgebrauch als auch in der Septuaginta meist synonym verwendet, jedoch weist der charakteristische, trennscharfe Wortgebrauch in EstLXX darauf hin, dass Gottes Zepter hier offenbar von anderer Qualität ist als das des Königs.[487] Es fällt auf, dass das σκῆπτρον in der Septuaginta sonst nie direkt mit Gott in Verbindung gebracht wird, sondern stets mit menschlicher Herrschaft.[488] In außerbiblischer jüdisch-hellenistischer Literatur findet sich jedoch vereinzelt ein σκῆπτρον als göttliches oder quasi-göttliches Herrschaftssymbol: So ist es in der *Exagoge* des Ezechiel ein „nobler Mann" (φώς γενναῖος EzTrag 70), der auf seinem Thron sitzt, ein σκῆπτρον sowie ein Diadem (διάδημα) trägt[489] und diese Herrschaftsinsignien sodann an Mose weitergibt (EzTrag 68 – 76).[490] Im dritten Buch der Sibyllinischen Orakel wiederum ist von einem „unsterblichen König" (ἀθάνατος βασιλεύς Sib 3,48), dem „heiligen Herrscher" (ἀγνὸς ἄναξ Sib 3,49) die Rede, der mithilfe seiner Zepter (Sib 3,50) herrscht und bestraft. Hier ist entweder eine göttlich beauftragte Figur gemeint oder Gott selbst (vgl. Sib 3,56). Das fünfte Buch der Sibyllinischen Orakel, das allerdings wohl kaum vor dem Ende des

---

5,11,1). Wichtig ist in diesem Zusammenhang die Vorstellung, dass das Zepter als Machtsymbol von Göttern an Menschen übergeben wird; vgl. exemplarisch Hom. Il. 2,100 – 108 (Agamemnon erhält das ursprünglich von Hephaistos gefertigte und sodann mehrfach weitergereichte Zepter), Hom. Il. 9,99 und Soph. Phil. 139 – 140 (Zeus übergibt sein Zepter an menschliche Herrscher; vgl. Hom. Il. 9,156.298).

486 Vgl. Kap. 3.1.2.

487 In EstAT findet sich diese konsequente terminologische Unterscheidung nicht; vgl. Kap. 4.1.2. Zur schwierigen Interpretation des Wortgebrauchs in EstJos vgl. Kap. 6.3.2, insbes. Anm. 758.

488 Vgl. Weish 10,14; SachLXX 10,11; EzLXX 30,18 sowie in Verbindung mit einem Thron als Herrschaftssymbol Weish 6,21; 7,8. EpJer 12 rekurriert polemisch auf das Zepter in der Hand eines Götterbildes. In PsLXX 44,7 hingegen herrscht Gott mit Thron und ῥάβδος. Brettler, *God is King*, 80 – 81 macht deutlich, dass Gott auch in der Hebräischen Bibel nicht (bzw. kaum) mit dem königlichen Stab in Verbindung gebracht wird.

489 Dieselbe Kombination von Herrschaftsinsignien begegnet in einem Gebet an Selene, enthalten in einem griechischen Zauberpapyrus; vgl. Karl Preisendanz, Hrsg., *Papyri Graecae Magicae: Die griechischen Zauberpapyri*, 2. Aufl., 2 Bde., Sammlung Wissenschaftlicher Commentare (Stuttgart: Teubner, 1973–1974), Bd. 1, Nr. 4,2840 – 2844.

490 Vgl. zur Frage, ob es sich hierbei um einen Verweis auf Gott, auf eine quasi-göttliche Figur oder auf einen Menschen handelt, Carl R. Holladay, *Fragments from Hellenistic Jewish Authors Vol. 2: Poets; The Epic Poets Theodotus and Philo and Ezekiel the Tragedian*, PsES 30/12 (Atlanta: Scholars Press, 1989), 441–442. Jacobson, *The Exagoge of Ezekiel*, 90 meint: „The phrase is taken to refer to God's throne." Grundsätzlich ist jedenfalls festzuhalten, „this scene is informed by biblical heavenly throne visions": Holladay, *Fragments from Hellenistic Jewish Authors Vol. 2*, 440.

1. Jahrhundert n. Chr. entstanden ist,[491] bezeugt sodann die Vorstellung eines „seligen Mannes" (ἀνὴρ μακαρίτης[492] Sib 5,414), der von Gott ein Zepter erhält und in seinem Auftrag herrschaftliche Aufgaben übernimmt (Sib 5,414–427). Philo wiederum spricht explizit von einem Zepter Gottes (Phil. Mut. 135–136), sodass spätestens hier deutlich ist, dass sich im Laufe der hellenistischen Zeit auch in jüdischer Literatur eine Vorstellung vom σκῆπτρον als göttlichem Herrschafts-symbol entwickelt hat. Hier ließe sich demnach auch EstLXX C,22 einordnen, insbesondere im Vergleich mit der Passage beim Tragiker Ezechiel, welche von der Übergabe der Insignia an Mose spricht: Die übergroße Gefahr für die jüdische Gemeinschaft wird symbolisiert durch die drohende Übergabe des göttlichen Zepters, der göttlichen Herrschaft in der Welt an die „Nichtseienden". Im An-schluss an 2ChrLXX 13,9 ließe sich hier an die Bilder fremder Götter denken,[493] allerdings wird an dieser Stelle – anders als in EstLXX C,22 – das Stichwort θεοί explizit genannt. Aus meiner Sicht ist es wahrscheinlicher, dass die Formulierung einen Gegensatz zur göttlichen Selbstvorstellung in ExLXX 3,14 (ἐγώ εἰμι ὁ ὤν) markieren soll. Der dortigen absoluten, nicht weiter qualifizierten Aussage über Gottes Sein wird in EstLXX eine ebenso umfassende, ebenfalls als Partizipial-

---

[491] Einen Überblick über verschiedene Datierungsvorschläge gibt Jörg-Dieter Gauger, Hrsg., *Sibyllinische Weissagungen*, 2. Aufl., Sammlung Tusculum (Düsseldorf: Artemis & Winkler, 2002), 454–455.

[492] Die Übersetzung „selig" soll verdeutlichen, dass μακαρίτης in den meisten Fällen nicht nur „glücklich"/„gesegnet", sondern zugleich „glücklich verstorben" bedeutet, d. h. die Person be-findet sich nun im Bereich der glücklich Verstorbenen, der – je nach Vorstellungswelt – nah bei Gott oder den Göttern liegen kann.

[493] Kottsieper versteht die Szene vor dem Hintergrund u. a. der Götterprozession des babylo-nischen Akitu-Festes, „bei der die Hand des Hauptgottes ergriffen und sein Szepter vor ihm hergetragen wurde": Ingo Kottsieper, „Zusätze zu Ester" in *Das Buch Baruch. Der Brief des Jeremia. Zusätze zu Ester und Daniel*, 170. Eine interessante Parallele aus dem nicht-jüdischen Bereich findet sich im Hymnus der athenischen Bevölkerung für Demetrios Poliorketes (Duris von Samos, FGrHist 76,13; 291/290 v. Chr.), in dem scheinbar der Gedanke anklingt, andere Götter als De-metrios existierten möglicherweise nicht (οὐκ εἰσίν) und seien lediglich hölzerne und steinerne Bilder, wohingegen Demetrios wahrer (ἀληθινός) Gott sei. Allerdings hat Angelos Chaniotis m. E. überzeugend dargelegt, dass es hier keineswegs um die Leugnung der Existenz anderer Gott-heiten geht (Demeter, Poseidon und Aphrodite werden gar im Text erwähnt), sondern um das Lob des tatsächlich präsenten Demetrios, dessen als gottgleich empfundene Macht unmittelbar wahrnehmbar ist; vgl. Angelos Chaniotis, „The Ityphallic Hymn for Demetrios Poliorketes and Hellenistic Religious Mentality," in *More than Men, Less than Gods: Studies on Royal Cult and Imperial Worship*, hrsg. v. Panagiotis P. Iossif, Andrzej S. Chankowski und Catharine C. Lorber, StHell 51 (Leuven: Peeters, 2011), 157–195, 179–181. Demetrios gegenüber stehen Kultbilder, an deren Ort momentan keine wirksame göttliche Präsenz wahrgenommen wird. „The poet simply explained that what makes a god a true god is his ability to communicate with mortals and listen to their prayers, as opposed to mute images" (180).

konstruktion formulierte Aussage über die Nicht-Existenz anderer Gottheiten entgegengestellt.

Allerdings muss σκῆπτρον vor dem Hintergrund des Septuaginta-Sprachgebrauchs keineswegs unbedingt als königliches Zepter verstanden werden. Vielmehr übersetzt das Wort häufig das hebräische שֵׁבֶט und deckt sich weitgehend mit dessen semantischem Spektrum, das sowohl „Stab" oder „Stock" als auch „Stamm" (Israels) umfasst.[494] Somit könnte EstLXX C,22 auch übersetzt werden: „Übergib, Herr, deinen Stamm nicht den Nichtseienden...", wobei der „Stamm" hier entweder – pars pro toto – mit der gesamten jüdischen Bevölkerung (in den Gebeten meist „Israel")[495] oder mit dem Stamm Benjamin zu identifizieren wäre, dem Mordechai und Esther nach EstLXX A,1; 2,5–7 angehören.[496] Diese Deutung wird durch die Beobachtung unterstützt, dass die Formulierung μὴ παραδῷς in der Septuaginta (dort immer in Gebeten) stets mit einer oder mehreren Personen – nicht Dingen – als Objekt verwendet wird.[497] Es liegt also nahe, EstLXX C,22 in diesem Sinne zu verstehen, womit der Vers in die Nähe der Aussage in C,17–18 rückt, wo Esther das Schicksal ihrer Gemeinschaft als strafendes Übergeben (παραδίδωμι) an ihre Feinde durch Gott interpretiert. C,22 wäre damit weniger in eine Königsmetaphorik eingebettet als in die bereits angesprochene Vorstellung, dass die jüdische Gemeinschaft in EstLXX zum erwählten Volk Gottes zu rechnen ist.[498]

Auch diese Interpretation jedoch kann zur Betonung von Gottes herrschaftlicher Macht beitragen, wenn hier darauf hingewiesen wird, dass dieser die Macht besitzt, ein ganzes Volk dem Verderben preiszugeben oder zu retten. Passend zur Betonung von Gottes übergroßer königlicher Macht bezeichnet Esther sich selbst als Sklavin (δούλη C,28.29) Gottes und sieht diesen als einzigen Herrn, der ihr ausreichend Schutz vor Gefahr garantieren kann (C,14.25).

---

494 Die bei Weitem häufigste Übersetzung von שֵׁבֶט im letztgenannten Sinne ist jedoch φυλή. Vgl. die Diskussion bei Bernard Grillet und Michel Lestienne, *Premier Livre des Règnes*, La Bible d'Alexandrie 9/1 (Paris: Les Éditions du Cerf, 1997), 48–49.

495 Vgl. zu dieser umfassenden Bedeutung Ps 74,2: שֵׁבֶט נַחֲלָתֶךָ, in PsLXX 73,2 allerdings wiedergegeben mit ῥάβδος κληρονομίας σου. Vgl. Jer 10,16/51,19.

496 Die Möglichkeit dieser Übersetzung wird auch von Dorothy, *The Books of Esther*, 131 gesehen, dort aber nicht weiter diskutiert. In der älteren Forschung findet sich der Vorschlag bei Johann David Michaelis, *Deutsche Übersetzung des Alten Testaments mit Anmerkungen für Ungelehrte: Der dreyzehnte Theil welcher die Bücher Esra, Nehemia und Esther enthält* (Göttingen: Vandenhoeck, 1783), Anmerkungen, 108. Ablehnend dazu äußert sich Fritzsche, *Das dritte Buch Esra, die Zusätze zum Buch Esther und Daniel, das Gebet des Manasse, das Buch Baruch und der Brief des Jeremia*, 94.

497 Vgl. PsLXX 26,12; 73,19; 118,121; 139,9; SprLXX 30,10; Sir 23,6; DanOG 3,34.

498 Vgl. Kap. 3.5 sowie 3.6.3.6.

Die Vorstellung von Gott als übermäßig mächtigem König dominiert die beiden Gebete in EstLXX. Sie bringt Gott einerseits in ein Konkurrenzverhältnis zum irdischen, nicht-jüdischen Herrscher, zeigt aber andererseits auch eine deutliche Hierarchie zwischen diesen beiden Machthabern auf: Der Gott Israels wird dargestellt als Herrscher „über alles", über das All, und muss allein deshalb schon als seinem irdischen Pendant grundsätzlich überlegen verstanden werden. Hier zeigt sich eine Strategie, das sich im Sprachgebrauch spiegelnde Problem politischer Theologie zu lösen: Für die Beschreibung der göttlichen Macht stehen zunächst jene Begrifflichkeiten zur Verfügung, die üblicherweise im Diskurs über menschliche Herrschaft und Politik Verwendung finden. Durch eine „übersteigerte" Ausdrucksweise wird nun jedoch eine hierarchische Unterscheidung zwischen Gott und König eingezogen: Während der persische Großkönig „nur" 127 Provinzen – die *Oikumene* – sein Reich nennen kann und faktisch noch nicht einmal hier unumschränkte Macht ausübt,[499] herrscht Gott als König schlicht über „alles" – was jeden menschlichen Monarchen einschließt.[500]

In diese Richtung weist auch Esthers Bemerkung, sie habe im König für einen Augenblick einen Gesandten Gottes (ἄγγελος θεοῦ D,13) gesehen, ausgezeichnet mit entsprechender δόξα. Dies kann einerseits die Stellung des nicht-jüdischen Monarchen aufwerten, impliziert aber andererseits seine Unterordnung unter Gottes Auftrag und Macht. Auf welche Weise Gott seine Herrschaft über die Welt und damit auch über den menschlichen Monarchen ausübt, wird in Esthers Gebet bereits angedeutet: μετάθες τὴν καρδίαν αὐτοῦ, „wandle sein Herz" (C,24). Im weiteren Verlauf der Handlung wird ihr Gott genau diese Bitte erfüllen und den König als Herrschaftsmedium nutzen. Die Macht des persischen Königs wird durch die Charakterisierung Gottes als Weltherrscher also prinzipiell relativiert, dabei jedoch nicht negiert oder verharmlost. Schließlich war es gerade menschliche Macht, die die lebensgefährliche Situation für die jüdische Gemeinde verursacht und damit erst Anlass zu den Bittgebeten und im weiteren Verlauf für Gottes Machtdemonstration gegeben hatte. Hier zeigt sich, wie die Rede von Gott

---

499 Vgl. Kap. 3.1.

500 Diese Analyse ordnet sich ein in einen allgemeinen Trend, den Tessa Rajak für die Septuaginta-Übersetzungen konstatiert: „[T]he translators evolved a set of compounds and combinations which lifted their language beyond the prosaic reference points of the ordinary power-language of the day": Rajak, *Translation and Survival*, 186. Es ist jedoch anzumerken, dass frühjüdische Literatur auch andere Strategien bezeugt, das Machtverhältnis zwischen menschlichem Herrscher und Gott sprachlich auszudrücken, bspw. die konsequente Vermeidung entsprechender Terminologie in Bezug auf Gott oder auch die Etablierung eines distinkten Vokabulars für jede der beiden Größen. Ansätze der letztgenannten Strategie finden sich, wie wir noch sehen werden, in EstAT.

aus dem Munde der literarischen Figuren den Bericht von Gottes Handeln auf der Erzählebene ergänzt.

3.6.3.2 Gott als Schöpfer

In engem Zusammenhang mit der Charakterisierung Gottes als allmächtigem Herrscher steht das Bekenntnis zu seiner Schöpfertätigkeit in C,3 (vgl. die oben besprochenen, im unmittelbaren Kontext auftretenden Herrschaftsprädikate in C,2.4). So bekennt Mordechai hier als eine der vielen Taten Gottes (vgl. die erzählerische Zusammenfassung C,1) die Erschaffung der Welt:

> σὺ ἐποίησας τὸν οὐρανὸν καὶ τὴν γῆν καὶ πᾶν θαυμαζόμενον ἐν τῇ ὑπ' οὐρανὸν,
>
> du hast den Himmel und die Erde gemacht und alles Bewundernswerte auf ihr unter dem Himmel,
> EstLXX C,3

Bemerkenswerterweise bleibt dies jedoch der einzige direkte Verweis auf Gottes Schöpfung in EstLXX. Somit begründet und komplementiert dieser Aspekt der Theologie des Textes zwar Gottes Allmacht (über seine Schöpfung), doch steht er im Vergleich zu anderen genannten Eigenschaften eher im Hintergrund.

3.6.3.3 Der höchste Gott

Gott als Schöpfer und Allherrscher ist für die Figuren in EstLXX zugleich der höchste Gott und König der Götter. Dies kann bereits in den oben genannten Allmachts-Aussagen impliziert sein, wird aber an einigen Stellen auch explizit geäußert. So spricht Esther ihren Gott als βασιλεῦ τῶν θεῶν, „König der Götter" (C,23) an, bezeichnenderweise verbunden mit der oben bereits erwähnten Aussage πάσης ἀρχῆς ἐπικρατῶν, „Herrscher über jede Macht". Auch im Namen des persischen Königs wird im zweiten Edikt ein Bekenntnis zur herausragenden Stellung des „höchsten, größten, lebendigen Gottes" (ὑψίστου μεγίστου ζῶντος θεοῦ E,16) ausgegeben, in dem eine jüdische Leserschaft eine Referenz auf den Gott Israels erkannt haben wird. Die auch in anderen Teilen der frühjüdischen Überlieferung zuweilen begegnende Vorstellung vom Gott Israels als dem höchsten Gott[501] oder König der Götter[502] betont seine in jeder Hinsicht überlegene Machtposition.

---

501 Vgl. Herbert Niehr, *Der höchste Gott: Alttestamentlicher JHWH-Glaube im Kontext syrischkanaanäischer Religion des 1. Jahrtausends v. Chr.*, BZAW 190 (Berlin: De Gruyter, 1990), 43–94. Nach Niehr ist die Charakterisierung des Gottes Israels als „höchster Gott" – in der Hebräischen

Die Bezeichnung „König der Götter" ist allerdings keineswegs *per se* bereits ein exklusiv-monotheistisches Bekenntnis, sondern setzt ursprünglich die Existenz anderer Gottheiten voraus. Nichtsdestoweniger kann die Metapher des göttlichen Königs bzw. Götter-Königs auch im Rahmen monotheistischer Theologien noch Verwendung finden, wie es auch Teile der Hebräischen Bibel belegen.[503] Doch wäre hier zunächst zu fragen, ob die Götterkönigsvorstellung im konkreten Fall denn mit einem explizit monotheistischen Bekenntnis verbunden wird, d. h.: Wird die Existenz anderer Gottheiten negiert und ein Gott als einziger Gott bezeichnet? Dies ist meiner Interpretation nach in EstLXX nicht der Fall. Alle hier

---

Bibel meist mit dem Titel עליון ausgedrückt – synonym mit seiner Bezeichnung als „Gott des Himmels". Dasselbe gelte für die entsprechenden griechischen Ausdrücke θεὸς ὕψιστος und θεὸς τοῦ οὐρανοῦ in der Septuaginta (vgl. 61– 68).

502 Dabei ist zu beachten, dass der Ausdruck βασιλεῦς τῶν θεῶν in der Septuaginta sonst lediglich in DtnLXX 9,26 vorkommt und dort keine Parallele im Masoretischen Text findet. Als direkte hebräische Entsprechung wäre מלך האלהים anzunehmen – eine Wendung, die allerdings in der Hebräischen Bibel nicht belegt ist. Sachlich verwandte Aussagen finden sich etwa in Dtn 10,17; Ps 86,8; 95,3; 97,9; 136,2. Es ist vermutet worden, dass die Bezeichnung βασιλεῦς τῶν θεῶν einen ägyptischen Hintergrund hat, was aber fraglich bleibt; vgl. Stefan Pfeiffer, „Ägyptische Elemente im Griechischen der LXX," in *Handbuch zur Septuaginta/Handbook of the Septuagint Bd. 3: Die Sprache der Septuaginta*, hrsg. v. Eberhard Bons und Jan Joosten (Gütersloh: Gütersloher Verlagshaus, 2016), 231– 245, 244. Pfeiffer weist darauf hin, dass auch in Qumran-Texten vom „König der Götter" die Rede ist; vgl. dazu auch Anna M. Schwemer, „Gott als König und seine Königsherrschaft in den Sabbatliedern aus Qumran" in *Königsherrschaft Gottes und himmlischer Kult im Judentum, Urchristentum und in der hellenistischen Welt*. Vgl. weiterhin Ingo Kottsieper, „Zusätze zu Ester" in *Das Buch Baruch. Der Brief des Jeremia. Zusätze zu Ester und Daniel*, 175, wo außerdem auf den Gebrauch der Bezeichnung βασιλεῦς τῶν θεῶν bei Philo hingewiesen wird; vgl. dazu Naoto Umemoto, „Die Königsherrschaft Gottes bei Philon," in *Königsherrschaft Gottes und himmlischer Kult im Judentum, Urchristentum und in der hellenistischen Welt*, hrsg. v. Martin Hengel und Anna M. Schwemer, WUNT 55 (Tübingen: Mohr, 1991), 207– 256, 219– 221.

503 Dieser Fall wird mit Blick auf Ps 29; 93 diskutiert bei Sven Petry, *Die Entgrenzung JHWHs: Monolatrie, Bilderverbot und Monotheismus im Deuteronomium, in Deuterojesaja und im Ezechielbuch*, FAT.2 27 (Tübingen: Mohr Siebeck, 2007), 119– 120 (vgl. 114– 118). In den hier bezeugten Aussagen zum Königtum und Götterkönigtum des Gottes Israels findet sich kein explizites monotheistisches Bekenntnis, sondern sie lassen „sich im Rahmen einer vorexilischen Jhwh-Monolatrie verstehen, die ihrerseits vor dem Hintergrund einer sich während des 1. Jt. v. Chr. vollziehenden Reduzierung der Panthea in ganz Syrien-Palästina gesehen werden muss." Gleichwohl finden die ursprünglich aus dem polytheistischen Kontext erwachsenen Vorstellungen auch in der Endgestalt der Hebräischen Bibel Verwendung, dort aber eingebettet in eine im Ganzen monotheistische Konzeption, die im Ergebnis nicht mehr an der Einzigkeit Gottes zweifelt. Die Transformation älterer, gemein-kanaanäischer Vorstellungen vom Königtum und Götterkönigtum eines Hauptgottes hat sich schrittweise vollzogen; vgl. Reinhard G. Kratz, „Der Mythos vom Königtum Gottes in Kanaan und Israel," *ZThK* 100 (2003). Die monotheistische Idee ist dabei weder Anfang noch Zentrum der *interpretatio israelitica*.

bereits diskutierten Gottesbezeichnungen können den Gedanken der Einzigkeit Gottes zwar implizieren, doch wird dieser nirgends positiv ausgesprochen, d. h. die Existenz anderer Gottheiten wird nicht explizit negiert. Die einzige Stelle, die hierzu herangezogen werden könnte, entstammt wiederum Esthers Gebet:

> καὶ ἐδεῖτο κυρίου θεοῦ Ισραηλ καὶ εἶπεν Κύριέ μου ὁ βασιλεὺς ἡμῶν, σὺ εἶ μόνος· βοήθησόν μοι τῇ μόνῃ καὶ μὴ ἐχούσῃ βοηθὸν εἰ μὴ σέ,
> EstLXX C,14

Die hier wiedergegebene, in der Göttinger Edition angebotene Interpunktion legt die folgende Übersetzung nahe:

> Und sie betete zum Herrn, dem Gott Israels, und sagte: „Mein Herr, unser König, du bist einzig; hilf mir, die ich allein bin und keinen Helfer habe außer dir,"

In dieser Lesart könnte die Phrase tatsächlich als ein monotheistisches Bekenntnis im o. g. Sinne verstanden werden. Dies erscheint mir aber insofern unwahrscheinlich, als hier keine Vergleichsebene genannt würde. Es würde nicht klar, ob Esther ihren Gott als einzigen König, einzigen Gott, einzigen Herrscher etc. bezeichnet. Damit würde sich diese Stelle auch deutlich von ähnlichen Aussagen in anderen Septuaginta-Texten abheben, in denen die „Rolle", in der Gott als einzigartig bezeichnet wird, stets deutlich gemacht wird.[504] Daher erscheint es mir angemessener, EstLXX C,14 wie folgt zu lesen und zu übersetzen:

> καὶ ἐδεῖτο κυρίου θεοῦ Ισραηλ καὶ εἶπεν Κύριέ μου, ὁ βασιλεὺς ἡμῶν σὺ εἶ μόνος· βοήθησόν μοι τῇ μόνῃ καὶ μὴ ἐχούσῃ βοηθὸν εἰ μὴ σέ,
>
> Und sie betete zum Herrn, dem Gott Israels, und sagte: „Mein Herr, du allein bist unser König; hilf mir, die ich allein bin und keinen Helfer habe außer dir,

Die hier vorgeschlagene Lesart passt hervorragend in den Kontext des Septuaginta-Sprachgebrauchs und der bereits diskutierten „Hoheitstitel".[505] Esther stellt

---

504 Vgl. z. B. 2SamLXX 19,15; 2Esdr 9,6; PsLXX 85,10; JesLXX 10,8; DanOG/DanTH 3,45. Vgl. Ingo Kottsieper, „Zusätze zu Ester" in *Das Buch Baruch. Der Brief des Jeremia. Zusätze zu Ester und Daniel*, 172.

505 Ähnlich übersetzt Karen H. Jobes, „Esther" in *A New English Translation of the Septuagint*: „O my Lord, you alone are our king"; in ähnlichem Sinne Esther Menn, „Prayer of the Queen" in *Religion and the Self in Antiquity*, 73. Vgl. außerdem Moore, *Daniel, Esther and Jeremiah, the Additions*, 208: „My Lord, only you are our king!"; vgl. 210. Nicht ganz konsequent ist Moore, wenn er sodann in seinem Kommentar in C,14 ein Bekenntnis zum Gott Israels als „the only true God" (213) erkennen will. Ähnlich auch Beate Ego, „Die Theologie der Estererzählung in der Septuaginta" in *Text – Textgeschichte – Textwirkung*, 233, die übersetzt: „Wie Mordekhai kann Ester auch Gott als

ihren Gott, den alleinigen König ihres Volkes, dem persischen Herrscher gegenüber. Erneut ergibt sich damit eine inhaltliche Spannung zur grundlegenden Akzeptanz der Herrschaft des Artaxerxes, die sich in EstLXX insgesamt zeigt. Sie wird konzeptionell dadurch gelöst, dass der Perserkönig als Medium des göttlichen Herrschaftshandelns erscheint, wie noch weiter zu erläutern sein wird.

Wie gezeigt, wird der Gott Israels in EstLXX nirgends unter Negation anderer Gottheiten explizit als einziger Gott bezeichnet, sodass wir, streng genommen, nicht von einer monotheistischen, sondern von einer henotheistischen Gottesvorstellung sprechen müssen. Diese lässt das Bekenntnis zum „höchsten, größten, lebendigen Gott" im königlichen Edikt (E,16) literarisch glaubwürdiger erscheinen. Doch steht die Frage nach dem Verhältnis (oder Nicht-Verhältnis) des höchsten Gottes zu möglichen anderen Gottheiten in EstLXX schlicht nicht im Fokus. Hierin besteht eine wesentliche Differenz zu EstAT, wie sich noch zeigen wird. Statt auf eine theologische Erörterung des Götterhimmels konzentriert sich EstLXX auf das Machtverhältnis zwischen Gott und König, wie es auch C,14 im Verbund mit den übrigen bereits diskutierten Charakterisierungen demonstriert. Somit dient das Bild des höchsten Gottes, wie es sich in EstLXX spiegelt, vorrangig dazu, die unbegreifliche Machtfülle des Gottes Israels gegenüber jeder weltlichen Macht hervorzuheben und damit das politisch-theologische Profil des Werkes zu schärfen.

3.6.3.4 Der allwissende Gott

Als logischer Teil der Allmacht Gottes wird in EstLXX auch seine Allwissenheit angesprochen, so etwa im Gebet Mordechais. Dessen bereits erörterte Rechtfertigung der Proskynese-Verweigerung wird eingeleitet mit dem Bekenntnis: „Du erkennst alles; du weißt, Herr, dass ich dies nicht getan habe aus Anmaßung oder Stolz oder Ruhmsucht" (σὺ πάντα γινώσκεις· σὺ οἶδας, κύριε, ὅτι οὐκ ἐν ὕβρει

---

den einzigen König anrufen". Ego wird ebenfalls etwas ungenau, wenn sie sodann formuliert: „Ester bekennt hier, ganz in der Tradition der alttestamentlichen Gebetssprache, den Gott Israels als den alleinigen *Gott und König*" (234; Hervorhebung S. B.). Anders und m. E. nicht treffend übersetzen Kristin De Troyer und Marie-Theres Wacker, „Esther" in *Septuaginta Deutsch*: „Mein Herr, unser König, du bist der alleinige."; vgl. Kristin De Troyer und Marie-Theres Wacker, „Esther – Das Buch Ester (LXX und A-Text)" in *Septuaginta Deutsch Erläuterungen und Kommentare*, 1278 mit Verweis auf Marie-Theres Wacker, „Mit Tora und Todesmut dem einen Gott anhangen: Zum Estherbild der Septuaginta," in *Dem Tod nicht glauben: Sozialgeschichte der Bibel*, hrsg. v. Frank Crüsemann et al. (Gütersloh: Gütersloher Verlagshaus, 2004), 312–332; Hans Bardtke, „Zusätze zu Esther" in *Historische und legendarische Erzählungen*, 42 m. Anm. a) und b). Auch Day, *Three Faces of a Queen*, 69 erkennt zwar: „The phrase σὺ εἶ [sic!] μόνος is ambiguous", scheint den Ausdruck aber dennoch nicht im Zusammenhang mit ὁ βασιλεὺς ἡμῶν zu verstehen.

οὐδὲ ἐν ὑπερηφανίᾳ οὐδὲ ἐν φιλοδοξίᾳ ἐποίησα τοῦτο C,5). Gottes „Erkennen"
wird hier von menschlichem Erkennen abgegrenzt, indem es sich explizit auf
„alles" richtet und damit hier etwa auch Mordechais Gedanken und Gefühle
einbezieht. Ähnlich verhält es sich auch mit Esthers Gottesbeziehung:

> [...] πάντων γνῶσιν ἔχεις (26) καὶ οἶδας ὅτι ἐμίσησα δόξαν ἀνόμων καὶ βδελύσσομαι κοίτην
> ἀπεριτμήτων καὶ παντὸς ἀλλοτρίου. (27) σὺ οἶδας τὴν ἀνάγκην μου, ὅτι βδελύσσομαι τὸ
> σημεῖον τῆς ὑπερηφανίας μου, ὅ ἐστιν ἐπὶ τῆς κεφαλῆς μου ἐν ἡμέραις ὀπτασίας μου· βδε-
> λύσσομαι αὐτὸ ὡς ῥάκος καταμηνίων καὶ οὐ φορῶ αὐτὸ ἐν ἡμέραις ἡσυχίας μου.

> [...] Du hast Kenntnis von allem (26) und weißt, dass ich den Glanz der Gesetzlosen gehasst
> habe und den Geschlechtsverkehr mit Unbeschnittenen und einem ganz Andersartigen
> verabscheue. (27) Du weißt um meine Notlage: Ich verabscheue das Zeichen meines Stolzes,
> das an den Tagen meines öffentlichen Auftretens auf meinem Kopf ist; ich verabscheue es
> wie den Stofffetzen meiner Menstruation, und ich trage es nicht an den Tagen, an denen ich
> meine Ruhe habe.
> EstLXX C,25–27

In Gottes Kenntnis aller Dinge ist für Esther also selbstverständlich auch sein
Wissen um ihre Notlage und ihre Gedanken eingeschlossen. Eine der seltenen
Aussagen über Gott aus der Erzähler-Perspektive in D,2 versichert in ähnlicher
Weise, Gott sei „Aufseher" über alle Dinge:[506]

> καὶ γενηθεῖσα ἐπιφανὴς ἐπικαλεσαμένη τὸν πάντων ἐπόπτην θεὸν καὶ σωτῆρα παρέλαβεν
> τὰς δύο ἅβρας

> und als sie überaus ansehnlich geworden war, nachdem sie Gott als Aufseher über alle Dinge
> und Retter angerufen hatte, nahm sie die beiden persönlichen Sklavinnen mit;
> EstLXX D,2

Und zuletzt findet sich auch zur Allwissenheit Gottes wiederum eine Aussage im
zweiten Edikt, wenn es heißt, Gott beobachte alle Dinge (τοῦ τὰ πάντα κατοπτεύοντος ἀεὶ θεοῦ E,4). Gottes Überblick über die Dinge wird hier als Voraussetzung für sein gerechtes Gericht und Urteil verstanden.

3.6.3.5 Der richtende Gott
Gottes herrschaftliche Macht und sein umfangreiches Wissen über die Dinge ermöglichen es ihm, Gericht über alle Menschen zu sprechen und die entsprechenden Urteile zu vollstrecken. Diese in unzähligen religiösen Traditionen einer
göttlichen Instanz zugesprochene, politisch-herrschaftliche Aufgabe wird auch in

---

506 Allerdings wird hier auf Esthers Gebet und auf ihre Bekenntnisse Bezug genommen.

EstLXX zum wichtigen Baustein einer politischen Theologie. So ist etwa an der soeben bereits angesprochenen Stelle im königlichen Edikt die Rede von der fruchtlosen Hoffnung der Übeltäter/-innen, dem göttlichen Urteil zu entfliehen:

> καὶ τὴν εὐχαριστίαν οὐ μόνον ἐκ τῶν ἀνθρώπων ἀνταναιροῦντες, ἀλλὰ καὶ τοῖς τῶν ἀπει-
> ραγάθων κόμποις ἐπαρθέντες τοῦ τὰ πάντα κατοπτεύοντος ἀεὶ θεοῦ μισοπόνηρον ὑπολαμ-
> βάνουσιν ἐκφεύξεσθαι δίκην.

> Und während sie nicht nur den Menschen die Dankbarkeit wegnehmen, sondern sich auch brüsten mit den Prahlereien derer, die das Gute nicht kennen, nehmen sie an, dem das Böse hassenden Urteil des alle Dinge immer beobachtenden Gottes entfliehen zu können.
> EstLXX E,4

Dementsprechend wird auch die Exekution Hamans und seines gesamten Haushalts als göttliches Gericht interpretiert:

> διὰ τὸ αὐτὸν τὸν ταῦτα ἐξεργασάμενον πρὸς ταῖς Σούσων πύλαις ἐσταυρῶσθαι σὺν τῇ
> πανοικίᾳ, τὴν καταξίαν τοῦ τὰ πάντα ἐπικρατοῦντος θεοῦ διὰ τάχους ἀποδόντος αὐτῷ
> κρίσιν,

> weil der, der diese Dinge verursacht hat, vor den Toren Susas gekreuzigt worden ist mit (seinem) ganzen Haus; denn der alle Dinge beherrschende Gott hat ihm schnell das passende Gericht zuteil werden lassen,
> EstLXX E,18

Wohlgemerkt bestraft Gott in dieser Vorstellung keineswegs die gesamte nicht-jüdische Umwelt (die „Völker"), sondern gezielt diejenigen, die die jüdische Gemeinschaft gefährdet haben. Gottes Urteil und Strafe richten sich hier zunächst allerdings auch gegen die jüdische Gemeinschaft selbst. Deren Gefährdung kann Esther geradezu als Strafe Gottes für Israels Götzendienst interpretieren:

> καὶ νῦν ἡμάρτομεν ἐνώπιόν σου, καὶ παρέδωκας ἡμᾶς εἰς χεῖρας τῶν ἐχθρῶν ἡμῶν, (18) ἀνθ'
> ὧν ἐδοξάσαμεν τοὺς θεοὺς αὐτῶν· δίκαιος εἶ, κύριε.

> Und nun haben wir uns vor dir verfehlt, und du hast uns in die Hände unserer Feinde gegeben, (18) weil wir ihre Götter geehrt haben; du bist gerecht, Herr.
> EstLXX C,17–18

Die Aussage steht im Kontext der Erinnerung an die Geschichte Israels mit seinem Gott (C,16) und bietet eine an deuteronomistischer Geschichtssicht orientierte Interpretation der Geschehnisse. Dementsprechend ist die schlimme Lage Israels Folge seiner Abgötterei, Gottes Strafgericht ist gerechtfertigt und Gott selbst damit gerecht. Die schließliche Rettung seines Volkes wiederum (s. u.) lässt sich in EstLXX als Kehrseite von Gottes Gericht an den Feinden verstehen.

3.6.3.6 Der Gott Abrahams und Israels

Das Verhältnis des Gottes Israels zu seinem Volk ist ein wichtiges Element der Theologie von EstLXX. Dies belegt zunächst der bereits angesprochene Rahmenabschnitt F,6–10, in dem stark zwischen „Israel" und „den Völkern" unterschieden wird: Zwei Lose (κλήροι F,7.8) symbolisieren die von Gott vorgenommene Trennung zwischen seinem Volk und dem Rest der Menschheit.[507] Im Hauptteil der Erzählung findet dies seinen Ausdruck in der Erinnerung an den Exodus (C,9), in den Titulaturen „Gott Abrahams" (θεὸς Αβρααμ C,8.29) und „Gott Israels" (θεὸς Ισραηλ C,14, hier auf der Erzählebene) sowie in der Charakterisierung Israels als Gottes Erbbesitz. Letzterer Gedanke wird durch den Begriff μέρις (C,9), vor allem aber durch das Wortpaar κλῆρος und κληρονομία ausgedrückt (C,8.10.16.20; vgl. F,7–10) dessen Bedeutung insbesondere Ulrike Mittmann-Richert herausgestellt hat.[508] Sie sieht darin das in der Hebräischen Bibel vor allem unter dem Begriff נַחֲלָה verhandelte Konzept eines bindenden Rechtsverhältnisses zwischen dem Volk Israel und seinem Gott reflektiert: „Im Vordergrund steht die aus der historischen Religionsverfolgung gewonnene Erkenntnis, daß Gottes Bindung an sein Volk unzerstörbar ist, und zwar aufgrund der rechtlichen Bindung Gottes an sein Volk." Diese ist von keiner der beiden Parteien auflösbar: „Erbe ist unveräußerlich."[509]

In ähnlichem Sinne wird im zweiten Edikt die jüdische Gemeinschaft als das „erwählte Geschlecht" (ἐκλεκτὸς γένος E,21) und als „Kinder Gottes" (υἱοὶ τοῦ θεοῦ E,16) bezeichnet. Gerade die Rede von der Gotteskindschaft verdeutlicht in besonderem Maße, dass das Bindungsverhältnis zwischen Israel und seinem Gott als exklusiv und unwiderruflich zu verstehen ist; so meint auch Mittmann-Richert: „Sowenig Gott seinen Erbteil veräußern kann, so wenig kann dieses sich selbst fremden Besitzern übereignen".[510] Theologisch ergibt dies – vor dem Hintergrund der Idee der unbeschränkten Macht Gottes – nur Sinn, wenn die Bindung Gottes an sein Volk als freiwillige Selbstbindung verstanden wird. Damit sind die Kernpunkte dieses biblischen Konzepts wiedergegeben, wie es hier im Sprachgebrauch der Septuaginta begegnet. Dass Israel als ausschließlich unter der Macht seines Gottes stehend gedacht wird, heißt allerdings auch, dass die in EstLXX erzählte Bedrohung der jüdischen Gemeinschaft als Strafe Gottes, des für Israel allein zuständigen Richters, interpretiert werden *muss*. Daraus erklärt sich

---

507 Vgl. Kap. 3.5.
508 Vgl. Mittmann-Richert, *Einführung zu den historischen und legendarischen Erzählungen*, insbes. 106–109. Vgl. dazu die Bemerkungen in Anm. 84.
509 Mittmann-Richert, *Einführung zu den historischen und legendarischen Erzählungen*, 107.
510 Mittmann-Richert, *Einführung zu den historischen und legendarischen Erzählungen*, 107.

die oben diskutierte Aussage in C,17–18 zum gerechten Urteil Gottes über sein Volk.

3.6.3.7 Der rettende Gott

So, wie der Gott Israels als Richter für die gerechte Bestrafung der jüdischen Gemeinschaft zuständig ist, ist er doch gleichzeitig deren Retter und Helfer (so auch die bereits angesprochene übergreifende Interpretation in F,6). In diesem Sinne erinnert Mordechai in seinem Gebet an den Exodus (C,9) und hofft auf den Willen Gottes, Israel auch jetzt zu retten (C,2).

Esther wendet sich an ihren Gott als ihren einzigen Helfer,[511] ausgedrückt durch das Wortfeld βοηθέω/βοηθός (C,14). Damit wird eine Sprachform aufgenommen, die insbesondere im Septuaginta-Psalter prominent vertreten ist, wie Eberhard Bons herausgestellt hat.[512] Bons zeigt, dass sich hier ein Konzept von Gott als dem (einzigen) βοηθός herausbildet, das vereinzelte Vorbilder in der griechischen Gebetssprache hat, sich aber auch in Eingaben an Könige und andere Mächtige im hellenistischen Umfeld findet.[513] Für die Interpretation von EstLXX ist dabei insbesondere die Beobachtung interessant, dass βοηθός als Gottesbezeichnung in griechischer Literatur oft in einem militärischen Kontext erscheint, teils gar in Parallele zu σύμμαχος.[514] Dieser Sprachgebrauch findet sich sodann auch bei Josephus in seiner Darstellung des Exodus und der Eroberung des Landes,[515] gehört also spätestens hier auch zum Inventar jüdisch-hellenistischer religiöser Sprache. Dass Esther in EstLXX ihren Gott als einzigen βοηθός bezeichnet und ihr persönliches Schicksal dabei ausdrücklich mit dem ihrer jüdischen Brüder und Schwestern verbindet (C,25.30),[516] ergibt vor diesem Hinter-

---

511 Vgl. zum traditionsgeschichtlichen Hintergrund dieser Vorstellung Isac L. Seeligmann, „Menschliches Heldentum und göttliche Hilfe: Die doppelte Kausalität im alttestamentlichen Geschichtsdenken," *ThZ* 19, Nr. 6 (1963), 408–411.

512 Vgl. Eberhard Bons, „The Noun βοηθός as a Divine Title: Prolegomena to a Future HTLS Article," in *The Reception of Septuagint Words in Jewish-Hellenistic and Christian Literature*, hrsg. v. Eberhard Bons, Ralph Brucker und Jan Joosten, WUNT II 367 (Tübingen: Mohr Siebeck, 2014), 53–66.

513 Vgl. Eberhard Bons, „The Noun βοηθός as a Divine Title" in *The Reception of Septuagint Words in Jewish-Hellenistic and Christian Literature*, 60–61 (mit Beispielen).

514 Vgl. Eberhard Bons, „The Noun βοηθός as a Divine Title" in *The Reception of Septuagint Words in Jewish-Hellenistic and Christian Literature*, 55–57 (Quellenbelege s. dort).

515 Ant 3,302; vgl. Eberhard Bons, „The Noun βοηθός as a Divine Title" in *The Reception of Septuagint Words in Jewish-Hellenistic and Christian Literature*, 64–65.

516 In diesem Zusammenhang sei Mordechais Hinweis auf „Hilfe und Schutz von anderswoher" (ἄλλοθεν βοήθεια καὶ σκέπη 4,14) erwähnt, wobei EstLXX hier ebenso wie EstMT und EstVL gerade

grund guten Sinn: Der Text hebt damit den Aspekt des (bewaffneten) Kampfes auf Leben und Tod hervor, den die jüdische Gemeinschaft ausfechten muss und in dem sie am Ende mit der Vernichtung ihrer Feinde triumphieren wird. Dabei wird an keiner Stelle des Textes der König als βοηθός angerufen – obwohl dies für eine hellenistische Leserschaft nahegelegen hätte –, sondern ausschließlich Gott.[517] Mit diesem Sprachgebrauch wird die politisch-theologische Aussage unterstrichen, dass letztlich nur Gott in der Lage ist, den Verlauf des Konfliktes zugunsten von Esther und ihrem Volk zu beeinflussen.

Ein thematisch verwandter Begriff wird in D,2 eingeführt, wenn Gott als σωτήρ, „Retter" bezeichnet wird – hier zwar auf der Erzählebene, doch mit Bezug auf Esthers Rede. Der Titel σωτήρ/σώτειρα erhält im Kontext von EstLXX besondere Brisanz durch seine mannigfaltige Verwendung in der hellenistischen Welt.[518] Er wird hier nicht nur einer Reihe traditioneller Gottheiten verschiedenster Herkunft beigelegt,[519] sondern wird auch zu einem der prominentesten Beinamen hellenistischer Monarchinnen und Monarchen, wobei er auch hier oft religiöse Bedeutung erhält.[520] In EstLXX ist umgekehrt deutlich, dass neben der kultischen Relevanz hier vor allem die politische Dimension des Soter-Titels betont wird: Gott wird dazu aufgerufen, die jüdische Gemeinschaft aus den Wid-

---

nicht explizit auf Gott Bezug nimmt. Anders handhaben dies EstAT und EstJos, wo Mordechai an dieser Stelle Hilfe von Gott erwartet.

517 In EstLXX 8,11; 9,16 wird βοηθέω ἑαυτοῖς/αὐτοῖς als Aktivität der Jüdinnen und Juden genannt.

518 In der Hebräischen Bibel finden sich verschiedene Äquivalente zum griechischen Ausdruck, die in den meisten Fällen von der Wurzel ישע gebildet sind.

519 Der Titel Σωτήρ ist einer derjenigen Beinamen, die in der griechischen Tradition in Bezug auf fast alle Gottheiten Verwendung finden können. Zum Konzept göttlicher Rettung im Allgemeinen vermutet Theodora S. F. Jim, „Can Soteira Be Named? The Problem of the Bare Trans-Divine Epithet," *ZPE* 195 (2015), 72 auf Basis epigraphischer Belege: „Σωτηρία was such a central concern to the ancient Greeks that the abstract concept itself could receive cult and worship" (Quellenbelege s. dort).

520 Nach Christian Habicht, *Gottmenschentum und griechische Städte*, 2. Aufl., Zet. 14 (München: Beck, 1970), 156–159 ist zu unterscheiden zwischen den offiziellen, reichseinheitlichen und feststehenden Beinamen hellenistischer Königinnen und Könige und dem Gebrauch von Titeln wie etwa σωτήρ als Prädikatsbegriffen. Diese werden nicht zum festen Namensbestandteil, sondern gründen sich auf tatsächliche (oder behauptete) Taten der oder des Geehrten, bleiben dabei aber optional und flexibel. Sie weisen nach Habicht stets auf kultische Verehrung hin: So „zeigen die ursprünglich den Göttern und Heroen vorbehaltenen Beinamen ‚Theos' und ‚Soter' stets einen Kult dessen an, dem sie beigelegt werden. Trotzdem haben diese Vokabeln, wo sie einem im Kult verehrten Menschen gegeben werden, nicht die Funktion eines Kultnamens, wenn darunter ein fester Bestandteil des Namens zu verstehen ist, der die spezifische Eigenart des Gottes zum Ausdruck bringt" (157). Vgl. im Ganzen auch Klaus Zimmermann, „Soter," *DNP* 11.

rigkeiten der politischen Umstände zu befreien; betont wird seine Retterrolle für Israel, auch wenn er im Ganzen Macht über das All hat und das Schicksal der Welt bestimmen kann.

3.6.3.8 Der schicksalsbestimmende Gott

Die Vorstellung von Gottes Allmacht steht in unmittelbarem Zusammenhang mit der Überzeugung, dass er auch das Schicksal Einzelner und die Geschichte insgesamt bestimmen kann. Diese bereits im Rahmen (A,11; vgl. F,6–9) anklingende Idee wird insbesondere in Esthers Gebet wieder aufgenommen, wenn diese ihren Gott um konkrete Handlungen und Hilfeleistungen bittet:

> μὴ παραδῷς, κύριε, τὸ σκῆπτρόν σου τοῖς μὴ οὖσιν, καὶ μὴ καταγελασάτωσαν ἐν τῇ πτώσει ἡμῶν, ἀλλὰ στρέψον τὴν βουλὴν αὐτῶν ἐπ' αὐτούς, τόν δὲ ἀρξάμενον ἐφ' ἡμᾶς παραδειγμάτισον. (23) μνήσθητι, κύριε, γνώσθητι ἐν καιρῷ θλίψεως ἡμῶν καὶ ἐμὲ θάρσυνον, βασιλεῦ τῶν θεῶν καὶ πάσης ἀρχῆς ἐπικρατῶν. (24) δὸς λόγον εὔρυθμον εἰς τὸ στόμα μου ἐνώπιον τοῦ λέοντος καὶ μετάθες τὴν καρδίαν αὐτοῦ εἰς μῖσος τοῦ πολεμοῦντος ἡμᾶς εἰς συντέλειαν αὐτοῦ καὶ τῶν ὁμονοούντων αὐτῷ· (25) ἡμᾶς δὲ ῥῦσαι ἐν χειρί σου καὶ βοήθησόν μοι [...]

> Übergib, Herr, deinen Stamm[521] nicht den Nichtseienden, und sie sollen uns bei unserem Sturz nicht verlachen, vielmehr wende ihren Beschluss gegen sie; den aber, der (die Sache) gegen uns begonnen hat, mache zum Beispiel! (23) Erinnere dich, Herr, gib dich zu erkennen zur Zeit unserer Bedrückung und ermutige mich, König der Götter und Herrscher über jede Macht! (24) Leg eine wohlgeordnete Rede in meinen Mund im Angesicht des Löwen, und wende sein Herz um zum Hass gegen den, der uns bekriegt, zu seinem Ende und dem derjenigen, die ihm zustimmen; (25) Uns aber errette mit deiner Hand und hilf mir [...]
> EstLXX C,22–25

In ähnlicher Weise setzt auch C,30 voraus, dass es Gott möglich ist, in jeden Bereich des Lebens und der Geschichte wirksam einzugreifen (vgl. den Verweis auf die ἔργα κυρίου, „Taten des Herrn" in C,1). Seine Macht, die Gegebenheiten zu verändern, wird ausweislich dieser Belege als unbegrenzt verstanden und umfasst sowohl einen Einfluss auf die Gedanken und Gefühle von Menschen als auch die Fähigkeit, die Geschichte im Ganzen zu bestimmen und zu wenden. Auch im zweiten Edikt findet sich wiederum eine Referenz zu dieser Idee, wenn in E,21 die Wendung des Schicksals für die jüdische Bevölkerung als vom allmächtigen Gott veranlasst interpretiert wird.

---

521 Vgl. zur Übersetzung die Diskussion in Kap. 3.6.3.1.

3.6.3.9 Die δόξα Gottes

Die Charakterisierung Gottes als Herrscher und König in EstLXX wird mit seiner δόξα verbunden,[522] was in Mordechais bereits besprochener Erläuterung seiner Proskynese-Verweigerung zum Ausdruck kommt (C,5–7).[523] Mit der δόξα wird hier also die Proskynese als Zeichen der Ehrerbietung in Verbindung gebracht; in beiden Aspekten wird der in solch besonderen Fällen konkurrierende Anspruch menschlicher (Haman und der König) und göttlicher Autorität verdeutlicht. Nach EstLXX kommt δόξα, wie oben dargestellt, auch Menschen zu, zuvorderst allerdings dem Gott Israels und seinem Tempel (C,20), daher ist es auch Gott allein, der Verehrung und Lob verdient (vgl. C,10).

3.6.3.10 Der lebendige Gott

Ein letzter hier zu nennender Aspekt ist die Bezeichnung „lebendiger Gott", die nicht in den Gebeten Esthers und Mordechais vorkommt, sondern lediglich im zweiten Edikt genannt wird (ὁ ζῶν θεός E,16) und außerdem Hamans Freunden und seiner Ehefrau Zosara in den Mund gelegt wird. Nachdem Haman mit der Ehrung Mordechais eine empfindliche Kränkung erleiden musste, erläutern sie ihm ihre Deutung der Situation:

> καὶ διηγήσατο Αμαν τὰ συμβεβηκότα αὐτῷ Ζωσάρᾳ τῇ γυναικὶ αὐτοῦ καὶ τοῖς φίλοις, καὶ εἶπαν πρὸς αὐτὸν οἱ φίλοι καὶ ἡ γυνή Εἰ ἐκ γένους Ἰουδαίων Μαρδοχαῖος, ἦρξαι ταπεινοῦσθαι ἐνώπιον αὐτοῦ, πεσὼν πεσῇ· οὐ μὴ δύνῃ αὐτὸν ἀμύνασθαι, ὅτι θεὸς ζῶν μετ' αὐτοῦ.

> Und Haman berichtete Zosara, seiner Frau, und seinen Freunden, was ihm passiert war, und die Freunde und die Frau sagten zu ihm: „Wenn Mordechai aus dem Geschlecht der Juden ist – du hast angefangen vor ihm erniedrigt zu werden –, wirst du fallen, wenn du fällst:[524] Du kannst ihn nicht abwehren, denn ein lebendiger Gott ist mit ihm.
> EstLXX 6,13

Da die Aussage hier nicht-jüdischen Menschen in den Mund gelegt wird, bezieht sie sich in der Erzähllogik nicht unbedingt und nicht explizit auf den Gott Israels.

---

522 Vgl. die Ausführungen zur δόξα in Kap. 3.1.3.
523 Vgl. Kap. 3.3.2.
524 Die griechische Wiedergabe entspricht der *figura etymologica* נָפוֹל תִּפּוֹל in EstMT, die die Aussage verstärkt, also etwa mit „du wirst ganz sicher fallen" zu übersetzen wäre. Leser/-innen des griechischen Textes ohne Hintergrundwissen zur hebräischen Vorlage bzw. zur hebräischen Sprache hätten die Wendung allerdings eher im – schwer verständlichen – Sinne der hier gebotenen Übersetzung verstanden.

Nichtsdestoweniger wird der Titel θεὸς ζῶν bei den jüdischen Adressatinnen und Adressaten von EstLXX (auch) mit dem Gott Israels assoziiert worden sein.[525]

3.6.4 Gott als Akteur auf der Erzählebene

Die Charakterisierung Gottes in den Reden der menschlichen Figuren wird ergänzt durch Aussagen über das Handeln Gottes auf der Erzählebene. EstLXX weiß von zwei entscheidenden Szenen, in denen göttliche Intervention eine Rolle spielt. In der Thronsaal-Szene (D,1–5,5), in die die Lesenden mit den Augen Esthers eingeführt werden, dominiert der Gegensatz zwischen der schönen, aber verängstigten Königin und dem von seinem Thron grimmig herabblickenden Artaxerxes, ausgestattet mit der Macht und Pracht seiner Herrschaft. Dieser literarische Gegensatz war zuvor bereits durch den Hinweis auf das mit Todesstrafe bedrohte ungefragte Auftreten vor dem König (4,11; vgl. 2,14; C,15) vorbereitet und dramatisiert worden. Er erfährt seinen Höhepunkt in der Konfrontation zwischen den beiden Figuren, in der es erzählerisch glaubwürdig nur Esther sein kann, die sich aufgrund eines Schwächeanfalls vor Artaxerxes niederneigt:

> καὶ ἄρας τὸ πρόσωπον αὐτοῦ πεπυρωμένον δόξῃ ἐν ἀκμῇ θυμοῦ ἔβλεψεν, καὶ ἔπεσεν ἡ βασίλισσα καὶ μετέβαλεν τὸ χρῶμα αὐτῆς ἐν ἐκλύσει καὶ κατεπέκυψεν ἐπὶ τὴν κεφαλὴν τῆς ἄβρας τῆς προπορευομένης.
>
> Und als er sein Gesicht hob, das entflammt war in Glanz auf dem Höhepunkt seines Zorns, blickte er auf, und die Königin fiel hin, und ihre Gesichtsfarbe veränderte sich in einem Schwächeanfall, und sie neigte sich nieder auf den Kopf der vorausgehenden persönlichen Sklavin.[526]
>
> EstLXX D,7

Die Erwartung, dass Esther nun bestraft wird, erfüllt sich allerdings nicht; stattdessen wandelt sich der Geist des Königs, sodass sich dieser seiner Gemahlin

---

525 Vgl. z. B. DtnLXX 4,33; HosLXX 1,10; DanOG/DanTH 6,26. Vgl. zur Verwendung der Gottesbezeichnung „lebendiger Gott" in der Hebräischen Bibel Siegfried Kreuzer, *Der lebendige Gott: Bedeutung, Herkunft und Entwicklung einer alttestamentlichen Gottesbezeichnung*, BWANT 116 (Stuttgart: Kohlhammer, 1983), insbes. 259–298. Kreuzer betont den engen sachlichen Zusammenhang mit der Vorstellung von der weltbeherrschenden Macht des einen Gottes.
526 Die Übersetzung „persönliche Sklavin" wurde gewählt, um den Unterschied zwischen ἄβρα und δούλη (vgl. C,28–29) zu markieren. Während letzterer Begriff tendenziell allgemeinere Bedeutung hat, bezeichnet ersterer in der Regel die vorrangig bei intimen Dingen tätige oder die bevorzugte, liebste Sklavin (ähnlich wie θεράπαινα/θεραπαινίς). Die in der Forschungsliteratur häufig anzutreffende Übersetzung „Magd" oder „Zofe" ist euphemistisch und irreführend.

erbarmt. Es wäre für die antiken Lesenden prinzipiell denkbar, dass er dazu etwa aus Mitleid oder Liebe bewogen wird.[527] Jedoch stellt EstLXX diesen unerwarteten und umfassenden Stimmungsumschwung als Eingreifen Gottes dar:

καὶ μετέβαλεν ὁ θεὸς τὸ πνεῦμα τοῦ βασιλέως εἰς πραΰτητα, καὶ ἀγωνιάσας ἀνεπήδησεν ἀπὸ τοῦ θρόνου αὐτοῦ καὶ ἀνέλαβεν αὐτὴν ἐπὶ τὰς ἀγκάλας αὐτοῦ, μέχρις οὗ κατέστη, καὶ παρεκάλει αὐτὴν λόγοις εἰρηνικοῖς

Und Gott veränderte den Geist des Königs in Sanftmut, und in Unruhe geratend sprang er auf von seinem Thron und nahm sie in seine Arme, bis sie sich wieder aufrichtete, und er sprach zu ihr friedvolle Worte,
EstLXX D,8

Mit jenem Verb μεταβάλλω, das zuvor die Veränderung von Esthers Gesichtsfarbe beschrieben hatte (D,7), tritt nun Gott als handelndes Subjekt auf.[528] Der Ausdruck πνεῦμα τοῦ βασιλέως ist in der Septuaginta häufiger belegt, oft ebenfalls im Zusammenhang mit göttlichem Handeln.[529] Mit anderen Worten, aber in sachlichem Zusammenhang, hatte Esther zuvor in ihrem Gebet die Bitte geäußert, Gott möge das Herz des Königs wandeln (μετάθες τὴν καρδίαν αὐτοῦ C,24). Hier zeigt sich also nochmals die bereits im Rahmen thematisierte Verbindung zwischen den Bittgebeten und dem Eingreifen Gottes. Die unmittelbare Wirkung der göttlichen Intervention besteht im Hervorrufen von πραΰτης beim König, nur näherungsweise zu übersetzen mit „Sanftmut": Der Begriff (bzw. seine orthografische Variante πραότης sowie die entsprechenden Adjektive) bezeichnet häufig eine dem Zorn oder gar der wilden Raserei direkt entgegengesetzte Geisteshaltung.[530] Er ist sachlich eng mit dem Begriff der ἐπιείκεια verwandt, insbesondere dort, wo beide Ausdrücke auf richterliches und herrschaftliches Handeln verweisen:[531] Nach einer fest im hellenistischen Herrscherideal verankerten Vorstellung soll der Machthaber Gesetzesübertretungen im Einzelfall mit Augenmaß und Milde be-

---

527 EstMT 5,2 formuliert schlicht, Esther finde „Gnade vor seinen Augen"; vgl. Kap. 2.5. Eine der bekanntesten und wirkmächtigsten antiken Reflexionen über das Mitleid findet sich im 24. Gesang der Ilias. Das Flehen des Priamos vor Achilles ist der Thronsaal-Szene in EstLXX insgesamt durchaus ähnlich.

528 Vgl. die Verwendung von μεταβάλλω für das rettende Handeln Gottes in ExLXX 7,17.20; 10,19 und insbes. HabLXX 1,11 mit der gegenüber MT charakteristisch abweichenden Aussage. Vgl. dagegen jedoch die Klage über das mit μεταβάλλω beschriebene, als strafend empfundene Handeln Gottes in HiLXX 10,8.16.

529 Vgl. z. B. JerLXX 28,11; 1Esdr 2,1. Die hebräische Entsprechung ist jeweils רוּחַ מֶלֶךְ. EstVL und EstJos formulieren dezidiert anders, vgl. Kap. 5.6.3 und 6.2.3.

530 Vgl. Plat. Pol. 493b; Plat. Symp. 197d; Aristot. eth. Nic. 4,11 1125b.

531 Vgl. die parallele Verwendung in Phil. Op. Mund. 103.

urteilen.[532] Genau mit dieser Konnotation muss πραΰτης in EstLXX D,8 verstanden werden, hat Esther doch ein eisernes Verbot missachtet und müsste dafür eigentlich die Todesstrafe erhalten. Für die politische Theologie des Textes ist nun entscheidend, dass der König erst von Gott selbst jene πραΰτης erhält, die es ihm ermöglicht, nicht in blindem Zorn zu urteilen, sondern den Einzelfall abzuwägen (D,10) und in angemessener Milde, d. h. auch im Einklang mit dem hellenistischen Herrscherideal zu verfahren.

Die göttliche Intervention wird dabei im „Geist" (πνεῦμα) des Königs verortet, unsichtbar und für Außenstehende nicht überprüfbar. Von der göttlichen Beeinflussung des königlichen Sinnes – eine in jüdisch-hellenistischer Literatur vielfach belegte Vorstellung[533] – scheinen in EstLXX weder der König noch die Um-

---

532 Vgl. Isokr. Nik. 23; EpAr 188.192. Vgl. für weitere Belege und Erläuterungen Friedrich Hauck und Siegfried Schulz, „πραΰς, πραΰτης," ThWNT 6, 646.

533 So profitiert etwa Daniel in Dan 1,9 vom Stimmungsumschwung des obersten Eunuchen. Auch dem königlichen Sinneswandel in 3Makk 6,22 (vgl. den Zorn des Königs in 5,1.47) liegt göttliches Eingreifen zugrunde, in diesem Fall vermittelt durch zwei göttliche Gesandte (ἄγγελοι 3Makk 6,18). Sachlich parallel zu EstLXX gehen auch in 3Makk Gebete der jüdischen Beteiligten voraus (Eleazar in 3Makk 6,1–16; die jüdische Gemeinschaft in 3Makk 5,51; 6,17). Philo bringt den unerwarteten Stimmungsumschwung des Caligula mit einem Gebet in Verbindung (Phil. Leg. 366–367), auch wenn er auf deren Zusammenhang nicht näher eingeht. In einer allgemeineren Formulierung bezeugt bereits Spr 21,1 die Vorstellung, dass Gott das Herz (לֵב/καρδία) des Königs lenkt. Die Idee des göttlich bewirkten Sinneswandels fremder Machthaber findet sich ferner in Verbindung mit Joseph in Gen 39,21 (vgl. TestJos 2,3), in den theologischen Deutungen der königlichen Beschlüsse in Esra 6,22; 7,27–28 sowie in der Bitte des Nehemia in Neh 1,11; in der Exodus-Erzählung begegnet es gewissermaßen unter umgekehrten Vorzeichen (Ex 7,3.13.14). In EstMT (2,9.15.17; 5,2) wird die Gunst, die Esther beim König erlangt, bezeichnenderweise nicht explizit mit Gott in Verbindung gebracht.

Eine besonders deutliche Parallele zu EstLXX D,8 findet sich im Aristeasbrief, der vorgibt, von der Befreiung jüdischer Sklavinnen und Sklaven durch Ptolemaios II. zu berichten (EpAr 14–27). So bittet Aristeas Gott darum, den König zur Befreiung der versklavten Personen zu bewegen (ἡμῶν κατὰ ψυχὴν πρὸς τὸν θεὸν εὐχομένων, τὴν διάνοιαν αὐτοῦ κατασκευάσαι πρὸς τὸ τοὺς ἅπαντας ἀπολυθῆναι 17). Er vertraut darauf, dass die Schöpfung Gottes (κτίσμα 17; vgl. 16) von diesem immer wieder verändert und gewendet wird (μεταλλοιόω/τρέπω 17). Gott herrscht im Herzen (κυριεύω κατὰ καρδίαν 17) und kann Menschen damit zur Ausführung bestimmter Handlungen zwingen (συναναγκάζω 17.20). Aristeas erklärt seiner Leserschaft zum Verhältnis zwischen menschlichem und göttlichem Willen und Handeln: μεγάλην γὰρ εἶχον ἐλπίδα, περὶ σωτηρίας ἀνθρώπων προτιθέμενος λόγον, ὅτι τὴν ἐπιτέλειαν ὁ θεὸς ποιήσει τῶν ἀξιουμένων· ὃ γὰρ πρὸς δικαιοσύνην καὶ καλῶν ἔργων ἐπιμέλειαν ἐν ὁσιότητι νομίζουσιν ἄνθρωποι ποιεῖν, κατευθύνει τὰς πράξεις καὶ τὰς ἐπιβολὰς ὁ κυριεύων ἀπάντων θεός, „Eine große Hoffnung nämlich hatte ich, als ich die Befreiung von Menschen angeregt hatte, dass Gott die Ausführung des Erbetenen erfüllen werde. Was nämlich Menschen für Gerechtigkeit und die Fürsorge für gute Werke in Frömmigkeit selbst zu tun glauben, diese Taten und Vorhaben führt eigentlich der alles beherrschende Gott aus" (18); Übersetzung nach Brodersen, Aristeas: Der König und die Bibel. Im

stehenden Notiz zu nehmen. Aus ihrer Perspektive wäre es eine Frage der Interpretation, den plötzlichen Stimmungsumschwung als Eingreifen Gottes zu deuten. Als Folge von Gottes Handeln jedenfalls nimmt der König Esther in die Arme (ἀνέλαβεν αὐτὴν ἐπὶ τὰς ἀγκάλας αὐτοῦ D,8), redet ihr wohltuend zu (παρεκάλει αὐτὴν λόγοις εἰρηνικοῖς D,8), küsst sie (ἠσπάσατο αὐτὴν D,12) und will ihr beinahe jeden Wunsch erfüllen (5,3.6; 7,2). Zu den Wirkungen der göttlichen Intervention gehört auch, dass die Angst (φόβος C,30; D,5; vgl. die Bezeichnung des Königs als φοβερός D,6; vgl. ἐν ἀγῶνι θανάθου C,12), die zuvor Esther befallen hatte, nun beim König zu finden ist, er in Unruhe gerät (ἀγωνιάω D,8) und sich erschreckt (ταράσσω [pass.] D,16). Entgegen Esthers vorheriger Befürchtungen hört sich der König nun bereitwillig ihr Anliegen an und erfüllt ihren Wunsch nach einem gemeinsamen Abendessen (5,4–5). Das göttliche Eingreifen in der Thronsaal-Szene markiert somit einen dramaturgischen Höhe- und Wendepunkt der Erzählung; es ermöglicht Esther, selbst Einfluss auszuüben auf den Fortgang der Ereignisse. Zugleich stellt es, wie oben bereits diskutiert,[534] den entscheidenden Umschlagpunkt in der Darstellung des Königs dar: Dieser tritt nun vollends als ein der jüdischen Gemeinschaft wohlgesonnener Herrscher auf und kann von Esther gar sachgemäß als einem Gesandten Gottes gleich wahrgenommen werden (Εἶδόν σε, κύριε, ὡς ἄγγελον θεοῦ D,13).

Die zweite Machtdemonstration Gottes vollzieht sich ebenfalls im „Geistesleben" des Königs und damit für die Figuren der Erzählung im Verborgenen. Nach dem erwähnten ersten Mahl, zu dem Esther den König und Haman geladen hat, fasst letzterer zusätzliches Selbstvertrauen und lässt den Pfahl vorbereiten, an dem er Mordechai aufzuhängen gedenkt (5,10–14). Direkt im Anschluss an diese nochmalige Steigerung der Gefahr für Mordechai und die gesamte jüdische Gemeinschaft wird Gott erneut tätig:

> Ὁ δὲ κύριος ἀπέστησεν τὸν ὕπνον ἀπὸ τοῦ βασιλέως τὴν νύκτα ἐκείνην, καὶ εἶπεν τῷ διδασκάλῳ αὐτοῦ εἰσφέρειν γράμματα μνημόσυνα τῶν ἡμερῶν ἀναγινώσκειν αὐτῷ.

> Der Herr aber nahm in jener Nacht den Schlaf weg vom König, und er sagte seinem Lehrer, er solle die an die Tage erinnernden Schriften bringen, um ihm vorzulesen.
> EstLXX 6,1

Ergebnis ähnlich wie in EstLXX, blickt sodann der König mit freundlichem Gesicht auf (ὁ δὲ διανακύψας καὶ προσβλέψας ἱλαρῷ τῷ προσώπῳ 19) und erfüllt den Wunsch des Aristeas. Gott wird passend dazu und ähnlich wie in EstLXX im unmittelbaren Kontext als Herrscher (ἡγέομαι 16; κυριεύω 16.17.18) und Aufseher (ὁ πάντων ἐπόπτης 16) über alle Dinge bezeichnet; er ist der größte Gott (ὁ μέγιστος θεός 19). Die Entscheidung des Königs wird in einem Edikt (πρόσταγμα) festgehalten (22–25).

534 Vgl. Kap. 3.1.3.

Wie bereits in D,8 wird Gottes Eingreifen als indirekte und eher subtile Beeinflussung des Königs dargestellt, der erst aufgrund seiner Schlaflosigkeit im weiteren Verlauf der Szene die Ehrung Mordechais als geboten erkennt und veranlasst.[535] Dabei wird – ebenso wie in D,8 – nirgends angedeutet, dass sich der König dieser Beeinflussung bewusst wäre oder seine veränderte Gemütslage selbst als Einfluss eines Gottes deuten würde. Erst die ihm im zweiten Edikt zugeschriebenen „Glaubensbekenntnisse" (E,4.16.18.21) wähnen göttliches Handeln als wirksame Kraft hinter den Ereignissen. Wie bereits in der Thronsaal-Szene wird Gottes Handeln auch in 6,1 als Grundlage und „Anstoß" für (verändertes) menschliches Handeln dargestellt. Die Schlaflosigkeit treibt den Monarchen dazu, sich aus den königlichen Chroniken vorlesen zu lassen, die ihn an die Loyalität des Mordechai erinnern (6,2). Sein Entschluss, diesen zu belohnen, ist die narrative Grundlage für die Ausgestaltung von Kap. 6, welches von der Ehrung Mordechais durch seinen Widersacher Haman berichtet und die Wendung des Schicksals für die jüdische Gemeinschaft damit metaphorisch ausdrückt und erzählerisch ausgestaltet.

EstLXX zeichnet in den beiden dargestellten Episoden ein eindeutiges Bild von den Machtverhältnissen zwischen Gott und König, das die Betonung der göttlichen Allmacht auf der Redeebene stimmig ergänzt: Gott lenkt das Geschehen an zwei Schlüsselstellen in eine grundsätzlich andere Richtung und beherrscht damit den Verlauf der Ereignisse. Als Machtmittel kommen gerade nicht die in A,1–11 angedeuteten Naturkatastrophen oder ähnliche aus manchen biblischen Überlieferungen bekannte drastische Maßnahmen zum Einsatz, sondern Gott nutzt vielmehr gezielte, unauffällige Eingriffe in das Denken und Befinden des Perserkönigs genau zum richtigen Zeitpunkt.[536] Es wird damit gerade kein strenger Gegensatz zwischen Gott und König gezeichnet, vielmehr lässt sich der König als Werkzeug des göttlichen Willens beschreiben, wie es auch Esthers Bemerkung in D,13 nahelegt, der König erscheine ihr wie ein ἄγγελος θεοῦ. Indem Gott Willen und Erkenntnis des Königs leitet, macht er sich dessen Machtmittel zunutze und zueigen. Er steht dabei eben sowenig in Opposition zur Herrschaft des Perserkönigs wie die ihn verehrenden jüdischen Protagonisten.

---

535 Auch diese Szene hat motivische Verbindungen zu 3Makk; vgl. 3Makk 5,11–12, wo Gott zur Rettung der jüdischen Gemeinschaft ebenfalls den Schlaf des Königs manipuliert. Hier hält Gott den König allerdings nicht wach, sondern lässt ihn vielmehr einschlafen.

536 Die Exodus-Erzählung ist das prototypische Beispiel für die Verbindung beider Vorstellungen göttlichen Handelns: Gott beeinflusst hier einerseits das Denken (Ex 4,21 u. ö.: לֵב, LXX: καρδία) des Königs, nutzt aber andererseits auch diverse Naturgewalten zur Lenkung der Ereignisse.

Bedeutsam ist, dass Gottes Handeln in EstLXX zwar von grundsätzlich anderer Qualität ist als menschliche Machtausübung, dass er aber dennoch im Ergebnis wirksam auf die *politischen* Entwicklungen Einfluss nimmt. Dies passt zum bereits besprochenen politischen Charakter einiger Beinamen und Titel Gottes, die den verschiedenen Charakteren in den Mund gelegt werden. Rede- und Erzählebene ergänzen sich demnach gegenseitig zu einem komplexen Gesamtkonzept von Gottes Herrschaft und Handeln.

3.6.5 Gottes Handeln im Lichte der Gebete

Wie gezeigt, ist der Gott Israels nach der Konzeption von EstLXX der Souverän über seine Schöpfung und Herrscher über jede Macht. Diese politisch-theologische Aussage lässt keinen Raum für die Vorstellung, dass es andere Akteure geben könnte, die wiederum Macht über Gott ausüben und damit dessen Handeln bestimmen. Gleichwohl erweckt EstLXX den Eindruck, dass Anstrengungen von Angehörigen seines „erwählten Volkes", ihn zum Eingreifen zu bewegen, nicht fruchtlos sind. Dies zeigt sich durch die Stellung der beiden Bittgebete exakt zwischen Esthers Entschluss zum Handeln (4,16) und der Durchführung ihres Vorhabens in der Thronsaal-Szene. Im Bewusstsein, dass sie sich in der schwierigen Situation vor dem König rhetorisch wird bewähren müssen, bittet sie ihren Gott um „eine wohlgeordnete Rede" (λόγος εὔρυθμος C,24). In der Befürchtung, dass auch dies nicht ausreichen wird, um ihren Gatten milde zu stimmen, fleht sie außerdem: „[W]andle sein Herz" (μετάθες τὴν καρδίαν αὐτοῦ C,24). Die oben diskutierte Aussage in D,8 zeigt – zwar in anderer Formulierung, doch sachlich entsprechend –, dass Gott diese Bitte tatsächlich erfüllt und damit Raum eröffnet für Esthers Rede (sie spricht erst ab D,13).

Diese spezifischen, von Gott erfüllten Hilfeersuchen ergänzen die eher allgemein gehaltenen von Mordechai und Esther formulierten Bitten um Schutz und Rettung (C,8–10.14.22–23.25.30). Deren Erfüllung zeigt sich erst im Rückblick auf den Gesamtverlauf der Ereignisse, sodass Mordechai diesen entsprechend interpretieren kann (F,1–10). Die Stellung der Gebete im Gesamtkontext, die Vielzahl der in ihnen verwendeten politisch relevanten Gottesbezeichnungen sowie die Erfüllung bestimmter Ersuchen der Betenden suggerieren, dass Esther und Mordechai als Repräsentanten der jüdischen Gemeinschaft Gottes Eingreifen zumindest anregen, wenn nicht gar beeinflussen können.[537] Sie erhalten dadurch

---

537 Vgl. Jill Middlemas, „The Greek Esthers and the Search for History: Some Preliminary Observations," in *Between Evidence and Ideology: Essays on the History of Ancient Israel Read at the*

mittelbaren Einfluss auch auf Artaxerxes, der nach EstLXX zum direkten Ziel göttlicher Intervention wird. In der politisch-theologischen Konzeption dient dieser literarische Zug in Ergänzung der Traumvision dazu, den Eindruck zu vermeiden, das Wirken Gottes sei vollkommen willkürlich oder zufällig. Zugleich wird damit die Überzeugung von Gottes absoluter Freiheit jedoch nicht eingeschränkt, denn Esther und Mordechai können sich nicht sicher sein, dass Gott ihren „Empfehlungen" gemäß handelt, weshalb die Königin auch nach ihrem Gebet, als sie vor den König tritt, von ihrer Angst beherrscht wird (D,5.7.13.15).

3.6.6 Zwischenfazit zur Darstellung Gottes

Die Untersuchung der Darstellung Gottes in EstLXX hat gezeigt, dass dem Gott Israels nicht nur übergroße Macht, sondern auch eine entscheidende und aktive Rolle in der Lenkung der Ereignisse zugeschrieben wird. Gerade, indem Gottes Handeln für die Lesenden vollkommen transparent gemacht wird, zeigt sich hier eine bedeutende Differenz zu EstMT. Der eingangs zitierten Interpretation von Fox ist insofern recht zu geben, als Gottes Macht und Einfluss auf das Geschehen in EstLXX in der Tat in verschiedener, sich ergänzender Weise betont werden: Wie oben dargelegt, wird bereits im Rahmen das Bild eines übergreifenden, vorab beschlossenen göttlichen Plans vermittelt, das durch einige Aussagen der Charaktere über die schicksalsbestimmende Macht Gottes stimmig ergänzt wird. Zudem bringen alle verwendeten Titulaturen unterschiedliche Aspekte der Allmacht Gottes zum Ausdruck, sind miteinander verwoben und stehen in einem inneren Zusammenhang.

Die Vorstellung von Gottes Herrschaft wird dabei teils auch in traditionellen Gott-Königs-Metaphern ausgedrückt. Es wird allerdings jeweils betont, wie sehr die Macht Gottes über jede menschliche (und mögliche göttliche) Konkurrenz hinausgeht oder sich auf Bereiche erstreckt, in denen menschliches Handeln gar nicht möglich oder wirksam ist. Gottes Handeln ist in EstLXX von kategorial anderer Qualität als menschliche Tätigkeit, wird dabei aber sehr gezielt eingesetzt und hat ganz konkrete Auswirkungen. Dies zeigt sich auch in den beiden Fällen göttlicher Intervention, von denen EstLXX auf der Erzählebene zu berichten weiß. Gott manipuliert auf subtile Weise den Geist des Königs, und zwar ohne dass dieser oder Außenstehende es bemerken. Dass Gott beide Male direkt am König

Joint Meeting of the Society for Old Testament Study and the Oud Testamentisch Werkgezelschap Lincoln, July 2009, hrsg. v. Bob Becking und Lester L. Grabbe, OTS 59 (Leiden: Brill, 2011), 145–163, 155–156.

handelt, betont seine Überlegenheit gegenüber dessen menschlicher Herrschaft. Es kommt hinzu, dass Gott *ausschließlich* am König handelt – in EstAT und EstVL wird dies, wie wir noch sehen werden, anders dargestellt. In gewisser Hinsicht erhebt dies auch Artaxerxes in eine ganz besondere Position.

An den in EstLXX erzählten Wirkungen göttlichen Handelns zeigt sich nun allerdings auch, dass das zitierte Fazit von Fox in bestimmter Hinsicht zu relativieren ist: Gottes überlegene Macht wird in vielerlei Weise illustriert und zeigt sich auch in seinem Handeln; doch heißt dies nicht, dass menschliches Handeln keine Rolle mehr spielt. In diesem Aspekt ist Schmitz zuzustimmen, die genau diesen Punkt besonders betont.[538] Dazu passt, dass Gottes Intervention in beiden Fällen durch menschliches Handeln vorbereitet wird: Die Thronsaal-Szene entsteht schließlich erst aus Esthers Entschluss heraus, beim König vorzusprechen, zumal Mordechai sie dazu zunächst hatte überreden müssen. Dass zudem die Schlaflosigkeit des Königs glückliche Folgen für die jüdische Gemeinde hat, beruht auf Mordechais zuvor demonstrierter Treue zum König.

3.7 Zwischenergebnis

Mit den Betrachtungen zur Rolle Gottes zeigt sich, dass EstLXX den Gott Israels in die Machtstruktur der Erzählung einbindet. Dies ist nur eine der verschiedenen Akzentsetzungen im Vergleich zum Masoretischen Text: Noch stärker als in EstMT wird in EstLXX betont, dass die Herrschaft des nicht-jüdischen Königs grundsätzlich positiv zu bewerten und von der jüdischen Bevölkerung nicht nur anzuerkennen, sondern aktiv zu unterstützen ist. Artaxerxes in EstLXX ist ein tendenziell fähigerer und würdigerer Herrscher als Xerxes in EstMT. Trotz des im griechischen Text betonten Gegensatzes zwischen jüdischer und nicht-jüdischer Bevölkerung (vgl. insbesondere Abschnitte A; C; F) wird die Verbindung zwischen jüdischer Bevölkerung und dem Monarchen akzentuiert. Die Herrschaft eines Nicht-Juden ist nach EstLXX auch deshalb vorbehaltlos zu unterstützen, weil er letztlich wie die gesamte Welt unter der größeren Macht des Gottes Israels steht und dieser bereit ist, seine Macht auch wirkungsvoll einzusetzen – grundsätzlich auch zur Bestrafung Israels, in unserer Erzählung aber zu dessen Rettung. Dies

---

538 Vgl. neben den eingangs erwähnten Thesen auch Barbara Schmitz, „Die Rede von Gott in den Ester-Erzählungen" in *Weisheit als Lebensgrundlage*, 292: „[Gottes Handeln] erfolgt dann, so die griechische Ester-Erzählung, wenn Menschen sich bereits auf den Weg gemacht haben und aktiv geworden sind: So verändert Gott den Geist des Königs, nachdem Ester zu Gott gebetet und nachdem sie sich auf den Weg gemacht hat. Beide Erzählungen [sc. EstMT und EstLXX] setzen also konzeptionell menschliches Handeln voraus."

geschieht wohldosiert, aber mit durchschlagender Wirkung: Gottes Eingreifen eröffnet politische Handlungsräume für die Angehörigen seines Volkes. Voraussetzung ist jedoch, dass zuvor bereits der Grundstein für eine politische Machtposition gelegt worden ist, und zwar durch Loyalität zum Herrscher und möglichst weitreichende Beteiligung am politischen Geschehen.

Dass jüdische Menschen eine solche Beteiligung am politischen Geschehen und an staatlicher Macht anstreben sollten, ist für EstLXX selbstverständlich: *Politeuma*-ähnliche Organisationsformen sowie die ausdifferenzierte Reichsverwaltung bieten umfangreiche Möglichkeiten dazu, wie Mordechai mit seiner Karriere eindrücklich unter Beweis stellt. Hier bietet der Text Identifikationsmöglichkeiten für selbstbewusste jüdische Menschen und Gemeinden unter nicht-jüdischer Herrschaft an. In der politischen Arena zählen dabei nach EstLXX zunächst politische Machtmittel; theologische Überzeugungen spielen nur in extremen Ausnahmefällen eine Rolle, nämlich dort, wo sie das Gebot der Alleinverehrung betreffen. In solchen gefährlichen Ausnahmesituationen, die die Existenz der jüdischen Gemeinschaft bedrohen, zeigt sich nun aber auch die Macht des Rituals und der Kommunikation mit der Gottheit: Ein in angemessenem rituellem Rahmen durchgeführtes Gebet hat das Potenzial, Gott zur Intervention zu „ermuntern". Die Idee von der Freiheit des göttlichen Willens erfordert es, dass sich die menschlichen Akteurinnen und Akteure über das göttliche Wirken nie vollkommen sicher sein können – erzählerisch ausgedrückt in der Tatsache, dass Gottes Handeln für die beteiligten Menschen nicht direkt wahrnehmbar ist. Das literarische Werk als Ganzes fungiert jedoch für die Leserschaft als Beispielerzählung für die Überzeugung, dass sich das feste Vertrauen auf die Macht und den guten Willen Gottes auszahlt, auch wenn es nicht gegen menschliche Bemühungen ausgespielt werden darf.

Gefahren für ein gelingendes Leben jüdischer Diaspora-Gemeinden sieht EstLXX nicht in dem bösen Willen tyrannischer Monarchen, sondern in den charakterlichen Defiziten sowie staatsfeindlichen Bestrebungen äußerer Feinde aus dem Bereich der „Völker". Der Aspekt der Fremdheit dieser Gegner wird in EstLXX hervorgehoben: Haman ist „Ausländer"; über die jüdische Bevölkerung des Reiches wird dies nicht gesagt. Die ernst zu nehmenden Gefährdungen können jedoch überwunden werden, wenn die jüdische Gemeinschaft als Ganze auch dann loyal zur staatlichen Ordnung steht, wenn an deren Funktionieren erhebliche Zweifel bestehen. Sie wird letztlich auch durch den Herrschaftswillen des einen Gottes garantiert, dem daher zu Recht „auf ewig" (εἰς τὸν αἰῶνα 9,31; F,10) die Ehre zu geben ist, wie der Blick über das Ende der Erzählung hinaus auf die dauerhafte Erinnerung an die Geschehnisse im Purimfest zeigt.

In seiner theologischen Ausgestaltung zeigt der Text wie bereits durch die Darstellung der menschlichen Akteurinnen und Akteure Ansätze einer handlungsorientierenden Botschaft. Auch durch die Darstellung des Verhältnisses zwischen Gott und König ergeben sich politisch-ethische Implikationen. Anhand der Gebete ist deutlich, dass Esther und Mordechai (und nach C,11 die gesamte Gemeinde) auf die Wirksamkeit ihres Betens und auf die Hilfe ihres Gottes vertrauen, den sie in der Lage sehen, die Geschichte zum Guten zu lenken. Obwohl für die Beteiligten nicht direkt wahrnehmbar ist, ob, wann und wie Gott interveniert, wird den Adressatinnen und Adressaten (auf der Erzählebene) versichert, dass Gottes heilvolles Handeln an der Person des Königs vorgenommen wird, der damit zum Medium göttlicher Geschichtsmacht wird. Daraus folgt, dass sich Gottvertrauen – wie es die vorbildlich handelnden Figuren Esther und Mordechai demonstrieren – nach EstLXX gerade auch als Vertrauen in den König manifestieren soll. Eine wichtige lebenspraktische Empfehlung des Textes lautet somit meiner Interpretation nach: Beteiligte können nicht im Einzelnen erkennen, inwiefern Gott die Ereignisse lenkt; es ist allerdings ratsam, auf seine Allmacht zu vertrauen und darauf, dass diese auch den nicht-jüdischen König umschließt. Diesem ist folglich Loyalität und Vertrauen in seine Herrschaft entgegenzubringen. Glaube an und Vertrauen in den Gott Israels impliziert Loyalität zum nicht-jüdischen König.[539]

Diese Einsicht beherzigen in vorbildlicher Weise Esther und Mordechai: Esther vertraut bei ihrem Vorsprechen beim König auf ihren Gott, ganz konkret aber auch auf den Charakter und die herrscherlichen Fähigkeiten des Monarchen. Mordechai meldet die Verschwörer beim König und stützt damit dessen Herrschaft; er macht überdies Karriere in der Reichsverwaltung. Kurzum: EstLXX präsentiert seinen Adressatinnen und Adressaten den nicht-jüdischen Herrscher als Werkzeug Gottes; in dieser Eigenschaft vermittelt er Gottes Hilfe (D,8; 6,1 etc.) wie auch Gottes Strafe für Israel (C,17–18). Für die jüdische Gemeinschaft empfiehlt es sich, eine möglichst umfängliche Partizipation an den Machtmitteln des

---

539 Dass damit eine allzu starre Dichotomie zwischen jüdischen und nicht-jüdischen Menschen und Gruppen hinfällig wird, betont auch Elias Bickerman: „Modern scholars class this work as pro-gentile and that as anti-gentile. With the same disarming naiveté they can discuss whether some Greek author, say Poseidonios, was ‚anti-semitic‘. The Greek Esther shows that this lazy dichotomy is not sufficient. Lysimachus [sc. der Übersetzer bzw. Bearbeiter von EstLXX] firmly believed that the Creator and Ruler of the Universe protects His chosen people. Yet, for him, as for Ps. Aristeas or the author of III Maccabees, there is no immanent conflict between the chosen people and the Greeks. The latter disapprove the persecution of Jews. Only traitors create histility [sic!] and suspicion between the saints and their pagan sovereign. The Jews are ready to fight for the latter, but for a price. The fact that the Jewries in the Eastern Diaspora, owing to certain historic developments toward 100 B. C. E., became separate political bodies with bargaining power and an appetite for power explains Jewish ascendancy and also both Greek reactions to it: anti-Jewish feelings and conversions to the Jewish faith."

Königs anzustreben, um sodann umso effektiver jenen Handlungsraum nutzen zu
können, den Gott selbst eröffnet. Dies ist der Kern der politischen Theologie von
EstLXX.

4 Die Politische Theologie von EstAT

4.1 Der König

4.1.1 Überblick

Ebenso wie in EstLXX beginnt die Esther-Erzählung des Alpha-Textes mit der Vorstellung Mordechais und der Schilderung seiner Traumvision, die auf einen göttlichen Plan verweist (A,9). Diese geht hier – erneut im Gegensatz zu EstMT – der Präsentation der Pracht und Macht des Königs in Kap. 1 voraus. Anders als EstLXX jedoch überträgt EstAT den hebräischen Namen אֲחַשְׁוֵרוֹשׁ in eine griechische Form und hat daher mit Ασσυῆρος offenbar denselben König vor Augen wie EstMT.[540] Da in dieser Namensform jedoch nicht mehr der ursprüngliche Bezug auf Xerxes erkennbar ist, wird der König des Alpha-Textes im Folgenden als Assueros bezeichnet.

4.1.2 Machtfülle und Regierungsapparat

Auch in EstAT herrscht der König über 127 Länder zwischen Indien und Äthiopien. Obwohl der Text mit dieser Information sparsamer umgeht als EstLXX (EstLXX 3,12 und 8,9 haben keine Parallele in EstAT), wird kein Zweifel an der umfassenden Ausdehnung dieses Herrschaftsbereiches gelassen (vgl. auch 3,15a als wortgleiche Entsprechung zu EstLXX B,2a). Assueros wird in EstAT nicht nur in A,1 (vgl. EstLXX und EstVL), sondern nochmals in 1,1 „groß" genannt (μέγας),[541] und konsequenter als im anderen Septuaginta-Text wird hier auf die multiplen Königreiche bzw. Länder seines Herrschaftsgebiets hingewiesen: πάσαις ταῖς βασιλείαις 1,20 (Singular in EstLXX); πάσαις ταῖς χώραις 2,18 (vgl. 1,18; EstLXX

---

540 Die Schreibweise variiert in den verschiedenen Handschriften leicht; vgl. Hanhart, *Esther*, 108. Zudem findet sich auch die geläufige griechische Namensform Ξέρξης; vgl. den Apparat zu 7,47.52. Für Clines ist dies sogar eines der entscheidenden Argumente für die These, „that the ending of Esther in AT is not of a piece with the body of the story in AT": Clines, *The Esther Scroll*, 84. Er nimmt an, dass die Benennung als Ασσυῆρος an diesen Stellen eine spätere Angleichung bzw. Vereinfachung darstellt; vgl. Clines, *The Esther Scroll*, 190, Anm. 36. Auch bei den übrigen Bezeugungen des Namens Ασσυῆρος in frühjüdischer Literatur finden sich unterschiedliche Schreibweisen; vgl. 2Esdr 4,6; TobG^I 14,15; DanTH 9,1. DanOG 9,1 schreibt hingegen wiederum Ξέρξης.

541 Hinzu kommen die einleitenden Sätze der beiden Edikte (3,14; 7,22), die aber auch in EstLXX, EstVL und EstJos den König als „groß" titulieren.

https://doi.org/10.1515/9783110674514-006

bezieht sich im Plural nicht auf Länder, sondern auf Menschen); πᾶσι τοῖς ἔθνεσι 7,24 (EstLXX E,8 hat τοῖς πᾶσιν ἀνθρώποις). Damit fügt sich EstAT besser in das Bild ein, das in beiden griechischen Texten im ersten Edikt gezeichnet wird (EstLXX B,2.4 bzw. EstAT 3,15–16): Die Rede ist hier von vielen Völkern und Königen, die im Rahmen der vom Großkönig beherrschten *Oikumene* leben und regieren. Vor diesem Hintergrund legt es sich denn auch nahe, den Plural „in allen Königreichen" (ἐν πάσαις ταῖς βασιλείαις EstAT 3,8; vgl. den Singular in EstLXX) ebenfalls nicht als Blick über das Reich hinaus, sondern auf die Struktur des beinah unermesslichen Herrschaftsgebietes des Assueros selbst zu verstehen.

Die Herrschaft des Königs wird in EstAT mit dem in der Septuaginta nur hier vorkommenden Begriff „Monarchie", μοναρχία bezeichnet (3,17).[542] Während „Monarch", μόναρχος in frühjüdischer Literatur als Gottesepitheton gebraucht werden kann (3Makk 2,2; Sib 3,11.704), steht μοναρχία in EstAT dem Begriff συναρχία in EstLXX B,4 gegenüber,[543] der eine gemeinsame Herrschaft oder Verwaltung bezeichnet. Somit wird in EstLXX, wie Otto Fritzsche formuliert, „vom Könige bescheiden, von Aman frech das Reich als συναρχία bezeichnet, wo mehrere mitherrschen".[544] EstAT hingegen legt Wert auf die Alleinherrschaft und Autorität des Königs, was sich auch an anderen Stellen des Textes zeigt. So ist die Szene 1,10–21, in der es um Waschtis Ungehorsam und dessen Konsequenzen geht, auf den Aspekt der königlichen Autorität zugeschnitten: In 1,12 wird – anders als in allen anderen Textversionen – gleich zweimal betont, dass sich Waschti dem Willen (θέλημα/βουλή) des Königs entgegenstellt.[545] Auch in 1,13 wird dies in EstAT nochmals gesondert erwähnt,[546] und für das weitere Vorgehen ist nach EstAT 1,21 allein die Meinung des Königs entscheidend, nicht auch die von anderen Amtsträgern wie in EstMT, EstLXX und EstVL. Zudem wird in 1,16 festgestellt, Waschtis Unrecht (ἀδικία) bestehe darin, die Anordnung (πρόσταγμα) des Königs als bedeutungslos behandelt zu haben (ἀκυρόω; vgl. 1,12). Der Terminus πρόσταγμα wird in EstAT auch sonst bevorzugt verwendet, so etwa jeweils im Plural in 3,8 (ohne Parallele in EstLXX), in 3,16 (gegenüber διατάγματα in

---

542 Vgl. aber daneben den Beleg bei Artapanus, der einem ägyptisch-jüdischen Kontext, vielleicht im 2. Jh. v. Chr., zuzuordnen ist (ArtapHist, Fr. 3, 5).

543 Dabei ist zu beachten, dass der abschließende Teil von EstLXX B,4 sein Pendant am Ende von EstLXX 3,17 findet, der Schluss von EstLXX B,5 hingegen am Ende von EstAT 3,16.

544 Fritzsche, *Das dritte Buch Esra, die Zusätze zum Buch Esther und Daniel, das Gebet des Manasse, das Buch Baruch und der Brief des Jeremia*, 85; vgl. Fox, *The Redaction of the Books of Esther*, 53.

545 In EstJos ist ebenfalls die Rede von einer wiederholten Weigerung Waschtis, doch ist der Kontext dort auf eine Rechtfertigung ihres Verhaltens ausgelegt; vgl. Kap. 6.3.3.

546 Dies stellt allerdings eine gewisse Parallele zu V. 15 in EstMT/EstLXX dar, der in EstAT keine Entsprechung findet.

EstLXX B,4) und in 3,17 (gegenüber πράγματα in EstLXX B,5). Ein weiterer Beleg findet sich in 3,19 (gegenüber πράγμα in EstLXX 3,15), wobei die Wortwahl in EstAT 5,9/EstLXX D,10 genau umgekehrt verteilt ist, und auch der Vergleich zwischen EstAT 7,33 und EstLXX 8,14 zeigt, dass die Vorliebe für den Ausdruck πρόσταγμα in EstAT nicht ohne Ausnahmen bleibt.[547]

Gleichwohl zieht sich die Betonung der königlichen Entscheidungsgewalt durch den gesamten Text, wenn beispielsweise in 5,19 festgehalten wird, dass Assueros Esther ausdrücklich erlaubt, ihr Vorhaben umzusetzen.[548] Ein weiterer Befehl des Königs, der dessen Autorität betont, findet sich in seinem Beschluss über Haman: Anders als in den anderen Versionen formuliert EstAT hier explizit ein Todesurteil im Imperativ: ἀπαχθήτω Αμαν καὶ μὴ ζήτω, „Haman soll abgeführt werden und nicht (mehr) leben!" (EstAT 7,11).

Die Hervorhebung der Alleinherrschaft des großen Assueros wird in EstAT allerdings mehr durch die Herausstellung des persönlichen Handelns des Königs erreicht als durch die Präsentation eines imposanten Verwaltungsapparates. So ist der Text tendenziell weniger stark an der Darstellung der Administration bzw. konkreter Mitarbeiter interessiert als EstLXX. Zugleich orientiert er sich nicht in derselben Weise wie sein griechischer Geschwistertext an uns bekannten hellenistischen, möglicherweise ptolemäischen Vorbildern. Dies lässt sich anhand folgender Aspekte zeigen:

Einerseits kennt auch EstAT Bedienstete wie Esthers Dienerschaft (θεραπεία 5,12; parallel zu EstLXX D,16) oder die königlichen Schreiber (βασιλικοὶ γραμματεῖς 7,43), auch wenn diese wiederum nicht so häufig genannt werden wie in EstLXX, beispielsweise hat EstLXX 3,12 keine Parallele in EstAT.[549] Auch verwendet EstAT an einigen Stellen schlicht andere Funktionsbezeichnungen als EstLXX, ohne dass eine abweichende Konnotation erkennbar wäre, so etwa in 2,2 (λειτουργοί statt διάκονοι [τοῦ βασιλέως]; EstMT hat נַעֲרֵי־הַמֶּלֶךְ מְשָׁרְתָיו) und 6,5 (νεανίσκοι statt διάκονοι τοῦ βασιλέως in EstLXX 6,3; EstMT hat נַעֲרֵי הַמֶּלֶךְ). Auch

---

547 Die Nennung des Stichworts in EstLXX 2,8 hat in EstAT hingegen deshalb keine Parallele, weil der gesamte erste Teil des Verses in EstAT „fehlt", und zwar in Einklang mit der wesentlich knapperen Gestaltung der gesamten Szene in diesem Text. Gleiches gilt für EstAT 7,40/EstLXX 8,17.
548 EstMT und EstLXX bieten hier keine Parallele; die Zuordnung von entsprechenden Formulierungen in EstVL und EstJos ist aufgrund der unterschiedlichen Gestaltung der jeweiligen Abschnitte schwierig.
549 Das Fehlen einer Parallele zu EstLXX 8,10 ist hingegen nicht signifikant, da der gesamte Kontext grundlegend anders gestaltet ist.

im Falle der Reitboten (ἱππεῖς 3,13) ist kein signifikanter sachlicher Unterschied zu den βιβλιαφόροι von EstLXX auszumachen.[550]

Andererseits jedoch erinnert die Wortwahl im ersten Edikt, wo von Satrapen (σατράπαι EstAT 3,14; vgl. EstVL B,1; Ant 11,216) die Rede ist, eher an (achämenidisch-) persische als an hellenistische bzw. ptolemäische Verhältnisse, an die die Toparchen (τοπάρχαι EstLXX B,1) des Schwestertextes erinnern. Ähnliches gilt für den Terminus φίλος, der in EstAT seltener gebraucht wird als in EstLXX und dabei stets in Zusammenhang mit Haman steht und sonst (fast) nie als Bezeichnung der engsten Vertrauten des Königs dient.[551] So besteht das Beratergremium in 1,13 nicht wie in EstLXX aus *Philoi*, sondern aus „Weisen" (σόφοι) und entspricht damit EstMT. Auch die oben diskutierte Assoziation des διδάσκαλος in EstLXX 6,1 mit einem königlichen Hauslehrer und Bibliotheksvorsteher ist in EstAT nicht in derselben Weise sichtbar, da hier im Plural von „Vorlesern" (ἀναγνῶσται EstAT 6,2) die Rede ist und keine königliche Bibliothek erwähnt wird. Ein weiteres Beispiel ist die Rede des Bougaios in 1,16–20, richtet sich diese doch ausschließlich an den König, nicht auch an die „Archonten" (vgl. EstLXX 1,16). Obwohl diese sodann ebenso wie in EstLXX erwähnt werden, weiß EstAT anders als EstLXX nichts von den ihnen beigestellten „Anführern" (ἡγούμενοι). Da EstLXX 1,18 keine direkte Parallele in EstAT hat, erwähnt dieser Text auch hier wiederum keine Archonten und ihre τυραννίδες.

Bezeichnenderweise werden auch die Verschwörer des Mordkomplotts, die in EstLXX als Leibwächter gekennzeichnet werden (EstLXX A,12; vgl. 2,21), in EstAT A,11 schlicht εὐνοῦχοι genannt, ohne dass ihnen eine bestimmte Aufgabe zugeschrieben wird. Hier wird sichtbar, dass in EstAT einzelne Funktionen und Ämter zuweilen weniger Beachtung finden als im anderen bereits besprochenen griechischen Text – EstAT erwähnt etwa nicht die Publikation des zweiten Edikts durch ἱππεῖς in EstLXX 8,14 – oder hinter die allgemeinen Größen „Eunuchen" (εὐνοῦχοι A,11.14 [2-mal].18; 1,12; 2,2.8; 4,3; 6,3; 7,14) und „Sklaven" (παῖδες 1,10; 3,3 [2-mal]; 6,5.8; 7,12) zurücktreten. Doch auch die Bedeutung dieser beiden Gruppen wird nochmals herabgesetzt, wenn sie anders als in den anderen Esther-Versionen häufiger anonym bleiben (z. B. 1,10) oder fast ganz verschwinden: Dies ist in EstAT 6,11 der Fall, wo die in EstLXX 6,8 genannten παῖδες keine Erwähnung finden,[552]

---

550 Die Erwähnung der βιβλιαφόροι in EstLXX 8,10 hat in EstAT wiederum keine Parallele, da hier der gesamte Abschnitt fehlt bzw. anders gestaltet ist. Zu den ἱππεῖς in EstLXX 8,14 s. u.

551 In 5,14; 7,8 bezeichnet Esther Haman als *Philos* des Königs. In 5,21 sind die Freunde Hamans gemeint; in 6,11 denkt Haman an sich selbst; in 7,23 hat der König seinen ehemaligen Vertrauten im Blick. Lediglich 3,1 verweist möglicherweise über den Bezug auf Haman hinaus auf eine größere Gruppe von königlichen *Philoi*.

552 EstAT stimmt darin mit den anderen Versionen überein; EstLXX bildet die Ausnahme.

sowie in EstAT 6,23, wenn Haman zu Esthers Trinkgelage abgeholt wird, und zwar in EstAT schlicht von „jemandem" (τις), während in allen übrigen Versionen explizit Eunuchen diese Aufgabe übernehmen. Auch für die Konversation zwischen Esther und Mordechai spielt ein Eunuch als Bote in EstAT nur eine marginale Rolle (4,1–12), was den Text von den Parallel-Überlieferungen abhebt.

In der Darstellung der Rolle der Eunuchen offenbart sich in EstAT jedoch ein grundsätzliches Strukturmerkmal, denn der Text unterscheidet, wie De Troyer aufgezeigt hat,[553] offenbar ganz bewusst zwischen diesen und den Sklaven des Palastes. Dass nämlich Eunuchen deutlich seltener genannt werden als in EstLXX (dort 17-mal), hängt auch damit zusammen, dass sie in EstAT ausschließlich in Verbindung mit dem Mordanschlag auf den König und mit der Bedienung bzw. Versorgung von Frauen auftreten. Die „guten", regulären Diener des Königs sind hingegen in EstAT in aller Regel παῖδες.[554] Als Erklärungsansatz für dieses Muster lässt sich an die Vorstellung des gefährlichen und intriganten Eunuchen denken, die sich in Teilen der griechischen Persika-Literatur findet, u. a. bei Ktesias.[555] Dass Assueros sich nach Überwindung der Eunuchen-Gefahr nicht mehr mit Eunuchen umgibt, wirft, von dieser Warte aus gesehen, ein positives und anerkennendes Licht auf den König. Wenn EstAT also regelmäßig jede direkte Verbindung zwischen Assueros und den Eunuchen vermeidet, ist dies als subtiler Hinweis auf dessen kluge Organisation seines Hofstaates zu verstehen – ein positiver Zug, der sich gut in die vorsichtig-würdigende Gesamtdarstellung des Königs einfügt, wie wir noch sehen werden.

Bezeichnend für die Darstellung des Assueros in EstAT ist weiterhin, dass hier ausdrücklich die Armee (στρατιά 1,11) des Königs erwähnt wird. Ein König kann nur mit einer starken Armee militärische Erfolge erzielen, welche wiederum eine entscheidende Grundlage seiner Herrschaftslegitimation darstellen können. Nicht zuletzt für die hellenistischen Könige war dies von überragender Bedeu-

---

553 Vgl. De Troyer, *The End of the Alpha Text of Esther*, 286–287.
554 De Troyer ist – zu Recht – vorsichtig in Bezug auf EstAT 1,12, wo gesagt wird, der Wille des Königs sei Waschti durch die Eunuchen übermittelt worden, die doch möglicherweise mit den Sklaven aus 1,10 zu identifizieren wären, wie auch in EstMT und EstLXX der Fall ist. Allerdings ist die dargestellte Szenerie in EstAT insofern konsequent und einleuchtend dargestellt, als die beiden Gruppen sprachlich gerade nicht wie in den anderen Versionen miteinander identifiziert werden. Dass dadurch eine Spannung bzw. Unklarheit über die Beziehung zwischen Sklaven und Eunuchen entsteht, bestätigt nur, dass es für EstAT wichtiger ist, zwischen beiden Größen konzeptuell zu differenzieren, als eine mögliche Verwirrung der Leserschaft darüber auszuschließen.
555 Vgl. Briant, *From Cyrus to Alexander*, 268–270. Briant weist im Folgenden auch auf die komplementäre Tradition – etwa bei Xenophon – hin, die in Eunuchen besonders fähige und vertrauenswürdige Bedienstete sieht, deren Loyalität zum König nicht durch konfligierende familiäre Interessen beeinträchtigt wird.

tung.[556] Das Lesepublikum von EstAT muss dieses wichtige Merkmal königlicher Stärke und Legitimität nicht vermissen, anders als etwa im Falle von EstMT, wie oben festgestellt.[557] Sichtbare Zeichen der königlichen Macht sind des Weiteren auch in EstAT der Thron (θρόνος 1,2; 5,4.8; 6,4; 7,25),[558] des Königs goldener Stab, der anders als in EstLXX sowohl als [χρυσοῦς] ῥάβδος (4,7) als auch als σκῆπτρον (5,9.10) bezeichnet werden kann, sowie seine prunkvolle Kleidung (vgl. 5,4; 6,11).[559] Der Siegelring (δακτύλιον 3,10 [2-mal]; 7,13.34) wirkt auch in EstAT als Ausweis höchster königlicher Autorität. Nach diesem Überblick über den Herrschaftsapparat und die Repräsentation der Macht des Assueros ist nun auf die Darstellung und Bewertung der königlichen Persönlichkeit und Regierungsführung einzugehen.

4.1.3 Charakter und Herrschaftshandeln

In EstAT lässt sich eine Tendenz erkennen, den König als besonnener und weniger von Affekten bestimmt darzustellen als in den Geschwistertexten. So ist zunächst der Bericht über die Suche einer neuen Königin in EstAT deutlich knapper gestaltet als in den Parallelen.[560] Der gesamte Auswahlprozess scheint nur von kurzer Dauer zu sein: Es wird nicht gesagt, dass die Frauensuche sich auf das gesamte Reich erstrecken würde, und keine Rede ist davon, dass zunächst neue Verwaltungsstrukturen geschaffen werden (vgl. EstMT/EstLXX 2,3) oder die Frauen sich einer zwölfmonatigen Schönheitspflege unterziehen müssten. Von einem oder gar mehreren „Frauenhäusern" wird ebenfalls nichts berichtet, und die Erfahrungen anderer Kandidatinnen bleiben unerwähnt. Stattdessen gibt EstAT einen nüchternen Kurzbericht von Esthers Weg aus ihrem Zuhause in den Palast des Königs und an dessen Seite. Der Vorgang lässt jegliche Extravaganz vermissen, und die Wahl des Assueros wird als überlegte und gründliche Entscheidung dargestellt, wenn es heißt:

---

556 Vgl. zur militärischen Sieghaftigkeit als Legitimationsgrundlage hellenistischer Herrscher grundlegend Gehrke, „Der siegreiche König".

557 EstAT 1,11 geht damit über die unspezifische Aussage zur Stärke des Königs in EstMT 10,2 (חֹזֶק), EstLXX 10,2 (ἰσχύς) und EstAT 7,50 (ἰσχύς) hinaus (EstVL und EstJos haben an dieser Stelle keine direkte Parallele). Zu EstLXX vgl. aber Anm. 348; EstVL erwähnt eine Armee (*virtus*) in 2,18.

558 In 3,1 ist die Rede vom „Thron" Hamans.

559 Kleine Differenzen zwischen EstLXX und EstAT in der Beschreibung der königlichen Kleider, wie sie etwa Dorothy, *The Books of Esther*, 170 erkennt, (στολὴ βυσσίνη in EstLXX 6,8; στολὴ βασιλική in EstAT 6,11), sollten m. E. nicht überbewertet werden.

560 Am nächsten steht EstAT damit noch EstJos.

ὡς δὲ κατεμάνθανεν ὁ βασιλεὺς πάσας τὰς παρθένους, ἐφάνη ἐπιφανεστάτη Εσθηρ,

Als aber der König alle Jungfrauen begutachtet hatte, erschien Esther als die besterscheinende.
EstAT 2,17

Die zitierte Aussage findet sich in dieser Form ausschließlich in EstAT: Assueros begutachtet (καταμανθάνω) zunächst alle Jungfrauen in exakt derselben Weise wie Abrahams Sklave seinerzeit Rebekka (GenLXX 24,21), und beurteilt sodann auf dieser Grundlage die Eignung Esthers. Seine Entscheidung wird an dieser Stelle anders als in den übrigen Versionen nicht mit Liebe in Verbindung gebracht (EstMT: אהב; EstLXX: ἐράω; EstVL: *adamo*; EstJos: ἡσθεὶς αὐτῇ καὶ πεσὼν τῆς κόρης εἰς ἔρωτα) – der König bewahrt einen kühlen Kopf.[561] Dazu passt, dass ausschweifende Hochzeitsfeierlichkeiten, wie sie von den anderen Versionen beschrieben werden, in EstAT keinen Platz finden: Die entsprechende Notiz in 2,18 ist vergleichsweise knapp und nüchtern gehalten.

Eine stärkere Gewichtung der Ratio des Königs zeigt des Weiteren die Einleitung der Ehrungs-Szene in Kap. 6. Nachdem Assueros durch die königlichen Aufzeichnungen daran erinnert worden ist, dass er von Mordechai vor dem Tod bewahrt worden war, bemüht er seinen Verstand (καὶ ἐπέστησεν ὁ βασιλεὺς τὸν νοῦν σφόδρα 6,4) und tut damit genau das, was der starrsinnige Pharao der Exodus-Erzählung laut ExLXX 7,23 unterlassen hatte (καὶ οὐκ ἐπέστησεν τὸν νοῦν αὐτοῦ).[562] Mit diesem ist Assueros in der Darstellung von EstAT demnach offenbar nicht zu vergleichen, zumal der Perserkönig im Fortgang der Szene weiterhin sehr verständig und überlegt auftritt. Zunächst zeigt er ein Vermögen zur Selbsterkenntnis und Selbstkritik, indem er reflektiert, dass Mordechai noch keine persönliche Belohnung für seine Rettungstat erhalten hatte:[563] οὐκ ὀρθῶς ἐποίησα, „Ich habe nicht recht getan!", vermeldet Assueros (6,4). Als seine Bediensteten sodann aus Furcht vor Haman zögern, die Angelegenheit mit dem König zu be-

---

561 Vgl. Day, *Three Faces of a Queen*, 42: „In making his choice, it is not explicitly stated that Ahasuerus bases his selection upon emotional affection, physical beauty, or whim, but upon what he discerns by careful consideration."

562 Man beachte des Weiteren, dass der Pharao nach ExLXX 7,23 „in sein Haus" geht (εἰσῆλθεν εἰς τὸν οἶκον αὐτοῦ) – genau dies wird in EstAT 5,21 von Haman gesagt. Damit entspricht EstAT hier – anders als EstLXX – dem Masoretischen Text, vermeidet die Formulierung aber offenbar in Bezug auf den König, dessen Heimkehr in 5,20 anders beschrieben wird. Subtil wird damit der törichte und von Gott zum Starrsinn verleitete Pharao der Exodus-Erzählung nicht etwa mit Assueros, sondern mit Haman parallelisiert.

563 Wie noch im Abschnitt zu Mordechai auszuführen sein wird, wird dieser zwar in Reaktion auf seine Rettungstat als Türhüter am Palast installiert (A,16), erhält aber keine Geschenke wie in EstLXX; vgl. Dorothy, *The Books of Esther*, 301.

sprechen (6,5), notiert EstAT ausdrücklich: καὶ ἐνόησεν ὁ βασιλεύς, „Und der König verstand" (6,6). An einer weiteren Stelle scheint der König in EstAT geistig präsenter zu sein als in den anderen Versionen, denn als er sich bei Esther erkundigt, welchen Wunsch diese an ihn herantragen wolle, antizipiert er bereits richtig, dass seine Gattin wohl auf eine Gefahr (κίνδυνος 7,1) hinweisen möchte.

Dass der König vielfach Vernunft walten lässt, bedeutet gleichwohl nicht, dass er nicht auch – wie in den anderen Esther-Versionen – bisweilen zornig und aufbrausend auftreten kann. In der Thronsaal-Szene nutzt EstAT dafür das Bild eines Stiers (ταῦρος 5,5; vgl. 5,11), und in diesem Moment erscheint der König tatsächlich wie ein übermächtiger Feind Esthers und Israels.[564] Dies ändert sich sodann allerdings durch göttliche Intervention (5,7),[565] sodass der Zorn, den des Assueros aktuelle Ehefrau auf sich zieht, nicht wie im Falle ihrer Vorgängerin (vgl. 1,12) in harsche Bestrafung bzw. Absetzung mündet. Demgegenüber erscheint seine Wut über die ruchlosen Taten, die Esther Haman zuschreiben wird, gegenüber den anderen Versionen stark gesteigert: Mehrfach wird hier sein Zorn erwähnt (7,5.6.9), der allerdings für die Leserschaft an dieser Stelle vollauf gerechtfertigt erscheinen muss, richtet er sich doch gegen verwerfliches und anmaßendes Verhalten. Eine Abwertung des Herrschers ist mit dieser Darstellung also offenbar nicht verbunden, was auch die in diesem Kontext bedeutsame Notiz bestätigt, ὅτι δεινὸν ἐφάνη τῷ βασιλεῖ, καὶ μισοπονηρεῖ, „dass es dem König schrecklich erschien und er das Böse hasste" (7,6).

Neben dem Zorn des Königs findet auch seine Fröhlichkeit in EstAT Erwähnung, und zwar – anders als in EstLXX, aber entsprechend EstMT – ausdrücklich in Verbindung mit seinem Alkoholgenuss. Seine Anweisung, Waschti zum Fest herbeizubringen, wird folgendermaßen eingeleitet:

> ἐγένετο δὲ τῇ ἡμέρᾳ τῇ ἑβδόμῃ ἐν τῷ εὐφρανθῆναι τὸν βασιλέα ἐν τῷ οἴνῳ εἶπεν ὁ βασιλεὺς τοῖς παισὶν αὐτοῦ
>
> Es geschah aber am siebten Tag, als der König sich am Wein erfreute, dass der König zu seinen Sklaven sagte,
>
> EstAT 1,10

---

564 EstVL bietet dazu eine Parallele und vergleicht den König ebenfalls mit einem Stier (*taurus* EstVL D,7). In der Septuaginta kann die Stier-Metapher zwar auch positiv konnotiert sein (vgl. DtnLXX 33,17), aber auch hier wird das Tier bezeichnenderweise mit Stärke in Verbindung gebracht, die an anderen Stellen unmittelbare Gefahr für einzelne Israelitinnen bzw. Israeliten oder Israel als Ganzes signalisiert (vgl. PsLXX 21,13; Sir 6,2). Vgl. Dorothy, *The Books of Esther*, 134; Cavalier, *Esther*, 188–189.

565 Vgl. Kap. 4.6.3.

Das Verb εὐφραίνω muss zwar nicht unbedingt auf Trunkenheit hinweisen, doch wird durch die Erwähnung des Weins deutlich suggeriert, dass Assueros bereits an- oder betrunken ist (vgl. Jdt 12,20). Des Königs Festveranstaltungen, bei denen auch der beste königliche Wein konsumiert wird (1,7), haben in EstAT jedoch anders als in den übrigen Esther-Versionen einen ganz konkreten, freudigen Anlass, nämlich seine Rettung aus tödlicher Gefahr. Dies wird erstens dadurch signalisiert, dass die Szene offenbar unmittelbar auf den vereitelten Mordanschlag folgt, während EstLXX sie etwa ein Jahr später ansetzt (vgl. EstLXX A,1 mit 1,3) und die übrigen Versionen die vorherige Anschlags-Episode nicht erzählen. Zweitens aber weiß EstAT zu berichten, Assueros bringe bei seinem siebentägigen Trinkfest Dankopfer anlässlich seiner Rettung dar (ἄγων τὰ σωτήρια αὐτοῦ 1,5).[566] Damit ist einerseits auf die Tat Mordechais, des Retters (σωτήρ 6,5; 7,26) verwiesen,[567] andererseits wird aber offenbar auch auf ein kultisches Ritual angespielt:[568] Der Ausdruck (τὰ) σωτήρια verweist regelmäßig auf Dankopfer anlässlich einer Rettungserfahrung.[569] Damit wird der König mit nicht-jüdischer Religiosität assoziiert, zugleich aber erhalten seine ausschweifenden Feste eine durchaus sachgerechte Begründung, sodass sein Handeln besser nachvollziehbar und nicht als Ausweis etwaiger Prunksucht oder Überhebung erscheint.

Wie oben erläutert, legt EstAT besonderen Wert auf die Autorität des Königs und die Bedeutung seines Willens. In Zusammenhang damit ist die Tendenz zu sehen, dass Assueros häufiger selbst das Heft des Handelns ergreift als etwa Artaxerxes in EstLXX, wo die Handlungen der Bediensteten – wie zuvor gezeigt – eine größere Rolle spielen. Bereits bei der Bewältigung des versuchten Anschlages auf sein Leben wird der König selbst aktiv: Wie in EstLXX überprüft er die Eunuchen (A,14), doch erwähnt EstAT darüber hinaus noch ausdrücklich, er habe die Angaben Mordechais bestätigt gefunden (καὶ εὗρε τοὺς λόγους Μαρδοχαίου).[570] Wie bereits erwähnt, fällt er in 7,11 höchstpersönlich das Urteil über Haman, und auf eigenen Entschluss holt er Mordechai an seinen Hof, um ihm Hamans Besitz und Aufgaben zu übertragen (7,15–17). Zudem ist in EstAT

---

566 Vgl. die siebentägige, vom König angeordnete Rettungsfeier für die jüdische Bevölkerung in 3Makk 6,30, bezeichnet mit σωτήρια ἀνάγω.

567 Vgl. Harvey, *Finding Morality in the Diaspora?*, 138.

568 Vgl. Cavalier, *Esther*, 142.

569 Vgl. z. B. Xen. An. 3,2,9; 5,1,1; Lukian. Herm. 86. Die häufig anzutreffende englische Übersetzung von EstAT 1,5 mit „celebrating his deliverance" (z. B. bei Karen H. Jobes, „Esther" in *A New English Translation of the Septuagint*) trifft den Sinn daher nicht exakt. Vgl. zum Wortgebrauch von σωτήριον/σωτήρια in der Septuaginta als Entsprechung zu שֶׁלֶם bzw. שְׁלָמִים Werner Foerster und Georg Fohrer, „σωτήριος," *ThWNT* 7.

570 Das entschiedene und wirksame Handeln des Königs wird auch hervorgehoben bei Harvey, *Finding Morality in the Diaspora?*, 193.

unmissverständlich klargestellt, dass Assueros das zweite Edikt, das eine umfassende Rechtfertigung und Lobpreisung seines bisherigen Handelns enthält, selbst verfasst, es mithin nicht von Esther oder Mordechai in der ihnen verliehenen Vollmacht ausgegeben wird: Das letztgenannte grammatische Subjekt in 7,21 ist der König, sodass dieser auch als handelnde Person zur Verbform ἔγραψε in 7,22 zu verstehen ist.[571] Das erste, die jüdische Gemeinschaft gefährdende Edikt hingegen wird von Haman verfasst (vgl. 3,7.13–14; 7,16), wobei in EstAT auch – anders als in EstMT, EstLXX und EstJos – nicht davon die Rede ist, der König feiere nach der Veröffentlichung mit Haman (3,19).[572] Nicht nur an dieser Stelle, sondern bereits zu Anfang der Erzählung hebt EstAT des Assueros positive Seiten hervor: So legt der Text Wert auf die Feststellung, dass der König sich bei der Gestaltung seines Trinkfestes am Gesetz bzw. Brauch orientiert (καὶ πότος κατὰ τὸν νόμον 1,8), um „den Willen der Menschen" (τὸ θέλημα τῶν ἀνθρώπων 1,8) zu erfüllen.[573] Damit ist die Charakterisierung des Assueros als Wohltäter und Menschenfreund in EstAT nicht auf das Selbstlob des zweiten Ediktes beschränkt.

Ein besonderes Augenmerk der Königsdarstellung in EstAT liegt auf der Ehre und dem Ansehen des Königs. Dabei gilt einerseits, was bereits im Kontext von EstLXX zum Begriff δόξα ausgeführt worden ist;[574] andererseits zeigt EstAT eine Besonderheit vor allem in der Übernahme der im griechisch-hellenistischen Sprachgebrauch üblichen Kombination „Ruhm und Ehre", τιμὴ καὶ δόξα.[575] Bereits in 1,4 werden dem König beide Attribute zugeschrieben. Um jedoch die besondere Tendenz des Wortgebrauchs in EstAT erfassen zu können, bietet sich eine synoptische Darstellung an (EstVL und EstJos haben hier keine explizite Parallele):

---

571 Stattdessen Esther als Schreibende anzunehmen ist möglich; vgl. Kristin De Troyer und Marie-Theres Wacker, „Esther – Das Buch Ester (LXX und A-Text)" in *Septuaginta Deutsch Erläuterungen und Kommentare*, 1295. Diese Option erscheint mir allerdings aus dem genannten Grund weniger plausibel.
572 In EstVL feiert Haman mit seinen „Freunden"; der König ist offenbar nicht beteiligt.
573 Erneut bleibt hier offen, ob bei νόμος eher an „Gesetz" oder an „Brauch" gedacht ist; vgl. auch Anm. 217.
574 Vgl. Kap. 3.1.3.
575 Vgl. die bereits erwähnte Studie Kotsidu, *TIMH KAI ΔOΞA*.

EstMT 1,4	EstLXX 1,4	EstAT 1,4
בְּהַרְאֹתוֹ	μετὰ τὸ δεῖξαι αὐτοῖς	εἰς τὸ ἐπιδειχθῆναι
אֶת־עֹשֶׁר	τὸν πλοῦτον	τὸν πλοῦτον
כְּבוֹד		τῆς δόξης
מַלְכוּתוֹ	τῆς βασιλείας αὐτοῦ	τοῦ βασιλέως
וְאֶת־יְקָר	καὶ τὴν δόξαν	καὶ τὴν τιμὴν
תִּפְאֶרֶת	τῆς εὐφροσύνης	
גְּדוּלָּתוֹ	τοῦ πλούτου αὐτοῦ	τῆς καυχήσεως αὐτοῦ

Im Textvergleich fällt auf, dass sich die Wortwahl beider griechischer Texte in verschiedener Hinsicht unterscheidet. Für unsere Zwecke besonders interessant ist, dass sich zu כְּבוֹד des hebräischen Textes keine Entsprechung in EstLXX findet und die dortige Parallele zwischen יְקָר und δόξα vom üblichen Septuaginta-Sprachgebrauch abweicht.[576] EstAT hingegen bewegt sich voll und ganz im Rahmen des üblichen Vokabulars der griechischen Bibel, wenn hier δόξα parallel steht zu כְּבוֹד und τιμή zu יְקָר. Weiterhin fällt auf, dass δόξα in EstAT direktes Attribut zum König ist statt zu seiner βασιλεία. Zudem steht τιμή zu ihm (αὐτοῦ) in engerer Beziehung als יְקָר in EstMT bzw. δόξα in EstLXX, da diese beiden Versionen noch ein weiteres Element in die constructus- bzw. Genitiv-Verbindung einfügen. Durch die eigentümliche sprachliche Gestaltung der Stelle in EstAT wird der König folglich stärker mit den wichtigen hellenistischen Werten δόξα und τιμή in Verbindung gebracht als in den Paralleltexten.

Die direkte Kombination der beiden Ausdrücke begegnet sodann auch in EstAT 1,20, wenn es nach Waschtis Affront darum geht, „Ruhm und Ehre" aller Männer im Reich wiederherzustellen. Des Weiteren enthält die Anklage Hamans in EstAT die Anschuldigung, die jüdische Gemeinschaft ziele mit ihrer Lebensweise darauf ab, die Ehre des Königs zu schmälern (τὰ προστάγματά σου ἀθετοῦσι πρὸς καθαίρεσιν τῆς δόξης σου, „deine Anordnungen verwerfen sie zur Minderung deiner Ehre" 3,8). Dieser Gedanke findet sich neben EstAT nur noch in EstVL. Einen weiteren Hinweis auf die Bedeutung der Ehre des Königs in EstAT bietet die Ehrungs-Szene in Kap. 6: Während es hier in EstMT und EstLXX um die Frage geht, welcher Mensch der Empfänger der königlichen Ehrung sein soll, ist für EstAT

---

576 Vgl. Anm. 338.

entscheidend, dass dieser Mensch seinerseits zuvor dem König Ehrfurcht und Respekt entgegengebracht hatte:

ὡς δὲ εἰσῆλθεν, εἶπεν αὐτῷ ὁ βασιλεύς Τί ποιήσωμεν τῷ ἀνδρὶ τῷ τὸν βασιλέα τιμῶντι, ὃν ὁ βασιλεὺς βούλεται δοξάσαι;

Als er [sc. Haman] aber hereinkam, sagte der König zu ihm: „Was sollen wir für den Mann tun, der dem König Ehrfurcht erweist, den der König ehren will?"
EstAT 6,9

Dieser Zusammenhang zwischen den Tätigkeiten τιμάω seitens des Untertans und δοξάζω seitens des Königs findet sich nur in EstAT an dieser Stelle sowie ebenso in 6,11.19. Ganz konsequent spricht EstAT auch anders als die anderen Versionen am Ende der Erzählung davon, Mordechai erweise Ehre (καὶ ἐδόξασε Μαρδοχαῖος 7,51) – der Kontext bietet allein den König als ungenanntes Objekt zu dieser Aussage an.[577] Dass EstAT das Konzept der königlichen Ehrung anders einsetzt und gestaltet als etwa EstLXX, zeigt sich auch an der Notiz über die Beförderung Hamans in 3,1: Hier verwendet EstAT das Verb μεγαλύνω, während EstLXX von δοξάζω spricht (EstMT: גדל; EstVL: *glorifico*). Passend dazu hat auch Hamans Prahlerei über seine Ehre, die sich in den übrigen Versionen findet (EstMT 5,11: כָּבוֹד; EstLXX 5,11: δόξα; EstVL 5,11: *gloria*; Ant 11,245: τιμή), in EstAT keinen Platz. Im Ergebnis zeigt sich damit, dass „Ruhm und Ehre" für die Königsdarstellung in EstAT von enormer Bedeutung sind. Nicht nur sind Assueros selbst diese Attribute überaus wichtig, sondern es ist Mordechai, der dies durch sein Handeln anerkennt, womit er sich wiederum Ehre beim König erwirbt. Über wechselseitige Ehrungen wird zwischen diesen beiden Figuren eine starke Verbindung hergestellt, die Mordechais Konkurrent Haman nicht erreicht. Dessen Vorwurf gegen die jüdische Bevölkerung, sie mindere die Ehre des Königs (3,8), wird durch Mordechai nicht nur widerlegt, sondern ins Gegenteil verkehrt.

Abschließend sei noch darauf hingewiesen, dass in EstAT anders als in den bereits besprochenen Quellentexten keine Rede davon ist, dass Esther ihre jüdische Herkunft bzw. Identität vor dem König verbirgt – es wird schlicht nichts dazu gesagt, ob ihr Jüdisch-Sein irgendeine Rolle für ihre Beziehung zum Herrscher spielt. Das Motiv der Wandlung des Monarchen hin zu einem der jüdischen Gemeinschaft überaus wohlgesonnenen und daher grundsätzlich positiv zu be-

---

577 Ich sehe keine Notwendigkeit, stattdessen Gott als Objekt von Mordechais Ehrerbietung anzunehmen, wie dies Cavalier vorschlägt; vgl. die Stelle in der Übersetzung bei Cavalier, *Esther*. Vgl. auch die Aussage, Mordechai habe Gutes über den König gesprochen (Μαρδοχαῖον τὸν λαλήσαντα ἀγαθὰ περὶ τοῦ βασιλέως EstAT 7,12), die zwar EstMT entspricht, sich aber von EstLXX dadurch abhebt, dass dort das Stichwort ἀγαθὰ fehlt.

wertenden Herrscher ist zwar auch in EstAT präsent, jedoch schwächer ausgeprägt als in EstMT und EstLXX. Dies hängt aber vor allem damit zusammen, dass Assueros *von Anfang an* kein bösartiger Gegner der jüdischen Gemeinschaft ist, auch wenn er ein einziges Mal sein Vertrauen in die falsche Person setzt. Er ist letztlich Argumenten zugänglich, fähig zur Selbstkritik und bemüht, seine Macht im Sinne der Gerechtigkeit und Menschenfreundlichkeit einzusetzen. Nach EstAT verdient der große König Assueros dafür Anerkennung auch bzw. insbesondere seitens seiner jüdischen Untertanen. Der eigentliche Feind der jüdischen Gemeinschaft ist von Beginn an ein anderer.

4.2 Haman

Ebenso wie in EstLXX wird Haman auch in EstAT abwertend und abgrenzend als Βουγαῖος (3,1; 7,25.44)[578] und Makedone (A,17; ms. 93 außerdem 7,25) bezeichnet, wenn auch teils an anderen Stellen des Textes. Ebenfalls ähnlich wie in EstLXX beginnt auch in EstAT die folgenreiche Konkurrenz zwischen Haman und Mordechai bereits zu Beginn der Erzählung, nämlich im Gefolge der Eunuchenverschwörung. Die Notiz über Hamans Verbindung zu den Verschwörern und seine hierin begründeten bösen Absichten gegenüber Mordechai und seinem Volk ist gar noch etwas ausführlicher und deutlicher formuliert als in EstLXX:

> καὶ ἐζήτει ὁ Αμαν κακοποιῆσαι τὸν Μαρδοχαῖον καὶ πάντα τὸν λαὸν αὐτοῦ ὑπὲρ τοῦ λελαληκέναι αὐτὸν τῷ βασιλεῖ περὶ τῶν εὐνούχων, διότι ἀνηρέθησαν.

> Und Haman suchte Mordechai und seinem ganzen Volk Böses zu tun, weil er über die beiden Eunuchen zum König gesprochen hatte, weshalb sie beseitigt worden waren.
> EstAT A,18

Diesem Satz geht nun allerdings eine nur in EstAT enthaltene Information über das Verhältnis der beiden Männer voraus:

---

578 Vgl. zu dieser Bezeichnung Anm. 351. Das Epitheton erscheint in EstAT noch an zwei weiteren Stellen (1,16; 2,8), an denen es allerdings nicht direkt mit Haman verbunden wird und eine Assoziation mit ihm im jeweiligen Kontext unsicher ist. Zu 1,16 sei allerdings angemerkt, dass Βουγαῖος hier den Berater bezeichnet, der dem König den entscheidenden Vorschlag zur Lösung des Waschti-Problems unterbreitet. Dieser trägt in EstMT den Namen Memuchan und wird in bMeg 12b sowie in 1Targ Est mit Haman identifiziert. Vor diesem Hintergrund erscheint es möglich, dass EstAT 1,16 auf einer ähnlichen Tradition beruht und ebenfalls auf Haman anspielt. Wie noch zu zeigen sein wird, identifiziert EstVL den Berater in dieser Szene hingegen mit Mordechai. 2Targ Est wiederum setzt ihn mit Daniel gleich; vgl. Ego, *Targum Scheni zu Ester*, 205.

καὶ ἐνετείλατο ὁ βασιλεὺς περὶ τοῦ Μαρδοχαίου θεραπεύειν αὐτὸν ἐν τῇ αὐλῇ τοῦ βασιλέως καὶ πᾶσαν θύραν ἐπιφανῶς τηρεῖν (17) καὶ ἔδωκεν αὐτῷ περὶ τούτων Αμαν Αμαδάθου Μακεδόνα κατὰ πρόσωπον τοῦ βασιλέως.

Und der König befahl bezüglich Mordechai, dass er am Hof des Königs diene und jede Tür in hervorragender Weise[579] bewache. (17) Und er gab ihm diesbezüglich Haman, Sohn des Hamadathos, einen Makedonen im Angesicht des Königs.

EstAT A,16–17

Die Formulierung κατὰ πρόσωπον τοῦ βασιλέως setzt zunächst voraus, dass Haman bereits eine politische oder administrative Position am Hof eingenommen hat. Mit anderen Mitteln erreicht EstAT damit in einem wichtigen Punkt ein ähnliches Ergebnis wie EstLXX, nämlich Hamans Auftritt in 3,1 für die Leserschaft leichter nachvollziehbar zu gestalten als in EstMT: Seine plötzliche Beförderung wird eingebettet in eine längere Karriere am Königshof. Anders als im griechischen Schwestertext wird Haman hier nun allerdings Mordechai zugewiesen, dem neuen Torwächter, einem Emporkömmling. Es ist möglich, die Aussage so zu verstehen, dass Haman damit als Assistent oder Mitarbeiter Mordechais fungieren soll, wie es etwa Fox und Harvey annehmen.[580] Allerdings hat Hacham demgegenüber auf eine in beiden Esther-Targumim sowie im babylonischen Talmud und anderen rabbinischen Quellen enthaltene Tradition hingewiesen, die Haman als Sklaven (עבד) Mordechais kennt.[581] Man könnte EstAT A,17 als weiteren Zeugen für diese Tradition ansehen: Statt Geschenken (δόματα) wie in EstLXX gibt (ἔδωκεν)

---

579 Die Bedeutung von ἐπιφανῶς an dieser Stelle ist schwer zu bestimmen, weshalb vor allem in der älteren Forschung verschiedene Konjekturen vorgeschlagen worden sind; vgl. Fritzsche, *Das dritte Buch Esra, die Zusätze zum Buch Esther und Daniel, das Gebet des Manasse, das Buch Baruch und der Brief des Jeremia*, 81. Dies ist m. E. unnötig: Zwar nehmen die meisten modernen Übersetzungen die Grundbedeutung des Wortes „sichtbar"/„offensichtlich" an, die tatsächlich in unserem Kontext wenig verständlich ist; vgl. Karen H. Jobes, „Esther" in *A New English Translation of the Septuagint*; Kristin De Troyer und Marie-Theres Wacker, „Esther" in *Septuaginta Deutsch*; Cavalier, *Esther*. Allerdings lässt sich auch an die davon abgeleitete Bedeutung „hevorragend"/„ausgezeichnet" denken (vgl. Pol. 10,22,3; Ant 14,86), die guten Sinn ergibt: Mordechai hat ja soeben bewiesen, dass er sich sehr gut als Palast- und Leibwache eignet, und daher traut ihm der König nun zu, diese Aufgabe in hervorragender Weise auch in offizieller Funktion wahrzunehmen. Diese zumindest durch einige andere Quellen gestützte Übersetzung ist auch dem Vorschlag bei Takamitsu Muraoka, *A Greek-English Lexicon of the Septuagint* (Leuven: Peeters, 2009), „officially charged and commissioned", vorzuziehen.
580 Vgl. Fox, *The Redaction of the Books of Esther*, 77–78; Harvey, *Finding Morality in the Diaspora?*, 172. Vgl. auch Dorothy, *The Books of Esther*, 301.
581 Vgl. Noah Hacham, „Haman, Mordekhai's Slave," ZAW 122, Nr. 1 (2010). Vgl. zur Rezeption dieser Tradition auch die Angaben bei Börner-Klein und Hollender, *Rabbinische Kommentare zum Buch Ester*, Bd. 1, 200, Anm. 194.

der König seinem Retter Mordechai als Belohnung Haman zum Besitz.[582] Diese Interpretation führt zu größeren inhaltlichen Spannungen mit dem Kontext als die erstgenannte, denn es stellt sich nun die Frage, wie ein Sklave (ohne Erlaubnis seines Herrn) plötzlich zum zweiten Mann im Staate aufsteigen kann (3,1), und weshalb der König in 6,4 der Ansicht ist, er habe Mordechai nicht belohnt. Nach beiden möglichen Lesarten macht EstAT A,17 jedoch deutlich, dass Haman aus einer Stellung mit direktem Zugang zum König in eine gegenüber Mordechai untergeordnete Position gerät. Dies verschärft insofern die spannungsreiche Konkurrenz zwischen den beiden Männern, als die Machtverhältnisse zwischen ihnen mehrfach wechseln, bezieht man Hamans Beförderung in 3,1 und sodann seine Absetzung und Exekution zugunsten Mordechais gegen Ende der Erzählung mit ein.

Wie in den anderen Esther-Versionen fällt Haman auch in EstAT die Rolle des Antagonisten der jüdischen Gemeinschaft zu. Diese Rolle hat hier jedoch sehr deutlich auch eine explizit religiöse Dimension. So ist es charakteristisch für den Alpha-Text insgesamt, die Bedeutung nicht-jüdischer Religiosität im Verständnis und Handeln der Figuren hervorzuheben.[583] Diese wird – neben der bereits diskutierten Erwähnung der königlichen Rettungsfeier – besonders mit Haman assoziiert, wie zunächst die in den Esther-Überlieferungen einmalige Notiz in EstAT 3,7 zeigt:

> καὶ ἐπορεύθη Αμαν πρὸς τοὺς θεοὺς αὐτοῦ τοῦ ἐπιγνῶναι ἡμέραν θανάτου αὐτῶν, καὶ βάλλει κλήρους εἰς τὴν τρισκαιδεκάτην τοῦ μηνὸς Αδαρ Νισαν φονεύειν πάντας τοὺς Ἰουδαίους ἀπὸ ἀρσενικοῦ ἕως θηλυκοῦ καὶ διαρπάζειν τὰ νήπια.

> Und Haman ging zu seinen Göttern, um den Tag ihres Todes zu erfahren, und er warf Lose auf den Dreizehnten des Monats Adar Nisan, um alle Jüdinnen und Juden zu töten, männlich und weiblich, und die Kleinkinder zu rauben.
> EstAT 3,7

Während in den übrigen Textversionen der Vermerk über Hamans Loswerfen höchstens implizit auf religiöse Gebräuche verweist, lässt EstAT keinen Zweifel daran, dass er die Götter auf seiner Seite sieht, wenn es um die Vernichtung der jüdischen Bevölkerung geht. Da seit Hamans erster Erwähnung in A,17 klar ist,

---

582 Die Wendung περὶ τούτων würde sich in diesem Fall nicht auf Mordechais neue Aufgabe beziehen („für diese Dinge"/„diesbezüglich"), sondern auf sein Handeln zuvor, das die Belohnung begründet („wegen dieser Dinge"/„deswegen").
583 Vgl. auch die entsprechenden Bemerkungen bei Jill Middlemas, „The Greek Esthers and the Search for History" in *Between Evidence and Ideology*, 152–153 sowie bei Marie-Theres Wacker, „Three Faces of a Story" in *La Septante en Allemagne et en France*, 80–81.

dass er Makedone ist, muss auch seine Religiosität vor dem Hintergrund dieser Herkunftsbezeichnung verstanden werden. Obwohl der Text hierzu keine weiteren Ausführungen macht, legt er nahe, dass sich Hamans Religiosität – seine Göttervorstellungen und seine Kultpraxis – von der des Perserkönigs unterscheidet. Für EstAT ist weiterhin charakteristisch, dass Hamans Umfeld, insbesondere seine Frau Zosara, in dessen religiöse Gemeinschaft miteinbezogen wird. So ist es Zosara, die in 5,23 nicht nur auf den Beschluss des Königs, sondern auch auf die vermeintliche Bestimmung des Vernichtungstages durch die Götter Bezug nimmt (καὶ ἔδωκάν σοι οἱ θεοὶ εἰς ἐκδίκησιν αὐτῶν ἡμέραν ὀλέθριον).[584] Ein ironischer Zug liegt darin, dass es gerade der Perserkönig und der Gott Israels sein werden, die die Vernichtung Hamans und seiner Familie an jenem Tag verfügen. Dass Zosara die Entwicklung der Ereignisse in diese Richtung wiederum theologisch deutet, zeigt ihre Bemerkung in 6,22, die sie nur in EstMT und EstAT explizit gemeinsam mit einem Gremium von „Weisen" (οἱ σοφοὶ αὐτοῦ) äußert:[585]

καὶ εἶπεν ἡ γυνὴ αὐτοῦ καὶ οἱ σοφοὶ αὐτοῦ Ἀφ' ὅτε λαλεῖς περὶ αὐτοῦ κακά, προσπορεύεταί σοι τὰ κακά· ἡσύχαζε, ὅτι ὁ θεὸς ἐν αὐτοῖς.

Und seine Frau und seine Weisen sagten: „Seitdem du Schlechtes über ihn sprichst, nähert sich dir das Schlechte: Sei ruhig, denn Gott ist darin!"
EstAT 6,22

In seiner Opposition gegen Mordechai und dessen Volk scheint Haman – ähnlich wie in EstLXX – von Beginn an auch die Herrschaft des Königs zu bedrohen. Dies zeigt sich nicht nur an der oben angeführten Notiz über seine Verbindung zu den verschwörerischen Eunuchen, sondern auch an der späteren Interpretation seines Handelns durch den König, der bei Haman eine „Verfehlung gegen die Königsherrschaft" erkennt (ἁμαρτία τῆς βασιλείας 7,11) – eine Besonderheit in EstAT.[586] Bekräftigt wird dies wiederum durch das zweite Edikt, in dem der König seinen vormaligen Vertrauten als Putschisten und Agitator einer ausländischen Macht darstellt (7,26). Dass EstAT jedoch tendenziell auch zuvor bereits eine stärkere Distanz zwischen Haman und Assueros aufbaut als etwa EstLXX, zeigt sich z. B. daran, dass sich die Bemerkung des Königs, Haman habe gut gesprochen (EstLXX

584 Nur in EstAT und EstJos spricht Zosara an dieser Stelle allein; in den anderen Versionen spricht sie gemeinsam mit anderen Menschen aus Hamans Umfeld. Die Erwähnung der Götter ist allerdings auch gegenüber EstJos ein Alleinstellungsmerkmal von EstAT.
585 EstLXX und EstJos sprechen hingegen von φίλοι; dem entspricht amici in EstVL. EstAT zeigt an dieser Stelle jedoch erneut Ähnlichkeit mit rabbinischen Traditionen, denn bMeg 16a kennt die Freunde ebenfalls als „seine Weisen" (חכמיו).
586 Ein ähnlicher Gedanke, anders formuliert, findet sich an dieser Stelle in EstVL.

6,10), in EstAT nicht findet.[587] Auch Hamans Prahlerei über seine Stellung beim König und im Reich (EstLXX 5,11) „fehlt" in EstAT.

Wie in allen anderen Esther-Versionen ist jedoch zuvor auch in EstAT entscheidend, dass sich Hamans Macht vollständig aus der Macht des Königs ableitet. Haman wird zum *Philos* des Assueros[588] und von diesem in eine Machtposition eingesetzt, die es ihm erst erlaubt, Macht über andere Figuren auszuüben und etwa auch das erste Edikt zu verfassen – ein Faktum, das in EstAT deutlich hervorgehoben wird, indem das Subjekt zu ὑπέγραψε in 3,14 im Kontext nur Haman sein kann, keinesfalls der König. Jene weitreichenden Vollmachten, die Haman von Assueros verliehen werden, können ihm jedoch im selben Maße von diesem auch wieder genommen werden – mehr noch: In jenem Moment, als er seine Gunst beim König verliert, stehen Haman keine weiteren Mittel zur Verfügung, sich selbst oder auch nur seine Familie (vgl. 7,44) vor dem Tod zu bewahren. Auch von seinen Göttern erhält er keine Hilfe, obgleich diese für ihn doch zuvor solch eine wichtige Rolle gespielt hatten. EstAT lässt vielmehr keinen Zweifel daran, welche göttliche Macht als einziger Retter in die Geschichte eingreift, nämlich der Gott Israels zugunsten der jüdischen Gemeinschaft.[589]

Gegenüber den anderen Versionen zeigt EstAT einige Originalität in der Darstellung von Hamans Emotionalität. So wird hier besonders stark hervorgehoben, wie zornig Haman über Mordechais Verweigerung der Proskynese ist und wie dieser Zorn sein weiteres Vorgehen bestimmt. Im Einzelnen zeigt sich dies daran, dass Hamans Wut allein in EstAT zweifach betont (ἐθυμώθη τῷ Μαρδοχαίῳ, καὶ ὀργὴ ἐξεκαύθη ἐν αὐτῷ 3,5) und sodann nochmals explizit in der Einleitung seiner Rede vor dem König beschrieben wird:

> καὶ παραζηλώσας ὁ Αμαν καὶ κινηθεὶς ἐν παντὶ τῷ θυμῷ αὐτοῦ ἐρυθρὸς ἐγένετο ἐκτρέπων αὐτὸν ἐξ ὀφθαλμῶν αὐτοῦ καὶ καρδίᾳ φαύλῃ ἐλάλει τῷ βασιλεῖ κακὰ περὶ Ισραηλ
>
> Und überaus gereizt und in seinem Zorn erregt wurde Haman rot, sodass er ihn aus seinen Augen wegwandte; und mit bösem Herzen sprach er zum König Schlechtes über Israel, EstAT 3,6

Jedoch weiß EstAT als einziger Text nichts davon, dass Haman nach Esthers prestigeträchtiger Einladung noch einmal Mordechai begegnet und darüber in

---

587 Vgl. die Bemerkungen bei De Troyer, *The End of the Alpha Text of Esther*, 284, insbes. Anm. 7. De Troyer bringt die Stelle in Verbindung mit einer generellen Tendenz des Alpha-Textes, Haman als einen Menschen darzustellen, der „schlecht spricht" (vgl. EstAT 4,4; 6,22). Demgegenüber ist es – anders als in EstLXX – Mordechai, der Gutes über den König zu sagen hat; vgl. dazu Anm. 577.
588 Vgl. Anm. 551.
589 Vgl. Kap. 4.6.3.

Zorn gerät. Stattdessen wird berichtet, er wundere sich (ἐθαύμασεν 5,20) über die Ankündigung des zweiten Gastmahls. An dieser Stelle beginnt für Haman eine erneute „Achterbahn der Gefühle", denn die Erkenntnis, dass er seinem Erzfeind Mordechai königliche Ehren erweisen muss, wird in EstAT zu einem schweren Schlag für den stolzen Regierungschef:

> ὡς δὲ ἔγνω Αμαν ὅτι οὐκ ἦν αὐτὸς ὁ δοξαζόμενος, ἀλλ' ὅτι Μαρδοχαῖος, συνετρίβη ἡ καρδία αὐτοῦ σφόδρα, καὶ μετέβαλε τὸ πνεῦμα αὐτοῦ ἐν ἐκλύσει.

> Als aber Haman erkannte, dass nicht er der zu Ehrende war, sondern Mordechai, zerbrach sein Herz in Stücke, und sein Geist veränderte sich in einem Schwächeanfall.
> EstAT 6,13

Seine finstere Stimmung (vgl. 6,20) hellt sich jedoch bald wieder auf, als er zu Esthers Veranstaltung gerufen wird: Allein EstAT notiert an dieser Stelle, dass Haman wieder fröhlich wird (καὶ οὕτως ἱλαρώθη 6,23). Doch ist Hamans Gefühlschaos damit noch nicht vorüber: Als Esther ihn vor dem König übler Taten beschuldigt und Haman daraufhin vor der Königin niederfällt, führt allein EstAT dies auf sein Erschrecken zurück (καὶ ὁ Αμαν ἐταράχθη). In den übrigen Textversionen wird hingegen vermerkt, Haman habe Esther angefleht, weil er seine ungünstige Lage erkannt habe (ראה EstMT 7,7; ὁράω EstLXX 7,7; *video* EstVL 7,7; συνίημι Ant 11,265).

Zusammenfassend lässt sich festhalten, dass EstAT seinem Publikum einen besonders tiefgehenden Einblick in Hamans Gefühlsleben bietet und dessen Absichten damit transparenter macht. In der Tendenz wirkt dies darauf hin, dass die persönliche – irrationale – Motivation zu Hamans Vorhaben, Mordechai und sein Volk auszulöschen, hervorgehoben wird. Die für den König zunächst nachvollziehbaren politischen Argumente über die Staatsfeindlichkeit der jüdischen Gemeinschaft werden dadurch mehr noch als in den anderen Versionen als haltlose, vorgeschobene Anschuldigungen entlarvt. Wie gezeigt, betont EstAT zudem mit teils anderen Mitteln, in der Sache aber ähnlich wie EstLXX, Hamans grundsätzliche Opposition gegen die rechtmäßige Herrschaft des Königs, angezeigt bereits zu Beginn der Erzählung durch seine Beteiligung an der Mordverschwörung (A,18, s. o.). Eine zusätzliche Dimension erhält Hamans Agitation gegen Assueros und seine jüdischen Untertanen durch den religiös-theologischen Überbau, der einen Machtkampf nicht nur zwischen weltlichen, sondern auch zwischen göttlichen Mächten suggeriert. Dass dessen Ergebnis – und damit auch Hamans Schicksal – jedoch von vornherein ohne Zweifel feststeht, zeigt EstAT durch verschiedene, verstreute Hinweise auf göttliches Wirken an, die noch im Einzelnen zu diskutieren sein werden.

4.3 Mordechai

4.3.1 Mordechai als religiöse Führungsfigur

Zur Rolle Mordechais als religiöser Führungsfigur der jüdischen Gemeinschaft gilt an dieser Stelle im Grundsatz das bereits zu EstLXX Ausgeführte: Mordechai fungiert als Führungsperson in kultischen und theologischen Fragen, indem ihm eine Traumvision, die zugehörige Deutung sowie ein Gebet zugeschrieben werden und indem er kultische Tätigkeiten seiner Gemeinde anleitet. Es lässt sich jedoch feststellen, dass EstAT Mordechai in gewisser Weise noch stärker in die Gemeinde integriert, diese mithin effektiver von Mordechai repräsentiert wird. Dieser Zug zeigt sich zunächst bei der ersten Vorstellung Mordechais in A,1–2. Hier sprechen EstLXX und EstVL jeweils davon, er sei ein bedeutender, ein „großer Mann", der am Hofe des Königs diene. EstAT hingegen weiß von diesem Dienstverhältnis nichts: Zwar ist Mordechai hier ebenfalls ein „großer Mann" (ἄνθρωπος μέγας EstAT A,1), doch schließt sich nun unmittelbar der Genitiv τῆς αἰχμαλωσίας (A,2) an, sodass Mordechai als bedeutsamer Mensch nicht am Hof des Königs, sondern in der Gemeinschaft der „Kriegsgefangenen" gedacht wird, d. h. in der auf die Ereignisse ab 597 v. Chr. zurückgehenden Exilsgemeinde.

Dass diese Stellung vor allem den Aspekt eines religiösen Experten umfasst, zeigt sodann seine Traumvision und dort insbesondere die Formulierung καὶ ἀνεβοήσαμεν πρὸς κύριον, „und wir schrien auf zum Herrn" (A,6). Die Verwendung der 1. Person Plural – EstLXX A,9 schreibt ἐβόησαν, EstVL hat keine direkte Parallele – zeigt, dass Mordechai sich in der Darstellung von EstAT in der Gemeinschaft seines Volkes sieht, wenn er mit seinem Gott kommuniziert. Dies bestätigt sich, blickt man auf die Wiedergabe von Mordechais Gebet, das er nur in EstAT explizit als „unser Gebet" kennzeichnet (ἐπάκουσον τῆς δεήσεως ἡμῶν 4,17).[590] Ein separater Hinweis auf die Volksklage, wie er sich in EstLXX C,11 findet, fehlt in EstAT hingegen – Mordechai betet nicht getrennt von seiner Gemeinde, sondern mit ihr gemeinsam. Auch bei der Deutung seiner Traumvision „wird sichtbar, dass Mardochaios in einer Art gottesdienstlichem Kontext steht",[591] wie es De Troyer und Wacker formulieren, denn nur EstAT bezeugt hier eine kollektive Antwort auf Mordechais Rede:

---

[590] EstAT geht damit über die bereits in der Diskussion von EstLXX erwähnten „wir"-Formulierungen in EstLXX C,8.10 hinaus, die in EstAT 4,16.17 ihre Parallele finden. Vgl. Esthers Anweisung in der 2. Person Plural, die in EstAT wie folgt formuliert wird: Παραγγείλατε θεραπείαν καὶ δεήθητε τοῦ θεοῦ ἐκτενῶς· (EstAT 4,11).

[591] Kristin De Troyer und Marie-Theres Wacker, „Esther – Das Buch Ester (LXX und A-Text)" in *Septuaginta Deutsch Erläuterungen und Kommentare*, 1296.

καὶ πᾶς ὁ λαὸς ἀνεβόησε φωνῇ μεγάλῃ καὶ εἶπεν Εὐλογητὸς εἶ, κύριε, ὁ μνησθεὶς τῶν δια-θηκῶν τῶν πρὸς τοὺς πατέρας ἡμῶν· ἀμήν.

Und das ganze Volk schrie auf mit lauter Stimme und sagte: „Gepriesen bist du, Herr, der der Bundesschlüsse mit unseren Vätern gedenkt! Amen!"
EstAT 7,58

Anhand dieser und der anderen o. g. Stellen lässt sich vermuten, dass die Traumdeutung, vielleicht auch die Traumvision und Mordechais Gebet, in der von EstAT wiedergegebenen Form in einer rezipierenden Gemeinde in liturgischem Gebrauch gewesen sind und damit bei der Überlieferung des Textes eine Rolle gespielt haben.[592]

Mit der Aufnahme des Stichworts ἀναβοάω in 7,58 schließt sich nun auch der Kreis zwischen A,6 als dem Beginn von Mordechais religiös-kultischer Tätigkeit, 4,17 als deren Höhepunkt und 7,58 als feierlichem Abschluss. Für EstAT steht Mordechai in diesen Fällen nie allein, sondern stets im Kontext seiner Gemeinde, die sich – wie oben ausgeführt[593] – einer nicht-jüdischen Gruppe um den Makedonen Haman, seine Familie und seine „Weisen" gegenübersieht. Diese Gegner rufen ihre eigenen Götter an, um deren vermeintliche Macht zur Vernichtung der jüdischen Exilsgemeinde und ihres Anführers Mordechai zu nutzen. Die politische Auseinandersetzung zwischen den beiden Parteien hat demnach nach EstAT zugleich die Dimension eines veritablen „Religionskampfes", in dem beide Seiten auf die Stärke und den Beistand göttlicher Mächte setzen. Dass Mordechais Gemeinde dabei die Oberhand behält, ist ein wichtiges Element der politischen Theologie des Textes. Hier zeichnet sich bereits die noch ausführlicher zu besprechende Überzeugung ab, dass der Gott Israels nicht nur eine überlegene Machtposition einnimmt, sondern diese auch für das Wohl seiner Anhänger/-innen zu nutzen bereit ist.

Diese Vorstellung wird noch deutlicher konturiert im Zusammenhang mit weiteren Besonderheiten des Textes, die belegen, wie stark EstAT Mordechai als einen Menschen darstellt, der seine Erfahrungen und diejenigen seiner Gemeinde theologisch interpretiert. Dabei ist erstens die vor allem im Kontext von EstMT viel diskutierte Stelle zu nennen, an der Mordechai Esther zu überzeugen versucht, beim König zu intervenieren.[594] Neben EstJos ist es von allen anderen Versionen nur der Alpha-Text, der Mordechai hier eine explizit theologische Aussage in den Mund legt:[595]

---

592 Vgl. Anm. 381 sowie Kap. 4.5.
593 Vgl. Kap. 4.2.
594 Vgl. Kap. 2.7.
595 Vgl. bereits Anm. 516.

Ἐὰν ὑπερίδῃς τὸ ἔθνος σου τοῦ μὴ βοηθῆσαι αὐτοῖς, ἀλλ' ὁ θεὸς ἔσται αὐτοῖς βοηθὸς καὶ σωτηρία, σὺ δὲ καὶ ὁ οἶκος τοῦ πατρός σου ἀπολεῖσθε·

Wenn du über dein Volk hinwegsiehst, indem du ihnen nicht hilfst, wird aber Gott ihnen Hilfe und Rettung sein, du aber und das Haus deines Vaters werden vernichtet werden; EstAT 4,9

Markant abweichend von den anderen Versionen, in denen Mordechai Hilfe „von einem anderen Ort" (אַחֵר מִמָּקוֹם EstMT 4,14) oder „anderswoher" (ἄλλοθεν EstLXX 4,14; aliunde EstVL 4,14) erwartet, bekennt er in EstAT (und in EstJos: παρὰ τοῦ θεοῦ Ant 11,227) explizit seine Überzeugung, dass Gott im Zweifelsfall zur Rettung seines Volkes in das Geschehen eingreifen wird. Die zweite Stelle, die Mordechai als religiös orientierte Person präsentiert, spricht davon, dass er seine Erfahrungen als „Wunder" (τέρας) deutet und sich unter starken Emotionen „zum Herrn" (πρὸς τὸν κύριον) wendet (6,17). Dieser Textabschnitt wird noch ausführlicher in der Untersuchung der Rolle Gottes in EstAT zur Sprache kommen.[596] Drittens sei hier zur Rolle Mordechais als religiöser Führungsfigur noch die Beobachtung angeführt, dass er allein für die Einsetzung von Feiertagen zuständig ist (7,34.47), während der König sich in seinem Edikt jeder diesbezüglichen Aussage enthält. Diese Darstellung differiert also von EstLXX, wo im zweiten Edikt, das hier, wie wir gesehen haben, von Esther und Mordechai gemeinsam verfasst wird, ein Feiertag festgelegt wird (E,22).

Die hier angeführten Belege mögen genügen, die Tendenz von EstAT zu illustrieren, Mordechai als theologisch kompetente religiöse Führungsfigur im Rahmen der jüdischen Gemeinde von Susa herauszustellen.[597]

4.3.2 Mordechai als politische Führungsfigur

Wie bereits erwähnt, sieht EstAT Mordechai nicht von Beginn an als politisch bedeutsame Figur am Königshof. Mehr als in EstLXX und auch in EstVL erhält die Darstellung in EstAT damit stark den Charakter einer echten Aufstiegsgeschichte:

---

596 Vgl. Kap. 4.6.3.

597 Insofern kann ich auch nicht ohne Weiteres der Interpretation von De Troyer zustimmen, die in Bezug auf EstAT im Vergleich mit EstLXX festhält: „The figure of Mordecai has become extremely important. [...] He clearly exhibits royal characteristics, although the priestly attributes so evident in the LXX have all but disappeared": De Troyer, The End of the Alpha Text of Esther, 399. Wenn ich es recht sehe, basiert die Aussage über das „Verschwinden" priesterlicher Aspekte auf De Troyers Interpretation von EstAT 7,39 und der Nicht-Erwähnung der goldenen Krone; vgl. De Troyer, The End of the Alpha Text of Esther, 333–335.

Es ist unmittelbar nachvollziehbar, dass Mordechai für die Aufdeckung des Mordkomplotts gegen den König (A,11–15) von diesem mit einem Posten bei der Palastwache belohnt wird (A,16). Da Mordechai zuvor keinen Zugang zum König gehabt haben kann, findet sich in EstAT auch nicht der in EstLXX vorhandene Hinweis, er habe die Angelegenheit „dem König" mitgeteilt (καὶ ὑπέδειξεν τῷ βασιλεῖ περὶ αὐτῶν EstLXX A,13); die Formulierung ist stattdessen allgemein gehalten (ἀπήγγειλε περὶ αὐτῶν EstAT A,13).

Mordechais Aufstieg verläuft in EstAT somit in zwei Stufen und wird auch nicht durch die Verweigerung der Proskynese vor Haman gebremst (3,1–5): Sein loyales Verhalten bei der Verhinderung des Putschversuches – später als „Wohltat" (εὐεργέτημα 6,3) bezeichnet – verschafft ihm zunächst seine Position als Türhüter sowie den Titel „Retter" (σωτήρ 6,5; 7,26) des Königs – wiederum eine Besonderheit in EstAT ohne direkte Parallele in den übrigen Versionen. Er hat in seiner Position selbstverständlich Zugang zum Palast und hält sich dort an seinem Arbeitsplatz auf (5,22; 6,12). Daher ist es nachvollziehbar, dass sich Mordechai gut mit jenen Bestimmungen auskennt, die den Zugang zum Palast regeln: Allein in EstAT wird dies von Esther im Gespräch betont (Σὺ γινώσκεις παρὰ πάντας 4,7). Gleichwohl ist es für EstAT wichtig klarzustellen, dass Mordechai nicht im Palast lebt, wie eine bemerkenswert scharfsinnige und differenzierende Notiz bestätigt, die von Mordechais Reaktion auf das „Tötungsedikt" berichtet:

> ὁ δὲ Μαρδοχαῖος ἐλθὼν εἰς τὸν οἶκον αὐτοῦ περιείλετο τὰ ἱμάτια αὐτοῦ καὶ περιεβάλετο σάκκον καὶ σποδωθεὶς ἐξῆλθεν ὡς ἐπὶ τὴν αὐλὴν τὴν ἔξω καὶ ἔστη· οὐ γὰρ ἠδύνατο εἰσελθεῖν εἰς τὰ βασίλεια ἐν σάκκῳ.

> Nachdem Mordechai aber in sein Haus gegangen war, legte er seine Kleidung ab und zog einen Sack an; und mit Asche bestreut ging er hinaus, etwa bis zum äußeren Hof, und er blieb stehen. Denn er konnte in den Königspalast nicht im Sack hineingehen.

> EstAT 4,2

Entscheidend ist hierbei, dass EstAT als einzige Esther-Version erwähnt, Mordechai gehe zunächst nach Hause, um dort seine Trauerkleidung anzulegen.[598] Somit wird suggeriert, dass er zuvor am Palasttor seinen Dienst verrichtet und dort die schlechten Nachrichten erfahren hatte (vgl. 4,1). Der Ort seiner rituellen Betätigung ist hingegen sein Zuhause, und obwohl er sodann öffentlich seinen Trauerritus vollzieht, respektiert er die Grenze, die ihm die Mauer zum inneren Palasthof vorgibt. Interessanterweise kommt Mordechais Haus sogar noch einmal

---

[598] Eine bemerkenswerte Parallele findet sich in DanMT 6,11: Nachdem Daniel von dem bedrohlichen Gebot erfahren hat, geht er in sein Haus und führt dort rituelle Handlungen durch (vgl. dabei auch die Unterschiede in der Darstellung von DanOG und DanTH).

vor, und zwar wieder mit deutlicher Abweichung von den anderen Texten: So heißt es in EstAT 6,20, nach der Ehrungs-Szene sei nicht nur Haman zu seiner Familie zurückgekehrt, sondern auch Mordechai in sein Haus (ὁ δὲ Μαρδοχαῖος ἀπῆλθεν εἰς τὸν οἶκον αὐτοῦ). In allen vier anderen Versionen kehrt Mordechai hingegen an den Hof bzw. in den Palast zurück.

Die zweite Stufe von Mordechais politischer Karriere macht den bisherigen Türhüter zum obersten Verwalter des Reiches: Ausweislich 7,15 stattet ihn der König mit allem aus, was Haman gehört hatte (ἐχαρίσατο αὐτῷ πάντα τὰ τοῦ Αμαν), wobei dies in EstAT nicht durch Esthers Vermittlung geschieht, Mordechais Aufstieg also von der Stellung der Königin weitgehend unabhängig ist.[599] Der König verleiht ihm nun den entscheidenden politischen Posten im Reich:

> καὶ ἐνεχείρισεν αὐτῷ ὁ βασιλεὺς τὰ κατὰ τὴν βασιλείαν.
>
> Und der König gab ihm die das Königreich[600] betreffenden Dinge in die Hand.
> EstAT 7,17

Mordechai, der Retter des Königs (6,5; 7,26; vgl. 1,5) wird also als Bevollmächtigter des Monarchen mit der Regierungsführung beauftragt und erhält damit auch Vollmachten zum Verfassen von Edikten (7,33–34; vgl. 7,47). Er ist fortan auch äußerlich als bedeutsame Persönlichkeit erkennbar (7,39) und ruft Furcht (oder: Ehrfurcht, φόβος 7,42) hervor. Am Ende ist er wie in EstLXX als Stellvertreter und rechte Hand des Königs tätig (ὁ δὲ Μαρδοχαῖος διεδέχετο τὸν βασιλέα Ασσυῆρον καὶ μέγας ἦν ἐν τῇ βασιλείᾳ 7,52). Bereits diskutiert wurde die Bedeutung der verschiedenen Ehrungen seitens Mordechai und Assueros, die für EstAT eine zentrale Rolle dabei spielen, eine starke Verbindung zwischen beiden Figuren aufzubauen. Eine weitere Besonderheit von EstAT ist der Gedanke, dass Mordechai ausweislich 7,51 selbst die Erinnerungen an die Geschehnisse in die Bücher der Perser und Meder einträgt (καὶ ἔγραψεν ἐν τοῖς βιβλίοις Περσῶν καὶ Μήδων εἰς μνημόσυνον), während die anderen Versionen hier nur unpersönliche Formulierungen kennen. Dies trägt weiter dazu bei, Mordechai als Aufsteiger zu porträtieren, der am Ende fest in die politische und administrative Struktur des Reiches integriert ist. Dabei lässt sich allerdings feststellen, dass Mordechai nach EstAT in einer politischen Doppelrolle auch ganz ausdrücklich über die jüdische Gemeinschaft herrscht (ἡγεῖτο αὐτῶν 7,52), welcher ja eine gewisse Autonomie zu-

---

599 Vgl. Day, *Three Faces of a Queen*, 187: „Mordecai gains in stature less because of his connection to Esther than because of his own independent action on behalf of the king".
600 Oder: die Königsherrschaft.

gestanden worden war (7,29). Dies steht der eher religiös konnotierten entsprechenden Aussage in EstLXX 10,3 (διηγεῖτο τὴν ἀγωγὴν) gegenüber.

4.4 Esther

Esthers Einführung in die Geschichte verrät bereits ein charakteristisches Merkmal ihrer Darstellung in EstAT, nämlich ihre grundsätzliche Unterordnung unter die Macht anderer Figuren. So ist in EstAT – in markanter Differenz zu den anderen Versionen – das wichtigste Kriterium bei der Suche nach einer neuen Ehefrau für den König, die „besser" ist als Waschti (κρείττονι οὔσῃ αὐτῆς 1,18), das Folgende:

> καὶ φαινέσθω ὑπακούουσα τῆς φωνῆς τοῦ βασιλέως καὶ ποιήσει ἀγαθὸν πάσαις ταῖς βασιλείαις· καὶ πᾶσαι αἱ γυναῖκες δώσουσι τιμὴν καὶ δόξαν τοῖς ἀνδράσιν αὐτῶν ἀπὸ πτωχῶν ἕως πλουσίων.
>
> Und es soll bekannt werden, dass sie auf die Stimme des Königs hört, und sie wird Gutes tun für alle Königreiche;[601] und alle Frauen werden ihren Männern Ruhm und Ehre erweisen, von den Armen bis zu den Reichen.
> EstAT 1,20

Betont wird hier der Gehorsam der neuen Königin, den die vormalige Herrin des Palastes so schmerzlich hatte vermissen lassen (1,12). Dementsprechend legt EstAT weniger Wert auf das Kriterium der Schönheit, das in den anderen Versionen u. a. durch den sehr weit ausgestalteten Auswahlprozess hervorgehoben wird. Wie bereits erläutert,[602] bleibt EstAT diesbezüglich knapp und nüchtern. Obschon Esthers Vorstellung in 2,7 die Erwähnung ihrer Schönheit nicht vermissen lässt, ist es insgesamt jedoch nicht Esthers Äußeres, sondern ihr Gehorsam, der bei ihrem Gang zum König in EstAT am stärksten betont wird, indem hier passivische Formulierungen verwendet werden (vgl. 2,9):

> καὶ ὅταν ἐγένετο ἑσπέρα, εἰσήγετο, καὶ τὸ πρωὶ ἀπελύετο.
>
> Und als es Abend wurde, wurde sie hineingeführt, und am frühen Morgen wurde sie entlassen.
> EstAT 2,14

---

601 Vgl. zur Vorstellung multipler Königreiche im Herrschaftsgebiet des Assueros die Bemerkungen in Kap. 4.1.2.
602 Vgl. Kap. 4.1.3.

Die Betonung von Esthers Unterordnung in EstAT passt gut zu ihrer Charakterisierung in der Thronsaal-Szene, in der sie von Angst erfüllt ist und erst durch
göttliche Intervention (5,7) in die Lage versetzt wird, ihr Vorhaben durchzuführen.
Wie noch auszuführen sein wird, profitiert Esther im Alpha-Text später allerdings
auch ganz direkt vom Eingreifen Gottes, der ihr in einer weiteren Angst einflö-
ßenden Situation Mut zum Handeln verleiht (7,2).[603] Allerdings ist es für EstAT
charakteristisch, dass Esthers Religiosität zu Beginn der Erzählung erst einmal
keine Rolle spielt. Der Text kennt weder den Gedanken, Esther habe ihre jüdische
Herkunft vor dem König verborgen – über dieses Thema wird schlicht nichts gesagt –, noch findet sich hier eine Bemerkung wie in EstLXX 2,20, sie habe auch als
Königin weiterhin ihre Lebensführung so gestaltet, wie es Mordechai ihr beige-
bracht habe. Erst auf die Aufforderung Mordechais hin (4,5) wird sie in dieser
Hinsicht aktiv, vollzieht einen Trauerritus (4,18) und betet.

Es ergibt sich nun aus dem soeben Dargestellten der Eindruck, dass Esthers
Unterwürfigkeit ihrem Ehemann gegenüber betont wird, ihre religiösen Überzeugungen und Praktiken aber kaum eine Rolle spielen. Dieser Eindruck wird
allerdings durch die Beobachtung eingeschränkt bzw. qualifiziert, dass EstAT
anders als EstMT, EstLXX und EstVL nirgends von einem Niederwerfen Esthers vor
dem König spricht. Dieses wird zwar auch in den anderen Esther-Texten dezidiert
nicht mit jenem Vokabular beschrieben, welches den Konflikt zwischen Haman
und Mordechai verursacht, gleichwohl unterwirft sich Esther ihrem Ehemann dort
auch gestisch: So spricht EstMT 8,3 von נפל, EstLXX 8,3 von προσπίπτω[604] und
EstVL 8,3 von *inclino*. Der Alpha-Text ist zwar im an dieser Stelle eingeleiteten
Abschnitt gänzlich anders gestaltet als die übrigen Versionen, doch lässt sich der
in Rede stehende Satz dennoch mit Esthers erneuter Vorsprache beim König in
7,18 parallelisieren, wo von einer Verneigung oder einem Niederfallen Esthers
keine Rede ist (καὶ εἶπεν Εσθηρ τῷ βασιλεῖ τῇ ἐξῆς).

Ebenso signifikant für die Frage der gestischen Unterordnung ist die Beschreibung von Esthers Verhalten in der Thronsaal-Szene, was am besten anhand
des Vergleichs zwischen EstLXX und EstAT gezeigt werden kann. Wie oben bereits
erwähnt, weiß EstLXX von zwei Schwächeanfällen Esthers vor dem König (EstLXX
D,7.15), die zu einer Art Verbeugung und zu einem Niederfallen führen. Jenen
zweiten Schwächeanfall, in EstLXX D,15 mit dem Verb πίπτω beschrieben, gibt es
in EstAT überhaupt nicht, denn dieser Text spricht hier lediglich davon, auf Esthers Gesicht zeige sich Schweiß (καὶ ἐπὶ τὸ πρόσωπον αὐτῆς μέτρον ἱδρῶτος

---

603 Vgl. Kap. 4.6.3.
604 Vgl. Kap. 3.4, insbes. Anm. 423.

EstAT 5,12).[605] Für den ersten Fall hingegen ist erneut eine synoptische Darstellung hilfreich:

EstLXX D,7	EstAT 5,6
καὶ ἔπεσεν	καὶ ἐφοβήθη
ἡ βασίλισσα	ἡ βασίλισσα
καὶ μετέβαλεν	καὶ μετέβαλε
τὸ χρῶμα	τὸ πρόσωπον
αὐτῆς	αὐτῆς
ἐν ἐκλύσει	ἐν ἐκλύσει
καὶ κατεπέκυψεν	καὶ ἐπέκυψεν
ἐπὶ τὴν κεφαλὴν	ἐπὶ τὴν κεφαλὴν
τῆς ἄβρας τῆς προπορευομένης	τῆς ἄβρας τῆς προπορευομένης

Wir notieren: EstLXX beschreibt Esthers Niederfallen auch hier mit dem Verb πίπτω, EstAT hingegen spricht davon, die Königin fürchte sich (ἐφοβήθη), verbindet diese Emotion also zunächst nicht mit einer Körperbewegung. Dass Esther sodann in EstLXX ihre Farbe verändert, deutet auf einen Kreislaufkollaps o. ä. hin; in EstAT allerdings entgleiten ihr offenbar lediglich die Gesichtszüge. Für die Beschreibung von Esthers nun folgendem Niederbeugen auf den Kopf ihrer persönlichen Sklavin nutzt EstLXX das Verb κατεπικύπτω, EstAT spricht von ἐπικύπτω. In beiden Fällen wird ein leichtes Niederbeugen suggeriert, insofern Esther sich in irgendeiner Weise auf den Kopf ihrer Sklavin stützt.[606] EstLXX wird sodann

---

605 Vgl. zu dieser Stelle Jobes, *The Alpha-Text of Esther*, 168–170. Der dort referierte textkritische Versuch von Torrey sowie Jobes' Überlegungen zu einer intertextuellen Verbindung zu 2Makk 2,26 lassen sich ggf. als Ergänzungen zu den hier vorgetragenen inhaltlichen Erwägungen heranziehen.

606 Dass κατεπικύπτω möglicherweise eine stärkere Abwärtsbewegung suggeriert als ἐπικύπτω, meint Day, *Three Faces of a Queen*, 92. Dies ist nicht auszuschließen, insofern κατὰ als Präfix in Verbalkomposita häufig die Bedeutung „hinab" trägt und so im vorliegenden Falle als verstärkendes Element verstanden werden könnte. Die Vermutung lässt sich jedoch nicht weiter überprüfen oder belegen, da EstLXX D,7 der einzige Beleg für κατεπικύπτω in der gesamten erhaltenen griechischen Literatur der Antike zu sein scheint. Gegen die These spricht, dass in beiden Texten davon die Rede ist, Esther neige sich auf den Kopf ihrer Sklavin: Insofern müssen wir uns die Szene doch wohl plastisch so vorstellen, dass die Intensität des Niederbeugens in beiden Fällen

in D,8 davon sprechen, der König habe Esther tröstend zugesprochen, bis sie sich wieder aufgerichtet habe (μέχρις οὗ κατέστη); in EstAT findet sich diese Notiz hingegen nicht.

Insgesamt ergibt sich damit für den Alpha-Text, dass hier nirgends von einer tieferen Verbeugung, einem Kniefall oder gar einem Niederwerfen Esthers vor ihrem Gatten die Rede ist. Doch auch in EstAT gilt, dass der König dies zu keiner Zeit einfordert, sodass Esther keineswegs ungehorsam erscheint. Es bleibt damit bei der anfangs betonten Schwäche und Unterordnung der Königin, auch wenn diese in EstAT, anders als in den Geschwistertexten, kaum durch Gesten und Körperbewegungen ausgedrückt wird. Es ist möglich, dass sich in dieser Gestaltung der Einfluss frühjüdischer Debatten um die Akzeptanz oder Ablehnung verschiedener Formen gestischer Unterwerfung andeutet, die mit der Proskynese in Verbindung gebracht werden konnten.[607] Bedenken hinsichtlich einer möglichen Verletzung religiöser Pflichten durch Esther äußern sich ansonsten auch, ganz ähnlich wie in EstLXX, in Esthers Klage über die Herausforderungen ihres Ehelebens mit dem Perserkönig, die sie in ihrem Gebet vorträgt (4,25–28).

Gegen Ende der Erzählung wird in EstAT sodann besonders deutlich, dass Esther nur eine sehr begrenzte politische Rolle spielt. Wie bereits erwähnt, benötigt der König in EstAT nach der Entlarvung und Verurteilung Hamans keine weitergehenden Informationen von Esther, um zu erkennen, dass Mordechai ihrem Volk zugehört (7,14). Damit ist Esther an der Erhebung Mordechais in Hamans vormalige Position nicht beteiligt (7,15–17). Zwar bleibt es ihre Leistung, mit göttlicher Unterstützung diese für Mordechai günstige Situation überhaupt ermöglicht zu haben, doch wird sie nach dem Todesurteil über Haman nur noch eine einzige Sache vorantreiben, und zwar die Tötung aller Feinde der jüdischen Gemeinschaft (7,18–21; 43–46).[608] EstAT ist die einzige Version der Erzählung, die

durch die Körpergröße der Sklavin begrenzt wird, sich mithin nicht unterscheidet. Einige Textzeugen zu EstLXX D,7 bieten andere Lesarten, u. a. κατακύπτω, „sich bücken".

607 In diesen Kontext gehört z. B. die Frage, ob eine „unechte", d. h. nur vorgespiegelte, Proskynese vor dem Herrscher akzeptabel wäre. Dies ist das Thema der bei Plutarch und Aelian überlieferten Anekdote über die List des Ismenias, der seinen Ring fallen lässt, um ihn sodann wieder aufzuheben und mit dieser Bewegung eine Proskynese vorzutäuschen (Plut. Art. 22,8 spricht von κύπτω; Ail. Var. 1,21 von ἐπικύπτω). In einer losen jüdischen Parallele dazu wird hingegen eine solche „Ersatzhandlung" als inakzeptabel gewertet; vgl. Shaye J. D. Cohen, „The Name of the Ruse: The Toss of a Ring to Save Life and Honor," in *Follow the Wise: Studies in Jewish History and Culture in Honor of Lee I. Levine*, hrsg. v. Zeev Weiss und Oded Irshai (Winona Lake: Eisenbrauns, 2010), 25–36.

608 Vgl. Michael V. Fox, „Three Esthers" in *The Book of Esther in Modern Research*, 57: „Esther's role is largely finished once she has made her plea for help. [...] As soon as Mordecai is called in, Esther disappears, except to ask the king to punish her enemies."

das politisch wirksame Handeln der Königin in dieser Weise auf die Racheakte zuschneidet, während Mordechai, wie oben gezeigt, zur quasi-königlichen Gestalt wird, die Aufhebung von Hamans Edikt erwirkt und seine Gemeinde in religiösen Angelegenheiten anleitet.[609] Mordechai erhält zudem weitreichende Vollmachten vom König, Esther hingegen muss weiterhin für jedes ihrer Anliegen beim König vorsprechen und um Erlaubnis bitten.[610]

Insgesamt lässt sich also sachgerecht feststellen, dass Esther in EstAT weniger einflussreich und politisch weniger bedeutsam ist als in EstMT und EstLXX – eine „subtile narrative Depotenzierung Esthers",[611] wie es De Troyer und Wacker nennen. Die Figur tritt hinter den Antagonismus zwischen Mordechai und Haman zurück und ist auch nicht die Retterin der jüdischen Gemeinschaft, was in Mordechais Traumdeutung bestätigt wird: Esther ist ausweislich 7,54 die „kleine Quelle" (Ἡ μικρὰ πηγὴ Εσθηρ ἐστίν), nicht aber wie in EstLXX auch der große Fluss. Obwohl Esther im Laufe der Erzählung durchaus auch in EstAT eine gewichtige Rolle spielt, werden die Geschicke des Reiches in diesem Text am Ende ausschließlich von den beiden mächtigen Männern in ihrem Umfeld bestimmt.

4.5 Die jüdische Gemeinschaft

Ähnlich wie in EstLXX wird in EstAT auf die jüdische Bevölkerung des Reiches unter den Bezeichnungen οἱ Ἰουδαῖοι und Ισραηλ rekurriert. EstAT unterscheidet sich von seinem Geschwistertext insofern, als Ισραηλ hier auch außerhalb der „Zusätze" vorkommt, nämlich in 3,6 und 4,6. Gleichwohl gilt auch hier, dass die Bezeichnungen οἱ Ἰουδαῖοι und Ισραηλ auf der Sachebene des vorliegenden Textes untrennbar miteinander verknüpft sind. Beide verweisen auf die jüdische Gemeinschaft, der sich Esther, Mordechai und die Erzählstimme zugehörig fühlen, deren historische Wurzeln u. a. auf den Stamm Benjamin und das Königreich

---

609 Vgl. Day, *Three Faces of a Queen*, 171: „[H]er greatest influence in the kingdom is primarily in the area of retributive justice and punishment"; vgl. auch 195.
610 Vgl. die pointierte Bemerkung bei Kristin De Troyer, „Is God Absent or Present in the Book of Esther?" in *The Presence and Absence of God*, 39: „One could wonder why the AT is still called the Book of Esther – the title Book of Mordecai being more to the point."
611 Kristin De Troyer und Marie-Theres Wacker, „Esther – Das Buch Ester (LXX und A-Text)" in *Septuaginta Deutsch Erläuterungen und Kommentare*, 1295.

Juda zurückgeführt werden[612] und die als Teil der über-historischen Größe „Israel" verstanden wird.[613]

Wie bereits erörtert, ist für EstAT charakteristisch, dass die jüdische Gemeinschaft als Ganze durch den Gebrauch der 1. Person Plural in Redestücken des Mordechai miteinbezogen wird (A,6; 4,17; 7,38) und von diesem in einer Art Gottesdienst liturgisch angeleitet wird (7,58). Die weitere religiöse Aktivität der Gemeinde ist dabei in EstAT auch nicht als Trauerfasten gekennzeichnet, sondern eher allgemein als „Gottesdienst" (θεραπεία 4,11; vgl. 5,1). Über die genaue Ausgestaltung dieses kultischen Dienstes verrät der Text nichts; in der Septuaginta findet sich der Ausdruck in diesem Sinne in 2KönLXX[Ant] 10,20 in Bezug auf den Baals-Kult sowie in JoëlLXX 1,15; 2,14, wo er direkt mit einem Fasten verbunden wird. Dass letzteres in EstAT ausdrücklich nicht der Fall ist, weist eher darauf hin, dass andere Aspekte im Vordergrund stehen und sich die Wortwahl an den allgemein-griechischen Sprachgebrauch anlehnt, wo θεραπεία die kultische Verehrung von Göttern und Helden in einem umfasssenden Sinne bezeichnen kann.[614] In EstAT wird der durchzuführende „Dienst" von Esther angeordnet, doch ist es Mordechai, der – so suggeriert es der Kontext – die Gemeinde dazu anhält bzw. anleitet (4,12). Die durchzuführende θεραπεία wird offenbar als angemessene Reaktion auf das Vernichtungsedikt verstanden, das bei der jüdischen Gemeinschaft „große und bittere Trauerklage" (πένθος μέγα καὶ πικρὸν 4,1) hervorgerufen hatte. Es darf weiterhin angenommen werden, dass das „väterliche Buch", auf das Esther im Gebet rekurriert (ἐγὼ δὲ ἤκουσα πατρικῆς μου βίβλου 4,20; vgl. EstVL 4,16), zur Ausstattung der jüdischen Kultgemeinde gehört, wie sie EstAT vor Augen hat.

Während wir in EstAT also eine Tendenz erkennen, die religiöse Aktivität der jüdischen Gemeinschaft unter der Anleitung von Mordechai zu akzentuieren, bleibt sie in anderer Hinsicht ebenso wie in den übrigen bisher besprochenen Quellentexten zunächst weitgehend passiv. Die einzige Ausnahme bildet wiederum die Tötung der Feinde, wobei Esthers erste Tötungsaktion nicht mit der jüdischen Bevölkerung in Verbindung gebracht wird (7,18 – 21), diese aber dann nach Veröffentlichung des königlichen Edikts tätig wird. Dieses erlaubt den Jüdinnen und Juden nicht nur, nach ihren eigenen Gesetzen zu handeln, sondern

---

612 Vgl. A,1–2; 2,5. Bemerkenswert ist, dass EstAT an der letztgenannten Stelle anders als EstMT, EstLXX und EstVL nicht erneut die Niederlage und Exilierung der Jerusalemer durch Nebukadnezar erwähnt. Insofern steht EstAT hier EstJos nahe.

613 Beim Gebrauch von ἔθνος und λαός lässt sich in EstAT kein klarer Unterschied erkennen (vgl. zu EstLXX Anm. 357), da beide Begriffe jeweils sowohl für die jüdische Gemeinschaft als auch für andere „Völker" verwendet werden können.

614 Vgl. z. B. Plat. Pol. 427b; Isokr. Bus. 24.

auch, ihre Feinde abzuwehren (ἀμύνομαι 7,29). Insofern entspricht der Text an dieser Stelle dem in EstLXX Dargestellten, doch findet sich nun ausschließlich in EstAT die Bemerkung, die jüdische Gemeinschaft habe selbst entschieden tätig zu werden (ἐκρίθη δὲ ὑπὸ τῶν κατὰ τὴν βασιλείαν Ἰουδαίων ἄγειν 7,30) und zu feiern (ἑορτάζω). Dies überrascht insofern, als davon zuvor nichts berichtet wird, doch kann der erste Teil der Aussage möglicherweise auf Esthers Racheaktion in 7,18–21 bezogen werden, der zweite Teil sodann auf den Festbeschluss, den Mordechai unmittelbar nach Veröffentlichung des königlichen Edikts publiziert (7,34). Demzufolge wäre wiederum zu konstatieren, dass die jüdische Gemeinschaft, die der König in 7,30 erwähnt, zumindest aus seiner Sicht ausschließlich durch Esther und Mordechai repräsentiert wird. Was das tatsächliche Handeln der gesamten Gemeinschaft angeht, so spricht EstAT zunächst von der Tötung von 700 Männern sowie von Hamans Söhnen in Susa (7,43–44); in der Folge einer weiteren Absprache zwischen Esther und dem König werden sodann 70.100 Personen getötet (7,46). Wie auch in EstLXX heißt es in EstAT ausdrücklich, dass die beteiligten Jüdinnen und Juden auch den Besitz ihrer Opfer plündern (7,44).

Für die Darstellung des Verhältnisses zwischen der jüdischen Gemeinschaft und ihrer nicht-jüdischen Umwelt ist in EstAT charakteristisch, dass der Text zwischen drei Größen unterscheidet, nämlich zwischen Israel, „Völkern", und Feinden. Die Differenzierung zwischen den beiden letztgenannten Gruppierungen zeigt sich beispielsweise in 4,22, wenn Esther eine Gefahr für ihr Volk in den „Mündern der Feinde" (στόματα ἐχθρῶν) erblickt, während EstLXX an der entsprechenden Stelle vom „Mund der Völker" (στόμα ἐθνῶν EstLXX C,21) spricht. Gleich im nächsten Satz bittet Esther in EstAT ihren Gott, sein σκῆπτρον nicht „den Feinden, die dich hassen" (τοῖς μισοῦσί σε ἐχθροῖς EstAT 4,23) zu übergeben, während EstLXX hier die „Nichtseienden" (τοῖς μὴ οὖσιν EstLXX C,22) nennt. Die Opposition der böswilligen Feinde gegen die jüdische Gemeinschaft wird weiter betont durch Esthers Aussage, die Übeltäter/-innen richteten sich „gegen uns" (ἐφ' ἡμᾶς 4,29) – eine Spezifizierung, die sich in EstLXX nicht findet (wohl aber in EstVL). Dazu passt die besondere Gestaltung der späteren Straf- oder Racheaktionen, die Esther vom König verlangt: Noch bevor Assueros das Edikt zur Rehabilitierung der jüdischen Bevölkerung verfasst, bittet Esther zuallererst darum, ihre Feinde (τοὺς ἐχθρούς μου 7,18) bestrafen zu dürfen, was dann auch geschieht (7,20). Der größte Feind Israels ist nach der Erzählung selbstverständlich Haman (7,44), sodass damit auch klar ist, dass der jüdischen Gemeinschaft und ihrem Gott eine Gruppe von Todfeinden gegenübersteht, die von Haman angeführt wird und fremde Götter auf ihrer Seite wähnt.[615] Diese theologische Dimension des Konflikts lässt sich in dieser Schärfe ausschließlich im Alpha-Text beobachten.

Die klare Unterscheidung zwischen „Völkern" im Allgemeinen und „Feinden" im Besonderen findet sich auch in Mordechais Traumvision und ihrer Deutung, wie Kottsieper ausführlich dargelegt hat.[616] Deutlich wird dies u. a. daran, dass es in EstAT nicht nur das Volk Gottes ist, das durch das Geschrei der Drachen bedroht wird, sondern die gesamte Menschheit (A,4–6). Um mit Fox zu sprechen: „Thus in the AT the world does not unite against Israel. The hostile force is circumscribed; it is one of the dragons (= Haman) and his allies".[617] Der gewalttätige Konflikt besteht demnach nur gegenüber einer begrenzten Gruppe von Feinden, gleichwohl legt EstAT großen Wert darauf, die jüdische Gemeinschaft von den „Völkern" insgesamt abzugrenzen, wenn auch nicht in einer grundsätzlich feindseligen Weise. Dies zeigt sich eindrücklich daran, dass EstAT anders als die übrigen Esther-Versionen nicht von der Beschneidung oder (möglichen) Konversion nichtjüdischer Menschen spricht. Vielmehr sind es hier Juden, die das Identitätsmerkmal der Beschneidung annehmen (πολλοὶ τῶν Ἰουδαίων περιετέμνοντο 7,41).[618] Die Bedeutung der Beschneidung als Abgrenzungsstrategie wird auch in Mordechais Gebet betont, wenn hier Haman anders als in EstLXX als unbeschnitten (ἀπερίτμητος 4,15) gekennzeichnet wird, sowie in Esthers Klage über die Bettgemeinschaft mit ihrem unbeschnittenen Ehemann (4,25; so auch EstLXX und EstVL).

Dass der von Haman erhobene Vorwurf, die jüdische Bevölkerung gefährde die Alleinherrschaft des Königs (3,17) jeder Grundlage entbehrt, macht die Erzählung hinreichend deutlich. Der König erkennt gar, dass die teilautonome jü-

---

615 Vgl. Kap. 4.2.

616 Vgl. Ingo Kottsieper, „Zusätze zu Ester" in *Das Buch Baruch. Der Brief des Jeremia. Zusätze zu Ester und Daniel*, 144–145; 204–206. Kottsieper ist bemüht, den literarhistorischen Zusammenhang zwischen EstLXX und EstAT herauszuarbeiten und kommt zum Schluss, EstAT habe die Abschnitte A und F aus EstLXX aufgenommen und überarbeitet. Diese Redaktion sei in christlichen Kreisen nicht vor 50 n. Chr. anzusiedeln. Das Problem muss an dieser Stelle nicht weiter diskutiert werden, doch sei zumindest angemerkt, dass sich durch einen Vergleich mit EstVL weitere Schwierigkeiten ergeben, da der lateinische Text eine Vorlage vermuten lässt, die in A und F teils mit EstLXX gegen EstAT, teils aber auch mit EstAT gegen EstLXX übereinstimmt, in ihrer Kürze und einigen anderen Besonderheiten jedoch gegen beide andere Texte steht. Eine gründliche textkritische Untersuchung dazu liegt m. W. noch nicht vor; vgl. für einige Beobachtungen zu den verschiedenen Versionen der Traumvision Vialle, „Aux commencements des livres grecs d'Esther".

617 Fox, *The Redaction of the Books of Esther*, 71.

618 Es ist möglich, dass an dieser Stelle tatsächlich auf zuvor unbeschnittene „Judäer" hingewiesen werden soll.

dische Gemeinschaft unter dem Schutz jenes Gottes steht, der seine Herrschaft stützt und erhält (7,27). Gleichwohl ist auch hier nochmals darauf hinzuweisen, dass die politisch relevante, herrschaftssichernde Aktivität der jüdischen Gemeinschaft ausschließlich von deren Repräsentanten Esther und Mordechai ausgeht, wobei Mordechais diesbezügliche Bedeutung in der zweiten Hälfte des Buches diejenige Esthers deutlich übersteigt.

4.6 Gott

4.6.1 Überblick

Auch EstAT verwendet zur Bezeichnung des Gottes Israels die gebräuchlichen, eher unspezifischen Termini κύριος (14-mal,[619] 6-mal als Bezeichnung für den König)[620] und θεός (14-mal,[621] 3-mal als Bezeichnung für andere Götter,[622] 2-mal uneindeutig).[623] Anhand dieser Zahlen zeigt sich bereits ein sparsamerer Umgang mit diesen beiden Benennungen als in EstLXX, der insbesondere in den Gebetsabschnitten (einschließlich der kurzen Einleitungen: 4,12b–29) zutage tritt: Gott erscheint hier in der Fassung des Alpha-Textes nur 10- statt 19-mal als κύριος und kein einziges Mal als θεός (6-mal in EstLXX). An einigen Stellen werden stattdessen alternative Bezeichnungen gebraucht. Wie sich im Folgenden zeigen wird, setzt EstAT bei solchen spezifischen Titulaturen wie auch bei Gott zugeordneten Adjektiven dezidiert andere Akzente als EstLXX. Mit Cavalier lässt sich feststellen: „[L]e vocabulaire du divin y est plus diversifié que dans la LXX et insiste beaucoup plus sur la puissance divine."[624] Darüber hinaus ist darauf hinzuweisen, dass EstAT wie bereits EstLXX durch Mordechais Traumvision und deren Deutung gerahmt wird, das gesamte Geschehen mithin als Teil der von Gott mitbestimmten Weltgeschichte gedeutet wird. In Inhalt und Motivik werden dabei teils deutlich

---

619 A,6; 4,12.16.18.19 [2-mal].22.23.24.26.29; 6,17; 7,58.
620 1,18; 5,11; 7,4.6.12.
621 4,5.9.11; 5,2.7.11; 7,2.34.53.54.55 [2-mal].57.59.
622 3,7; 4,21; 5,23.
623 In 6,22 spricht Hamans Frau von ὁ θεός, wobei auch der Gebrauch des Artikels nicht notwendigerweise eine Referenz auf den Gott Israels verrät. Gleiches gilt für die Aussage des Königs im zweiten Edikt, seine jüdischen Untertanen seien Kinder „des einzigen und wahren Gottes" (τοῦ μόνου θεοῦ καὶ ἀληθινοῦ 7,27). Dennoch liegt es für das Lesepublikum sehr nahe, auch hier an den Gott Israels zu denken, zumal sich in den Formulierungen ein charakteristischer Unterschied zu EstLXX offenbart: Dort ist ist an den entsprechenden Stellen jeweils die Rede vom „lebendigen Gott" (vgl. Kap. 3.6.3.10) – eine Bezeichnung, die sich in EstAT nirgends findet.
624 Cavalier, *Esther*, 73.

andere Akzente gesetzt, die stellenweise bereits zur Sprache gekommen sind[625] und auch in der folgenden Analyse berücksichtigt werden.

4.6.2 Titulaturen und Charakterisierungen Gottes

4.6.2.1 Gott als König und Allherrscher

Wie oben ausgeführt, wird Gott in EstLXX im Rahmen der Gebete vier Mal als König bezeichnet. Das politisch-theologische Problem, welches durch die Verwendung des Titels βασιλεύς sowohl für Gott als auch für den Perserkönig entsteht, löst der zuerst diskutierte Septuaginta-Text durch qualifizierende, überbietende Formulierungen, die im Kontext deutlich machen, dass die scheinbare Konkurrenz zwischen beiden Königen tatsächlich als steile Hierarchie zu verstehen ist.[626] In EstAT hingegen stellt sich die Situation anders dar. Drei der Referenzen auf Gott als βασιλεύς in EstLXX finden hier keine Parallele; an lediglich einer Stelle wird Gott der Königs-Titel beigelegt. Bereits dieser Wortgebrauch trägt dazu bei, eine Parallelisierung von Gottheit und König zu verhindern: Gottes Machtposition wird als verschieden von der des Assueros dargestellt; eine Konkurrenz zwischen beiden Herrschern wird damit tendenziell vermieden. Was die Bezeichnung Gottes als βασιλεύς in EstAT 4,19 angeht, so bestätigt diese Ausnahme die soeben erkannte Regel, statt sie zu widerlegen. Sichtbar wird dies, wenn wir erneut die beiden griechischen Texte nebeneinanderstellen:

EstLXX C,14	EstAT 4,19
Κύριέ μου[,]	Κύριε
ὁ βασιλεὺς ἡμῶν	βασιλεῦ,
σὺ εἶ μόνος·	σὺ εἶ μόνος
	βοηθός·
βοήθησόν μοι	βοήθησόν μοι

Wie bereits erläutert,[627] ist die Formulierung in EstLXX so zu verstehen, dass Esther Gott als einzigen König ihres Volkes bekennt, was unter Umständen den

---

625 Vgl. insbes. Kap. 4.5.
626 Vgl. Kap. 3.6.3.
627 Vgl. Kap. 3.6.3.3.

Eindruck eines scharfen Widerspruchs zum Anspruch des menschlichen Herrschers erwecken kann. In EstAT ergibt sich dieses Problem von vornherein nicht: Zwar wird die Bezeichnung βασιλεύς verwendet, doch indem Gott nicht als einziger König, sondern als einzige Hilfe verstanden wird, wird eine explizite Konkurrenz zu Assueros ausgeschlossen. Insofern bestätigt der für EstAT singuläre Wortgebrauch an dieser Stelle die Tendenz des Textes, die Bezeichnungen beider Herrscher möglichst weit auseinanderzuhalten.[628]

Dasselbe zeigt sich anhand anderer für EstAT charakteristischer Appellationen, die dazu beitragen, Gottes Macht- und Herrschaftsposition hervorzuheben, darunter der Ausdruck δεσπότης, „Herrscher". Er erscheint 2-mal in Mordechais und einmal in Esthers Gebet. Als einleitende Gebetsanrede begegnet er zuerst in 4,13 als Δέσποτα παντοκράτορ, wo EstLXX C,2, wie oben zitiert,[629] stattdessen formuliert: Κύριε, κύριε, βασιλεῦ πάντων κρατῶν. In 4,28 erscheint die Anrede δέσποτα parallel zu κύριε in EstLXX C,29, wobei das dort angefügte ὁ θεὸς Αβρααμ keine Entsprechung in EstAT findet. In beiden Fällen stehen sich also κύριε in EstLXX und δέσποτα in EstAT gegenüber. EstAT 4,15 hingegen spricht von τῆς δόξης σοῦ, δέσποτα, wo EstLXX C,7 δόξης θεοῦ liest; nicht nur steht also das Epitheton δεσπότης der Bezeichnung θεός gegenüber, sondern EstAT formuliert auch hier wiederum eine direkte Anrede im Vokativ. Was sagen uns diese Besonderheiten über das in EstAT vorausgesetzte Gottesbild?

Zunächst ist festzuhalten, dass δεσπότης in der Septuaginta gelegentlich anstelle oder in Ergänzung des weit häufigeren κύριος zur Wiedergabe des hebräischen אָדוֹן / אֲדֹנָי / אֲדֹנִי sowie in DanOG auch des Gottesnamens gebraucht wird.[630] Gerade in späteren Schriften, in hexaplarischen Bearbeitungen sowie bei Josephus[631] tritt die Gebetsanrede δέσποτα dann häufiger auf; nur in Jdt wird ein Mensch – Holofernes – derart angesprochen. An dieser Stelle trifft sich die Septuaginta mit dem allgemeinen klassisch- und hellenistisch-griechischen Sprachgebrauch. Dort findet sich δέσποτα oft als Gebetsanrede und Titulatur der

---

628 Die Beobachtung, dass der Gebrauch des Titels βασιλεύς zwischen den beiden griechischen Texten differiert, findet sich auch bei Kristin De Troyer, „Is God Absent or Present in the Book of Esther?" in *The Presence and Absence of God*. De Troyer weist auch darauf hin, dass die Darstellung Gottes im Lichte der Darstellung des Königs interpretiert werden muss. Allerdings ist die weitere Analyse des Wortgebrauchs in ihrem Beitrag eher knapp gehalten und beschränkt sich auf die Beobachtung, dass EstAT das Bild von Gott als Richter hervorhebt (vgl. dazu Kap. 4.6.2.5). Die darüber hinaus gehende Herrschaftstitulatur in EstAT bleibt weitgehend außen vor.

629 Vgl. Kap. 3.6.3.1.

630 Vgl. Karl H. Rengstorf, „δεσπότης," ThWNT 2, 44–45; Folker Siegert, *Zwischen Hebräischer Bibel und Altem Testament: Eine Einführung in die Septuaginta*, MJSt 9 (Münster: LIT, 2001), 205.

631 Vgl. Anm. 735.

Götter.[632] Auch menschliche Herrscher können allerdings δεσπόται genannt werden – insbesondere dort, wo ihre übergroße oder gar uneingeschränkte Machtfülle betont werden soll;[633] dies betrifft etwa bei Isokrates auch den Perserkönig (Isokr. Paneg. 121). Eine bekannte Xenophon-Stelle verdeutlicht die Ansicht, nur Götter seien berechtigt, als δεσπότης bezeichnet und durch Proskynese geehrt zu werden:

ἔπειτα ὅτε Ξέρξης ὕστερον ἀγείρας τὴν ἀναρίθμητον στρατιὰν ἦλθεν ἐπὶ τὴν Ἑλλάδα, καὶ τότε ἐνίκων οἱ ἡμέτεροι πρόγονοι τοὺς τούτων προγόνους καὶ κατὰ γῆν καὶ κατὰ θάλατταν. ὧν ἔστι μὲν τεκμήρια ὁρᾶν τὰ τρόπαια, μέγιστον δὲ μαρτύριον ἡ ἐλευθερία τῶν πόλεων ἐν αἷς ὑμεῖς ἐγένεσθε καὶ ἐτράφητε· οὐδένα γὰρ ἄνθρωπον δεσπότην ἀλλὰ τοὺς θεοὺς προσκυνεῖτε.

Als dann später Xerxes mit dem zahllosen Heere gegen Hellas zog, besiegten auch damals unsere Vorfahren die Vorfahren dieser Leute da zu Wasser und zu Lande. Die Siegeszeichen, die man noch sehen kann, sind ein Beweis dafür, der allergrößte Beweis aber: die Freiheit der Staaten, in denen ihr geboren und aufgewachsen seid. Denn ihr huldigt nicht einem Menschen als eurem Herrscher, sondern nur den Göttern.
Xen. An. 3,2,13[634]

Ganz in diesem Sinne berichtet Josephus von den jüdischen Märtyrern, die mit ihrem Leben für die Überzeugung einstehen, die Anrede δεσπότης stehe nicht dem römischen Kaiser, sondern ausschließlich Gott zu (Bell 7,418–419). Vor diesem Hintergrund scheint die Gebetsanrede δέσποτα in EstAT genau darauf abzuzielen, erstens die Machtposition Gottes, zweitens den Unterschied zum König und drittens die Unterordnung der betenden Person stärker zu betonen als dies mit dem unspezifischen θεός oder dem in der Septuaginta sonst omnipräsenten κύριος möglich ist.[635]

---

632 Vgl. z. B. Pind. Nem. 1,13; Aristoph. Vesp. 875.

633 Parallel mit *tyrannos:* Plat. Nom. 859a; als Selbstbezeichnung der makedonischen Könige: Demosth. Or. 18,235; vgl. im Ganzen Rengstorf, „δεσπότης", 43–44.

634 Übersetzung nach Walter Muri, Hrsg., *Xenophon: Der Zug der Zehntausend; Cyri Anabasis,* 2. Aufl., Tusculum-Bücherei (München: Heimeran, 1959).

635 Vgl. auch die sich aus der Analyse paganer Quellen ergebende Feststellung bei Zimmermann, *Die Namen des Vaters,* 293: „Sowohl im religiösen als auch im politischen Bereich drückt δεσπότης stärker als κύριος oder auch ἄναξ die absolute Abhängigkeit der diesem δεσπότης zugeordneten Person aus." Das Phänomen, dass der Gebrauch der Anredeformen δέσποτα und κύριε in EstAT und EstLXX so auffallend differiert, findet übrigens eine Parallele in zwei anderen frühjüdischen Schriften, von denen uns zwei distinkte griechische Fassungen überliefert sind. Dies betrifft einerseits das Tobitbuch, wo in 3,14 von TobG[I] κύριος, von TobG[II] aber in einem ansonsten (fast) wortgleichen Vers δέσποτα verwendet wird. Da das auch sonst oft TobG[I] nahestehende ms. 319 an dieser Stelle κύριος bezeugt, beruht die Lesung δέσποτα ausschließlich auf dem cod. S. In 8,17 haben beide Textfassungen δέσποτα; κύριε wird in beiden Versionen mehrfach

An drei Stellen verwendet EstAT die Gottesbezeichnung δυνατός, und zwar einmal in Esthers Gebet (4,29), 2-mal gar auf der Erzählebene (A,9; 6,1). Dass Gott damit schlicht und eindrücklich als „der Mächtige" bezeichnet wird, trägt ebenso wie δεσπότης dazu bei, seine übergroße Macht zu kennzeichnen und den Gebrauch von Gottestitulauren in EstAT weiter zu diversifizieren.

Der für EstAT wichtige Titel „Allherrscher" (παντοκράτορ bzw. παντοκράτωρ) rundet das Bild ab und stellt unmissverständlich klar, dass Gott nicht als Herrscher über ein bestimmtes Gebiet oder eine bestimmte Gruppe von Menschen imaginiert wird, sondern als Gebieter über den gesamten Kosmos. Die Bezeichnung begegnet in EstAT an der bereits zitierten Stelle 4,13 – anders als in EstLXX C,2 – in expliziter Form. Zudem findet sie sich im zweiten Edikt (EstAT 7,30), wo EstLXX E,21 stattdessen ὁ τὰ πάντα δυναστεύων θεὸς formuliert. Die Gottestitulatur *Pantokrator* begegnet in antiker Literatur fast ausschließlich erst ab der hellenistischen Zeit und dort wiederum zum weit überwiegenden Teil in jüdischer und sodann christlicher Literatur.[636] In der Septuaginta stellt der Titel gegenüber den jeweiligen hebräischen Pendants,[637] so Reinhard Feldmeier, „eine deutliche Verstärkung des Machtgedankens dar"[638] – der schwer zu erfassende Gedanke der *All*-Macht wird auf einen Begriff gebracht. Er bekräftigt die Überzeugung, dass der Gott Israels als Herr über das Schicksal bzw. die Geschichte im Allgemeinen sowie über jegliche weltliche Macht im Besonderen wirkt.[639] Diese Vorstellung ist Vor-

---

verwendet. Noch deutlicher tritt der unterschiedliche Wortgebrauch in den griechischen Danielbüchern hervor, dort im Gebet in Kap. 9. In drei Fällen (9,8.16.17b) bezeugt DanOG hier die Anrede δέσποτα, wo DanTH κύριε verwendet; an drei weiteren Stellen (DanOG 9,15.17a.19) erscheint δέσποτα ergänzend zu κύριε. In 3,37 haben beide Fassungen δέσποτα, wobei κύριε auch im Falle der griechischen Daniel-Überlieferungen jeweils mehrfach vorkommt. Vgl. Heinz-Dieter Neef, „Daniel – Das Buch Daniel," in *Septuaginta Deutsch Erläuterungen und Kommentare*, Bd. 2, hrsg. v. Martin Karrer und Wolfgang Kraus, 2 Bde. (Stuttgart: Deutsche Bibelgesellschaft, 2011), 3016 – 3051, 3034.

636 Vgl. Reinhard Feldmeier, „Nicht Übermacht noch Impotenz: Zum biblischen Ursprung des Allmachtsbekenntnisses," in *Der Allmächtige: Annäherungen an ein umstrittenes Gottesprädikat*, hrsg. v. Werner H. Ritter et al., BThS 13 (Göttingen: Vandenhoeck & Ruprecht, 1997), 13 – 42, 18 – 20. Vgl. zum Gebrauch des Begriffs und möglicher Vorformen im nicht-jüdischen Bereich außerdem Zimmermann, *Die Namen des Vaters*, 234 – 238.

637 παντοκράτωρ steht meist für צְבָאוֹת mit einer auffälligen Häufung in Jer, Am, Nah, Sach sowie im Sonderfall Ijob für שַׁדַּי; vgl. Zimmermann, *Die Namen des Vaters*, 240 – 247; Markus Witte, *The Development of God in the Old Testament: Three Case Studies in Biblical Theology*, Critical Studies in the Hebrew Bible 9 (Winona Lake: Eisenbrauns, 2017), 19 – 27.

638 Reinhard Feldmeier, „Nicht Übermacht noch Impotenz" in *Der Allmächtige*, 23 [Hervorhebung getilgt].

639 Feldmeier verweist auf die für unseren Zusammenhang interessante Vermutung bei Hildebrecht Hommel, „Pantokrator," in *Sebasmata: Studien zur antiken Religionsgeschichte und zum*

aussetzung dafür, diesen Gott auch als wirksamen Helfer in Notsituationen zu verstehen: Wie Michael Bachmann in seiner Untersuchung zum *Pantokrator*-Begriff herausgestellt hat, findet sich dieser in frühjüdischer Literatur sehr oft im Rahmen von Bittgebeten. Er kommt hier – häufig in Verbindung mit anderen Bezeichnungen wie beispielsweise βοηθός – im Flehen um Hilfe für die Beter/- innen und Bestrafung von Feinden zur Anwendung.[640] So stellt auch Christiane Zimmermann fest: „In der Situation feindlicher Bedrohung ist der Machtaspekt der Bezeichnung besonders wichtig, der den Glauben des Betenden artikuliert, dass die göttliche Macht und Stärke aller irdischen weit überlegen ist."[641] In der Bezeichnung *Pantokrator*, nach Bachmann sachgemäß als „Allherrscher" zu übersetzen,[642] wird im frühjüdischen und sodann auch frühchristlichen Kontext „an Gott als Souverän und Hoffnungsinstanz"[643] gedacht. „Man hat es mit einem Epitheton und einem Namenselement zu tun, das vor allem Ausdruck kontra- faktischer Hoffnung ist – aufgrund früher erfahrener Rettungen und angesichts entgegenstehender Mächte."[644] Der Sprachgebrauch in EstAT ordnet sich orga- nisch in diesen literarischen und geistesgeschichtlichen Kontext ein.

4.6.2.2 Gott als Schöpfer

Wie in EstLXX, so steht Gottes Charakterisierung als Schöpfer auch in EstAT nicht im Mittelpunkt. Die einzige entsprechende Referenz in EstAT 4,13 steht parallel zur oben zitierten Aussage in EstLXX C,3 und lässt dieser gegenüber keine Be- sonderheiten erkennen – mehr noch: Es ist dies einer der sehr wenigen Verse im gesamten Buch, in denen sich der Wortlaut beider griechischer Texte exakt ent- spricht.

---

frühen Christentum Bd. 1, hrsg. v. Hildebrecht Hommel, 131–177, WUNT 31 (Tübingen: Mohr, 1983), 142, dass die Wortbildung παντοκράτωρ in bewusster Analogie zur gebräuchlichen Herrscherti- tulatur αὐτοκράτωρ entstanden sei. Vgl. die überzeugende Argumentation bei Zimmermann, *Die Namen des Vaters*, 238–240; 255–256.

640 Vgl. Michael Bachmann, *Göttliche Allmacht und theologische Vorsicht: Zu Rezeption, Funktion und Konnotationen des biblisch-frühchristlichen Gottesepithetons pantokrator*, SBS 188 (Stuttgart: Katholisches Bibelwerk, 2002), 113–195, insbes. 178–182.

641 Zimmermann, *Die Namen des Vaters*, 256.

642 Bachmann wendet sich gegen die Übersetzung „Allmächtiger", die seines Erachtens Kon- notationen enthält, die der frühjüdische bzw. frühchristliche Sprachgebrauch noch nicht er- kennen lässt; vgl. Bachmann, *Göttliche Allmacht und theologische Vorsicht*, 197–198.

643 Bachmann, *Göttliche Allmacht und theologische Vorsicht*, 197.

644 Bachmann, *Göttliche Allmacht und theologische Vorsicht*, 197–198.

4.6.2.3 Der einzige und wahre Gott

An EstLXX haben wir beobachtet, wie dort eine feine Linie zwischen dem Bild des höchsten Gottes und einem expliziten monotheistischen Bekenntnis gezeichnet, aber nicht überschritten wird. In EstAT ist dies anders: Nirgends ist hier die Rede vom höchsten Gott oder vom König der Götter; es findet sich kein Vergleich im Komparativ oder Superlativ. Stattdessen stellt König Assueros über die Jüdinnen und Juden seines Reiches fest, dass sie „Kinder des einzigen und wahren Gottes sind, der für uns das Königreich bis heute in der schönsten Weise gedeihen lässt" (ὄντας δὲ καὶ υἱοὺς τοῦ μόνου θεοῦ καὶ ἀληθινοῦ, τοῦ κατευθύναντος ἡμῖν τὴν βασιλείαν μέχρι τοῦ νῦν ἐν τῇ καλλίστῃ διαθέσει 7,27). Für die jüdische Leserschaft des Textes ist der Bezug auf den Gott Israels naheliegend, den Mordechai im Gebet direkt anspricht, wenn er versichert, er wolle vor niemandem die Proskynese ausführen „außer vor dir, dem Wahrhaftigen" (πλὴν σοῦ τοῦ ἀληθινοῦ 4,15).

Mit diesem Sprachgebrauch wird der Gott Esthers und Mordechais in EstAT anders als in EstLXX nicht nur relativ, sondern absolut von den Göttern bzw. Götterbildern (εἴδωλα 4,22) Hamans und seiner Familie abgegrenzt. Mit diesen ist der wahre Gott nicht vergleichbar, kann daher auch nicht als deren König oder als höchste Instanz in der Kategorie „Götter" verstanden werden.[645] Vielmehr wird mit dem Singular des „wahren Gottes" eine ganz eigene, exklusiv-monotheistische Kategorie beschrieben, die damit auch als Referenzrahmen für alle anderen in EstAT verwendeten Gottesbezeichnungen verstanden werden muss.

4.6.2.4 Der allwissende Gott

Wie in EstLXX, so ist auch in EstAT mehrfach von Gottes Allwissenheit die Rede. Die Formulierungen der im Zusammenhang mit EstLXX diskutierten Stellen sind in dieser Hinsicht weitgehend identisch. Ein Unterschied zeigt sich in EstAT 4,14, wenn Mordechai hier ausdrücklich festhält, Gott kenne „das Geschlecht Israels" (καὶ τὸ γένος Ισραηλ σὺ οἶδας), und damit die Beziehung Gottes zu seinem Volk besonders hervorhebt. Abgesehen davon verändern leichte Abweichungen in der Wortwahl zwischen EstLXX und EstAT (vgl. z. B. EstLXX D,2 mit EstAT 5,2) nicht den Sachgehalt der jeweiligen Aussagen, wie sie bereits im Zusammenhang mit dem ersten Text diskutiert worden sind.[646] Innerhalb von EstAT ist es nur folge-

---

645 Damit wird zugleich deutlich, dass der Sachgehalt der Formulierung „der wahre Gott" in EstAT auch vom Gebrauch derselben Titulatur in Bezug auf Demetrios Poliorketes unterschieden werden muss, wie sie in Anm. 493 dargestellt worden ist.

646 Des Weiteren sei auf eine mögliche Umstellung von Aussagen hingewiesen, wenn im zweiten Edikt das Sehen oder Beobachten Gottes erwähnt wird, dies in EstLXX aber in E,4, in EstAT hingegen an einem späteren Punkt, nämlich in 7,28. Andersherum verhält es sich mit der Aussage

richtig, dass der eine, wahre Gott zugleich auch der allsehende, allwissende, alles erkennende Gott ist.

4.6.2.5 Der richtende Gott

Die Vorstellung des richtenden Gottes ist in EstAT ebenso vorhanden wie in Est-LXX; sie wird in Teilen gar noch etwas stärker herausgestellt. Dies zeigt sich etwa im zweiten Edikt, wenn hier statt von θεός (EstLXX E,4) vom gerechten Richter (δικαιοκρίτης EstAT 7,23) die Rede ist. Weiterhin heißt es – anders als in EstLXX –, Gott habe in der Verurteilung Hamans als Richter gewirkt (ἀποδεδωκότος αὐτῷ τὴν καταξίαν δίκην τοῦ τὰ πάντα κατοπτεύοντος ἀεὶ κριτοῦ 7,28). Auch in der Traumdeutung klingt dieses Motiv an, werden hier doch Sonne und Licht als Erscheinung und Gericht Gottes gedeutet (ἥλιος καὶ φῶς ἣ ἐγένετο τοῖς Ἰουδαίοις ἐπιφανεία τοῦ θεοῦ, τοῦτο τὸ κρίμα 7,54).[647]

Mit Blick auf das richtende Handeln Gottes an seinem erwählten Volk ist in EstAT interessant, dass die entsprechende Aussage in EstAT 4,21 anders als in der Parallele EstLXX C,17–18 nicht auf die Gegenwart, also auf die in der Erzählung berichteten Ereignisse bezogen wird. Dies zeigt sich daran, dass sie nicht wie in EstLXX mit καὶ νῦν eingeleitet wird und die Übergabe in die Hände der Feinde auch nicht erfolgt, *weil* (ἀνθ᾽ ὧν EstLXX C,18), sondern *wenn* (εἰ EstAT 4,21) Israel die fremden Götter verehrt hat. Die in beiden Versionen in der Betonung der Gerechtigkeit Gottes (δίκαιος εἶ, κύριε) gipfelnde Aussage wird in EstAT also als Rückblick auf die Geschichte Israels dargestellt und ordnet sich somit gut in die in 4,20 beginnende Passage ein. Anders als in EstLXX wird hier demnach die Bedrohung der jüdischen Gemeinschaft durch Haman und seine Verbündeten nicht als Gottes verdiente Strafe für akute Abgötterei gedeutet – verantwortlich sind für diese Situation allein die Feinde, die ihre Götterbilder anbeten und sich damit zugleich gegen die jüdische Gemeinschaft und gegen den einen Gott wenden (4,22).

über den herrschenden Aspekt im hier angedeuteten Gottesbild, der in EstLXX E,18 (entspricht EstAT 7,28) mit ἐπικρατέω, in EstAT 7,23 (entspricht EstLXX E,4) mit δυναστεύω gekennzeichnet wird. Die Frage, ob einer der beiden Texte den anderen redaktionell umgestaltet hat, muss an dieser Stelle wiederum nicht beantwortet werden.

647 Die Signifikanz der beiden letztgenannten Stellen erkennt auch Kristin De Troyer, „Is God Absent or Present in the Book of Esther?" in *The Presence and Absence of God*, 39. Dem dort vertretenen Umkehrschluss jedoch, das Bild des göttlichen Gerichts sei demgegenüber in EstLXX nicht vorhanden („absent"), kann vor dem Hintergrund des in Kap. 3.6.3.5 Gesagten hier nicht zugestimmt werden.

4.6.2.6 Der Gott Abrahams und Israels

Auch in EstAT verlässt sich „Israel" auf das besondere Verhältnis zu seinem Gott, das wie in EstLXX auch in einem historischen Kontext verankert wird. So ist hier ebenfalls die Rede vom Exodus-Geschehen, das Gottes Besitzrecht an seinem Losanteil (μέρις/κληρονομία) begründet (4,16). Statt den Kurztitel „Gott Abrahams" zu nutzen, wendet sich Mordechai in seinem Gebet explizit an den „Herrn, der einen Bund mit Abraham geschlossen hat" (κύριε, ὁ διαθέμενος πρὸς Αβρααμ 4,16). Der Titel findet sich auch nicht in Esthers Gebet in EstAT 4,28 als Parallele zu EstLXX C,29; bezeichnenderweise wird Gott hier – wie oben bereits erwähnt – δεσπότης genannt. Auch der Ausdruck „Gott Israels" kommt so in EstAT nicht vor (vgl. EstAT 4,19 mit EstLXX C,14). Dass auch im zweiten Edikt die Erwähnung des „erwählten Geschlechts" (ἐκλεκτὸς γένος EstLXX E,21) in EstAT nicht zu finden ist, rundet das Bild ab: In der Sache liegen die beiden griechischen Texte nicht weit auseinander (vgl. auch die Aussagen in der Traumdeutung EstAT 7,55–57), doch entwickelt EstAT weniger eine feststehende Titulatur als EstLXX.

4.6.2.7 Der rettende Gott

Der Aspekt des rettenden Gottes wird von den Figuren in EstAT – weitgehend übereinstimmend mit dem Befund in EstLXX – mit verschiedenen Vokabeln umschrieben: λυτρόω (4,16.20), ῥύω (4,25.29), σῴζω (4,13), βοηθέω (4,19.25), βοηθός (4,9.19 [2-mal]), σωτήρ (5,2), σωτηρία (4,9; vgl. 7,30). Wie oben besprochen, muss die Vorstellung von Gottes rettendem Handeln im Kontext der Allherrschafts-Idee verstanden werden.

4.6.2.8 Der schicksalsbestimmende Gott

Auch für diesen Aspekt, der in EstAT höchstens in Nuancen von der Darstellung in EstLXX abweicht, sei wiederum auf den Abschnitt zum griechischen Schwestertext verwiesen.[648] Die Parallelen zu den dort zitierten Textstellen sind in EstAT zum Teil etwas anders formuliert, laufen aber im Ergebnis ebenfalls auf die Vorstellung hinaus, dass der Gott Israels in der Lage ist, das Schicksal seines Volkes und den Lauf der Geschichte insgesamt zu bestimmen.

---

648 Vgl. Kap. 3.6.3.8.

4.6.2.9 Die δόξα Gottes

Die δόξα Gottes wird von EstAT 4,15 in einer etwas anderen Formulierung als in EstLXX, in der Sache aber gleichbedeutend mit der Proskynese in Verbindung gebracht. Mordechai betont, dass diese Art Ehrung allein dem von ihm angesprochenen Gott zukommen dürfe.

4.6.3 Gott als Akteur auf der Erzählebene

Wie bereits in EstLXX, so wird auch in EstAT auf der Erzählebene von Eingriffen Gottes in den Lauf der Geschehnisse berichtet. Ein Blick auf die entsprechenden Passagen erhellt, dass die Vorstellung der göttlichen Intervention im Alpha-Text stärker ausgebaut ist als in der Septuaginta-Hauptüberlieferung. Der erste Beleg hierfür ist die Darstellung von Gottes Handeln in der Thronsaal-Szene – auch in EstAT ein dramatischer Wendepunkt der Erzählung:

> καὶ μετέβαλεν ὁ θεὸς τὸ πνεῦμα τοῦ βασιλέως καὶ μετέθηκε τὸν θυμὸν αὐτοῦ εἰς πραότητα,
>
> Und Gott veränderte den Geist des Königs und wandelte seinen Zorn in Sanftmut;
> EstAT 5,7

Anders als EstLXX erwähnt EstAT an dieser Stelle den Zorn des Königs und formuliert eine zweiteilige Aussage. Das Ausmaß und die Wirkung von Gottes Eingreifen wird damit leicht akzentuiert – eine Tendenz, die sich noch verstärkt in der Darstellung der Vetus Latina zeigen wird. Auch die Schlaflosigkeit des Königs wird in EstAT ebenso wie in seinem griechischen Geschwistertext auf göttliches Eingreifen zurückgeführt:

> Ὁ δὲ δυνατὸς ἀπέστησε τὸν ὕπνον τοῦ βασιλέως τὴν νύκτα ἐκείνην, καὶ ἦν ἀγρυπνῶν.
>
> Der Mächtige aber nahm in jener Nacht den Schlaf weg vom König, und er war schlaflos.
> EstAT 6,1

Im Wortlaut zunächst identisch mit EstLXX, erwähnt EstAT hier zusätzlich die Schlaflosigkeit als direkte Folge des göttlichen Wirkens. Doch nicht nur geht der Text an beiden hier zitierten Stellen ausführlicher auf Gottes Rolle ein als EstLXX, sondern er bietet darüber hinaus noch einen dritten Fall göttlicher Intervention. Dieser ereignet sich während Esthers zweitem Gastmahl,[649] zu dem sie den König

---

649 Es ist nicht ganz deutlich, ob EstAT ein Festmahl, ein Trinkgelage oder eine Kombination von beidem vor Augen hat. Zunächst lädt Esther zu einem Trinkfest (πότος EstAT 5,14), während

und Haman eingeladen hatte. Als Assueros sie auffordert, nunmehr ihr Anliegen vorzutragen, ereignet sich das Folgende:

καὶ ἠγωνίασεν Εσθηρ ἐν τῷ ἀπαγγέλλειν, ὅτι ὁ ἀντίδικος ἐν ὀφθαλμοῖς αὐτῆς, καὶ ὁ θεὸς ἔδωκεν αὐτῇ θάρσος ἐν τῷ αὐτὴν ἐπικαλεῖσθαι αὐτόν.

Und Esther geriet in Unruhe, als sie berichtete, denn der Gegner stand ihr vor Augen; und Gott gab ihr Mut, als sie ihn nannte.
EstAT 7,2

Erneut ist es Esther, die von Gottes Handeln profitiert. Diesmal ist sie allerdings dessen direktes Objekt, was diese Szene von den beiden vorangegangenen Episoden abhebt, in denen Gott jeweils auf den König einwirkt. Wiederum ist es jedoch die Befindlichkeit eines Menschen, auf die die göttliche Intervention abzielt, und wiederum gibt der Text keinen Hinweis darauf, dass die betreffende Person oder eine andere Figur sich einer Gottestat bewusst wäre. Im Ergebnis ermöglicht die Veränderung ihrer emotionalen Verfassung es Esther nun, den ersten Teil ihrer Rede vorzutragen (7,3–4) – ein für den Fortgang der Handlung hin zu einem für die jüdische Gemeinschaft glücklichen Ende unerlässliches Element.

Neben diesen sehr expliziten Verweisen auf göttliches Handeln nutzt EstAT auch subtilere literarische Mittel, um Gottes Einfluss auf menschliche Akteurinnen und Akteure darzustellen. Dies zeigt sich besonders in der Ausgestaltung der Ehrungs-Szene, in der Haman den für ihn überraschenden königlichen Auftrag ausführen muss, Mordechai mit einem Festumzug zu ehren. Der einleitende Abschnitt EstAT 6,13–17 hat keine Parallele in EstMT und EstLXX. EstVL und EstJos bieten an dieser Stelle zwar ebenfalls „zusätzliches" Material, das jedoch lediglich schwache Parallelen zum Text von EstAT zeigt. Der Alpha-Text eröffnet die Szene mit der oben bereits zitierten Schilderung von Hamans Schwächeanfall (6,13).[650] Um die theologische Signifikanz dieser Stelle erfassen zu können, ist es nötig, auf die Thronsaal-Szene zurückzublicken, in der Esther vor den König tritt, dessen Geist von Gott transformiert wird. Es sind zwei Aussagen aus dieser Szene in Kap. 5, die EstAT nun in der Schilderung von Hamans Niederlage in Kap. 6 kombiniert. Die folgende Aufstellung mag dies verdeutlichen:

EstLXX an dieser Stelle von einem Mahl (δοχή EstLXX 5,4) spricht. Gleich im übernächsten Vers wird die Veranstaltung in EstAT dann jedoch als Mahl (δοχή EstAT 5,16) bezeichnet, zugleich auch als exquisites Festessen (δεῖπνον πολυτελές). Esthers zweite Einladung bezieht sich ebenfalls auf ein Mahl (δοχή 5,18), das dann allerdings wiederum als Trinkfest (πότος 6,23) beginnt. Das Gespräch eröffnet der König, „als aber das Zutrinken voranschritt" (ὡς δὲ προῆγεν ἡ πρόποσις 7,1).
650 Vgl. Kap. 4.2.

5,6	5,7	6,13
καὶ μετέβαλε	καὶ μετέβαλεν	καὶ μετέβαλε
	ὁ θεὸς	
τὸ πρόσωπον	τὸ πνεῦμα	τὸ πνεῦμα
αὐτῆς	τοῦ βασιλέως	αὐτοῦ
ἐν ἐκλύσει		ἐν ἐκλύσει

Im ersten Fall (5,6 – 7) ist es Esther, die in ihrer Furcht vor dem König in Ohnmacht fällt. Ihr Gesicht bzw. ihr Gesichtsausdruck (πρόσωπον) verändert sich, und ihre Schwäche (ἔκλυσις) wird betont. In diesem Moment greift, wie oben beschrieben, Gott ein und rettet Esther, indem er den Geist (πνεῦμα) des Königs verändert. In beiden Fällen wird das Verb μεταβάλλω verwendet. In 6,13 ist es nun Haman, dessen Geist schwach wird, wobei die entscheidenden Elemente aus 5,6 und 5,7 wiederverwendet und miteinander verbunden werden: Erneut wird μεταβάλλω genutzt, ebenso wie πνεῦμα und ἔκλυσις. Diese sprachliche Gestaltung erzeugt eine intratextuelle Verbindung zum dramatischen Höhepunkt der Thronsaal-Szene und suggeriert damit, dass Gott erneut eine verdeckte Rolle im berichteten Geschehen und im Fortgang der Ereignisse insgesamt spielt.

Ein weiterer Hinweis auf Gottes Wirken verbirgt sich in Mordechais Reaktion auf Hamans nun folgende Aufforderung: „Lege den Sack ab!" (Περιελοῦ τὸν σάκκον 6,15). Hier heißt es:

> καὶ ἐταράχθη Μαρδοχαῖος ὡς ἀποθνήσκων καὶ ἀπεδύσατο μετ᾽ ὀδύνης τὸν σάκκον καὶ ἐνε-δύσατο ἱμάτια δόξης. (17) καὶ ἐδόκει Μαρδοχαῖος τέρας θεωρεῖν, καὶ ἡ καρδία αὐτοῦ πρὸς τὸν κύριον, καὶ ἐξίστατο ἐν ἀφασίᾳ.

> Und Mordechai war erschüttert wie ein Sterbender, und unter Qualen zog er den Sack aus und zog die Ehren-Kleidung an. (17) Und es schien Mordechai, als sehe er ein Wunder, und sein Herz war zum Herrn (gewandt), und er verlor die Fassung, war sprachlos.
> EstAT, 6,16 – 17

Weshalb Mordechai so stark erschüttert auf Hamans Worte reagiert, geht aus dem Text nicht eindeutig hervor.[651] Entscheidend mit Blick auf unsere Fragestellung ist

---

651 Zunächst ließe sich schlicht an Scham vor dem öffentlichen Entkleiden denken. Es wäre aber auch möglich, Mordechais Erschütterung mit der erwähnten Qual beim Anziehen der neuen Kleider in Verbindung zu bringen: Bereits Esther gegenüber hatte er sich geweigert, die Trauer-kleidung ab- und dem Königshof angemessene Kleider anzulegen (4,2 – 3). Es wäre denkbar, dass

jedoch, dass Mordechais mit dem Tod assoziierte Erschütterung einer positiv konnotierten, ekstatischen Fassungs- und Sprachlosigkeit weicht, die durch eine Erfahrung göttlicher Nähe oder Epiphanie ausgelöst wird. Obwohl an dieser Stelle nicht direkt von einem Handeln Gottes die Rede ist, sondern stattdessen auf Mordechais subjektive Wahrnehmung hingewiesen wird, lässt sich das „Wunder" (τέρας) doch deutlich als Verweis auf göttliches Wirken lesen. Dies zeigt sich einerseits darin, dass Mordechai bereits durch sein Traumgesicht prophetische Qualitäten zugeschrieben worden waren. Andererseits ist τέρας in der Septuaginta sehr regelmäßig als wahrnehmbares, direktes oder indirektes Ergebnis göttlichen Wirkens zu verstehen; zugleich werden die τέρατα Gottes in Mordechais Traumdeutung später eine wichtige Rolle spielen (7,55). Wenn es in 6,17 nun also Mordechai ist, der ein Wunder zu sehen meint und sich „zum Herrn" wendet, so ist dies in der Darstellung von EstAT ein nicht zu übersehender Hinweis auf die Rolle Gottes. Eine solche theologische Interpretation der Ereignisse werden sodann wenige Verse später, wie oben bereits dargestellt, auch Hamans Ehefrau und seine Berater vornehmen (6,22).[652]

Grundsätzlich gilt damit das in Bezug auf EstLXX Gesagte: Gott greift auch nach EstAT in den Lauf des Geschehens ein und bevorzugt dabei Eingriffe in die geistig-emotionale Verfassung von menschlichen Figuren. In der Folge werden diese zu zuvor unmöglichen oder unwahrscheinlichen Handlungen motiviert bzw. befähigt, die im Ganzen auf einen glücklichen Ausgang der Geschichte für die jüdischen Figuren hinwirken. In EstAT tritt Gott nun allerdings in direkte Beziehung nicht nur zum König, sondern auch zu Esther, wobei auch Mordechai und Haman göttliches Wirken wahrzunehmen scheinen. Damit versichert EstAT seiner Leserschaft, dass Gott nicht nur fähig, sondern auch gewillt ist, Macht über alle Menschen auszuüben, einschließlich sowohl seiner eigenen Anhänger/-innen als auch derjenigen, die wie Haman versuchen, andere (pseudo-) göttliche Mächte gegen Israel und seinen Gott in Stellung zu bringen. Dass Gottes Handeln in EstAT nicht so zurückhaltend eingesetzt wird wie in EstLXX, entspricht sachlich der Betonung des Allherrschafts-Aspekts in den Gottesbezeichnungen und -charakterisierungen aus dem Munde der Figuren. Zudem ergibt es Sinn, dass für EstAT dabei der Königs-Titel kaum eine Rolle spielt, denn Gottes Handeln entspricht

---

der Text suggerieren will, Mordechai fürchte schlimme, gar tödliche Konsequenzen für sich oder sein Volk, wenn er nun die Regeln eines wichtigen, als wirksam verstandenen religiösen Rituals brechen müsste. Ein anderer Gedanke findet sich bei Harvey, *Finding Morality in the Diaspora?*, 170–171: „[F]or Mardochaios, the sight of the disgruntled vizier making hasty strides towards him would likely not have been a pleasant experience." Dies scheint mir allerdings nicht ausreichend zu sein, die drastische Formulierung der Stelle zu erklären.

652 Vgl. Kap. 4.2.

nach der Erzählung gerade nicht dem Handeln eines menschlichen Königs, auch nicht in gesteigerter Form. Vielmehr sind die göttlichen Eingriffe in die Gefühlslage der Figuren von grundlegend anderer Qualität als etwa das Regierungshandeln des Assueros.

4.7 Zwischenergebnis

Auch für EstAT lässt sich feststellen, dass Mordechais Traumvision auf die Vorstellung eines göttlichen Plans hinweist. Daneben führen aber ebenso wie in EstLXX die Gebete auf Gottes Eingreifen hin, sodass auch hier menschlichen Bemühungen zur Auflösung der gefährlichen Situation eine gewisse Relevanz zugeschrieben wird. Die jüdischen Figuren vertreten eine explizit monotheistische Theologie und sehen sich damit auf der Seite des in seiner Macht jedem Gegner überlegenen einen Gottes. Die Götter Hamans können aus dieser Perspektive nur Scheingötter sein, sodass sich auch die Unterstützung, die sich der Makedone von ihnen erwartet, als trügerische Hoffnung herausstellen muss. Dieses theologische Konzept stellt einen überaus passenden „Überbau" für den dramatischen – aus Hamans Sicht tragischen – Erzählverlauf dar, der dann tatsächlich ganz wesentlich durch die Wirkungen des Gottes Israels – nach EstAT des *einen* Gottes – bestimmt werden wird.

Demgegenüber wird der König zwar ebenfalls mit nicht-jüdischer Religiosität in Verbindung gebracht, doch erscheint er von Anfang an weniger „verblendet" als in EstMT und EstLXX und bewahrt sich dabei einen offenen Geist (offenbar auch für das Eingreifen Gottes). Der Monarch bedient sich seines Verstandes und handelt weitgehend rational; sein Anspruch auf die μοναρχία wird in EstAT hervorgehoben und seine Autorität betont. Für Verfasser und zeitgenössisches Publikum liegt es damit näher, den König als legitimen Herrscher zu akzeptieren. Eine Grenze zieht unser Text dort, wo ein solcher Herrscher möglicherweise Machtansprüche geltend macht, die nur dem einen Gott zustehen, wie die sehr überlegte Unterscheidung zwischen verschiedenen Formen der Ehrerbietung in EstAT verdeutlicht. Doch erscheint es nach der Darstellung von EstAT insgesamt folgerichtig, dass es der König verdient, von seinen jüdischen Untertanen mit größten „menschlichen" Ehren (τιμὴ καὶ δόξα) bedacht und zugleich vom einen Gott in seiner Herrschaft gestützt zu werden. Dabei ergibt sich zwischen Assueros und Mordechai ein Wechselspiel gegenseitiger Ehrungen.

Das in EstAT erkennbare Konzept politischer Theologie umfasst des Weiteren die Vorstellung einer zwar in die politische Struktur des Reiches integrierten, in kultisch-religiöser Hinsicht jedoch klar abgegrenzten jüdischen Gemeinschaft. Diese weiß zu unterscheiden zwischen den in der Geschichte des frühen Judentums immer wieder begegnenden feindlich gesinnten Individuen oder Gruppen (hier: Haman und sein Umfeld) und der in der Regel großen Mehrheit der „Völker", gegenüber denen grundsätzlich keinerlei Anlass zum Konflikt, aber auch nicht zur „Vermischung" besteht. Diese differenzierte Sichtweise verrät eine andere Interpretation historischer Umstände als jene, die in EstLXX zum Vorschein gekommen war. Voraussetzung für dieses friedliche Zusammenleben und die Ausübung religiöser Praxis sind jedoch auch für EstAT entsprechende politische Rahmenbedingungen, die auf eine Teilautonomie der jüdischen Gemeinschaft hinauslaufen. Dabei spielt Mordechai als Führungspersönlichkeit eine besondere Rolle, während Esther im Gesamtbild eher passiv bleibt. Die Darstellung von Mordechais kultischer Aktivität im Rahmen seiner Gemeinde deutet dann auch in einigen Punkten darauf hin, dass der Alpha-Text in Teilen liturgische Verwendung gefunden hat, obwohl wir über seine konkrete historische Verortung nichts Genaues wissen.

Wie wir im Folgenden sehen werden, ist es aber die Vetus Latina, die noch genauere Vorstellungen von der inneren Organisation und der Lebenspraxis der teilautonomen jüdischen Gemeinschaft enthält. Der Blick auf diesen Text wird nochmals eine veränderte, differenziertere Perspektive auf die bislang besprochenen Esther-Versionen ermöglichen.

5 Die Politische Theologie von EstVL

5.1 Der König

5.1.1 Überblick

Zur Darstellung des Königs in EstVL ist zunächst auf dessen Identifizierung als *Artarxerxes* hinzuweisen. Sie entspricht trotz der orthografischen Variante im Wesentlichen EstLXX – mit einer Ausnahme: Ms. 151, der wichtigste Zeuge für den R-Text, datiert die Geschehnisse zu Beginn der Erzählung in das zweite Jahr des *Assuerus* (*anno secundo regnante Assuero* A,1). In 1,1 und im Rest der Erzählung spricht jedoch auch ms. 151 von Artaxerxes. Es ist möglich, diese Anomalie als Schreib- oder Überlieferungsfehler zu erklären,[653] doch bereitet es keine inhaltlichen Schwierigkeiten, den Text in seiner vorliegenden Gestalt ernst zu nehmen. So hätte Mordechai seinen Traum im zweiten Jahr des Assuerus gehabt, viele Jahre vor den Ereignissen im Hauptteil der Erzählung, die im zwölften Jahr des Artaxerxes beginnen (vgl. 1,1–3).[654]

5.1.2 Machtfülle und Regierungsapparat

Auch EstVL berichtet von der unermesslichen Ausdehnung des Reiches, über das König Artaxerxes herrscht: Der gesamte Weltkreis (*orbis terrarum* B,2) steht unter seiner Macht, 127 Länder zwischen Indien und Äthiopien (1,1; 3,12; B,1; 8,9; E,1). Die sichtbaren Zeichen seiner Herrschaft sind dieselben wie in EstLXX und EstAT: sein Sitz bzw. Thron (*sedile* D,6.8; E,11), die königliche Kleidung (D,6; vgl. 6,8), der Siegelring (*anulus* 3,10.12.14; 8,2.8.10) und der goldene Stab (*virga aurea* 4,11; D,6.12; 8,4). Es fällt allerdings auf, dass des Königs Prunk und Reichtum in EstVL eine etwas geringere Rolle spielen als in den anderen Esther-Versionen: Artaxer-

---

[653] Vgl. Cavalier, *Esther*, 243, Anm. 1: „La leçon semble être une contamination d'une forme Vulgate." M. E. liegt es näher, hier an direkte Beeinflussung zwischen den Überlieferungen von EstAT und EstVL bzw. dessen griechischer Vorlage zu denken. Darauf weist die Gemeinsamkeit bei der Nennung des Monatsnamens *Andicus*/Ξανθικός im selben Vers hin; vgl. Anm. 892.

[654] Es ist fraglich, ob lateinische Leser/-innen im Namen *Assuerus* noch einen Zusammenhang mit Xerxes gesehen hätten, der am Ursprung der Tradition gemeint gewesen ist (vgl. EstMT und sodann EstAT). Inhaltlich ergeben sich aber keine Schwierigkeiten, denn zwischen dem zweiten Regierungsjahr des Xerxes (484 v. Chr.) und dem zwölften Jahr Artaxerxes' I. (453 v. Chr.) liegen etwa 31 Jahre – Mordechai kann die berichteten Ereignisse also durchaus in diesem Zeitraum erlebt haben.

https://doi.org/10.1515/9783110674514-007

xes veranstaltet nur ein einziges Trinkfest (*potus* 1,5) und lädt dazu nicht etwa alle Würdenträger des Reiches ein, sondern nur die Einwohner von Susa (1,5). Waschtis Parallelveranstaltung findet in deutlich größerem Rahmen statt, handelt es sich hierbei doch ausdrücklich um ein „großes Trinkfest" (*potus magnus* 1,9) für alle Frauen des Königreiches. Die Feier des Königs endet bereits am siebten Tag (1,10), und auch die Darstellung der Palast-Ausstattung ist knapper gehalten als in EstMT, EstLXX und EstAT (1,6).

Auch in EstVL werden eine Reihe von Ämtern, Funktionen und Titel für königliche Bedienstete genannt, die in weiten Teilen den Angaben in EstLXX nahestehen. So finden wir im lateinischen Text u. a. Schreiber (*scribae* 3,12 [2-mal]; 8,9; 9,3) und Sekretäre (*librarii* 3,13; 8,10),[655] einen Vorleser (*lector* 6,2 [3-mal]), Verwalter (*actores* 8,9) bzw. Verwalter des Palastes (*actores domus* 1,8), Satrapen (*satrapes* B,1.2; 8,9 [2-mal]; E,1; 9,3) die „Obersten" (*principes* 1,11.13.14. 1,16 [2-mal]. 1,21; 3,12; B,1; 8,9; 9,3; vgl. 1,22) sowie die oft genannten „Freunde" des Königs (*amici* 1,13; 2,2.18; 3,1; 5,4.12; E,5). Die Institution der königlichen Bibliothek (*bibliotheca*) wird in 6,2 erwähnt, eine Armee (*virtus*) in 2,18.

Auch EstVL lässt damit keinen Zweifel an der Machtfülle des Königs, wie sie sich in seinen Herrschaftsinsignien und im von ihm befehligten Verwaltungsapparat widerspiegelt. Ein besonderer Fokus der Darstellung liegt jedoch weniger auf der Präsentation der Macht und des Reichtums des Herrschers als vielmehr auf seinen Gedanken, Entscheidungen und Handlungen.

5.1.3 Charakter und Herrschaftshandeln

Während die Figur des Artaxerxes insgesamt, wie sich in den folgenden Abschnitten herausstellen wird, für EstVL zwar offenbar nicht im Zentrum des Interesses steht, so zeigt seine Darstellung dennoch in einigen Details eine gewisse Originalität im Vergleich mit den anderen Esther-Versionen. Ein erster Hinweis findet sich im Zusammenhang mit dem ersten Edikt: Nur in EstVL wird hier hervorgehoben, der König habe dieses selbst gesiegelt und verschickt:[656]

et signavit rex anulo suo regali et dedit equitibus velocissimis

Und der König siegelte mit seinem königlichen Ring und übergab (den Brief) den schnellsten Reitern.
EstVL 3,14

---

655 Vgl. zur Übersetzung Anm. 906.
656 Dies widerspricht Esthers Aussage in 8,5, die im vorliegenden Textzusammenhang ggf. als Entschuldigung des Herrschers verstanden werden kann.

Das zweite Edikt hingegen wird nicht vom König selbst verfasst, sondern von Esther und Mordechai in seinem Namen; durch das Siegel gilt es als seine Anordnung (8,8.10.14). Doch stellt es eine Besonderheit von EstVL dar, dass nicht nur dieses zweite, sondern auch das erste Edikt mit einer deutlichen, machtvollen Strafandrohung versehen wird:[657]

> *qui autem celaverit genus Iudaeorum inhabitabilis non solum inter homines sed nec inter aves et igni sancto comburetur et substantia eius in regnum conferetur vale*
>
> Wer aber das Geschlecht der Juden versteckt hält, wird unbewohnbar sein, nicht nur unter Menschen, sondern auch unter Vögeln. Und durch heiliges Feuer wird er verbrannt werden, und sein Besitz wird ins Königreich überführt werden. Leb wohl!
> EstVL B,7

Der Durchsetzungswille des Königs wird damit auf eindrückliche Weise hervorgehoben, in diesem Kontext natürlich zugleich auch sein vehementes Vorgehen gegen die jüdische Gemeinschaft. EstVL erlaubt den Leserinnen und Lesern jedoch auch an einigen anderen Stellen der Erzählung einen detaillierteren, plastischeren Blick auf die Gefühlslage und das Handeln des Königs als die anderen Versionen. Dies zeigt sich etwa in der Thronsaal-Szene, wenn des Königs Zorn auf die ungebeten eintretende Esther wie folgt illustriert wird:

> *et cogitabat perdere eam rex et erat ambiguus clamans et dixit quis ausus est introire in aulam non vocatus*
>
> Und der König gedachte sie zu vernichten. Und er war unschlüssig, als er schrie, und er sagte: „Wer wagt es, ungerufen den Palast zu betreten?"
> EstVL D,7

Des Weiteren ist es in EstVL Artaxerxes selbst, dem in seiner schlaflosen Nacht eine bildhafte Beschreibung seiner Schlaflosigkeit in den Mund gelegt wird: *librum mihi legite si ne oculi mei somnum capiant*, „Lest mir ein Buch vor, wenn meine Augen keinen Schlaf finden!" (6,1). Als sodann die gute Tat Mordechais in den Aufzeichnungen erwähnt wird, heißt es in EstVL ausdrücklich, dass sich der König daran erinnere (*commemoratus* 6,3).[658] Auch im weiteren Verlauf der Erzählung wird das Denken, Fühlen und Handeln des Herrschers bisweilen besonders anschaulich beschrieben: Als Haman von Esther als Bösewicht enttarnt

---

657 Vgl. erneut die intertextuelle Verbindung zu 3Makk 3,27.29; 5,43.
658 Während EstMT und EstLXX hier nichts über das Geistesleben des Königs sagen, kann die kurze Notiz in EstVL möglicherweise mit der oben besprochenen ausführlichen Schilderung in EstAT 6,4 in Verbindung gebracht werden, die die vernunftgeleitete Entscheidungsfindung des Königs erläutert.

und angeklagt wird, steht Artaxerxes nicht nur auf und geht hinaus in den Garten, sondern wirft dabei sogar seine Serviette beiseite (*proiciens mappam 7,7*).

Theologisch interessant ist eine so nur in EstVL bezeugte Idee, die im zweiten Edikt von Esther und Mordechai im Namen des Königs kommuniziert wird. So heißt es hier (E,16), der erhabene Gott (*deus excelsus*) lenke das Reich für den König und seine gesamte Dynastie nach deren Wünschen – „wie wir es wollen" (*sicut volumus*).[659] Die Leserschaft von EstVL hat an diesem Punkt bereits erfahren, dass Gott selbst die Initiative ergreift und den König manipuliert – dies wird noch zu erläutern sein.[660] Demgegenüber geht die Formulierung im Edikt davon aus, dass letztlich der königliche Wille die Richtung vorgebe, in welche die göttliche Macht das Schicksal des Reiches lenke.

Am Ende der Erzählung verbleibt der König auch in EstVL auf seinem Thron; seine Herrschaft wird durch Mordechai – und damit offenbar auch durch die gesamte jüdische Bevölkerung – gestützt (*Mardocheus enim suscipiebat regem Artarxerxen* 10,3). Gleichwohl spielt er ansonsten kaum mehr eine Rolle, und der Status des Königs wird in 9,4 – ausschließlich im altlateinischen Text – mit dem Aspekt der Furcht beschrieben:

> *praeceptum enim erat timorem regis nominari in omni civitate eius*
>
> Denn es war angeordnet worden, Furcht vor dem König auszurufen in seiner ganzen Stadt.
> EstVL 9,4

Es ist sodann keine Rede mehr von der Stärke oder Ehre des Königs, die die anderen Textversionen auf die eine oder andere Weise erwähnen oder hervorheben. Vielmehr geht es zum Schluss des Buches ausschließlich um die Position Mordechais, dessen Ehrung durch den König betont wird. Dies führt uns bereits zu der Vermutung, dass EstVL sich deutlich stärker auf die Figur des Mordechai fokussiert und dessen ehren- und machtvolle Position hervorhebt. Dies wird sich in der weiteren Untersuchung des Textes bestätigen. Insgesamt jedenfalls legt EstVL, gerade im Vergleich mit den Besonderheiten der anderen bereits besprochenen Versionen, kein besonderes Augenmerk auf die Rolle des Königs. Zwar bilden seine Macht und sein Machtapparat auch in EstVL stets den Hintergrund, wenn es um wichtige, politisch relevante Entscheidungen geht, doch bleibt er selbst dabei

---

[659] Die lateinische Formulierung lässt sich ganz offensichtlich nicht auf EstLXX oder EstAT (ἐν τῇ καλλίστῃ διαθέσει) zurückführen. Vielmehr ist an eine intertextuelle Verbindung zu 3Makk 7,2 zu denken: Hier spricht der König ebenfalls die Idee aus, Gott lenke die Staatsgeschäfte, „wie wir es wollen", καθὼς προαιρούμεθα – als lateinische Entsprechung wäre exakt die Wendung *sicut volumus* aus EstVL E,16 zu erwarten. Vgl. auch den Unterschied zu 3Makk 6,28.
[660] Vgl. Kap. 5.6.3.

eher passiv und steht kaum im Zentrum der Handlung. Wie sich zeigen wird, wird die Rolle anderer Figuren hingegen aufgewertet; ein besonderer Fokus liegt auf den Aktivitäten Mordechais, der jüdischen Gemeinschaft und des Gottes Israels.

5.2 Haman

Die Einführung Hamans in die Geschichte erfolgt in EstVL unvermittelt und überraschend. Bei seiner erstmaligen Erwähnung in 3,1 ist sogleich von seiner Beförderung die Rede. Während EstMT auf Hamans Volks- und Familienzugehörigkeit hinweist, EstLXX und EstAT zudem eine Vorgeschichte zu seiner Beförderung erzählen, lässt EstVL die Leserschaft vollkommen im Dunkeln über den Hintergrund der Figur. Auch eine Entsprechung zur in den griechischen Versionen bezeugten Bezeichnung βουγαῖος findet sich in EstVL nicht. Erst und ausschließlich im zweiten Edikt wird Hamans Herkunft beleuchtet bzw. ihm zugeschrieben, wenn er hier mit dem unverständlichen Beinamen „Medadatum"[661] belegt und als Makedone bezeichnet wird (E,10). Nach dieser Darstellung gehört er „in Wahrheit" (*veritatibus*) nicht zum persischen Volk, das er unter die Herrschaft seines Heimatlandes hatte bringen wollen (E,14).

Diese Aussagen müssen im Zusammenhang mit dem Gesamttext als Interpretation von Hamans Ränkespielen gelesen werden, denn in EstVL gelingt es Esther sehr viel deutlicher als in jeder anderen Version der Erzählung, Haman als Feind des Königs und des Reiches darzustellen: So hebt ihre Anklage hier anders als in den hebräischen und griechischen Versionen ausdrücklich hervor, Haman sei ein Feind des Königs (*homo inimicus regis* 7,6). Diesen Gedanken nimmt der Monarch in seiner Reaktion sogleich auf und sagt über Haman, „dass er es gewagt hat, über mich und mein Königreich die Hände auszustrecken" (*quoniam super me et regnum meum manus ausus fuit mittere* 7,8).[662] Dieser Aussage entspricht eine weitere Besonderheit von EstVL, wenn der König die Todesstrafe für seinen ehemals wichtigsten Mitarbeiter damit begründet, dieser habe Unheil über das Königreich (oder: die Königsherrschaft) bringen wollen (*quoniam cogitavit mala*

---

661 So die Konjektur von Haelewyck, die z. T. auf verschiedenen Varianten in den Textzeugen basiert. Diese wiederum gehen offenbar auf eine Transkription des in EstLXX, EstAT und EstJos belegten Αμαδάθου zurück, werden aber für lateinische Leser/-innen schwer zu interpretieren gewesen sein.

662 Wie oben erwähnt, bietet nur EstAT an dieser Stelle eine sachlich verwandte Aussage über die „Verfehlung gegen die Königsherrschaft" (ἁμαρτία τῆς βασιλείας EstAT 7,11), doch geht EstVL darüber hinaus, indem hier ein Angriff nicht nur auf die Herrschaft bzw. auf das Reich, sondern sogar auf die Person des Königs suggeriert wird.

inferre regno meo 8,7). Eine lose Parallele zu dieser Stelle bieten nur EstMT und EstLXX, wo aber stattdessen jeweils auf Hamans Angriff auf die jüdische Gemeinschaft rekurriert wird. EstVL stellt jedoch deutlich heraus, dass es erst Esthers Anklage ist, die Hamans hohe Stellung beim König sehr plötzlich entwertet und ins Gegenteil verkehrt: Haman selbst kann in 6,6 noch davon ausgehen, der König habe niemanden als „rechte Hand" als ihn selbst (*neminem habet rex necessarium nisi me*). Auch wird Haman in 6,10 – hier ebenso wie in EstLXX – vom König gelobt: *bene locutus es,* „Gut hast du gesprochen." Zwar kündigt sich die Wendung des Schicksals gegen Haman in Kap. 6 auch in EstVL bereits sehr deutlich an, sein Sturz jedoch wird erst durch Esthers Behauptung ausgelöst, Haman opponiere gegen die Herrschaft des Königs.

Für die Darstellung Hamans in EstVL ist des Weiteren charakteristisch, dass dieser seine Machenschaften gemeinsam mit einer größeren Gefolgschaft betreibt. Zweimal wird erwähnt, Haman sei in Begleitung von 300 Männern (5,9; 6,4), zudem ist davon die Rede, das erste Edikt feiere er gemeinsam mit seinen Freunden im Palast (*Aman autem cum introisset regiam cum amicis luxuriabatur* 3,15). Ferner ist es für EstVL insgesamt charakteristisch, dass nicht nur Haman, sondern auch Esther und Mordechai von Begleiterinnen und Begleitern umgeben sind.[663] Indem wir hier bereits ein wenig vorgreifen, wird in dieser Hinsicht ein entscheidender Unterschied zwischen diesen drei Charakteren bzw. in deren Verhältnis zu den jeweils zugeordneten Gruppen deutlich: Während Mordechai mit den Ältesten seines Volkes (C,1) und Esther mit ihren Sklavinnen zu Gott betet (C,13), ist Haman hingegen der Adressat einer religiös konnotierten Verehrung durch seine 300 Begleiter:

> *reversus est autem Aman a cena et trecenti viri cum eo et omnes adoraverunt eum Mardocheus autem non adoravit eum*
>
> Haman aber kehrte vom Mahl zurück und 300 Männer mit ihm. Und alle verehrten ihn, Mordechai aber verehrte ihn nicht.
> EstVL 5,9

Die Relevanz der Stelle ist im Kontext von Mordechais Weigerung in Kap. 3 zu verstehen, auf die noch einzugehen sein wird.[664] Hier ist zunächst festzuhalten, dass der Kontrast zwischen den religiösen Haltungen und Handlungen einerseits der jüdischen und andererseits der nicht-jüdischen Figuren stark hervorgehoben

---

663 Dies sieht auch Haelewyck, *Hester,* 83.
664 Vgl. Kap. 5.3.2.

wird.[665] Zugleich wird deutlich, dass Mordechai in seinem Konflikt mit Haman stets nicht nur gegen diesen allein, sondern zugleich immer gegen 300 weitere Männer steht, die Haman voll auf seiner Seite weiß. Mordechais Weigerung bestärkt sodann Haman und sein Umfeld in dem Vorhaben, den ungehorsamen Juden zu exekutieren (5,10 – 14; 6,6). Welchen Hintergrund die Nennung der 300 Mitstreiter letztlich hat, ist nicht ganz klar. Innerhalb der Esther-Traditionen lesen wir in EstMT/EstLXX 9,15 von 300 in Susa getöteten Feinden.[666] EstAT und EstVL berichten nichts davon, doch nur in EstVL tauchen 300 Männer an den genannten anderen Stellen auf. Eine intertextuelle Verbindung ergibt sich allerdings zu 3Makk 7,10 – 15, dem Bericht über die Tötung der 300 Apostaten. Diese hatten nach 3Makk 2,31 den von König Ptolemaios verordneten Kult akzeptiert, sodass die Einrichtung des Freudenfestes anlässlich der Rettung der frommen jüdischen Gemeinschaft mit der Vernichtung der Abtrünnigen einhergeht (3Makk 7,15 – 16). Vor diesem Hintergrund ist es möglich, dass die 300 Haman folgenden und ihn verehrenden Männer in EstVL als jüdische Apostaten verstanden werden sollen, die sich damit von ihrer Kultgemeinde, aus deren Sicht die Geschichte erzählt wird, entfernt haben. Dies muss jedoch zu einem großen Teil Spekulation bleiben, denn explizite Aussagen dazu bietet der Text nicht an.

Zu Hamans Umfeld gehören in EstVL neben den 300 Männern allerdings auch – ähnlich wie in den anderen Versionen – seine Ehefrau sowie eine Gruppe von Freunden (*amici* 5,10.14; 6,13), mit denen er bereits das erste Edikt ausgiebig gefeiert hatte (3,15). Es ist nicht ganz deutlich, ob die „Freunde" mit den 300 bereits Genannten identisch sind, in jedem Fall wird zum weiteren Schicksal beider Gruppen nichts gesagt – anders als in 3Makk wird keine Bestrafung der 300 Männer berichtet. Demgegenüber werden in EstVL Hamans zehn Söhne sogleich mit ihrem Vater gemeinsam hingerichtet (7,9 – 10; E,18), während die übrigen Esther-Versionen den Tod der Söhne erst später, gemeinsam mit anderen Feinden der jüdischen Bevölkerung, ansetzen. Auch Zosara wird im lateinischen Text exekutiert, sodass sich hier andeutet, dass Hamans gesamte Familie als Feinde des Reiches und der jüdischen Gemeinschaft angesehen wird. Mit deren Bestrafung scheinen gerechte und erwünschte Verhältnisse wiederhergestellt zu sein. Wie noch genauer zu zeigen sein wird, ist demgegenüber keine Rede von einer reichsweiten Strafaktion an vielen tausend Gegnern.[667]

---

665 Der Text lässt offen, ob Esthers Sklavinnen auch zur jüdischen Gemeinschaft gehören oder ob sie bspw. als Proselytinnen zu verstehen sind.

666 EstJos (Ant 11,290) weiß ebenfalls von dieser Zahl, verortet die Getöteten aber nicht ausdrücklich in Susa.

667 Vgl. Kap. 5.5.

Es wurde bereits erläutert, dass EstVL seiner Leserschaft bisweilen einen plastischeren, lebhafteren Eindruck von den Emotionen und emotional geprägten Handlungen des Königs verschafft. Eine ähnliche Tendenz lässt sich auch in der Darstellung Hamans beobachten. So trägt dieser hier – abweichend von allen anderen Esther-Versionen – seine Anklage gegen die jüdische Bevölkerung dem König *ficto corde* vor (3,8), „mit heuchlerischem Herzen". Als Haman jedoch erneut bemerkt, dass Mordechai ihn nicht verehrt (5,9, s. o.) und sodann in sein Haus zurückkehrt, wird er allein in EstVL ausdrücklich als „übel gelaunt" (*tristis* 5,10) beschrieben.[668] In der folgenden nächtlichen Szene, die mit der Schlaflosigkeit des Königs beginnt, wird auch Haman, der sich mit seinem Gefolge im Palast aufhält, in EstVL explizit als schlaflos bezeichnet (*vigilavit* 6,4). Sogleich gewährt der Text einen weiteren erläuternden Einblick in Hamans Innenleben, wenn es ausschließlich in der altlateinischen Darstellung heißt, Haman gehe zum König hinein *et cogitabat dicere regi ut suspenderetur Mardocheus supra praeparato ab Aman ligno*, „und er gedachte dem König zu sagen, dass Mordechai aufgehängt werden solle am von Haman vorbereiteten Holz" (6,6). Als Artaxerxes nun jedoch befiehlt, Haman solle Mordechai stattdessen eine königliche Ehrung zuteil werden lassen, notiert EstVL ausdrücklich Hamans innerliche Reaktion auf diese Entwicklung: *et doluit Aman in his verbis*, „Und Haman schmerzten diese Worte" (6,10). Damit bietet der lateinische Text eine sachliche Parallele sowohl zu EstAT als auch zu EstJos, die Hamans Bestürzung jedoch auf jeweils unterschiedliche Weise zum Ausdruck bringen.[669] Konsequent wird nun von der Erzählstimme mit der Durchführung des Ehrenzugs weiter auf Hamans Demütigung hingewiesen, wenn es heißt: *et ibat Aman in infamiam sibi*, „Und Haman ging in seiner Schande" (6,12). Dass dabei nach EstVL auch Gott eine Rolle spielt, wird noch zu erörtern sein.[670] Hamans aus seiner Schmach resultierende Betrübnis, in der er nun nach Hause zurückkehrt, wird in allen Esther-Versionen zum Ausdruck gebracht, wenn auch auf teils unterschiedliche Weise; EstVL formuliert hier: *Aman vero properavit in domum suam dolens et percusso corde*, „Haman allerdings eilte in sein Haus, betrübt und ins Herz getroffen" (6,12; vgl. EstMT/EstLXX 6,12; EstAT 6,20; Ant 11,259). Ein letztes Mal beschreibt EstVL in bildhafter Sprache

---

668 Die anderen Versionen heben unterschiedliche Emotionen hervor: Zorn in EstMT/EstLXX 5,9 und Ant 11,244; Verwunderung in EstAT 5,20; vgl. jedoch auch EstMT/EstLXX 5,13; EstAT 5,22.
669 EstAT 6,13: ὡς δὲ ἔγνω Αμαν ὅτι οὐκ ἦν αὐτὸς ὁ δοξαζόμενος, ἀλλ' ὅτι Μαρδοχαῖος,συνετρίβη ἡ καρδία αὐτοῦ σφόδρα, καὶ μετέβαλε τὸ πνεῦμα αὐτοῦ ἐν ἐκλύσει, „Als aber Haman erkannte, dass nicht er der zu Ehrende war, sondern Mordechai, zerbrach sein Herz in Stücke, und sein Geist veränderte sich in einem Schwächeanfall"; vgl. Kap. 4.6.3. Ant 11,256: τὴν διάνοιαν συνεσχέθη καὶ πληγεὶς ὑπὸ ἀμηχανίας.
670 Vgl. Kap. 5.6.3.

Hamans Emotionen, wenn es heißt, ihm seien ob seiner Anklage durch Esther geradezu die Gesichtszüge entglitten (*et cecidit vultus eius* 7,6).[671]

Für EstVL bzw. für die Leserschaft des Textes ist Haman in gewissem Sinne ein „durchschaubarer Feind": Seine Gefühlslage ist offensichtlich, sein Handeln stark durch Emotionen bestimmt. Seine Macht erhält er auch in EstVL durch die Gunst des Königs, der ihm entsprechende Vollmachten verleiht. Zugleich jedoch ist es eine treue und feste Gefolgschaft, die Haman bei seinen Vorhaben unterstützt und die zudem sein Bedürfnis nach Verehrung erfüllt. Das heißt aber auch, dass der Konflikt zwischen Haman und Mordechai in EstVL als ein Konflikt zwischen zwei größeren Gruppen dargestellt wird, die durch ihre jeweiligen Anführer repräsentiert und „ins Feld geführt" werden. Ein Blick auf die Darstellung Mordechais und sodann der jüdischen Gemeinschaft wird diesen Aspekt weiter erhellen.

5.3 Mordechai

5.3.1 Überblick

In EstVL zeigt sich eine deutliche Tendenz, Mordechai als religiösen und politischen Anführer der jüdischen Gemeinschaft herauszustellen. Der lateinische Text geht dabei deutlich weiter als jede andere der hier untersuchten Esther-Versionen und stellt Mordechai ins Zentrum des gesamten Geschehens. Dabei fällt auch auf, dass Mordechai in EstVL gleich drei Mal vorgestellt wird (A,1–2; 2,5–6; 4,1), und zwar mit jeweils abweichendem Wortlaut, der unterschiedliche Aspekte der Figur hervorhebt. Ausweislich seiner ersten Vorstellung gleich zu Beginn des Buches ist Mordechai „ein großer Mann, der im Hof des Königs diente" (*homo magnus curans in aula regis* A,2). Hier – und ebenso in 4,1 – deutet sich bereits seine schon von Beginn an wichtige politische Rolle an, die wir sogleich noch näher betrachten werden. Allerdings weisen andere Aspekte der drei Vorstellungen zugleich darauf hin, dass Mordechai eine wichtige Position innerhalb der jüdischen Gemeinschaft einnimmt: Sein Stammbaum weist ihn als Benjaminiten aus (A,1; vgl. 4,1), er gehört zur Gemeinde der Exulanten und ihrer Nachfahren (2,5; 4,1) und erhält dabei mit der Bezeichnung „gerechter Mann" (*homo iustus* 4,1) ein positives, nicht selbstverständliches Attribut, das ihn in eine Reihe mit Noah und wenigen anderen herausgehobenen Gestalten der biblischen Tradition stellt.[672] Die gesamte

---

671 Die Phrase *confusus est* im selben Satz kann hingegen als direkte Parallele zu נִבְעַת in EstMT 7,6 und zu ἐταράχθη in EstLXX 7,6 gelesen werden.

672 Vgl. die Bezeichnung Noahs als אִישׁ צַדִּיק in Gen 6,9 bzw. ἄνθρωπος δίκαιος in GenLXX 6,9.

Darstellung von Mordechais Charakter und Handeln im Rahmen der Erzählung lässt sich als Explikation dieses Attributs lesen, insofern Mordechais Rolle deutlich als vorbild- oder sogar heldenhaft gezeichnet wird.

5.3.2 Mordechai als religiöse Führungsfigur

Mordechais Rolle als religiöse Führungsfigur seiner Gemeinde deutet sich wie auch in EstLXX und EstAT bereits in Abschnitt A an, dem Bericht von seiner Traumvision. Nach Catherine Vialle hat schon der Wortgebrauch in A,1 theologische Implikationen:[673] Während die üblichere lateinische Entsprechung für das in den griechischen Versionen verwendete ἐνύπνιον in der Regel *somnium* wäre, akzentuiert der in EstVL verwendete Ausdruck *visum* den Aspekt der übernatürlichen Offenbarung („Traumgesicht"). Den Leserinnen und Lesern wird damit sogleich verdeutlicht, dass es sich nicht um einen gewöhnlichen, alltäglichen Traum handelt (vgl. allerdings *somnus* in A,11).

Während Mordechai in den folgenden Szenen, wie wir noch sehen werden, vor allem in der politischen Arena agiert, tritt die mit seiner jüdischen Identität verknüpfte religiöse Dimension seines Handelns im Konflikt mit Haman erneut hervor. Die geforderte Ehrung wird mit dem Verb *adoro* beschrieben (3,2 u. ö.), der üblichen lateinischen Entsprechung zum griechischen προσκυνέω. Wie dieses hat auch *adoro* den starken Beiklang der kultischen Verehrung einer Gottheit oder der betenden Unterwerfung unter diese; dementsprechend kann es auch für die Beschreibung gewisser Praktiken im Rahmen des römischen Kaiserkultes verwendet werden.[674] Auch die Begründung für Mordechais Verhalten – *quod sit Iudaeus*, „weil er Jude ist" (3,4) –, die nicht Mordechai selbst, sondern seine Kollegen gegenüber Haman äußern, hat für die antike Leserschaft des Textes (auch) eine religiöse Konnotation. Dies bestätigt zumal die entsprechende Erläuterung in Mordechais Gebet (C,7). Die Ablehnung der kultisch konnotierten Verehrung

---

673 Vgl. Vialle, „Aux commencements des livres grecs d'Esther", 108.

674 Vgl. z. B. sehr anschaulich Suet. Vit. 2,5 über Lucius Vitellius: *idem miri in adulando ingenii primus C. Caesarem adorare ut deum instituit, cum reversus ex Syria non aliter adire ausus esset quam capite velato circumvertensque se, deinde procumbens,* „Sein Talent, sich einzuschmeicheln, ist schon verwunderlich; so kam es auch, daß er als erster damit begann, Gaius Caesar wie einen Gott zu verehren; als er nämlich aus Syrien zurückkehrte, wagte er es nicht, sich diesem anders zu nähern als mit verhülltem Haupte, dabei drehte er sich um und warf sich vor ihm zu Boden." Übersetzung nach Hans Martinet, Hrsg., *Gaius Suetonius Tranquillus: Die Kaiserviten (De Vita Caesarum); Berühmte Männer (De Viris Illustribus)*, Sammlung Tusculum (Düsseldorf: Artemis & Winkler, 1997).

vermischt sich mit dem zunächst politisch relevanten Vorwurf, Mordechai wolle den Willen des Königs und die Gesetze des Reiches angreifen (3,4.8; vgl. 3,2; B,4 – 5) und fügt sich damit nahtlos in die antiken Stereotype über jüdische Menschen ein, wie wir bereits gesehen haben.[675] Haman jedenfalls betrachtet Mordechai in dieser Hinsicht als Repräsentanten der jüdischen Bevölkerung und beschließt daher, diese als Ganze zu vernichten (3,6). Sogar in seiner Passivität wird Mordechai damit zur Führungsfigur der jüdischen Gemeinschaft und in zweierlei Sinne zum „Verantwortungsträger": Indem ihm Führungsverantwortung zugeschrieben wird, ist er mit seinem Handeln zugleich mitverantwortlich für die heraufziehende Gefahr für die jüdische Bevölkerung.

Diese Führungsrolle Mordechais wird in EstVL noch mehrfach hervorgehoben. Wie noch deutlich werden wird, zeichnet sich der altlateinische Text im Vergleich mit den anderen Esther-Versionen durch einen besonderen Fokus auf die jüdische Gemeinschaft, ihre Strukturen und ihre religiöse Aktivität aus.[676] Dabei leitet Mordechai seine Gemeinde in Gebet und Fasten an (4,17–C,1) und wird damit als eine Art liturgischer Leiter oder Priester dargestellt, wiewohl ihm ein solcher Titel nicht ausdrücklich beigelegt wird. Diese Charakterisierung ist jedoch sachlich konsistent mit einer weiteren Besonderheit von EstVL, nämlich der Bemerkung, Esther höre Mordechai seine Klage in hebräischer Sprache ausrufen (*hebraica voce lingua* 4,4).[677] Damit ist Mordechai die einzige Figur der Erzählung, der ausdrücklich Hebräischkenntnisse zugeschrieben werden.[678] Dies deutet zunächst darauf hin, dass dieses Textelement an einem historischen Ort in die Tradition eingebracht worden ist, an dem der mündliche Gebrauch des Hebräischen außergewöhnlich gewesen ist. Für die hellenistische Zeit und weit darüber hinaus trifft dies sowohl auf die jüdische Diaspora als auch auf das Mutterland

675 Vgl. Anm. 441. Es sei nochmals darauf hingewiesen, dass die den Quellen selbst so nicht bekannte Trennung zwischen „politisch" und „religiös" bzw. „kultisch" hier lediglich als hermeneutisches Hilfsmittel verwendet wird. Gerade an der Figur des Mordechai nach der Darstellung in EstVL zeigt sich, dass sein Handeln und seine Charakterisierung sich tatsächlich je nach Kontext in zwei verschiedenen Bereichen abspielt, die hilfsweise als „politisch" und „religiös" bezeichnet werden können (s. u.). Die Brisanz des Konflikts zwischen Mordechai und Haman liegt gerade darin, dass sich die beiden Bereiche hier nicht trennen lassen und sich genau daraus – aus Sicht Mordechais unbeabsichtigt – ein tödlicher Konflikt ergibt.
676 Vgl. Kap. 5.5.
677 Die Kombination von *voce* und *lingua* ist recht ungewöhnlich; dies ist wohl der Grund dafür, dass die spätere lateinische Texttradition entweder *voce* oder *lingua* auslässt.
678 Es sei jedoch angemerkt, dass zumindest angedeutet wird, auch Esther sei mit dem Hebräischen vertraut: Sie realisiert, dass Mordechai Hebräisch spricht und erwähnt selbst die „Bücher meiner Vorfahren", die nicht notwendig, aber doch möglicherweise in Hebräisch verfasst gewesen sein könnten (*ego audivi in libris paternis meis* C,16).

selbst zu: Mordechai beherrscht jene Sprache, die im Alltag der Leser/-innen kaum mehr eine Rolle spielt, für das Verfassen autoritativer Texte jedoch und vielerorts auch für den Kult große Bedeutung hat.[679] Er wird damit wiederum als wichtige und kompetente religiöse Führungsfigur gezeichnet.

Nach der Darstellung von EstVL sind es auch nicht-jüdische Figuren, die Mordechai eine herausragende religiöse Position zuerkennen. So bezeichnet Haman – gedemütigt durch den königlichen Auftrag, Mordechai ehren zu müssen – seinen jüdischen Kontrahenten als „Sklaven Gottes" (*servus dei* 6,11). Für die jüdische und sodann auch christliche Leserschaft ist dies ein deutlicher Hinweis auf Mordechais besondere Gottesbeziehung in der Tradition anderer herausragender „biblischer" Persönlichkeiten.[680] Des Weiteren ist es sodann Hamans Ehefrau Zosara, die in Mordechai angesichts der überraschenden Wendung im Konflikt zwischen den beiden Männern sogar einen Propheten (*propheta* 6,13) erblickt. Nun wäre Mordechai angesichts seiner Tätigkeit am Hof des Perserkönigs (s. u.) nach Maßstab der Prophetenberichte der Hebräischen Bibel wohl ein recht unkonventioneller Vertreter dieser Gruppe religiöser Spezialisten. Die Bezeichnung „Prophet" trägt allerdings eine weitere, schillernde Facette zu seinem Bild als religöse Führungsfigur bei, das in EstVL gezeichnet wird. Es kommt hinzu, dass damit an seine Traumvision und deren Ausdeutung angeknüpft werden kann und dass die Verknüpfung der Titel „Sklave Gottes" und „Prophet" durchaus aus „biblischer" Tradition bekannt ist.[681] Interessanterweise kennt sodann auch die rabbinische Literatur Mordechai (und Esther!) als Propheten (bMeg 15a). Insgesamt ist deutlich, dass Mordechai mehr als Esther und jeder anderen Figur der Erzählung Kompetenz und Führungsaufgaben im Bereich der Religion und des Kultes zugeschrieben werden. In dieser Weise lässt sich denn auch der Schlussabschnitt der Erzählung lesen, in dem Mordechai seine Traumdeutung (F,2–10) nutzt, um die Geschehnisse seiner Gemeinde gegenüber religiös auszudeuten:

---

679 Vgl. Stefan Schorch, „The Pre-Eminence of the Hebrew Language and the Emerging Concept of the 'Ideal Text' in Late Second Temple Judaism," in *Studies in the Book of Ben Sira: Papers of the Third International Conference on the Deuterocanonical Books, Shime'on Centre, Pápa, Hungary, 18–20 May, 2006,* hrsg. v. Géza G. Xeravits und József Zsengellér, JSJ.S 127 (Leiden: Brill, 2008), 43–54. Ein Überblick über den Gebrauch der hebräischen Sprache in der Antike im Gegenüber insbesondere zum Aramäischen und Griechischen findet sich bei Bernard Spolsky, *The Languages of the Jews: A Sociolinguistic History* (Cambridge: Cambridge University Press, 2014), 17–79.

680 Vgl. z. B. David in 2Sam 7,5.8; Daniel in DanMT 6,21; Serubbabel in Hag 2,23; Maria in Lk 1,38.48; Paulus in Tit 1,1. Vgl. zum Hintergrund der Tradition John Byron, *Slavery Metaphors in Early Judaism and Pauline Christianity: A Traditio-Historical and Exegetical Examination,* WUNT II 162 (Tübingen: Mohr Siebeck, 2003), insbes. 47–58.

681 Vgl. 2Kön 9,7; Jer 7,25; 25,4; Am 3,7; Sach 1,6; vgl. Schildenberger, *Das Buch Esther,* 102.

et dixit Mardocheus ad omnes a deo facta sunt ista

Und Mordechai sagte zu allen: „Diese Dinge sind von Gott getan worden."
EstVL F,1

Seine letzte, das Buch beschließende Handlung besteht sodann passenderweise darin, seine Brüder und Schwestern nochmals in direkter Ansprache auf das neu zu etablierende Fest hinzuweisen (*in progenie vestra* F,10) – eine Handlung, die wiederum seine sehr aktive, führende Rolle unterstreicht. Die beiden genannten Besonderheiten in Abschnitt F können zudem als Hinweis auf den liturgischen Gebrauch des Textes aufgefasst werden.[682]

5.3.3 Mordechai als politische Führungsfigur

Wie im Folgenden deutlich werden wird, agiert Mordechai in EstVL stärker und wirkungsvoller als in jeder anderen Esther-Version in einer Doppelrolle als religiöse wie auch politische Führungsfigur. Wie oben erwähnt, wird er gleich zu Beginn der Erzählung in EstVL – analog zu EstLXX – als bedeutender Bediensteter des Königs vorgestellt (A,2). Folgen wir der Logik des vorliegenden Textes (R-Text nach ms. 151), so dient Mordechai hier noch dem König Assuerus,[683] kann sodann aber offenbar auch unter dessen Nachfolger Artaxerxes seine politische Stellung mindestens halten, wenn nicht gar ausbauen, denn im zwölften Regierungsjahr dieses Herrschers (1,3) tritt Mordechai nun erneut auf als einer der fünf „Obersten der Perser und Meder, die dem König am nächsten standen" (*principes Persarum et Medorum qui proximi erant regi* 1,14). Mehr noch: Mordechai ergreift in dieser Gruppe wiederum die Initiative zur Lösung des Waschti-Problems.[684] Dabei betont er rhetorisch geschickt zunächst die Schwere des Vergehens (1,16–18; vgl. 1,19), bringt seine Sorge um das königliche Ansehen auch im Ausland zum Ausdruck (1,18), schlägt vor, die Königsherrschaft „einer würdigeren und besseren Frau" (*mulieri digniori et meliori* 1,19) zu übergeben und betont zuletzt die Autorität und Vernunft königlicher Beschlüsse (1,20). Mordechais Rede findet Zustimmung bei seinen Kollegen und beim König selbst, der den Vorschlag seines Beraters un-

---

682 Wir erinnern uns, dass sich eine ähnliche Vermutung bereits mit Blick auf EstLXX und vor allem EstAT angeboten hatte; vgl. Anm. 381 sowie Kap. 4.3.1 und 4.5. Ihr lagen dort allerdings andere textliche Elemente zugrunde.

683 Vgl. zum Königsnamen die Bemerkungen in Kap. 5.1.1.

684 Damit steht EstVL einer anderen, im babylonischen Talmud und möglicherweise auch in EstAT bezeugten Tradition entgegen, die den Berater in dieser Szene mit Haman identifiziert; vgl. Anm. 578.

verzüglich umsetzt: *et fecit rex secundum ea quae locutus est Mardocheus*, „Und der König tat gemäß dem, was Mordechai gesagt hatte" (1,21). Die nur im lateinischen Text derart ausgestaltete Episode hat starke Auswirkungen auf das Gesamtbild, das EstVL von Mordechai zeichnet: Er erscheint als langjähriger und angesehener Berater des Königs und ist diesem nicht nur loyal ergeben, sondern richtet sein Bemühen vollends auf die Sicherung der Macht und Autorität seines Monarchen. Zugleich jedoch kann Mordechai in der Darstellung von EstVL als überaus weitsichtiger und umtriebiger Politiker mit ganz eigenen Interessen verstanden werden, blickt man auf die Folgen seines in die Tat umgesetzten Ratschlags: Die würdigere, bessere (1,19), schönere (2,4) Frau, die nun zur Königin erhoben werden soll, wird Mordechais Adoptivtochter Esther sein (2,7). Deren Weg an den Hof begleitet er mit Umsicht und Rat (2,10 – 11; vgl. 2,20) und erscheint damit letztlich als politischer Stratege, der mit Erfolg darauf hinarbeitet, ein weiteres wichtiges Staatsamt mit einer jüdischen Verwandten zu besetzen. Esthers Position wird ihm sodann von Nutzen sein, wenn er über ihre Vermittlung dem König die Anschlagspläne der Eunuchen mitteilt (2,21– 23),[685] damit seine Loyalität zum Herrscher demonstriert und zugleich seine eigene Macht sichert: Ein erfolgreicher Putsch gegen Artaxerxes würde wohl auch Mordechais und Esthers Position plötzlich prekär erscheinen lassen.

Die Tendenz von EstVL, Mordechai als politische Führungspersönlichkeit in den Fokus zu rücken, bestätigt sich auch zum Schluss der Erzählung in 10,2– 3. In markanter Abweichung von den anderen Esther-Versionen sind diese Verse vollends darauf ausgerichtet, nicht die Macht und Ehre des Königs, sondern die hohe Stellung Mordechais hervorzuheben: Es wird ausdrücklich daran erinnert, dass Mordechai von Artaxerxes geehrt worden ist (*et adnuntiata est gloria Mardochei quemadmodum illum rex honorificaverat in regno suo* 10,2), dass dies in den Chroniken des Reiches festgehalten ist (*sicut scriptum est in libro regis Persarum et Medorum in memoriam* 10,2) und dass er weiterhin eine bedeutende Position im Königreich sowie auch die Führungsrolle in der jüdischen Gemeinschaft einnimmt (*et magnus erat in regno et magnificatus a Iudaeis et ex ducatu praeerat omni genti suae* 10,3).

Damit wird insgesamt deutlich, dass Mordechai in EstVL erstens eine eminent wichtige Position für den Fortgang der Erzählung zugeschrieben wird und dass sich seine Führungsrolle dabei zweitens sowohl auf den religiös-kultischen als auch auf den politischen Bereich erstreckt. Dabei wird eine auffällige Zweiteilung offenbar: Sowohl zu Anfang als auch am Ende der Erzählung – vor dem Auftritt

---

685 Weshalb Mordechai als Mitglied des Thronrates nicht selbst zum König spricht, klärt der Text nicht auf.

Hamans und nach dessen Hinrichtung – wird Mordechais politische Funktion als hoher Beamter des Königs besonders hervorgehoben. Sein Handeln richtet sich auf die Erfüllung der diesbezüglichen Aufgaben und er agiert mit politischen Mitteln zum Wohle sowohl des Königs als auch der jüdischen Gemeinschaft. In der existenzbedrohenden Krisensituation hingegen, die durch das erste Edikt ausgelöst und erst durch den Tod der Feinde überwunden wird, agiert Mordechai fast ausschließlich als religiöser Anführer der jüdischen Gemeinschaft. Sein Wirken richtet sich in dieser Zwischenzeit auf die Organisation der Kult- und Ritualhandlungen und auf die direkte Anrufung seines Gottes. Nicht durch – im engeren Sinne – politische Anstrengung sucht Mordechai einen Ausweg aus der Krise zu finden, sondern durch das Erflehen göttlicher Intervention, welche freilich später tatsächlich politisch wirksam werden wird.[686] Diese Zweiteilung von Mordechais Rolle und Charakter wird durch die Darstellung in Kap. 6 bestätigt und illustriert: Die eigentlich vor allem politisch relevante Ehrung Mordechais wird nicht nur durch göttliche Intervention gerahmt und herbeigeführt (vgl. 6,1–2.6.12), sondern Mordechai bleibt hier zudem passiv, und es ist wohl nicht zufällig diese Episode, in der Aspekte seiner religiös bedeutsamen Stellung auch von Feinden der jüdischen Gemeinschaft erkannt werden (6,11.13). Mordechai handelt damit in der Konflikt- und Krisensituation in der Hoffnung auf Gottes Eingreifen; er sucht dessen Hilfe und impliziert damit, dass die Rettung der jüdischen Gemeinschaft vorrangig durch die Macht Gottes zu erwarten ist. Dies wird er sodann auch in seiner Traumdeutung in Abschnitt F bekräftigen, mit der Mordechai erneut eine priesterliche Rolle einnimmt, nun aber in dezidierter Kombination mit seiner politischen Machtposition (vgl. 10,3). Die Untersuchung der Darstellung Gottes in EstVL wird bestätigen, dass die politische Theologie des Textes tatsächlich eine Tendenz aufweist, Gottes aktive Rolle im Geschehen besonders stark hervorzuheben.

Der Mordechai der altlateinischen Esther-Erzählung nimmt in der Riege der prominenten Führungspersönlichkeiten, wie sie in jüdisch-hellenistischer Literatur zuhauf präsentiert werden, einen besonderen Platz ein: Als theologisch kompetente und politisch machtvolle Figur teilt er einerseits gewisse Merkmale mit Gestalten wie Joseph, Daniel, Joakim (Jdt 4), Eleasar (3Makk 6) oder Serubbabel (1Esdr 3–4). Allerdings nimmt Mordechai in der Darstellung von EstVL insofern eine einzigartige Stellung ein, als er eine besonders breite Palette von Eigenschaften in sich vereint: Als Mitglied des innersten Herrschaftszirkels eines antiken Weltreiches dient er von Anfang an treu und loyal seinem König, während er gleichzeitig als eine Art Oberpriester der jüdischen Gemeinschaft agiert, dem

---

686 Vgl. Kap. 5.6.3.

zugleich prophetische Qualitäten zugeschrieben werden. Dieses idealtypische Bild eines Diaspora-Anführers ist ein auffallendes und wichtiges Element der politischen Theologie von EstVL.

5.4 Esther

Esther wird ins Geschehen eingeführt, indem mehr noch als in den anderen Esther-Versionen ihre Abhängigkeit von Mordechai betont wird, ist er es doch, der sie nicht nur adoptiert und großzieht (2,7), sondern auch die Frauensuche für den König herbeiführt. Esther unterwirft sich der Autorität Mordechais, die er auch in religiösen Fragen über sie ausübt, indem sie seine Anordnungen befolgt und sich gottesfürchtig verhält (2,20) – letzteren Aspekt erwähnt ausschließlich der lateinische Text. Ebenfalls eine religiöse Dimension haben ihre Trauerhandlungen, mit denen sie auf das erste Edikt reagiert, das ihr Mordechai allerdings erst zur Kenntnis bringen muss (4,8): Ähnlich wie Mordechai (4,1) zerreißt Esther ihr Kleid, schreit laut auf und jammert (4,9), wobei sich ihre Qualen allerdings anders als bei Mordechai auch unmittelbar körperlich bemerkbar machen: *et corpus eius formidolosum factum est et caro ipsius concidit valde*, „und ihr Körper wurde grässlich, und ihr Fleisch fiel stark zusammen" (4,9).[687] Vergleichbares berichten die übrigen Esther-Versionen nicht. Nachdem Mordechai sie davon überzeugt hat, ihren Teil zur Rettung ihres Volkes beizutragen (vgl. *ut gentem liberes* 4,14), zeigt sie erneut und deutlich stärker als in den Paralleltexten ein Interesse an Ritualhandlungen, die sie sogleich für die gesamte jüdische Gemeinschaft anordnet (4,16). Dass Mordechai genau nach ihrer Anweisung handelt und die Gemeinde dementsprechend anleitet (4,17), zeigt, dass er Esther eine gewisse Kompetenz und Autorität in diesem Bereich zugesteht, wenn auch nur in dieser einen Szene.

Wie bereits erwähnt, wirft sich Esther gemeinsam mit ihren Sklavinnen zum Gebet nieder (C,13) – eine Besonderheit von EstVL, zu der sich nur in EstJos eine Parallele findet (Ant 11,231). Sie tut dies in derselben Weise, wie bereits Mordechai und die Ältesten des Volkes ihr Gebet durchgeführt hatten (C,1), sodass sie diesen in dieser Hinsicht in nichts nachsteht und offenbar sehr gewissenhaft ihre rituellen Pflichten erfüllt. Interessant ist des Weiteren, dass Esther nach 4,9 lesen kann, was sie befähigen könnte, auch die schriftlichen Überlieferungen ihrer Gemeinschaft selbst zu studieren. Die Formulierung in C,16 deutet allerdings darauf hin, dass sie darin durch Vorlesen unterwiesen worden ist (*ego audivi in*

---

687 Vgl. die ähnliche Aussage über den Verlust der Schönheit in einer Trauersituation in 1Makk 1,26.

libris paternis meis). Dass sie möglicherweise gar das Schreiben beherrscht, deutet sich in 9,29 an, wo – anders als im Falle des zweiten Edikts – keine Hilfe durch professionelle Schreiber erwähnt wird.

Esthers weiteres Handeln ist voll auf die Rettung ihrer selbst und ihrer jüdischen Geschwister ausgerichtet. So legt sie nach ihrem Gebet die „Kleider ihrer religiösen Tätigkeit" ab (*deposuit omnia vestimenta operationis suae* D,1) und wandelt sich äußerlich wieder zur Königin, nachdem sie sich zuvor körperlich „erniedrigt" hatte (*humiliavit omne corpus suum valde* C,13). Beide Transformationen werden in EstVL wesentlich stärker hervorgehoben und detaillierter beschrieben als in den anderen Textversionen. Damit wird nicht nur der Gegensatz zwischen Esthers beiden Rollen – in der rituellen Tätigkeit und als Königin – stärker betont, sondern es wird zugleich suggeriert, dass sie beide Aufgaben überaus gewissenhaft erfüllt. Ihr besonderes Interesse scheint jedoch dem religiösen Bereich zu gelten, denn in der politischen Arena fühlt sie sich offenbar unwohl: Als sie vor den König tritt, hat sie nicht nur Angst, sondern geradezu Todesangst (*et formidans a domino in terrore mortis quoniam mors erat ante oculos eius* D,5) – wiederum eine Besonderheit des lateinischen Textes. Ebenfalls nur in dieser Textversion findet sich Esthers Bemerkung gegenüber ihrem Gatten, sie sei nicht an Geld interessiert (7,3). Als sie später vom König Hamans Besitztümer erhält (8,1), gibt sie diese direkt an Mordechai weiter (8,2),[688] der zuvor bereits 10.000 Talente erhalten hatte (7,10).

In Hinblick auf Esthers weitere Rolle am Schluss der Erzählung in EstVL ist der Vergleich mit der Darstellung in EstAT besonders erhellend: Ist sie dort, wie oben ausgeführt, fast ausschließlich für die „Racheaktionen" gegen die Feinde zuständig,[689] berichtet der lateinische Text nichts dergleichen. Vielmehr zielt ihr zweites Vorsprechen beim König allein auf die Aufhebung des ersten Edikts (8,5 – 8). Abgesehen davon bleibt die Königin nach dem Aussprechen ihrer Anschuldigung gegen Haman in 7,6 überaus passiv; ihre letzte Handlung ist das Schreiben in 9,29, das jedoch bezeichnenderweise sogleich wiederum von Mordechai bestätigt werden muss, bevor es Wirkung zeigt.

Insgesamt betrachtet, wird Esther in EstVL als gottesfürchtige und observante Jüdin gezeichnet, die mehr als in den anderen Versionen in rituelle Vollzüge eingebunden ist. Liest man den Text für sich, erfüllt sie zugleich eine zentrale politische Rolle, die mitentscheidend für die Rettung der jüdischen Gemeinschaft

---

688 Diese Interpretation ist nicht zwingend, da die Formulierung *et constituit Hester in omnibus quae erant Aman Mardocheum* in 8,2 auch auf Hamans Ämter bezogen werden kann. Dies wäre allerdings ebenfalls ein weiterer Beleg dafür, dass Esther die politischen Vollmachten bei Mordechai besser aufgehoben sieht.

689 Vgl. Kap. 4.4.

ist. Im Vergleich mit den anderen hier untersuchten Texten jedoch ist die Figur der Esther weniger stark auf diesen Part hin ausgerichtet. Gerade gegen Ende der Erzählung gibt sie ihre Machtmittel fast vollständig in die Hände Mordechais, der nach der Darstellung von EstVL allerdings – wie gezeigt – ohnehin seine Adoptivtochter an Bedeutung überstrahlt.

5.5 Die jüdische Gemeinschaft

Die Rolle der jüdischen Gemeinschaft in EstVL weicht deutlich von der Darstellung in den übrigen Textversionen ab. Als grundlegende Tendenzen sind die stärker ausgebaute religiöse Aktivität, der tiefere Einblick in die innere Organisation der Gemeinde von Susa sowie die friedliche Koexistenz mit der nicht-jüdischen Bevölkerung des Reiches zu nennen. Dabei wird die Gemeinschaft der *Iudaei* bzw. Israels (*Israel* C,6; *Istrahel* F,10) als *gens*, *genus* oder *populus* bezeichnet; letzterer Begriff wird ausschließlich in Bezug auf die jüdische Bevölkerung gebraucht.[690]

Obschon Mordechai in EstVL als überragender Anführer der jüdischen Gemeinschaft präsentiert wird, ist diese auch als Ganze weniger passiv als in den anderen Esther-Versionen. Dies zeigt sich bereits daran, dass ihr mit dem „Zusatz" H ein eigenständiges Klage- und Bittgebet zugeschrieben wird, mit dem sie unmittelbar auf die Bekanntmachung des ersten Edikts (3,14 – 15a; 4,3) reagiert.[691] Damit handelt die jüdische Gemeinschaft hier nicht nur unabhängig von Esther und Mordechai,[692] sondern sie reagiert als Ganze auch deutlich zügiger auf die politischen Entwicklungen als ihre beiden prominenten Mitglieder. Der Inhalt des Gebetes verdeutlicht, dass sich die Betenden von ihrem Gott, den sie als einzigen Gott verstehen (H,1) konkrete Hilfeleistungen versprechen, wobei auch an die rettende Erfahrung des Exodus erinnert wird (H,4 – 5). Die Anrufung kann daher nicht allein als spontaner Ausdruck der Verzweiflung verstanden werden, sondern zugleich als erster Versuch, die lebensbedrohliche Situation zu überwinden.

---

690 Vgl. zum Verständnis von *iudaeus/iudaei* Anm. 902; vgl. auch die obigen Bemerkungen zu den hebräischen und griechischen Äquivalenten in Anm. 276 und 429.

691 Es ist wiederum nicht ganz deutlich, ob mit *Iudaei* (H,1; vgl. 4,3) tatsächlich die gesamte jüdische Reichsbevölkerung gemeint ist (vgl. 4,3), denn das gemeinsame Gebet wäre leichter als kollektive Handlung der Gemeinde in Susa vorzustellen.

692 Ob Mordechai zur betenden Gruppe gehört, wird nicht gesagt; jedenfalls wird ihm hier keine herausgehobene Rolle zugeschrieben. Esther allerdings muss sich nach der Logik der Erzählung im Palast befinden, getrennt von der jüdischen Gemeinde.

Die nächste in EstVL berichtete Aktivität der Jüdinnen und Juden wird nun allerdings wie in den übrigen Versionen durch Esther und Mordechai vorgegeben. Deren Diskussion über das weitere Vorgehen führt zu dem Ergebnis, dass Esther ihren Adoptivvater auffordert, die Gemeinde zu besonderen kultischen Handlungen anzuweisen, welche sodann auch ausgeführt werden:

> *domine frater si tibi videtur introibo licet moriar praedica igitur sanitatem et annuntia ieiunium et dicito presbyteris ut faciant ieiunium lactantes autem separent nocte a matribus boves et pecora non pascantur tribus diebus ego et ancilla mea ieiunabimus et introibo ad regem post haec habens in manu animam meam (17) et exiit spado et dixit verba eius et vadens Mardocheus praedicavit sanitatem sponsi autem de thalamis exierunt et sponsae de pascuis suis separati sunt infantes a matribus suis presbyteri autem et anus exierunt ad deprecandum boves et pecora praecepit ut tribus diebus et tribus noctibus non pascerentur omnes autem acceperunt cinerem et invocabant excelsum dominum ut propitius illorum fieret humilitati*

„Herr, Bruder, wenn es dir gut erscheint, werde ich hineingehen, wenn ich auch sterbe. Rufe also Besonnenheit[693] aus und verkünde ein Fasten, und sag den Ältesten, dass sie ein Fasten veranlassen sollen! Säuglinge aber sollen nachts getrennt sein von den Müttern. Rinder und Kleinvieh sollen drei Tage nicht geweidet werden. Ich und meine Sklavin werden fasten, und danach werde ich hineingehen zum König, mein Leben in der Hand haltend." (17) Und der Eunuch ging hinaus und sprach ihre Worte, und rasch rief Mordechai Besonnenheit aus. Bräutigame aber verließen die Ehegemächer und Bräute ihre Weiden.[694] Kinder wurden von ihren Müttern getrennt. Die Ältesten aber und die alten Frauen gingen hinaus zum Bittgebet. Hinsichtlich der Rinder und des Kleinviehs ordnete er an, dass sie drei Tage und drei Nächte nicht geweidet würden. Alle aber nahmen Asche und riefen den erhabenen Herrn an, damit er angesichts ihrer Erniedrigung gnädig gestimmt würde.
EstVL 4,16 – 17

Der Abschnitt ist bemerkenswert: Von den fünf untersuchten Esther-Versionen bietet nur EstVL eine solch detaillierte Beschreibung der rituellen Betätigung der Gemeinde. Die einzelnen Motive sind aus anderen literarischen Überlieferungen bekannt;[695] für den Vergleich der Esther-Versionen ist jedoch besonders interessant, dass allein EstVL zwischen verschiedenen Gruppen in der Gemeinde differenziert. Jede dieser Gruppen setzt das Fasten auf die ihr gemäße Weise um; sogar Säuglinge und Nutztiere werden einbezogen. Die Schilderung der Trauerriten lässt

---

693 Vgl. zur Übersetzung Anm. 912.
694 Vgl. zur Übersetzung Anm. 913.
695 Wie bei Schildenberger, *Das Buch Esther*, 86 angemerkt, hat vermutlich Joël 2,15 – 16 als Quelle für unseren Text gedient. Es sei zudem auf Jona 3,7 verwiesen sowie auf die Ähnlichkeiten in der Darstellung von 2Targ Est. Vgl. zudem die starken Anklänge an 3Makk 1,16 – 20. Des Weiteren findet sich in 3Makk 4,6 – 8 das Motiv der klagenden Bräute und Bräutigame, sodann in 3Makk 5,50 das Motiv der von der Mutterbrust getrennten Kleinkinder. Von der rituellen Aktivität der Kleinkinder und des Viehs ist ebenfalls die Rede in Jdt 4,10.

die körperlichen Entbehrungen, die den Betroffenen abverlangt werden, im lateinischen Text viel extremer erscheinen als in den hebräischen und griechischen Parallelen. Erneut stimmen alle Mitglieder der Gemeinde, mit Asche bestreut, ein Bittgebet an; die Ältesten allerdings – Männer und Frauen – nehmen an Mordechais Gebet teil: Dies wird in C,1 berichtet und durch den Plural *dixerunt* in C,2 bestätigt, obgleich das nachfolgende Gebet in der 1. Person Singular formuliert und auf Mordechais Erfahrungen zugeschnitten ist.[696]

Damit spiegelt sich in der Darstellung von EstVL die Vorstellung einer hierarchisch geordneten Gemeinde mit klarer Aufgaben- und Ämterverteilung. Zwar wird sie von Mordechai als herausragender Persönlichkeit angeführt, doch steht auch dieser stets im Kontext der *presbyteri*, und selbst die jüngsten und schwächsten Mitglieder der Gemeinde beteiligen sich mit aller Kraft an den Rettung verheißenden Ritualhandlungen. Der Erfolg dieser Bemühungen wird sogleich notiert, wenn es heißt: *et omnis populus supervixit in fortitudine sua cum esset mors in oculis eorum*, „Und das ganze Volk überlebte[697] in seiner Tapferkeit, als ihnen der Tod vor Augen stand" (C,11). Zum Bild einer wohlorganisierten Gemeinde passt weiterhin, dass überliefertes Wissen ausweislich C,16 auch in Form von schriftlichen Aufzeichnungen weitergegeben wird (vgl. EstAT 4,20, wo jedoch von *einem* Buch – im Singular – die Rede ist).

Die angesprochene Differenzierung von Gruppen innerhalb der jüdischen Gemeinschaft zeigt sich auf andere Weise auch in den späteren Bestimmungen über die Feier des neu etablierten Festes. Anders als in den anderen Versionen verfügt Mordechai (vgl. 9,20) an dieser Stelle des lateinischen Textes, „Geschenke und Anteile zu senden an Priester, Freundinnen und Freunde, Arme, Waisen und Witwen" (*mittere dona et partes sacerdotibus et amicis et pauperibus et orphanis et viduis* 9,22).[698] Damit wird nicht nur der Gedanke der Armenfürsorge ausgeführt, sondern zugleich bezeugt die Erwähnung der Priester erneut das Interesse des Textes an religiösen Ämtern und Verpflichtungen.[699] Vermutlich wird hier eine Praxis reflektiert, mithilfe einer Festabgabe den Lebensunterhalt der hauptberuflichen religiösen Spezialisten zu sichern. Die Besonderheit, dass die Abgabe mit einem Fest verbunden ist, erinnert insbesondere an die in Ex 23,19; 34,26 sowie in Dtn 16,16 erwähnten Erstlingsabgaben zu den drei großen Wallfahrts-

---

[696] Gleichwohl stellt sich Mordechai durch „wir"-Aussagen (*nos* C,8.10) in den Kontext seines Volkes.
[697] Vgl. zur Übersetzung Anm. 915.
[698] In EstMT, EstLXX und EstAT ist die Aussage allgemeiner gehalten; EstJos erwähnt das Senden von Geschenken überhaupt nicht.
[699] Die Nennung von Kultpersonal und verschiedenen Gruppen von Bedürftigen erinnert an Dtn 14,29.

festen. Wie sodann Tob 1,6–8 nahelegt, wurde diese Praxis vermutlich auch in hellenistischer Zeit noch in einer weiterentwickelten Form durchgeführt.[700]

Aus dem bisher Dargelegten wird deutlich, dass die jüdische Gemeinschaft in EstVL auf ihre kultisch-rituelle Aktivität hin ausgerichtet ist, basierend auf einer festen, hierarchischen Organisationsstruktur. Damit unterscheidet sich die Darstellung im altlateinischen Text von den anderen Esther-Versionen und weicht zusätzlich in einem weiteren Punkt von diesen ab: Während es für EstMT, EstLXX, EstAT und EstJos ein wesentliches Element des „glücklichen Endes" der Erzählung darstellt, dass die jüdische Bevölkerung eine große Zahl ihrer Feinde vernichtet, fehlt diese Vorstellung in EstVL. Nirgends ist die Rede von einem Kampf oder gar einem Massaker; das Ziel aller Rettungsbemühungen ist erreicht *in diebus in quibus cessaverunt Iudaei et servati sunt ab inimicis suis,* „in den Tagen, an denen die Jüdinnen und Juden rasteten und bewahrt wurden vor ihren Feinden" (9,22). Dies passt gut zum Inhalt des zweiten Ediktes, in welchem der Reichsbevölkerung nahegelegt wird, die Anordnungen Hamans schlicht zu ignorieren (*bene igitur facietis non adtendentes his quae ab Aman litteris scripta sunt* E,17; vgl. 8,5) und der jüdischen Gemeinschaft ein Leben nach ihren eigenen Gesetzen zu ermöglichen (*permittere omnes Iudaeos suis uti legibus* E,19; vgl. 8,11). Nirgends ist davon die Rede, dass die Abwehr der Gegner (E,20) die Form einer gewaltvollen Auseinandersetzung annehmen sollte, und die erwähnte Vernichtung (*perditio*) der Feinde (E,23) bezieht sich offenbar auf die Hinrichtung Hamans und seiner Familie, auf die hier bereits zurückgeblickt werden kann (vgl. 7,9–10).[701] Eine mögliche weitergehende Spannung zwischen jüdischer Gemeinschaft und ihrer nicht-jüdischen Umwelt wird allenfalls in 8,17 angedeutet:

> *et multi gentilium circumcidebant se et iudaizabant propter timorem qui factus erat adversus inimicos Iudaeorum*

> Und viele aus den Völkern beschnitten sich und wurden zu Juden wegen der Furcht, die unter den Feinden der Jüdinnen und Juden ausgebrochen war.
> EstVL 8,17

---

700 Eine erhellende Diskussion vielfältiger Quellen zu den „Wallfahrts-Abgaben" zugunsten des (Zweiten) Tempels und der Priesterschaft bis in die rabbinische Literatur hinein findet sich bei Shmuel Safrai, *Die Wallfahrt im Zeitalter des Zweiten Tempels,* FJCD 3 (Neukirchen-Vluyn: Neukirchener, 1981), Übersetzung und Redaktion Dafna Mach, 146–157.
701 Vgl. auch die Bemerkung bei Bogaert, „Les formes anciennes du livre d'Esther", 75, dass die Einbindung sowohl der Edikte als auch der „Vergeltungs-Episode" inhaltliche Inkonsistenzen hervorruft, die bspw. in EstLXX sichtbar sind. EstMT und EstVL hingegen haben diese Schwierigkeiten nicht.

Wohlgemerkt herrscht Furcht jedoch auch hier nur bei den Feinden, offenbar nicht bei der gesamten nicht-jüdischen Reichsbevölkerung. Zugleich ist es gerade der Verweis auf mögliche Konversionen, der die Erwähnung der Furcht sogleich relativiert und damit gerade nicht den Eindruck erweckt, hier solle ein anhaltender Konflikt zwischen jüdischen und nicht-jüdischen Menschen angedeutet werden. Ähnlich verhält es sich in der direkt anschließenden Notiz in 9,3: Während in EstMT von der Unterstützung, in EstLXX und EstAT von der Ehrung der Jüdinnen und Juden durch hohe Beamte die Rede ist, werden diese durch die Furcht vor Mordechai in EstVL sogar zur Ehrung Gottes geführt (*honorificant deum*). Gleichwohl betrifft dies wiederum nur eine begrenzte Gruppe; zudem stellen sowohl die Beschneidungen als auch die Gewinnung von „Gottesfürchtigen" dadurch, dass kein Massaker geschieht, nunmehr den Schlusspunkt der Beziehung zwischen jüdischer Gemeinschaft und nicht-jüdischer Bevölkerung dar; von einem gewaltvollen oder andauernden Konflikt ist nirgends die Rede. Die im Vergleich mit den anderen Esther-Versionen stark hervortretende Tendenz von EstVL, das Verhältnis zwischen jüdischer und nicht-jüdischer Bevölkerung als wenig konfliktreich und sogar friedvoll darzustellen, zeigt sich zudem bereits in Mordechais Traumvision: Wie bereits Haelewyck angemerkt hat, wird hier keinerlei Spannung oder gar Kampf zwischen den beiden Größen angedeutet – ganz im Gegenteil etwa zu EstLXX.[702]

Während also in EstMT geradezu die Hauptaufgabe der jüdischen Gemeinschaft darin besteht, ihre Feinde zu vernichten und dieses Element auch in den besprochenen griechischen Versionen eine gewichtige Rolle spielt, zielt die Tätigkeit der Jüdinnen und Juden am Schluss von EstVL ausschließlich auf das Beschenken und die Unterstützung der Ihren (9,22), auf die Weitergabe der Erinnerung an die Ereignisse (9,23) sowie auf die fortgesetzte Feier des Freudenfestes (9,27–28). Der Blick richtet sich hier über die erzählten Ereignisse hinaus auf die Gegenwart der Leserschaft, die zum ritualisierten Nachahmen und Nacherleben der Erfahrungen der legendären jüdischen Gemeinschaft Esthers und Mordechais aufgerufen wird. Im Gegensatz zu den anderen Esther-Erzählungen jedoch kennt EstVL das hier begründete Fest nicht unter dem Namen „Purim". Eine Parallele zur Volksetymologie in EstMT 9,24–26 fehlt, und die Bemerkung über den zweiten Purim-Brief (אִגֶּרֶת הַפֻּרִים EstMT 9,29) nennt in der lateinischen Version einen „Brief der Bewachenden" (*epistula custodientium* EstVL 9,29). Dass diese durch ein Missverständnis der griechischen Vorlage ent-

---

702 Vgl. EstVL A,6 mit EstLXX A,6; vgl. dazu Kap. 3.5. Vgl. Haelewyck, *Hester*, 93–94; Haelewyck, „The Relevance of the Old Latin Version for the Septuagint", 471–472; Vialle, „Aux commencements des livres grecs d'Esther", 108–109.

standende Bezeichnung[703] keinerlei Referenz auf das jüdische Purimfest mehr erkennen lässt, braucht uns nicht zu überraschen: Der vorliegende altlateinische Text entstammt einem christlichen Umfeld des 4. Jahrhundert n. Chr., in dem Purim nicht gefeiert wurde und offenbar auch nicht bekannt war.

Bereits im Abschnitt zu Mordechai wurde erwähnt, dass dieser seine Traumdeutung in EstVL nicht zu sich selbst spricht, sondern ganz ausdrücklich seiner Gemeinde mitteilt (F,1.10), was möglicherweise auf den liturgischen Gebrauch des Textes in rezipierenden (christlichen?) Gemeinden hinweist. Hier zeigt sich jedoch zugleich, wie die Hochschätzung des lateinischen Textes für Mordechais Rolle als religiöser Anführer Hand in Hand geht mit dem starken Fokus auf die Charakterisierung und die Aktivitäten der jüdischen Gemeinschaft. Im Ergebnis wird uns in EstVL eine Gemeinschaft präsentiert, die teils selbstständig (vgl. Abschnitt H), oft aber unter Anleitung Mordechais vielfach mit ritueller Betätigung in Erscheinung tritt und auf diese Weise ihren Erfahrungen von Gefahr und Rettung begegnet. An gewaltvollen Auseinandersetzungen mit nicht-jüdischen Menschen oder auch nur an starker Abgrenzung gegenüber diesen ist sie nicht interessiert. Wie sich diese Konzeption einer friedfertigen jüdischen Gemeinschaft in die bereits in der Antike geführte Debatte um die Implikationen der „Vergeltungs-Episode", wie sie sich etwa in EstMT 9 findet, einfügt, wird uns am Ende unserer Untersuchung noch einmal beschäftigen.

Dass EstVL angesichts der Betonung der Religiosität der Gemeinde konsequenterweise auch besonderes Augenmerk auf Gott als den Adressaten ihrer Bittgebete richtet, wird sich im Folgenden bestätigen und das politisch-theologische Gesamtbild des Textes komplettieren.

5.6 Gott

5.6.1 Überblick

In EstVL findet sich 39-mal die Bezeichnung *deus*,[704] und zwar ausschließlich in Bezug auf den Gott Israels bzw. nirgends ausdrücklich mit Bezug auf andere Gottheiten.[705] Sowohl auf der Erzählebene als auch vor allem als Gebetsanrede

---

703 Vgl. Anm. 929.
704 A,11; 2,20; H,1 [4-mal].4; 4,7; C,2 [3-mal].7 [2-mal].8 [3-mal].14 [3-mal].25 [2-mal].28.27.22; D,2.8.13; 6,1.2.11.12; E,4.16.18.21; 9,3; F,1.6.8.
705 Ein Verweis auf andere Gottheiten wäre möglicherweise zu erwarten in der Rede Hamans (6,11) oder auch im zweiten Edikt (E,4.16.18.21). Nirgends wird hier allerdings ein entsprechender

wird *deus* also deutlich häufiger verwendet als das griechische Äquivalent θεός in EstLXX und EstAT. Ein ähnliches Bild ergibt sich für *dominus* als lateinische Entsprechung zum griechischen κύριος, das in EstVL 29-mal in Bezug auf Gott vorkommt.[706] Die Bezeichnung *rex*, „König", findet sich in EstVL einmal (C,8). Mit diesen Beobachtungen deutet sich bereits an, dass die Bezeichnungen und Titulaturen Gottes in EstVL häufig nicht parallel zu den griechischen Geschwistertexten verlaufen. Dies betrifft neben den beiden allgemeinen Bezeichnungen *deus* und *dominus* auch spezifischere Ausdrücke, die bestimmte theologische Aspekte hervorheben.

5.6.2 Titulaturen und Charakterisierungen Gottes

5.6.2.1 Gott als König und Allherrscher

Wie erwähnt, wird Gott lediglich in EstVL C,8 als „König" (*rex*) bezeichnet, sodass der Text an dieser Stelle EstLXX nahesteht. Davon abgesehen wird die Allherrschaft Gottes in EstVL kaum angesprochen; klare Entsprechungen zu den in den griechischen Versionen vorkommenden Bezeichnungen δεσπότης, δυνατός, παντοκράτωρ usw. finden sich nicht. In E,21, wo die griechischen Parallelen auf verschiedene Weise den Gedanken der Allherrschaft hervorheben, spricht EstVL von „Gott, der allem voransteht" (*qui omnibus praeest deus*). Auch auf Gott bezogene Adjektive wie *excelsus* (H,3; 4,17; E,16) oder *magnus* (H,3) zielen nicht unmittelbar auf die Betonung der göttlichen Herrschermacht. Eine Aussage über Gottes Herrschaft findet sich in EstVL hingegen unter Bezugnahme auf seine Schöpfung.

5.6.2.2 Gott als Schöpfer

Zu Mordechais Bekenntnis der Schöpfermacht Gottes in EstLXX C,3/EstAT 4,13 gibt es in EstVL keine Parallele – die gesamte Passage existiert hier nicht. Auf der Erzählebene hingegen wird Gott im Zusammenhang mit seinem Eingreifen in den Schlaf des Königs „Herr der ganzen Schöpfung" (*universae creaturae dominus* 6,1) genannt.[707] Im theologischen Konzept, das sich in EstVL widerspiegelt, lässt sich

---

Bezug explizit, sodass für die jüdische Leserschaft des Textes eher der Gedanke an den Gott Israels naheliegt, auf den die Bezeichnung *deus* an allen anderen Stellen verweist.
706 H,1.3; 4,17; C,5.7 [4-mal].8.10 [2-mal].14.16 [9-mal].25 [2-mal].29.23 [2-mal]; D,2; 6,1.6. Vgl. zur zuletzt genannten Stelle Anm. 713.
707 Vergleichbare Bezeichnungen finden sich in 3Makk 2,2.7.

diese Vorstellung leicht mit dem hier bezeugten exklusiven Monotheismus verbinden.

5.6.2.3 Der einzige und wahre Gott

Der Beginn des Gemeindegebetes in H,1 bietet das deutlichste explizit-monotheistische Bekenntnis im Kontext aller hier besprochenen Esther-Versionen:

> *domine deus tu solus deus in caelo sursum et non est alius deus praeter te*

> Herr, Gott, du allein bist Gott oben im Himmel, und es gibt keinen anderen Gott außer dir.
> EstVL H,1

Wie oben angemerkt, ist im gesamten Text nirgends die Rede von anderen Göttern oder auch nur von Götterbildern (eine Entsprechung zu EstLXX C,21/EstAT 4,22 fehlt). Stattdessen wird an der zitierten Stelle ohne Umschweife die Existenz anderer Götter negiert und die Einzigkeit des angebeteten Gottes betont, der damit als passender Adressat des Bittgebetes erscheint. Dies wird sich in den später auf der Erzählebene berichteten Taten des Schöpfergottes bestätigen, wie wir noch sehen werden.

5.6.2.4 Der allwissende Gott

Theologisch konsequent ist der eine Gott für EstVL allwissend. Dies drückt sich einerseits auf der Erzählebene aus, wenn davon die Rede ist, der von Esther angerufene Gott sehe alles (*dominus qui omnia conspicit deus* D,2). Andererseits wird dies von den Betenden auch immer wieder mit der Formulierung „du weißt" (*tu scis* C,5.27 bzw. *tu nosti* C,26.28.29) bekräftigt, wobei an den beiden letztgenannten Stellen keine Parallele zu diesem Ausspruch in den Septuaginta-Versionen existiert. Des Weiteren findet sich auch im zweiten Edikt die Aussage über das Urteil „des immer alles sehenden Gottes" (*dei semper omnia conspicientis* E,4), womit der lateinische Text hier EstLXX näher steht als EstAT, wo nicht vom Sehen, sondern vom Herrschen Gottes die Rede ist.[708]

5.6.2.5 Der richtende Gott

An der soeben zitierten Stelle E,4 im zweiten Edikt ist in EstVL genau wie in den besprochenen griechischen Versionen die Rede vom göttlichen Urteil (*iudicium*),

---

708 Vgl. Anm. 646.

ebenso in E,18 (vgl. F,8). Auf der Redeebene wird dieses Stichwort im Rahmen des Gemeindegebetes mit Gott in Verbindung gebracht (H,3). Hier ist für EstVL auch der Ort, eine an deuteronomistische Theologie erinnernde Geschichtsdeutung vorzunehmen:

> *si enim fecissemus legem tuam et praecepta habitassemus forsitan cum pace omne tempus vitae nostrae nunc autem quoniam non fecimus praecepta tua supervenit in nos omnis tribulatio ista*
>
> Denn wenn wir dein Gesetz und die Gebote befolgt hätten, hätten wir vielleicht für die ganze Zeit unseres Lebens in Frieden gewohnt. Nun aber, da wir deine Gebote nicht befolgt haben, ist all diese Bedrängnis über uns gekommen.
>
> EstVL H,2

Diese Aussage impliziert in Verbindung mit H,3, dass Gott sein eigenes Volk straft, dabei gleichwohl gerecht (*iustus* H,3) und milde (*tranquillus* H,3) vorgeht. Die Passage erinnert stark an die oben diskutierten Aussagen in EstLXX C,17–18 und EstAT 4,21, die dort jedoch im Kontext von Esthers Gebet erscheinen. In EstVL hingegen fehlt in Esthers und Mordechais Gebeten jegliche Erwähnung eines göttlichen Gerichts oder der göttlichen Gerechtigkeit. Dass hier stattdessen der gesamten Gemeinde entsprechende Aussagen zugeschrieben werden, ist insofern theologisch schlüssig, als diese nun beim göttlichen Richter auch für das gesamte Volk um Schonung und Rettung bitten kann (H,4–5). Konsequent wird dabei auf die Exodus-Tradition verwiesen und damit die Vorstellung einer kollektiven Rettungserfahrung in den Mittelpunkt gerückt. Damit verbindet sich sogleich der Gedanke des besonderen Näheverhältnisses zwischen Gott und seinem Volk (H,5).

5.6.2.6 Der Gott Abrahams, Isaaks und Jakobs

In EstVL wird grundsätzlich ähnlich wie in EstLXX und EstAT auf den „Anteil" (*pars* H,5; C,9.22) bzw. „Erbteil" (*hereditas* C,8; F,9; vgl. H,5 als Erbteil des Volkes selbst) Gottes an seinem Volk (*populus* C,8; F,9; vgl. F,7) verwiesen. Auf der Erzählebene wird der in 6,1 und 6,2 handelnde Gott als „Gott der Jüdinnen und Juden" (*iudaeorum deus*) identifiziert; diese sind nach einer Aussage im zweiten Edikt „Kinder des höchsten Gottes" (*filii excelsi dei* E,16; vgl. H,4). Dass diesem Gott auch auf der Erzählebene eine Geschichte mit diesem besonderen Volk zugeschrieben wird, belegt bereits die Aussage in H,1: *et invocabant Iudaei deum patrum suorum*, „Und die Jüdinnen und Juden riefen den Gott ihrer Vorfahren an". Während EstLXX und EstAT, wie gezeigt, an wenigen Stellen an den bereits lange bestehenden Bund Gottes mit seinem Volk bzw. mit Abraham erinnern, ist für EstVL die Gebetsanrede *deus Abraham et deus Isaac et deus Iacob*, „Gott Abrahams und Isaaks und Jakobs" (C,2.8.14) charakteristisch. Diese wird offenbar gezielt der Tradition entnommen (vgl. insbes. Ex 3,6.15.16) und fügt sich in die Tendenz von EstVL ein, einzelne wichtige Aspekte des Weges Gottes mit seinem Volk hervorzuheben (vgl. auch C,16). Der Gebrauch der Formel im Gebet ist auch in anderen jüdischen Texten der hellenistisch-römischen Zeit bezeugt (OrMan 1,1; vgl. 1,8 sowie die „Fürbitte" in 2Makk 1,2), sowohl in griechischen als auch lateinischen Varianten. Er ist besonders dazu geeignet, die Erinnerung an die Bundesschlüsse in eine Gebetskommunikation einzubringen, die an aktuelle Notsituationen anknüpft. Im Konzept des Bundes verbindet sich der Gedanke der Verpflichtung gegenüber dem göttlichen Willen und Gebot (vgl. H,2) mit der unbedingten Bundestreue Gottes, die sich in konkreter Hilfe und Rettung manifestieren soll.

5.6.2.7 Der rettende Gott

Dass die Theologie der altlateinischen Esther-Erzählung stark auf den Aspekt der Rettung des Volkes Gottes abstellt, zeigt sich im zweimaligen Verweis auf den Exodus (H,4; C,9)[709] sowie sodann vor allem in Esthers Aufzählung anderer göttlicher Rettungstaten aus „biblischen" Überlieferungen in C,16. Diese Besonderheit des lateinischen Textes[710] bringt deutlich zum Ausdruck, dass sich die Figur der Esther in der Tradition ihres Volkes sieht und für sich selbst göttliche Rettung erhofft, wie sie sie in den in Büchern überlieferten Geschichten bezeugt sieht. Bemerkenswert ist, dass Esther zunächst nicht auf kollektive, sondern auf individuelle Rettungserfahrungen verweist. Zudem geht es im Kontext von C,16 um ihre ganz persönliche Notlage, in der sie Gott als ihren einzigen Verteidiger (*defensor* C,14) ansieht. In eine inklusive Redeweise, die ihre jüdischen Brüder und Schwestern miteinbezieht, wechselt sie erst später (vgl. *nos* C,24.30). Diese Abfolge von Bitten um individuellen und kollektiven Beistand leuchtet unmittelbar ein, ist doch zunächst Esther allein ganz unmittelbar von Gefahr bedroht, indem sie ungebeten vor den König treten will. Die Hoffnung auf Rettung der gesamten jüdischen Bevölkerung ergibt sich erst aus der Hoffnung, dass Esther mit Gottes Hilfe die schwierige Situation meistern wird. Insofern kann denn auch hoffnungsvoll auf die Befreiung der Jüdinnen und Juden aus der Hand ihrer Feinde vorausgeblickt werden, und zwar in der Erwartung, dass diese letztlich durch Gott bewirkt werden wird (C,30): Das Verb *libero* wird sowohl hier mit Gott als Subjekt gebraucht als auch im Rahmen der Erinnerung an Gottes vergangene

---

709 EstLXX und EstAT kennen nur die letztere Referenz.
710 Vgl. zur armenischen Parallele Anm. 137.

Rettungstaten (C,9.16 [3-mal]). Nach Darstellung von EstVL dürfen die jüdischen Protagonistinnen und Protagonisten der Erzählung im Hier und Jetzt auf Gottes Rettungshandeln hoffen, weil sie sich in der Geschichte ihres Volkes verorten, mit dem der eine Gott vor langer Zeit einen Bund geschlossen und dem er bereits in der Vergangenheit immer wieder Beistand geleistet hat.

5.6.2.8 Die gloria Gottes

Gottes „Ehre" – dem griechischen δόξα entspricht das lateinische *gloria* – wird auch in EstVL nur einmal erwähnt: Auch hier ist es Mordechais Rechtfertigung im Gebet vor seinem Gott, in der er erklärt, niemals die Ehre eines Menschen über die Ehre Gottes stellen zu wollen (C,7). Dies ist seine theologische Begründung für die Verweigerung der mit *adoro* beschriebenen Proskynese vor Haman.

5.6.3 Gott als Akteur auf der Erzählebene

Wie gezeigt, wird die Idee der Macht und Allherrschaft des einen Gottes in EstVL kaum durch entsprechende Titulaturen zum Ausdruck gebracht, während zugleich die Rettung seines Volkes antizipiert wird. In der literarischen Darstellung des Textes sind es, wie wir nun sehen werden, ganz direkte Berichte vom Einsatz göttlicher Macht in der Geschichte, die Gottes Überlegenheit über menschliche Macht illustrieren. Das Eingreifen Gottes ins Geschehen wird in EstVL noch wesentlich stärker betont und breiter ausgeführt als in den übrigen hier untersuchten Texten. Die im Folgenden diskutierten Textstellen reflektieren ein Gottesbild, das besonders stark von der Vorstellung eines die Geschichte bis in einzelne Details lenkenden Gottes geprägt ist. Hier offenbart sich ein ganz wesentlicher Aspekt der politischen Theologie der altlateinischen Esther-Erzählung.

Wie auch in EstLXX, EstAT und EstJos folgt auf die Gebete Mordechais und Esthers die Thronsaal-Szene, in der auch in EstVL der drohende Konflikt zwischen dem allmächtig wirkenden König und der furchtsamen Esther fast mit Händen greifbar erscheint. Die Spannung ist in EstVL gegenüber den anderen Versionen noch dadurch gesteigert, dass des Königs Zorn besonders eindrücklich beschrieben wird:

et respiciens oculis suis vidit eam sicut taurus in impetu irae suae et iratus est ei et cogitabat perdere eam rex et erat ambiguus clamans et dixit quis ausus est introire in aulam non vocatus

Und als er sich mit seinen Augen umschaute, sah er sie an wie ein Stier im Ansturm seines Zorns, und er wurde zornig auf sie. Und der König gedachte sie zu vernichten. Und er war

unschlüssig, als er schrie, und er sagte: „Wer wagt es, ungerufen den Palast zu betreten?"
EstVL D,7

Diese drastische Schilderung der tödlichen Gefahr, angesichts derer Esther einen Schwächeanfall erleidet (D,7), trägt dazu bei, Gottes unmittelbar folgendes Eingreifen umso machtvoller erscheinen zu lassen, wenn es nun heißt:

> *deus autem iram convertit in miserationem et furorem ipsius in tranquillitatem et conterritus exiliit de sedili suo et accepit eam sub alis suis donec apud se rediret et rogabat eam in verbis pacificis*

> Gott aber verwandelte Zorn in Mitleid und seine Wut in Ruhe. Und erschrocken sprang er auf von seinem Sitz und nahm sie in seine Arme, bis sie wieder zu sich kam. Und er fragte sie in friedvollen Worten,
> EstVL D,8

Anders als EstLXX erwähnt EstVL hier erneut den königlichen Zorn als Objekt der göttlichen Handlung, und anders als EstAT verwendet der lateinische Text gar eine die Aussage verstärkende zweiteilige, parallele Konstruktion. Der Kontrast zwischen der Ausgangslage und der durch Gottes machtvolle Intervention völlig veränderten Szenerie könnte kaum größer sein als in der Darstellung von EstVL.

Wie in EstLXX und EstAT, so greift Gott auch in EstVL 6,1 erneut ein, wenn es heißt:

> *iudaeorum autem deus et universae creaturae dominus percussit regem vigilantia et dixit rex librum mihi legite si ne oculi mei somnum capiant*

> Aber der Gott der Jüdinnen und Juden und Herr der ganzen Schöpfung schlug den König mit Schlaflosigkeit. Und der König sagte: „Lest mir ein Buch vor, wenn meine Augen keinen Schlaf finden!"
> EstVL 6,1

Auffällig ist hier zunächst die doppelte Gottesbezeichnung: Während EstLXX von κύριος und EstAT von δυνατός spricht, betont EstVL ausdrücklich – wie oben bereits angesprochen – die Beziehung des hier genannten Gottes zur jüdischen Gemeinschaft sowie dessen Herrschaft über die gesamte Schöpfung.[711] Zugleich

---

711 Dass dabei *deus* und *dominus* (als Äquivalente zu griech. θεός und κύριος) als Gottesbezeichnungen nebeneinander erscheinen, braucht Leser/-innen lateinischer Bibeltexte nicht zu überraschen. Gleichwohl könnte sich das römische Publikum ab Ende des 1. Jh. n. Chr. auch an die Herrscheranrede *dominus et deus* erinnert fühlen, die im Westen des Reiches in ihrer lateinischen Form wohl zuerst auf Domitian angewandt wurde; vgl. Stefan Pfeiffer, *Die Zeit der Flavier: Vespasian – Titus – Domitian* (Darmstadt: Wissenschaftliche Buchgesellschaft, 2009), 124–125.

impliziert das verwendete Verb *percutio* eine drastischere und stärker gegen den König gerichtete Handlung als die Formulierung mit ἀφίστημι in den griechischen Versionen: Während dort Gott – als grammatisches Subjekt – sein Wirken auf den Schlaf – als Objekt – richtet, hebt EstVL die Intensität des göttlichen Eingriffs in die Psyche des Königs deutlich hervor, indem der Monarch als direktes Objekt des sicher als unangenehm zu verstehenden „Schlagens" genannt wird.

Auch der weitere Verlauf der Szene unterscheidet sich in EstVL deutlich von den anderen Versionen, indem Gott als direkt Handelndem eine wesentlich umfassendere Rolle zugedacht wird. So heißt es gleich im Anschluss an den Vorlese-Befehl des Königs:

> *et extendit lector manum suam in bibliothecam Iudaeorum autem deus gubernavit manum lectoris ad librum quem scripserat rex memoriam facere Mardocheo quoniam liberavit eum de periculis de duobus spadonibus Hastageo et Thedesteo qui voluerant eum interficere et legit lector benefactum Mardochei*

> Und der Vorleser streckte seine Hand aus in der Bibliothek. Der Gott der Jüdinnen und Juden aber lenkte die Hand des Vorlesers zu dem Buch, das der König geschrieben hatte, um ein Andenken an Mordechai zu schaffen, nachdem er ihn gerettet hatte vor der Gefahr durch die beiden Eunuchen Hastageus und Thedesteus, die ihn hatten ermorden wollen. Und der Vorleser verlas Mordechais gute Tat.

> EstVL 6,2

Während EstLXX die Rede von Gottes Handeln eher sparsam einsetzt und auf zwei Schlüsselszenen beschränkt, wird in EstVL der weitere Verlauf deutlich weniger dem Zufall überlassen und ist hier noch mehr als in EstAT von der Rolle Gottes im Geschehen die Rede. An einigen Stellen der Handlung, die in den griechischen Versionen interpretationsoffen bleiben, nennt der lateinische Text ausdrücklich Gott als den bestimmenden Akteur.[712] Dies zeigt sich auch, als Haman seinen Plan, Mordechai mit dem Tod zu bestrafen, vom König bestätigen lassen will:

Dabei scheint sie auf Grundlage der im Osten bereits etablierten griechischen Bezeichnungen θεός und κύριος bzw. δεσπότης an Domitian herangetragen worden und nicht Bestandteil der offiziellen Kaisertitulatur gewesen zu sein, wie dies die spätere literarische Überlieferung suggeriert; vgl. Sophia Bönisch-Meyer und Christian Witschel, „Das epigraphische Image des Herrschers: Entwicklung, Ausgestaltung und Rezeption der Ansprache des Kaisers in den Inschriften Neros und Domitians," in *Nero und Domitian: Mediale Diskurse der Herrscherrepräsentation im Vergleich*, hrsg. v. Sophia Bönisch-Meyer et al. (Tübingen: Narr Francke Attempto, 2014), 81–179, 118–123. Die Formulierung in EstVL 6,1 erlaubt allerdings keinerlei Missverständnisse darüber, wer mit *dominus* und *deus* gemeint ist; vgl. aber zum alleinstehenden *dominus* Anm. 713.

712 Es ist daran zu erinnern, dass dies nicht heißen muss, dem Bearbeiter von EstVL oder seiner Vorlage müsse ein EstLXX oder EstAT ähnlicher Text vorgelegen haben.

introiit autem Aman ad regem et cogitabat dicere regi ut suspenderetur Mardocheus supra praeparato ab Aman ligno et non eum permisit dominus loqui

Haman aber ging zum König hinein, und er gedachte dem König zu sagen, dass Mordechai aufgehängt werden solle am von Haman vorbereiteten Holz. Und der Herr erlaubte ihm nicht zu sprechen.

EstVL 6,6

Auch diese Notiz über eine erneute Machtdemonstration Gottes[713] findet keine Parallele in den anderen Textversionen. Ebenso verhält es sich in 6,12, wo Gott ein fünftes Mal ausdrücklich Einfluss auf die Handlung nimmt:

et ibat Aman in infamiam sibi et Mardocheus honorificatus valde et deus confregit cor Aman

Und Haman ging in seiner Schande, und Mordechai war hoch geehrt. Und Gott zerbrach Hamans Herz.

EstVL 6,12

Im Ergebnis lesen wir in EstVL also in fünf für den Verlauf der Handlung sehr bedeutsamen Szenen von einem direkten göttlichen Eingreifen oder zumindest von einer göttlichen Einflussnahme auf das Geschehen. Im Vergleich mit EstLXX und EstAT legt der altlateinische Text den größten Wert darauf, den Umfang und die Intensität göttlichen Einwirkens auf einzelne – und zwar unterschiedliche, stets nicht-jüdische – Menschen wie auch auf den Verlauf der Geschichte insgesamt hervorzuheben.

In EstLXX und EstAT konnte bereits beobachtet werden, wie dort suggeriert wird, dass die religiöse Aktivität der jüdischen Gemeinschaft zum Eingreifen Gottes beitragen kann. In EstVL ist dieses Konzept ebenfalls sichtbar und durch den stärkeren Fokus auf das rituelle Fasten und Beten der gesamten Gemeinde noch stärker hervorgehoben. Drei verschiedene Gebete, die verstärkt auch Rettungserfahrungen aus der Geschichte Israels ansprechen (vgl. neben C,9 auch H,4; C,16), sowie die gewissenhafte Durchführung verschiedener ritueller Tätigkeiten durch einzelne Gruppen der jüdischen Gemeinschaft verstärken den Eindruck,

---

713 Es ist möglich, dass *dominus* an dieser Stelle nicht auf Gott, sondern auf den König verweist, der in EstVL ebenfalls gelegentlich *dominus* genannt wird. Dies halte ich jedoch aus folgenden Gründen für unwahrscheinlich: Zunächst ist festzuhalten, dass die Bezeichnung insgesamt deutlich häufiger auf Gott (vgl. Kap. 5.6.1) als auf den König (D,5.13.14; 6,7; 7,9; 8,5) oder andere Akteure (Mordechai in 4,16) bezogen wird. Des Weiteren wird der König in 6,6 gleich vier Mal *rex* genannt, und durch *autem* wird zwischen *dominus* und *rex* im Folgesatz ein Subjektwechsel nahegelegt. Weiterhin ist zu beachten, dass Gott bereits in 6,1 als *deus* und *dominus* interveniert; in 6,2 handelt er sodann als *deus*, sodass sich *dominus* in 6,6 als Anspielung auf den zweiten Teil der ausführlichen Vorstellung in 6,1 lesen lässt.

dass EstVL implizieren will, solcherlei menschliche Bemühungen könnten göttliche Hilfe evozieren. Dies bestätigt sich durch eine nur im altlateinischen Text vorhandene Bemerkung, nach der Mordechai explizit die erwünschte Wirkung der kollektiven Tätigkeiten anspricht: Die Jüdinnen und Juden mögen sich bemühen, „sodass Gott unserem Volk gnädig gemacht werde" (*ut deus propitius fiat genti nostrae* 4,7; vgl. 4,17; C,10). Mit einer ganz ähnlichen Formulierung wird im Gebet der Gemeinde an den Exodus erinnert (H,4). Ausdrücklich ist also die Rede davon, dass Gott mittels kultischer Betätigung und Gebeten beeinflusst werden kann; gleichwohl wird die göttliche Handlungsfreiheit insofern nicht in Frage gestellt, als der Konsekutivsatz in 4,7 lediglich auf das Gnädig-Sein, nicht jedoch auf das Eingreifen selbst abzielt. In der Gesamtschau zeigt sich damit, dass nach EstVL die lange Kette der Ereignisse, mit der die tödliche Gefahr für die jüdische Gemeinschaft letztlich zu einem Festtag gewandelt wird, mit dem Gebet der Gemeinde in Abschnitt H beginnt, gefolgt von weiteren, ausführlich berichteten religiösen Aktivitäten der jüdischen Protagonisten. Der dadurch gnädig gestimmte und mit Macht über seine Schöpfung ausgestattete Gott bewirkt sodann mit zahlreichen kleinen Eingriffen die Wendung zum Guten – von den Betroffenen unbemerkt, für die Leserschaft jedoch unübersehbar. Im Ergebnis offenbart sich damit eine etwas anders akzentuierte politische Theologie als in den übrigen hier besprochenen hebräischen und griechischen Esther-Erzählungen.

5.7 Zwischenergebnis

Stellen wir nun abschließend die Frage nach der politischen Theologie der altlateinischen Esther-Erzählung, so lässt sich zunächst erneut auf die aktive Rolle Gottes verweisen, die stärker ausgebaut ist als in den übrigen Textversionen. Hier offenbart sich eine politische Theologie, die fest damit rechnet, dass der eine Gott bei Bedarf auf vielfältige Weise direkt und bis in kleinste Details in die Geschichte eingreift und dabei sowohl den mächtigsten menschlichen Herrscher als auch andere Akteure direkt beeinflusst und deren Handeln in eine bestimmte Richtung lenkt. Wie im Falle von EstLXX und EstAT ist jedoch darauf hinzuweisen, dass sich die betroffenen Figuren selbst keiner göttlichen Intervention bewusst zu sein scheinen, der Leserschaft gleichwohl suggeriert wird, mit dieser sei jederzeit und unter allen Umständen zu rechnen. Indem sich des Weiteren der mächtige Perserkönig auf Betreiben Hamans besonders stark gegen die jüdische Gemeinschaft zu richten scheint – er selbst verfasst das erste Edikt und bekräftigt dessen Inhalt mit der Drohung in B,7; sein Zorn auf Esther in der Thronsaal-Szene ist besonders heftig – erscheint Gottes rettendes Handeln zugleich wirkungs- und eindrucksvoller als in EstLXX und EstAT.

Gottes Handeln lässt sich nach EstVL nicht durch Menschen lenken oder vorgeben, jedoch in gewisser Weise anregen und vorbereiten: Damit Gott auf der Seite seines Volkes – der Bundesgedanke wird in EstVL besonders betont – in das Geschehen eingreift, ist es nach Darstellung des Textes wichtig, ihn „gnädig zu stimmen". Dies geschieht mittels Buße und Bitte ausdrückender Betätigung in Kult und Ritual und generell in gemeinsamer, wohlabgestimmter Bemühung der religiösen Gemeinschaft. Die hierarchische Organisation dieser Gemeinschaft hat für EstVL große Bedeutung; an ihrer Spitze steht mit Mordechai eine priesterlich-prophetische Gestalt, die die kollektiven Anstrengungen nicht von Beginn an, aber später umso deutlicher anleitet und anführt. Dieser Führungsfigur kommt jedoch in EstVL noch stärker und als in den anderen Esther-Versionen die Verantwortung zu, die jüdische Diaspora-Gemeinde in der politischen Arena zu repräsentieren und dort eine vorteilhafte Herrschaftsordnung zu propagieren und zu stützen. Bei Mordechai laufen viele Fäden des Macht-Netzwerkes zusammen: Bereits von Beginn an versteht er es, über seine Position am Hof die Geschehnisse stark zu beeinflussen, bevor er sodann als Anführer seiner Gemeinde entscheidend daran beteiligt ist, Gott zum Einsatz seiner Macht zu bewegen. Auf fast jede Figur der Erzählung übt er früher oder später Einfluss aus. Berücksichtigt man alle Aspekte seiner politischen und religiösen Rolle, erscheint die Figur des Mordechai im altlateinischen Estherbuch zentraler nicht nur als Königin Esther, sondern auch als König Artaxerxes.

Die politische Ordnung gesteht der jüdischen Gemeinschaft auch in EstVL im besten Falle Teilautonomie zu; es besteht kein grundsätzlicher Konflikt zwischen jüdischen und nicht-jüdischen Einzelpersonen oder Bevölkerungsteilen. Die jüdische Gemeinschaft mit ihrem Gott „im Rücken" unterstützt die Herrschaft des nicht-jüdischen Königs (vgl. 10,3); selbst im zwischenzeitlich auftretenden Konfliktfall richtet sie sich nicht grundsätzlich gegen ihn. Jeglicher Bedrohung durch Feinde wird durch Bekämpfung und Bestrafung der unmittelbar Verantwortlichen begegnet; selbst in Extremsituationen ist zu vermeiden, die Stabilität des Reiches und die Stellung der jüdischen Gemeinschaft etwa durch Angriffe auf den Herrscher oder durch Tötung nur mittelbar Beteiligter zu gefährden.

Was die Rolle Gottes und die religiöse Lebenspraxis der jüdischen Gemeinschaft angeht, so lässt sich EstVL fast als Gegensatz zu EstMT lesen. Das heißt aber auch, dass sich die Perspektive auf die anderen Texte verschiebt: Bislang tendiert die Forschung dazu, beispielsweise EstLXX im Gegenüber zu EstMT auszulegen und die beiden Texte zu kontrastieren. Der Einbezug von EstVL offenbart, dass mindestens in Bezug auf einige zentrale theologische Ideen der größere Gegensatz zwischen EstMT und EstVL besteht, während EstLXX und EstAT, teils auch EstJos, hier eher Mittelwege aufzeigen.

6 Die Politische Theologie von EstJos

6.1 Zum Kontext: Aspekte politischer Theologie im Gesamtwerk des Josephus

Mit EstJos widmen wir uns nun der einzigen in dieser Arbeit behandelten Esther-Version, deren Entstehungskontext und Verfasser uns sehr genau bekannt sind. Dies eröffnet uns die Möglichkeit, die Esther-Erzählung des Flavius Josephus und die in ihr kommunizierten Aspekte politischer Theologie als Teil seines Gesamtwerkes wahrzunehmen und zu interpretieren. Besonders interessant in dieser Hinsicht ist des Josephus Grundüberzeugung von der göttlichen Vorsehung, der πρόνοια,[714] die er insbesondere in den *Antiquitates Judaicae*, zum Teil aber auch in seinen anderen Werken zum Ausdruck bringt. Für Josephus ist es der eine Gott,[715] selbstständiger Schöpfer (CAp 2,192) und Erhalter des Alls (ὁ θεὸς ἔχει τὰ σύμπαντα CAp 2,190) sowie Anfang, Mitte und Ende aller Dinge (ἀρχὴ καὶ μέσα καὶ τέλος οὗτος τῶν πάντων CAp 2,190; vgl. Ant 8,280),[716] der seine universale Macht gerade darin offenbart, dass er sowohl das Schicksal Einzelner als auch den Lauf

---

714 Die Terminologie, die Josephus zum Ausdruck dieses Konzeptes verwendet, ist nicht immer einheitlich und nicht immer konsistent. Neben πρόνοια kann fast synonym auch κηδεμονία stehen, (z. B. Ant 8,419); auch προμήθεια wird im Grunde im selben Sinne gebraucht (Ant 17,354). Andere Ausdrücke wie τύχη, εἱμαρμένη oder χρεών, die im Sinne von „Schicksal" verstanden werden können, stehen teils in engem Zusammenhang mit dem Begriff der πρόνοια (z. B. Ant 8,419), sind aber nicht immer deckungsgleich mit diesem.

715 Josephus gebraucht ganz selbstverständlich den Singular θεός bzw. ὁ θεός, oft findet sich auch die allgemeinere Bezeichnung τὸ θεῖον, wörtlich also: „die Gottheit"; vgl. Rowland J. H. Shutt, „The Concept of God in the Works of Flavius Josephus," *JJS* 31, Nr. 2 (1980), 172–179. Shutt zeigt, dass θεός bei Josephus mit und ohne Artikel synonym verwendet wird und äußert ferner die Ansicht, dass τὸ θεῖον meist allgemein für „die Gottheit" steht, je nach Kontext dann aber oftmals auch den Gott Israels meint. Dass dieser konkrete Bezug jedoch so gut wie immer vorausgesetzt werden muss, meint Schreckenberg, „Josephus (Flavius Josephus)", 784. Schreckenberg betont, dass „gewisse terminologische Konzessionen an die popularphilosophisch geprägte Vorstellungswelt seiner Leser keine Tendenz zu henotheistischem, polytheistischem oder gar synkretistischem Denken bei J[osephus] verraten".

716 Vgl. zur Gottesvorstellung, wie sie Josephus in CAp 2,190–192 darlegt, Reinhard Weber, *Das „Gesetz" bei Philon von Alexandrien und Flavius Josephus: Studien zum Verständnis und zur Funktion der Thora bei den beiden Hauptzeugen des hellenistischen Judentums*, ARGU 11 (Frankfurt a. M.: Lang, 2001), 240–258. Weber stellt heraus, dass sich die in diesem Kontext genannten Prädikate allesamt auf gemein-hellenistische Vorstellungen zurückführen lassen. „Anscheinend reflektiert Josephus auf den theologischen common sense seiner Zeit und stellt die israelitisch-jüdische Gottesvorstellung in integrativer Absicht in den mit jenem Konsens gegebenen Rahmen hinein" (257).

https://doi.org/10.1515/9783110674514-008

der Geschichte insgesamt nach einem festen Prinzip lenkt.[717] Dieses Konzept, das er insbesondere gegen eine epikureische Sichtweise meint verteidigen zu müssen (Ant 10,277–280), enthält die zentrale Idee, dass Menschen stets entweder im Einklang mit der Vorsehung bzw. dem Willen (βούλησις)[718] Gottes handeln oder sich diesem entgegenstellen. Dass Gott die erstgenannte, tugendhafte Option mit Glück und einem gelingenden Leben belohnt, letztere Handlungsweise jedoch bestraft (Ant 1,14),[719] macht seine Gerechtigkeit aus.[720] Gott setzt seine Gerechtigkeit mittels häufiger, teils wundersamer und oft unverhoffter Eingriffe in den Lauf der Welt praktisch um.[721] In dieser Weise tritt er als Helfer (βοηθός) und

---

717 Vgl. zum Prinzip göttlicher Vorsehung bei Josephus Harold W. Attridge, *The Interpretation of Biblical History in the Antiquitates Judaicae of Flavius Josephus*, HDR 7 (Missoula, MT: Scholars Press, 1976), 71–107. Attridge konzentriert sich in seiner Untersuchung auf die Bücher 1–10; umso mehr legt es sich nahe, mit unserer Analyse von EstJos den Blick auch darüber hinaus, nämlich auf Buch 11 zu richten. Vgl. zum Thema ferner Wolfgang Schrage, *Vorsehung Gottes? Zur Rede von der providentia Dei in der Antike und im Neuen Testament* (Neukirchen-Vluyn: Neukirchener, 2005), 90–98. Anders als in den *Antiquitates* formuliert Josephus im *Bellum* noch zurückhaltend in Bezug auf die göttliche Vorsehung; vgl. Daniel R. Schwartz, „Josephus, Catullus, Divine Providence, and the Date of the Judean War," in *Flavius Josephus: Interpretation and History*, hrsg. v. Jack Pastor, Pnina Stern und Menahem Mor, JSJ.S 146 (Leiden: Brill, 2011), 331–352, insbes. 336–342. Schwartz zeigt, dass Josephus Aussagen über Gottes Vorsehung und Wirken im *Bellum* in aller Regel mit einschränkenden bzw. distanzierenden Bemerkungen versieht und zum Teil auch die Bezeichnung θεός vermeidet, indem er von der „Vorsehung eines *Daimon*" (δαιμόνιου πρόνοια) o. ä. spricht. Dass der Sprachgebrauch am Schluss des Werkes, in Bell 7,437–453 davon allerdings abweicht und vielmehr den *Antiquitates* nahesteht (vgl. z. B. 7,453), ist für Schwartz ein entscheidendes Argument dafür, diesen Abschnitt als späteren Nachtrag zum *Bellum* zu verstehen.

718 Vgl. zu diesem Begriff Attridge, *The Interpretation of Biblical History in the Antiquitates Judaicae of Flavius Josephus*, 74, Anm. 2. Nach Attridge drückt sich hierin für Josephus ebenfalls die Überzeugung aus, dass Gott den Lauf der Geschichte lenkt, wenn auch das Konzept der πρόνοια die spezifischere Ausgestaltung dieses Gedankens sei. Zum Nebeneinander der Begriffe vgl. z. B. Ant 4,185.

719 Vgl. Weber, *Das „Gesetz" bei Philon von Alexandrien und Flavius Josephus*, 292.

720 Die πρόνοια-Vorstellung des Josephus ist damit zugleich eine Variante des antiken Eudaimonismus.

721 Gott greift dabei u. a. in das Geistesleben einzelner Menschen ein (Ant 7,221) oder macht sich die Naturgewalten zunutze (Ant 6,27). Mose bekennt, es seien Gottes Macht (δύναμις) und πρόνοια, die ihm seine magisch anmutende Zeichenhandlung ermöglichen (Ant 2,286–287). Gottes πρόνοια und Stärke (ἰσχύς) sollen sich in seinem rettenden Wunderhandeln des Exodus-Geschehens offenbaren (Ant 2,332). Auch solche überraschenden, teils unglaubwürdigen (πέρα πίστεως Ant 1,14) Wendungen der Geschichte gehören für Josephus ganz zentral zu seiner historiografischen Darstellung; vgl. Attridge, *The Interpretation of Biblical History in the Antiquitates Judaicae of Flavius Josephus*, 93: „One of the editorial techniques of the *Antiquities* is to call attention to cases of reversals [...], to heighten their dramatic impact and to note how they de-

Verbündeter (σύμμαχος) für die Einen,[722] als strafender Richter für die Anderen auf.[723]

Es liegt auf der Hand, dass in diesem Konzept eine gewisse Willensfreiheit beim Menschen mitzudenken ist, allerdings mit der Einschränkung, dass ein Handeln, das sich fortwährend gegen Willen und Vorsehung Gottes richtet, auf Dauer keinen Bestand haben kann: Gott wird dies durch Einsatz seiner Geschichtsmacht verhindern (vgl. z. B. Ant 19,16).[724] Den Idealfall beschreibt Josephus als ein Zusammenwirken (z. B. σύμπραξις Ant 18,5; συνεργέω Ant 4,315) zwischen göttlichem und menschlichem Willen. Im Schema der jüdischen Gruppen seiner Zeit, wie es Josephus selbst zeichnet, lässt sich seine Position damit als „pharisäisch" bezeichnen (vgl. Ant 18,12–13).[725] Die Frage, wie der

---

monstrate the theological point, that God's power is revealed and made manifest in miraculous interventions in human affairs." Vgl. auch die im Folgenden von Attridge angeführten Beispiele.

Vgl. zum scheinbaren Widerspruch zwischen der häufig rationalisierenden Kritik am Wunder und der theologischen Zentralstellung, die es für Josephus einnimmt, Otto Betz, „Das Problem des Wunders bei Flavius Josephus im Vergleich zum Wunderproblem bei den Rabbinen und im Johannesevangelium," in *Josephus-Studien: Untersuchungen zu Josephus, dem antiken Judentum und dem Neuen Testament*, hrsg. v. Otto Betz, Klaus Haacker und Martin Hengel (Göttingen: Vandenhoeck & Ruprecht, 1974), 23–44, 26–27: „Anstößige Details werden kritisiert oder entfernt, aber die Bedeutung des Wunders bleibt. [...] Die gelegentliche Wunderkritik des Josephus ist nicht das eigentliche Problem. Mit ihr wird ein Zugeständnis an die hellenistische Historiographie gemacht, durch das Josephus eher das Gegenteil erreicht: Das dennoch berichtete Wunder muß für den Leser umso glaubwürdiger sein." Dabei ist m. E. deutlich, dass für Josephus jene Wunder von entscheidender Bedeutung sind, die – wie etwa das Exodus-Geschehen – Gottes übergreifende Geschichtsmacht an den wichtigsten Wendepunkten der Historie verdeutlichen. Demgegenüber kann er ohne Weiteres auf die Wiedergabe einer Reihe von magisch anmutenden Taten eines „Wundermannes" wie Elischa verzichten oder diese mit skeptisch-kritischen Anmerkungen versehen; vgl. Feldman, *Studies in Josephus' Rewritten Bible*, 344–347.

722 Vgl. zu dieser Terminologie z. B. die entsprechenden Aussagen in Ant 2,331–334; vgl. dazu Attridge, *The Interpretation of Biblical History in the Antiquitates Judaicae of Flavius Josephus*, 78–79.

723 Dieses Prinzip und seine Umsetzung durch göttliches Handeln sind durch Propheten wie Daniel vorhersehbar (Ant 10,277–280). Dieser Gedanke ist für Josephus auch von großer persönlicher Bedeutung, bedenkt man seine eigene „prophetische" Vorhersage an Vespasian. Auch hierbei sieht Josephus – wie in seinem Leben insgesamt (Vita 425) – die göttliche πρόνοια am Werk. Vgl. dazu und zum Selbstverständnis des Josephus als prophetisch begabter Mensch Oliver Gußmann, *Das Priesterverständnis des Flavius Josephus*, TSAJ 124 (Tübingen: Mohr Siebeck, 2008), 240–249.

724 Vgl. zum freien Willen bei Josephus Schrage, *Vorsehung Gottes?*, 95–97.

725 Sie entspricht damit zugleich im Wesentlichen einer deuteronomistischen Geschichtstheologie, die menschliches Handeln stets vor dem Hintergrund eines göttlichen Willens interpretiert und somit unter dem Urteil Gottes sieht; vgl. Attridge, *The Interpretation of Biblical History in the Antiquitates Judaicae of Flavius Josephus*, 86: „It is obvious, then, that in the *Antiquities* the

göttliche Wille und damit der Plan seiner Vorsehung erkannt werden kann, ist für Josephus leicht zu beantworten: Gott selbst hat ihn in seinem Gesetz (νόμος) offengelegt (vgl. Ant 1,14).[726] Das göttliche Gesetz ist grundsätzlich für alle Menschen nicht nur in der mosaischen Tora erkennbar, sondern auch in der Schöpfung bzw. in der Erkenntnis des Schöpfers selbst.[727] Daraus ergibt sich, dass die Befolgung des göttlichen Gesetzes, in dem sich der göttliche Wille ausdrückt, trotz einer gewissen Sonderstellung Israels im Prinzip allen Menschen möglich ist.[728]

Die in diesen einleitenden Bemerkungen herausgestellte grundlegende Bedeutung des Willens und der Vorsehung Gottes für die theologisch durchfärbte Geschichtssicht des Josephus legt es nahe, eine Untersuchung der politischen Theologie von EstJos an diesem Punkt anzusetzen. Somit wird nachfolgend – abweichend vom bisher verfolgten Schema – zuerst die Darstellung der Rolle Gottes in EstJos betrachtet und danach gefragt, in welcher Weise Josephus die Geschehnisse als Teil eines göttlichen Geschichtsplans deutet. Darauf aufbauend kann sodann sinnvoll danach gefragt werden, wie Josephus die einzelnen Charaktere darstellt und ihre Handlungen vor dem Hintergrund seiner theologischen Grundannahmen bewertet. Wie sich herausstellen wird, ist die Esther-Erzählung für Josephus hervorragend geeignet, zentrale Aspekte seiner eigenen Theologie

---

theology of the Deuteronomistic history has been adopted and often reinforced. The affirmation that God exercises providential care for the world is equivalent to saying that He effects proper retribution for good and evil within history."

726 Zum Begriff νόμος bei Josephus lässt sich mit Emily Kneebone, „Josephus' Esther and Diaspora Judaism" in *The Romance between Greece and the East*, 173 festhalten: „Josephus' usage of the word [...] is characterised by a certain elasticity." Es wird bei ihm kaum ausdrücklich unterschieden zwischen göttlichem Gesetz, verschriftlicher Tora, überlieferten Gebräuchen und den Gesetzen bzw. politischen Ordnungen verschiedener Staaten. Im Kontext von Josephus' grundsätzlicher Tendenz, den jüdischen νόμοι eine Überlegenheit gegenüber den νόμοι anderer Völker zuzuschreiben, muss auch der Wortgebrauch in EstJos verstanden werden; vgl. Emily Kneebone, „Josephus' Esther and Diaspora Judaism" in *The Romance between Greece and the East*, 173, Anm. 27: „In collapsing Jewish scripture and customs as well as Persian laws and edicts into the Greek νόμος, Josephus' narrative both encourages comparison between Jewish and Persian laws and foregrounds the potential for collision between the two."
727 Vgl. Weber, *Das „Gesetz" bei Philon von Alexandrien und Flavius Josephus*, 287–292.
728 Vgl. Bilde, *Flavius Josephus between Jerusalem and Rome*, 185–86: „[Josephus'] concept of God's law and justice is universal and not merely specific. [...I]t applies not only to the Jewish people, but to all peoples and every single human being. But naturally, Israel is particularly obliged to obey God, inasmuch as the Jewish people, of all peoples, have aquired special knowledge of God's law." Vgl. Weber, *Das „Gesetz" bei Philon von Alexandrien und Flavius Josephus*, 275–279. Im Einklang mit seinen Überzeugungen von der universellen Bedeutung des Gesetzes, der menschlichen Entscheidungsfreiheit und der Weisheit des Volkes Israel hebt Josephus hervor, Israel befolge seine Gesetze freiwillig (κἂν φανερῷ κεῖσθαι τὴν ἐθελούσιον ἡμῶν τοῖς νόμοις ἀκολουθίαν CAp 2,220; vgl. auch das Argument gegen Zwangsbeschneidungen in Vita 113).

und Geschichtsdeutung zu kommunizieren. Sie vermittelt dabei zugleich eine ganz bestimmte Vorstellung von politischer Theologie, die sich organisch in die Darstellung der *Antiquitates* einordnet, im Rahmen der antiken Esther-Versionen jedoch einen besonderen, originellen Platz einnimmt.

6.2 Gott

6.2.1 Überblick

Im Vergleich mit EstLXX, EstAT und EstVL wird (ein) Gott in EstJos viel seltener erwähnt: 13-mal findet sich die Bezeichnung ὁ θεός,[729] 2-mal τὸ θεῖον.[730] Die Titulatur κύριος kommt überhaupt nicht vor, ebenso wie andere Gottesbezeichnungen mit der einzigen Ausnahme, dass Mordechai seinen Gott einmal mit δέσποτα anredet (11,230).[731] Zu einem großen Teil erklärt sich die im Vergleich mit den anderen Esther-Versionen geringe Zahl der Nennungen damit, dass EstJos ein Traumgesicht Mordechais und eine entsprechende Deutung nicht kennt und dass die Gebete nur knappen Raum einnehmen. Diese werden darüber hinaus größtenteils in indirekter Rede wiedergegeben und weisen nicht die große Zahl vielgestaltiger Gebetsanreden auf wie die Parallelen in den anderen griechischen und lateinischen Esther-Texten.

Somit fokussiert sich die Paraphrase des Josephus insgesamt mehr auf den Handlungsablauf als auf die Wiedergabe längerer „theologischer" Redestücke. Dem stehen allerdings Passagen gegenüber, an denen Josephus seine Autorensicht zu erkennen gibt und dabei auch Aussagen über Gott macht (11,237.268). Dass in EstJos fast ausschließlich die Bezeichnungen ὁ θεός und τὸ θεῖον Verwendung finden, entspricht wiederum dem üblichen Sprachgebrauch des Jose-

---

729 Damit ist in 11,227.229.231 [2-mal].232.234.237.247.294 ganz offensichtlich der Gott Israels gemeint. Dies liegt ebenfalls nahe, ist aber nicht ganz sicher bei den Erwähnungen durch Hamans Frau und Freunde in 11,259 sowie im Kontext des zweiten Edikts (11,279.280.282). Doch werden in EstJos nirgends ausdrücklich andere Gottheiten erwähnt; auch auf nicht-jüdische Religiosität wird nicht hingewiesen. Es gibt daher keinen Grund anzunehmen, dass Josephus in seiner Esther-Paraphrase mit der Bezeichnung ὁ θεός anderen Vorstellungen von Gott oder Göttern einen Raum geben will als seinem eigenen jüdischen Monotheismus; vgl. auch Anm. 715. Vgl. zu θεός in EstJos auch die Aufzählung bei Spilsbury und Seeman, *Judean Antiquities 11*, 72, Anm. 760, die allerdings Fehler enthält.
730 Davon einmal in einem Autorenkommentar des Josephus (11,268) und einmal im zweiten Edikt (11,274).
731 Mit derselben Anrede wendet sich Esther kurz darauf an den König (11,240).

phus.[732] Die weiteren, spezifischeren Aussagen über Gott in EstJos lassen sich im Wesentlichen den drei Vorstellungsbereichen vom über die Geschichte herrschenden, vom richtenden und vom rettenden Gott zuordnen. Als vierter Aspekt wird sodann die Frage nach Gottes Verhältnis zum Volk Israel anzusprechen sein.

6.2.2 Titulaturen und Charakterisierungen Gottes

6.2.2.1 Gott als Allherrscher

In EstJos wird Gott kein einziges Mal als König bezeichnet, sodass in dieser Hinsicht keinerlei Spannung zur Benennung des Perserkönigs auftritt. Ein zurückhaltender Gebrauch der Königs-Terminologie in Bezug auf Gott ist für das gesamte Werk des Josephus charakteristisch,[733] ebenso wie die Vermeidung von κύριος, das er nur in ganz seltenen Ausnahmen verwendet.[734] Stattdessen kennt Josephus das von Mordechai in 11,230 verwendete δέσποτα auch sonst als übliche Gebetsanrede,[735] mit der zugleich die Vorstellung von Gottes Macht und Herrschaft transportiert wird.[736] In Mordechais Gebet wird mit dieser Bezeichnung die Gott zustehende Ehre (τιμή) in Verbindung gebracht, die Haman für sich gefordert hatte, ausgedrückt durch die Proskynese (11,230).

Eine potenzielle Spannung ergibt sich daraus, dass Esther nicht – wie Mordechai – Gott, sondern den König als δέσποτα anspricht. Diese Spannung wird jedoch sogleich aufgelöst einerseits durch die Aussagen über Gottes Handeln auf der Erzählebene, das weit über die Herrschaftsmacht des Königs hinausreicht,[737] sowie andererseits durch eine Bemerkung im zweiten Edikt: Im Namen des Königs wird hier davon gesprochen, die Jüdinnen und Juden vertrauten auf ὁ θεός, welcher für den König und seine Dynastie das Königreich (oder: die Königsherrschaft) bewahre (τῷ θεῷ προσανέχοντας, ὃς ἐμοί τε καὶ τοῖς προγόνοις ἡμῶν τὴν βασιλείαν διεφύλαξεν 11,279). Ähnlich wie in den in Einzelheiten abweichenden

---

732 Vgl. Anm. 715.

733 Vgl. Adolf Schlatter, *Wie sprach Josephus von Gott?*, BFChTh 14/1 (Gütersloh: Bertelsmann, 1910), 11–12; Tessel M. Jonquière, *Prayer in Josephus*, AGJU 70 (Leiden: Brill, 2007), 259.

734 Ant 13,68; 20,90. Vgl. Schlatter, *Wie sprach Josephus von Gott?*, 11: „J[osephus] zeigt somit, daß die Entfernung des Tetragramms auch κύριος aus dem Gebrauch verdrängt und auf das Gebet und das Schriftzitat beschränkt."

735 Vgl. Schlatter, *Wie sprach Josephus von Gott?*, 8–9; J. B. Fischer, „The Term ΔΕΣΠΟΤΗΣ in Josephus," *JQR* 49, Nr. 2 (1958).

736 Mit dem Gebrauch von δεσπότης steht Josephus der Begrifflichkeit in EstAT ein wenig näher als jener in EstLXX und EstVL, hat ansonsten im Bereich der Gottestitulaturen allerdings auch mit EstAT wenig gemein.

737 Vgl. Kap. 6.2.3.

Aussagen in EstLXX/EstVL E,16 und EstAT 7,27 wird hier impliziert, dass die Herrschaft des Perserkönigs letztlich auf dem Fundament von Gottes Herrschaft und Macht ruht.

Ohnehin ist für das theologische Konzept des Josephus vorauszusetzen, dass er von der Herrschaft Gottes über die Geschichte und über jeden einzelnen Menschen überzeugt ist, dass also Gott eine andere Art von δεσπότης sein muss als der König. In seiner Esther-Paraphrase fällt zwar auf, dass Josephus es weitgehend unterlässt, diese Vorstellung von Gottesherrschaft in der Form von Bekenntnissen der betenden Figuren zu bekräftigen, wie es EstLXX, EstAT und EstVL in verschiedener Weise und Intensität bevorzugen. Sie wird sich dann allerdings in den auf der Erzählebene berichteten Handlungen Gottes bestätigen und deutet sich auch dort an, wo Josephus vom Richten und von der Gerechtigkeit Gottes spricht.

6.2.2.2 Der richtende Gott

Für Josephus richtet Gott die Menschen auf der Grundlage seines Gesetzes, sodass es nicht überrascht, dass Mordechai in seinem Gebet Wert auf die Feststellung legt, die jüdische Gemeinschaft habe Gottes Gesetze nicht übertreten (11,230). Diese Aussage ist eine Besonderheit von EstJos, die sich in keiner anderen Esther-Version findet. Gleiches gilt für die Bemerkung, die Gefahr sei allein durch den Konflikt zwischen Haman und Mordechai entstanden, nicht durch „irgendeine Verfehlung" der Jüdinnen und Juden (οὐδὲ γὰρ ἁμαρτόν τι κινδυνεύειν ἀκλεῶς ἀποθανεῖν 11,230). Eine an deuteronomistische Theologie erinnernde Erklärung der Gefahr mit kultischen bzw. ethischen Verfehlungen des Gottesvolkes, wie sie sich in EstLXX C,17–18; EstAT 4,21; EstVL H,2 findet, bleibt hier also aus. Vielmehr basieren die Bitten der Betenden in EstJos auf der Vorstellung, dass die Verwirklichung der göttlichen Gerechtigkeit noch aussteht, d. h. die Rettung der jüdischen Bevölkerung aus der Gefahr sowie die Bestrafung Hamans.

Für Josephus verwirklicht sich die Gerechtigkeit Gottes in den nachfolgenden Ereignissen, d. h. darin, dass Haman genau jenes Schicksal erleidet, das er Mordechai zugedacht hatte (11,267). Diese theologische Überzeugung stellt Josephus in einem Autorenkommentar dazu unmissverständlich klar (11,268), in dem er sein Staunen (θαυμάζω) über Gottes Weisheit (σοφία) und Gerechtigkeit (δικαιοσύνη) kundtut – beides Attribute eines guten Richters.[738] Für die politische

---

[738] Eine ähnlich explizit theologische Interpretation des sich verkehrenden Schicksals bieten spätantike und mittelalterliche Kommentare wie etwa der Midrasch Abba Gorion (zu EstMT 7,10) oder auch 2Targ Est 8,13; 9,14.

Theologie, die in EstJos kommuniziert wird, ist von besonderer Relevanz, dass dieser Kommentar unmittelbar auf die Schilderung folgt, wie der König soeben über Hamans Schicksal gerichtet (κρίνω 11,267) und die entsprechende Strafe befohlen hatte (κελεύω 11,267). Hierin verbirgt sich ein Hinweis auf die Vorstellung, dass die Handlungen des Königs als konkrete Ausgestaltung von Gottes Richten und als Durchsetzung seiner Gerechtigkeit zu verstehen sind. Weitere Aspekte dieser Idee in EstJos werden uns im Laufe der Untersuchung noch begegnen.

Die Vorstellung von Gott als gerechtem Richter, der in der Bestrafung Hamans seine Gerechtigkeit offenbart, findet sich sodann noch in Josephus' Darstellung des zweiten Edikts. Hier wird insbesondere der naheliegende Gedanke artikuliert, Gott sehe alles und fälle sein Urteil dementsprechend (τοῦ πάντα ἐφορῶντος θεοῦ ταύτην αὐτῷ τὴν δίκην ἐπιβαλόντος 11,280; vgl. 11,274). Dem Urteil gegen Haman auf der einen Seite entspricht im richtenden Handeln Gottes auf der anderen Seite die Rettung der jüdischen Bevölkerung, auf die Gott nach EstJos ebenfalls hinwirkt.

6.2.2.3 Der rettende Gott

Im zweiten Edikt wird der dreizehnte Adar als derjenige Tag gedeutet, an dem Gott die Rettung (σωτήριος) für die jüdische Bevölkerung bewirkt habe, der jedoch in Zukunft der Erinnerung an die Bestrafung (κόλασις) der Übeltäter dienen solle (11,282). Der Gedanke der rettenden Hilfe (βοήθεια) durch Gott wird von Mordechai gegenüber Esther bereits in 11,227 geäußert, bei der allerersten Erwähnung Gottes im Rahmen von EstJos. Das Motiv begegnet erneut in der Wiedergabe von Mordechais Gebet, in dem dieser darum bittet, Gott möge sein Volk retten (ῥύομαι 11,229), und auch die jüdische Gemeinde fleht um Rettung (σωτηρία 11,231) durch ihren Gott. Mit vielfältigem Vokabular wird demnach die Idee von Gottes rettendem Handeln in EstJos expliziert und die tatsächlich erfolgte Rettung damit in den Kontext der göttlichen Lenkung der Geschichte gestellt. Folgerichtig dient das neu eingerichtete Fest nach EstJos dem Dank an Gott (εὐχαριστοῦντες τῷ θεῷ 11,294) – eine Aussage, die sich in den anderen Esther-Versionen nicht in dieser Deutlichkeit findet.[739]

---

739 Ansatzweise zu vergleichen ist die Reaktion des Volkes auf die Traumdeutung in EstAT 7,58.

6.2.2.4 Der Gott Israels
Auch in EstJos wird auf eine besondere Verbindung zwischen Israel und ὁ θεός hingewiesen, allerdings deutlich weniger prominent als in EstLXX, EstAT und EstVL. So betet die jüdische Gemeinschaft um Rettung für die „Israeliten" (Ἰσραηλῖται 11,231),[740] und Mordechai bittet Gott darum, „sein Volk" (αὐτοῦ τὸ ἔθνος 11,229)[741] nicht zu übersehen. Diese Bitte wird bekräftigt durch eine Erinnerung daran, wie Gott auch in der Vergangenheit für sein Volk gesorgt und ihm Verfehlungen verziehen habe (ὡς καὶ πρότερον αὐτοῦ πολλάκις προενόησε καὶ ἁμαρτόντι συνέγνω 11,229).[742] Allerdings sieht Mordechai im vorliegenden Fall, wie oben erwähnt, *keine* Verfehlungen seitens der jüdischen Gemeinschaft (11,230).

Im Vergleich mit EstLXX, EstAT und EstVL jedoch ist mindestens genauso interessant, welche möglichen Aspekte des Verhältnisses zwischen Israel und seinem Gott Josephus *nicht* erwähnt. Weder begegnen die Bezeichnungen „Gott Israels" oder „Gott Abrahams", noch wird von *konkreten* Rettungserfahrungen aus der Vergangenheit berichtet (vgl. 11,229 mit EstLXX/EstVL C,9; EstAT 4,16). Von einem Bund ist nicht die Rede, von einem „Erbteil" oder einer besonderen Erwählung Israels ebenfalls nicht (vgl. 11,282 mit EstLXX/EstVL E,21). Auch „Kinder Gottes" werden die Jüdinnen und Juden in EstJos nicht genannt (vgl. 11,279 mit EstLXX/EstVL E,16; EstAT 7,27), sodass sich insgesamt feststellen lässt, dass der Gedanke eines besonderen Näheverhältnisses zwischen Gott und dem Volk Israel in EstJos zwar nicht fehlt, aber doch in Andeutungen verbleibt und auch nirgends als Bundes- oder Erwählungstheologie expliziert wird.

In die Theologie des Gesamtwerks des Josephus ordnet sich diese Beobachtung insofern ein, als dort – wie oben dargestellt – größeres Gewicht auf die Idee gelegt wird, dass *alle* Menschen – ob jüdisch oder nicht – die Gelegenheit haben, entweder dem göttlichen Gesetz zu folgen oder sich ihm entgegenzustellen.[743] Gottes Vorsehung sorgt für die gerechte Belohnung oder Bestrafung des jeweiligen individuellen oder kollektiven Handelns. Harold Attridge schreibt dazu: „The belief in a special providence for Israel is subordinated to that general principle

---

740 Josephus gebraucht die Bezeichnungen Ἰουδαῖοι, Ἑβραῖοι und Ἰσραηλῖται in Ant 1–11 fast durchgehend synonym; vgl. Spilsbury, *The Image of the Jew in Josephus' Paraphrase of the Bible*, 36–41.

741 Zur ἔθνος-Terminologie in EstJos vgl. Kap. 6.7.

742 Der Gedanke, dass Gott für sein Volk „sorgen" (προνοέω) möge, begegnet sowohl in Mordechais Gebet (11,229) als auch im Gebet der Gemeinde (11,231). Trotz der sprachlichen Nähe ist er in diesem Kontext jedoch nicht identisch mit dem Konzept der göttlichen πρόνοια.

743 Vgl. Anm. 728.

and is seen to be a particular instance of it."[744] Auch nach EstJos gründet der besondere Status Israels mindestens zum Teil in der tugendhaften Gesetzesbefolgung (11,231–232) und damit in der Einfügung in den göttlichen Plan, die göttliche Vorsehung. Noch mehr jedoch rückt die andere Seite der göttlichen Gerechtigkeit in den Fokus, nämlich die Bestrafung Hamans für seine Vergehen, die das Gegenstück zur Rettung der jüdischen Bevölkerung darstellt. In welcher Weise Gott auf die Durchsetzung seiner Gerechtigkeit, d. h. seines Willens und seiner Vorsehung, hinwirkt, erschließt sich aus der Darstellung von Gottes Handeln auf der Erzählebene.

6.2.3 Gott als Akteur auf der Erzählebene

Die beiden Stellen der Erzählung, an denen EstLXX, EstAT und EstVL übereinstimmend von einem Einwirken Gottes auf die Geschehnisse berichten, bringt auch EstJos mit Gott in Verbindung, wenn auch in wiederum origineller und charakteristischer Weise. So stellt Josephus die Änderung der Geisteshaltung des Königs in der Thronsaal-Szene wie folgt dar:

> ὁ δὲ βασιλεὺς κατὰ βούλησιν οἶμαι τοῦ θεοῦ τὴν διάνοιαν μετέβαλε
>
> Der König aber – nach dem Willen Gottes, glaube ich – änderte seinen Sinn,
> Ant 11,237

Nach dieser Darstellung tritt also nicht Gott, sondern der König als grammatisches Subjekt der Sinnesänderung auf. Zudem wird die intellektuelle Dimension dieses Vorganges betont, indem nicht von πνεῦμα, sondern von διάνοια gesprochen wird. Beide Aspekte heben hervor, dass es nach Josephus um eine bewusste Handlung des Königs geht. Dies wiederum fügt sich organisch in die Charakterisierung des Königs in EstJos ein, wie noch zu zeigen sein wird.

---

[744] Attridge, *The Interpretation of Biblical History in the Antiquitates Judaicae of Flavius Josephus*, 86–87; vgl. 78–92 für eine detaillierte Diskussion dieses Konzeptes. Als Alternative zu Attridges Interpretation hat Spilsbury vorgeschlagen, das Verhältnis Gott–Israel bei Josephus vor dem Hintergrund des römischen Patronage-Systems zu verstehen: Paul Spilsbury, „God and Israel in Josephus: A Patron–Client Relationship," in *Understanding Josephus: Seven Perspectives*, hrsg. v. Steve Mason, JSPES 32 (Sheffield: Sheffield Academic, 1998), 172–191. Die Bundes-Terminologie werde ersetzt durch „terminology drawn from the patron–client model of social relations in the ancient Mediterranean world", „[a] language that was more readily understandable to his audience" (173–174). Für EstJos ist allerdings festzustellen, dass ein besonderes Verhältnis zwischen Gott und Israel nicht etwa nur mit von den anderen Textversionen abweichender Begrifflichkeit beschrieben, sondern überhaupt nur am Rande erwähnt wird.

Fraglich ist nun allerdings, wie die Formulierung κατὰ βούλησιν [...] τοῦ θεοῦ zu verstehen ist, was also κατά an dieser Stelle bedeutet: Möglich ist einerseits, „gemäß dem Willen Gottes" oder „in Übereinstimmung mit dem Willen Gottes" zu übersetzen – dies impliziert, dass der König selbst handelt, dabei jedoch bewusst oder unbewusst im Einklang mit dem Willen Gottes agiert. Ebenfalls möglich ist andererseits auch die Übersetzung „durch den Willen Gottes", sodass Gott als gedachtes Subjekt und Grund bzw. Urheber der Handlung zu verstehen wäre.[745] M. E. sind beide Aspekte, beide Konnotationen mitzudenken und bei Josephus sachlich nicht voneinander zu trennen. Dies zeigt sich an vielen Stellen seines Werkes, an denen er diese oder eine ähnliche Formel verwendet[746] und erschließt sich vor dem Hintergrund seiner oben erläuterten πρόνοια-Vorstellung: Gott setzt seinen Plan bzw. seinen Willen im Verlauf der Geschichte stets durch, insofern geschieht auch die Sinnesänderung des Königs für Josephus „durch den Willen Gottes". Zugleich aber handelt der König im Rahmen der begrenzten menschlichen Entscheidungsfreiheit an diesem konkreten Punkt der Geschichte selbst, sodass göttliches und menschliches Wirken zusammenfallen. Für Josephus stellt dies den Idealfall dar, sodass seine Gestaltung der Textstelle zugleich ein vorteilhaftes Licht auf den Perserkönig wirft.[747] Dass Josephus in die Anmerkung über Gottes Willen die Wendung οἶμαι, „ich glaube", einfügt, ist für ihn ein typisches Stilmittel an solchen Stellen.[748] Es ist nicht nötig, die Formel als Ausdruck der Distanzierung oder des Zweifels zu verstehen, denn unzählige Male spricht Josephus in seinen Werken ohne diesen Zusatz – in Erzähl- und sogar Autorenstimme – von Gottes Willen und seinen historisch greifbaren Wirkungen.

Dies ist auch an jener zweiten Stelle der Fall, an der die gesamte griechische und lateinische Tradition anders als EstMT ein Wirken Gottes verortet (EstLXX/ EstAT/EstVL 6,1). Auch diese Passage, der Bericht über die schlaflose Nacht des Königs, wird von Josephus in besonderer Weise gestaltet. So heißt es hier:

---

745 Ganz in diesem Sinne und den König sogar noch weiter marginalisierend übersetzt Heinrich Clementz, Hrsg., *Flavius Josephus: Jüdische Altertümer*, 2. Aufl. (Wiesbaden: Marix, 2006): „Da veränderte sich, durch Gottes Fügung, wie ich glaube, plötzlich die Gesinnung des Königs".

746 Vgl. z. B. Ant 1,157.223.254; 4,67; 8,218.295.328. Derselbe Gedanke kann statt mit βούλησις auch mit πρόνοια oder anderen Ausdrücken formuliert werden, vgl. z. B. Ant 2,286; 14,462; 20,91.168. An all diesen Stellen kann je nach Kontext und Aussage teils eher der Aspekt der menschlichen Tätigkeit hervorgehoben werden, teils eher die u. U. gar wunderbare „Fügung" durch Gott. Letzteres ist besonders deutlich, wenn es etwa um die Bewegung der Himmelskörper geht (Ant 11,55).

747 Vgl. Kap. 6.3.3.

748 Vgl. z. B. Bell 2,539; Ant 8,241; 9,199; vgl. Shutt, „The Concept of God in the Works of Flavius Josephus", 185–186; Spilsbury und Seeman, *Judean Antiquities 11*, 42, Anm. 459; 75, Anm. 790.

ὁ δὲ θεὸς κατεγέλα τῆς Ἀμάνου πονηρᾶς ἐλπίδος καὶ τὸ συμβησόμενον εἰδὼς ἐτέρπετο τῷ γενησομένῳ· τοῦ γὰρ βασιλέως διὰ νυκτὸς ἐκείνης ἀφαιρεῖται τὸν ὕπνον.

Gott aber verspottete Hamans böse Hoffnung, und da er wusste, was geschehen würde, freute er sich über die kommenden Ereignisse; in jener Nacht nämlich nahm er dem König den Schlaf.

Ant 11,247

Die nur in EstJos bezeugte Aussage über Gottes Spott ist einerseits eine Deutung und Erweiterung der vorherigen Szene, in der Haman die Aufstellung eines Pfahls für Mordechai anordnet: Für Gott, der die Zukunft kennt, muss diese Bemühung lächerlich erscheinen, wird am Ende doch Haman an genau diesem Pfahl aufgehängt werden.[749] Andererseits fungiert der Satz aber bereits als Hintergrund für das nun folgende Geschehen: Gottes Spott und Freude drücken sich auch in seiner Handlung aus, mit der er die folgende Ereigniskette in Gang setzt. Erneut ist hier das Konzept der göttlichen Vorsehung mitzudenken, denn alles wird sich nach dem göttlichen Plan abspielen, dessen Erfolg im Zweifelsfall durch Gottes eigenes Eingreifen garantiert wird. Anders als in der Thronsaal-Szene ist diesmal nicht der König selbst Subjekt der Handlung, gleichwohl wird noch deutlich werden, dass der weitere Verlauf der Szene ihn auch hier als fähigen und würdigen Herrscher kennzeichnet.

Die Darstellung von Gottes Rolle in 11,247 ist inhaltlich konsistent mit der Aussage des bereits erwähnten Autorenkommentars des Josephus in 11,268: Gottes Weisheit und Gerechtigkeit offenbaren sich nicht allein darin, dass er Hamans Vorhaben stoppt, sondern zugleich dadurch, dass dieser von Gott dieselbe Strafe erhält, die er jemand anderem zugedacht hatte. Josephus erkennt die Ironie in diesem Umkehr-Schema, das im Kern auch die anderen Esther-Versionen enthalten, und lässt sein Lesepublikum daran teilhaben. Auf der Erzählebene ist es allein Gott, der den – selbst erdachten – Witz verstehen kann, und auch Mordechai begreift ihn zunächst nicht: Als Haman – selbst am Boden zerstört – Mordechai auffordert, die königliche Kleidung zum Zweck der nun folgenden

---

749 Dies ist, soweit ich sehe, die einzige Stelle, an der Josephus vom Lachen bzw. vom Spott Gottes spricht. Sie erinnert an das Lachen Gottes über die Feinde Israels und deren Überheblichkeit in Ps 2,4; 37,13; 59,9. Nach Spr 1,26 lacht die Weisheit über all jene, die ihrem Rat nicht folgen und sich so ins Unglück stürzen. An all diesen Stellen geht es demnach nicht um ein freundliches, sondern um ein spottendes und herabsetzendes Lachen. Es scheint vor allem dazu zu dienen, Gottes Überlegenheit auf der einen Seite und die fast tragikomisch anmutenden Irrwege der Gegner auf der anderen Seite zu illustrieren. In diesem Kontext fügt sich EstJos gut ein. Vgl. zu Vorstellungen vom Lachen Gottes und der Götter in der Hebräischen Bibel und in der antiken Welt Ingvild Sælid Gilhus, *Laughing Gods, Weeping Virgins: Laughter in the History of Religion* (London: Routledge, 1997).

Ehrung anzulegen, meint dieser, verspottet zu werden (χλευάζω; ἐπεγγελάω 11,257).[750] Zum Abschluss der von Gott in Freude vorausgeplanten Szene wird sodann Haman in tiefer Traurigkeit zu Hause von den Geschehnissen (τὰ συμβεβηκότα 11,259) berichten. Dass hier nach 11,247 erneut mit συμβαίνω formuliert wird, verstärkt die Gegenüberstellung der beiden Sichtweisen Gottes und Hamans auf das Geschehen. Dieses wird den Leserinnen und Lesern als gerechte Bestrafung von Hamans bisherigem Handeln präsentiert, mit dem er sich der göttlichen Vorsehung entgegengestellt hatte. Im Gegenüber dazu bekennen Hamans Frau und Freunde, Gott stehe wohl auf der Seite Mordechais (τὸν γὰρ θεὸν εἶναι σὺν αὐτῷ 11,259).

In der Zusammenschau der hier angesprochenen Aspekte ergibt sich, dass der Esther-Stoff für Josephus ein besonders eindrückliches Beispiel für die Wirkungen Gottes in der Geschichte darstellt. Er versteht es, seine Version der Erzählung so auszugestalten, dass insbesondere die Idee von der göttlichen Vorsehung bildreich illustriert und dem Publikum wirksam kommuniziert wird, obwohl das Stichwort πρόνοια in EstJos nirgends in diesem Sinne vorkommt.[751] Gottes Rolle im Geschehen wird von Josephus an jenen zwei entscheidenden Stellen hervorgehoben, an denen auch EstLXX, EstAT und EstVL in verschiedener Weise vom göttlichen Wirken sprechen. Dies deutet darauf hin, dass es dazu eine theologische Kerntradition gegeben hat, die sodann in unterschiedlicher Weise weiterentwickelt worden ist. Josephus tut dies auf seine Art und ist damit zugleich weit von einer EstMT ähnlichen Konzeption entfernt. Insofern scheint mir zu kurz zu greifen, was Louis Feldman zur Darstellung Gottes in EstJos schreibt: „[I]n line with his general tendency to diminish the role of G–d, Josephus tones down the intervention of G–d".[752] Vielmehr ist die charakteristische Darstellung des Josephus sehr interessiert an der Rolle Gottes als des Herrn der Geschichte sowie an seinem richtenden und rettenden Wirken, das Menschen entsprechend ihrer Handlungen trifft. Damit offenbart sich zugleich der wesentliche Zug der politischen Theologie des Josephus, der nun weiter zu erhellen sein wird. Es stellt sich nunmehr die bereits angedeutete Frage, wie sich die verschiedenen menschlichen Akteurinnen und Akteure in das Machtgefüge einordnen, das durch Gottes Macht, Vorsehung und Gesetz vorgezeichnet ist. Von besonderem Interesse ist dabei auch in EstJos die Figur des nicht-jüdischen Königs, der wir uns sogleich zuwenden.

---

750 Seinen Leserinnen und Lesern eröffnet Josephus damit eine zweite Dimension des von ihm eingebrachten Humors: Nicht nur dürfen sie mit Gott über Haman lachen, sondern darüber hinaus auch das Missverständnis des Mordechai belächeln.

751 In 11,200 wird es in der Bedeutung „Pflege" (der Jungfrauen) verwendet.

752 Feldman, *Studies in Josephus' Rewritten Bible*, 535; vgl. bereits Feldman, „Hellenizations in Josephus' Version of Esther", 168.

6.3 Der König

6.3.1 Überblick

Der König wird in EstJos Artaxerxes genannt, insofern besteht hier eine Parallele zu EstLXX und EstVL. Da Josephus ihn als Sohn des Xerxes bezeichnet (11,184), muss er den ersten Achämeniden dieses Namens im Blick haben. Verwirrung stiftet jedoch die Identifikation des Artaxerxes mit Kyros (nach den Textzeugen) bzw. mit „Assueros" (nach der Konjektur von Gutschmid, die in der Loeb-Ausgabe übernommen wird). Das Problem scheint entweder in einem Irrtum über die Chronologie der Perserkönige zu liegen oder in dem Versuch, verschiedene Quellen miteinander in Einklang zu bringen.[753] Josephus jedenfalls bezeichnet den König im Folgenden als Artaxerxes und kündigt in seiner Ein- bzw. Überleitung an, zunächst von dessen Angelegenheiten zu berichten, bevor er auf die tödliche Gefahr für die jüdische Bevölkerung eingehen werde (11,184–185). Für Josephus setzt die Handlung wie in EstMT nicht mit einem Traum des Mordechai ein, sondern mit den Festveranstaltungen des Königs, sodass dieser gleich zu Beginn im Mittelpunkt des Geschehens steht.

6.3.2 Machtfülle und Regierungsapparat

Auch in EstJos ist von der schier unermesslichen Machtfülle des Königs die Rede: Als Artaxerxes die Herrschaft übernimmt (παραλαμβάνω 11,186), setzt er Regenten in den 127 Satrapien zwischen Indien und Äthiopien ein (καταστήσας ἀπὸ ᾿Ινδίας ἄχρι Αἰθιοπίας τῶν σατραπειῶν ἑκατὸν καὶ εἰκοσιεπτὰ οὐσῶν ἄρχοντας 11,186). Dass der König damit als Herrscher über die gesamte *Oikumene* vorgestellt wird, wird in EstJos mehrfach hervorgehoben (11,196.212.216.292).[754] Sein Machtapparat wird sodann auch im Zusammenhang mit den königlichen Edikten erneut erwähnt (11,216.272.273.287). Die Nennung und Benennung von Bediensteten und Amtsträgern des Königs weist in EstJos einige Besonderheiten auf, wenn etwa die mit dem Fachwort ἄγγαροι bezeichneten Reiter-Postboten[755] Kunde von der kö-

---

753 Vgl. zum Problem des Königsnamens in EstJos auch Cavalier, *Esther*, 77–78.
754 Vgl. auch die nur in EstJos begegnende Aussage des Beraters Muchaios, der König herrsche „über alle" (11,194). Als einzige Esther-Version erwähnt EstJos nirgends Medien bzw. die Meder als paralleles Element zu den Persern, über die der König herrscht. Noch in seiner Wiedergabe der Serubbabel-Geschichte (der „Pagen-Erzählung") nennt Josephus Meder und Perser nebeneinander als maßgebliche Gruppen im Reich des Dareios (Ant 11,33).
755 Vgl. Hdt. 3,125; Xen. Kyr. 8,6,17.

niglichen Hochzeit verbreiten (11,203). Des Weiteren kennt Josephus besondere Leibwachen (11,205, s. u.) sowie Beauftragte für die Nennung der Uhrzeit (11,250). Hier scheint Josephus aus Überlieferungen abseits der uns bekannten Esther-Erzählungen zu schöpfen. Von diesen weicht EstJos auch an anderen Stellen ab, wenn es um die Rolle von Eunuchen oder anderen Bediensteten geht.[756] Insgesamt jedoch wird auch in EstJos deutlich illustriert, dass dem Artaxerxes ein umfangreicher Hofstaat und eine reichsweite Verwaltung zur Verfügung stehen.

Wie in den anderen Versionen spielen auch in EstJos repräsentative Machtsymbole eine Rolle, allen voran der Thron (θρόνος 11,205 [3-mal].235.238) und der Siegelring (δακτύλιον 11,269) bzw. das Autorität tragende Siegel (σφραγίς 11,271). Eine oder – vermutlich – mehrere Arten eines herrscherlichen (goldenen) Stabs oder Zepters finden ebenfalls Erwähnung, und zwar unter den Stichworten λύγος (11,205),[757] ῥάβδος (11,226.239) und σκῆπτρον (11,239).[758] Das Motiv der räumlichen Unzugänglichkeit des Königs in seinem Thronsaal, das in allen Esther-Ver-

---

756 Einige Beispiele mögen an dieser Stelle genügen: So werden in dem Bericht über die verweigerte Proskynese keine Mittelsleute zwischen Haman und Mordechai genannt (11,210–211). Weiterhin erfährt Esther von Mordechais rituellen Trauerhandlungen von „gewissen Menschen" (τινες 11,222), die nicht näher bezeichnet werden. Zum Abendessen mit dem Königspaar wird Haman von Esthers Eunuchen abgeholt (οἱ τῆς Ἐσθήρος εὐνοῦχοι 11,260): Damit steht EstJos hier parallel zu EstVL 6,14, während EstMT 6,14 von Eunuchen des Königs spricht, EstLXX 6,14 nur allgemein von Eunuchen und EstAT 6,23 unspezifisch von „jemandem" (τις). So wird deutlich, dass die Darstellung der Rolle von Eunuchen und Bediensteten in EstJos offenbar keinem festen Muster folgt, etwa einer durchgehenden Minimierung oder Maximierung ihrer Bedeutung. Vielmehr ist ggf. an jeder einzelnen Stelle zu prüfen, welchen erzählerischen Effekt die Ausgestaltung der jeweiligen Szene mit oder ohne Beteiligung gewisser Bediensteter erzielt.
757 Die Verwendung des Ausdrucks λύγος in diesem Kontext gibt Rätsel auf. Josephus nutzt ihn in seinem gesamten Werk nur hier; er begegnet auch nicht in der Septuaginta sowie – wenn ich es recht sehe – nirgends sonst in der frühjüdischen Literatur. Da das Wort sonst eine Rute bzw. ein Rutenbündel bezeichnet, überrascht zudem, dass Josephus ihm das Adjektiv „golden" (χρύσεος) beilegt. Möglich ist daher, dass Josephus in dieser Passage eine unbekannte Quelle verarbeitet und mit dem Bild eines goldenen Stabes bzw. Zepters aus der Esther-Überlieferung verbindet. Der mit λύγος oder (häufiger) ἄγνος bezeichnete „Keuschlamm"-Strauch (*agnus castus*) wurde in der Antike für seine besonders reißfesten Zweige geschätzt und zunächst mit Fruchtbarkeit, später dann jedoch vor allem mit Keuschheit in Verbindung gebracht, so auch im pharmakologischen Kompendium von Josephus' Zeitgenossen Dioskurides (Diosk. 1,103); vgl. Norbert M. Borengässer, „Keuschlamm," *RAC* 20.
758 In 11,239 scheint Josephus tatsächlich von zwei verschiedenen Instrumenten auszugehen, die unterschiedliche Funktionen erfüllen. Es ist möglich, dass diese Vorstellung aus einer Kombination zweier verschiedener Quellen resultiert. Dies liegt umso näher, betrachtet man die Unterschiede zwischen EstLXX und EstAT an dieser Stelle: EstAT 5,9 spricht ebenso wie EstJos von einem σκῆπτρον in Esthers Hand. Dieses legt der König nach EstAT 5,10 sodann auf Esthers Nacken. An dieser Stelle jedoch nennt EstLXX D,12 wiederum einen ῥάβδος, ebenso wie EstJos.

sionen eine große Rolle spielt und die herausgehobene Position des Herrschers unterstreicht, wird in EstJos breiter ausgeführt und mit einem königlichen Gesetz erklärt (11,205–206): Dieses verbiete „den Seinen" (τῶν ἰδίων), ungefragt vor ihn zu treten. Missachtung werde durch die umstehenden „Männer mit Äxten" (πελέκεις ἔχοντες ἄνθρωποι) bestraft, es sei denn, der König signalisiere mit seinem λύγος eine Begnadigung.[759]

Dass Artaxerxes zwei große Feste von 180 bzw. sieben Tagen veranstaltet, entspricht im Grundsatz der Darstellung in EstMT, EstLXX und EstAT. Die erste Veranstaltung ist für Josephus ausdrücklich dazu geeignet, den Reichtum des Königs zur Schau zu stellen (11,186), die zweite bietet Platz für mehrere zehntausend Feiernde (ὥστε πολλὰς μυριάδας κατακλίνεσθαι 11,187). Durch solcherlei Details, zu denen auch die Nennung der Zahl von 400 Jungfrauen gehört, die zum König geführt werden,[760] erreicht Josephus eine besonders plastische Darstellung des Reichtums und der Macht des Herrschers. Wie Artaxerxes mit diesen Mitteln umgeht und in welcher Weise er sein Weltreich führt, wird damit zu einer umso drängenderen Frage.

6.3.3 Charakter und Herrschaftshandeln

Feldman hält in seiner Untersuchung der Königs-Darstellung in EstJos fest: „What is most striking about Josephus' version of Ahasuerus is that there is not even a single hint in it that is negative."[761] Zwar führt Feldman zu Recht einige Punkte ins Feld, auf die sich diese Beurteilung stützen kann. So ist bei Josephus keine Rede davon, der König sei bei seinem Befehl, Waschti herbeizuholen, betrunken ge-

---

759 Vielfach ist in der Forschung auf die Ähnlichkeit dieser Stelle mit Herodots Bericht über den Mederkönig Deiokes hingewiesen worden, der überhaupt niemanden zu sich gelassen habe (Hdt. 1,99); vgl. Spilsbury und Seeman, *Judean Antiquities 11*, 65, Anm. 669. Die Äxte als Bewaffnung der Wachen bzw. Bediensteten sind wiederum aus bildlichen Darstellungen der Perserkönige bekannt; vgl. Amélie Kuhrt, „The Achaemenid Persian Empire (c. 550–c. 330 BCE)" in *Empires*, 500–501, fig. 11.14; 536, fig. 11.29; 537, fig. 11.30.

760 Weshalb Josephus ausgerechnet an die Zahl von 400 Jungfrauen denkt, bleibt im Dunkeln. Vgl. den Hinweis bei Spilsbury und Seeman, *Judean Antiquities 11*, 64, Anm. 652, dass Plutarch 360 Konkubinen des Artaxerxes erwähnt (Plut. Art. 27,5). Andere Überlieferungen wissen von 300 oder 365 Frauen, vgl. Amélie Kuhrt, „The Achaemenid Persian Empire (c. 550–c. 330 BCE)" in *Empires*, 595, Anm. 27.2.

761 Feldman, *Studies in Josephus' Rewritten Bible*, 504. Vgl. im selben Sinne Emily Kneebone, „Josephus' Esther and Diaspora Judaism" in *The Romance between Greece and the East*, 175. Kneebone vermutet zudem, das positive Bild des Artaxerxes, das Josephus zeichnet, müsse auch vor dem Hintergrund seiner eigenen Situation in Rom unter den Flaviern verstanden werden.

wesen (Ant 11,190). Des Weiteren betont Josephus, Artaxerxes habe Esther *rechtmäßig* zur Frau genommen (νομίμως αὐτὴν ἄγεται γυναῖκα 11,202). Dies muss wohl aus der Perspektive des Josephus als positive Wertung verstanden werden und wird unterstrichen durch die Angabe, die Hochzeitsfeierlichkeiten hätten einen Monat angedauert und im gesamten Reich stattgefunden (11,203) – ein deutlich größeres Ausmaß als in allen anderen Esther-Versionen.[762] Des Königs große emotionale Verbundenheit mit Esther wird in EstJos weiterhin u. a. durch die nur hier bezeugte Aussage herausgestellt, in der Thronsaal-Szene sei Artaxerxes darüber besorgt, seiner Gattin könne in ihrer Angst etwas Schlimmes zustoßen (δείσας περὶ τῇ γυναικί, μὴ καὶ πάθῃ τι τῶν χειρόνων ὑπὸ τοῦ φόβου 11,237).[763] Ein weiterer Aspekt, auf den Feldman sein Urteil stützt, ist die Tatsache, dass EstJos anders als EstMT 10,1 nicht davon berichtet, der König erhebe eine neue Steuer im Reich, „an act that was hardly likely to endear him to his subjects, or for that matter to his readers".[764]

Es wird sogleich noch auf weitere Aspekte der Königsdarstellung in EstJos einzugehen sein, die Artaxerxes insgesamt in einem positiven Licht erscheinen lassen, gerade auch vor dem Hintergrund antiker Vorstellungen von guter Regierungsführung. Gleichwohl muss festgestellt werden, dass Feldmans eingangs zitierte Beurteilung wohl zu weit geht: Es gibt durchaus auch in der Version des Josephus – ebenso wie in den anderen Esther-Texten – einige wenig schmeichelhafte Elemente in der Darstellung des Artaxerxes, die der Figur insgesamt doch eine gewisse charakterliche Ambivalenz verleihen.[765] So schreibt Josephus ausdrücklich, Waschtis Weigerung, zur Feier des Königs zu kommen, entspreche den persischen Gesetzen (ἡ δὲ φυλακῇ τῶν παρὰ Πέρσαις νόμων, οἳ τοῖς ἀλλοτρίοις βλέπεσθαι τὰς γυναῖκας ἀπηγορεύκασιν, οὐκ ἐπορεύετο πρὸς τὸν βασιλέα 11,191). Damit steht Waschti zwischen zwei gleichermaßen legitimen Ansprüchen, wie Emily Kneebone hervorhebt: „Josephus portrays a Vashti torn between the king's will and the established laws of her country."[766] Sie wird damit jedoch in

---

762 Während in den Vergleichstexten Esthers Status als rechtmäßige und geliebte Frau des Königs durch die Angabe in Zweifel gezogen werden könnte, sie sei bereits seit dreißig Tagen nicht mehr zu ihm gerufen worden (EstMT/EstLXX/EstVL 4,11; EstAT 4,8), erwähnt Josephus dieses Detail nicht (11,226); vgl. Spilsbury und Seeman, *Judean Antiquities 11*, 72, Anm. 754.

763 Vgl. zur Ausgestaltung des emotionalen Verhältnisses zwischen Artaxerxes und Esther in EstJos Feldman, *Studies in Josephus' Rewritten Bible*, 505–506.

764 Feldman, *Studies in Josephus' Rewritten Bible*, 506.

765 Dass Feldmans Urteil ein wenig über das Ziel hinausschießt, mag u. U. auch damit zusammenhängen, dass er seine Analyse von EstJos im direkten Vergleich mit der rabbinischen Überlieferung vornimmt, die ein stark negatives Bild des Königs der Esther-Erzählung zeichnet.

766 Emily Kneebone, „Josephus' Esther and Diaspora Judaism" in *The Romance between Greece and the East*, 169.

der Darstellung von EstJos zugleich entschuldigt und ihr Handeln als angemessen dargestellt.[767] Im Umkehrschluss wird damit aber der König dafür verurteilt, dass er selbst die überaus schwierige und peinliche Lage seiner Königin verursacht hat, indem er von ihr gesetzeswidriges Verhalten fordert.[768] Dass er sodann ob ihrer Weigerung in Zorn ausbricht (11,192), wie es auch die übrigen Esther-Versionen berichten, wirft in dieser Episode ein besonders schlechtes Licht auf ihn.[769] Ähnliches gilt für die Bemerkung, nach Veröffentlichung des ersten Edikts feiere der König mit Haman (11,220), die im Wesentlichen EstMT/EstLXX 3,15 entspricht.[770] Des Weiteren bleibt das Grundproblem, dass Artaxerxes die Proskynese vor Haman anordnet (11,209), die Anlass für den sich ausweitenden Konflikt sein wird und von Josephus sogleich implizit verurteilt wird (11,210). Zudem ist es auch in EstJos so, dass der König die bösen Absichten Hamans zu Anfang nicht durchschaut und auch das erste Edikt ermöglicht, das die jüdische Bevölkerung in größte Gefahr bringt.

An dieser Stelle lässt sich nun allerdings auch zeigen, dass die Verantwortung des Königs für das erste Edikt in EstJos ein wenig relativiert wird. So sagt Josephus nichts davon, das Edikt werde mit dem Ring des Königs gesiegelt: Zwar gibt der König Haman Erlaubnis, in der Angelegenheit nach eigenem Ermessen zu verfahren (ὥστε ποιεῖν αὐτοὺς ὅ τι βούλεται 11,215), doch wird weder das Siegeln noch eine vorherige Übergabe des Siegelrings an Haman berichtet. Dass Haman im Besitz des Rings gewesen ist, wird erst nach seinem Tod erwähnt, als all seine Befugnisse an Mordechai übertragen werden (11,269). EstJos hebt sich von allen anderen Esther-Versionen dadurch ab, dass das königliche Siegel im Zusammenhang mit dem ersten Edikt nirgends erwähnt wird und Haman das Schreiben stattdessen verfasst und publiziert, „als sei es vom König" (ὡς τοῦ βασιλέως 11,215). Damit wird dem ersten Edikt in der Darstellung des Josephus eine geringere Autorität zugeschrieben als dem zweiten, das ganz ausdrücklich mit dem königlichen Siegel versehen wird und damit unbedingt befolgt werden muss (11,271).[771] Es ist des Weiteren möglich, dass die Bemerkung in 11,270, Esther zeige

---

767 Vgl. Spilsbury und Seeman, *Judean Antiquities 11*, 61, Anm. 621: „Josephus [...] presents Vashti as a law-abiding and modest person."

768 Vgl. zum Gebrauch von νόμος bei Josephus Anm. 726.

769 Feldman meint, der König werde von Josephus durch den Hinweis entschuldigt, er habe wiederholt (πολλάκις 11,191) nach Waschti rufen lassen; vgl. Feldman, *Studies in Josephus' Rewritten Bible*, 504–505. Diese Interpretation ist m. E. wenig überzeugend, könnte man doch ebenso behaupten, das wiederholte Herbeirufen ließe sein Verhalten als gänzlich uneinsichtig und damit nur noch schlimmer erscheinen.

770 Wie bereits erwähnt, berichtet EstAT 3,19 nichts dergleichen; EstVL 3,15 wiederum spricht davon, Haman feiere mit seinen Freunden im Palast – der König wird nicht genannt.

771 Vgl. Kap. 6.6.

dem König den Brief Hamans, implizieren soll, der König habe von dem Edikt bislang gar keine (genaue) Kenntnis gehabt. Dementsprechend wird im zweiten Edikt nach EstJos das Motiv der falschen Anschuldigungen und des unehrlichen, verschlagenen Beraters besonders hervorgehoben (11,275–276).[772] Eine weitere, nur in EstJos bezeugte Bemerkung illustriert anschaulich die Ambivalenz in der Darstellung des Charakters des Königs und seiner Verantwortung für das erste Edikt: So teilt Mordechai Esther mit, Haman habe den König dahingehend provoziert (παροξύνω 11,225) – so wird erneut festgestellt, dass die Initiative zur Vernichtung der jüdischen Bevölkerung allein von Haman ausgegangen ist, obwohl es den König zugleich schwach erscheinen lässt, dass er sich provozieren lässt.

Bezeichnenderweise gibt Artaxerxes Haman freie Hand, nachdem dieser ausdrücklich an den Euergetismus des Königs appelliert hat (εἴ τινα θέλεις τοῖς ὑπηκόοις εὐεργεσίαν καταθέσθαι 11,213). Hier deutet sich an, wie Josephus den König mit allgemein anerkannten Herrschertugenden in Verbindung zu bringen sucht – eine Tendenz, die sich durch seine gesamte Darstellung zieht.[773] Exemplarisch lässt sich dies gut an dem Bericht über die schlaflose Nacht des Königs zeigen. Wie in den anderen Versionen erfährt der König hier aus den königlichen Chroniken von Mordechais Loyalität bzw. wird daran erinnert. Nach der Darstellung von EstJos ist es jedoch gerade des Artaxerxes charakterliche Exzellenz und gewissenhafte Regierungsführung, die diesen Verlauf der Ereignisse herbeiführt:

ὁ δ᾽ οὐ βουλόμενος ἀργῶς ἀπολέσαι τὴν ἀγρυπνίαν, ἀλλ᾽ εἴς τι τῶν τῇ βασιλείᾳ διαφερόντων αὐτὴν ἀναλῶσαι,

Weil er aber die (Zeit der) Schlaflosigkeit nicht untätig vergeuden, sondern sie für etwas verwenden wollte, das das Königreich voranbringen würde,
Ant 11,248

EstJos ist die einzige Esther-Version, in der eigens erwähnt wird, der König habe seine Zeit nicht vergeuden wollen. Dieses Motiv eines schlaflosen Herrschers, der sich auch des Nachts für das Wohl des Reiches einsetzt, kennen wir aus dem historischen Umfeld des Josephus: Es ist vor allem bei seinem jüngeren Zeitge-

---

772 Dass dieses Motiv für das Gesamtwerk sowie für die eigene Biografie des Josephus große Bedeutung gehabt hat, wird betont bei Spilsbury und Seeman, *Judean Antiquities 11*, 83, Anm. 900; 902.

773 Vgl. z. B. das nur in EstJos erwähnte Interesse des Königs an μεγαλοφροσύνη, „Großmut" (11,252).

nossen Sueton mit Blick auf einzelne römische Kaiser bezeugt.[774] Dieser berichtet u. a., Augustus habe stets noch bis spätabends alle anstehenden Regierungsgeschäfte erledigt und dann nie mehr als sieben Stunden geschlafen, wobei er drei- oder viermal aufgewacht sei (Suet. Aug. 78). In einer auffallenden Parallele zum entsprechenden Motiv in den Esther-Traditionen heißt es hier, der Kaiser habe sich während seiner Wachphasen stets vorlesen lassen. Bei Vespasian sei es, so Sueton, anders gewesen: Dieser sei immer sehr früh – noch in der Nacht – aufgewacht und habe dann alle Berichte gelesen, danach Beratungen durchgeführt und so bis zum Mittag bereits sämtliche Regierungsangelegenheiten erledigt (Suet. Vesp. 21). Ganz anders Caligula, bei dem das Motiv ins Negative gewendet wird: Dieser soll nach Sueton höchstens drei Stunden pro Nacht geschlafen, diese Zeit aber nicht sinnvoll verwendet haben. Er habe vielmehr rastlos darauf gewartet, dass es Tag werde – ganz abgesehen davon, dass er auch während seiner kurzen Schlafphasen von Albträumen geplagt worden sei (Suet. Cal. 50,3).[775]

Diese Traditionen unterstreichen, dass das Verhalten des schlaflosen Artaxerxes in der Esther-Erzählung des Josephus in dessen Vorstellungshorizont als überaus lobenswert zu beurteilen ist. In einer der entscheidenden Szenen der Erzählung, die durch Gottes Eingreifen eingeleitet wird, ist es also eine Tugend des Königs, die die Handlung nun in eine für die jüdische Gemeinschaft vorteilhafte Richtung lenkt. Dieses Bild bestätigt sich durch weitere Besonderheiten des Berichts über den schlaflosen König in EstJos: So sind in den von Artaxerxes herbeibefohlenen Chroniken (τὰ ὑπομνήματα 11,248) nicht nur die Mordechai-Episode, sondern noch weitere Berichte enthalten (11,249). Diese beziehen sich wiederum nicht allein auf Geschehnisse unter der Regierung des Artaxerxes, sondern bereits auf Ereignisse aus der Herrschaftszeit seiner Vorgänger (καὶ τῶν πρὸ αὐτοῦ βασιλέων τὰ ὑπομνήματα καὶ τῶν ἰδίων πράξεων 11,248). Diese Darstellung eines historisch interessierten Herrschers, der aus der Geschichte für seine eigene Regierungsführung lernt, muss aus der Feder des Historikers Josephus als großes Lob verstanden werden. Dies gilt umso mehr, als EstJos anders als die anderen Esther-Versionen hervorhebt, wie aufmerksam und interessiert der König die Lesung aus den Chroniken verfolgt, stoppt er den Vorleser doch an der entscheidenden Stelle, als dieser bereits zum nächsten Eintrag übergehen möchte (11,250).[776]

---

774 Vgl. insgesamt auch Gregor Weber, *Kaiser, Träume und Visionen in Prinzipat und Spätantike*, Hist.E 143 (Stuttgart: Steiner, 2000), 115 sowie die dort genannte Literatur.
775 Vgl. Weber, *Kaiser, Träume und Visionen in Prinzipat und Spätantike*, 104.
776 Vgl. Feldman, *Studies in Josephus' Rewritten Bible*, 507.

Des Weiteren deutet die soeben besprochene Passage bereits an, dass Josephus die Entschlussfähigkeit und Autorität des Königs besonders herausstellt, hier erkennbar durch die Verwendung des Verbs προστάσσω (προσέταξεν 11,248) – für die entsprechenden Aussagen in den anderen Textversionen gilt dies nicht im selben Maße.[777] Deutlicher wird dies noch, als es später um die Bestrafung Hamans gehen soll: Auch hier nimmt der König in EstJos eine aktivere und entschiedenere Rolle ein als in den übrigen Esther-Versionen und führt, wie oben erläutert, im Wesentlichen alles so aus, wie es Gott vorgesehen hatte.[778] Als er von dem eigentlich für Mordechai vorbereiteten Kreuz (σταυρός 11,266) erfährt, entscheidet er über Hamans Strafe (τιμωρίᾳ περιβάλλειν ἔκρινε τὸν Ἀμάνην 11,267) und verfügt (κελεύω 11,267), diesen ans Kreuz zu hängen. Die einen entschlossenen Richterspruch suggerierenden Verben κρίνω und κελεύω heben sich deutlich ab von den Formulierungen in den anderen Textversionen, die lediglich angeben, dass „der König sprach" (EstMT/EstLXX/EstVL 7,9; EstAT 7,13).[779] Es kommt hinzu, dass der König in EstJos befiehlt, unverzüglich (παραχρῆμα 11,267) tätig zu werden.

Aus den vorstehenden Betrachtungen ergibt sich ein zwar nicht einseitig, aber doch in weiten Teilen positives Bild des Königs in der Darstellung des Josephus. Auch seinem Verhältnis zu Esther und der jüdischen Gemeinschaft stehen keine grundsätzlichen Hindernisse im Weg; vielmehr leben Esther und Artaxerxes in einer rechtmäßigen Ehe zusammen (συνοικέω 11,203).[780] Diese ist darüber hinaus durch große Liebe und Zuneigung zwischen den Eheleuten gekennzeichnet: Wie Feldman gezeigt hat, gestaltet Josephus seine Esther-Paraphrase in vielen Motiven in Anlehnung an hellenistische Liebesromane.[781] Der König trägt mehr als in den anderen Esther-Versionen Züge eines liebenden und mitfühlenden Helden solch einer Liebesgeschichte. Für die politische Theologie des Textes ist dies insofern von Relevanz, als die Emotionen des Monarchen des Öfteren in Konflikt geraten mit den Ansprüchen des von Josephus stark hervorgehobenen

---

777 Vgl. וַיֹּאמֶר EstMT 6,1; καὶ εἶπεν EstLXX 6,1; καὶ ἐκλήθησαν EstAT 6,2; *et dixit* EstVL 6,1, wobei EstVL sodann in direkter Rede den Imperativ *legite* folgen lässt, der den König etwas aktiver bzw. entschlossener erscheinen lässt als in EstMT, EstLXX und EstAT.

778 Vgl. Kap. 6.2.2.2.

779 EstJos steht an dieser Stelle EstAT näher als EstLXX: Nicht nur wird dasselbe Verb zur Beschreibung der Strafe verwendet (κρεμάννυμι gegenüber σταυρόω in EstLXX), sondern zugleich findet sich das Stichwort κελεύω auch in der entsprechenden Aufforderung des Sklaven an den König, die nur EstAT kennt (κέλευσον οὖν, κύριε, ἐπ' αὐτῷ αὐτὸν κρεμασθῆναι EstAT 7,12).

780 Vgl. Kap. 6.6.

781 Vgl. Feldman, „Hellenizations in Josephus' Version of Esther".

Prinzips des Gesetzes (νόμος).[782] Dies deutet sich in der oben bereits angesprochenen Waschti-Episode an, in der der König einen Konflikt zwischen persönlichen Bedürfnissen bzw. Loyalitäten und der treuen Befolgung des Gesetzes heraufbeschwört, der ihn ebenso wie Waschti betrifft. Mit demselben Problem schließt die Waschti-Geschichte sodann auch ab, denn erneut findet sich Artaxerxes hin- und hergerissen zwischen seiner nach wie vor bestehenden Liebe zu Waschti und den Vorgaben des von ihm selbst festgesetzten Gesetzes:

> Διακείμενος δὲ πρὸς αὐτὴν ἐρωτικῶς καὶ μὴ φέρων τὴν διάζευξιν, καταλλαγῆναι μὲν αὐτῇ διὰ τὸν νόμον οὐκ ἐδύνατο, λυπούμενος δὲ ὡς ἐπ᾽ ἀδυνάτοις οἷς ἤθελε διετέλει.

> Obwohl er ihr aber in Liebe zugeneigt war und die Trennung nicht ertragen konnte, war es ihm wegen des Gesetzes nicht möglich, sich mit ihr zu versöhnen, sodass er tief traurig blieb über die Dinge, die ihm unmöglich waren.
> Ant 11,195

Dasselbe Motiv drückt sich auch in der Thronsaal-Szene aus, wenn Esther das in EstJos besonders hervorgehobene Gesetz (11,205–206) bricht, der König aber völlig von seiner Liebe zur schönen Esther übermannt wird und sie nicht nur begnadigt, sondern in Sorge um das Wohl seiner Gattin (11,237)[783] von seinem Thron aufspringt, Esther in seine Arme nimmt und ihre Gunst wiederzuerlangen sucht (ἀνακτάομαι 11,238). Kneebone resümiert treffend:

> The king's much-vaunted legal system falters in the face of his personal concern, and the law proves not unalterable after all. Josephus again gestures towards a novelistic reciprocity and the internal conflict of an emotive, erotic force pitted against the king's laws.[784]

Kneebone weist zudem mit Recht darauf hin, dass mit dieser Art der Darstellung des Königs eine Analogie hergestellt wird zu anderen Figuren, die von konfligierenden Loyalitäten zwischen den Ansprüchen verschiedener Arten von Gesetzen oder auch persönlichen Verbundenheiten herausgefordert werden.[785] Dies betrifft selbstverständlich insbesondere Esther und Mordechai, die für Josephus

---

782 Vgl. Emily Kneebone, „Josephus' Esther and Diaspora Judaism" in *The Romance between Greece and the East*, 169–171; Petr Chalupa, „The Book Esther in Josephus" in *The Process of Authority*, 139–141. Vgl. zum Begriff νόμος bei Josephus Anm. 726.
783 Vgl. Anm. 763.
784 Emily Kneebone, „Josephus' Esther and Diaspora Judaism" in *The Romance between Greece and the East*, 170.
785 Vgl. Emily Kneebone, „Josephus' Esther and Diaspora Judaism" in *The Romance between Greece and the East*, 170–174.

insofern stellvertretend für unzählige Jüdinnen und Juden stehen, die – wie auch er selbst im Rom seiner Zeit – mit solcherlei Spannung umzugehen haben.

Zum Porträt des Artaxerxes in EstJos lässt sich vor diesem Hintergrund festhalten, dass das Dilemma der spannungsreichen Gebundenheit an verschiedene Normen und Ansprüche die Frage der positiven oder negativen Darstellung des Herrschers in gewissem Sinne überstrahlt: Gesetze und die liebevolle Zuneigung im Stile eines Romanhelden erschweren es dem König zunächst, sich an den ihm, wie gezeigt, ebenfalls sehr wichtigen Herrschertugenden zu orientieren. Wichtig dabei ist jedoch, dass der König, wie in den anderen Esther-Versionen auch, eine charakterliche Entwicklung vollzieht, die aus der Perspektive einer jüdischen Leserschaft und des Josephus selbst sehr zu begrüßen ist. Der Höhepunkt dieser Entwicklung ist die Sinnesänderung des Artaxerxes in der Thronsaal-Szene (11,237). Dass er sich hier seiner Ehefrau und damit mittelbar all seinen jüdischen Untertanen zuwendet, schreibt Josephus explizit dem eigenen Entschluss des Königs zu, wie oben bereits diskutiert wurde. Artaxerxes handelt dabei zugleich nach dem Willen Gottes, d. h. implizit auch nach dem göttlichen Gesetz.

Daher überrascht es nicht, dass es in EstJos von dieser Szene an tatsächlich bis zum Schluss keinen einzigen Hinweis mehr gibt auf Aspekte des königlichen Handelns, die als negativ gewertet werden könnten. Stattdessen führt der König die Handlung nun im Konzert mit Esther, Mordechai und Gott zu einem guten Ende und regiert weiterhin das Reich, unterstützt durch Mordechai (11,295). Für Josephus ist damit ein Idealzustand erreicht, der sich auch am Status der jüdischen Gemeinschaft unter der fortgesetzten Herrschaft des „gewandelten" Artaxerxes ablesen lässt, wie noch zu erläutern sein wird.[786] Das Schicksal des Königs entspricht damit voll und ganz dem theologischen Schema des Josephus, das bereits zur Sprache gekommen ist: Während die Rolle des Artaxerxes zu Anfang durchaus ambivalent ist, entscheidet er sich im entscheidenden Moment für ein Agieren im Einklang mit dem Willen Gottes. Nichts deutet darauf hin, dass er sich selbst dessen bewusst wäre. Indem jedoch ein Handeln gemäß dem Willen Gottes nach Josephus zugleich vorbildlich tugendhaft ist, steht die Regierungsführung des Perserkönigs durch dessen Orientierung an allgemein anerkannten Herrschertugenden bereits der Befolgung des göttlichen Willens nahe. Seine bleibende, sogar gefestigte Herrschaft kann als Lohn für dieses Handeln verstanden werden, was ihn wiederum radikal von Haman, der zweiten nicht-jüdischen Hauptfigur der Erzählung, unterscheidet.

---

786 Vgl. Kap. 6.7.

6.4 Haman

Für Josephus ist Haman, Sohn des Amadathos, amalekitischer Abstammung (11,207.211.277). Hinter dieser Herkunftsbezeichnung verbirgt sich offenbar eine Interpretation der in EstMT enthaltenen Tradition,[787] wobei Josephus diese dazu nutzt, Hamans Hass nicht nur auf Mordechai, sondern auf die gesamte jüdische Bevölkerung zu erklären. Hamans Volk sei von den Ἰουδαῖοι vernichtet worden (ὅτι καὶ τὸ γένος τῶν Ἀμαληκιτῶν, ἐξ ὧν ἦν αὐτός, ὑπ' αὐτῶν διέφθαρτο 11,211); mit derselben Konsequenz wolle Haman sich nun an Mordechai und dessen Volk rächen (vgl. 11,213).[788] Von einer makedonischen Abstammung Hamans ist in EstJos hingegen, anders als in EstLXX, EstAT und EstVL, nirgends die Rede; auch die Bezeichnung βουγαῖος kommt nicht vor. Dementsprechend wird auch später, im zweiten Edikt, nicht von einer Machtverschiebung von den Persern hin zu den Makedonen die Rede sein; nach Josephus habe Haman lediglich die Herrschaft des Artaxerxes „auf andere" übertragen wollen (ἐβούλετο τὴν ἀρχὴν εἰς ἄλλους μεταβαλεῖν 11,278). Hintergrund der Handlungen Hamans ist daher nicht der die Welt erschütternde Konflikt zwischen Persien und Makedonien, sondern die uralte Feindschaft zwischen Israel und Amalek, von der Josephus selbst in Ant 3,39–62 und 6,131–140 erzählt.[789] Nicht als Makedone, sondern als Amalekiter ist Haman „dem Blut der Perser fremd" (ἀλλότριος ὢν τοῦ Περσῶν αἵματος 11,277; vgl. demgegenüber EstLXX E,10).

Wie bereits im Zusammenhang mit der Königsdarstellung in EstJos erwähnt, schreibt Haman das erste Edikt, „als sei es vom König" (ὡς τοῦ βασιλέως 11,215); das Siegel des Königs, das dem Schreiben offizielle Legitimität verleihen würde, spielt herbei keine Rolle. Haman entscheidet offenbar frei über Inhalt und Form des Edikts.[790] Dies betrifft auch den Termin der angedachten Vernichtung (11,219), denn von einem Lose-Werfen ist in EstJos nirgends die Rede.[791] Haman trägt nach dieser Darstellung deutlich größere Verantwortung für die Geschehnisse als der

---

787 Vgl. Kap. 2.3.

788 Wie auch angemerkt bei Spilsbury und Seeman, *Judean Antiquities 11*, 67, Anm. 693, erklärt Josephus nicht, wie Haman von den Amalekitern abstammen kann, wenn diese doch vollständig vernichtet worden sein sollen.

789 Vgl. zur Darstellung der Amalekiter im Werk des Josephus Johann Maier, „Amalek in the Writings of Josephus," in *Josephus and the History of the Greco-Roman Period: Essays in Memory of Morton Smith*, hrsg. v. Fausto Parente und Joseph Sievers, StPB 41 (Leiden: Brill, 1994), 109–126.

790 Vgl. auch die Beobachtung bei G. J. Swart, „Rahab and Esther in Josephus: An Intertextual Approach," *APB* 17 (2006), 54: „[I]t would seem as if Haman assumes a more central role in having this edict issued" (im Vergleich mit EstLXX).

791 Dementsprechend fehlt bei Josephus auch jeglicher Erklärungsversuch zum Namen des neu etablierten Festes (11,295).

König oder jede andere Figur, zumal seine Stellung am Hof in EstJost auch zunächst überhaupt nicht klar genannt oder beschrieben wird: In markanter Abweichung von allen anderen Esther-Versionen, die von einer Beförderung in eine bestimmte hohe Position berichten, erwähnt Josephus an dieser Stelle lediglich, Haman habe vom König eine Ehrung (τιμή 11,209; vgl. 11,217.225.244.245.269.273. 277) erhalten, indem dieser verfügt habe, sowohl Fremde als auch „freie Perser" hätten vor Haman die Proskynese auszuführen (προσεκύνουν οἵ τε ξένοι καὶ Πέρσαι, ταύτην αὐτῷ τὴν τιμὴν παρ' αὐτῶν Ἀρταξέρξου κελεύοντος γενέσθαι 11,209; vgl. 11,210), wenn Haman zum König hineingehe (εἰσιόντα πρὸς τὸν βασιλέα 11,209).

Daran, dass Haman erneut zum König geht (προσελθὼν οὖν τῷ βασιλεῖ 11,212), um seine Anklage vorzutragen, zeigt sich, dass er offenbar leichteren Zugang zu diesem hat als Esther und andere Personen, die nicht ungefragt im Thronsaal vorstellig werden dürfen (ὥστε μηδένα τῶν ἰδίων αὐτῷ προσιέναι μὴ κληθέντα 11,205; vgl. 11,226.228).[792] Den direkten Zugang zum Monarchen nutzt Haman in effektiver Weise zum Erreichen seiner politischen Ziele. Zugleich soll möglicherweise auch sein angedeuteter Reichtum von mindestens 40.000 Talenten Silber (11,214; vgl. 11,269–270) dazu beitragen, Haman als besonders einflussreichen und damit gefährlichen Akteur am Königshof darzustellen.[793] Dennoch wird ihm zunächst nirgends eine Amtsbezeichnung oder ein Titel beigelegt, bis er sich selbst im ersten Edikt in den höchsten Tönen lobt und angibt, er sei der zweite Mann im Staate (11,217) und „zweiter Vater" des Königs (11,218). Es verwundert nicht, dass Ähnliches dann Mordechai über Haman sagen wird (11,225), ist doch nach dem Kontext vorauszusetzen, dass seine Quelle für diese Angabe eben jenes von Haman verfasste Edikt ist. Hamans genannter Ehrentitel und seine Funktionsbezeichnung werden „offiziell" erst rückblickend, nach dessen Tod, im zweiten Edikt bestätigt werden (11,277).

Haman wird erst mit fortgeschrittenem Verlauf der Erzählung als φίλος des Artaxerxes bezeichnet, jedoch wiederum zuerst aus dem Munde Esthers (11,242). Erst während seiner schlaflosen Nacht wird der König selbst Haman als einen seiner *Philoi* (11,251; vgl. 11,275) anerkennen, ja sogar als einzigen ihm wohlgesonnenen („φίλον," εἶπεν, „εἰδὼς ἐμαυτῷ σὲ μόνον εὔνουν" 11,252) und unver-

---

792 Der König wird Esther sodann in 11,238 von dieser Regelung ausnehmen.

793 Die Zahl ist viermal so hoch wie in den anderen Versionen, sodass sich tatsächlich vermuten lässt, EstJos „exaggerates Haman's wealth, and therefore his power": Spilsbury und Seeman, *Judean Antiquities 11*, 68–69, Anm. 707. 40.000 Talente müssen für Josephus und sein Publikum eine unerhört hohe Summe gewesen sein, soll doch selbst Marcus Licinius Crassus laut Plutarch kurz vor seinem Parther-Feldzug (53 v. Chr.) über „nur" 7.100 Talente verfügt haben (Plut. Crass. 2,3).

zichtbaren Freund (11,255; vgl. 11,254). Doch hat der König an dieser Stelle bereits Mordechai als noch wichtigeren, zu ehrenden *Philos* im Blick, was die Leser/-innen bereits wissen.[794] Haman schätzt sich letztlich selbst als wichtiger und beliebter ein, als er tatsächlich ist, worin sich bereits sein nach EstJos bedeutendster Charakterzug offenbart: seine Hybris.

Bereits Mordechai erklärt in seinem Gebet, Haman habe die Ehre (τιμή), die nur Gott zustehe, für sich selbst eingefordert (11,239). Josephus erklärt Hamans Sturz und Tod denn auch damit, dieser sei unmäßig (ἀμετρήτως) mit der ihm vom König verliehenen Ehre umgegangen (11,269) – er hat seine Kompetenzen überschritten. Darauf wird auch gleich zu Beginn des zweiten Edikts unter dem Stichwort ἐξυβρίζω (11,273) und sodann erneut mit κόρος (11,274) angespielt. Hamans Überhebung wird hier auch durch die Bemerkung noch stärker als in den anderen Esther-Texten akzentuiert, er habe mit Artaxerxes ausgerechnet jenen Menschen angegriffen, dem er seine eigene Macht (ἐξουσία) verdanke (11,278), d. h. seine Hybris hat offenbar mehrere Dimensionen.[795] In diesen sachlichen Zusammenhang ist wohl auch eine nur in EstJos bezeugte Bemerkung im zweiten Edikt einzuordnen, die Haman die Fähigkeit zu vernünftigem Denken abspricht (οὐδὲ σώφρονι λογισμῷ 11,277). Hinzu kommt der Vorwurf der Lüge (11,278), sodass sich spätestens jetzt ein Gesamtbild ergibt, das Mordechai bereits in der Ehrungs-Szene andeutet: Für ihn ist Haman, weil er sich scheinbar über das Unglück der jüdischen Gemeinschaft belustigen will, der „schlechteste aller Menschen" (κάκιστος πάντων ἀνθρώπων 11,257). Diese Aussage bietet an dieser Stelle ausschließlich EstJos, und sie wird später in ähnlicher Form aus dem Munde des Königs wiederholt (11,265), auch hier ohne Parallele in den anderen Versionen.[796] Artaxerxes reagiert damit auf Esthers Anklage, die Haman als böse

---

794 Vgl. dazu ausführlich Kap. 6.5.2.

795 Noch eine weitere Art der Überhebung wird bereits in Hamans Reaktion auf die verweigerte Proskynese angedeutet: Als einzige Version der Erzählung erläutert EstJos Hamans Entschluss, die gesamte jüdische Bevölkerung vernichten zu wollen, mit der Bemerkung, die Bestrafung Mordechais sei ihm zu wenig gewesen (μικρὸν ἡγήσατο 11,211) – Haman übertreibt maßlos und zeigt darin einen Aspekt seiner Hybris. Bereits Waschti wird zuvor ausdrücklich ihrer Hybris bezichtigt (11,192.193), und Josephus reflektiert auch an anderen Stellen seines Werks über das Wesen und die Folgen der Selbstüberhebung; vgl. Spilsbury und Seeman, *Judean Antiquities 11*, 83, Anm. 894, wo auf Ant 1,113.188.189; 5,200 verwiesen wird.

796 An beiden Stellen geht dieser Beurteilung ein Missverständnis voraus: Im einen Fall beabsichtigt Haman tatsächlich nicht, Mordechai zu verspotten, sondern ihn – erzwungenermaßen – zu ehren. Im zweiten Fall interpretiert der König Hamans Flehen vor Esther als einen Angriff auf die Königin. Vgl. auch Spilsbury und Seeman, *Judean Antiquities 11*, 81, Anm. 873: „The irony is that the truth about Haman is uttered by characters who misunderstand Haman's outward actions, but who nevertheless grasp the true nature of the man."

(πονηρός 11,264) bezeichnet – eine Charakterisierung die in EstJos auch von der Erzählstimme (11,247) und sogar in einem Autorenkommentar (11,268) vorgenommen wird.

Josephus stellt mit dieser Darstellung unmissverständlich klar, dass Hamans Vergehen in seiner charakterlichen „Schlechtigkeit" und moralischen Bosheit wurzelt. Haman ist das Gegenteil eines tugendhaften Menschen, weshalb sein Sturz und die ihm nach Josephus durch Gott beigebrachte Strafe auch für diejenigen römischen Leser/-innen nachvollziehbar und gerecht erscheinen muss, die die theologischen Grundannahmen des Josephus mehrheitlich nicht teilen: Wer sich in dieser Weise der Hybris, Untugend und Bosheit verschreibt, verlässt jeglichen ethischen Grundkonsens, der für das gesamte Publikum des Josephus vorausgesetzt werden kann. Anhand der Figur des Haman gelingt es Josephus jedoch, die von ihm verfochtene Idee zu kommunizieren, dass Untugend gleichbedeutend ist mit dem Widerstand gegen den Willen und das Gesetz Gottes. Der komplementäre Gedanke, dass die Orientierung am göttlichen Willen zugleich höchste Tugendhaftigkeit darstellt, wird in EstJos anhand der Darstellung nicht nur des „geläuterten" Königs, sondern auch der jüdischen Protagonistinnen und Protagonisten illustriert.

6.5 Mordechai

6.5.1 Mordechai als religiöse Führungsfigur

In EstJos betritt Mordechai – wie in EstMT und anders als in EstLXX, EstAT und EstVL – zuerst im Zusammenhang mit Esthers Teilnahme am königlichen Jungfrauenwettbewerb die Bühne des Geschehens. Er wird hier als einer „der Obersten unter den Jüdinnen und Juden" (τῶν δὲ πρῶτον παρὰ τοῖς Ἰουδαίοις 11,198) betitelt und lebt zunächst in Babylon, bevor er mit Esther nach Susa umzieht (11,204). Da EstJos keine weiteren Ausführungen zur Art von Mordechais gemeindlicher Führungsrolle in Babylon macht und ihn als nach Susa Zugezogenen charakterisiert, liegt es nicht gerade nahe, Mordechai als religiöse Führungsfigur der jüdischen Gemeinschaft in Susa zu verstehen. Da Josephus anders als EstLXX, EstAT und EstVL nicht von einem die Erzählung einleitenden Traumgesicht berichtet, bleibt Mordechais kultische bzw. religiöse Tätigkeit anfangs vollkommen im Dunkeln. Auch ist keine Rede davon, Mordechai habe Esther, die in EstJos als seine Nichte vorgestellt wird (11,198), Anweisungen ihre religiöse Praxis betreffend gegeben.

Allerdings wird Mordechai sodann auch in EstJos die erste Figur sein, von der eine religiös konnotierte Reaktion auf das erste Edikt berichtet wird: Er zerreißt seine Kleidung, legt ein Sackkleid an und bestreut sein Haupt mit Asche (11,221). Erst nach der Diskussion mit Esther jedoch nimmt er auch tatsächlich eine religiöse Führungsrolle in seiner Gemeinde ein, indem er auf Esthers Anweisung hin (κατὰ τὰς τῆς Ἐσθῆρος ἐντολὰς 11,229; vgl. 11,228) „das Volk zum Fasten veranlasst" (τόν τε λαὸν ἐποίησε νηστεῦσαι 11,229).[797] Sein nun folgendes Gebet ist knapper gehalten als in EstLXX und EstAT und in *dieser* Hinsicht eher mit EstVL zu vergleichen. Es fungiert auch in EstJos als Fürbitte für die gesamte jüdische Gemeinschaft sowie als Rechtfertigung von Mordechais gefährlicher Verweigerung der Proskynese vor Haman (11,230). Diese versteht Mordechai als einzigen Grund für die missliche Lage der Jüdinnen und Juden und lehnt demgegenüber eine quasi-deuteronomistische Interpretation der Ereignisse ab (οὐδὲ γὰρ ἁμαρτόν τι κινδυνεύειν ἀκλεῶς ἀποθανεῖν 11,230). Die Bedeutung dieser Bemerkung für das theologische Gesamtkonzept des Josephus wurde bereits erörtert,[798] doch ist hier noch darauf hinzuweisen, dass in EstJos allein Mordechai für die (theologische) Deutung der Ereignisse „zuständig" ist – nicht Esther (so EstLXX C,17–18; EstAT 4,21) und nicht die jüdische Gemeinschaft als Ganze (so EstVL H,2). Insofern passt ins Bild, dass Mordechai die Königin auch zuvor bereits darüber belehrt hatte, dass, sollte sie untätig bleiben, letztlich Gott den Jüdinnen und Juden Hilfe leisten werde (11,227).[799]

Obwohl die Wiedergabe des Gebets keine Beteiligung anderer Menschen erkennen lässt,[800] wird eine gewisse Führungsrolle des Mordechai doch dadurch angedeutet, dass Josephus das nachfolgend erwähnte Gemeindegebet mit den Worten einleitet: „Dieselben Rufe aber stieß auch die Volksmenge aus" (τὰς δ᾽ αὐτὰς ἠφίει καὶ τὸ πλῆθος φωνάς 11,231). Der einzige andere Hinweis auf eine mögliche Führungsrolle Mordechais im religiösen bzw. kultischen Bereich betrifft seinen Beitrag zur Institutionalisierung des neuen Festes, zwecks derer er an die Jüdinnen und Juden in allen Teilen des Reiches schreibt (11,293). Allerdings hatte er offenbar nicht direkt dazu beigetragen, die Feierlichkeiten zu etablieren (11,291–292), sondern scheint nun vielmehr seine neu gewonnene politische Position zu nutzen, um eine reichsweite Information auszugeben.

---

[797] Indem dies so ausdrücklich festgehalten wird, trifft sich EstJos an dieser Stelle mit EstVL 4,17 gegen die anderen Versionen.
[798] Vgl. Kap. 6.2.2.2.
[799] An dieser Stelle findet sich, wie bereits mehrfach erwähnt, außer in EstJos auch in EstAT (4,9) ein expliziter Gottesbezug, während EstMT/EstLXX/EstVL 4,14 nicht auf Gott verweisen.
[800] Dies betrifft den in der Loeb-Ausgabe wiedergegebenen Text. Ein anderer Teil der Überlieferung zu EstJos spricht an dieser Stelle jedoch von der Beteiligung anderer Personen; vgl. Haelewyck, *Hester*, 74. Der sich daraus ergebende Sinn steht in diesen Textzeugen demzufolge der Aussage in EstVL C,1–2 nahe.

Damit ergibt sich ein Gesamtbild, das Mordechai zwar als kultisch-rituell tätige Figur zeichnet, der auch von nicht-jüdischer Seite eine Nähe zu göttlichen Mächten zugeschrieben wird (vgl. die Aussage von Hamans Frau und Freunden: τὸν γὰρ θεὸν εἶναι σὺν αὐτῷ 11,259). Weiterhin ist er die einzige Figur, die – in engen Grenzen – theologische Gedanken formuliert. Vom Bild einer so eminent einflussreichen religiösen Führungsfigur, wie wir ihr etwa in EstVL begegnet sind, ist die Charakterzeichnung in EstJos jedoch weit entfernt. Dies mag sich in Teilen auch dadurch erklären, dass Josephus bei seinem gebildeten nicht-jüdischen Publikum kein besonderes Interesse an den kultisch-religiösen Aufgaben des Anführers einer jüdischen Diaspora-Gemeinde vermutete.

6.5.2 Mordechai als politische Führungsfigur

Anders als in EstMT, EstLXX und EstVL ist Mordechai zu Beginn der Erzählung noch nicht am Königshof beschäftigt – mehr noch: Wie bereits erwähnt, lebt er zunächst gar nicht in Susa, sondern in Babylon (11,198) und zieht erst nach Esthers Hochzeit nach Susa, um seiner Pflegetochter nahe zu sein (11,204). Er hält sich nun täglich in der Nähe des Palastes auf (πρὸς τοῖς βασιλείοις διατρίβων), um sich dort nach ihrem Wohlergehen erkundigen zu können.

Vor diesem Hintergrund ist auch die Gestaltung des Berichts über die „Eunuchenverschwörung" bei EstJos zu verstehen: Anders als in den anderen Esther-Texten ist es nicht Mordechai selbst, der die Verschwörer belauscht – er befindet sich schließlich außerhalb des Palastes –, sondern ein jüdischer Mittelsmann namens Barnabazos. Dieser „Haussklave des einen Eunuchen" (τῶν εὐνούχων οἰκέτης τοῦ ἑτέρου 11,207) hört von den Plänen und gibt die Information an Mordechai weiter. Erst jetzt kann dieser Esther davon erzählen, die wiederum den König unterrichtet (11,208). Mordechai wird damit als zentrale Figur in der Informationskette dargestellt, hat aber selbst bislang keinen direkten Zugang zum Palast, sondern kommuniziert dort mit einzelnen Vertrauten wie Barnabazos und Esther. Dies ändert sich nun, indem er vom König zu seinem unverzichtbaren *Philos* (φίλος ἀναγκαιότατος 11,208)[801] erklärt wird und die Erlaubnis bekommt,

---

801 Diese Titulatur muss wohl als besonders hohe Auszeichnung verstanden werden, gerade durch die Verwendung des Superlativs (vgl. Ant 10,5.59.229; 15,252). Das Adjektiv ἀναγκαῖος kann über den Bedeutungsaspekt „notwendig"/„unverzichtbar" hinaus auch auf (tatsächliche oder ideelle) Verwandtschaft hinweisen. Die Bezeichnung φίλος ἀναγκαῖος findet sich denn auch bisweilen in direkter Parallele zu συγγενής (Apg 10,24; vgl. auch Demosth. Or. 19,290), wobei dieser Ausdruck wiederum zugleich den höchsten Ehrenrang in der hellenistischen Hofrangti-

sich dauerhaft im Palast aufzuhalten. Mordechais Stellung am Hof erklärt sich nach EstJos demnach ausschließlich durch dessen Rolle bei der Aufdeckung der Verschwörung. Durch diese beweist er – ebenso wie Esther und der jüdische Sklave Barnabazos, der sogar seinen Herrn verrät – seine Loyalität zum Herrscher.

Wie in jeder anderen Version der Erzählung stellt sich auch in EstJos die Frage, inwiefern Mordechai die Autorität des Königs durch die Missachtung des Proskynese-Gebots in Frage stellt. Nach der Darstellung des Josephus hat Mordechai sehr gute Gründe, in diesem speziellen Fall gegen die Anweisung des Königs zu handeln: Er richtet sich dabei nach dem Gesetz seiner Vorfahren, das die Proskynese vor einem Menschen nicht zulasse, und zeigt damit zugleich seine Weisheit (διὰ σοφίαν καὶ τὸν οἴκοθεν αὐτοῦ νόμον οὐ προσκυνοῦντος ἄνθρωπον 11,210; vgl. 11,230 – 231).[802] „Josephus explicitly presents the problem as a collision of laws",[803] wie Kneebone zutreffend feststellte. Damit steht Mordechai vor einem ähnlichen Problem wie zuvor bereits Waschti und auch der König selbst, denn verschiedene Arten des νόμος, d. h. verschiedene legitime Autoritäten, stehen sich gegenüber.

Mordechai entscheidet sich nach EstJos in seiner Weisheit für die höhere Autorität des althergebrachten – und letztlich auf göttliche Weisung zurückgehenden – Gesetzes. Seine Vorgehensweise ist damit potenziell für den größten Teil der jüdischen wie auch nicht-jüdischen Leserschaft nachvollziehbar. Es ist darüber hinaus bemerkenswert, dass nicht Mordechai selbst oder gewisse – in EstJos nicht erwähnte – Palastbedienstete seine Weigerung explizit mit seiner jüdischen Herkunft in Verbindung bringen, sondern allein Haman (μαθὼν δ᾽ αὐτὸν ὄντα Ἰουδαῖον ἠγανάκτησε 11,210). Dessen Wut wiederum wird bestimmt von einem viele Generationen alten Hass auf alle Jüdinnen und Juden, sodass seine auf

---

tulatur bezeichnet. Vgl. auch die Hinweise bei Spilsbury und Seeman, *Judean Antiquities 11*, 66, Anm. 678.

802 Hier deutet sich Josephus' Verständnis vom überlieferten Gesetz als Ausdruck von „wahrer" Weisheit und Tugend an, das er z. B. in CAp 2,182– 183 verdeutlicht: οἱ μὲν γὰρ ἄλλοι τὸ μηδενὶ τῶν πατρίων ἐμμένειν καλὸν εἶναι νομίζουσι καὶ τοῖς τολμῶσι ταῦτα παραβαίνειν μάλιστα σοφίας δεινότητα μαρτυροῦσιν, (183) ἡμεῖς δὲ τοὐναντίον μίαν εἶναι καὶ φρόνησιν καὶ ἀρετὴν ὑπειλήφαμεν, τὸ μηδὲν ὅλως ὑπεναντίον μήτε πρᾶξαι μήτε διανοηθῆναι τοῖς ἐξ ἀρχῆς νομοθετηθεῖσιν. „Die übrigen (Völker) halten es ja für gut, keiner väterlichen Überlieferung treu zu bleiben, und bezeugen denen, die sie am meisten zu übertreten wagen, eindrucksvolle Weisheit; (183) wir aber, im Gegenteil, sind der Auffassung, einzige Klugheit und Tüchtigkeit sei, überhaupt nichts zu tun oder zu denken, was dem entgegen wäre, was seit Anfang als Gesetz gilt." Übersetzung nach Siegert, *Flavius Josephus: Über die Ursprünglichkeit des Judentums (Contra Apionem)*.

803 Emily Kneebone, „Josephus' Esther and Diaspora Judaism" in *The Romance between Greece and the East*, 171.

vielfältigen anti-jüdischen Vorurteilen beruhende Anklage beim König (11,212) für das Publikum des Josephus vollkommen irrational erscheinen muss.

Auf sein gutes Verhältnis zum König jedenfalls scheint Mordechais Handeln in der Proskynese-Szene keine bleibenden Auswirkungen zu haben. Seine Beziehung zu Artaxerxes wird weiterhin bestimmt durch die Rettung (σωτηρία 11,208; vgl. 11,257) vor dem Mordanschlag, die in den Chroniken vermerkt wird. Allerdings hebt EstJos hervor, Mordechai habe darüber hinaus nichts für seine Tat erhalten.[804] Diese Notiz garantiert inhaltliche Konsistenz mit der späteren Ehrungs-Szene, die voraussetzt, dass der König seinem Informanten (μηνυτής 11,249) Mordechai etwas schuldig geblieben ist (11,250). Dass Mordechais Rettungstat in den Chroniken neben den Verdiensten anderer Untertanen erscheint, die für eine Heldentat (ἀριστεία 11,249) bzw. für vorbildliche Loyalität (πίστις 11,249) belohnt worden waren, lässt seine Leistung in der Darstellung von EstJos umso bedeutsamer erscheinen. Es ist damit nur folgerichtig, dass Artaxerxes eine wahrhaft königliche Ehrung (τιμή 11,254.258) für Mordechai beschließt,[805] der ihm das Leben gerettet hatte (ταῦτα δὲ αὐτῷ παρ' ἡμῶν ἔσται σώσαντί μου τὴν ψυχήν 11,255) und dem er sich nun in großer Zuneigung verbunden fühlt (στέργω 11,252.258).[806] Mit der Ehrung ist unterdessen die zweite Stufe von Mordechais Aufstieg am Hof erreicht: Er überflügelt Haman und tauscht mit diesem die Rollen, indem er zum König hineingeht (εἴσεισι πρὸς τὸν βασιλέα 11,259), wie dies zuvor Haman getan hatte (11,209). Dieser hingegen geht nun nach Hause und trauert (11,259), nimmt mithin eine ähnliche Position ein wie Mordechai zuvor.[807]

Die dritte und finale Stufe in Mordechais politischer Karriere besteht darin, dass er nach Hamans Tod diesen vollständig „ersetzt", indem er nicht nur seinen Posten, sondern auch sein Vermögen übernimmt (11,269 – 270). Das zweite Edikt lobt Mordechai als Wohltäter (εὐεργέτης) und – erneut – als Retter (σωτήρ) des

---

804 Es ist möglich, dass Josephus sich mit diesem deutlichen Hinweis (τῷ δὲ Μαρδοχαίῳ τότε μὲν οὐδὲν παρέσχεν) gegen eine Tradition wie in EstLXX A,16 wendet, die davon spricht, Mordechai habe Geschenke erhalten.

805 Dass EstJos anders als die übrigen Esther-Versionen anmerkt, Haman führe Mordechai gar „im Kreis" (ἐν κύκλῳ 11,258) durch die Stadt, soll möglicherweise das Ausmaß der Ehrung verstärken bzw. besonders hervorheben.

806 Mit demselben Verb war zuvor Mordechais Zuneigung zu Esther beschrieben worden (11,204). Aus Hamans Perspektive hingegen geht es in der Beziehung zwischen dem König und dem zu Ehrenden um φιλέω (11,253) bzw. ἀγαπάω (11,254). Es ließe sich spekulieren, ob Josephus mit dieser Wortwahl Hamans Missverstehen der Vorgänge, das die Ironie der Szene begründet, noch deutlicher herausstellen will. Diese Frage soll hier allerdings nicht vertieft werden und ist auch nicht entscheidend für das grundlegende Verständnis der Darstellung.

807 Vgl. Spilsbury und Seeman, *Judean Antiquities 11*, 79 – 80, Anm. 859.

Königs (11,278).[808] Mordechai legt nun erneut – offenbar dauerhaft – königliche Kleidung an und wird damit vom König geehrt (τιμάω 11,284). An diesem Punkt ist Mordechai nun auch nicht mehr nur der politisch wichtigste Akteur der jüdischen Gemeinschaft, sondern tatsächlich deren politischer Repräsentant: Die Jüdinnen und Juden von Susa interpretieren seinen Erfolg (εὐπραγία) als den ihren (11,284), und die obersten Funktionäre des Reiches ehren die jüdischen Untertanen (εἶχον ἐν τιμῇ τοὺς Ἰουδαίους 11,287) aufgrund ihrer Furcht (oder: Ehrfurcht) vor deren Anführer – für Josephus ein vernünftiges Verhalten: ὁ γὰρ ἐκ Μαρδοχαίου φόβος ἠνάγκαζεν αὐτοὺς σωφρονεῖν (11,287).[809] Der Schluss der Erzählung in EstJos fasst Mordechais politische Führungsfunktion noch einmal zusammen:

> ὁ δὲ Μαρδοχαῖος μέγας τε ἦν καὶ λαμπρὸς παρὰ τῷ βασιλεῖ καὶ συνδιεῖπεν αὐτῷ τὴν ἀρχήν, ἀπολαύων ἅμα καὶ τῆς κοινωνίας τοῦ βίου τῇ βασιλίσσῃ. (296) ἦν δὲ καὶ τοῖς Ἰουδαίοις τὰ πράγματα δι᾿ αὐτοὺς ἀμείνω πάσης ἐλπίδος.

> Mordechai aber war groß und angesehen beim König, und er beriet sich mit ihm über die Herrschaft, während er sich zugleich des Zusammenlebens mit der Königin erfreute. (296) Durch sie standen aber auch für die Jüdinnen und Juden die Dinge besser, als sie sich je erhofft hätten.
> Ant 11,295–296

Im Idealbild nach EstJos ist demnach Mordechai, der politische Repräsentant der jüdischen Gemeinschaft, unmittelbar an der Herrschaft des Königs beteiligt und trägt entscheidend dazu bei, dass es der jüdischen Bevölkerung wohlergeht.[810] Dabei spielt offenbar auch Esther eine Rolle, von der Mordechai durch seinen politischen Aufstieg nun nicht mehr getrennt ist: Sein Weg hat ihn schrittweise von Babylon nach Susa, dort sodann in den königlichen Palast und schließlich in den Thronsaal geführt, an die Seite des Königs und der Königin, seiner geliebten Nichte und Pflegetochter.[811]

---

808 Diese Charakterisierung entspricht EstLXX/EstVL E,13, wohingegen das Wohltäter-Motiv in der Parallele EstAT 7,26 fehlt.

809 In EstJos wird die Ehrung der Jüdinnen und Juden jedoch zugleich auch im zweiten Edikt angeordnet (11,280); vgl. Kap. 6.7.

810 In der Darstellung des Mordechai als wichtiger Figur am Hof eines als fähig und gerecht dargestellten Herrschers spiegelt sich möglicherweise in Teilen auch das Selbstbild des Josephus und seiner eigenen Position unter den Flaviern; vgl. Emily Kneebone, „Josephus' Esther and Diaspora Judaism" in *The Romance between Greece and the East*, 175.

811 Obschon der Ausdruck κοινωνία βίου als Fachterminus für die Ehe gebräuchlich ist (vgl. 3Makk 4,6; BGU IV 1051) und Esther vom König in 11,278 als τὴν κοινωνὸν ἡμῖν τοῦ τε βίου καὶ τῆς ἀρχῆς bezeichnet wird, legt es der Kontext in 11,295 nicht eben nahe, an eine Ehe zwischen Esther und Mordechai zu denken, wie es etwa in EstLXX 2,7 angedacht ist (vgl. Anm. 326). Es ist

6.6 Esther

Die Darstellung der Esther durch Josephus ist mit Blick auf sein Gesamtwerk von besonderem Interesse, „denn eine gewisse Misogynie ist bei ihm unverkennbar", wie Heinz Schreckenberg anmerkt.[812] Dies ist ersichtlich in seiner marginalisierenden oder gar abwertenden Darstellung einiger „biblischer" Frauenfiguren,[813] steht allerdings in Spannung zu seiner anerkennenden, teils idealisierenden Präsentation anderer.[814] Wie nun zu zeigen sein wird, ordnet sich Esther für Josephus in die letztgenannte Kategorie ein, indem sie von ihm als Retterin ihres Volkes gewürdigt wird, welche die ihr zur Verfügung stehenden Machtmittel in effektiver Weise zum Guten einsetzt.

Das Estherbild in EstJos weist im Vergleich mit den anderen Versionen der Erzählung einige Besonderheiten auf. Zum Teil stehen diese in Zusammenhang mit der oben bereits angesprochenen Tendenz des Josephus, die Esther-Erzählung in das Gewand eines hellenistischen Liebesromans zu hüllen, wie es Feldman nachgewiesen hat. Die Figur der Esther wird dabei in vielerlei Details gewissermaßen „erotisiert":[815] Ihre Schönheit wird besonders hervorgehoben (11,199),[816] und sie selbst fleht Gott im Gebet an, ihr für ihren Gang zum König noch größere Schönheit zu schenken (τὸ δὲ εἶδος εὐπρεπεστέραν τῆς τάχιον οὖσαν 11,232).[817] Diese soll ausdrücklich – neben einer überzeugenden Rede – dazu beitragen, den

---

jedoch aufgrund des Wortgebrauchs auch nicht auszuschließen, dass hier eine vergleichbare Tradition im Hintergrund eine Rolle gespielt hat.

812 Schreckenberg, „Josephus (Flavius Josephus)", 764. Vgl. z. B. die theologisch-moralisierende Aussage zur Unterordnung der Frau in CAp 2,221.

813 Vgl. die kurze Zusammenfassung bei Feldman, *Studies in Josephus' Rewritten Bible*, 564–565 sowie die entsprechenden Abschnitte im Hauptteil des Werks.

814 Als Beispiel für eine würdigende Darstellung einer Frauenfigur bei Josephus lässt sich Rebekka anführen; vgl. Schreckenberg, „Josephus (Flavius Josephus)", 772. Vgl. insgesamt zur Darstellung von Frauen im Werk des Josephus den Überblick mit weiterführender Literatur bei Tal Ilan, „Josephus on Women," in *A Companion to Josephus*, hrsg. v. Honora H. Chapman und Zuleika Rodgers, Blackwell Companions to the Ancient World (Chichester: Wiley-Blackwell, 2016), 210–221.

815 Vgl. Feldman, *Studies in Josephus' Rewritten Bible*, 616–620.

816 Dies gilt auch für Waschti (11,190); vgl. Spilsbury und Seeman, *Judean Antiquities 11*, 61, Anm. 617; 63, Anm. 647.

817 Von allen anderen Versionen verweist nur EstVL an dieser Stelle auf Esthers Aussehen (C,24), allerdings weniger explizit als EstJos; vgl. Haelewyck, *Hester*, 74 mit Verweis auf Motzo, *Ricerche sulla letteratura e la storia giudaico-ellenistica*, 339.

König milde zu stimmen (11,233),[818] was auch gelingen wird. Wie Feldman zeigt, ist die gesamte Thronsaal-Szene in EstJos durch die besondere Hervorhebung der Liebe zwischen Esther und dem König, zugleich aber auch durch deren Verletzlichkeit gekennzeichnet.[819]

Anhand dieser Beobachtungen wird deutlich, dass Esthers Verhältnis zum Perserkönig insgesamt durch größere Intimität und Nähe bestimmt wird als in den übrigen Textversionen. Dies drückt sich in anderer Weise auch in der bereits erwähnten Feststellung des Josephus aus, Esther sei die rechtmäßige Ehefrau des Artaxerxes (11,202). Sie lebt mit ihm zusammen (συνοικέω 11,203), was ihr keinerlei Probleme zu bereiten scheint: Weder geht Josephus auf die mindestens in EstMT und EstLXX (2,20) anklingende Frage ein, inwiefern Esther ihren Lebensstil ändert oder beibehält, noch beklagt sich Esther in ihrem Gebet über die Härten des Zusammenlebens mit Artaxerxes (vgl. Ant 11,231–233 mit EstLXX C,26–29; EstAT 4,25–28; EstVL C,26.28.29.27). Kneebone hält fest: „In Josephus, [...] we find no claim that Esther despises Gentile customs, and her abstention or participation in Persian customs is left entirely open to interpretation."[820] Doch nicht nur lässt Josephus das mögliche Problem unerwähnt, dass Esther in ihrer Ehe gegen das mosaische Gesetz verstoßen könnte, vielmehr hebt er anders als die übrigen Esther-Versionen sogar hervor, Esther bete zu Gott im Einklang mit „dem väterlichen Gesetz" (τῷ πατρίῳ νόμῳ 11,231), nämlich indem sie sich in Trauerkleidung zu Boden wirft (ρίψασα κατὰ τῆς γῆς ἑαυτήν).[821]

Genau diese persisch-jüdische Königin Esther ist es nun für Josephus, die, wie er in seiner Einleitung zur Esther-Perikope betont, ihr gesamtes Volk gerettet habe (ἣν καὶ σῶσαι τὸ ἔθνος ἡμῶν λέγουσιν 11,185). An dieser Stelle legt er zudem Wert auf die Feststellung, Esther sei königlicher Abstammung (τοῦ γένους οὖσαν τοῦ βασιλικοῦ 11,185). Wie bereits gezeigt, sind es im Laufe der Erzählung durchaus auch andere Akteure, insbesondere Mordechai und Artaxerxes, die auf die Rettung der jüdischen Gemeinschaft hinarbeiten. Dass Esther jedoch in der Kurz-Zusammenfassung zu Beginn so prominent erwähnt wird und am Ende gleichberechtigt neben Mordechai als Verantwortliche für das gute Ergehen der jüdischen Gemeinschaft genannt wird (δι' αὐτοὺς 11,296), zeigt, dass Josephus ihr einen großen Teil des Rettungsgeschehens zugute hält. Ihr wichtigster Beitrag

---

818 Zur Beschreibung von Esthers Auftreten in der Thronsaal-Szene (11,234) hält Feldman denn auch fest: „Josephus' Esther is warmer and more picturesque": Feldman, *Studies in Josephus' Rewritten Bible*, 519.

819 Vgl. Feldman, *Studies in Josephus' Rewritten Bible*, 520.

820 Emily Kneebone, „Josephus' Esther and Diaspora Judaism" in *The Romance between Greece and the East*, 179.

821 Der letztgenannte Aspekt erscheint neben EstJos nur noch in EstVL (C,13).

besteht nach EstJos in ihrer Gestaltung des Näheverhältnisses zum Perserkönig, das erst den vorteilhaften Kontext schafft für die entscheidende Wendung des Geschehens in der Thronsaal-Szene. Des Weiteren hält sie in vorbildlicher Weise Fürbitte vor ihrem Gott und nennt dabei ausdrücklich ihr Ziel, als Anwältin für ihr bedrängtes Volk einzutreten (πρὸς τὴν συνηγορίαν τῶν ὁμοεθνῶν 11,233) – eine Besonderheit in EstJos. Dabei verteidigt sie nicht nur die jüdische Gemeinschaft, sondern treibt zugleich auch die Anklage gegen Haman voran, sorgt für Mordechais finalen Aufstieg am Hof (11,269–270), verfasst das zweite Edikt (11,271–272)[822] und erwirkt die Tötung aller Feinde der jüdischen Bevölkerung (οἱ ἐχθροί 11,289).

6.7 Die jüdische Gemeinschaft

Auf die jüdische Gemeinschaft wird in EstJos einmal unter dem Stichwort Ἰσραηλῖται rekurriert (11,231), ansonsten regelmäßig mit der Bezeichnung Ἰουδαῖοι.[823] Dass die Ἰουδαῖοι unterschiedslos als γένος, λαός oder ἔθνος (sowie πλῆθος in 11,231) bezeichnet werden, entspricht dem durchgehenden Sprachgebrauch in den *Antiquitates*.[824]

Die jüdische Gemeinschaft kommt auch in EstJos zunächst passiv in den Blick, nämlich als Zielobjekt von Hamans Anschuldigungen und seinem Hass, der sich aus der uralten Feindschaft zwischen Israel und Amalek herleitet (11,211). Hamans Anklage gegen die jüdische Bevölkerung enthält eine Reihe von Elementen, die dem Josephus auch aus seinem eigenen historischen Kontext als antijüdische Stereotype wohlbekannt sind:[825]

---

822 Nach 11,271 weist der König Esther an, in seinem Namen zu schreiben, was immer sie will (γράφειν δὲ ἃ βούλεται προσέταξε), und das Edikt mit seinem Siegel zu versehen. Dass er nach 11,272 erneut aktiv wird und nun den Schreibern befiehlt, einen Brief zu verfassen (ἐκέλευσε γράφειν), mag auf den ersten Blick überraschen und scheint der vorherigen Aussage zu widersprechen, indem nun verschiedene Parteien mit γράφειν beauftragt werden. Die Passage ist jedoch vermutlich so zu verstehen, dass der König dafür sorgt, dass die Schreiber Esthers Diktat niederschreiben, er der Königin aber nach wie vor freie Hand dabei lässt, was genau sie den Schreibern diktiert.
823 Vgl. dazu Anm. 740. Der Term Ἰουδαῖοι wird von Josephus in Ant 11,173 als nachexilisches Phänomen erläutert und ist denn auch seine häufigste Bezeichnung für das Volk Israel in Buch 11 der *Antiquitates*.
824 Vgl. Spilsbury, *The Image of the Jew in Josephus' Paraphrase of the Bible*, 39.
825 Vgl. z. B. Tac. Hist. 5,5; vgl. zum Kontext Peter Schäfer, *Judeophobia: Attitudes towards the Jews in the Ancient World* (Cambridge, MA: Harvard University Press, 1997), 180–195; Baltrusch, „Bewunderung, Duldung, Ablehnung", 412–419.

προσελθὼν οὖν τῷ βασιλεῖ κατηγόρει λέγων ἔθνος εἶναί τι πονηρόν, διεσπάρθαι δὲ τοῦτο κατὰ τῆς ὑπ' αὐτοῦ βασιλευομένης οἰκουμένης, ἄμικτον ἀσύμφυλον οὔτε θρησκείαν τὴν αὐτὴν τοῖς ἄλλοις ἔχον οὔτε νόμοις χρώμενον ὁμοίοις, „ἐχθρὸν δὲ καὶ τοῖς ἔθεσι καὶ τοῖς ἐπιτηδεύμασιν τῷ σῷ λαῷ καὶ ἅπασιν ἀνθρώποις.["]

So klagte er nun an, als er zum König gegangen war, es gebe da ein böses Volk; dieses sei aber zerstreut über die von ihm beherrschte bewohnte Welt, abgesondert und gemeinschafts-feindlich; weder pflege es dieselbe Götterverehrung wie die anderen noch bediene es sich gleichartiger Gesetze: „Feindselig ist es aber sowohl in seinen Gebräuchen als auch in seinen Bestrebungen gegenüber deinem Volk und allen Menschen.["]
Ant 11,212

Im ersten Edikt wiederholt und ergänzt Haman, den König als Sprecher darstel-lend, wie folgt:

κηδεμονικῶς ὑποδείξαντός μοι παντάπασιν ἀνθρώποις ἀναμεμῖχθαι δυσμενὲς ἔθνος καὶ τοῖς νόμοις ἀλλόκοτον καὶ τοῖς βασιλεῦσιν ἀνυπότακτον καὶ παρηλλαγμένον τοῖς ἔθεσι καὶ τὴν μοναρχίαν μισοῦν καὶ δύσνουν τοῖς ἡμετέροις πράγμασι,

[Da Haman] mich fürsorglich auf ein boshaftes Volk hingewiesen hat, das sich unter alle Menschen gemischt hat und absonderliche Gesetze hat und den Königen nicht gehorsam ist und durch seine Gebräuche hervorsticht und die Monarchie hasst und unsere Regierung verachtet,
Ant 11,217

Die aufgezählten Beschuldigungen weichen in Teilen von dem ab bzw. gehen gar über das hinaus, was in den entsprechenden Passagen der anderen Esther-Ver-sionen expliziert wird.[826] Vor allem der Vorwurf der mit vielfältigem Vokabular hervorgehobenen Feindseligkeit gegenüber der staatlichen Ordnung und sogar der Alleinherrschaft als solcher wiegt schwer:[827] Kein antiker Herrscher könnte eine solcherart gesinnte und agierende jüdische Gemeinschaft tolerieren, und vor dem Hintergrund des Krieges der Jahre 66–74 n. Chr. erhalten sie gerade in Rom eine besondere Aktualität und Brisanz. Träfen die Anschuldigungen zu, so müsste Josephus selbst, als loyaler Unterstützer der flavischen Herrschaft, in die Klagen so manches Zeitgenossen über die jüdische Bevölkerung des *Imperium Romanum* einstimmen. Das Gegenteil ist freilich der Fall, dient ihm doch die Esther-Erzäh-lung – die für ihn historische Realität ist – als mustergültiger Erweis des friedli-chen und nachgerade staatstragenden Wesens jüdischer Gemeinschaften.[828]

---

826 Dies gilt natürlich insbesondere für den Vergleich mit EstMT, wo keine im Edikt enthaltenen Anschuldigungen wiedergegeben werden.
827 In dieser Hinsicht steht EstAT (3,17) dem in EstJos Formulierten am nächsten.
828 Vgl. in diesem Sinne auch Spilsbury und Seeman, *Judean Antiquities 11*, 55: „We find in Jo-sephus no fatalistic assumption that Haman's brand of self-serving prejudice and fear-mongering

Im Verlaufe des Geschehens wird sich nämlich herausstellen, dass die Anklage von einem – wie oben erörtert – überheblichen und böswilligen Lügner konstruiert wird. Folgerichtig wird das von diesem gezeichnete Bild der jüdischen Gemeinschaft im zweiten Edikt korrigiert und geradezu ins Gegenteil verkehrt: In ähnlicher Stoßrichtung wie auch in EstLXX, EstAT und EstVL wird hier klargestellt, die Jüdinnen und Juden des Reiches hätten nichts Unrechtes getan (μηδὲν ἀδικοῦντες 11,275) und seien nicht böse (οὐ πονηροί 11,279). Damit sind die entsprechenden Anschuldigungen Hamans (11,212; vgl. 11,214) entkräftet, während der Ankläger selbst, wie oben gezeigt, als Lügner enttarnt wird.[829] Ebenso wie in den Paralleltexten wird nun verfügt, dass die vormaligen Bestimmungen zur Vernichtung der jüdischen Bevölkerung keine Gültigkeit mehr haben sollen (11,280), doch nur bei Josephus findet sich an dieser Stelle zusätzlich die Idee, die Jüdinnen und Juden sollten mit höchsten Ehren bedacht werden (τιμῆς αὐτοὺς ἁπάσης τυγχάνειν βούλομαι 11,280). Damit stellt EstJos einen konsistenteren Sinnzusammenhang her als die anderen Textversionen, wird doch dieser Befehl im Folgenden von den Amtsträgern des Reiches pflichtgemäß umgesetzt (11,287). Die vergleichbaren Aussagen in EstMT, EstLXX, EstAT und EstVL bringen dies ausschließlich mit der Furcht vor Mordechai in Verbindung, während Josephus mit der besonderen Bestimmung des Edikts die Ehrung der jüdischen Bevölkerung zugleich auf die Autorität des Königs zurückführt.

Den Jüdinnen und Juden wird nun gestattet, in Frieden zu leben und sich ihrer eigenen Gesetze zu bedienen bzw. ihren Gebräuchen zu folgen (τοῖς ἰδίοις νόμοις χρωμένους ζῆν μετ᾽ εἰρήνης 11,281),[830] nachdem bereits anerkannt worden ist, dass sie in politischer Hinsicht in der bestmöglichen Weise leben (τὸν ἄριστον πολιτευομένους τρόπον 11,279). Diese Aussagen entsprechen im Wesentlichen dem, was in EstLXX, EstAT und EstVL an den jeweiligen Stellen formuliert wird.

---

were either inevitable or insurmountable. Evidently, Josephus believed it could be overcome by a skilful and persistent delivery of the ‚facts‘. And that is precisely what he undertakes to provide in his retelling of the rest of the Esther story.“

829 Vgl. Kap. 6.4.

830 Der Aspekt des Friedens, der sich in den Paralleltexten nicht findet, hat in zweierlei Hinsicht hohe Relevanz für Josephus: Einerseits wird damit der Anspruch formuliert, dass jüdische Gemeinden nicht von außen angegriffen und in ihrer Lebensführung behindert werden. Andererseits wird hier jedoch auch eine friedliche Haltung der jüdischen Gemeinschaften gegenüber ihrer Umwelt suggeriert. Damit tritt Josephus dem Vorwurf entgegen, Jüdinnen und Juden träten aggressiv, feindselig oder gar kriegerisch auf. Dazu ist jedoch mit Spilsbury, *The Image of the Jew in Josephus' Paraphrase of the Bible*, 223 ergänzend anzumerken: „Josephus is fully aware that the Jews have not always lived up to such an ideal. [...] His emphasis on social harmony is, therefore, something like a sermon to the Jews themselves. This is how they must live if they hoped to survive as a minority in a Gentile world that was so much stronger militarily.“

Sie fügen sich hervorragend in die Konzeption des Josephus ein, nach der Gottes Gesetz die beste Grundlage für ein gelingendes Leben darstellt und folglich auch die „bestmögliche" soziale und politische Ordnung so verfasst sein wird, dass sie mit diesem Gesetz in Einklang steht. Dies ist für die jüdische Gemeinschaft in EstJos anzunehmen, denn wie wir gesehen haben, handeln die beiden Führungspersonen Esther und Mordechai in allen wichtigen Fragen stets im Einklang mit den überlieferten νόμοι. Insofern entspricht die in EstJos dargestellte Situation in Ansätzen dem, was Josephus andernorts als Theokratie bezeichnet wird (CAp 2,165; vgl. 2,184 – 189),[831] d. h. als eine Ordnung des Gemeinwesens, die Gott als Souverän sowie den mosaischen νόμος als „Grundgesetz" anerkennt und die politische Legitimation einer kleinen, aristokratischen Gruppe von Führungspersönlichkeiten darauf gründet.[832]

Allerdings ist seine Esther-Erzählung mit ihrem Fokus auf eine einzelne Diaspora-Gemeinde für Josephus kein Ort für weitergehende Verfassungsdiskussionen oder Erläuterungen über die politische Ordnung jüdischer Gemeinwesen, wie sie sich an vielen anderen Stellen seines Werkes finden.[833] EstJos enthält

---

831 Vgl. zur Theokratie-Vorstellung bei Josephus die Anmerkungen bei Siegert, *Flavius Josephus: Über die Ursprünglichkeit des Judentums (Contra Apionem)*, Bd. 2, 116; 118 sowie ausführlich Christine Gerber, *Ein Bild des Judentums für Nichtjuden von Flavius Josephus: Untersuchungen zu seiner Schrift Contra Apionem*, AGJU 40 (Leiden: Brill, 1997), 338 – 359.

832 Die Darstellung in *Contra Apionem* läuft faktisch auf eine Hierokratie hinaus, während in EstJos mit dem Fokus auf die Diaspora weder Jerusalem noch der Tempel oder Priester erwähnt werden. Allerdings wird die von Josephus als Ideal angesehene Ordnung des israelitisch-jüdischen Gemeinwesens in den *Antiquitates* als Aristokratie (ἀριστοκρατία) bezeichnet, auch wenn der diesbezügliche Sprachgebrauch nicht immer konsistent ist. Sie wird von der Alleinherrschaft abgegrenzt und dieser vorgezogen (vgl. Ant 4,223; 6,36; 11,111; 14,41.91), obgleich die Durchsetzung des mosaischen Gesetzes durch Priester und Hohepriester für Josephus in verschiedenen Staatsformen vorstellbar ist – u. U. sogar in einer „demokratischen" (Ant 20,234). Das Ideal ist jedoch eine „Aristokratie", die in vorbildlicher Weise unter Mose und Josua verwirklicht worden sei. Hierbei wiederum wird die Umsetzung der Gottesherrschaft nicht allein durch Hohepriester und Priester geleistet, sondern stets unter Beteiligung eines (Ältesten-) Rates (meist: γερουσία); vgl. Paul Spilsbury, „Contra Apionem and Antiquitates Judaicae: Points of Contact," in *Josephus' Contra Apionem: Studies in Its Character and Context with a Latin Concordance to the Portion Missing in Greek*, hrsg. v. Louis H. Feldman und John R. Levison, AGJU 34 (Leiden: Brill, 1996), 348 – 368, 362 – 366. Noch weiter geht die These von Daniel Schwartz, dass Josephus die jüdische „Aristokratie" als Herrschaft der γερουσία verstehe, während die Führung durch die Priesterschaft mit dem Hohenpriester als προστάτης davon zu unterscheiden bzw. davon unabhängig sei; vgl. Daniel R. Schwartz, „Josephus on the Jewish Constitutions and Community," *SCI* 7 (1983). Vgl. zur Darstellung und Präferenz verschiedener Verfassungsformen bei Josephus ferner die instruktive Diskussion bei Spilsbury, *The Image of the Jew in Josephus' Paraphrase of the Bible*, 161 – 170.

833 Josephus spricht diesbezüglich in aller Regel im Singular von der jüdischen πολιτεία, meist allerdings mit direktem Bezug auf Jerusalem bzw. Palästina. Bereits in der Einleitung zu den

keinerlei erklärende Kommentare dazu, wie man sich die Organisation und politische Stellung der jüdischen Gemeinden im Perserreich nach den Bestimmungen des zweiten Edikts konkret vorzustellen hätte. Josephus geht offenbar davon aus, dass es zu keinem weiteren Widerspruch bzw. Loyalitätskonflikt zwischen jüdischen und persischen bzw. königlichen νόμοι kommen wird. Vielleicht ist gar daran gedacht, dass potenzielle Konflikte gleich im Vorfeld in den Beratungen zwischen Artaxerxes und Mordechai vermieden werden (vgl. 11,295). In jedem Fall scheint die jüdische Gemeinschaft die Herrschaft des Perserkönigs dauerhaft zu stützen, sodass Hamans entsprechender Vorwurf über den Hass auf dessen Monarchie (11,217) entkräftet ist.

Nach der Wiedergabe des Edikts wendet Josephus den Fokus auf die Freude der Jüdinnen und Juden in Susa über die neuartigen Verhältnisse.[834] Sie deuten Mordechais politischen und sozialen Aufstieg, wie bereits erörtert,[835] als Symbol für ihr eigenes, kollektives Wohlergehen (οἱ ἐν Σούσοις ὄντες Ἰουδαῖοι κοινὴν ὑπέλαβον τὴν εὐπραγίαν αὐτοῦ 11,284; vgl. 11,295–296). Der aktive Beitrag der Gemeinde als Ganzer für den eigenen Erfolg tritt demgegenüber zurück: Die Jüdinnen und Juden fasten auf Anweisung Esthers und Mordechais (Μαρδοχαῖος μὲν κατὰ τὰς τῆς Ἐσθῆρος ἐντολὰς τόν τε λαὸν ἐποίησε νηστεῦσαι 11,229), ihr Gebet lehnt sich offenbar eng an das Mordechais an (τὰς δ' αὐτὰς ἡφίει καὶ τὸ πλῆθος φωνάς 11,231),[836] und die Tötung ihrer Feinde vollziehen sie nach den Bestimmungen des zweiten Ediktes (11,288) bzw. auf direkten Befehl des Königs

---

Antiquitates erklärt Josephus, das Werk enthalte „unsere gesamte Geschichte und die Ordnung unseres Gemeinwesens, hergeleitet aus den hebräischen Schriften" (ἅπασαν τὴν παρ' ἡμῖν ἀρχαιολογίαν καὶ διάταξιν τοῦ πολιτεύματος ἐκ τῶν Ἑβραϊκῶν μεθηρμηνευμένην γραμμάτων 1,5; vgl. 1,10). Dabei habe sich die Ordnung des israelitisch-jüdischen Gemeinwesens im Verlaufe der Jahrtausende immer wieder verändert (1,13; vgl. die Darstellung der Abfolge in 11,111–112; 20,229–234). Vgl. auch den Hinweis bei Schwartz, „Josephus on the Jewish Constitutions and Community", 30, Anm. 1, „that some Arabic sources apparently cite the book by the title ‚On the Governance of the Jews'." Eine Darstellung der durch die mosaischen Gesetze geordneten jüdischen *Politeia* im engeren Sinne unternimmt Josephus in Ant 4,196–301; vgl. Otto Kaiser, „Die Politeia der Juden nach Josephus Antiquitates IV.196–301," in *Gott, Mensch und Geschichte: Studien zum Verständnis des Menschen und seiner Geschichte in der klassischen, biblischen und nachbiblischen Literatur*, hrsg. v. Otto Kaiser, BZAW 413 (Berlin: De Gruyter, 2010), 220–234.
834 Während die anderen Textversionen an dieser Stelle nicht zwischen der Stadtbevölkerung und „den Jüdinnen und Juden" (des Reiches) unterscheiden (vgl. EstMT/EstLXX/EstVL 8,15–16; EstAT 7,39–40), spricht Josephus ausdrücklich von den jüdischen Einwohnerinnen und Einwohnern der Stadt (οἱ ἐν Σούσοις ὄντες Ἰουδαῖοι 11,284).
835 Vgl. Kap. 6.5.2.
836 Nach einigen Textzeugen betet die Gemeinde bereits mit Mordechai gemeinsam, vgl. Anm. 800.

(11,290 – 291). Die Feier des Siegesfestes hingegen erscheint, wie oben erwähnt,[837] tatsächlich als spontaner Akt der jüdischen Bevölkerung (11,291–292), den Mordechai zum Anlass nimmt, die Feier eines jährlichen Festes anzuordnen (11,293–295).

Auch in EstJos stellt sich spätestens mit der Strafaktion gegen die Feinde (oἱ ἐχθροί 11,283.286.288.289.291.294; vgl. 11,233; οἱ ἐναντίοι 11,290) die Frage, wie das Verhältnis zwischen jüdischer und nicht-jüdischer Bevölkerung im Gesamten dargestellt wird. Dazu ist zunächst an die obigen Ausführungen zur Beziehung zwischen Gott und Israel zu erinnern:[838] Die Esther-Erzählung des Josephus zeichnet sich gegenüber den anderen Versionen u. a. dadurch aus, dass in ihr der Erwählungs- oder Bundesgedanke nirgends ausgeführt wird und die besondere Nähe zwischen Gott und Israel lediglich andeutungsweise zur Sprache kommt. Hier zeigt sich bereits, dass Josephus es weitgehend vermeidet, eine allzu starke Opposition zwischen jüdischer und nicht-jüdischer Bevölkerung zu implizieren. In dieses Bild passt auch der ebenfalls bereits erörterte Umstand, dass in EstJos keine Rede davon ist, das Eheleben mit dem Perserkönig habe Esther besondere Schwierigkeiten bereitet.[839]

Interessant ist ferner die Bemerkung in 11,285, viele Nicht-Juden hätten sich aufgrund ihrer Furcht vor der jüdischen Bevölkerung beschneiden lassen, um so der Gefahr zu entgehen (ὡς πολλὰ καὶ τῶν ἄλλων ἐθνῶν, διὰ τὸν ἐκ τῶν Ἰουδαίων φόβον περιτεμνόμενα τὴν αἰδῶ, τὸ ἀκίνδυνον αὐτοῖς ἐκ τούτου πραγματεύσασθαι). Allerdings ist die Beschneidung für Josephus zwar notwendige, nicht aber hinreichende Bedingung für die Zuschreibung jüdischer Identität: Er ist sich einerseits bewusst, dass auch andere Gruppen die Beschneidung praktizieren (CAp 1,169; 2,142) und wendet sich andererseits gegen Zwangsbeschneidungen, denn jeder Mensch müsse Gott nach eigenem Entschluss (κατὰ τὴν ἑαυτοῦ προαίρεσιν Vita 113) Verehrung erweisen. Die Formulierung in EstJos lässt sich demnach wohl kaum als Hinweis auf „vollständige" Konversionen deuten, zumal das Stichwort ἰουδαΐζω – anders als in EstLXX 8,17 (vgl. EstMT/EstVL 8,17) – nicht genannt wird.[840] „Josephus' phrasing betrays the fact that he did not consider these to be true conversions, but rather acts of expedience in a time of crisis",[841] stellt Spilsbury fest. Dies ordnet sich insofern organisch in das Gesamtwerk des Josephus ein, als er verschiedene Grade und Formen der Nähe zum Judentum bis hin

---

837 Vgl. Kap. 6.5.1.
838 Vgl. Kap. 6.2.2.4.
839 Vgl. Kap. 6.6.
840 Gegen Shaye J. D. Cohen, „Respect for Judaism by Gentiles according to Josephus," *HTR* 80, Nr. 4 (1987), 419.
841 Spilsbury, *The Image of the Jew in Josephus' Paraphrase of the Bible*, 215.

zur Konversion unterscheidet und entsprechende Beispiele verschieden bewertet.[842]

Für das Verhältnis zwischen jüdischer und nicht-jüdischer Bevölkerung in EstJos lässt sich mit Blick auf die Notiz über die Beschneidungen festhalten, dass hier ein wichtiger Identitätsmarker genannt wird, der gleichwohl für sich genommen keine klare Grenze zwischen jüdischer und nicht-jüdischer Identität definiert. Im Vergleich mit den anderen Esther-Versionen ist EstJos auch hinsichtlich anderer Aspekte sehr zurückhaltend, was die Gegenüberstellung von jüdischer und nicht-jüdischer Bevölkerung angeht. Gegenüber der historisch begründeten Feindschaft zu den Amalekitern und den von Haman aufgewiegelten „Feinden", die in EstJos hervorgehoben wird, rückt eine mögliche Opposition zwischen der jüdischen Gemeinschaft und den Persern bzw. der übrigen Reichsbevölkerung weit in den Hintergrund. So ergibt sich ohne Schwierigkeiten ein Gesamtbild, das die jüdische Gemeinschaft als loyale Stütze der Herrschaft des Perserkönigs sieht und ihre auch nach EstJos vorhandenen Besonderheiten in der Lebensführung nicht als Gefahr, sondern vielmehr als Gewinn für das Reich darstellt: Die Jüdinnen und Juden halten sich an jenen Gott, der auch die Dynastie des Artaxerxes bewahrt (11,279) und leben friedlich in der bestmöglichen Weise.[843] Vor diesem Hintergrund lässt sich auch eine auffällige Besonderheit in EstJos verstehen, wenn hier erwähnt wird, Haman habe dem König die enorme Summe von 40.000 Talenten Silber für die Erlaubnis zur Vernichtung der jüdischen Bevölkerung angeboten,[844] und zwar ausdrücklich, „damit er dennoch nicht den Verlust der von ihnen entrichteten Steuern erleiden müsste" (ἵνα μέντοι μὴ ζημιωθῇ τοὺς φόρους τοὺς πάρ' αὐτῶν γινομένους 11,214). Die jüdische Gemeinschaft hat nach EstJos also auch eine nicht zu vernachlässigende wirtschaftliche Bedeutung für das Reich[845] – eine Tatsache, die selbst ihr erbittertster Gegner zugestehen muss. Josephus suggeriert damit auf geschickte Art und Weise auch seinem zeitgenössischen römischen Publikum, dass jede Entscheidung über die politische Stellung der jüdischen Reichsbevölkerung diesen Aspekt klugerweise berücksichtigen sollte.

---

842 Vgl. Cohen, „Respect for Judaism by Gentiles according to Josephus".
843 Vgl. Spilsbury und Seeman, *Judean Antiquities 11*, 56: „Josephus wished to undermine the idea that Jewish particularity constituted any kind of threat to the established order of the societies in which they lived. [...R]ather than denying the peculiarity of the Jewish way of life, Josephus expresses a positive desire for Jews to be able to live their lives distinct from others – ‚in peace according to their own laws'."
844 Vgl. Anm. 793.
845 Vgl. Emily Kneebone, „Josephus' Esther and Diaspora Judaism" in *The Romance between Greece and the East*, 172.

So lässt sich zusammenfassend festhalten, dass EstJos das Idealbild einer jüdischen Gemeinschaft präsentiert, die in friedlicher Lebensführung nach ihren eigenen Vorstellungen zugleich zur Stabilität und Prosperität eines Großreiches beiträgt. Auf der Erzählebene ist dies das Achämenidenreich, in der Lebensrealität des intendierten Publikums der *Antiquitates* hingegen das *Imperium Romanum*. Aus diesem Grund ist gerade die Darstellung der jüdischen Gemeinschaft von zentraler Bedeutung für Josephus, ermöglicht sie es doch, aus der Geschichte direkte Erkenntnisse für die eigene Gegenwart zu gewinnen. Denn literarisch-historische Figuren wie Esther, Mordechai oder der Perserkönig mögen sich zwar im Einzelfall als Vorbilder für Rezipientinnen und Rezipienten anbieten, sind allerdings zumindest nicht auf direktem Wege mit Personen der römischen Zeitgeschichte gleichzusetzen. Anders verhält es sich mit den Ἰουδαῖοι, denen durchaus eine gewisse Kontinuität zwischen erzählter Zeit und Erzählzeit eignet. So versichert Josephus seiner zeitgenössischen, vorrangig nicht-jüdischen Leserschaft gerade auch mithilfe der Darstellung in EstJos, dass die Besonderheiten der Ἰουδαῖοι – damals wie heute – nicht gefährlich, dabei aber auch nicht unbedeutend, sondern tatsächlich von großem Wert für das Wohlergehen des Reiches sind. Er stellt sich damit einer überaus schwierigen apologetischen Aufgabe, wie auch Spilsbury betont:

> In the wake of the Jewish revolt it may not have been an easy task to convince the Romans that the Jews were an essentially loyal people commited to the good of the empire. Nevertheless, Josephus insists that that revolt was an abberation and not indicative of the true nature of the majority of Judaism.[846]

Dieses Argument entfaltet seine Kraft erst durch die historische Tiefe der Darstellung in den *Antiquitates*, die den Krieg der Römer in Judäa als kurze Episode in der langen, eindrucksvollen Geschichte der Ἰουδαῖοι erscheinen lässt. Es erreicht einen Höhepunkt mit der Erzählung von der durch den grundlegend tugendhaften Herrscher hochgelobten jüdischen Gemeinschaft in EstJos. Diese stellt ein Gegenbild dar zu jenen von Titus belagerten Jerusalemern, denen Josephus in seiner berühmten Rede vor den Mauern (Bell 5,362–419) Unvernuft, Gottlosigkeit sowie die Schuld am Blutvergießen zuschreibt und deren „harten Kern" er als verirrte Minderheit hinzustellen sucht.

Die Protagonisten des Antijudaismus seiner Zeit kann Josephus mit dieser Argumentation sicher nicht überzeugen – eher ließen sie sich als Bezugspunkt zur Darstellung des verleumderischen Judenfeindes Haman verstehen. Vielmehr richtet Josephus seine Botschaft an jene Interessierten, die dem Judentum zu-

---

846 Spilsbury, *The Image of the Jew in Josephus' Paraphrase of the Bible*, 225.

mindest neutral-offen gegenüberstehen. Ihnen eröffnet er eine Perspektive, die als Korrektiv oder Alternative zur in der zeitgenössischen römischen Öffentlichkeit weit verbreiteten Skepsis oder gar Feindseligkeit gegenüber der jüdischen Bevölkerung fungiert.[847] Diese Perspektive auf die kaiserzeitliche Gegenwart gewinnt er aus seiner historiografischen Arbeit über die 500 Jahre zurückliegende Geschichte der jüdischen Gemeinschaft in der persischen Diaspora.

6.8 Zwischenergebnis

Das dargestellte Idealbild der jüdischen Gemeinschaft knüpft zwanglos an andere Aspekte der politischen Theologie von EstJos an, die sich zusammenfassend wie folgt beschreiben lässt: Der eine Gott ist kein „König" wie so viele menschliche Herrscher, die eines von vielen Reichen regieren, sondern er lenkt und beherrscht die Weltgeschichte als Ganze. Für diese hat er einen Plan entworfen, sorgt für dessen Umsetzung und hat daher einen Überblick über zukünftige Ereignisse. Diese können in engen Grenzen auch von Menschen mitbestimmt werden, mittel- und langfristig jedoch nur im Einklang mit dem Plan Gottes. Bemühungen, die im Widerspruch zur göttlichen Vorsehung stehen, zeugen von Hybris und werden – wie im Falle Hamans und der übrigen Feinde der jüdischen Bevölkerung – im Desaster enden. Israel kann sich, wenn es den Bestimmungen des Gesetzes folgt, stets auf die Rettung und den Beistand Gottes verlassen, dem dafür entsprechender Dank zukommt, beispielsweise in Form eines regelmäßig zu feiernden Festes und natürlich in der weiterhin beständigen Befolgung seines Gesetzes.

Auch nicht-jüdische Menschen können in Übereinstimmung mit dem Willen (und damit implizit auch dem Gesetz) Gottes handeln und werden dafür Lohn empfangen – im Falle des Königs in EstJos ist dies eine dauerhaft gesicherte Herrschaft für ihn und seine Dynastie. Herrschaftshandeln nach dem Willen Gottes entspricht zugleich vorbildlich tugendhafter und damit erfolgreicher Regierungsführung, wie sie gebildete Menschen im Umfeld des Josephus weithin präferieren.[848] Im Idealfall wird Gottes Richten und Retten durch die Entscheidungen und Befehle des Herrschers verwirklicht.

---

847 Vgl. zur überwiegend ablehnenden Stimmung gegenüber der jüdischen Bevölkerung im flavischen Rom Anm. 825 sowie Martin Goodman, „The Fiscus Iudaicus and Gentile Attitudes to Judaism in Flavian Rome," in *Flavius Josephus and Flavian Rome*, hrsg. v. Jonathan Edmondson, Steve Mason und James Rives (Oxford: Oxford University Press, 2005), 167–177.
848 Vgl. zum politisch-philosophischen Diskurs um die Alleinherrschaft im kaiserzeitlichen Rom Carlos F. Noreña, „The Ethics of Autocracy in the Roman World," in *A Companion to Greek and*

Verhilft der Herrscher seinen jüdischen Untertanen dabei zu einem friedlichen Leben nach ihren Vorstellungen, profitiert er ganz praktisch von deren Unterstützung und politischer Loyalität. Spannungen und Konflikte um konkurrierende Normen und Loyalitäten, wie sie jüdische und nicht-jüdische Menschen auch in EstJos erfahren, werden im Idealfall nicht mehr auftreten bzw. irrelevant sein. Genaueres dazu führt Josephus nicht aus und lässt damit in seiner Esther-Erzählung die schwierige Frage unbeantwortet, wie die politisch-praktische Umsetzung seines skizzierten Konzeptes etwa im Rom seiner Zeit aussehen könnte. Während diese Problematik weit über das Ziel seiner Darstellung in den *Antiquitates* hinausgeht, ist doch deutlich, dass ihm der Esther-Stoff eine herausragende Gelegenheit bietet, einige seiner theologischen und politischen Kernbotschaften zu vermitteln. So stellen auch Spilsbury und Seeman fest:

> [B]iblical books like Daniel and Esther in particular presented a vision of a dignified and empowered Jewish existence within the bounds of a foreign empire, and Josephus took his opportunity to make full use of the resources these texts provided.[849]

Während sich Josephus jedoch in seiner Verarbeitung der Daniel-Traditionen stark darum bemühen muss, jeglichen Anschein zu vermeiden, die jüdische Bevölkerung sehne die Ablösung der römischen Herrschaft durch ein eschatologisches Gottesreich herbei,[850] stellt sich dieses Problem in der Esther-Erzählung überhaupt nicht. Vielmehr ermöglicht und stützt der von den Jüdinnen und Juden verehrte Gott nach EstJos die Regierung des Artaxerxes – ganz so, wie er nach den Überzeugungen des Josephus auch die flavischen Kaiser als Herrscher über die Ἰουδαῖοι vorgesehen und eingesetzt hat. Darüber hinaus erscheint es plausibel, dass solch pragmatisch und herrschertreu agierende Figuren wie Esther und Mordechai auch für das Selbstverständnis des Josephus eine gewisse Orientierungsfunktion erfüllen konnten.

Entscheidend ist dabei, dass Josephus sein politisches Konzept einer fruchtbaren Diaspora-Existenz mit grundlegenden theologischen Überzeugungen verbindet und es geradezu darauf aufbaut, wie hier auch am Beispiel von EstJos demonstriert werden konnte. Seine Vorstellungen von Herrschaft, politischer

---

Roman Political Thought, hrsg. v. Ryan K. Balot, Blackwell Companions to the Ancient World (Malden, MA: Wiley-Blackwell, 2009), 266–279.

849 Spilsbury und Seeman, *Judean Antiquities 11*, 53; vgl. Spilsbury, *The Image of the Jew in Josephus' Paraphrase of the Bible*, 215–216.

850 Vgl. Otto Kaiser, „Die eschatologische Prophetie im Danielbuch bei Flavius Josephus: Ein Beitrag zu seinem Selbstverständnis," in *Gott, Mensch und Geschichte: Studien zum Verständnis des Menschen und seiner Geschichte in der klassischen, biblischen und nachbiblischen Literatur*, hrsg. v. Otto Kaiser, BZAW 413 (Berlin: De Gruyter, 2010), 192–219, insbes. 210–219.

Ordnung oder Recht und Gesetz äußern sich daher nie in der Form einer gewissermaßen „säkularen" politischen Philosophie oder politischen Geschichtsschreibung, sondern stets als politische Theologie.

7 Ergebnis und Ausblick

7.1 Die politische Theologie der Esther-Erzählungen: Gemeinsame Grundüberzeugungen

Die eingangs geäußerte Vermutung hat sich bestätigt: Die Vielfalt frühjüdischer Gemeinschaften und frühjüdischer Theologie manifestiert sich auch in einer Vielfalt politisch-theologischer Konzepte. Diese lassen sich sogar innerhalb der vielgestaltigen Überlieferung zu einer Kerntradition wie der Esther-Erzählung nachvollziehen. Die Untersuchung hat gezeigt, dass in den fünf Esther-Versionen fünf unterschiedliche Konzepte politischer Theologie vertreten werden. Deren charakteristische Besonderheiten sollen sogleich noch einmal zusammenfassend herausgestellt werden. Um sie sachgemäß einordnen zu können, muss zuvor jedoch auf die grundlegenden Gemeinsamkeiten der fünf Versionen hingewiesen werden.

So stellen alle fünf Esther-Erzählungen die Handlung im Rahmen einer komplexen Machtstruktur dar: Unterschiedliche Akteurinnen und Akteure haben Einfluss auf die Geschehnisse und machen sich dabei verschiedene Machtmittel zunutze. In keiner der fünf Versionen wird die Handlung allein von einem einzigen mächtigen Akteur wie beispielsweise Gott oder dem König vorangetrieben, sondern andere Figuren finden unterschiedlichste Wege, ihre eigenen Interessen zu befördern und durchzusetzen. Darin offenbart sich die Vorstellung, dass menschliche Möglichkeiten zur Einflussnahme auf politische und andere historische Entwicklungen vielfältig sind und sich zudem – so unsere Quellentexte – teils langsam, teils sehr plötzlich wandeln können. Damit sind die Esther-Erzählungen geeignet, von einem rezipierenden Publikum als bestärkend und ermutigend hinsichtlich der eigenen politisch wirksamen Handlungsmöglichkeiten wahrgenommen zu werden und eine dementsprechende handlungsorientierende Funktion zu erfüllen.

Alle fünf Quellentexte reflektieren indes nicht nur die teils komplexen Entscheidungs- und Umsetzungsprozesse im Zusammenspiel von oder im Konflikt zwischen verschiedenen Personen, sondern hinterfragen auch die Art der Entscheidungsfindung und Handlungsbegründung jeder einzelnen Figur. Sie sehen die Ambivalenz von Ratio und Emotion; sie erkennen die Spannung zwischen der Orientierung an vorgegebenen Normen und dem spontanen Entschluss bzw. dem plötzlichen Sinneswandel. Die Esther-Erzählungen sind sich darin einig, dass Menschen bisweilen selbst weitestreichende Entscheidungen unter dem Einfluss von Zornesausbrüchen und Trunkenheit treffen, aus Angst oder Verzweiflung, in Liebe und Begierde sowie verführt durch Lüge und Betrug. So lässt sich zunächst

https://doi.org/10.1515/9783110674514-009

festhalten, dass die politische Theologie aller fünf Versionen auf einer bemerkenswert scharfsinnigen Beobachtung von menschlichem Handeln im Rahmen komplexer Machtstrukturen aufbaut. In *dieser* Hinsicht sind sie trotz ihres leicht ins Anekdotenhafte abgleitenden pseudo-historischen „Settings" keineswegs als unglaubwürdige, „fantastische Geschichten" zu bezeichnen, sondern als niveauvolle und realitätsnahe Reflexionen von Macht- und Herrschaftsverhältnissen.

Des Weiteren hat sich gezeigt, dass unsere Quellentexte Wertungen vornehmen: In der Tat werden bestimmte Handlungen als erfolgreich oder wünschenswert dargestellt, werden zum Teil auch Ideale politischer und sozialer Ordnung suggeriert. Alle fünf Esther-Versionen sind sich im Grundsatz darüber einig, dass die Herrschaft des nicht-jüdischen Monarchen als legitim zu erachten ist. Gefordert werden Loyalität und eine möglichst starke Anbindung an das politische Machtzentrum. Dies gilt bereits präventiv, unabhängig von möglichen Ausnahmesituationen: Esther heiratet den König und Mordechai schützt dessen Herrschaft, noch bevor sich irgendeine Gefahr für die jüdische Bevölkerung andeutet. Es gibt nach dieser Vorstellung durchaus immer wieder Anlass zur Kritik am Herrscher, dem jedoch das Potenzial zuerkannt wird, sich in einem Lernprozess einem Ideal anzunähern. Demgegenüber wird die Wurzel der Gefahr für jüdisches Leben nicht in der Herrschaft des Königs, sondern im Wirken einer anderen mächtigen Person verortet. Diese Gefahr kann gerade durch die enge Anbindung an den Monarchen gebannt werden, sodass die jüdische Gemeinschaft im Idealfall ihre sichere Stellung, ihre beschränkte Unabhängigkeit und ihren Einfluss behaupten und sogar ausbauen kann. Davon profitieren sowohl sie selbst als auch der nicht-jüdische Herrscher.

An dieser Stelle ist nun allerdings an die bedeutenden Unterschiede zwischen den Konzeptionen der fünf Esther-Versionen zu erinnern. Die Untersuchung hat gezeigt, dass der detaillierte Vergleich anhand der Figurendarstellung das Profil eines jeden Textes zu schärfen und die Nuancen seiner politischen Theologie hervorzuheben vermag. Die fünf Texte zeugen davon, dass die Esther-Erzählung im Laufe der Zeit von verschiedenen Gruppen immer wieder als Möglichkeit erkannt wurde, eigene Erfahrungen zu verarbeiten und Positionen zu kommunizieren. Es konnte beobachtet werden, dass der Problembereich der politischen Theologie dabei jeweils eine bedeutende Rolle gespielt hat. Im Folgenden werden die Besonderheiten der politisch-theologischen Konzeptionen unserer Quellen noch einmal knapp zusammengefasst. Anschließend soll anhand ausgewählter Elemente gezeigt werden, inwiefern der hier vorgenommene Vergleich unterschiedlicher Traditionen zum Verständnis frühjüdischer Debatten über einige Aspekte politischer Theologie beiträgt.

7.2 Die politische Theologie der Esther-Erzählungen: Besonderheiten

7.2.1 EstMT

Wie gezeigt, unterbleibt in EstMT eine explizite Auseinandersetzung mit der Kernfrage politischer Theologie: Über die Rolle Gottes im Geschehen der Erzählung und in der Weltgeschichte insgesamt macht der Text keine Aussagen, sondern ist in dieser Hinsicht für verschiedene Interpretationen offen. Somit müssen theologische Erwägungen zur Herrschaft Gottes nach EstMT auch in allen praktisch-ethischen Fragen außen vor bleiben: Entscheidend ist die sich dynamisch verändernde gesellschaftliche und politische Machtstruktur; entscheidend sind daher folglich auch menschliche Beziehungen und Handlungen; von diesen ist der eigene Erfolg oder Misserfolg abhängig. Hier liegt der Kern der handlungsorientierenden Botschaft des Textes.

In der politischen Arena sind nach EstMT fast alle Mittel recht, wenn das Wohlergehen der jüdischen Gemeinschaft auf dem Spiel steht, sogar die massenhafte Tötung von Gegnerinnen und Gegnern. Eine „rote Linie" der Einbindung in die politische und soziale Ordnung besteht in der kultisch konnotierten Ehrerbietung vor dem amalekitischen „Erbfeind", wobei EstMT nirgends die Frage stellt, ob dies auch in Bezug auf den König gilt.

7.2.2 EstLXX

In EstLXX wird die Macht des Herrschers, anders als in EstMT, ausdrücklich mit Gottes Macht kontrastiert, dann aber sogleich dieser untergeordnet. Gottes Herrschaft manifestiert sich u. a. in der Herrschaft des Königs; Gott lenkt das Regierungshandeln des Monarchen bei Bedarf in eine veränderte Richtung (D,8; 6,1). Charakteristisch für die politische Theologie des Textes ist die Vorstellung, dass Gottes gezieltes, verborgenes Eingreifen wiederum Räume für politisch wirksames Handeln von Menschen eröffnet. Zugleich bewirkt es erst dadurch die erwünschten Konsequenzen, dass ihm menschliches Handeln vorausgegangen, seine Wirksamkeit mithin „vorbereitet" worden ist. Den Leserinnen und Lesern wird versichert, dass nicht nur ihre politischen Anstrengungen, sondern auch ihre Bittgebete wirksam sein werden, auch wenn dies oftmals – wie für die Figuren der Erzählung – im ersten Moment nicht offensichtlich sein mag.

Für die politische Theologie des Textes ist ferner kennzeichnend, dass Gott ausschließlich am König handelt, der wiederum durchaus zur Einsicht fähig und der Herrschaft würdig ist sowie der jüdischen Gemeinschaft grundsätzlich wohlwollend gegenübersteht. Da Gott mittels Einflussnahme auf den König „regiert", erscheint es nach EstLXX geboten, dass sich Gottvertrauen auch als Vertrauen in den nicht-jüdischen Herrscher manifestiert. Dies ist in EstLXX die konzeptionelle Basis für die geforderte Loyalität zum Herrscher. In der Allianz mit dem König lässt sich am wirksamsten gegen gemeinsame äußere Feinde aus dem Bereich der „Völker" vorgehen, die die politische Integrität des Reiches und zugleich die Existenz der jüdischen Bevölkerung bedrohen. Die jüdische Gemeinschaft wird im Idealfall in *Politeuma*-ähnlichen Formen organisiert sein, während einzelne ihrer Vertreter die Chancen einer Karriere in Administration und Politik wahrnehmen. EstLXX bietet dabei besonders deutliche Identifikationsmöglichkeiten für ambitionierte Juden in den hellenistischen Königreichen, wobei der Gedanke an das ptolemäische Ägypten besonders naheliegt.[851]

7.2.3 EstAT

EstAT bezeugt ein Konzept politischer Theologie, das stärker als seine Geschwistertexte die Einzigkeit und Einzigartigkeit Gottes sowie seine Überlegenheit über jede andere Macht betont. Dies zeigen einerseits die entsprechenden Titulaturen, andererseits die direkten (5,7; 6,1; 7,2) und indirekten (6,13.17) Verweise auf Gottes Handeln an verschiedenen menschlichen Figuren. Das göttliche Wirken steht auch in EstAT in Zusammenhang mit Bittgebeten und kultischer Betätigung. Im konsequent monotheistischen Konzept von EstAT spielt auch der Kontrast zu theologischen Überzeugungen und religiösen Praktiken anderer Gruppen eine Rolle, die als irrig und wirkungslos betrachtet werden.

Der tüchtige und gerechte menschliche Herrscher wiederum verdient höchste Anerkennung (τιμὴ καὶ δόξα) und Loyalität zu seiner μοναρχία, sofern die deutliche Unterscheidung zwischen seiner Position und der Stellung Gottes gewahrt bleibt. Für die politische und gesellschaftliche Positionierung einer jüdischen Gemeinschaft ist nach der Vorstellung von EstAT ferner die betonte Abgrenzung von einer nicht-jüdischen Umwelt von Belang, dies jedoch insbesondere in kultisch-religiöser Hinsicht. Besonders betont wird dabei das Identitätsmerkmal der Beschneidung. Politisch relevante Spannungen und Konflikte ergeben sich hingegen ausschließlich gegenüber einer klar umgrenzten Gruppe von Feinden, welche die Stellung und gar die Existenz der jüdischen Gemeinschaft bedrohen. Diese Gemeinschaft wird vorrangig durch den männlichen Protagonisten Mor-

---

851 Denkt man in dieser Richtung weiter, wären mithin auch Sachgehalt, Ursprung und Intention des Kolophons erneut zu hinterfragen.

dechai repräsentiert, wohingegen Esther eine im Vergleich mit den Paralleltexten weniger bedeutsame Rolle spielt.

7.2.4 EstVL

Die politische Theologie von EstVL kennt Gott ähnlich wie EstAT als den einzigen, den konkurrenzlosen Gott, der „oben im Himmel" verortet wird (H,1). Dass er sich damit von jedem menschlichen Herrscher abhebt, ist für EstVL selbstverständlich. Gott agiert als Herr seiner Schöpfung (6,1), indem er in diversen Situationen ganz konkret ins Geschehen eingreift und dabei nicht nur über den König, sondern auch über verschiedene andere Personen Macht ausübt (D,8; 6,1.2.6.12). Mit diesen Interventionen verwirklicht Gott sein Rettungshandeln an seinem Volk, wobei an die geschichtliche und bundestheologische Dimension dieser Beziehung immer wieder erinnert wird. Die Gemeinschaft, die sich in dieser Tradition als Gottesvolk versteht, hat ausdrücklich die Kompetenz, Gott durch Gebet, Ritual und Kult „gnädig zu stimmen" (4,7) und so seinen Beistand zu evozieren. Gewaltvolle Auseinandersetzungen mit ihrer Umwelt kennt die Gemeinde Gottes nach EstVL nicht, sondern sie konzentriert sich auf die gewissenhafte Ausübung ihrer kultischen Pflichten und Traditionen, wohlorganisiert und geleitet durch eine prophetisch-priesterliche Führungspersönlichkeit. Dieser Anführer steht über weite Strecken im Zentrum des Geschehens und verfügt über theologische Kompetenz, rituelle Autorität und politisches Können. In einer Doppelrolle agiert er im Idealfall zugleich als politischer Verbündeter des Monarchen und als Leiter der kultisch-rituellen Praxis seiner Gemeinde (10,3; F).

7.2.5 EstJos

Die politische Theologie von EstJos ordnet sich in das Gesamtkonzept des Autors ein: Für Josephus ist es selbstverständlich, dass Gottes Wille bzw. Vorsehung als entscheidender Machtfaktor hinter jeder langfristigen historischen Entwicklung steht. Da der eine Gott weise und gerecht ist, ist auch sein geschichtliches Wirken derart gekennzeichnet: Gottes Weisheit und Gerechtigkeit offenbaren sich in historischen Zusammenhängen; Geschichte und Schicksal wirken als ausgleichendes Gericht Gottes (11,268). Es liegt auf der Hand, dass in diesem Konzept niemals eine tatsächliche Konkurrenz zwischen Gott als der Macht hinter der Geschichte und menschlichen Herrschern entstehen kann. Dementsprechend ist Gott für Josephus auch nicht „König" oder „Allherrscher", sondern schlicht „Gott". Wie anderen Menschen auch, steht es dem Herrscher frei, tugendhaft und damit implizit in Übereinstimmung mit dem Willen Gottes zu handeln. Im Artaxerxes seiner Esther-Erzählung erblickt Josephus eines von vielen guten Beispielen eines solchen Machthabers, dessen Herrschaftshandeln mit Gottes gerechter Lenkung der Geschichte zusammenfällt (11,237.267). Überhebliche Menschen wie Haman hingegen, die ihre Macht überschätzen und sie entgegen dem Willen Gottes einsetzen, werden früher oder später scheitern und bestraft werden (11,268).

Die Figur der Esther ist für Josephus ein Beispiel für eine weibliche Heldengestalt, die einerseits in eine – nirgends problematisierte – Liebesbeziehung mit dem Perserkönig involviert ist, dabei aber andererseits auch als Retterin ihres Volkes wirkt (11,185). Ihre tendenzielle Verletzlichkeit im Rahmen der Liebesgeschichte wird komplementiert durch die handfesten Wirkungen, die sie gerade in dieser Rolle erzielen kann. Esther nimmt damit eine anders charakterisierte, aber mindestens ebenso bedeutsame Machtposition ein wie ihr männlicher Mitstreiter Mordechai. Beide Figuren stehen stellvertretend für eine jüdische Gemeinschaft, die sich streng am mosaischen Gesetz orientiert und darüber auch ihre besondere Beziehung zu Gott begründet. Der Erwählungs- und Bundesgedanke tritt demgegenüber zurück bzw. gründet erst im Gehorsam gegenüber dem göttlichen νόμος. Eine solcherart charakterisierte Gemeinschaft ist für Josephus zugleich in sozialer und politischer Hinsicht in der bestmöglichen Weise organisiert. Sie kann damit ihr Potenzial als staatstragender Stabilitätsfaktor im Rahmen eines Weltreiches voll entfalten – eine Idee, deren Relevanz für die politische und theologische Positionierung des Josephus in seinem eigenen zeithistorischen Umfeld kaum überschätzt werden kann.

7.3 Debatten über Aspekte politischer Theologie?

7.3.1 Gott als wirksame Macht in der Geschichte

An dieser Stelle soll abschließend danach gefragt werden, inwiefern sich unsere Quellentexte als Zeugnisse antiker Debatten über Aspekte des Problembereichs politischer Theologie deuten lassen. Die unterschiedlichen Ausgestaltungen der Esther-Erzählungen lassen m. E. erkennen, dass einige Punkte bei der Redaktion und Komposition neuer Textversionen besonders intensiv bearbeitet worden, mithin möglicherweise umstritten gewesen sind. Unter Umständen deuten sich hier Grundzüge frühjüdischer Debatten zu gewissen Streitfragen an. Die Linien dieser Debatten lassen sich auf Grundlage der hier gewonnenen Erkenntnisse nicht immer im Einzelnen nachzeichnen: Wir wissen im Ganzen noch zu wenig darüber, in welcher Weise sich die Texte (als Vorlagen, Umarbeitungen, Übersetzungen) konkret aufeinander beziehen. Jedoch sollen im Folgenden einige Hinweise ausgewertet werden, die vermuten lassen, dass es solche Debatten zumindest gegeben hat.

Die zentrale Frage im Problembereich politischer Theologie betrifft zunächst das Verständnis einer göttlichen Instanz als Macht- und Herrschaftsfaktor und ihr Verhältnis zu menschlicher Macht und Herrschaft. Inwiefern also lassen sich die divergierenden Ansichten der Esther-Erzählungen als Stellungnahmen in einem antiken Diskurs zu diesem Thema interpretieren? Dass EstMT seinem Lesepublikum keine Aussagen über das Wesen und die Rolle Gottes anbietet, verleiht dem Text eine außergewöhnliche Stellung im Rahmen der Esther-Überlieferungen, im Rahmen der Hebräischen Bibel und im Rahmen der uns bekannten frühjüdischen Literatur insgesamt. Das bedeutet: Unabhängig davon, ob man EstMT texthistorische Priorität gegenüber den anderen Esther-Versionen – insbesondere gegenüber einer semitischen Vorlage von EstAT – einräumen möchte, hat sich der Text bereits zum Zeitpunkt seiner Komposition erkennbar von seinem literarischen Kontext abgehoben – seien dies bereits existierende Esther-Erzählungen oder sei dies andere frühjüdische Literatur. Dieser Umstand deutet darauf hin, dass das „Gottesschweigen" bewusst in die Gestaltung des Werkes eingebracht worden ist und daher die Kernfrage politischer Theologie hier auch bewusst nicht eindeutig beantwortet wird. Dies jedoch muss als klare Positionierung in einem unausweichlich auch im frühen Judentum zu führenden Diskurs über politische Theologie verstanden werden, der ganz zentral danach fragt, ob und in welcher Weise Gott über die Welt und die Geschichte herrscht.

Dass zu dieser Frage bereits in der Antike verschiedene Ansichten vorgebracht und vermutlich auch diskutiert worden sind, belegen die übrigen hier untersuchten Esther-Versionen. Dabei scheint es eine theologische Kerntradition zur Frage der Rolle Gottes in der Esther-Erzählung gegeben zu haben, denn an zwei Schlüsselstellen der Handlung ist in allen vier griechischen und lateinischen Versionen vom Wirken Gottes die Rede: Sowohl die Sinnesänderung des Königs in der Thronsaal-Szene als auch dessen Schlaflosigkeit, die der Ehrung Mordechais den Weg bereiten wird, werden mit göttlichem Einfluss in Verbindung gebracht. Sogar die Formulierungen ähneln sich in allen vier Versionen, wenn auch die weitere Ausgestaltung dann bereits unterschiedliche theologische Tendenzen erkennen lässt. Diese verbinden sich in jeweils charakteristischer Weise mit der Darstellung der Rolle Gottes im jeweiligen Gesamtwerk: In EstLXX tritt Gott nur an diesen beiden Stellen als Akteur auf und eröffnet Handlungsräume für menschliche Akteurinnen und Akteure. EstAT und EstVL hingegen nutzen vor allem die durch Gottes zweites Eingreifen eröffnete Ehrungs-Szene, um ihre theologischen Konzepte auf ihre je eigene Weise weiter auszuarbeiten. Dabei steht EstVL mit seiner Tendenz, viele einzelne Entwicklungen mit dem direkten Wirken Gottes zu erklären, im stärksten Kontrast zu EstMT. Dem dort so wichtigen dezidiert politischen Handeln wird in EstVL – so könnte man wohl im Umkehrschluss folgern – eine im Vergleich geringere Bedeutung beigemessen, ist Gott doch im Zweifel stets selbst zur Stelle. EstJos wiederum insistiert, dass menschlichen Akteurinnen und Akteuren – so auch dem nicht-jüdischen Herrscher – ein (in Grenzen) freier Wille zur Verfügung steht, mit dem sie ihr Handeln in den göttlichen Gesamtplan einordnen oder sich diesem entgegenstellen können.

Wir halten also fest: Ein theologischer Kernbestand zur Frage göttlichen Einflusses auf das Geschehen, dessen Ursprung wir nicht kennen, ist in unterschiedlicher Weise aufgegriffen und weiterentwickelt worden. Die vier Versionen bezeugen ebenso viele unterschiedliche Konzepte. Daneben liegt in EstMT zur selben Frage eine wiederum ganz außergewöhnliche Positionierung vor. Dies führt zu der Schlussfolgerung, dass uns mit den Esther-Texten einige Zeugen einer Debatte über das Problem göttlichen Wirkens und göttlicher Macht vorliegen. Dass diese literarisch medialisierte Debatte weit über den Rahmen der Esther-Überlieferungen hinausführt, liegt auf der Hand: Zunächst rekurrieren EstLXX, EstAT und EstVL selbst bereits ganz explizit auf die Exodus-Tradition, während EstVL das Geschehen zudem in den Kontext weiterer Überlieferungen zu göttlichen Rettungstaten stellt (EstVL C,16).

Darüber hinaus genügt ein kurzer Blick auf das literarische Umfeld der Esther-Erzählungen, um entsprechende theologiegeschichtliche Linien anzudeuten. So lässt sich etwa die Josephsnovelle als Zeugnis einer frühjüdischen Diskussion um das Verhältnis zwischen menschlichem und göttlichem Wirken in der Geschichte lesen.[852] Daneben sei hier nur exemplarisch auf das auch textgeschichtlich mit den Esther-Traditionen verwandte 3Makk und auf Jdt hingewiesen.[853] Für die Frage nach den Formen und Wirkungen göttlicher Geschichtsmacht wäre hier m. E. entlang folgender Linien weiterzudenken: Nach der Darstellung von 3Makk

---

852 Vgl. Peter Weimar, „Spuren der verborgenen Gegenwart Gottes in der Geschichte: Anmerkungen zu einer späten Redaktion der Josefsgeschichte," in *Die Weisheit – Ursprünge und Rezeption*, hrsg. v. Martin Faßnacht, Andreas Leinhäupl-Wilke und Stefan Lücking, NTA NF 44 (Münster: Aschendorff, 2003), 17–36; Lothar Ruppert, *Genesis: Ein kritischer und theologischer Kommentar Teilbd. 4*, FzB 118 (Würzburg: Echter, 2008), 552–554. Vgl. auch den Hinweis auf diesbezügliche Parallelen zwischen EstMT und Gen 37–45 bei Macchi, *Le Livre d'Esther*, 118.

853 Wie eingangs erwähnt (vgl. Anm. 86), werden die intertextuellen Bezüge zwischen EstLXX und 3Makk seit Langem in der Forschung diskutiert. Mögliche wechselseitige Beeinflussungen zwischen Jdt und EstMT bzw. EstLXX sind in neuerer Zeit sporadisch bedacht worden; vgl. Deborah Levine Gera, *Judith*, CEJL (Berlin: De Gruyter, 2014), 299–300; Jeremy Corley, „Judith," in *The T&T Clark Companion to the Septuagint*, hrsg. v. James Aitken (London: Bloomsbury T&T Clark, 2015), 222–236, 224. M. E. lohnt es sich, auch die anderen griechischen und lateinischen Esther-Versionen in solcherlei Überlegungen einzubeziehen.

darf die bedrängte jüdische Gemeinschaft auf wiederholtes und direktes göttliches Rettungshandeln hoffen, das zudem – ähnlich wie in den griechischen und lateinischen Esther-Texten – häufig im Geist des Herrschers verortet wird. Der dort artikulierte Gedanke jedoch, dass Gott zur Durchsetzung seiner Geschichtsmacht Engel vom Himmel herabschickt (3Makk 6,18 – 21), ordnet sich in einen anderen prominenten Traditionsstrom ein,[854] der allerdings für die hier betrachteten Esther-Versionen keine Rolle spielt.[855]

Auch die politisch-theologische Position, die sich in der Judith-Erzählung andeutet, lässt sich zwanglos mit den Esther-Überlieferungen ins Gespräch bringen: Zentral ist hier ebenfalls das entschlossene und mutige Handeln der jüdischen Heldin, und nur an einer einzigen Stelle ist auf der Erzählebene vom Handeln Gottes die Rede (Jdt 4,13). Dennoch kann das gesamte Geschehen von den jüdischen Beteiligten als gottgewirkt interpretiert werden, bis hin zu Judiths Ausdeutung ihres eigenen Handelns: ἐπάταξεν αὐτὸν ὁ κύριος ἐν χειρὶ θηλείας, „der Herr hat ihn erschlagen durch die Hand einer Frau" (Jdt 13,15; vgl. 9,10; 16,5).[856] Zu solch einer Aussage steigert sich die Esther-Darstellung zwar in keiner der hier untersuchten Versionen, und trotz im Einzelnen unterschiedlicher Akzentuierung von Esthers (politischer) Rolle steht ihr mit Mordechai im Unterschied zu Judith stets ein aktiver männlicher Mitstreiter zur Seite.[857] Jedoch lässt sich mit Blick auf die Rolle Gottes insbesondere zwischen Jdt und EstLXX eine Parallele ziehen, wird hier doch das „sparsame" direkte Eingreifen Gottes vorrangig als Ermöglichungsgrund für menschliches Handeln dargestellt, das sich aber nach der Deutung in EstLXX F,1 – 10 in ein umfassenderes göttliches Wirken einordnet. Die jüdische Protagonistin wiederum bekennt im Gebet – hier zeigen sich starke Parallelen zwischen allen griechischen bzw. lateinischen Esther-Ver-

---

854 Vgl. zur Vorstellung von Engeln bzw. göttlichen Gesandten, die die konkrete, materiale Umsetzung von Gottes Willen in der Welt übernehmen, z. B. Num 22,22 – 35; 2Kön 19,35; DanMT 3,28 i. V. mit DanOG/DanTH 3,49 – 50; DanMT 6,23; SusOG 60 – 62 (vgl. 59).
855 Esthers Aussage, sie habe den König „wie einen Engel Gottes" gesehen (EstLXX/EstVL D,13; EstAT 5,11), gehört m. E. nicht in diesen engeren Zusammenhang.
856 Vgl. zur traditionsgeschichtlichen und theologischen Einordnung der Wendung ἐν χειρὶ θηλείας Claudia Rakel, *Judit – über Schönheit, Macht und Widerstand im Krieg: Eine feministisch-intertextuelle Lektüre*, BZAW 334 (Berlin: De Gruyter, 2003), 120 – 124. Rakel stellt fest, Jdt 16,5 diene „dazu, Theologie zu schreiben, d. h. Judits Handeln als Gottes Handeln in der Geschichte zu interpretieren" (122).
857 Während Esther als Waise zunächst in Mordechais Obhut gegeben und sodann mit dem Perserkönig verheiratet wird, kann Judith nach dem Tod ihres Ehemannes (Jdt 8,2) ohne männliche Anleitung oder Unterstützung zur Heldin der Geschichte werden. Von ihrem ersten Auftritt an (Jdt 8,11 – 36) dominiert sie jegliche Interaktion mit männlichen Figuren und ordnet sich allein ihrem Gott unter. Vgl. zur Figur der Judith insgesamt Gera, *Judith*, 98 – 109.

sionen und Jdt 9 – die allumfassende Macht des göttlichen Herrschers, um dessen Beistand sie bittet.

In der vorliegenden Arbeit konnte nachgewiesen werden, dass die frühjüdische Debatte über die Ausprägungen göttlicher Herrschaft auch anhand des Esther-Stoffes geführt worden ist, indem verschiedene Ansichten dazu in immer wieder neue literarische Gestaltungen eingeflossen sind. Im Ergebnis kommunizieren die Texte anhand eines ähnlichen Erzählstoffes unterschiedliche Meinungsäußerungen und Antwortversuche zu diesem Grundproblem politischer Theologie. Die genauen Verlaufslinien der Debatte, also etwa der Nachweis wechselseitiger Wahrnehmungen der Texttraditionen, wären durch weitere texthistorische Forschung noch stärker zu konturieren, was über das Ziel dieser Arbeit hinausgeht.[858] Es sei hier jedoch bereits angemerkt, dass es mehrere gute Gründe gibt, tatsächlich eine generelle Tendenz zur fortschreitenden „Theologisierung" der Esther-Überlieferungen anzunehmen, d. h. eine Tendenz dazu, der göttlichen Macht eine stärkere, direktere und vielfältigere Rolle im Geschehen zuzuweisen. Diese Gründe sind unabhängig von der bislang nicht geklärten texthistorischen Frage:

So wissen wir erstens, dass ein mit EstMT weitgehend identischer Text in der rabbinischen Tradition in Hinblick auf die Rolle Gottes bereits früh theologisch ausgelegt und expliziert worden ist. Gott und seinen Engeln wird bereits im Esther-Midrasch in bMeg an verschiedenen Stellen ein direktes Einwirken auf die Geschichte zugeschrieben.[859] Das bedeutet: Innerhalb der *hebräischen* Überlieferung zeigt sich eine Tendenz zur „theologisierenden" Auslegung. Zweitens ist auf die „Zusätze" der griechischen und lateinischen Versionen hinzuweisen, in denen – anders als in EstMT – von Gott die Rede ist. Insbesondere die Abschnitte A, C und F sowie H verdanken ihre Existenz offenbar ganz wesentlich dem Interesse, das Wesen und Wirken Gottes zu reflektieren. Es wurde zwar bereits angemerkt, dass ein vorsichtiger Umgang mit dem Begriff „Zusatz" anzuraten ist, u. a. deshalb, weil uns keine antike griechische Version *ohne* „Zusätze" vorliegt.[860] Gleichwohl sind die betreffenden Stücke als redaktionelle Elemente erkennbar; es ist unumstritten, dass sie an einem nicht genau zu bestimmenden Punkt der Überlieferung mit einem bzw. mehreren bereits vorliegenden Esther-Texten verbunden worden sind. Das bedeutet: Innerhalb der *griechischen* (und sodann auch lateinischen) Überlieferung zeigt sich eine Tendenz zur „theologisierenden" Auslegung. Drittens lassen sich innerhalb der lateinischen Textüberlieferung

---

858 Vgl. Kap. 1.4 sowie die untenstehenden Schlussbemerkungen in Kap. 7.4.

859 Vgl. Dagmar Börner-Klein, „Der Ester-Midrasch in Megilla 10b–17a: Eine literarische Einheit," *Jud.* 49, Nr. 4 (1993), 221–223.

860 Vgl. Kap. 1.3.2.3, insbes. Anm. 87.

wiederum mehrere Stellen identifizieren, an denen in späteren Stadien der Textentwicklung der Bezug auf Gott expliziert worden ist oder gar zusätzliche Interventionen Gottes eingefügt worden sind.[861] Das bedeutet: Innerhalb der *lateinischen* Überlieferung zeigt sich eine Tendenz zur „theologisierenden" Auslegung.

Damit ist evident, dass die antike jüdische (und sodann z. T. auch christliche) Debatte zur Rolle Gottes in der Geschichte offenbar in weiten Teilen dazu neigte, ein stärkeres und direkteres Einwirken göttlicher Macht anzunehmen und auch deutlich zum Ausdruck zu bringen. Das charakteristische Konzept, das in EstMT kommuniziert wird, hat zwar einen enormen wirkungsgeschichtlichen Einfluss entfaltet, vertritt aber in der antiken Debatte noch eine Außenseiterposition und wird zudem bis in den modernen religiösen Gebrauch hinein weit überwiegend explizit theologisch ausgelegt und auf das „versteckte" Handeln Gottes hin befragt.

7.3.2 Die ideale Herrschaftsordnung und der nicht-jüdische Herrscher

In der Untersuchung konnte ferner gezeigt werden, dass sich die Esther-Erzählungen auch zu der Frage positionieren, unter welchen Umständen die Herrschaft des nicht-jüdischen Monarchen als legitim und unterstützenswert zu erachten ist. Sie ordnen sich damit in den eingangs erwähnten frühjüdischen Diskurs über Herrschaftsformen und Herrschaftslegitimation ein.[862] Wir haben festgestellt, dass unsere Quellen zwar kritisch über einzelne Aspekte der politischen Ordnung reflektieren, das herrschende System selbst aber nicht grundlegend in Frage stellen. Dies ist insofern durchaus bemerkenswert, als der Esther-Stoff, wie gezeigt, mannigfaltige sprachliche und inhaltliche Neubearbeitungen erfahren hat, in denen diverse andere Aspekte politischer Theologie stets eine Rolle gespielt haben. Zudem legt es das „Setting" der Erzählung eigentlich nahe, auch ganz grundsätzlich die Akzeptanz eines Lebens unter nicht-jüdischer Herrschaft zu hinterfragen – ein im literarisch vermittelten Diskurs des frühen Judentums durchaus prominentes Thema. Doch trotz einiger Differenzen im Detail lassen die

---

861 In 6,10 ergänzt der I-Text gegenüber dem R-Text nach *et doluit Aman in his verbis: et volebat transvertere regem deus autem non permisit.* In 6,13 ergänzt der I-Text gegenüber dem R-Text nach *quoniam propheta: dei.* In 7,2 ergänzt der F-Text gegenüber der übrigen lateinischen Überlieferung am Ende des Verses: *et cum agonizaretur Ester ad enuntiandam populi sui necessitatem et vereretur quod inimicus erat ante oculos ipsius dedit illi deus audaciam.* Damit entspricht diese letztgenannte Stelle weitgehend EstAT.
862 Vgl. Kap. 1.2, insbes. Anm. 16.

Esther-Erzählungen allesamt einen grundlegenden Optimismus in Bezug auf das wechselseitige Wohlwollen zwischen jüdischer Gemeinschaft und nicht-jüdischem König erkennen. Dessen bleibende, durch die politische Allianz mit seinen jüdischen Untertanen sogar gefestigte Herrschaft erscheint als bestmögliches Umfeld für das Leben und die Prosperität der jüdischen Bevölkerung.

Zu Recht hat daher bereits Reinhard Gregor Kratz darauf hingewiesen, dass EstMT jenem insbesondere im chronistischen Geschichtswerk und in den frühen Daniel-Überlieferungen reflektierten politisch-theologischen Traditionsstrom nahesteht, der das Heil des persischen Weltreiches und der jüdischen Bevölkerung eng miteinander verknüpft.[863] Kratz verweist in diesem Zusammenhang auch auf EstLXX als Zeugen für das hellenistische „Nachleben" jenes „theokratischen" Modells,[864] das die Herrschaft der persischen – und sodann auch anderer nicht-jüdischer – Könige als weltliche Repräsentanz der himmlischen Königsherrschaft des einen Gottes begreift.[865] Die politische Implikation liegt auf der Hand: „[F]olglich fällt die Loyalität gegenüber Gott mit der Loyalität gegenüber dem Weltreich zusammen".[866] Nach dem Ergebnis der vorliegenden Arbeit lassen sich auch die übrigen Esther-Versionen hier anschließen, insofern deren Positionierung zum nicht-jüdischen Herrscher zwar in einzelnen – durchaus markanten – Punkten, nicht aber im Grundsatz voneinander abweicht: Die Ideologie der Loyalität zum Herrscher, der seinerseits jüdisches Leben garantiert, zeigte offenbar in verschiedenen historischen Situationen eine hohe Plausibilität für frühjüdische Literaten und Gemeinden. Die legendären Verhältnisse der Perserzeit entfalteten eine kraftvolle Wirkung innerhalb jüdischer Gemeinschaften späterer Zeiten. So kann ich auch der von Kratz geäußerten Vermutung, „daß Schriften wie ChrG und Est nicht nur um der theologischen Auseinandersetzung

---

863 Vgl. Reinhard Gregor Kratz, *Translatio imperii: Untersuchungen zu den aramäischen Daniel-erzählungen in ihrem theologiegeschichtlichen Umfeld*, WMANT 63 (Neukirchen-Vluyn: Neukirchener, 1991), insbes. 161–197. Vgl. zu EstMT 241–243, insbes. 243: „Im Vordergrund steht [...] das Verhältnis des Judentums zum heidnischen Reichswesen, dessen Bestand nach Meinung des Verfassers durch die Präsenz und Loyalität der Judenschaft, sofern sie unter dem Schutz des persischen Reiches steht, garantiert wird, wie umgekehrt der Bestand des Judentums auf persischem Reichsgesetz und der damit gegebenen Bestätigung der eigenen ‚Gesetze' gründet."
864 Vgl. Kratz, *Translatio imperii*, 243–246 sowie die im Einzelnen auf EstLXX eingehenden Ausführungen in der maschinenschriftlichen Fassung der Studie: Reinhard G. Kratz, „Translatio imperii [masch.]: Untersuchungen zu den aramäischen Danielerzählungen und ihrem theologiegeschichtlichen Umfeld" (Inaugural-Dissertation, Theologische Fakultät, Universität Zürich, 1987), 207–210.
865 Vgl. zum Verhältnis zwischen Gottesmacht und politischer Herrschaft mit Blick auf Dan 4 auch Koch, *Daniel 1. Teilbd.*, 438–440.
866 Kratz, *Translatio imperii*, 282.

willen geschrieben wurden, sondern gerade damit auch eine eminent politische Funktion erfüllen sollten",[867] nach den hier vorgestellten Ergebnissen mit Blick auf alle untersuchten Esther-Überlieferungen nur zustimmen. Es handelt sich um politisch-theologische Literatur *par excellence*, die neben und im Diskurs mit anderen literarisch geformten Konzeptionen sowohl theologische als auch politische Orientierung anbietet.

Ganz in der Linie ihrer grundlegenden politisch-theologischen Ausrichtung sehen die Esther-Erzählungen konsequenterweise nicht den König, sondern einen seiner ranghohen Mitarbeiter als Wurzel der existenziellen Gefahr für die jüdische Bevölkerung.[868] Damit liegt hier eine gänzlich andere Vorstellung zugrunde als beispielsweise in 3Makk, wo der König selbst von Anfang an als größter Feind der jüdischen Bevölkerung auftritt und aus eigenem Antrieb heraus Entscheidungen gegen deren Interessen trifft. Auch in Jdt ist es zunächst der Fremdherrscher, der die unheilvollen Ereignisse in Gang setzt, wobei im weiteren Verlauf der Geschichte jedoch sein General – hier Holofernes in loser Parallele zu Haman – als primärer Antagonist Israels auftritt. Diese verschiedenen Perspektiven werden für rezipierende Gemeinschaften in unterschiedlichen historischen Situationen ein jeweils individuelles Potenzial für theologische und politisch-ethische Orientierung gehabt haben. Für die Esther-Erzählungen ist anzunehmen, dass sie mit ihrer Darstellung Hamans und des Königs ein wertvolles Deutungs-Angebot für frühjüdische Gemeinschaften bereithielten, die sich einer Bedrohung durch real existierende „Haman-Figuren" ausgesetzt sahen. Dabei ließe sich beispielsweise an Gestalten wie Aulus Avillius Flaccus[869] oder Caligulas Berater Helikon (Phil.

---

867 Kratz, *Translatio imperii*, 243.

868 Es wurde bereits ausführlich dargestellt, dass die Quellentexte dabei unterschiedliche Akzente setzen, was bspw. die Wurzeln von Hamans Feindschaft gegenüber Mordechai und der jüdischen Gemeinschaft angeht, die sich dann im Gefolge der Proskynese-Verweigerung Bahn brechen wird: Während EstMT und EstJos vor allem auf die „Erbfeindschaft" zwischen Israel und den Amalekitern abstellen, sehen EstLXX und EstAT Hamans Hass auf Mordechai in dessen Vereitelung des Putschversuches begründet. EstVL wiederum betont u. a. die Opposition zwischen den religiösen Gruppierungen um Haman und Mordechai. Ebenfalls hingewiesen wurde im Hauptteil der Arbeit auf die in Einzelheiten unterschiedliche Darstellung der Beteiligung des Königs an der Verfolgung der jüdischen Gemeinschaft, indem die Quellen bspw. seine Rolle beim Verfassen des ersten Edikts unterschiedlich akzentuieren.

869 Philo lässt keinen Zweifel daran, dass er für die Verfolgungen der jüdischen Bevölkerung in Alexandria ab 38 n. Chr. vorrangig Flaccus als Präfekten von Alexandria und Ägypten verantwortlich macht (Phil. Flacc.). Dieser sei jedoch seinerseits von judenfeindlichen Beratern zu Aktionen gegen das jüdische *Politeuma* angespornt worden (Phil. Flacc. 18–24). Die Situation verbessert sich für die jüdische Gemeinschaft erst mit Flaccus' Absetzung durch Caligula und normalisiert sich sodann durch das Edikt des Claudius im Jahre 41 n. Chr., auch wenn sich die Hoffnungen der jüdischen Bevölkerung auf weitergehende Rechte nicht erfüllen. Indem das jü-

Leg. 166–177) denken, wobei der Gefahr durch den ranghohen Staatsbediensteten hier jeweils das Vertrauen der jüdischen Gemeinschaft in den römischen Kaiser entgegengestellt wird.[870]

Jedoch entzündet sich in den Esther-Erzählungen die deutlichste Kritik am König gerade daran, dass er Haman, dem Feind der jüdischen Gemeinschaft, zunächst allzu großes, ja beinahe blindes Vertrauen schenkt. Er ist daher auch kein idealer Herrscher. Das Herrscherbild der Esther-Erzählungen unterscheidet sich damit nun aber nicht nur von der stark negativen Sichtweise etwa in 3Makk, sondern auch von einer solch überschwänglich optimistischen Stellungnahme, wie sie der Aristeasbrief kommuniziert: Hier wird der nicht-jüdische König durchweg als Idealtypus eines Herrschers dargestellt, der der jüdischen Gemeinschaft stets freundlich gegenübersteht und zu keinem Zeitpunkt auch nur die leiseste Kritik verdient. Die Esther-Überlieferungen lassen sich in diesem Kontext jeweils in einer Mittelposition verorten: Die Herrschaft des Perserkönigs wird nicht grundsätzlich in Frage gestellt, sondern lediglich im konkreten, zeitlich und sachlich begrenzten Fall kritisiert und bald wieder auf die rechte, d. h. für das Reich und die jüdische Gemeinschaft gleichermaßen heilvolle Bahn gelenkt. Dabei neigen EstLXX, EstAT und EstJos bereits von Beginn an etwas mehr als ihre Geschwistertexte einer positiven Sicht auf den Herrscher zu. Das grundlegende Motiv, dass sich der Fremdherrscher unter dem Einfluss und zugunsten jüdischer (bzw. judäischer) Untertanen wandelt, korrespondiert mit ähnlichen Vorstellungen etwa im „Gebet des Nabonid"[871] und der entsprechenden Überlieferung in Dan 4–5. Die dort jeweils zentrale Idee, dass sich der babylonische König auch dem höchsten bzw. einen Gott zuwendet, findet eine – jeweils mehr oder weniger explizite – Parallele im zweiten Edikt der griechischen und lateinischen Esther-Versionen.

Das zentrale Element des Ideals politischer Ordnung, das von den Esther-Erzählungen vertreten wird, ist die Sicherheit und partielle Selbstbestimmung der jüdischen Gemeinschaft, die als organisierte Minderheit zum Wohle des Großreiches wirkt. Die entsprechenden Aussagen im zweiten Edikt verstärken diesen Zug in den griechischen und lateinischen Versionen gegenüber EstMT. Sie posi-

---

dische *Politeuma* von Alexandria zwischenzeitlich beim Kaiser versucht zu intervenieren (Phil. Leg.), findet sich hier das Grundmuster der Esther-Erzählungen wieder, die auf die Einsicht und das Wohlwollen des Herrschers vertrauen.

870 Dies gilt zumindest im Grundsatz, wobei natürlich die Erfahrung, die man etwa mit Caligula machen musste, im Einzelfall ernüchternd wirkte.

871 Vgl. Reinhard G. Kratz, „Nabonid in Qumran," in *Babylon: Wissenskultur in Orient und Okzident*, hrsg. v. Eva Cancik-Kirschbaum, Margarete van Ess und Joachim Marzahn, Topoi: Berlin Studies of the Ancient World 1 (Berlin: De Gruyter, 2011), 253–270.

tionieren sich damit ganz ähnlich wie eine Reihe anderer frühjüdischer Literaturwerke, allen voran etwa der Aristeasbrief und Philos *Legatio ad Gaium* mit ihrer ausführlichen Reflexion auf Herrschaftstugenden und -ideale. Auch diese beiden Schriften machen die Beurteilung des nicht-jüdischen Monarchen letztlich davon abhängig, ob dieser der jüdischen Gemeinschaft eine vorteilhafte rechtliche Stellung garantiert.[872] Philo wird sich sodann mit der Frage auseinandersetzen müssen, welche politischen Möglichkeiten einer jüdischen Diaspora-Gemeinde noch bleiben, wenn sich die Hoffnung auf das Wohlwollen des Herrschers nicht erfüllt. Dieses Problem haben weder der Aristeasbrief noch die Esther-Erzählungen im Blick, sodass hier auch die Grenzen des handlungsorientierenden Potenzials dieser Schriften deutlich hervortreten.

7.3.3 Vergeltung und Gewalt

Eine weitere für das Problem politischer Theologie relevante Debatte betrifft die Frage der unter Umständen gewaltvollen Auseinandersetzung jüdischer Gemeinschaften mit anderen Gruppen. Dass bereits die fünf Esther-Versionen verschiedene Ansichten zur „Vergeltungs-Episode" kommunizieren, verdeutlicht erneut, dass diese Texte für verschiedene rezipierende Gruppen eine ethisch orientierende Funktion erfüllt haben, die auch hinsichtlich einer politischen Standortbestimmung bedeutsam ist. Nur diese Annahme vermag zu erklären, weshalb eine historisierende Erzählung über weit zurückliegende Ereignisse solch vielfältige und sich teils widersprechende inhaltliche Bearbeitungen erfahren hat wie die Überlieferung zur „Vergeltung" der jüdischen Gemeinschaft. Wie bisweilen auch modernen Leserinnen und Lesern stellt sich offenbar bereits dem Publikum früherer Zeiten die Frage: Ist es (auch theologisch) nachvollziehbar, legitim und zu begrüßen, dass eine jüdische Gemeinschaft, errettet aus der Gefahr und mit politischer Macht ausgestattet, einige zehntausend Menschen tötet, von offizieller Seite sanktioniert und unterstützt?

Wie sich in unserer Untersuchung gezeigt hat, tritt EstMT in dieser Frage am wenigsten reserviert auf, während in EstLXX und EstAT in verschiedener Weise eine weniger drastische Schilderung der reichsweiten Tötungsaktionen feststellbar ist. So konnte in EstLXX eine im Vergleich mit EstMT etwas mildere Darstellung des Umfangs und der Intensität der Tötungen beobachtet werden.[873] In EstAT

---

872 Vgl. die entsprechende Argumentation bei Diego De Brasi, „Fürstenspiegel in der jüdisch-hellenistischen politischen Philosophie?" in *Jüdisch-hellenistische Literatur in ihrem interkulturellen Kontext*.
873 Vgl. Kap. 3.5.

ist wiederum die Schilderung der Kämpfe vergleichsweise knapp gehalten, während zugleich mit Bedacht zwischen den Feinden und der übrigen nicht-jüdischen Bevölkerung unterschieden wird.[874] EstVL hingegen berichtet gar nichts von solch einer Unternehmung als Teil des „guten Endes" der Geschichte.

Die dargestellten Beobachtungen lassen sich m. E. vor dem Hintergrund eines gewissen Unbehagens gegenüber der „Vergeltungs-Episode" verstehen, das auch in anderen Quellen bezeugt ist. Neben der oft auf dieses Element abstellenden christlichen Exegese, die dabei teils auch stark antijudaistische Züge angenommen hat,[875] ist auch die innerjüdische Rezeptionsgeschichte von EstMT voll von Vorbehalten gegenüber den insbesondere in Kap. 9 erzählten Gewalttaten.[876] Die Diskussion über die ethischen Implikationen der Episode unter mittelalterlichen Gelehrten ist breit bezeugt,[877] und bis in die Gegenwart hinein gibt es viele Beispiele dafür, wie die Darstellung in EstMT 9 als anstößig empfunden und die „Vergeltungs-Episode" aus Neubearbeitungen des Erzählstoffes getilgt wird. Ein erhellendes Beispiel für eine moderne, durch ethische Bedenken motivierte redaktionelle Bearbeitung des Esther-Stoffes führt Elliott Horowitz an:[878] So veröffentlicht der Londoner Pädagoge und Autor Ellis Abraham Davidson im Jahre 1877 eine im Textbestand teils stark gekürzte kommentierte Übersetzung der Hebräischen Bibel.[879] In der Esther-Erzählung ist es insbesondere die Gewaltdarstellung in Kap. 9, die Davidson für moralisch anstößig hält und aus diesem Grund fast vollständig auslässt, um die Erzählung für den Gebrauch in Unterricht und Familie zu „retten". Jedoch lässt sich das hier illustrierte Phänomen in der Rezeption des Esther-Stoffes auch weit über das 19. Jahrhundert hinaus bis in unsere Gegenwart beobachten: Als Beleg genügt ein Blick in beinah jede beliebige „Kinderbibel" oder auch auf die Verarbeitung in aktuellen Kino- und Fernsehfilmen.[880]

---

874 Vgl. Kap. 4.5 sowie die Bemerkungen bei Ingo Kottsieper, „Zusätze zu Ester" in *Das Buch Baruch. Der Brief des Jeremia. Zusätze zu Ester und Daniel*, 144 und bei Vialle, „Aux commencements des livres grecs d'Esther", 107–108.

875 Vgl. Kap. 1.3.2.2.

876 Vgl. den Überblick über die Rezeptionsgeschichte bei Jo Carruthers, *Esther through the Centuries*, Blackwell Bible Commentaries (Oxford: Blackwell, 2008), 256–265.

877 Vgl. Barry Dov Walfish, *Esther in Medieval Garb: Jewish Interpretation of the Book of Esther in the Middle Ages* (Albany: State University of New York Press, 1993), 127–135.

878 Vgl. Horowitz, *Reckless Rites*, 24.

879 Das Werk trägt den Titel *The Bible Reader: Adapted for the Use of Jewish Schools and Families, With the Addition of Questions on the Text, and Moral Reflections on Each Chapter* und wird in dieser Form unter ausdrücklicher Billigung durch den britischen Oberrabbiner veröffentlicht.

880 Vgl. z. B. *The Book of Esther* aus dem Jahr 2013; Regie: David A. R. White; Drehbuch: Timothy Ratajczak.

Noch ältere Spuren der Debatte um die „Vergeltungs-Episode" lassen sich bereits im babylonischen Talmud nachweisen: Hier findet sich die Befürchtung, die *Megilla* könne Feindseligkeit jüdischen Menschen gegenüber provozieren (bMeg 7a), zugleich fällt der talmudische Kommentar zu Kap. 9 des hebräischen Textes extrem kurz aus.[881] Es ist möglich, bereits EstLXX und EstAT als frühe Zeugen dieser Vorsicht gegenüber der Erzählung zu verstehen, EstVL jedoch geht hier noch deutlich weiter: Vorausgesetzt, dass der Vorlage von EstVL bereits ein Text zugrunde liegt, der die „Vergeltungs-Episode" enthalten hat, scheint die altlateinische Tradition eines der ersten Zeugnisse dafür zu sein, dass bereits antike Leser/-innen Anstoß an der Idee genommen haben, die Tötung zehntausender Feinde könne für jüdische Diaspora-Gemeinden eine angemessene Art der Selbstverteidigung darstellen.[882]

Haelewyck und andere Ausleger/-innen sehen in der genannten Talmud-Stelle sowie in der „pazifistischen" Umgestaltung der Esther-Erzählung, die uns durch EstVL bezeugt ist, eine apologetische Absicht reflektiert. Diese sei durch die Übersetzung des hebräischen Textes ins Griechische relevant geworden, da nun auch die Aufnahme bei einer nicht-jüdischen Leserschaft hätte berücksichtigt werden müssen: „[I]n the Diaspora, where the Jews were not unanimously accepted, the risk was very high of seeing the pagans turn against the Jews after having heard this bloody story of revenge in the Greek."[883]

---

881 Dies bemerkt auch Tov, „The 'Lucianic' Text of the Canonical and the Apocryphal Sections of Esther", 16.

882 Es ist nicht auszuschließen, dass die texthistorische Entwicklung andersherum verlaufen ist, d. h. dass der blutige Kampf am Ende erst später eingefügt worden ist, EstVL mithin ein älteres Stadium der Textentwicklung repräsentiert. Auf der einen Seite passt dies gut zur verbreiteten Forschungsmeinung, EstMT 9 – 10 stellten nachträgliche Erweiterungen einer Proto-Esther-Erzählung dar (vgl. Kap. 1.3.2.2). So bemerkt auch Haelewyck zur literarkritischen Arbeit von David Clines anhand von EstAT: „The efforts Clines makes to find behind text *L* [sc. EstAT] a primitive form of the Hebrew which would not have contained the story of the slaughter are disconcerting to anyone who knows the *Vetus Latina*. The text which he reconstructs in 45 pages in a hypothetical way does exist: it is the Greek model of the Vetus Latina": Haelewyck, „The Relevance of the Old Latin Version for the Septuagint", 473; vgl. 455 – 456. Auf der anderen Seite hält es Haelewyck selbst letztlich für wahrscheinlicher, dass die Vorlage von EstVL den ihr bereits vorliegenden Bericht von den blutigen Kampfhandlungen aus ethischem und apologetischem Interesse heraus weggelassen hat. Diese Erklärung ist schon insofern deutlich plausibler, als die meisten anderen Elemente des Esther-Schlusses, wie sie sich in EstMT (und auch in den anderen Versionen) finden, in EstVL durchaus enthalten sind. Jeglicher Hinweis auf die Feindseligkeiten scheint von einem Redaktor oder Übersetzer gezielt eliminiert worden zu sein.

883 Haelewyck, „The Relevance of the Old Latin Version for the Septuagint", 472; vgl. Haelewyck, *Hester*, 93 – 94; Bogaert, „Les formes anciennes du livre d'Esther", 72; Cavalier, *Esther*, 31.

Dagegen hat Alison Salvesen eingewandt, dass eine um die „Vergeltungs-Episode" gekürzte Neuausgabe durchaus auch christlichem Kontext entstammen könnte, zumal die Esther-Erzählung von einigen Kirchenvätern als Orientierungshilfe für unter Verfolgung leidende christliche Gemeinden empfohlen wurde.[884] Beide Interpretationen sind möglich, doch ist in jedem Fall zu bedenken, dass eine „apologetische" Redaktion nicht unbedingt dem Blick auf mögliche Reaktionen einer nicht-jüdischen bzw. nicht-christlichen Umwelt geschuldet sein muss, sondern durchaus den ethischen oder theologischen Bedenken *innerhalb* einer rezipierenden Gemeinde entstammen kann. Dies belegen die oben angeführten umfassenden Debatten aus zweitausend Jahren jüdischer und christlicher Auslegungsgeschichte. Darüber hinaus ist darauf hinzuweisen, dass eine Esther-Erzählung ohne die „Vergeltungs-Episode" für das Publikum in zweierlei Sinne „realistischer" erscheinen muss: Sie gewinnt damit einerseits historische Glaubwürdigkeit und lässt sich andererseits leichter als konkrete Orientierungshilfe für rezipierende Gemeinden verstehen, denen die jüdische Gemeinschaft der Erzählung als Rollenvorbild dienen kann.

So deuten sich in den Esther-Traditionen die Grundlinien einer Debatte an, die nach der politischen, ethischen und theologischen Angemessenheit einer unter bestimmten Umständen gewaltvollen Rolle jüdischer Gemeinschaften in ihrem gesellschaftlichen und politischen Umfeld fragt. Die Fundamente des politischen Systems sowie die Person des Herrschers gelten dabei, wie beschrieben, als „gesetzt": Nirgends finden sich in den Esther-Erzählungen Überlegungen zu Formen des (unter Umständen bewaffneten) Widerstands gegen ein als unvollkommen empfundenes Herrschaftssystem. Die fünf Esther-Versionen zeichnen sich nun aber dadurch aus, dass dieses System zwar weder grundlegend in Frage gestellt oder gar bekämpft, noch aber kritik- und tatenlos hingenommen wird. Vielmehr lassen sich die Texte m. E. so verstehen, dass sie politisch-ethische Fragen reflektieren, die sich innerhalb eines anerkannten politischen Gestaltungsrahmens stellen. Dazu gehört ganz wesentlich die Frage der Gewalt, die hier nun jedoch nicht in Stoßrichtung auf das Herrschaftssystem an sich verhandelt wird, sondern in Bezug auf andere gesellschaftliche Gruppen innerhalb dieses Systems. Die Esther-Erzählungen scheinen dabei Gruppen von Gegnern im Blick zu haben, die mit der jüdischen Gemeinschaft konkurrieren – um eine vorteilhafte politische Stellung, religiöse Privilegien[885] oder gar um das nackte Überleben. Die Texte formulieren dazu differenzierte Ansichten, die sich als Anfänge eines Dis-

---

884 Vgl. Alison G. Salvesen, „Rez. Esther, by Claudine Cavalier," *JThS* 64, Nr. 2 (2013), 602–603.
885 Vgl. insbes. die stark religiös konnotierte Darstellung der Gegner-Gruppen in EstAT und EstVL, die Traumdeutungen Mordechais sowie die kultische Dimension von Hamans Proskynese-Forderung.

kurses deuten lassen, welcher die Rezeptionsgeschichte des Esther-Stoffes bis heute ganz wesentlich prägt.

Damit bestätigt sich schließlich auch in diesem Bereich die eingangs geäußerte Vermutung, dass die Frage politischer Theologie ein Problemfeld markiert, das viele verschiedene politisch-ethische und theologische Aspekte umfasst. Zu all diesen Aspekten wurden und werden unterschiedliche oder gar konträre Standpunkte vertreten, über deren Urheber und Trägerkreise wir zwar wenig Sicheres sagen können, die sich aber zumindest *konzeptionell* in Beziehung zueinander setzen lassen. *Insofern* können sie als Beiträge zu Debatten verstanden werden, die sich zu einem Teil bis in die einzelnen Texttraditionen frühjüdischer Literatur zurückverfolgen lassen.

7.4 Ausblick: Text, Geschichte und Theologie in der Esther-Forschung

Die vorliegende Arbeit ist nicht als texthistorische, sondern als konzeptionell-vergleichende Studie angelegt worden. Daher wurde auch bewusst darauf verzichtet, weitgehende Aussagen über mögliche Schritte der Textentwicklung und -redaktion zu treffen oder die einzelnen Quellen in ganz konkreten historischen Kontexten zu verorten. Dies wäre im methodischen Rahmen dieser Arbeit nicht in angemessener Weise zu leisten gewesen.[886]

Gleichwohl darf an dieser Stelle die Hoffnung geäußert werden, dass die vorliegende Studie eine Anregung für weitere, m. E. dringend notwendige textgeschichtliche Forschung zu den Esther-Erzählungen bietet. Deutlich ist, dass gewisse Kernbestände der Überlieferung immer wieder neu genutzt, aktualisiert und umgeformt worden sind. Wie gezeigt, betrifft dies in ganz entscheidender Weise den Bereich politischer Theologie, der für die kreativen Literaten, die sich den vorliegenden Erzählstoffen jeweils aufs Neue angenommen haben, offenbar herausragende Bedeutung gehabt hat. Für ein vertieftes Verständnis der antiken Stellungnahmen und Debatten zu diesem Themenbereich müsste allerdings die wechselseitige Kommunikation zwischen den Texten noch genauer nachvollzogen werden. Voraussetzung dafür ist weitere Forschung zur Redaktions- und Überlieferungsgeschichte der Esther-Erzählungen, die alle verfügbaren Textzeugen einbezieht. Insbesondere zur Stellung der Vetus Latina und zu den Vorlagen des Josephus besteht ganz offenkundig besonderer Forschungsbedarf, doch ist gerade hier großer Gewinn für unser Verständnis der Esther-Überlieferungen zu

---

[886] Vgl. Kap.1.4

erwarten.[887] Mit neuen Erkenntnissen in diesem Bereich könnte sodann auch erneut nach der historischen Verortung der einzelnen konzeptionell bedeutsamen Bearbeitungen und der uns vorliegenden Textversionen gefragt werden. Diese wären weiterführend mit möglichen Interessensgruppen und Trägerkreisen in Verbindung zu bringen, die in einer bestimmten historischen Situation eine Konzeption vertreten oder tradiert haben könnten. Einen sicheren Ausgangspunkt für solcherlei Überlegungen bietet bislang, wie gezeigt, nur Josephus.

Die in dieser Studie leitende Fragestellung zur politischen Theologie schließlich könnte sinnvoll auch auf andere frühjüdische Literaturwerke angewendet werden, um so den Vergleich verschiedener Konzeptionen auf eine breitere Basis zu stellen. Hier darf noch weiteres Potenzial vermutet werden, unser Verständnis der Vielfalt des antiken Judentums und frühjüdischer (Geistes-) Geschichte zu vertiefen.

---

887 Ein entsprechendes Forschungsprojekt wird m. W. zur Zeit an der Universität Salzburg unter der Leitung von Kristin de Troyer durchgeführt.

Anhang I: Inhaltsübersicht zu den Esther-Erzählungen

Die folgende Übersicht soll dazu dienen, den Zugang zu den Esther-Überlieferungen zu erleichtern. Es versteht sich gleichwohl von selbst, dass die hier vorgeschlagene grob-vergleichende Gliederung den einzelnen Texten nicht in vollem Umfang gerecht werden kann.

	EstMT	EstLXX	EstAT	EstVL	EstJos (Ant 11)
Überleitung	–	–	–	–	184–185
Mordechais Traum	–	A,1–11	A,1–10	A,1–11	–
(Erstes) Mordkomplott	–	A,12–16	A,11–15	–	–
Einführung Hamans	–	A,17	A,16–18	–	–
Waschti und der König	1,1–22	1,1–22	1,1–21	1,1–22	186–194
Esther wird Königin	2,1–20	2,1–20	2,1–18	2,1–20	195–204
Gesetz zur Regelung von Audienzen	–	–	–	–	205–206
(Zweites) Mordkomplott	2,21–23	2,21–23	–	2,21–23	207–208
Hamans Intrige	3,1–11	3,1–11	3,1–11. 10.7	3,1–11	209–215a
Publikation des ersten Edikts (I)	3,12–13	3,12–13	3,13	3,12–13	215bα
Wortlaut des ersten Edikts	–	B,1–7	3,14–18	B,1–7	215bβ–219
Publikation des ersten Edikts (II)	3,14–15	3,14–15	3,19	3,14–15a; 4,3	220
Gebet der jüdischen Gemeinschaft	–	–	–	H,1–5	–
Publikation des ersten Edikts (III)	–	–	–	3,15b	–
Mordechai überzeugt Esther	4,1–17	4,1–17	4,1–12a	4,1–17	221–229a
Mordechais Gebet	–	C,1–10	4,12b–17	C,1–10	229b–230

https://doi.org/10.1515/9783110674514-010

Fortsetzung

	EstMT	EstLXX	EstAT	EstVL	EstJos (Ant 11)
Aktivität der jüdischen Gemeinschaft	—	C,11	—	C,11	231a
Esthers Gebet	—	C,12–30	4,18–29	C,12–15. 25.26.28. 29.27.24. 30.22.23	231b–233
Esther beim König	5,1–5a	D,1–16; 5,3–5a	5,1–15	D,1–16; 5,3–8	234–242a
Esthers (erstes) Mahl	5,5b–8	5,5b–8	5,16–19	—	242b–244aα
Haman und seine Vertrauten	5,9–14	5,9–14	5,20–24	5,9–14	244aβ–247aα
Beschluss zur Ehrung Mordechais	6,1–10	6,1–10	6,1–12	6,1–10	247aβ–255
Ehrung Mordechais; Kränkung Hamans	6,11–13	6,11–13	6,13–22	6,11–13	256–259
Esthers (zweites) Mahl; Hinrichtung Hamans	6,14–7,10	6,14–7,10	6,23–7,13	6,14–7,10	260–269a
Beschluss des zweiten Edikts	8,1–8	8,1–8	7,14–21	8,1–8	269b–271
Publikation des zweiten Edikts (I)	8,9–12	8,9–12	—	8,9–12	272a.bα
Wortlaut des zweiten Edikts	—	E,1–24	7,22–32	E,1–24	272bβ–283a
Publikation des zweiten Edikts (II)	8,13–14	8,13–14	7,33–38	8,13–14	283b–284a
Freude der jüdischen Gemeinschaft	8,15–17	8,15–17	7,39–41a	8,15–17	284b–285
Tötung von Feinden (I)	9,1–10	9,1–10	7,41b–44	[9,3–4]	286–288
Tötung von Feinden (II)	9,11–16	9,11–16	7,45–46	—	289–291a
Daten der Tötungen und des Festes	9,17–19	9,17–19	—	—	291b–292
Erster Purimbrief	9,20–28	9,20–28	7,47–49	9,20–28	293–295a
Zweiter Purimbrief	9,29–32	9,29–31	—	9,29	—

Fortsetzung

	EstMT	EstLXX	EstAT	EstVL	EstJos (Ant 11)
Taten des Königs und des Mordechai	10,1–3	10,1–3	7,50–52	10,2–3	295b–296a
Mordechais Traumdeutung	–	F,1–10	7,53–59	F,1–10	–
Kolophon	–	F,11	–	–	–
Überleitung	–	–	–	–	296b

Anhang II: Übersetzung von EstVL

Die nachfolgende Übersetzung von EstVL korrespondiert in weiten Teilen mit der bereits publizierten Übertragung ins Englische, die ich gemeinsam mit Anathea Portier-Young erarbeitet habe.[888] Sie basiert auf dem von Haelewyck hergestellten Text „R", der auch einige Konjekturen enthält. Von diesem Ausgangstext wird hier nur an wenigen Stellen abgewichen, an denen dies notwendig erscheint, um überhaupt eine lesbare Übersetzung anfertigen zu können. In vielen anderen Fällen wird eine Lesung auch dort beibehalten, wo ein Sinn nur schwer zu erschließen ist. Die Übersetzung beabsichtigt, den Leserinnen und Lesern den Zugang zum lateinischen Text zu erleichtern. Aus diesem Grund enthält sie so wenige sprachliche Glättungen wie möglich; auch umständliche und ungewöhnliche Formulierungen werden so weit wie möglich ins Deutsche übertragen. Das Ergebnis mag häufig sperrig anmuten, es sei jedoch angemerkt, dass oftmals bereits der Ausgangstext die Konventionen der lateinischen Sprache bis zum Äußersten strapaziert. Dies ist besonders offensichtlich in den Abschnitten B und E, wo die griechische Vorlage weitgehend mechanisch übertragen worden zu sein scheint.[889] Der hier gebotene deutsche Text ist daher in diesen Abschnitten teilweise eher als Behelf anzusehen; er will keineswegs ein Maß an Verständlichkeit und Eindeutigkeit suggerieren, das im Original nicht zu finden ist. Umso erfreulicher wäre es, wenn der hier präsentierte Entwurf zu angeregter Diskussion über die sprachliche und theologische Gestaltung dieses bislang wenig beachteten Werks anregen würde.

Eigennamen werden in der Übersetzung, wie bereits im Hauptteil der Arbeit, an im Deutschen gebräuchliche Formen angeglichen, wenn die Entsprechung zu den in den hebräischen und griechischen Geschwistertexten bezeugten Formen offensichtlich ist. Wo dies nicht der Fall ist, wird die lateinische Benennung beibehalten und in einer Fußnote auf die entsprechenden Namen bzw. Namensformen in EstMT und EstLXX hingewiesen. Weitergehendes kann an dieser Stelle angesichts der unübersichtlichen Überlieferungsgeschichte der Eigennamen in den verschiedenen Esther-Versionen bzw. in den einzelnen Textzeugen nicht geleistet werden. Auf die Schwierigkeiten der Verseinteilung und -zählung wurde im Hauptteil der Arbeit bereits hingewiesen.[890]

---

888 Vgl. Bellmann und Portier-Young, „The Old Latin Book of Esther".
889 Vgl. die Anmerkungen zu B und E in Haelewyck, *Hester*, 41–42; 43–44.
890 Vgl. Kap. 1.3.2.5, insbes. Anm. 139.

https://doi.org/10.1515/9783110674514-011

Hier beginnt das Buch Hadassa, das Esther genannt wird.

A,1 Als Assuerus,[891] der große König, im zweiten Jahr regierte, am Ersten des Monats Nisan, welcher ist Andicus,[892] sah Mordechai, welcher Sohn des Jaïr, Sohn des Schimi, Sohn des Esuus[893] aus dem Stamm Benjamiṇ war, ein Traumgesicht.

A,2 Er war ein großer Mann, der im Hof des Königs diente.

A,4 Dies war sein Traumgesicht: Und siehe! Stimmen und Lärm und Donnerschläge und Erdbeben und großes Entsetzen waren auf der Erde.

A,5 Und zwei große Drachen erschienen, beide bereit zu kämpfen. Und ein großer Kampf brach zwischen ihnen aus,

A,6 und sie suchten zu herrschen

A,7 an diesem finsteren und schlimmen Tag. Und großes Getöse war unter denen, die auf der Erde waren,

A,8 und sie fürchteten die Vernichtung.

A,9 Aus der Stimme ihres Schreiens entstand eine Quelle, und aus dieser Quelle ging ein großer Fluss mit viel Wasser hervor.

A,10 Das Licht der Sonne leuchtete auf, und die Niedrigen wurden erhöht und verschlangen die Glorreichen.

A,11 Und Mordechai stand auf, nachdem der Traum gesehen worden war. Und er sagte: „Was gedenkt Gott zu tun?" Und das Traumgesicht war in seinem Bewusstsein verankert, bis es enthüllt würde.

1,1 Und es geschah in den Tagen des Artaxerxes – selbiger ist Artaxerxes, der zwischen Indien und Äthiopien 127 Länder beherrschte –,

1,2 als König Artaxerxes auf dem Thron seiner Königsherrschaft saß, der sich in Susa Thebari[894] befand,

1,3 im zwölften Jahr seiner Königsherrschaft,

1,5 dass er ein Trinkfest veranstaltete für diejenigen, die in Susa Thebari zu finden waren.

1,6 Es gab dort aber Polsterdecken des Königs aus *derpinum*, Leinen und Baumwolle, hyazinthfarben, und außerdem Musikinstrumente, herabhängend von leinenen und purpurnen Seilen unter Ringen; parische Säulen,

---

891 Vgl. Anm. 654.

892 *Andicus* geht offenbar zurück auf Ξανθικός in der griechischen Vorlage, ebenfalls bezeugt in EstAT.

893 EstLXX A,1: Κισαίος; vgl. EstMT 2,5: קִישׁ.

894 *in Susis Thebari* (EstVL 1,2.5; 2,3.5) ist vermutlich Transkription von ἐν Σούσοις τῇ βάρει in der griechischen Vorlage; vgl. DanTH 8,2 (DanOG 8,2 hat ἐν Σούσοις τῇ πόλει). Das Äquivalent in EstMT ist בְּשׁוּשַׁן הַבִּירָה. EstLXX und EstAT hingegen nennen als Ort der Handlung ἐν Σούσοις τῇ πόλει.

goldene und silberne Liegen auf marmoriertem Steinfußboden, und ein buntes Bild;[895]

1,7 eine große Menge sehr süßen Weins, von dem der König selbst trank.

1,8 Er wies die Verwalter des Palastes an, niemandem Gewalt anzutun, sondern nach dem Willen der sich Niederlegenden zu handeln, nach Gutdünken zu trinken gemäß dem Gesetz.

1,9 Und Königin Waschti veranstaltete ein großes Trinkfest für die Frauen im Königreich des Artaxerxes.

1,10 Am siebten Tag aber befahl der König – heiter geworden – Maosma und Narbona und Nabattha und Zatai und Achedes und Thares und Tarecta,[896] den sieben Eunuchen, die im Angesicht des Königs Artaxerxes bedienten,

1,11 dass sie die Königin zu ihm führen sollten, auf dass sie selbst regiere und er ihr ein Diadem anlegen und sie allen Obersten und Völkern zeigen könne, damit sie gesehen würde, denn ihre Gestalt war schön.

1,12 Und die Königin wollte nicht mit ihnen kommen, und der König wurde betrübt und sehr zornig.

1,13 Und der König sagte zu seinen Freunden: „Auf diese Weise hat Waschti gesprochen. Und der König spricht zu allen Obersten Gesetz und Urteil."

1,14 Und Mordechai und Sorathaeas und Pabataleus und Malesath und Mucheas,[897] die Obersten der Perser und Meder, die dem König am nächsten standen, traten zu ihm heran und ließen sich neben ihm nieder.

1,15 Sodann antworteten sie ihm: „Auf welche Weise gebührt es sich nun gemäß dem Gesetz an der Königin zu handeln, da sie diesen (Anweisungen) nicht gehorcht hat, die vom König durch die Eunuchen gesagt worden sind?"

1,16 Und Mordechai sagte zum König und zu den Obersten: „Nicht allein dem König hat Königin Waschti geschadet, sondern auch den Obersten des Königs und den Völkern des Königreichs des Artaxerxes.

1,17 Sie ist nämlich mit dieser Beleidigung des Königs auch von allen Frauen gehört worden, dass die Königin ihren Mann verachtet. Denn sie hat ihn ignoriert und verachtet.

---

895 Der lateinische Text in diesem Vers ist kaum verständlich und geht vermutlich bereits auf eine schwierige griechische Vorlage zurück. Betrachtet man EstLXX und EstAT im Vergleich mit EstMT, so scheint der Grund des Problems sogar schon in einem schwer verständlichen oder beschädigten hebräischen Text zu liegen; vgl. Moore, *Esther*, 7.

896 EstMT 1,10: מְהוּמָן בִּזְּתָא חַרְבוֹנָא בִּגְתָא וַאֲבַגְתָא זֵתַר וְכַרְכַּס; EstLXX 1,10: Αμαν καὶ Βαζαν καὶ Θαρρα καὶ Βωραζη καὶ Ζαθολθα καὶ Αβαταζα καὶ Θαραβα.

897 EstMT 1,14: כַּרְשְׁנָא שֵׁתָר אַדְמָתָא תַרְשִׁישׁ מֶרֶס מַרְסְנָא מְמוּכָן; EstLXX 1,14: Αρκεσαῖος καὶ Σαρσαθαῖος καὶ Μαλησεαρ.

1,18 Wie werden nicht auch die ersten Frauen der Perser und Meder ihre Männer vernachlässigen und ihnen eine Schande machen? Oder wie wird nicht Ehrlosigkeit gegen den König selbst denen gelehrt werden, die außerhalb des Königreiches sind?

1,19 Wenn es dir also gefällt, größter König, und es deiner Ansicht nach am besten ist, befiehl, und es werde geschrieben gemäß dem Gesetz der Perser und Meder über die Bosheit der Königin Waschti, wie sie dich ausgenutzt hat, indem sie nicht hineingegangen ist zum König Artaxerxes. Und ihre Königsherrschaft übergebe der König einer würdigeren und besseren Frau.

1,20 Denn dem Wort des Königs, das er in seinem Königreich verkündet, wird gehorcht werden, weil es vernünftig ist. Und alle Frauen werden Ehrfurcht vor ihren Männern haben, von den armen bis zu den angesehenen."

1,21 Und die Rede gefiel dem König und den Obersten. Und der König tat gemäß dem, was Mordechai gesagt hatte.

1,22 Und der König sandte Schreiben in sein ganzes Königreich, in jedes einzelne seiner Länder gemäß ihrer Übersetzungen, damit ein jeder Mann Oberster in seinem Haus wäre. Und große Furcht entstand bei jeder Frau.

2,1 Und nach diesen Worten beruhigte sich der König von seinem Zorn und erinnerte sich an Waschti angesichts der Dinge, die sie getan hatte, und auf welche Weise er ihr geantwortet hatte.

2,2 Und sowie sich der König beruhigte von seinem Zorn, sagten seine Freunde: „Es sollen Jungfrauen gesucht werden, auserlesen nach ihrer Gestalt,

2,3 und der König stellt Kundschafter auf in allen Königreichen seines Königreiches, damit sie auserlesene schöne Jungfrauen auswählen. Und sie sollen nach Susa Thebari gebracht werden, zu einer Frauenschau. Und sie sollen Hegai übergeben werden, dem Eunuchen des Königs, dem Hüter der Frauen, und auch Kosmetika[898] sollen gegeben werden.

2,4 Und wenn es dem König gefällt, soll eine Schönere, die gefunden wird, als Königin herrschen anstelle von Waschti." Und dem König gefiel die Rede, und er handelte dementsprechend.

2,5 Und es gab einen Mann in Susa Thebari, und sein Name war Mordechai

2,6 aus der Gefangenschaft Jerusalems von der Gefangenschaft, die Nebukadnezar, der König von Babylon, gefangen genommen hatte.

2,7 Und jener hatte die Tochter des Bruders seines Vaters, und Mordechai hatte sie für sich großgezogen als Adoptivtochter, da sie eine Waise war. Dieses

---

898 *nitor* („Glanz"/„Schönheit"/„Reiz") scheint an dieser Stelle im Plural als *terminus technicus* gebraucht zu sein (vgl. auch 2,9.12). Neben der hier vorgeschlagenen Übersetzung „Kosmetika" könnte man auch allgemeiner an „Schönheitsbehandlungen" denken.

Mädchen aber war überaus schön im Aussehen, und nach dem Tod ihrer Eltern hatte Mordechai sie wie sein eigenes Kind großgezogen.

2,8 Ihr Name aber war Esther. Als aber die Worte des Königs gehört worden waren, wurden viele Jungfrauen in der Stadt Susa versammelt unter der Hand Hegais. Und Esther wurde von Hegai, dem Wächter der Frauen, aufgegriffen.

2,9 Und Esther fand Gunst vor ihm, und er kümmerte sich zügig um all ihre Kosmetika. Und sieben Mädchen aus ihrem Haus, in ihrem Alter, wurden zur Versammlung der Frauen bestimmt.

2,10 Und Esther offenbarte weder ihre Abstammung noch ihr Heimatland,[899] weil Mordechai sie angewiesen hatte, dass sie nichts verrate.

2,11 Und tagtäglich ging Mordechai im Atrium der Frauen umher, um nach Esther Ausschau zu halten (und danach), was mit ihr geschehe.

2,12 Und wenn es Zeit war, dass ein Mädchen[900] zum König hineingehe, wenn nämlich die Zeit eines Mädchens vollendet war nach zwölf Monaten – denn so waren die Tage der Pflege erfüllt, sechs Monate mit Duftstoffen und den Kosmetika der Frauen, und sechs Monate mit Smyrnium-Öl –,

2,13 dann ging sie hinein zum König. Und wenn eine Frau für einen einzigen Tag in den Palast des Königs hineinging,

2,14 kehrte sie zurück in das Haus der Frauen, denn der Eunuch hatte nicht die Macht, sie ein zweites Mal hineinzuführen, wenn sie nicht beim Namen gerufen würde.

2,15 Als aber die Zeit gekommen war hineinzugehen für Esther, Tochter des Abihajil, des Bruders von Mordechais Vater, ging sie hinein zum König. Und es geschah, als sie hineinging zum König, dass sie nichts von ihm verlangte außer das, was der Eunuch ihr gesagt hatte. Esther aber fand Gunst bei allen, die sie getroffen hatten.

2,16 Und Esther wurde hineingeführt zum König im zwölften Monat, Adar, dem siebten Monat seiner Königsherrschaft.

2,17 Und der König verliebte sich in Esther, und sie fand Gunst in seinem Angesicht, mehr als alle anderen Jungfrauen. Und er setzte ihr ein Diadem auf und machte sie zur Königin anstelle von Waschti.

---

899 Zur Übersetzung „Heimatland" für *patria* (vgl. auch 2,20; 4,7; 8,6; 9,27) ist zu beachten, dass die Wortbedeutung über die Bezeichnung eines konkreten Ortes hinausgehen und auch die Verwandtschaft oder die eigene ethnische oder soziale Gruppe umfassen kann.

900 Das Subjekt zu *introiret* ist nicht eindeutig. Möglich wäre Esther, doch verstehe ich stattdessen *puella* als Subjekt, sodass 2,12–14 als Beschreibung des von allen beteiligten Mädchen zu durchlaufenden Prozederes zu deuten ist.

2,18   Und der König veranstaltete ein Festessen für all seine Freunde und seine gesamte Armee als Hochzeitsfeier für Esther. Und er gewährte einen Erlass für alle Länder.

2,19   Mordechai aber saß im Atrium des Königs.

2,20   Esther verriet tatsächlich weder ihre Abstammung noch ihr Heimatland, gemäß dem, was Mordechai ihr angeordnet hatte, damit sie alles so einhielte, als ob sie bei ihm wäre, und Gott fürchte jeden Tag.

2,21   In jenen Tagen saß Mordechai im Hof des Königs. Und nach diesen Dingen suchten Bartageus und Thedestes,[901] zwei Eunuchen des Königs, die das Atrium bewachten, den König zu ermorden.

2,22   Und die Angelegenheit wurde durch Mordechai aufgedeckt. Und Mordechai offenbarte es Esther, und Esther verriet es dem König in Mordechais Namen.

2,23   Und er untersuchte die Angelegenheit und fand es auf diese Weise heraus. Und beide wurden aufgehängt und es wurde eine königliche Denkschrift geschrieben.

3,1   Und es geschah nach diesen Worten, dass König Artaxerxes Haman ehrte und ihn beförderte und seinen Platz zum ersten machte unter all seinen Freunden.

3,2   Und alle, die im Atrium waren, verehrten Haman, solches nämlich hatte der König angeordnet zu tun. Mordechai aber verehrte ihn nicht.

3,3   Und die, die im Atrium des Königs waren, sprachen zu Mordechai folgendermaßen: „Warum hörst du nicht auf die Dinge, die vom König gesagt worden sind, und verehrst Haman nicht?" Und er antwortete ihnen nicht.

3,4   Und es geschah, als sie täglich zu ihm sprachen und er ihnen nicht gehorchte, dass sie Haman verrieten: „Mordechai gehorcht dem König nicht, auf dass er dich verehre, weil er Jude ist.[902]

3,5   Und Haman sah, dass Mordechai ihn nicht verehrte, und er wurde überaus zornig.

3,6   Und er suchte Hand an ihn zu legen, um ihn zu vernichten. Doch sie offenbarten ihm die Abstammung Mordechais, und Haman beschloss, alle Jüdinnen und Juden zu vernichten, die im Königreich des Königs Artaxerxes waren, sowohl Mordechai als auch sein ganzes Geschlecht.

---

901 EstMT 2,21: בִּגְתָן וָתֶרֶשׁ. EstLXX 2,21 nennt keine Namen; in der Parallele in A,12 werden die Eunuchen Γαβαθα καὶ Θαρρα genannt.

902 In dieser Übersetzung wird *iudaeus* in der Regel mit „jüdisch" bzw. „Jude" übersetzt, da dieses Verständnis auch für die Leserschaft des 4. Jh. n. Chr. nahegelegen hätte. Ausnahmen sind die Referenzen auf Jechonja in 4,1 und Hiskia in C,16, wo die Bedeutung „judäisch" bzw. „Judäer" anzunehmen ist.

3,7 Im ersten Monat des Neumonds[903] aber, welcher ist Nisan, als Artaxerxes im zwölften Jahr herrschte, machte er ein Dekret und warf ein Los für Tag und Monat,[904] um das Geschlecht des Mordechai zu vernichten. Und[905] das Los fiel auf den vierzehnten Tag im zwölften Monat, welcher ist Adar.

3,8 Und er sprach zum König mit heuchlerischem Herzen wegen des Geschlechts der Juden und sagte: „Es gibt ein im ganzen Königreich verstreutes Geschlecht, das – unglaublich! – fremdartige Gesetze hat, deinen Gesetzen aber nicht gehorcht, (Menschen,) welche bei allen als Seuche bekannt sind und deine Anordnungen verachten zur Herabsetzung deiner Ehre.

3,9 Wenn es also dir, König, gefällt und es deiner Ansicht nach am besten ist, werde mir dieses Geschlecht zur Vernichtung gegeben, und ich würde deiner Schatzkammer 10.000 Talente überschreiben."

3,10 Und er nahm den Ring ab und gab ihn in Hamans Hand,

3,11 wobei er sagte: „Das Silber behalte nur, mit dem Volk aber verfahre wie du willst."

3,12 Und die Schreiber des Königs wurden gerufen im ersten Monat, am dreizehnten Tag. Und die Dinge, die Haman angeordnet hatte, wurden an die Schreiber geschrieben und an die Feldherren des Königs und an die Obersten in jedem Land zwischen Indien und Äthiopien, an die 127 Länder, an die Vorsteher der Völker jedes einzelnen Ortes gemäß ihrer Übersetzung; auf Veranlassung des Artaxerxes wurde sowohl geschrieben als auch mit dem Ring des Königs gesiegelt.

3,13 Und die Schreiben wurden von den Sekretären[906] ausgesandt in das Königreich des Artaxerxes, dass das Geschlecht der Juden umkomme am

---

903 Der Sinn der Formulierung *mense autem primo neomeniae* ist unklar; die spätere Überlieferung bezeugt sodann auch unterschiedliche Varianten, die offenbar auf eine Glättung des Textes abzielen.

904 Der in der Beuroner Edition mit ms. 151 wiedergegebene Text *et misit sortem in die et mense ex mense* ist unverständlich. Ich lese stattdessen mit ms. 130 *et misit sortem per diem et mensem*.

905 Die Lesung *quae*, die die Edition mit ms. 151 anbietet, ist unverständlich. Ich lese stattdessen mit ms. 130 und der späteren Überlieferung *et*.

906 Die Übersetzung „Sekretär" für *librarius* (3,13; 8,10) wurde gewählt, um von den mit *scriba* bezeichneten zuvor genannten Schreibern zu unterscheiden. Die *librarii* sind nach EstVL für das Versenden oder auch für das persönliche Zustellen der königlichen Erlasse zuständig; sie entsprechen damit den βιβλιαφόροι in EstLXX.

ersten Tag im zwölften Monat, welcher ist Adar, und dass man ihren Besitz[907] raube.

B,1 Der Brief aber wurde zwölf Mal gleich geschrieben; dies ist eine Kopie: „Der große König Artaxerxes an die, die zwischen Indien und Äthiopien leben, an die 127 Länder, an die Obersten und an die untergeordneten Satrapen, an die, die wahr, die passend urteilen über die uns betreffenden Dinge – Gruß!

B,2 Als Herrscher aller Völker und jedes Satrapen des Weltkreises schreibe ich also – nicht die Kühnheit der Macht nutzend, sondern indem ich milder und persönlich handle (an denen), die einem in jeder Hinsicht[908] verfluchten Leben unterworfen sind, aber auch, indem ich unser Königreich ausdehne bis zum Äußersten, indem ich dafür einstehe, die Dinge zu erneuern, die von allen gewünscht werden.

B,3 Als ich aber mit meinen Beratern untersucht habe, wie das zum Ziel geführt werden könnte, was die Einsicht, die wir besitzen, gezeigt hat, begann Haman sowohl durch unübertroffenen Verstand als auch indem er einen festen Glauben nutzte (zu sprechen); auch verfolgte er die Zeichen bis zum Ende.

B,4 Er offenbarte uns aber Stämme unter allen, die innerhalb des Erdkreises sind, dass nämlich das hineingemischte Volk verhasst ist, weil sie sich nicht unseren Gesetzen gemäß verhalten, sondern andere Gesetze haben, sich aber bislang grundlos ignorant verhalten gegenüber Angelegenheiten der Könige, weswegen sie nicht ohne Klage ausführen, was von uns bestimmt worden ist.

B,5 Dieses einzigartig verstreute Volk – seid gegen sie, damit (sie) nicht ein starkes Königreich bedrängen!

B,6 Wir fügen diejenigen hinzu, die uns von Haman angezeigt worden sind, der vorangestellt ist in der Sache und euer zweiter Vater ist, sodass alle mit Frauen und Kindern umkommen, von der Wurzel an, durch die Schwerter der Feinde, die den Gesetzen nicht gehorchen, indem sie sich weder er-

---

907 *substantia* kann neben „Besitz" oder „Vermögen" auch „Bestand" oder „Existenz" bedeuten, sodass hier ggf. statt an das Hab und Gut vielmehr an das Leben der jüdischen Bevölkerung zu denken wäre.

908 Die Wiedergabe von *per omne stratum* mit „in jeder Hinsicht" ist eine Verlegenheitsübersetzung, da *stratum* in seiner Bedeutung als „Decke"/„Polster"/„Pferdedecke" oder „Fußboden" an dieser Stelle wohl kaum Sinn ergibt. Vgl. die Übersetzung „en tout lieu" bei Cavalier, *Esther* sowie die Konjekturvorschläge für den gesamten Vers bei Haelewyck, *Hester*, 41.

barmen noch (jemanden) verschonen,[909] am vierzehnten Tag im zwölften Monat, Adar, im laufenden Jahr,

B,7 sodass diejenigen, die zuvor und gegenwärtig Gegner sind, indem sie an einem Tag gewaltsam in die Unterwelt hineingehen, uns in Zukunft bis zum Ende stabile und ruhige Verhältnisse ermöglichen. Wer aber das Geschlecht der Juden versteckt hält, wird unbewohnbar sein, nicht nur unter Menschen, sondern auch unter Vögeln. Und durch heiliges Feuer wird er verbrannt werden, und sein Besitz wird ins Königreich überführt werden. Leb wohl!"

3,14 Und der König siegelte mit seinem königlichen Ring und übergab (den Brief) den schnellsten Reitern. Wo auch immer eine Kopie des Briefes veröffentlicht wurde, herrschte gewaltige Bestürzung im Land, und es wurde befohlen, dass alle bereit seien am festgesetzten Tag,

3,15a denn die Sache wurde eilig ausgeführt. Und in Susa wurde eine Kopie veröffentlicht, und alle Völker veranstalteten ein Festessen. Haman aber, als er in den Palast hineingegangen war, feierte üppig mit Freunden.

4,3 Und überall also, wo eine Kopie des Briefes veröffentlicht wurde, entstand Jammern und gewaltige Trauer bei allen Jüdinnen und Juden.

H,1 Und die Jüdinnen und Juden riefen den Gott ihrer Vorfahren an und sagten: „Herr, Gott, du allein bist Gott oben im Himmel, und es gibt keinen anderen Gott außer dir.

H,2 Denn wenn wir dein Gesetz und die Gebote befolgt hätten, hätten wir vielleicht für die ganze Zeit unseres Lebens in Frieden gewohnt. Nun aber, da wir deine Gebote nicht befolgt haben, ist all diese Bedrängnis über uns gekommen.

H,3 Gerecht bist du und milde und erhaben und groß, Herr, und all deine Wege sind Urteile.

H,4 Und nun, Gott, gib deine Kinder nicht in Gefangenschaft und unsere Frauen nicht in Schändung und nicht zur Vernichtung, der du uns gnädig geworden bist von Ägypten an bis heute.

H,5 Erbarme dich deinem ursprünglichen Anteil, und gib unseren Erbteil nicht in Schande, sodass Feinde uns beherrschen!"

3,15b Und in Susa, in der dem König nächstliegenden Stadt, war eine Kopie veröffentlicht worden, und das Geschriebene war bekannt.

---

909 Der lateinische Text impliziert, dass diejenigen, die „den Gesetzen nicht gehorchen" dieselben Personen sind, die „sich weder erbarmen noch (jemanden) verschonen". Es wird allerdings nicht klar, ob damit die jüdische Bevölkerung oder ihre Gegnerschaft gemeint ist.

4,1 Und es gab einen jüdischen Mann, wohnhaft in Susa, der im Palast des Königs diente. Er war ein großer Mann beim König aus dem Stamm Benjamin, ein gerechter Mann aus der Gefangenschaft, die Nebukadnezar, König von Babylon, aus Jerusalem genommen hatte mit Jechonja, dem König der Judäer. Und dieser hörte das Geschriebene, das in dem Brief war. Und er zerriss seine Kleider und streute Asche auf seinen Kopf, und er kleidete sich mit einem Sack. Und er ging schreiend und rufend durch die ganze Straße vom Männerhof bis zum Frauentor und schrie: „Ein Volk geht zugrunde, obwohl es nichts Böses getan hat!"

4,2 Und er blieb im Atrium des Frauenhofes stehen, denn er konnte mit dem Sack nicht in den Hof hineingehen.

4,4 Und Königin Esther hörte die Stimme ihres Bruders Mordechai, (er schrie) mit einer Stimme in hebräischer Sprache.

4,5 Und sie sandte den Eunuchen Hatach, der sich in ihrem Blickfeld befand, und sagte: „Geh, geh sehr schnell hinaus von hier! Nimm die Kleider weg, die er sich angezogen hat, und zieh ihm andere Kleider an! Und er soll zu mir kommen, damit ich weiß, was mein Bruder will, denn ich höre die Stimme meines Bruders, eine laute Stimme der Bedrängnis, des Wehklagens, des Jammerns, der Angst und der Not."

(4,6) Und der Eunuch ging hinaus und sprach zu ihm, und Mordechai wollte den Sack und alle Zeichen seiner Erniedrigung nicht ablegen.

4,7 Und er sagte zum Eunuchen: „Geh, sag zur Königin: ‚Steh auf! Warum sitzt du da und schweigst, während du verkauft worden bist, du und dein und deines Vaters Haus, das Volk und die ganze Nachkommenschaft! Steh auf (und sieh), ob wir uns wohl für unser Volk und Heimatland werden bemühen können, sodass Gott unserem Volk gnädig gemacht werde!' Zugleich (berichte ihr) über die 10.000 Talente, die Haman als Bestechungsgeld für die Vernichtung der Jüdinnen und Juden angeboten hat!"

4,8 Und er sandte sogleich eine Kopie des Briefes.

4,9 Es geschah aber, als Esther die Nachricht ihres Bruders gelesen hatte, dass sie ihr Kleid zerriss und aufschrie mit bitterer und beschwerter Stimme, und sie jammerte mit großem Jammern, und ihr Körper wurde grässlich, und ihr Fleisch fiel stark zusammen.

4,10 Und sie sandte ihren Eunuchen zu ihm und sagte:

4,11 „Jeder Mensch von jedem Volk, hat König Artaxerxes gesagt – wenn er oder sie ungerufen zum König hineingeht in den inneren Hof – für jenen gibt es keine Rettung, außer dieser: Wem der König den goldenen Stab überreichen sollte, dieser wird freigesprochen werden. Und ich bin nicht gerufen worden, dass ich hineinginge zum König – dies ist der dreißigste Tag; wie also werde ich zum König hineingehen?"

4,12 Und der Eunuch ging hinaus und meldete ihm ihre Worte, und Mordechai erzürnte.

4,13 Und er sagte zum Eunuchen: „Geh hinein, sag ihr: ‚Sage ja nicht bei dir: ‚Von allen Jüdinnen und Juden im Königreich werde allein ich gerettet werden, da ich ja die Frau des Königs bin.'

4,14 Wenn du also in dieser Zeit keine Hilfe von anderswo vorausschickst,[910] werden die Jüdinnen und Juden gleichwohl einen Beschützer haben. Du aber und das Haus deines Vaters werden umkommen. Und wer weiß? Du regierst (vielleicht) in dieser Zeit, damit du dein Volk befreist.',„

4,15 Und der Eunuch ging hinein und meldete Mordechais Worte der Königin Esther. Und Esther sprach noch einmal, nachdem sie den, der von Mordechai zu ihr gekommen war, gesandt hatte:[911]

4,16 „Herr, Bruder, wenn es dir gut erscheint, werde ich hineingehen, wenn ich auch sterbe. Rufe also Besonnenheit[912] aus und verkünde ein Fasten, und sag den Ältesten, dass sie ein Fasten veranlassen sollen! Säuglinge aber sollen nachts getrennt sein von den Müttern. Rinder und Kleinvieh sollen drei Tage nicht geweidet werden. Ich und meine Sklavin werden fasten, und danach werde ich hineingehen zum König, mein Leben in der Hand haltend."

4,17 Und der Eunuch ging hinaus und sprach ihre Worte, und rasch rief Mordechai Besonnenheit aus. Bräutigame aber verließen die Ehegemächer und Bräute ihre Weiden.[913] Kinder wurden von ihren Müttern getrennt. Die Ältesten aber und die alten Frauen gingen hinaus zum Bittgebet. Hinsichtlich der Rinder und des Kleinviehs ordnete er an, dass sie drei Tage und drei Nächte nicht geweidet würden. Alle aber nahmen Asche und riefen den

---

910 Abweichend von der Lesung *praetermiseris* in der Beuroner Edition lese ich mit ms. 151 *praemiseris*.

911 Möglicherweise ist hier daran gedacht, dass Esther zu einem zweiten Eunuchen spricht, nachdem sie den ersten weggeschickt hat.

912 Schildenberger, *Das Buch Esther*, 86 weist darauf hin, dass *sanitas* vermutlich θεραπεία (vom Übersetzer verstanden als „medizinische Behandlung" oder „Heilung") in der griechischen Vorlage übersetzt, die damit an dieser Stelle EstAT nahestehen würde. Diese Übersetzung passt allerdings nicht gut in den Kontext, was wohl der Grund dafür ist, dass eine spätere Bearbeitung (ms. 109 als Vertreter des F-Textes) *sanitatem* in *sanctitatem* (4,16) bzw. *ieiunium* (4,17) geändert hat. *sanitas* lässt sich an der vorliegenden Stelle m. E. gut als „Besonnenheit" angesichts der schwierigen Situation verstehen. Alternativ ließe sich an religiöse bzw. rituelle „Reinheit" denken.

913 Vgl. zum möglichen Ursprung dieser schwer interpretierbaren Formulierung Jean-Claude Haelewyck, „La version latine du livre d'Esther dans le 'Monacensis' 6239 II.: Commentaire," *RBen* 103, 3 – 4 (1993), 299.

erhabenen Herrn an, damit er angesichts ihrer Erniedrigung gnädig gestimmt würde.

C,1 Mordechai zerriss tatsächlich seine Kleider und legte ein Bußgewand unter, und er warf sich auf sein Antlitz nieder auf die Erde, so auch die Ältesten des Volkes, vom Morgen bis zum Abend.

C,2 Und sie sagten: „Gott Abrahams und Gott Isaaks und Gott Jakobs, gepriesen bist du.

C,5 Du weißt, Herr,[914]

C,6 dass ich gern Hamans Fußsohlen verehre zur Rettung Israels –

C,7 doch dies habe ich so nicht getan, damit ich nicht die Ehre eines Menschen über die Ehre meines Gottes stelle. Und ich werde niemanden außer dir verehren, Herr, Gott, und ich tue diese Dinge nicht in Überheblichkeit und nicht in Anmaßung, Herr. Erscheine, Herr! Offenbare dich, Herr!

C,8 Und nun, Herr, König, Gott Abrahams und Gott Isaaks und Gott Jakobs, verschone, verschone dein Volk! Denn sie haben sich über uns erhoben zur Vernichtung, und sie trachten danach, deinen ursprünglichen Erbteil zu vernichten.

C,9 Wende dich nicht ab von diesem Anteil, den du aus dem Land Ägypten befreit hast!

C,10 Höre, Herr, meine Bitten, und sei deinem Losanteil gnädig! Und wandle unsere Trauer in unsere Freude, damit Lebende deinen Namen ehren, Herr, und verbanne nicht den Mund derer, die dich preisen!"

C,11 Und das ganze Volk überlebte[915] in seiner Tapferkeit, als ihnen der Tod vor Augen stand.

C,12 Und Königin Esther

C,13 legte auch selbst die Kleider ihrer Ehre ab und zog sich ein ärmliches Gewand an. Und sie nahm ihr ganzes Gold ab und legte sich ein Bußgewand unter. Und statt mit betörendem Parfüm überschüttete sie ihren Kopf mit Asche. Und sie erniedrigte ihren ganzen Körper sehr und warf sich mit ihren Sklavinnen auf die Erde nieder vom Morgen bis zum Abend.

---

914 Die Beuroner Edition liest für den R-Text im Haupttext *tu scis domine non*. Das Wort *non* ist allerdings über den Apparat in den entsprechenden Textzeugen nicht auffindbar und nach persönlicher Rücksprache mit dem Herausgeber wohl als Druckfehler anzusehen.

915 Haelewyck, *Hester*, 45 schlägt vor, *supervixit* von *supervinco* in der Bedeutung „überwinden" abzuleiten, „qui a ici le sens de ‚reprendre le dessus'", herrührend möglicherweise von einer Form von ἐγκρατέω in der griechischen Vorlage. Sowohl *supervinco* als auch das hier bevorzugte *supervivo* sind grammatisch möglich und inhaltlich sinnvoll.

C,14   Und sie sagte: „Gott Abrahams und Gott Isaaks und Gott Jakobs, gepriesen bist du. Sei gut zu mir, die allein ist und keinen Verteidiger hat außer dir, Herr,

C,15   weil die Gefahr in meiner Hand ist!

C,16   Ich habe in den Büchern meiner Vorfahren gehört, Herr, dass du Noah im Wasser der Sintflut bewahrt hast. Ich habe in den Büchern meiner Vorfahren gehört, Herr, dass du dem Abraham mit 318 Mann neun Könige ausgeliefert hast. Ich habe in den Büchern meiner Vorfahren gehört, Herr, dass du Jona aus dem Bauch des Wals befreit hast. Ich habe in den Büchern meiner Vorfahren gehört, Herr, dass du Hananja, Asarja, Mischael aus dem Feuerofen befreit hast. Ich habe in den Büchern meiner Vorfahren gehört, Herr, dass du Daniel aus der Löwengrube gerettet hast. Ich habe in den Büchern meiner Vorfahren gehört, Herr, dass du dich Hiskia, dem König der Judäer, erbarmt hast, als er zum Tode verdammt war und um Leben gefleht hat; und du hast ihm fünfzehn Jahre Leben gewährt. Ich habe in den Büchern meiner Vorfahren gehört, Herr, dass du Hanna, als sie es im Wunsch ihres Herzens erbeten hat, die Zeugung eines Sohnes gewährt hast. Ich habe in den Büchern meiner Vorfahren gehört, Herr, dass du die befreist, die dir gefallen, Herr, bis zum Ende.

C,25   Und nun hilf mir, die ich allein bin und niemanden habe außer dir, Herr Gott, Herr Gott!

C,26   Du hast erkannt, dass deine Sklavin den Beischlaf mit Unbeschnittenen verabscheut hat.

C,28   Gott, du hast erkannt, dass ich kein Fluchmahl gegessen und keinen Trankopfer-Wein getrunken habe.

C,29   Du hast erkannt, dass ich seit dem Tag meines Aufenthalts (hier) keine Freude mehr finde, Herr, außer an dir allein.

C,27   Du weißt, Gott, dass ich, seitdem dieses Kleidungsstück auf meinem Kopf ist, es verfluche wie das Menstruations-Tuch einer Frau, und dass ich es an einem guten Tag nicht trage.

C,24   Und nun hilf mir, einer Waise, und leg mir im Angesicht des Löwen eine treffliche Rede in den Mund, und gib Gunst bei meinem Anblick! Und wandle sein Herz in Hass gegen den, der uns angreift, zu seiner Vernichtung und (der derer,) die ihm zustimmen.

C,30   Uns aber befreie aus der Hand unserer Feinde! Verwandle unsere Trauer in Freude, unseren Kummer aber in Heiterkeit!

C,22   Die sich gegen deinen Anteil Erhebenden aber mache öffentlich bekannt, Gott!

C,23   Erscheine, Herr – du wirst erkannt werden, Herr!"

D,1   Und es geschah am dritten Tag, als sie ihre Rede zu Ende gebracht hatte, dass sie alle Kleider ihrer religiösen Tätigkeit ablegte. Und sie wusch ihren Körper mit Wasser, und sie salbte sich mit einer Salbe. Und sie kleidete sich mit dem Kleid ihrer Ehre, und sie schmückte sich mit Schmuckstücken.

D,2   Und sie wurde vorzüglich,[916] nachdem sie den Herrn angerufen hatte, der alles sieht, Gott. Und sie nahm zwei Sklavinnen mit.

D,3   Auf die eine lehnte sie sich herab, gleichsam bar jeder Lebenslust.

D,4   Die andere aber folgte, ihr Kleid anhebend.

D,5   Und sie selbst errötete im Ansturm ihrer schönen Gestalt, und ihr Antlitz war heiter, gleichsam liebenswert. Die Augen aber waren überaus anmutig, ihr Herz aber war voller Furcht und graute sich vor dem Herrn[917] in Todesangst, weil ihr der Tod vor Augen stand.

D,6   Und durch alle Türen schreitend ging sie in den inneren Hof hinein, und sie gelangte zu König Artaxerxes, der auf dem Sitz seiner Ehre saß. Und er war bekleidet mit Purpur und jedem kostbaren Stein, und der goldene Stab war in seiner Hand.

D,7   Und als er sich mit seinen Augen umschaute, sah er sie an wie ein Stier im Ansturm seines Zorns, und er wurde zornig auf sie. Und der König gedachte sie zu vernichten. Und er war unschlüssig, als er schrie, und er sagte: „Wer wagt es, ungerufen den Palast zu betreten?" Und voller Furcht fiel die Königin nieder. Und ihre Farbe veränderte sich in (ihrem) Weinen, und sie neigte sich auf den Kopf ihrer persönlichen Sklavin, die vorausging.

D,8   Gott aber verwandelte Zorn in Mitleid und seine Wut in Ruhe. Und erschrocken sprang er auf von seinem Sitz und nahm sie in seine Arme, bis sie wieder zu sich kam. Und er fragte sie in friedvollen Worten,

D,9   indem er sagte: „Königin Esther, du bist meine Schwester! Und du bist fest eingebunden in die Königsherrschaft und hast daran teil. Ich bin dein Bruder, sei tapfer!

D,10 Du wirst nicht sterben, denn unsere Anordnung ist allgemein,

D,11 nicht gegen dich gerichtet. Siehe, das Zepter ist in meiner Hand!"

D,12 Und er hob den goldenen Stab und streckte ihn in seiner Hand aus. Und er grüßte sie und sagte: „Sprich zu mir!"

---

916 Der Text lässt offen, in welcher Hinsicht Esther „vorzüglich" wird; der Kontext legt nahe, dass an herausragende Schönheit gedacht ist.

917 Der inhaltliche Zusammenhang legt es nahe, dass *a domino* auf den König verweist, dessen Zorn und Urteil Esther antizipiert. Allerdings lässt sich stattdessen auch leicht an Gott denken, der zuvor vielfach (zuletzt in D,2) als *dominus* bezeichnet wurde. In diesem Sinne lesen ms. 123 und ms. 130 nicht *a domino*, sondern *ad deum*.

D,13 Und Esther sagte zu ihm: „Ich habe dich gesehen, Herr, wie einen Engel Gottes. Und mein Herz ist bestürzt durch die Furcht deiner Ehre.

D,14 Denn du bist herrlich, Herr, und dein Antlitz ist voller Anmut."

D,15 Als sie aber mit dem König redete, versagte ihr Atem.

D,16 Der König bestürzte sich, so auch seine ganze Dienerschaft, und er flehte sie an

5,3 und sagte: „Stellvertreterin und Teilhaberin meiner Königsherrschaft: Was ist dein Verlangen, und was ist dein Wunsch? Bis zur Hälfte meines Königreiches – und ich werde es tun!"

5,4 Und die Königin sagte: „Mein Verlangen ist, König, dass du bei einem Festessen, das ich morgen machen werde, mit mir speisen wirst – du und dein Freund."

5,8 Der König sagte: „Es werde getan gemäß dem Wunsch der Königin!"

5,9 Haman aber kehrte vom Mahl zurück und 300 Männer mit ihm. Und alle verehrten ihn, Mordechai aber verehrte ihn nicht.

5,10 Haman ging aber in sein Haus hinauf, übel gelaunt. Und er sandte (eine Nachricht) zu seinen Freunden und zu Zosara,[918] seiner Frau.

5,11 Und er erzählte ihnen von der Fülle seiner Ehre.

5,12 Und er prahlte, indem er sagte: „Niemanden hat der König eingeladen außer mich allein. Die Königin aber hat niemanden erwähnt außer mich. Und ich bin seine rechte Hand unter all seinen Freunden. Mein Sitz aber ist über allen und wird von allen verehrt.

5,13 Und all diese Dinge reichen mir nicht aus, wenn ich sehe, wie Mordechai, der Jude, mich nicht verehrt."

5,14 Und Zosara,[919] seine Frau, sagte zu ihm – so auch seine Freunde –: „Ein Holz von fünfzig Fuß soll für dich zugeschnitten werden. Daran soll Mordechai am morgigen Tag aufgehängt werden." Und das Holz wurde in derselben Nacht zugeschnitten.

6,1 Aber der Gott der Jüdinnen und Juden und Herr der ganzen Schöpfung schlug den König mit Schlaflosigkeit. Und der König sagte: „Lest mir ein Buch vor, wenn meine Augen keinen Schlaf finden!"

6,2 Und der Vorleser streckte seine Hand aus in der Bibliothek. Der Gott der Jüdinnen und Juden aber lenkte die Hand des Vorlesers zu dem Buch, das der König geschrieben hatte, um ein Andenken an Mordechai zu schaffen, nachdem er ihn gerettet hatte vor der Gefahr durch die beiden Eunuchen

---

918 Die Namensform entspricht EstLXX und EstAT. EstMT 5,10: זֶרֶשׁ.

919 An dieser Stelle erscheint die Namensform *Iosarra* als Alternative zu *Zosarra* in 5,10; 6,13. Sie geht offenkundig auf einen Abschreibefehler zurück.

Hastageus und Thedesteus,[920] die ihn hatten ermorden wollen. Und der Vorleser verlas Mordechais gute Tat.

6,3 Und sich erinnernd sagte der König: „Sag, haben wir diesem Mann noch nichts getan nach dem, was er für uns getan hat?"

6,4 Haman aber war schlaflos im Palast des Königs, und 300 Männer waren bei ihm. Und der König fragte, wer im Palast sei.

6,5 Und die Sklaven sagten zu ihm: „Haman." Und der König sagte: „Er soll gerufen werden!"

6,6 Haman aber ging zum König hinein, und er gedachte dem König zu sagen, dass Mordechai aufgehängt werden solle am von Haman vorbereiteten Holz. Und der Herr erlaubte ihm nicht zu sprechen. Der König aber sagte zu Haman: „Was wird für den Menschen getan werden, der den König ehrt?" Und Haman sagte in seinem Denken:[921] „Der König hat als rechte Hand niemanden außer mich."

6,7 Und er sagte: „Herr, König, dem den König Ehrenden

6,8 soll ein königliches Gewand angelegt werden und eine goldene Krone. Und von einem königlichen Pferd soll er getragen werden, bekleidet mit den Dingen, die ich zuvor genannt habe.

6,9 Und einer von den Glorreichen des Königs soll vor ihm in der ganzen Stadt ausrufen und sagen: ‚So wird es sein für jeden, der den König ehrt!',,

6,10 Und der König sagte zu Haman: „Gut hast du gesprochen. Eile – so, wie du es gesagt hast, tu für Mordechai, der im Hof des Königs dient! Und kein Wort von denen, die du gesprochen hast, soll herunterfallen!" Und Haman schmerzten diese Worte.

6,11 Und Haman nahm all diese Dinge und gab sie Mordechai. Und er sagte zu ihm: „Steh auf, Sklave Gottes, und du sollst geehrt werden!" Haman nahm aber das Gewand und das Pferd. Und er legte es Mordechai um und setzte ihn auf das Pferd. Und er ging ihm voraus durch die Straße der Stadt. Und er rief aus und sagte: „Diese Dinge werden jedem Menschen zuteil werden, den der König ehrt."

6,12 Und Haman ging in seiner Schande, und Mordechai war hoch geehrt. Und Gott zerbrach Hamans Herz. Mordechai aber kehrte in den Hof des Königs zurück. Haman allerdings eilte in sein Haus, betrübt und ins Herz getroffen.

---

920 Die Namen der Eunuchen unterscheiden sich hier von der Angabe in 2,21.

921 Die hier angebotene, eher ungewöhnliche Interpretation von *cum* entspricht dem Sinn, der in der übrigen lateinischen sowie in Teilen der griechischen Überlieferung vorausgesetzt wird: Haman führt ein Selbstgespräch in Gedanken. Alternativ könnte die Formulierung allerdings auch so ausgelegt werden, dass Haman das Folgende „während er überlegte" oder „in Übereinstimmung mit seinem Plan" laut ausspricht.

6,13 Er sandte (eine Nachricht) zu Zosara, seiner Frau, und zu seinen Freunden. Und er erzählte ihnen alles, was ihm geschehen war. Und seine Freunde und seine Frau sagten zu ihm: „Wenn Mordechai aus dem Volk der Juden ist, beginne dich zu erniedrigen in seinem Angesicht! Du wirst ihm keinen Widerstand leisten können, weil er ein Prophet ist."

6,14 Während sie noch sprachen, kamen die Eunuchen der Königin eilig zu Haman wegen des Mahls für ihn.

7,1 Der König aber ging hinein zum Mahl, und Haman mit ihm.

7,2 Es geschah aber beim heiteren Zutrinken, dass der König zum zweiten Mal zu Königin Esther sagte: „Was ist dein Wunsch und was ist dein Anliegen? Bis zur Hälfte meines Königreiches – und ich werde es für dich tun."

7,3 Sie antwortete und sagte: „Wenn ich Gunst gefunden habe in deinem Angesicht, König, und wenn es deinem Geiste gut erscheint, soll mein Wunsch erfüllt werden; weder Gold noch Silber erbitte ich.

7,4 Denn sowohl ich als auch mein Volk sind verkauft worden in die Vernichtung und Plünderung und Sklaverei, und unsere Kinder in Gefangenschaft. Und das ist des Palastes des Königs nicht würdig.

7,5 Der König sagte aber zu Königin Esther: „Wer ist dieser, oder wer hat es gewagt, diese Sache zu betreiben?"

7,6 Esther aber sagte: „Ein dem König feindlich gesinnter Mensch: Der böse Haman ist es!" Als aber Haman die Worte hörte, war er verwirrt, und seine Gesichtszüge entglitten ihm.

7,7 Der König aber stand auf von seinem Platz und warf seine Serviette fort, und er ging hinaus in den Garten. Haman aber wandte sich bittend an die Königin, denn er sah, dass er in Schwierigkeiten war.

7,8 Als aber der König aus dem Garten an seinen Platz zurückkehrte, war Haman gar auf die Liege der Königin niedergefallen, und er flehte sie an und hielt sie fest. Als der König ihn aber auf der Liege der Esther sah, wurde er zornig. Und er sagte: „Es reicht wohl nicht, dass er es gewagt hat, über mich und mein Königreich die Hände auszustrecken! (Wagt er es) etwa auch meine Frau zu vergewaltigen?"

7,9 Buzatas[922] aber, einer der Eunuchen des Königs, sagte: „Herr, König, siehe, da ist ein Holz, das Haman für Mordechai vorbereitet hatte, um ihn aufzuhängen, fünfzig Fuß hoch." Und der König sagte: „Daran sollen Haman und seine Frau und seine zehn Kinder aufgehängt werden!"

7,10 Und wie es der König angeordnet hatte, wurden sie aufgehängt am Holz, das er vorbereitet hatte für Mordechai, den Juden, in den Toren von Susa.

---

922 EstMT 7,9: חַרְבוֹנָה; EstLXX 7,9: Βουγαθαν.

Und der König sagte: „10.000 Talente sollen Mordechai gegeben werden!" Der König aber ließ ab von seinem Zorn.

8,1 Und am selben Tag gab König Artaxerxes Königin Esther alles, was Haman gehört hatte. Der König hatte aber erkannt, dass Mordechai aus dem Volk der Königin stammte.

8,2 Und als der Ring abgenommen wurde, den der König Haman weggenommen hatte, gab er ihn Mordechai. Und Esther setzte Mordechai in alle (Ämter) ein, die Haman innegehabt hatte.

8,3 Und daran anknüpfend sprach sie zum König, niedergeneigt zu seinen Füßen, über das, was Haman gegen das Geschlecht der Juden durchgesetzt hatte.

8,4 Der König streckte aber den goldenen Stab gen Esther aus. Und Esther stand auf und stand im Angesicht des Königs.

8,5 Und sie sagte zum König: „Wenn es meinem Herrn gefällt und wenn ich Gunst in deinem Angesicht gefunden habe, sollen von dir Schreiben ausgesandt werden, damit die Briefe aufgehoben werden, die Haman geschrieben hat, damit man in deinem Namen alle Jüdinnen und Juden in deinem Palast vernichte.

8,6 Denn wie könnte ich die Bedrängnis meines Volkes mitansehen? Und wie könnte ich allein aus meinem Heimatland gerettet werden?"

8,7 Und der König sagte zu ihr: „Ich habe dir alle Vollmachten[923] Hamans gegeben und selbigen am Holz aufgehängt mitsamt seinem ganzen Haus, weil er geplant hat, Unheil über mein Königreich zu bringen.

8,8 Schreib also Briefe in meinem Namen, wie es dir und Mordechai gefällt! Und siegelt mit meinem Ring! Alles, was geschrieben und gesiegelt wird, weil der König es befiehlt, dem wird nicht widersprochen."

8,9 Die Schreiber des Königs wurden aber gerufen im ersten Monat, welcher ist Nisan, am dreiundzwanzigsten Tag desselben Monats. Und es wurde an die Jüdinnen und Juden all das geschrieben, was er den Verwaltern und Obersten der Satrapen zwischen Indien und Äthiopien befohlen hatte, den 127 Satrapen, die die Völker beherrschten, je nach Volk und gemäß der Sprache jedes einzelnen von ihnen.

8,10 Es wurde auf Veranlassung des Königs geschrieben und mit seinem Ring gesiegelt. Und er sandte durch Sekretäre, die auf Pferden eilten,

8,11 alles, was er diesen befohlen hatte, nämlich nach ihren eigenen Gesetzen zu handeln

---

923 Oder: „Geldmittel".

8,12 im ganzen Königreich des Artaxerxes am vierzehnten Tag im zwölften Monat, das heißt im Adar.

E,1 Was aber nachfolgend beigefügt ist, ist eine Kopie des Briefes: „Der große König Artaxerxes an die, die zwischen Indien und Äthiopien leben, an die 127 Satrapen, die die Völker beherrschen – seid gegrüßt!

E,2 Viele, die sich überschwänglich Größeres von der Menschenfreundlichkeit derer erhoffen, die sie ehren,

E,3 wollen nicht nur unseren Untertanen schaden. Sie können tatsächlich keine Grenze ziehen: Sogar gegen ihre Wohltäter wagen sie Böses ins Werk zu setzen!

E,4 Während sie nicht nur die Dankbarkeit unter den Menschen beseitigen, sondern auch entflammt sind durch die Frechheiten der Gierigen, meinen sie, auf Bosheit sinnend, sich dem Urteil des immer alles sehenden Gottes entziehen zu können.

E,5 Oft aber haben sie auch viele, die ihnen in Würde voranstehen, von denen man glaubt, dass sie die Angelegenheiten zur Ermutigung von Freunden verwalten, mit unerträglichem Unheil umgeben, indem sie sie zu Mitverschwörern gegen unschuldiges Blut bestimmt haben,

E,6 indem sie durch bösartige Lüge die unverminderte Güte der Machthaber betrogen haben.

E,7 Es ist aber möglich zu sehen – nicht so sehr aus den alten historischen Dingen, wie wir sie überliefert haben –, wie viele die zu unseren Füßen sind, die mittels einer verfluchten Herrschern vollends würdigen Seuche nachforschen,

E,8 und für die Zukunft vorzusorgen, damit wir den Menschen ein ruhiges[924] Königreich in Frieden darbieten können,

E,9 indem wir nicht Änderungen einführen, sondern die Dinge, die vor unser Angesicht kommen, immer mit der mildesten Herangehensweise beurteilen.

E,10 So nämlich hat Haman Medadatum,[925] in Wahrheit ein nicht zum Volk der Perser gehörender Makedone, der auch viel von unserer Güte profitiert und unter uns wohnt,

---

924 Abweichend von der Lesung *quietem* in der Beuroner Edition, die sich auf ms. 151 stützt, lese ich mit ms. 130 *quietum*.

925 Die Lesung *Medadatum* wird von Haelewyck auf Grundlage von ms. 151 (*a media datum*) und ms. 130 (*medadatho*) vorgeschlagen. Ursprünglich gehen die Formulierungen vermutlich auf die in EstLXX, EstAT und EstJos bezeugte Angabe Αμαδάθου, „(Sohn des) Amadathos" zurück. Vgl. EstMT 3,1: בֶּן־הַמְּדָתָא.

E,11   für sie erlangt, was wir bei jedem Volk besitzen, nämlich Menschenfreundlichkeit, im selben Maße wie schon unser Vater. Und er wird geehrt von all unseren Untertanen und hat den zweiten Sitz inne.

E,12   Weil er aber die Ruhmsucht nicht ertragen konnte, hat er es gewagt, uns unserer Würde und unseres Lebensatems zu berauben,

E,13   während er auch Mordechai als unseren Bewahrer und Wohltäter in allen Dingen und Esther als unverletzliche Teilhaberin der Königsherrschaft mit ihrem ganzen Volk durch vielfältige Täuschungen angegriffen hat, um sie zu töten.

E,14   Durch diese Pläne aber meinte er die Besitztümer der Perser auf die Makedonen übertragen zu können, während er uns, vereinsamt, in die Entfremdung nimmt –

E,15   uns aber, verraten von einem verfluchten und frevlerischen Menschen zum Verderben der Jüdinnen und Juden, die sich nicht als bösartig herausgestellt haben, sondern als gerecht Lebende und als unschuldig, was die Gesetze betrifft,

E,16   Kinder des erhabenen Gottes, der das Königreich für uns und für unsere Nachkommen so ausrichtet, wie wir es wollen.

E,17   Ihr werdet also gut daran tun, nicht zu beachten, was von Haman in den Schreiben geschrieben worden ist –

E,18   deswegen ist derselbe, der diese Dinge unrechtmäßig getan hat, verdientermaßen mit seinem ganzen Haus vor den Toren Susas gekreuzigt worden, ermöglicht durch das schnelle Handeln des alles beobachtenden und bewahrenden Gottes, der jenem ein Urteil zugewiesen hat –,

E,19   indem ihr eine Kopie dieses Briefes an jedem Ort aushängt, um allen Jüdinnen und Juden zu erlauben, nach ihren eigenen Gesetzen zu handeln

E,20   und sich in allen Dingen zu stärken, damit sie diejenigen, die ihnen in der Not der Bedrängnis übergeordnet worden sind, abwehren können, am vierzehnten Tag des zwölften Monats, welcher ist Adar.

E,21   Denn diesen hat Gott, der allem voransteht, zur Freude eines erwählten Geschlechts gemacht anstelle eines verfluchten.

E,22   Und ihr, macht den Tag bekannt mit jedem Vergnügen unter den feierlichsten (Tagen),

E,23   sowohl jetzt als auch zukünftig. Fördert[926] doch das Wohlergehen der Wohltäter/-innen der Perser! Fördert aber die Erinnerung an die Vernichtung (derer), die diesen aufgelauert haben!

---

926 Die Übersetzung in E,22–23 setzt voraus, dass sich die Verbform *agite* auf alle hier genannten Vorgänge bezieht. Im Deutschen ist sie in diesem Fall nicht nur zu wiederholen, sondern

E,24 Jede Stadt und jedes Land, wo man nicht gemäß diesen Dingen handelt, wird im Ganzen für alle Zeit verabscheuenswert sein und verlassen werden, verzehrt von Speer und Feuer unter dem Zorn nicht von Menschen, sondern auch von wilden Tieren und Vögeln. Lebt wohl!"

8,14 Die Reiter gingen also eilig hinaus, um die Anordnungen des Königs auszuführen. Eine Kopie des Briefes wurde aber in Susa, der Stadt des Königs, veröffentlicht.

8,15 Mordechai allerdings trat hervor, ein königliches Gewand und eine goldene Krone und ein Diadem und ein Leinengewand tragend. Die aber in Susa waren und ihn sahen, freuten sich.

8,16 Für die Jüdinnen und Juden entstanden wahrlich Licht und Frohsinn.

8,17 In jeder Stadt und jedem Land, wo immer eine Kopie des Briefes vorgestellt worden war, gab es Frohsinn und Vergnügen. Und viele aus den Völkern beschnitten sich und wurden zu Juden wegen der Furcht, die unter den Feinden der Jüdinnen und Juden ausgebrochen war.

9,3 Und auch die Obersten der Satrapen und die Fürsten des Königs und die Schreiber ehrten Gott, denn Furcht vor Mordechai hatte (sie) bedrängt.

9,4 Denn es war angeordnet worden, Furcht vor dem König auszurufen in seiner ganzen Stadt.

9,20 Mordechai schrieb sodann diese Worte in ein Buch und sandte sie den Jüdinnen und Juden, allen, die im Königreich des Artaxerxes waren, denen, die nah waren und die fern waren,

9,21 um diese guten Tage festzusetzen zum Feiern, den Vierzehnten und Fünfzehnten im Adar, dem zwölften Monat,

9,22 in den Tagen, an denen die Jüdinnen und Juden rasteten und bewahrt wurden vor ihren Feinden in dem Monat, der ihnen geschrieben wurde, von Trübsal zu Frohsinn und aus Trauer zu einem guten Tag, um diese Tage der Hochzeiten und Freude zu feiern, um Geschenke und Anteile zu senden an Priester, Freundinnen und Freunde, Arme, Waisen und Witwen.

9,23 Und die Jüdinnen und Juden unterstützten dies und richteten eine Erinnerung ein und auch diese Dinge, wie er sie ihnen geschrieben hatte.

9,27 Und er verkündete den Tag in der Nachkommenschaft, im Heimatland, in der Stadt und im Land,

---

dabei auch mit unterschiedlichen Übersetzungen wiederzugeben („macht bekannt" und „fördert").

9,28   wobei er Vigilien[927] ansagte, welche für alle Zeit zu feiern wären, auf dass die Erinnerung an die Geschehnisse nicht schwinden würde in der Nachkommenschaft.

9,29   Und Königin Esther, Tochter des Aminadab,[928] schrieb, und Mordechai verfasste eine Bestätigung des Briefes der Bewachenden.[929]

10,2   Und die Ehre Mordechais wurde verkündigt, wie ihn der König geehrt hatte in seinem Königreich, wie es geschrieben steht im Buch des Königs der Perser und Meder zur Erinnerung.

10,3   Denn Mordechai unterstützte König Artaxerxes an jenem Tag. Und er war groß im Königreich und hochgeschätzt von den Jüdinnen und Juden. Und gemäß seiner Führungsposition stand er seinem ganzen Volk vor.

F,1   Und Mordechai sagte zu allen: „Diese Dinge sind von Gott getan worden."

F,2   Denn Mordechai erinnerte sich an seinen Traum, den er gesehen hatte. Und nichts von diesen Worten war ihm entgangen.

F,3   „Die kleine Quelle ist Esther.

F,4   Die zwei Drachen nämlich waren ich und Haman.

F,5   Die Flüsse aber waren die Völker, die allesamt gekommen waren, um den Namen der Jüdinnen und Juden zu vernichten.

F,6   Sonne und Mond waren die Jüdinnen und Juden. Dieses Urteil hat Gott gemacht. Diese Zeichen und Wunder sind nicht geschehen unter den Völkern.

F,7   Und er machte zwei Lose: eines für das (eine) Volk und eines für das (andere) Volk.[930]

F,8   Und diese beiden Lose fielen auf eine Stunde gemäß der Zeit und den Tagen des Urteils in allen Völkern im Angesicht Gottes.

---

927 Wörtlich: „Nachtwachen". Die Übersetzung „Vigilien" wurde gewählt, weil das Verb *celebro* auf eine Feierlichkeit hinweist und der Ausdruck *vigiliae* hier vermutlich aus einem – allerdings nicht näher bestimmbaren – christlich-religiösen Kontext heraus verstanden werden muss. Bezeichnenderweise ist in EstMT und EstLXX an dieser Stelle vom Purimfest die Rede, welches in EstVL nirgends erwähnt wird; vgl. Anm. 929.

928 Die Angabe von Esthers Vaternamen unterscheidet sich hier von 2,15. Wird dort mit *Abiel* (Abihaijl) offenbar der in EstMT bezeugten Tradition gefolgt, entspricht *Aminadab* in 9,29 der in EstLXX enthaltenen Überlieferung.

929 Der Ausdruck *(epistula) custodientium*, dessen Bedeutung hier unklar bleibt, geht offenbar auf τῶν Φρουραι oder τῶν Φρουρων in der griechischen Vorlage zurück (vgl. EstLXX), Transliterationen des hebräischen bzw. aramäischen Namens für das Purimfest. Der lateinische Übersetzer wollte oder konnte den Ausdruck nicht als Eigennamen verstehen und übersetzte stattdessen eine Form von φρουρά („Wache") oder φρουρέω („bewachen"). Auch die gesamte griechische Überlieferung, einschließlich EstAT und EstJos, bezeugt bereits die mannigfachen Schwierigkeiten, die der hebräische Ausdruck אִגֶּרֶת הַפּוּרִים den Übersetzern und Tradenten bereitet haben muss.

930 „Volk" übersetzt hier im einen Fall *populus*, im anderen *gens*.

F,9   Und er erinnerte sich an sein Volk und bewahrte seinen Erbteil.

F,10 Und in jenen Tagen im Monat Adar – am Vierzehnten des zwölften Monats –
       wird es Synagogen-Tage geben mit Freude und Vergnügen in eurer Nach-
       kommenschaft im Volk Israel."

Hier endet das Buch Hadassa, das Esther genannt wird.

Abkürzungs- und Quellenverzeichnis

Die Abkürzungen der Titel von Zeitschriften, Schriftenreihen etc. richten sich nach Siegfried M. Schwertner, *IATG³: Internationales Abkürzungsverzeichnis für Theologie und Grenzgebiete*, 3. Aufl. (Berlin: De Gruyter, 2014). Bücher der Hebräischen Bibel und des Neuen Testaments werden – sofern nicht unten anders angegeben – abgekürzt nach IATG³/Loccumer Richtlinien. Für die Bücher der Septuaginta wird das Suffix „-LXX" hinzugefügt. Sonderfälle sind in der untenstehenden Liste verzeichnet.

Für die Septuaginta wurde stets die Göttinger Edition in der neuesten Auflage herangezogen, sofern der entsprechende Band dort bereits erschienen ist: Akademie der Wissenschaften zu Göttingen, Hrsg., *Septuaginta: Vetus Testamentum Graecum* (Göttingen: Vandenhoeck & Ruprecht, 1931–). In allen anderen Fällen liegt die Rahlfs-Ausgabe in der Neubearbeitung von Robert Hanhart zugrunde: Alfred Rahlfs, Hrsg., *Septuaginta: Id est Vetus Testamentum graece iuxta LXX interpretes*, 2. Aufl. (Stuttgart: Deutsche Bibelgesellschaft, 2006).

Analoges gilt für die Hebräische Bibel: Hier werden nach Möglichkeit die bereits publizierten Bände der *BHQ* verwendet: Adrian Schenker et al., Hrsg., *Biblia Hebraica Quinta* (Stuttgart: Deutsche Bibelgesellschaft, 2004–); in den übrigen Fällen wird auf die *BHS* zurückgegriffen: Karl Elliger und Wilhelm Rudolph, Hrsg., *Biblia Hebraica Stuttgartensia*, 5. Aufl. (Stuttgart: Deutsche Bibelgesellschaft, 1997); Studienausgabe.

Die zugrunde gelegten Textausgaben für alle weiteren zitierten Quellen sind unten verzeichnet.

1Esdr	1Esdras/Esdras A, Septuaginta (sog. „Drittes Esrabuch")
2Esdr	2Esdras/Esdras B, Septuaginta
1Hen	Erstes Henoch-Buch (Äthiopischer Henoch)
2KönLXX^{Ant}	**Das zweite Buch der Könige, Septuaginta (4Bas), Antiochenischer Text**

2KönLXX^{Ant} **Das zweite Buch der Könige, Septuaginta (4Bas), Antiochenischer Text**
Fernández Marcos, Natalio und José R. Busto Saiz, Hrsg. *El Texto Antioqueno de la Biblia Griega Bd. 2: 1–2 Reyes*. TECC 53. Madrid: Instituto de Flilología del CSIC, 1992.

1Targ Est **Targum Rischon zu Esther**
Grossfeld, Bernard, Hrsg. *The First Targum to Esther: According to the MS Paris Hebrew 110 of the Bibliothèque Nationale*. New York: Sepher-Hermon, 1983.

2Targ Est **Targum Scheni zu Esther**
Grossfeld, Bernard, Hrsg. *The Targum Sheni to the Book of Esther: A Critical Edition Based on MS. Sassoon 282 with Critical Apparatus*. New York: Sepher-Hermon, 1994.

Ail. Var. **Ailianus (Aelian), Varia Historia**
Dilts, Mervin R., Hrsg. *Claudii Aeliani Varia Historia*. BSGRT. Leipzig: Teubner, 1974.

Aischyl. Eum. **Aischylos, Eumenides**
Zimmermann, Bernhard und Oskar Werner, Hrsg. *Aischylos: Tragödien*. 7. Aufl. Sammlung Tusculum. Mannheim: Artemis & Winkler, 2011.

Aischyl. Prom. **Aischylos, Prometheus**
→ Aischyl. Eum.

https://doi.org/10.1515/9783110674514-012

Ant	**Flavius Josephus, Antiquitates Judaicae** Thackeray, H. S. J., Ralph Marcus, Allen Wikgren und Louis H. Feldman, Hrsg. *Josephus: Jewish Antiquities.* 9 Bde. LCL. Cambridge, MA: Harvard University Press, 1930–1965.
Aristoph. Vesp.	**Aristophanes, Wespen** Biles, Zachary P. und S. D. Olson, Hrsg. *Aristophanes: Wasps.* Oxford: Oxford University Press, 2015.
Aristot. eth. Nic.	**Aristoteles, Nikomachische Ethik** Nickel, Rainer und Olof Gigon, Hrsg. *Aristoteles: Die Nikomachische Ethik.* 2. Aufl. Düsseldorf: Artemis & Winkler, 2007.
Arr. An.	**Arrian, Der Alexanderzug** Wirth, Gerhard und Oskar von Hinüber, Hrsg. *Arrian: Der Alexanderzug; Indi- sche Geschichte.* 2 Bde. Berlin: Akademie, 1985.
ArtapHist	**Artapanus („der Historiker")** Holladay, Carl R. *Fragments from Hellenistic Jewish Authors Vol. 1: Histori- ans.* PsES 10/20. Chico, CA: Scholars Press, 1983.
Athen. Deipn.	**Athenaios, Deipnosophistai** Kaibel, Georg, Hrsg. *Athenaei Naucratitae Dipnosophistarum.* 3 Bde. Leipzig: Teubner, 1887–1890.
Bell	**Flavius Josephus, Bellum Judaicum** Michel, Otto und Otto Bauernfeind, Hrsg. *Flavius Josephus: De Bello Judaico; Der jüdische Krieg.* 4 Bde. Darmstadt: Wissenschaftliche Buchgesellschaft, 1959–1969.
BGU	**Berliner Griechische Urkunden** Generalverwaltung der königlichen Museen zu Berlin, Hrsg. *Aegyptische Ur- kunden aus den Koeniglichen Museen zu Berlin: Griechische Urkunden.* 4 Bde. Berlin: Weidmann, 1895–1912.
bMeg	**Babylonischer Talmud, Traktat Megilla** Goldwurm, Hersh, Hrsg. *Talmud Bavli: The Schottenstein Daf Yomi Edition.* 73 Bde. The ArtScroll Series. New York: Mesorah Publications, 2000–2013.
CAp	**Flavius Josephus, Contra Apionem** Thackeray, H. S. J., Hrsg. *Josephus: The Life; Against Apion.* LCL. Cambridge, MA: Harvard University Press, 1926.
Cass. Dio	**Cassius Dio, Historia Romanorum** Boissevain, Ursulus P., Hrsg. *Cassii Dionis Cocceiani Historiarum Romano- rum.* 5 Bde. Berlin: Weidmann, 1895–1931.
Clem. Strom.	**Clemens von Alexandria, Stromateis (hier: Buch 1)** Stählin, Otto, Ludwig Früchtel und Ursula Treu, Hrsg. *Clemens Alexandrinus zweiter Band: Stromata Buch I–VI.* 4. Aufl. Die griechischen christlichen Schriftsteller der ersten Jahrhunderte 52. Berlin: Akademie, 1985.
CPJ	**Corpus Papyrorum Judaicarum** Tcherikover, Victor A., Hrsg. *Corpus Papyrorum Judaicarum.* 2 Bde. Cam- bridge, MA: Harvard University Press, 1957–1960.
Curt.	**Q. Curtius Rufus, Historiae Alexandri Magni** Müller, Konrad und Herbert Schönfeld, Hrsg. *Q. Curtius Rufus: Geschichte Alexanders des Großen.* Tusculum-Bücherei. München: Heimeran, 1954.
DanMT	**Das Buch Daniel, Masoretischer Text**

DanOG	**Das Buch Daniel, Septuaginta, „Old Greek"**
DanTH	**Das Buch Daniel, Septuaginta, „Theodotion"-Revision**
Demosth. Or.	**Demosthenes, Reden (hier: 18; 19)**
	Vince, C. A. und J. H. Vince, Hrsg. *Demosthenes: De Corona; De Falsa Legatione: XVIII, XIX*. LCL. Cambridge, MA: Harvard University Press, 1926.
Diod.	**Diodorus Siculus, Bibliotheca Historica**
	Oldfather, C. H., Charles L. Sherman, C. Bradford Welles, Russel M. Geer und Francis R. Walton, Hrsg. *Diodorus of Sicily: The Library of History*. 12 Bde. LCL. Cambridge, MA: Harvard University Press, 1933–1967.
Diosk.	**Pedanios Dioskurides, Heilmittellehre**
	Wellmann, Max, Hrsg. *Pedanii Dioscuridis: De materia medica libri quinque*. 4. Aufl. 3 Bde. Hildesheim: Weidmann, 2004.
EpAr	**Aristeasbrief**
	Pelletier, André, Hrsg. *Lettre d'Aristée a Philocrate: Introduction, Texte Critique, Traduction et Notes, Index Complet des Mots Grecs*. SC 89. Paris: Les Éditions du Cerf, 1962.
EstAT	**Das Buch Esther, Septuaginta, Alpha-Text**
EstJos	**Das Buch Esther nach Ant 11,184–296**
	→ Ant
EstLXX	**Das Buch Esther, Septuaginta, Hauptüberlieferung**
EstMT	**Das Buch Esther, Masoretischer Text**
EstVL	**Das Buch Esther, Vetus Latina, R-Text**
	Haelewyck, Jean-Claude, Hrsg. *Hester*. VL 7,3. Freiburg: Herder, 2003–2008.
EzTrag	**Ezechiel der Tragiker, Exagoge**
	Jacobson, Howard. *The Exagoge of Ezekiel*. Cambridge: Cambridge University Press, 1983.
FGrHist	**Fragmente griechischer Historiker**
	Jacoby, Felix, Hrsg. *Die Fragmente der Griechischen Historiker*. 1926. Leiden: Brill, 1957–; vermehrter Neudruck.
Hes. Theog.	**Hesiod, Theogonie**
	Schirnding, Albert v., Hrsg. *Hesiod: Theogonie; Werke und Tage*. 5. Aufl. Sammlung Tusculum. Berlin: Akademie, 2012.
Hdt.	**Herodot, Historien**
	Feix, Josef, Hrsg. *Herodot: Historien*. 7. Aufl. 2 Bde. Sammlung Tusculum. Düsseldorf: Artemis & Winkler, 2006.
Hom. Il.	**Homer, Ilias**
	Rupé, Hans, Hrsg. *Homer: Ilias*. 9. Aufl. Sammlung Tusculum. München: Artemis, 1989.
Hom. Od.	**Homer, Odyssee**
	van Thiel, Helmut, Hrsg. *Homeri Odyssea*. Bibliotheca Weidmannia 1. Hildesheim: Olms, 1991.
Isokr. Bus.	**Isokrates, Busiris**
	Norlin, George und Larue van Hook, Hrsg. *Isocrates*. 3 Bde. LCL. Cambridge, MA: Harvard University Press, 1928–1945.
Isokr. Nik.	**Isokrates, An Nikokles**
	→ Isokr. Bus.

Isokr. Paneg.   **Isokrates, Panegyrikos**
→ Isokr. Bus.

Kall. H. 1   **Kallimachos, Hymnus 1 (An Zeus)**
Asper, Markus, Hrsg. *Kallimachos: Werke.* Darmstadt: Wissenschaftliche
Buchgesellschaft, 2004.

Kall. H. 4   **Kallimachos, Hymnus 4 (An Delos)**
→ Kall. H. 1

Kleanth. H.   **Kleanthes von Assos, Zeushymnus**
Thom, Johan C. *Cleanthes' Hymn to Zeus: Text, Translation, and Commentary.*
STAC 33. Tübingen: Mohr Siebeck, 2005.

LibAnt   **Pseudo-Philo, Liber Antiquitatum Biblicarum**

Lukian. Herm.   **Lukian von Samosata, Hermotimos**
Möllendorf, Peter v., Hrsg. *Lukian: Hermotimos; Lohnt es sich, Philosophie zu
studieren?* TzF 74. Darmstadt: Wissenschaftliche Buchgesellschaft, 2000.

OrMan   **Das Gebet des Manasse**

P. Oxy.   **Oxyrhynchos-Papyri**

P. Pol. Iud.   **Papyri des jüdischen Politeuma von Herakleopolis**
Cowey, James M. S. und Klaus Maresch, Hrsg. *Urkunden des Politeuma der
Juden von Herakleopolis (144/3–133/2 v. Chr.): Papyri aus den Sammlungen
von Heidelberg, Köln, München und Wien.* ANRhAW Sonderreihe Papyrologica Coloniensia 29. Wiesbaden: Westdeutscher Verlag, 2001.

Paus.   **Pausanias, Graeciae Descriptio**
Rocha-Pereira, Maria H., Hrsg. *Pausaniae Graeciae Descriptio.* 2. Aufl. 3 Bde.
BSGRT. Leipzig: Teubner, 1989–1990.

Phil. Flacc.   **Philo, In Flaccum**
Colson, F. H. und G. H. Whitaker, Hrsg. *Philo: In Ten Volumes.* 10 Bde. LCL.
Cambridge, MA: Harvard University Press, 1929–1962.

Phil. Leg.   **Philo, Legatio ad Gaium**
Smallwood, E. Mary, Hrsg. *Philonis Alexandrini Legatio ad Gaium: Edited
with an Introduction, Translation and Commentary.* 2. Aufl. Leiden: Brill,
1970.

Phil. Mut.   **Philo, De Mutatione Nominum**
→ Phil. Flacc.

Phil. Op. Mund.   **Philo, De Opificio Mundi**
→ Phil. Flacc.

Pind. N.   **Pindar, Nemeische Oden**
Bremer, Dieter, Hrsg. *Pindar: Siegeslieder.* 2. Aufl. Sammlung Tusculum.
Düsseldorf: Artemis & Winkler, 2003.

Pind. P.   **Pindar, Pythische Oden**
→ Pind. N.

Plat. Nom.   **Platon, Nomoi (hier: Buch 9; 10)**
Schöpsdau, Klaus, Auguste Diès und Joseph Souilhé, Hrsg. *Platon: Gesetze
Buch VII–XII.* Platon Werke in acht Bänden 8/2. Darmstadt: Wissenschaftli-
che Buchgesellschaft, 1990; Sonderausgabe.

Plat. Pol.   **Platon, Politeia**
Slings, S. R., Hrsg. *Platonis Rempublicam.* SCBO. Oxford: Oxford University
Press, 2003.

Plat. Symp.	**Platon, Symposion**
	Rowe, C. J., Hrsg. *Plato: Symposium.* Warminster: Aris & Phillips, 1998.
Plut. Alex.	**Plutarch, Alexander**
	Ziegler, Konrat, Hrsg. *Plutarchi Vitae Parallelae.* 4 Bde. BSGRT. Leipzig: Teubner, 1957–1980.
Plut. Art.	**Plutarch, Artaxerxes**
	→ Plut. Alex.
Plut. Crass.	**Plutarch, Crassus**
	→ Plut. Alex.
Pol.	**Polybios, Historiae**
	Paton, W. R., Hrsg. *Polybius: The Histories.* 6 Bde. LCL. Cambridge, MA: Harvard University Press, 1922–1927.
Sib	**Die Sibyllinischen Orakel**
	Gauger, Jörg-Dieter, Hrsg. *Sibyllinische Weissagungen.* 2. Aufl. Sammlung Tusculum. Düsseldorf: Artemis & Winkler, 2002.
Soph. Phil.	**Sophokles, Philoktet**
	Willige, Wilhelm und Karl Bayer, Hrsg. *Sophokles: Dramen.* 3. Aufl. Sammlung Tusculum. München: Artemis & Winkler, 1995.
Suet. Aug.	**Sueton, Augustus**
	Martinet, Hans, Hrsg. *Gaius Suetonius Tranquillus: Die Kaiserviten (De Vita Caesarum); Berühmte Männer (De Viris Illustribus).* Sammlung Tusculum. Düsseldorf: Artemis & Winkler, 1997.
Suet. Cal.	**Sueton, Caligula**
	→ Suet. Aug.
Suet. Dom.	**Sueton, Domitian**
	→ Suet. Aug.
Suet. Vesp.	**Sueton, Vespasian**
	→ Suet. Aug.
Suet. Vit.	**Sueton, Vitellius**
	→ Suet. Aug.
SusOG	**Susanna-Erzählung, Septuaginta, „Old Greek"**
Tac. Ann.	**Tacitus, Annalen**
	Heller, Erich, Hrsg. *P. Cornelius Tacitus: Annalen.* 6. Aufl. Sammlung Tusculum. Mannheim: Artemis & Winkler, 2010.
Tac. Hist.	**Tacitus, Historien**
	Borst, Joseph, Hrsg. *P. Cornelius Tacitus: Historiae.* 5. Aufl. Sammlung Tusculum. München: Artemis, 1984.
TestJos	**Das Testament Josephs in TestXII**
TestXII	**Die Testamente der zwölf Patriarchen**
	Jonge, Marinus de, Hrsg. *The Testaments of the Twelve Patriarchs: A Critical Edition of the Greek Text.* PVTG 1/2. Leiden: Brill, 1978.
TobG^I	**Das Buch Tobit, Septuaginta, G^I-Text („Kurztext")**
TobG^{II}	**Das Buch Tobit, Septuaginta, G^{II}-Text („Langtext")**
Vita	**Flavius Josephus, Vita**
	Siegert, Folker, Heinz Schreckenberg und Manuel Vogel, Hrsg. *Flavius Josephus: Aus meinem Leben (Vita): Kritische Ausgabe, Übersetzung und Kommentar.* Tübingen: Mohr Siebeck, 2001.

Xen. An.   **Xenophon, Anabasis**
Muri, Walter, Hrsg. *Xenophon: Der Zug der Zehntausend; Cyri Anabasis.* 2.
Aufl. Tusculum-Bücherei. München: Heimeran, 1959.

Xen. Kyr.   **Xenophon, Kyrupädie**
Nickel, Rainer, Hrsg. *Xenophon: Kyrupädie; Die Erziehung des Kyros.* Sammlung Tusculum. München: Artemis & Winkler, 1992.

Literaturverzeichnis

Ackroyd, Peter R. „Two Hebrew Notes." *ASTI* 5 (1967): 82–86.

Adams, Winthrop L. „Historical Perceptions of Greco-Macedonian Ethnicity in the Hellenistic Age." *BalS* 36, Nr. 2 (1995): 205–222.

Ahn, Gregor. *Religiöse Herrscherlegitimation im achämenidischen Iran: Die Voraussetzungen und die Struktur ihrer Argumentation*. Acta Iranica Troisième Série Textes et Mémoires 31/17. Leiden: Brill; Leuven: Peeters, 1992.

Ahn, Gregor. „Monotheismus und Polytheismus als religionswissenschaftliche Kategorien?" In Oeming; Schmid, *Der eine Gott und die Götter*, 1–10.

Alexander, Philip und Loveday Alexander. „The Image of the Oriental Monarch in the Third Book of Maccabees." In Rajak et al., *Jewish Perspectives on Hellenistic Rulers*, 92–109.

Assmann, Jan. *Herrschaft und Heil: Politische Theologie in Altägypten, Israel und Europa*. München: Hanser, 2000.

Attridge, Harold W. *The Interpretation of Biblical History in the Antiquitates Judaicae of Flavius Josephus*. HDR 7. Missoula, MT: Scholars Press, 1976.

Bachmann, Michael. *Göttliche Allmacht und theologische Vorsicht: Zu Rezeption, Funktion und Konnotationen des biblisch-frühchristlichen Gottesepithetons pantokrator*. SBS 188. Stuttgart: Katholisches Bibelwerk, 2002.

Balch, David L. „Attitudes toward Foreigners in 2 Maccabees, Eupolemus, Esther, Aristeas, and Luke-Acts." In *The Early Church in Its Context: Essays in Honor of Everett Ferguson*. Hrsg. von Abraham J. Malherbe, Frederick W. Norris und James W. Thompson, 22–47. NT.S 90. Leiden: Brill, 1998.

Balsdon, John P. V. D. „The 'Divinity' of Alexander." *Hist.* 1, Nr. 3 (1950): 363–388.

Baltrusch, Ernst. „Bewunderung, Duldung, Ablehnung: Das Urteil über die Juden in der griechisch-römischen Literatur." *Klio* 80, Nr. 2 (1998): 403–421.

Barclay, John M. G. *Against Apion: Translation and Commentary*. Flavius Josephus: Translation and Commentary 10. Leiden: Brill, 2007.

Bardtke, Hans. „Das Buch Esther." In *Der Prediger; Das Buch Esther*. Hrsg. von Hans Bardtke und Hans W. Hertzberg, 239–408. KAT 17,4–5. Gütersloh: Gütersloher Verlagshaus, 1963.

Bardtke, Hans. *Luther und das Buch Esther*. SGV 240/241. Tübingen: Mohr, 1964.

Bardtke, Hans. „Zusätze zu Esther." In *Historische und legendarische Erzählungen*. Hrsg. von Werner G. Kümmel. 2. Aufl., 15–62. JSHRZ 1. Gütersloh: Gütersloher Verlagshaus, 1977.

Bar-Kochva, Bezalel. ‏על חג הפורים ועל מקצת ממנהגי הסוכות בימי הבית השני ולאחריו,‎ „: On the Festival of Purim and Some of the Succot Practices in the Period of the Second Temple and Afterwards." *Zion* 62, Nr. 4 (1997): 387–407.

Barrett, Anthony A. *Caligula: The Corruption of Power*. London: Batsford, 1989.

Barton, John und John Muddiman, Hrsg. *The Oxford Bible Commentary*. Oxford: Oxford University Press, 2001.

Bazzana, Giovanni Battista. *Kingdom of Bureaucracy: The Political Theology of Village Scribes in the Sayings Gospel Q*. BETL 274. Leuven: Peeters, 2015.

Becker, Eve-Marie, Heinz-Josef Fabry und Michael Reitemeyer. „Sophia Sirach: Ben Sira; Das Buch Jesus Sirach." In Karrer; Kraus, *Septuaginta Deutsch*, 1090–1163.

Bellmann, Simon. „The Theological Character of the Old Latin Version of Esther." *JSPE* 27, Nr. 1 (2017): 3–24.

https://doi.org/10.1515/9783110674514-013

Bellmann, Simon und Anathea Portier-Young. „The Old Latin Book of Esther: An English Translation." *JSPE* 28, Nr. 4 (2019): 267–289.

Ben-Dov, Jonathan. „A Presumed Citation of Esther 3:7 in 4QD[b]." *DSD* 6, Nr. 3 (1999): 282–284.

Berg, Sandra B. *The Book of Esther: Motifs, Themes and Structure.* SBLDS 44. Missoula, MT: Scholars Press, 1979.

Berger, Yitzhak. „Mordechai and Flowing Myrrh: On the Presence of God in the Book of Esther." *Trad.* 49, Nr. 3 (2016): 20–24.

Bergey, Ron. „Late Linguistic Features in Esther." *JQR* 75, Nr. 1 (1984): 66–78.

Berlin, Adele. *Esther: The Traditional Hebrew Text with the New JPS Translation.* The JPS Bible Commentary. Philadelphia: Jewish Publication Society, 2001.

Betz, Otto. „Das Problem des Wunders bei Flavius Josephus im Vergleich zum Wunderproblem bei den Rabbinen und im Johannesevangelium." In *Josephus-Studien: Untersuchungen zu Josephus, dem antiken Judentum und dem Neuen Testament.* Hrsg. von Otto Betz, Klaus Haacker und Martin Hengel, 23–44. Göttingen: Vandenhoeck & Ruprecht, 1974.

Beyer, Klaus. *Die aramäischen Texte vom Toten Meer: Samt den Inschriften aus Palästina, dem Testament Levis aus der Kairoer Genisa, der Fastenrolle und den alten talmudischen Zitaten.* 2 Bde. Göttingen: Vandenhoeck & Ruprecht, 1984–2004.

Bichler, Reinhard und Robert Rollinger. „Greece vi.: The Image of Persia and Persians in Greek Literature." In *Encyclopaedia Iranica.* 11/3. Hrsg. von Ehsan Yarshater, 326–329.

Bickerman, Elias J. „The Colophon of the Greek Book of Esther." *JBL* 63, Nr. 4 (1944): 339–362.

Bickerman, Elias J. „Notes on the Greek Book of Esther." *PAAJR* 20 (1951): 101–133.

Bilde, Per. *Flavius Josephus between Jerusalem and Rome: His Life, His Works, and Their Importance.* JSPES 2. Sheffield: JSOT Press, 1988.

Binder, Carsten. *Plutarchs Vita des Artaxerxes: Ein historischer Kommentar.* Göttinger Forum für Altertumswissenschaft, Beihefte NF 1. Berlin: De Gruyter, 2008.

Bloedhorn, Hanswulf, Aharon Oppenheimer, Benjamin Isaac, Michael Lecker, Nathanja Hüttenmeister, Michael Hartman und Sabine Körtje. „Die jüdische Diaspora bis zum 7. Jahrhundert n. Chr." In *Tübinger Atlas des Vorderen Orients.* B VI 18. Hrsg. vom DFG-Sonderforschungsbereich 19 TAVO. Wiesbaden: Reichert, 1976–1994.

Bogaert, Pierre-Maurice. „Les formes anciennes du livre d'Esther: Réflexions sur les livres bibliques à traditions multiples à l'occasion de la publication du texte de l'ancienne version latine." *RTL* 40 (2009): 66–77.

Böhler, Dieter. *1 Esdras.* Internationaler Exegetischer Kommentar zum Alten Testament. Stuttgart: Kohlhammer, 2015.

Bönisch-Meyer, Sophia und Christian Witschel. „Das epigraphische Image des Herrschers: Entwicklung, Ausgestaltung und Rezeption der Ansprache des Kaisers in den Inschriften Neros und Domitians." In *Nero und Domitian: Mediale Diskurse der Herrscherrepräsentation im Vergleich.* Hrsg. von Sophia Bönisch-Meyer et al., 81–179. Tübingen: Narr Francke Attempto, 2014.

Bons, Eberhard. „The Noun βοηθός as a Divine Title: Prolegomena to a Future HTLS Article." In Bons; Brucker; Joosten, *The Reception of Septuagint Words in Jewish-Hellenistic and Christian Literature,* 53–66.

Bons, Eberhard, Ralph Brucker und Jan Joosten, Hrsg. *The Reception of Septuagint Words in Jewish-Hellenistic and Christian Literature.* WUNT II 367. Tübingen: Mohr Siebeck, 2014.

Borengässer, Norbert M. „Keuschlamm." *RAC* 20: 800–803.

Börner-Klein, Dagmar. „Der Ester-Midrasch in Megilla 10b–17a: Eine literarische Einheit." *Jud.* 49, Nr. 4 (1993): 220–227.

Börner-Klein, Dagmar und Elisabeth Hollender. *Rabbinische Kommentare zum Buch Ester.* 2 Bde. Leiden: Brill, 2000.

Borzsák, Stefan. „Persertum und griechisch-römische Antike: Zur Ausgestaltung des klassischen Tyrannenbildes." *Gym.* 94 (1987): 289–297.

Bosworth, A. B. *A Historical Commentary on Arrian's History of Alexander.* 2 Bde. Oxford: Clarendon, 1980–1995.

Bowden, Hugh. „On Kissing and Making Up: Court Protocol and Historiography in Alexander the Great's 'Experiment with Proskynesis'." *BICS* 56, Nr. 2 (2013): 55–77.

Boyd-Taylor, Cameron. „Esther's Great Adventure: Reading the LXX Version of the Book of Esther in light of Its Assimilation to the Conventions of the Greek Romantic Novel." *BIOSCS* 30 (1997): 81–113.

Brettler, Marc Z. *God is King: Understanding an Israelite Metaphor.* JSOTS 76. Sheffield: JSOT Press, 1989.

Briant, Pierre. *From Cyrus to Alexander: A History of the Persian Empire.* Winona Lake: Eisenbrauns, 2002. Translated by Peter T. Daniels.

Bridges, Emma. *Imagining Xerxes: Ancient Perspectives on a Persian King.* London: Bloomsbury, 2015.

Brodersen, Kai, Hrsg. *Aristeas: Der König und die Bibel.* Stuttgart: Reclam, 2008.

Brooten, Bernadette J. *Women Leaders in the Ancient Synagogue: Inscriptional Evidence and Background Issues.* BJSt 36. Chico, CA: Scholars Press, 1982.

Brosius, Maria. *Women in Ancient Persia: 559–531 BC.* OCM. Oxford: Clarendon, 1996.

Brosius, Maria. „*Pax Persica*: Königliche Ideologie und Kriegführung im Achämenidenreich." In *Krieg – Gesellschaft – Institutionen: Beiträge zu einer vergleichenden Kriegsgeschichte.* Hrsg. von Burkhard Meißner, Oliver Schmitt und Michael Sommer, 135–161. Berlin: Akademie, 2005.

Brosius, Maria. „No Reason to Hide: Women in the Neo-Elamite and Persian Periods." In *Women in Antiquity: Real Women across the Ancient World.* Hrsg. von Stephanie L. Budin und Jean MacIntosh Turfa, 156–174. Rewriting Antiquity. London: Routledge, 2016.

Burchard, Christoph. „Joseph and Aseneth." In *The Old Testament Pseudepigrapha Vol. 2: Expansions of the „Old Testament" and Legends, Wisdom and Philosophical Literature, Prayers, Psalms and Odes, Fragments of Lost Judeo-Hellenistic Works.* Hrsg. von James H. Charlesworth, 177–247. Garden City: Doubleday, 1985.

Bush, Frederic W. *Ruth, Esther.* WBC 9. Dallas: Word, 1996.

Byron, John. *Slavery Metaphors in Early Judaism and Pauline Christianity: A Traditio-Historical and Exegetical Examination.* WUNT II 162. Tübingen: Mohr Siebeck, 2003.

Candido, Dionisio. „Esther's Family: Ethnicity, Politics and Religion." In *Family and Kinship in the Deuterocanonical and Cognate Literature.* Hrsg. von Angelo Passaro, 253–271. DCLY 2012/2013. Berlin: De Gruyter, 2013.

Carruthers, Jo. *Esther through the Centuries.* Blackwell Bible Commentaries. Oxford: Blackwell, 2008.

Cavalier, Claudine. „Le ‚Colophon' d'Esther." *RB* 110, Nr. 2 (2003): 167–177.

Cavalier, Claudine. „La quatrième face de l'histoire d'Esther: La Vielle Latine." In Kraus; Munnich, *La Septante en Allemagne et en France*, 90–99.

Cavalier, Claudine. *Esther: Traduction du texte grec de la Septante, Introduction et notes.* La Bible d'Alexandrie 12. Paris: Les Éditions du Cerf, 2012.

Cazelles, Henri. „Note sur la composition du rouleau d'Esther." In *Lex tua veritas.* Hrsg. von Heinrich Groß und Franz Mußner, 17–29. Trier: Paulinus, 1961.

Chalupa, Petr. „The Book Esther in Josephus: Authority of Conflict-Causing Laws." In *The Process of Authority: The Dynamics in Transmission and Reception of Canonical Texts.* Hrsg. von Jan Dušek und Jan Roskovec, 139–150. DCLS 27. Berlin: De Gruyter, 2016.

Chaniotis, Angelos. „The Ityphallic Hymn for Demetrios Poliorketes and Hellenistic Religious Mentality." In *More than Men, Less than Gods: Studies on Royal Cult and Imperial Worship.* Hrsg. von Panagiotis P. Iossif, Andrzej S. Chankowski und Catharine C. Lorber, 157–195. StHell 51. Leuven: Peeters, 2011.

Chapman, Honora H. und Zuleika Rodgers, Hrsg. *A Companion to Josephus.* Blackwell Companions to the Ancient World. Chichester: Wiley-Blackwell, 2016.

Clementz, Heinrich, Hrsg. *Flavius Josephus: Jüdische Altertümer.* 2. Aufl. Wiesbaden: Marix, 2006.

Clines, David J. A. *The Esther Scroll: The Story of the Story.* JSOTS 30. Sheffield: JSOT Press, 1984.

Cohen, Shaye J. D. „Respect for Judaism by Gentiles according to Josephus." *HTR* 80, Nr. 4 (1987): 409–430.

Cohen, Shaye J. D. „The Name of the Ruse: The Toss of a Ring to Save Life and Honor." In *Follow the Wise: Studies in Jewish History and Culture in Honor of Lee I. Levine.* Hrsg. von Zeev Weiss und Oded Irshai, 25–36. Winona Lake: Eisenbrauns, 2010.

Collins, John J. *Daniel: A Commentary on the Book of Daniel.* Hermeneia. Minneapolis: Fortress Press, 1993. With an Essay, „The Influence of Daniel on the New Testament" by Adela Yarbro Collins.

Collins, John J. *Seers, Sibyls and Sages in Hellenistic-Roman Judaism.* Boston: Brill, 2001.

Corley, Jeremy. „Judith." In *The T&T Clark Companion to the Septuagint.* Hrsg. von James Aitken, 222–236. London: Bloomsbury T&T Clark, 2015.

Cotton, Hannah M. und Werner Eck. „Josephus' Roman Audience: Josephus and the Roman Elites." In Edmondson; Mason; Rives, *Flavius Josephus and Flavian Rome*, 37–52.

Cowey, James M. S. und Klaus Maresch, Hrsg. *Urkunden des Politeuma der Juden von Herakleopolis (144/3–133/2 v. Chr.): Papyri aus den Sammlungen von Heidelberg, Köln, München und Wien.* ANRhAW Sonderreihe Papyrologica Coloniensia 29. Wiesbaden: Westdeutscher Verlag, 2001.

Craig, Kenneth M. *Reading Esther: A Case for the Literary Carnivalesque.* Literary Currents in Biblical Interpretation. Louisville: Westminster John Knox, 1995.

Curran, John. „Flavius Josephus in Rome." In Pastor; Stern; Mor, *Flavius Josephus*, 65–86.

Dalley, Stephanie. *Esther's Revenge at Susa: From Sennacherib to Ahasuerus.* Oxford: Oxford University Press, 2007.

Davidovich, Tal. *Esther, Queen of the Jews: The Status and Position of Esther in the Old Testament.* CB.OT 59. Winona Lake: Eisenbrauns, 2013.

Day, Linda. *Three Faces of a Queen: Characterization in the Books of Esther.* JSOTS 186. Sheffield: Sheffield Academic, 1995.

De Brasi, Diego. „Fürstenspiegel in der jüdisch-hellenistischen politischen Philosophie? Uno principe, pertanto, debbe consigliarsi sempre (Machiavelli, *Il Principe*, XXIII)." In *Jüdisch-*

hellenistische Literatur in ihrem interkulturellen Kontext. Hrsg. von Martina Hirschberger, 51–71. Frankfurt a. M.: Lang, 2012.

De Troyer, Kristin. „Once More, the So-Called Esther Fragments of Cave 4." *RdQ* 75, Nr. 19 (2000): 401–422.

De Troyer, Kristin. *The End of the Alpha Text of Esther: Translation and Narrative Technique in MT 8:1–17, LXX 8:1–17, and AT 7:14–41.* Revised and updated translation. SCSt 48. Atlanta: Society of Biblical Literature, 2000.

De Troyer, Kristin. „Esther in Text- and Literary-Critical Paradise." In White Crawford; Greenspoon, *The Book of Esther in Modern Research,* 31–49.

De Troyer, Kristin. *Rewriting the Sacred Text: What the Old Greek Texts Tell Us about the Literary Growth of the Bible.* TCSt 4. Leiden: Brill, 2003.

De Troyer, Kristin. „Der lukianische Text: Mit einer Diskussion des A-Textes des Estherbuches." In *Im Brennpunkt: Die Septuaginta: Studien zur Entstehung und Bedeutung der Griechischen Bibel.* Bd. 2. Hrsg. von Siegfried Kreuzer und Jürgen P. Lesch. 3 Bde., 229–246. BWANT 161. Stuttgart: Kohlhammer, 2004.

De Troyer, Kristin. „Is God Absent or Present in the Book of Esther? An Old Problem Revisited." In *The Presence and Absence of God: Claremont Studies in the Philosophy of Religion Conference 2008.* Hrsg. von Ingolf U. Dalferth, 35–40. RPT 42. Tübingen: Mohr Siebeck, 2009.

De Troyer, Kristin. „3.1 Esther/Das Buch Esther." In *Handbuch zur Septuaginta/Handbook of the Septuagint Bd. 1: Einleitung in die Septuaginta.* Hrsg. von Siegfried Kreuzer, 271–278. Gütersloh: Gütersloher Verlagshaus, 2016.

De Troyer, Kristin und Marie-Theres Wacker. „Esther: Das Buch Ester." In Karrer; Kraus, *Septuaginta Deutsch,* 593–618.

De Troyer, Kristin und Marie-Theres Wacker. „Esther – Das Buch Ester (LXX und A-Text)." In Karrer; Kraus, *Septuaginta Deutsch Erläuterungen und Kommentare.* Bd. 1, 1253–1295.

Dommershausen, Werner. *Ester.* 2. Aufl. NEB 2/1. Würzburg: Echter, 1985.

Doran, Robert. *2 Maccabees: A Critical Commentary.* Hermeneia. Minneapolis: Fortress Press, 2012.

Dorothy, Charles V. *The Books of Esther: Structure, Genre and Textual Integrity.* JSOTS 187. Sheffield: Sheffield Academic, 1997.

Eckhardt, Benedikt. *Ethnos und Herrschaft: Politische Figurationen judäischer Identität von Antiochos III. bis Herodes I.* SJ 72. Berlin: De Gruyter, 2013.

Eder, Jens. „Gottesdarstellung und Figurenanalyse: Methodologische Überlegungen aus medienwissenschaftlicher Perspektive." In *Gott als Figur: Narratologische Analysen biblischer Texte und ihrer Adaptionen.* Hrsg. von Ute E. Eisen und Ilse Müllner, 27–54. HBS 82. Freiburg: Herder, 2016.

Edelman, Diana V. und Ehud Ben Zvi, Hrsg. *Leadership, Social Memory and Judean Discourse in the Fifth–Second Centuries BCE.* Worlds of the Ancient Near East and Mediterranean. Sheffield: Equinox, 2016.

Edmondson, Jonathan, Steve Mason und James Rives, Hrsg. *Flavius Josephus and Flavian Rome.* Oxford: Oxford University Press, 2005.

Edson, Charles. „Imperium Macedonicum: The Seleucid Empire and the Literary Evidence." *CP* 53, Nr. 3 (1958): 153–170.

Ego, Beate. *Targum Scheni zu Ester: Übersetzung, Kommentar und theologische Deutung.* TSAJ 54. Tübingen: Mohr, 1996.

Ego, Beate. „Mordechais Verweigerung der Proskynese vor Haman im Kontext der religiösen Vorstellungswelt des Esterbuches." In *Die Septuaginta – Texte, Theologien, Einflüsse: 2. Internationale Fachtagung veranstaltet von Septuaginta Deutsch (LXX.D), Wuppertal 23.– 27.7.2008*. Hrsg. von Wolfgang Kraus und Martin Meiser, 506–522. WUNT 252. Tübingen: Mohr Siebeck, 2010.

Ego, Beate. „The Book of Esther: A Hellenistic Book." *JAJ* 1, Nr. 3 (2010): 279–302.

Ego, Beate. „Die Theologie der Estererzählung in der Septuaginta: Eine narratologische Annäherung." In *Text – Textgeschichte – Textwirkung*. Hrsg. von Thomas Wagner, Jonathan M. Robker und Frank Ueberschaer, 225–243. AOAT 419. Münster: Ugarit, 2014.

Ego, Beate. „At the Crossroads of Persian and Hellenistic Ideology: The Book of Esther as 'Political Theology'." In *Leadership, Social Memory and Judean Discourse in the Fifth– Second Centuries BCE*. Hrsg. von Diana V. Edelman und Ehud Ben Zvi, 147–163. Worlds of the Ancient Near East and Mediterranean. Sheffield: Equinox, 2016.

Ego, Beate. *Ester*. BKAT 21. Göttingen: Vandenhoeck & Ruprecht, 2017.

Ehrlich, Arnold B. *Randglossen zur Hebräischen Bibel: Textkritisches, Sprachliches und Sachliches Bd. 7*. Leipzig: Hinrichs, 1914.

Eichgrün, Egon. „Kallimachos und Apollonios Rhodios." Inaugural-Dissertation, Philosophische Fakultät Freie Universität Berlin, 1961.

Eisenman, Robert H. und Michael Wise. *The Dead Sea Scrolls Uncovered: The First Complete Translation and Interpretation of 50 Key Documents Withheld for Over 35 Years*. New York: Penguin Books, 1993.

Fabry, Heinz-Josef. „לֵב, לֵבָב." *ThWAT* 4: 413–451.

Feldman, Louis H. „Hellenizations in Josephus' Version of Esther." *TPAPA* 101 (1970): 143–170.

Feldman, Louis H. „Use, Authority and Exegesis of Mikra in the Writings of Josephus." In *Mikra: Text, Translation, Reading and Interpretation of the Hebrew Bible in Ancient Judaism and Early Christianity*. Hrsg. von Martin J. Mulder und Harry Sysling, 455–518. CRINT 2/1. Assen: Van Gorcum, 1988.

Feldman, Louis H. *Josephus's Interpretation of the Bible*. Hellenistic Culture and Society 27. Berkeley: University of California Press, 1998.

Feldman, Louis H. *Studies in Josephus' Rewritten Bible*. JSJ.S 58. Leiden: Brill, 1998.

Feldmeier, Reinhard. „Nicht Übermacht noch Impotenz: Zum biblischen Ursprung des Allmachtsbekenntnisses." In *Der Allmächtige: Annäherungen an ein umstrittenes Gottesprädikat*. Hrsg. von Werner H. Ritter et al., 13–42. BThS 13. Göttingen: Vandenhoeck & Ruprecht, 1997.

Fischer, J. B. „The Term ΔΕΣΠΟΤΗΣ in Josephus." *JQR* 49, Nr. 2 (1958): 132–138.

Foerster, Werner und Georg Fohrer. „σωτήριος." *ThWNT* 7: 1022–1024.

Fox, Michael V. *Character and Ideology in the Book of Esther*. Studies on Personalities of the Old Testament. Columbia: University of South Carolina Press, 1991.

Fox, Michael V. *The Redaction of the Books of Esther: On Reading Composite Texts*. SBLMS 40. Atlanta: Scholars Press, 1991.

Fox, Michael V. „Three Esthers." In White Crawford; Greenspoon, *The Book of Esther in Modern Research*, 50–60.

Fraser, P. M. *Ptolemaic Alexandria Vol. 1: Text*. Oxford: Oxford University Press, 1972.

Frevel, Christian. „Der Eine oder die Vielen? Monotheismus und materielle Kultur in der Perserzeit." In *Gott – Götter – Götzen: XIV. Europäischer Kongress für Theologie (11.–*

15. September 2011 in Zürich). Hrsg. von Christoph Schwöbel, 238 – 265. VWGTh 38. Leipzig: Evangelische Verlagsanstalt, 2013.

Frey, Jörg. „The Use of δόξα in Paul and John as Shaped by the Septuagint." In Bons; Brucker; Joosten, *The Reception of Septuagint Words in Jewish-Hellenistic and Christian Literature,* 85 – 104.

Friis, Martin. *Image and Imitation: Josephus' Antiquities 1 – 11 and Greco-Roman Historiography.* WUNT II 472. Tübingen: Mohr Siebeck, 2018.

Fritzsche, Otto F. *Das dritte Buch Esra, die Zusätze zum Buch Esther und Daniel, das Gebet des Manasse, das Buch Baruch und der Brief des Jeremia.* KEH Apokryphen 1. Leipzig: Weidmann, 1851.

Frolov, Serge. „Two Eunuchs, Two Conspiracies, and One Loyal Jew: The Narrative of Botched Regicide in Esther as Text- and Redaction-Critical Test Case." *VT* 52, Nr. 3 (2002): 304 – 325.

García López, F. „שָׁמַר." *ThWAT* 8: 280 – 306.

Gauger, Jörg-Dieter. *Beiträge zur jüdischen Apologetik: Untersuchungen zur Authentizität von Urkunden bei Flavius Josephus und im I. Makkabäerbuch.* BBB 49. Köln: Hanstein, 1977.

Gauger, Jörg-Dieter, Hrsg. *Sibyllinische Weissagungen.* 2. Aufl. Sammlung Tusculum. Düsseldorf: Artemis & Winkler, 2002.

Gehrke, Hans-Joachim. „Der siegreiche König: Überlegungen zur Hellenistischen Monarchie." *AKuG* 64, Nr. 2 (1982): 247 – 277.

Gehrke, Hans-Joachim. *Geschichte des Hellenismus.* 3. Aufl. Oldenbourg Grundriss der Geschichte 1 A. München: Oldenbourg, 2003.

Gera, Deborah L. *Judith.* CEJL. Berlin: De Gruyter, 2014.

Gerber, Christine. *Ein Bild des Judentums für Nichtjuden von Flavius Josephus: Untersuchungen zu seiner Schrift Contra Apionem.* AGJU 40. Leiden: Brill, 1997.

Gerleman, Gillis. *Studien zu Esther: Stoff – Struktur – Stil – Sinn.* BSt 48. Neukirchen-Vluyn: Neukirchener, 1966.

Gerleman, Gillis. *Esther.* 2. Aufl. BKAT 21. Neukirchen-Vluyn: Neukirchener, 1982.

Geyer, Fritz. „Der hellenistische Staat, ein Vorläufer des modernen absoluten Staates." *HZ* 132, Nr. 1 (1925): 393 – 412.

Gilhus, Ingvild S. *Laughing Gods, Weeping Virgins: Laughter in the History of Religion.* London: Routledge, 1997.

Gleicher, Jules. „Mordecai the Exilarch: Some Thoughts on the Book of Esther." *Interpretation. A Journal of Political Philosophy* 28, Nr. 3 (2001): 187 – 200.

Goldstein, Jonathan A. *II Maccabees: A New Translation with Introduction and Commentary.* AncB 41 A. New York: Doubleday, 1983.

Goodblatt, David. „Varieties of Identity in Late Second Temple Judah (200 B.C.E.–135 C.E.)." In *Jewish Identity and Politics between the Maccabees and Bar Kokhba: Groups, Normativity, and Rituals.* Hrsg. von Benedikt Eckhardt, 11 – 27. JSJ.S 155. Leiden: Brill, 2012.

Goodenough, Erwin R. *Jewish Symbols in the Greco-Roman Period Vol. 7: Pagan Symbols in Judaism.* BollS 37. New York: Pantheon, 1958.

Goodman, Martin. „The Fiscus Iudaicus and Gentile Attitudes to Judaism in Flavian Rome." In Edmondson; Mason; Rives, *Flavius Josephus and Flavian Rome,* 167 – 177.

Goodman, Martin. *Judaism in the Roman World: Collected Essays.* AGJU 66. Leiden: Brill, 2007.

Grabbe, Lester L. *An Introduction to Second Temple Judaism: History and Religion of the Jews in the Time of Nehemiah, the Maccabees, Hillel and Jesus.* London: T&T Clark, 2010.

Green, Alexander. „Power, Deception, and Comedy: The Politics of Exile in the Book of Esther."
    Jewish Political Studies Review 23, 1–2 (2011): 61–78.
Grillet, Bernard und Michel Lestienne. *Premier Livre des Règnes.* La Bible d'Alexandrie 9/1.
    Paris: Les Éditions du Cerf, 1997.
Grossfeld, Bernard. *The Two Targums of Esther: Translated, with Apparatus and Notes.* ArBib
    18. Edinburgh: T&T Clark, 1991.
Gruen, Erich S. *Diaspora: Jews amidst Greeks and Romans.* Cambridge, MA: Harvard University
    Press, 2004.
Gryson, Roger. *Altlateinische Handschriften/Manuscrits Vieux Latins: 1–275.* VL 1/2 A.
    Freiburg: Herder, 1999.
Gußmann, Oliver. *Das Priesterverständnis des Flavius Josephus.* TSAJ 124. Tübingen: Mohr
    Siebeck, 2008.
Gygax, Marc D. *Benefaction and Rewards in the Ancient Greek City: The Origins of Euergetism.*
    Cambridge: Cambridge University Press, 2016.
Habicht, Christian. *Gottmenschentum und griechische Städte.* 2. Aufl. Zet. 14. München: Beck,
    1970.
Hacham, Noah. „3 Maccabees and Esther: Parallels, Intertextuality, and Diaspora Identity." *JBL*
    126, Nr. 4 (2007): 765–785.
Hacham, Noah. „Haman, Mordekhai's Slave." *ZAW* 122, Nr. 1 (2010): 96–101.
Hacham, Noah. „Bigthan and Teresh and the Reason Gentiles Hate Jews." *VT* 62, Nr. 3 (2012):
    318–356.
Haelewyck, Jean-Claude. „La version latine du livre d'Esther dans le 'Monacensis' 6239 II.:
    Commentaire." *RBen* 103, 3–4 (1993): 289–306.
Haelewyck, Jean-Claude, Hrsg. *Hester.* VL 7,3. Freiburg: Herder, 2003–2008.
Haelewyck, Jean-Claude. „The Relevance of the Old Latin Version for the Septuagint: With
    Special Emphasis on the Book of Esther." *JThS* 57, Nr. 2 (2006): 439–473.
Hanhart, Robert, Hrsg. *Esther.* 2. Aufl. Septuaginta: Vetus Testamentum Graecum 8,3.
    Göttingen: Vandenhoeck & Ruprecht, 1983.
Harris, William V. *Restraining Rage: The Ideology of Anger Control in Classical Antiquity.*
    Cambridge, MA: Harvard University Press, 2004.
Harvey, Charles D. *Finding Morality in the Diaspora? Moral Ambiguity and Transformed
    Morality in the Books of Esther.* BZAW 328. Berlin: De Gruyter, 2003.
Hauck, Friedrich und Siegfried Schulz. „πραΰς, πραΰτης." *ThWNT* 6: 645–651.
Hazony, Yoram. *God and Politics in Esther.* New York: Cambridge University Press, 2016.
Heinen, Heinz. „Die Tryphè des Ptolemaios VIII. Euergetes II.: Beobachtungen zum
    ptolemäischen Herrscherideal und zu einer römischen Gesandtschaft in Ägypten (140/39
    v. Chr.)." In *Althistorische Studien.* Hrsg. von Heinz Heinen, 116–130. Hist.E 40.
    Wiesbaden: Steiner, 1983.
Heinrichs, Johannes. „Antiochos III. and Ptolemy, Son of Thraseas, on Private Villages in Syria
    Koile around 200 BC: The Hefzibah Dossier." *ZPE* 206 (2018): 272–311.
Hengel, Martin. *Judentum und Hellenismus: Studien zu ihrer Begegnung unter besonderer
    Berücksichtigung Palästinas bis zur Mitte des 2. Jh. v. Chr.* 3. Aufl. WUNT 10. Tübingen:
    Mohr, 1988.
Hengel, Martin und Anna M. Schwemer, Hrsg. *Königsherrschaft Gottes und himmlischer Kult
    im Judentum, Urchristentum und in der hellenistischen Welt.* WUNT 55. Tübingen: Mohr,
    1991.

Hepp, Robert. „Theologie, politische." *HWPh* 10: 1105–1112.

Herrmann, Wolfram. *Ester im Streit der Meinungen.* BEAT 4. Frankfurt a. M.: Lang, 1986.

Holladay, Carl R. *Fragments from Hellenistic Jewish Authors Vol. 2: Poets; The Epic Poets Theodotus and Philo and Ezekiel the Tragedian.* PsES 30/12. Atlanta: Scholars Press, 1989.

Holladay, Carl R. *Fragments from Hellenistic Jewish Authors Vol. 3: Aristobulus.* PsES 39/13. Atlanta: Scholars Press, 1995.

Hommel, Hildebrecht. „Pantokrator." In *Sebasmata: Studien zur antiken Religionsgeschichte und zum frühen Christentum Bd. 1.* Hrsg. von Hildebrecht Hommel, 131–177. WUNT 31. Tübingen: Mohr, 1983.

Horowitz, Elliott. *Reckless Rites: Purim and the Legacy of Jewish Violence.* Jews, Christians, and Muslims from the Ancient to the Modern World. Princeton: Princeton University Press, 2006.

Horst, Johannes. *Proskynein: Zur Anbetung im Urchristentum nach ihrer religionsgeschichtlichen Eigenart.* NTF 3/2. Gütersloh: Bertelsmann, 1932.

Ilan, Tal. „Josephus on Women." In Chapman; Rodgers, *A Companion to Josephus*, 210–221.

Imbusch, Peter. „Macht und Herrschaft in der wissenschaftlichen Kontroverse." In *Macht und Herrschaft: Sozialwissenschaftliche Theorien und Konzeptionen.* Hrsg. von Peter Imbusch. 2. Aufl., 9–35. Wiesbaden: Springer VS, 2012.

Jacob, Benno. „Das Buch Esther bei den LXX." *ZAW* 10 (1890): 241–298.

Jacobson, Howard. *The Exagoge of Ezekiel.* Cambridge: Cambridge University Press, 1983.

Jim, Theodora S. F. „Can Soteira Be Named? The Problem of the Bare Trans-Divine Epithet." *ZPE* 195 (2015): 63–74.

Jobes, Karen H. *The Alpha-Text of Esther: Its Character and Relationship to the Masoretic Text.* SBLDS 153. Atlanta: Scholars Press, 1996.

Jobes, Karen H. „How an Assassination Changed the Greek Text of Esther." *ZAW* 110, Nr. 1 (1998): 75–78.

Jobes, Karen H. „Esther." In *A New English Translation of the Septuagint.* Hrsg. von Albert Pietersma und Benjamin G. Wright, 424–440. New York: Oxford University Press, 2007.

Jobes, Karen H. „Rez. Hanna Kahana, Esther. Juxtaposition of the Septuagint Translation with the Hebrew Text." *JThS* 58, Nr. 2 (2007): 590–592.

Johnson, Sara R. *Historical Fictions and Hellenistic Jewish Identity: Third Maccabees in Its Cultural Context.* Hellenistic Culture and Society 43. Berkeley: University of California Press, 2004.

Jonquière, Tessel M. *Prayer in Josephus.* AGJU 70. Leiden: Brill, 2007.

Kahana, Hanna. *Esther: Juxtaposition of the Septuagint Translation with the Hebrew Text.* CBET 40. Leuven: Peeters, 2005.

Kaiser, Otto. „Die eschatologische Prophetie im Danielbuch bei Flavius Josephus: Ein Beitrag zu seinem Selbstverständnis." In Kaiser, *Gott, Mensch und Geschichte*, 192–219.

Kaiser, Otto. „Die Politeia der Juden nach Josephus Antiquitates IV.196–301." In Kaiser, *Gott, Mensch und Geschichte*, 220–234.

Kaiser, Otto, Hrsg. *Gott, Mensch und Geschichte: Studien zum Verständnis des Menschen und seiner Geschichte in der klassischen, biblischen und nachbiblischen Literatur.* BZAW 413. Berlin: De Gruyter, 2010.

Kalimi, Isaac. „The Place of the Book of Esther in Judaism and Jewish Theology." *ThZ* 59, Nr. 3 (2003): 193–204.

Kalimi, Isaac. „The Book of Esther and the Dead Sea Scrolls' Community." *ThZ* 60, Nr. 2 (2004): 101–106.

Kalimi, Isaac. „Furcht vor Vernichtung und der ewige Bund: Das Buch Ester im Judentum und in jüdischer Theologie." *ZRGG* 62, Nr. 4 (2010): 339–355.

Karrer, Martin und Wolfgang Kraus, Hrsg. *Die Septuaginta – Texte, Kontexte, Lebenswelten: Internationale Fachtagung veranstaltet von Septuaginta Deutsch (LXX.D), Wuppertal 20.– 23. Juli 2006.* Unter Mitarbeit von Martin Meiser. WUNT 219. Tübingen: Mohr Siebeck, 2008.

Karrer, Martin und Wolfgang Kraus, Hrsg. *Septuaginta Deutsch: Das griechische Alte Testament in deutscher Übersetzung.* Stuttgart: Deutsche Bibelgesellschaft, 2009.

Karrer, Martin und Wolfgang Kraus, Hrsg. *Septuaginta Deutsch Erläuterungen und Kommentare.* 2 Bde. Stuttgart: Deutsche Bibelgesellschaft, 2011.

Kittel, Gerhard. „Der griechische Sprachgebrauch von δόξα." *ThWNT* 2: 236–238.

Kittel, Gerhard. „δόξα in LXX und bei den hellenistischen Apokryphen." *ThWNT* 2: 245–248.

Knauf, Ernst A. „Ist die erste Bibel monotheistisch?" In Oeming; Schmid, *Der eine Gott und die Götter,* 39–48.

Kneebone, Emily. „Dilemmas of the Diaspora: The Esther Narrative in Josephus Antiquities 11.184–296." *Ramus* 36, Nr. 1 (2007): 51–77.

Kneebone, Emily. „Josephus' Esther and Diaspora Judaism." In *The Romance between Greece and the East.* Hrsg. von Tim Whitmarsh und Stuart Thomson, 165–182. Cambridge: Cambridge University Press, 2013.

Koch, Klaus. *Daniel 1. Teilbd.: Dan 1–4.* BKAT 22/1. Neukirchen-Vluyn: Neukirchener, 2005.

Koller, Aaron J. „The Exile of Kish: Syntax and History in Esther 2.5–6." *JSOT* 37, Nr. 1 (2012): 45–56.

Koller, Aaron J. *Esther in Ancient Jewish Thought.* Cambridge: Cambridge University Press, 2014.

Körtner, Ulrich H. J. „Politische Ethik und politische Theologie." *Jahrbuch für Recht und Ethik* 19 (2011): 19–33.

Kossmann, Ruth. *Die Esthernovelle: Vom Erzählten zur Erzählung; Studien zur Traditions- und Redaktionsgeschichte des Estherbuches.* VT.S 79. Leiden: Brill, 2000.

Kotsidu, Haritini. *TIMH KAI ΔΟΞΑ: Ehrungen für hellenistische Herrscher im griechischen Mutterland und in Kleinasien unter besonderer Berücksichtigung der archäologischen Denkmäler.* Berlin: Akademie, 2000.

Kottsieper, Ingo. „Zusätze zu Ester." In *Das Buch Baruch. Der Brief des Jeremia. Zusätze zu Ester und Daniel.* Hrsg. von Odil H. Steck, Reinhard G. Kratz und Ingo Kottsieper, 107–207. ATD.A 5. Göttingen: Vandenhoeck & Ruprecht, 1998.

Kratz, Reinhard G. „Translatio imperii [masch.]: Untersuchungen zu den aramäischen Danielerzählungen und ihrem theologiegeschichtlichen Umfeld." Inaugural-Dissertation, Theologische Fakultät Universität Zürich, 1987.

Kratz, Reinhard G. *Kyros im Deuterojesaja-Buch: Redaktionsgeschichtliche Untersuchungen zu Entstehung und Theologie von Jes 40–55.* FAT 1. Tübingen: Mohr, 1991.

Kratz, Reinhard G. *Translatio imperii: Untersuchungen zu den aramäischen Danielerzählungen in ihrem theologiegeschichtlichen Umfeld.* WMANT 63. Neukirchen-Vluyn: Neukirchener, 1991.

Kratz, Reinhard G. „Der Mythos vom Königtum Gottes in Kanaan und Israel." *ZThK* 100 (2003): 147–162.

Kratz, Reinhard G. „Nabonid in Qumran." In *Babylon: Wissenskultur in Orient und Okzident*. Hrsg. von Eva Cancik-Kirschbaum, Margarete van Ess und Joachim Marzahn, 253–270. Topoi: Berlin Studies of the Ancient World 1. Berlin: De Gruyter, 2011.

Kraus, Wolfgang und Olivier Munnich, Hrsg. *La Septante en Allemagne et en France: Textes de la Septante à la traduction double ou à traduction très littérale*. OBO 238. Fribourg: Academic Press; Göttingen: Vandenhoeck & Ruprecht, 2009.

Kreuzer, Siegfried. *Der lebendige Gott: Bedeutung, Herkunft und Entwicklung einer alttestamentlichen Gottesbezeichnung*. BWANT 116. Stuttgart: Kohlhammer, 1983.

Kreuzer, Siegfried. „Zur Bedeutung und Etymologie von HIŠTAḤᴬWĀH/YŠTḤWY." *VT* 35, Nr. 1 (1985): 39–60.

Kruse, Thomas. „Das politeuma der Juden von Herakleopolis in Ägypten." In Karrer; Kraus, *Die Septuaginta – Texte, Kontexte, Lebenswelten*, 166–175.

Kuhrt, Amélie. „The Achaemenid Persian Empire (c. 550–c. 330 BCE): Continuities, Adaptations, Transformations." In *Empires: Perspectives from Archaeology and History*. Hrsg. von Susan E. Alcock et al., 93–123. Cambridge: Cambridge University Press, 2001.

Kyrieleis, Helmut. *Throne und Klinen: Studien zur Formgeschichte altorientalischer und griechischer Sitz- und Liegemöbel vorhellenistischer Zeit*. Jahrbuch des Deutschen Archäologischen Instituts Ergänzungsheft 24. Berlin: De Gruyter, 1969.

Lacoque, André. „Haman in the Book of Esther." *HAR* 11 (1987): 207–222.

Law, Timothy M. und Charles Halton, Hrsg. *Jew and Judean: A MARGINALIA Forum on Politics and Historiography in the Translation of Ancient Texts*. o. O., 2014; Online-Publikation unter http://marginalia.lareviewofbooks.org/jew-judean-forum.

Levenson, Jon D. *Esther: A Commentary*. OTL. Louisville: Westminster John Knox, 1997.

Loader, James A. „Das Buch Ester." In *Das Hohelied. Klagelieder. Das Buch Ester*. Hrsg. von Hans-Peter Müller, Otto Kaiser und James A. Loader. 4. Aufl., 199–280. ATD 16/2. Göttingen: Vandenhoeck & Ruprecht, 1992.

Lüdtke, Alf. „Einleitung: Herrschaft als soziale Praxis." In *Herrschaft als soziale Praxis: Historische und sozial-anthropologische Studien*. Hrsg. von Alf Lüdtke, 9–63. VMPIG 91. Göttingen: Vandenhoeck & Ruprecht, 1991.

Lunt, Horace G. und Moshe Taube. „The Slavonic Book of Esther: Translation from Hebrew or Evidence for a Lost Greek Text?" *HTR* 87, Nr. 3 (1994): 347–362.

Lunt, Horace G. und Moshe Taube. *The Slavonic Book of Esther: Text, Lexicon, Linguistic Analysis, Problems of Translation*. Harvard Series in Ukrainian Studies. Cambridge, MA: Harvard University Press, 1998.

Lynch, Matthew. „Mapping Monotheism: Modes of Monotheistic Rhetoric in the Hebrew Bible." *VT* 64 (2014): 47–68.

Ma, John. „Kings." In *A Companion to the Hellenistic World*. Hrsg. von Andrew Erskine, 177–195. Blackwell Companions to the Ancient World. Malden, MA: Wiley-Blackwell, 2005.

Macchi, Jean-Daniel. „The Book of Esther: A Persian Story in Greek Style." In *A Palimpsest: Rhetoric, Ideology, Stylistics, and Language Relating to Persian Israel*. Hrsg. von Ehud Ben Zvi, Diana V. Edelman und Frank Polak, 109–128. PHSC 5. Piscataway, NJ: Gorgias, 2009.

Macchi, Jean-Daniel. „Denial, Deception, or Force: How to Deal with Powerful Others in the Book of Esther." In *Imagining the Other and Constructing Israelite Identity in the Early*

Second Temple Period. Hrsg. von Ehud Ben Zvi und Diana V. Edelman, 219–229. LHB 456. London: Bloomsbury T&T Clark, 2014.

Macchi, Jean-Daniel. *Le Livre d'Esther.* CAT 14e. Genf: Labor et Fides, 2016.

Macchi, Jean-Daniel. *Esther.* International Exegetical Commentary on the Old Testament. Stuttgart: Kohlhammer, 2018.

Maier, Johann. „Amalek in the Writings of Josephus." In *Josephus and the History of the Greco-Roman Period: Essays in Memory of Morton Smith.* Hrsg. von Fausto Parente und Joseph Sievers, 109–126. StPB 41. Leiden: Brill, 1994.

Martin, Raymond A. *Syntactical Evidence of Semitic Sources in Greek Documents.* SCSt 3. Cambridge, MA: Society of Biblical Literature, 1974.

Martin, Raymond A. „Syntax Criticism of the LXX Additions to the Book of Esther." *JBL* 94, Nr. 1 (1975): 65–72.

Martinet, Hans, Hrsg. *Gaius Suetonius Tranquillus: Die Kaiserviten (De Vita Caesarum); Berühmte Männer (De Viris Illustribus).* Sammlung Tusculum. Düsseldorf: Artemis & Winkler, 1997.

Mason, Steve. „Should any Wish to Enquire Further (Ant. 1.25): The Aim and Audience of Josephus' Judean Antiquities/Life." In Mason, *Understanding Josephus,* 64–103.

Mason, Steve, Hrsg. *Understanding Josephus: Seven Perspectives.* JSPES 32. Sheffield: Sheffield Academic, 1998.

Mason, Steve. „Josephus as a Roman Historian." In Chapman; Rodgers, *A Companion to Josephus,* 89–107.

Massing, Otwin. „Herrschaft – kritische Bestandsaufnahme der Funktionen einer komplexen Kategorie." In *Herrschaftstheorien und Herrschaftphänomene.* Hrsg. von Hartmut Aden, 25–38. Wiesbaden: Verlag für Sozialwissenschaften, 2004.

McGeough, Kevin. „Esther the Hero: Going beyond 'Wisdom' in Heroic Narratives." *CBQ* 70, Nr. 1 (2008): 44–65.

Meinhold, Arndt. „Die Gattung der Josephsgeschichte und des Estherbuches: Diasporanovelle I." *ZAW* 87, Nr. 3 (1975): 306–324.

Meinhold, Arndt. „Die Gattung der Josephsgeschichte und des Estherbuches: Diasporanovelle II." *ZAW* 88, Nr. 1 (1976): 72–93.

Meinhold, Arndt. *Das Buch Esther.* ZBK.AT 13. Zürich: TVZ, 1983.

Meißner, Burkhard. „Hofmann und Herrscher: Was es für die Griechen hieß, Freund eines Königs zu sein." *AKuG* 82, Nr. 1 (2000): 1–32.

Menn, Esther. „Prayer of the Queen: Esther's Religious Self in the Septuagint." In *Religion and the Self in Antiquity.* Hrsg. von David Brakke, Michael L. Satlow und Steven Weitzman, 70–90. Bloomington: Indiana University Press, 2005.

Meyers, Carol. „Esther." In Barton; Muddiman, *The Oxford Bible Commentary,* 324–330.

Michaelis, Johann D. *Deutsche Übersetzung des Alten Testaments mit Anmerkungen für Ungelehrte: Der dreyzehnte Theil welcher die Bücher Esra, Nehemia und Esther enthält.* Göttingen: Vandenhoeck, 1783.

Middlemas, Jill. „The Greek Esthers and the Search for History: Some Preliminary Observations." In *Between Evidence and Ideology: Essays on the History of Ancient Israel Read at the Joint Meeting of the Society for Old Testament Study and the Oud Testamentisch Werkgezelschap Lincoln, July 2009.* Hrsg. von Bob Becking und Lester L. Grabbe, 145–163. OTS 59. Leiden: Brill, 2011.

Middlemas, Jill. „Rez. Tal Davidovich, Esther, Queen of the Jews: The Status and Position of Esther in the Old Testament.," Society of Biblical Literature. www.bookreviews.org.

Milik, Józef T. „Les Modèles Araméens du Livre d'Esther dans la Grotte 4 de Qumran." *RdQ* 15, Nr. 3 (1992): 321–399.

Miller, Tricia. *Three Versions of Esther: Their Relationship to Anti-Semitic and Feminist Critique of the Story.* CBET 74. Leuven: Peeters, 2014.

Mittmann-Richert, Ulrike. *Einführung zu den historischen und legendarischen Erzählungen.* JSHRZ 6/1. Gütersloh: Gütersloher Verlagshaus, 2000.

Möhle, August. „Rez. Bacchisio Raimondo Motzo, La versione latina di Ester secondo i LXX." *Gn.* 5, Nr. 10 (1929): 565–569.

Moore, Carey A. „The Greek Text of Esther." Dissertation, Faculty of Philosophy Johns Hopkins University, 1965.

Moore, Carey A. *Esther: Introduction, Translation, and Notes.* AncB 7B. New York: Doubleday, 1971.

Moore, Carey A. „On the Origins of the LXX Additions to the Book of Esther." *JBL* 92, Nr. 3 (1973): 382–393.

Moore, Carey A. *Daniel, Esther and Jeremiah, the Additions: A New Translation with Introduction and Commentary.* AncB 44. Garden City: Doubleday, 1979.

Mooren, Léon. „Kings and Courtiers: Political Decision-Making in the Hellenistic States." In *Politische Theorie und Praxis im Altertum.* Hrsg. von Wolfgang Schuller, 122–133. Darmstadt: Wissenschaftliche Buchgesellschaft, 1998.

Motzo, Bacchisio R., Hrsg. *La versione latina di Ester secondo i LXX.* Bologna: Stabilimenti Poligrafici Riuniti, 1928.

Motzo, Bacchisio R., Hrsg. *Ricerche sulla letteratura e la storia giudaico-ellenistica.* Unter Mitarbeit von Fausto Parente. Rom: Centro editoriale internazionale, 1977.

Müller, Reinhard. *Königtum und Gottesherrschaft: Untersuchungen zur alttestamentlichen Monarchiekritik.* FAT.2 3. Tübingen: Mohr Siebeck, 2004.

Muraoka, Takamitsu. *A Greek-English Lexicon of the Septuagint.* Leuven: Peeters, 2009.

Muri, Walter, Hrsg. *Xenophon: Der Zug der Zehntausend; Cyri Anabasis.* 2. Aufl. Tusculum-Bücherei. München: Heimeran, 1959.

Murray, Jackie. „Burned after Reading: The So-Called List of Alexandrian Librarians in P. Oxy. X 1241." *Aitia* 2 (2012). https://aitia.revues.org/544.

Murray, Oswyn. „Aristeas and Ptolemaic Kingship." *JThS* 18, Nr. 2 (1967): 337–371.

Murray, Oswyn. „Περὶ Βασιλείας: Studies in the Justification of Monarchic Power in the Hellenistic World.," University of Oxford. https://ora.ox.ac.uk/objects/uuid:d03dbcd8-dce8–4b10–8e5b-71be3ab920f6.

Neef, Heinz-Dieter. „Daniel – Das Buch Daniel." In Karrer; Kraus, *Septuaginta Deutsch Erläuterungen und Kommentare.* Bd. 2, 3016–3051.

Neusner, Jacob. „Preface." In *Judaisms and Their Messiahs at the Turn of the Christian Era.* Hrsg. von Jacob Neusner, William S. Green und Ernest S. Frerichs, ix–xiv. Cambridge: Cambridge University Press, 1987.

Newman, Judith H. *Praying by the Book: The Scripturalization of Prayer in Second Temple Judaism.* EJIL 14. Atlanta: Scholars Press, 1999.

Nicolaou, Ino. „The City of Kourion Honours Kallikles, Son of Kallikles of Alexandria." In *XII Congressus Internationalis Epigraphiae Graecae et Latinae: Provinciae Imperii Romani inscriptionibus descriptae.* Hrsg. von Marc Mayer i Olivé, Giulia Baratta und Alejandra

Guzmán Almagro, 1013–1015. Monografies de la Secció Històrico-Arqueològica 10. Barcelona: Institut d'Estudis Catalans/Universitat de Barcelona/Universitat Autònoma de Barcelona, 2007.

Niehr, Herbert. *Der höchste Gott: Alttestamentlicher JHWH-Glaube im Kontext syrisch-kanaanäischer Religion des 1. Jahrtausends v. Chr.* BZAW 190. Berlin: De Gruyter, 1990.

Nodet, Étienne, Hrsg. *Flavius Josèphe: Les antiquités juives* 5. Paris: Les Éditions du Cerf, 2010.

Noreña, Carlos F. „The Ethics of Autocracy in the Roman World." In *A Companion to Greek and Roman Political Thought.* Hrsg. von Ryan K. Balot, 266–279. Blackwell Companions to the Ancient World. Malden, MA: Wiley-Blackwell, 2009.

Oeming, Manfred und Konrad Schmid, Hrsg. *Der eine Gott und die Götter: Polytheismus und Monotheismus im antiken Israel.* AThANT 82. Zürich: TVZ, 2003.

Orth, Wolfgang. „Seleukidische Hoftitel und politische Strukturen im Spiegel der Septuaginta-Überlieferung." In Karrer; Kraus, *Septuaginta Deutsch Erläuterungen und Kommentare.* Bd. 1, 65–77.

Oswald, Wolfgang. *Staatstheorie im Alten Israel: Der politische Diskurs im Pentateuch und in den Geschichtsbüchern des Alten Testaments.* Stuttgart: Kohlhammer, 2009.

Paschidis, Paschalis. „ΦΙΛΟΙ and ΦΙΛΙΑ between Poleis and Kings in the Hellenistic Period." In *Parole in Movimento: Linguaggio politico e lessico storiografico nel mondo ellenistico.* Hrsg. von Manuela Mari und John Thornton, 283–298. Studi Ellenistici 27. Pisa: Serra, 2013.

Passoni Dell'Acqua, Anna. „Von der Kanzlei der Lagiden zur Synagoge: Das ptolemäische Vokabular und die Septuaginta." In Karrer; Kraus, *Die Septuaginta – Texte, Kontexte, Lebenswelten,* 236–247.

Pastor, Jack, Pnina Stern und Menahem Mor, Hrsg. *Flavius Josephus: Interpretation and History.* JSJ.S 146. Leiden: Brill, 2011.

Paton, Lewis B. *The Book of Esther: A Critical and Exegetical Commentary.* ICC. New York: Charles Scribner's Sons, 1908.

Peremans, Willy, Edmond van 't Dack, Leon Mooren und Wilfried Swinnen. *Prosopographia Ptolemaica Bd. 6: La cour, les relations internationales et les possessions extérieures, la vie culturelle; nos. 14479–17250.* StHell 17. Leuven: Publications Universitaires de Louvain, 1968.

Perrot, Jean, Hrsg. *The Palace of Darius at Susa: The Great Royal Residence of Achaemenid Persia.* London: Tauris, 2013.

Petry, Sven. *Die Entgrenzung JHWHs: Monolatrie, Bilderverbot und Monotheismus im Deuteronomium, in Deuterojesaja und im Ezechielbuch.* FAT.2 27. Tübingen: Mohr Siebeck, 2007.

Pfeiffer, Stefan. *Die Zeit der Flavier: Vespasian – Titus – Domitian.* Darmstadt: Wissenschaftliche Buchgesellschaft, 2009.

Pfeiffer, Stefan. „Ägyptische Elemente im Griechischen der LXX." In *Handbuch zur Septuaginta/Handbook of the Septuagint Bd. 3: Die Sprache der Septuaginta.* Hrsg. von Eberhard Bons und Jan Joosten, 231–245. Gütersloh: Gütersloher Verlagshaus, 2016.

Portier-Young, Anathea. *Apocalypse Against Empire: Theologies of Resistance in Early Judaism.* Grand Rapids: Eerdmans, 2011.

Preisendanz, Karl, Hrsg. *Papyri Graecae Magicae: Die griechischen Zauberpapyri.* 2. Aufl. 2 Bde. Sammlung Wissenschaftlicher Commentare. Stuttgart: Teubner, 1973–1974.

Preisigke, Friedrich. *Fachwörter des öffentlichen Verwaltungsdienstes Ägyptens in den griechischen Papyrusurkunden der ptolomäisch-römischen Zeit.* Göttingen: Vandenhoeck & Ruprecht, 1915.

Preuß, Horst D. „חוה." *ThWAT* 2: 784–794.

Rajak, Tessa. „The Angry Tyrant." In Rajak et al., *Jewish Perspectives on Hellenistic Rulers*, 110–127.

Rajak, Tessa. *Translation and Survival: The Greek Bible of the Ancient Jewish Diaspora.* Oxford: Oxford University Press, 2009.

Rajak, Tessa, Sarah Pearce, James Aitken und Jennifer Dines, Hrsg. *Jewish Perspectives on Hellenistic Rulers.* Hellenistic Culture and Society 50. Berkeley: University of California Press, 2007.

Rakel, Claudia. *Judit – über Schönheit, Macht und Widerstand im Krieg: Eine feministisch-intertextuelle Lektüre.* BZAW 334. Berlin: De Gruyter, 2003.

Rebenich, Stefan, Hrsg. *Monarchische Herrschaft im Altertum.* Schriften des Historischen Kollegs 94. Berlin: De Gruyter, 2017.

Rebenich, Stefan und Johannes Wienand. „Monarchische Herrschaft im Altertum: Zugänge und Perspektiven." In Rebenich, *Monarchische Herrschaft im Altertum*, 1–41.

Reinhartz, Adele. „Esther (Greek)." In Barton; Muddiman, *The Oxford Bible Commentary*, 642–649.

Rengstorf, Karl H. „δεσπότης." *ThWNT* 2: 43–48.

Rengstorf, Karl H. „διδάσκω κτλ." *ThWNT* 2: 138–168.

Rodriguez, Angel M. *Esther: A Theological Approach.* Berrien Springs, MI: Andrews University Press, 1995.

Rollinger, Robert. „Monarchische Herrschaft am Beispiel des teispidisch-achaimenidischen Großreichs." In Rebenich, *Monarchische Herrschaft im Altertum*, 189–215.

Rüger, Hans-Peter. „„Das Tor des Königs' – der königliche Hof." *BibInt* 50, Nr. 2 (1969): 247–250.

Ruiz-Ortiz, Francisco-Javier. *The Dynamics of Violence and Revenge in the Hebrew Book of Esther.* VT.S 175. Leiden: Brill, 2017.

Ruppert, Lothar. *Genesis: Ein kritischer und theologischer Kommentar Teilbd. 4.* FzB 118. Würzburg: Echter, 2008.

Rüterswörden, Udo. „Das Königtum im Alten Testament." In Rebenich, *Monarchische Herrschaft im Altertum*, 105–117.

Sabatier, Petrus, Hrsg. *Bibliorum Sacrorum Latinae Versiones Antiquae: Seu Vetus Italica.* 3 Bde. Reims: Reginaldus Florentain, 1743–1751.

Safrai, Shmuel. *Die Wallfahrt im Zeitalter des Zweiten Tempels.* FJCD 3. Neukirchen-Vluyn: Neukirchener, 1981. Übersetzung und Redaktion Dafna Mach.

Salvesen, Alison G. „Rez. Esther, by Claudine Cavalier." *JThS* 64, Nr. 2 (2013): 601–603.

Samuel, Harald. *Von Priestern zum Patriarchen: Levi und die Leviten im Alten Testament.* BZAW 448. Berlin: De Gruyter, 2014.

Sancisi-Weerdenburg, Heleen. „Decadence in the Empire or Decadence in the Sources? From Source to Synthesis: Ctesias." In *Achaemenid History I: Sources, Structures and Synthesis.* Hrsg. von Heleen Sancisi-Weerdenburg, 33–45. Leiden: Nederlands Instituut voor het Nabije Oosten, 1987.

Sänger, Patrick. „Das *politeuma* in der hellenistischen Staatenwelt: Eine Organisationsform zur Systemintegration von Minderheiten." In *Minderheiten und Migration in der griechisch-*

römischen Welt: Politische, rechtliche, religiöse und kulturelle Aspekte. Hrsg. von Patrick Sänger, 25–45. Studien zur historischen Migrationsforschung 31. Paderborn: Schöningh, 2016.

Sänger, Patrick. *Die ptolemäische Organisationsform politeuma: Ein Herrschaftsinstrument zugunsten jüdischer und anderer hellenischer Gemeinschaften*. TSAJ 178. Tübingen: Mohr Siebeck, 2019.

Satlow, Michael L. „Defining Judaism: Accounting for 'Religions' in the Study of Religion." *JAAR* 74, Nr. 4 (2006): 837–860.

Schäfer, Peter. *Judeophobia: Attitudes towards the Jews in the Ancient World*. Cambridge, MA: Harvard University Press, 1997.

Schenker, Adrian, Yohanan A. P. Goldman, Arie van der Kooij, Carmel McCarthy, Gerard J. Norton, Stephen Pisano, Jan de Waard und Richard D. Weis, Hrsg. *Megilloth: Biblia Hebraica Quinta 18*. Stuttgart: Deutsche Bibelgesellschaft, 2004.

Schildenberger, Johannes. *Das Buch Esther*. HSAT 4/3. Bonn: Hanstein, 1941.

Schlatter, Adolf. *Wie sprach Josephus von Gott?* BFChTh 14/1. Gütersloh: Bertelsmann, 1910.

Schmid, Konrad. „Differenzierungen und Konzeptualisierungen der Einheit Gottes in der Religions- und Literaturgeschichte Israels: Methodische, religionsgeschichtliche und exegetische Aspekte zur neueren Diskussion um den sogenannten ‚Monotheismus' im antiken Israel." In Oeming; Schmid, *Der eine Gott und die Götter*, 11–38.

Schmitt, Armin. „Die Achikar-Notiz bei Tobit 1,21b–22 in aramäischer (pap4QTob[a] ar – 4Q196) und griechischer Fassung." In *Der Gegenwart verpflichtet: Studien zur biblischen Literatur des Frühjudentums*. Hrsg. von Armin Schmitt und Christian J. Wagner, 103–123. Berlin: De Gruyter, 2000.

Schmitz, Barbara. „Die Rede von Gott in den Ester-Erzählungen: … am Ende ihres Weges Den zu schauen, an dem man stirbt, wenn man ihm naht (Rainer Maria Rilke)." In *Weisheit als Lebensgrundlage*. Hrsg. von Johannes Diehl, Renate Egger-Wenzel und Karin Schöpflin, 275–296. DCLS 15. Berlin: De Gruyter, 2013.

Schorch, Stefan. *Euphemismen in der Hebräischen Bibel*. OBC 12. Wiesbaden: Harrassowitz, 2000.

Schorch, Stefan. „The Pre-Eminence of the Hebrew Language and the Emerging Concept of the 'Ideal Text' in Late Second Temple Judaism." In *Studies in the Book of Ben Sira: Papers of the Third International Conference on the Deuterocanonical Books, Shime'on Centre, Pápa, Hungary, 18–20 May, 2006*. Hrsg. von Géza G. Xeravits und József Zsengellér, 43–54. JSJ.S 127. Leiden: Brill, 2008.

Schorch, Stefan. „Genderizing Piety: The Prayers of Mordecai and Esther in Comparison." In Xeravits; Zsengellér, *Deuterocanonical Additions of the Old Testament Books*, 30–42.

Schrage, Wolfgang. *Vorsehung Gottes? Zur Rede von der providentia Dei in der Antike und im Neuen Testament*. Neukirchen-Vluyn: Neukirchener, 2005.

Schreckenberg, Heinz. „Josephus (Flavius Josephus)." *RAC* 18: 761–801.

Schreckenberg, Heinz. „Zu Flavius Josephus: Plädoyer für eine neue Editio maior critica des griechischen Textes." *JSJ* 38, Nr. 4 (2007): 513–529.

Schubart, Wilhelm. „Das hellenistische Königsideal nach Inschriften und Papyri." *APF* 12 (1937): 1–26.

Schüle, Andreas. „Deutung, Reflexion, Überlieferung: Die Ebenen eines konzeptionellen Theologiebegriffs. Zugleich eine Erinnerung an Gerhard von Rads Verständnis alttestamentlicher Theologie." In *Theologie in Israel und in den Nachbarkulturen:*

Beiträge des Symposiums „Das Alte Testament und die Kultur der Moderne" anlässlich des 100. Geburtstags Gerhard von Rads (1901–1971) Heidelberg, 18.–21. Oktober 2001. Hrsg. von Manfred Oeming, Konrad Schmid und Andreas Schüle, 1–15. Altes Testament und Moderne 9. Münster: LIT, 2004.

Schürer, Emil. *The History of the Jewish People in the Age of Jesus Christ III/1.* Rev. Engl. ed. Edinburgh: T&T Clark, 1986.

Schwartz, Daniel R. „Josephus on the Jewish Constitutions and Community." *SCI* 7 (1983): 30–52.

Schwartz, Daniel R. „Josephus, Catullus, Divine Providence, and the Date of the Judean War." In Pastor; Stern; Mor, *Flavius Josephus*, 331–352.

Schwartz, Daniel R. „Many Sources but a Single Author: Josephus's Jewish Antiquities." In Chapman; Rodgers, *A Companion to Josephus*, 36–58.

Schwartz, Seth. *Imperialism and Jewish Society: 200 B.C.E. to 640 C.E.* Princeton: Princeton University Press, 2001.

Schwemer, Anna M. „Gott als König und seine Königsherrschaft in den Sabbatliedern aus Qumran." In Hengel; Schwemer, *Königsherrschaft Gottes und himmlischer Kult im Judentum, Urchristentum und in der hellenistischen Welt*, 45–118.

Seeligmann, Isac L. „Menschliches Heldentum und göttliche Hilfe: Die doppelte Kausalität im alttestamentlichen Geschichtsdenken." *ThZ* 19, Nr. 6 (1963): 385–411.

Seeman, Chris. „Enter the Dragon: Mordecai as Agonistic Combatant in Greek Esther." *BTB* 41, Nr. 1 (2010): 3–15.

Segal, Eliezer. „Human Anger and Divine Intervention in Esther." *Proof.* 9, Nr. 3 (1989): 247–256.

Shutt, Rowland J. H. „The Concept of God in the Works of Flavius Josephus." *JJS* 31, Nr. 2 (1980): 171–189.

Siegert, Folker. *Zwischen Hebräischer Bibel und Altem Testament: Eine Einführung in die Septuaginta.* MJSt 9. Münster: LIT, 2001.

Siegert, Folker, Hrsg. *Flavius Josephus: Über die Ursprünglichkeit des Judentums (Contra Apionem).* 2 Bde. SIJD 6. Göttingen: Vandenhoeck & Ruprecht, 2008; in Zusammenarbeit mit dem Josephus-Arbeitskreis des Institutum Judaicum Delitzschianum, Münster.

Siegert, Folker. *Einleitung in die hellenistisch-jüdische Literatur: Apokrypha, Pseudepigrapha und Fragmente verlorener Autorenwerke.* Berlin: De Gruyter, 2016.

Siquans, Agnethe. „Die Rolle Esters im Esterbuch im Verhältnis zu Mordechai: Fürbitterin und Vorbild ihres Volkes." *BN* 86 (1997): 77–89.

Spanier, Arthur. „Die Gottesbezeichnungen המקום und הקדוש ברוך הוא in der frühtalmudischen Literatur." *MGWJ* 66, Nr. 4 (1922): 309–314.

Spilsbury, Paul. „Contra Apionem and Antiquitates Judaicae: Points of Contact." In *Josephus' Contra Apionem: Studies in Its Character and Context with a Latin Concordance to the Portion Missing in Greek.* Hrsg. von Louis H. Feldman und John R. Levison, 348–368. AGJU 34. Leiden: Brill, 1996.

Spilsbury, Paul. „God and Israel in Josephus: A Patron–Client Relationship." In Mason, *Understanding Josephus*, 172–191.

Spilsbury, Paul. *The Image of the Jew in Josephus' Paraphrase of the Bible.* TSAJ 69. Tübingen: Mohr Siebeck, 1998.

Spilsbury, Paul und Chris Seeman. *Judean Antiquities 11: Translation and Commentary.* Flavius Josephus: Translation and Commentary 6a. Leiden: Brill, 2017.

Spolsky, Bernard. *The Languages of the Jews: A Sociolinguistic History.* Cambridge: Cambridge University Press, 2014.

Standhartinger, Angela. „Jüdische Liturginnen zur Zeit des zweiten Tempels." In *Frauen im antiken Judentum und frühen Christentum.* Hrsg. von Jörg Frey und Nicole Rupschus, 31–55. WUNT II 489. Tübingen: Mohr Siebeck, 2019.

Stemberger, Günter. *Judaica Minora Teil 1: Biblische Traditionen im rabbinischen Judentum.* TSAJ 133. Tübingen: Mohr Siebeck, 2010.

Sterling, Gregory E. *Historiography and Self-Definition: Josephos, Luke-Acts and Apologetic Historiography.* NT.S 64. Leiden: Brill, 1992.

Stol, Marten. *Women in the Ancient Near East.* Berlin: De Gruyter, 2016. Translated by Helen and Mervyn Richardson.

Strawn, Brent A. *What Is Stronger than a Lion? Leonine Image and Metaphor in the Hebrew Bible and the Ancient Near East.* OBO 212. Fribourg: Academic Press; Göttingen: Vandenhoeck & Ruprecht, 2005.

Strootmann, Rolf. *Courts and Elites in the Hellenistic Empires: The Near East after the Achaemenids, c. 330 to 30 BCE.* Edinburgh Studies in Ancient Persia. Edinburgh: Edinburgh University Press, 2014.

Swart, G. J. „Rahab and Esther in Josephus: An Intertextual Approach." *APB* 17 (2006): 50–65.

Talmon, Shemarayahu. „Wisdom in the Book of Esther." *VT* 13, Nr. 4 (1963): 419–455.

Talmon, Shemarayahu. „Was the Book of Esther Known at Qumran?" *DSD* 2, Nr. 3 (1995): 249–267.

Taubes, Jacob, Hrsg. *Religionstheorie und Politische Theologie.* 3 Bde. München: Fink; Paderborn: Schöningh, 1983–1987.

Thambyrajah, Jonathan A. „Mordecai's Dream in Esther: The Greek and Latin Versions, Character, and the Tradition of Interpretation." *JSOT* 43, Nr. 3 (2019): 479–490.

Thom, Johan C. *Cleanthes' Hymn to Zeus: Text, Translation, and Commentary.* STAC 33. Tübingen: Mohr Siebeck, 2005.

Torrey, Charles C. „The Older Book of Esther." *HTR* 37, Nr. 1 (1944): 1–40.

Tov, Emanuel. „The 'Lucianic' Text of the Canonical and the Apocryphal Sections of Esther: A Rewritten Biblical Book." *Textus* 10 (1982): 1–25.

Tov, Emanuel. „The LXX Translation of Esther: A Paraphrastic Translation of MT or a Free Translation of a Rewritten Version?" In *Empsychoi Logoi: Religious Innovations in Antiquity.* Hrsg. von Alberdina Houtman, Albert de Jong und Magda Misset-van de Weg, 507–526. Leiden: Brill, 2008.

Trampedach, Kai und Andreas Pečar, Hrsg. *Theokratie und theokratischer Diskurs: Die Rede von der Gottesherrschaft und ihre politisch-sozialen Auswirkungen im interkulturellen Vergleich.* Colloquia historica et theologica 1. Tübingen: Mohr Siebeck, 2013.

Trebilco, Paul. *Jewish Communities in Asia Minor.* MSSNTS 69. Cambridge: Cambridge University Press, 1991.

Umemoto, Naoto. „Die Königsherrschaft Gottes bei Philon." In Hengel; Schwemer, *Königsherrschaft Gottes und himmlischer Kult im Judentum, Urchristentum und in der hellenistischen Welt,* 207–256.

Vialle, Catherine. „Aux commencements des livres grecs d'Esther: Le songe de Mardochée." *VT* 58, Nr. 1 (2008): 101–116.

Villalba i Varneda, Pere. *The Historical Method of Flavius Josephus.* ALGHJ 19. Leiden: Brill, 1986.

Vogelstein, Max. „Bakshish for Bagoas?" *JQR* 33, Nr. 1 (1942): 89–92.

Volkmann, Hans. „Der Zweite nach dem König." *Ph.* 92 (1937): 285–316.

Wacker, Marie-Theres. „Das Buch Ester." In *Stuttgarter Altes Testament: Einheitsübersetzung mit Kommentar und Lexikon.* Hrsg. von Erich Zenger. 2. Aufl., 861–882. Stuttgart: Katholische Bibelanstalt, 2004.

Wacker, Marie-Theres. „Mit Tora und Todesmut dem einen Gott anhangen: Zum Estherbild der Septuaginta." In *Dem Tod nicht glauben: Sozialgeschichte der Bibel.* Hrsg. von Frank Crüsemann et al., 312–332. Gütersloh: Gütersloher Verlagshaus, 2004.

Wacker, Marie-Theres. *Ester: Jüdin, Königin, Retterin.* Stuttgart: Katholisches Bibelwerk, 2006.

Wacker, Marie-Theres. „Three Faces of a Story: Septuagintagriechisches und pseudolukianisches Estherbuch als Refigurationen der Esther-Erzählung." In Kraus; Munnich, *La Septante en Allemagne et en France,* 64–89.

Wagner, Siegfried. „מָצָא." *ThWAT* 4: 1043–1063.

Wahl, Harald Martin. „Die Sprache des hebräischen Esterbuches: Mit Anmerkungen zu seinem historischen und traditionsgeschichtlichen Referenzrahmen." *ZAH* 12 (1999): 21–47.

Wahl, Harald Martin. „Jahwe, wo bist Du? Gott, Glaube und Gemeinde in Esther." *JSJ* 31, Nr. 1 (2000): 1–22.

Wahl, Harald Martin. „Das Buch Esther als methodisches Problem und hermeneutische Herausforderung: Eine Skizze." *BibInt* 9, Nr. 1 (2001): 25–40.

Wahl, Harald Martin. *Das Buch Esther: Übersetzung und Kommentar.* Berlin: De Gruyter, 2009.

Walfish, Barry D. *Esther in Medieval Garb: Jewish Interpretation of the Book of Esther in the Middle Ages.* Albany: State University of New York Press, 1993.

Walfish, Barry D. „Kosher Adultery? The Mordecai-Esther-Ahasuerus Triangle in Talmudic, Medieval and Sixteenth-Century Exegesis." In White Crawford; Greenspoon, *The Book of Esther in Modern Research,* 111–136.

Wansbrough, Henry, Hrsg. *The New Jerusalem Bible.* Garden City: Doubleday, 1985.

Weber, Gregor. *Kaiser, Träume und Visionen in Prinzipat und Spätantike.* Hist.E 143. Stuttgart: Steiner, 2000.

Weber, Max. *Wirtschaft und Gesellschaft: Soziologie.* Hrsg. von Knut Borchardt, Edith Hanke und Wolfgang Schluchter. Studienausgabe der Max-Weber-Gesamtausgabe 1/23. Tübingen: Mohr Siebeck, 2014.

Weber, Reinhard. *Das „Gesetz" bei Philon von Alexandrien und Flavius Josephus: Studien zum Verständnis und zur Funktion der Thora bei den beiden Hauptzeugen des hellenistischen Judentums.* ARGU 11. Frankfurt a. M.: Lang, 2001.

Wechsler, Michael G. „Two Para-Biblical Novellae from Qumran Cave 4: A Reevaluation of 4Q550." *DSD* 7, Nr. 2 (2000): 130–172.

Wechsler, Michael G. „The Appellation βουγαιος and Ethnic Contextualization in the Greek Text of Esther." *VT* 51, Nr. 1 (2001): 109–114.

Wechsler, Michael G. „13–17.1.4.5 Esther." In *The Hebrew Bible: Vol. 1C Writings.* Hrsg. von Armin Lange, 419–423. Textual History of the Bible. Leiden: Brill, 2017.

Wehr, Hans. „Das ‚Tor des Königs' im Buche Esther und verwandte Ausdrücke." *Der Islam* 39 (1964): 247–260.

Weimar, Peter. „Spuren der verborgenen Gegenwart Gottes in der Geschichte: Anmerkungen zu einer späten Redaktion der Josefsgeschichte." In *Die Weisheit – Ursprünge und Rezeption.* Hrsg. von Martin Faßnacht, Andreas Leinhäupl-Wilke und Stefan Lücking, 17–36. NTA NF 44. Münster: Aschendorff, 2003.

Wetter, Anne-Mareike. „How Jewish is Esther? Or: How is Esther Jewish? Tracing Ethnic and Religious Identity in a Diaspora Narrative." *ZAW* 123, Nr. 4 (2011): 596–603.

White Crawford, Sidnie. „Has Esther Been Found at Qumran? 4QProto-Esther and the Esther Corpus." *RdQ* 17, 1–4 (1996): 307–325.

White Crawford, Sidnie und Leonard J. Greenspoon, Hrsg. *The Book of Esther in Modern Research.* JSOTS 380. London: T&T Clark, 2003.

Wiemer, Hans-Ulrich. *Alexander der Große.* 2. Aufl. München: Beck, 2015.

Willi-Plein, Ina. „הִשְׁתַּחֲוָה – Ehrenbezeugung oder Proskynese? Pragmatische Zugänge zur Bedeutung eines etymologisch umstrittenen hebräischen Verbs." In *Sprachen – Bilder – Klänge: Dimensionen der Theologie im Alten Testament und in seinem Umfeld.* Hrsg. von Christiane Karrer-Grube et al., 363–375. AOAT 359. Münster: Ugarit, 2009.

Wills, Lawrence M. *The Jewish Novel in the Ancient World.* Myth and Poetics. Ithaca, NY: Cornell University Press, 1995.

Winitzer, Abraham. „The Reversal of Fortune Theme in Esther: Israelite Historiography in Its Ancient Near Eastern Context." *JANER* 11, Nr. 2 (2011): 170–218.

Witte, Markus. *The Development of God in the Old Testament: Three Case Studies in Biblical Theology.* Critical Studies in the Hebrew Bible 9. Winona Lake: Eisenbrauns, 2017.

Wojciechowski, Michał. „To Fight or not to Fight? Various Answers to the Foreign Political Power in the Deuterocanonical Literature." *BN* 161 (2014): 37–51.

Xeravits, Géza G. und József Zsengellér, Hrsg. *Deuterocanonical Additions of the Old Testament Books: Selected Studies.* DCLS 5. Berlin: De Gruyter, 2010.

Zeitlin, Solomon. „Introduction: The Books of Esther and Judith: A Parallel." In *The Book of Judith.* Hrsg. von Solomon Zeitlin, 1–37. JAL VII. Leiden: Brill, 1972.

Zenger, Erich. „Das Buch Ester." In *Einleitung in das Alte Testament: Mit einem Grundriss der Geschichte Israels von Christian Frevel.* Hrsg. von Erich Zenger et al. 7. Aufl., 302–311. KStTh 1,1. Stuttgart: Kohlhammer, 2008.

Zimmermann, Christiane. *Die Namen des Vaters: Studien zu ausgewählten neutestamentlichen Gottesbezeichnungen vor ihrem frühjüdischen und paganen Sprachhorizont.* AGJU 69. Leiden: Brill, 2007.

Zimmermann, Klaus. „Soter." *DNP* 11: 752–753.

Zsengellér, József. „Addition or Edition? Deconstructing the Concept of Additions." In Xeravits; Zsengellér, *Deuterocanonical Additions of the Old Testament Books*, 1–15.

Zurawski, Jason M. „Separating the Devil from the Diabolos: A Fresh Reading of Wisdom of Solomon 2.24." *JSPE* 21, Nr. 4 (2012): 366–399.

Stellenregister (Auswahl)

https://doi.org/10.1515/9783110674514-014

Septuaginta

Flavius Josephus

Weitere frühjüdische und christliche Texte

Rabbinische Literatur

Targumim

Texte der klassischen Antike

Papyri